保险和风险管理经典译丛

Structured Finance & Insurance
The ART of Managing Capital and Risk

管理资本和风险的艺术
——结构性金融与保险

克里斯托弗·L.卡尔普 著
Christopher L. Culp
杜 墨 任建畅 译

中国金融出版社

WILEY

责任编辑：李　融
责任校对：刘　明
责任印制：尹小平

图书在版编目（CIP）数据

管理资本和风险的艺术（Guanli Ziben he Fengxian de Yishu）：结构性金融与保险/（美）卡尔普著；杜墨，任建畅译．—北京：中国金融出版社，2008.9
（保险和风险管理经典译丛）
ISBN 978 - 7 - 5049 - 4666 - 9

Ⅰ．管…　Ⅱ．①卡…②杜…③任…　Ⅲ．①金融—研究②保险—研究　Ⅳ．F8

中国版本图书馆 CIP 数据核字（2008）第 048609 号

出版
发行　中国金融出版社
社址　北京市广安门外小红庙南里 3 号
市场开发部　（010）63272190，66070804（传真）
网 上 书 店　http://www.chinafph.com
（010）63286832，63365686（传真）
读者服务部　（010）66070833，82672183
邮编　100055
经销　新华书店
印刷　保利达印务有限公司
尺寸　185 毫米×260 毫米
印张　39.75
字数　857 千
版次　2008 年 9 月第 1 版
印次　2008 年 9 月第 1 次印刷
定价　82.00 元
ISBN 978 - 7 - 5049 - 4666 - 9/F.4226
如出现印装错误本社负责调换　联系电话（010）63263947

序

Structured Finance & Insurance

Preface

为什么要使用非传统风险转移方法?

——谈以规则为基础的结构性融资之重要性

每当有机会给芝加哥大学克里斯[①]所教授的MBA班学生讲课，我都会大声朗诵莎士比亚关于风险管理和企业融资的观点，并且很喜欢观察学生们的表情。不少莎士比亚的名句对于结构性金融和非传统风险转移工具（alternative risk transfer，ART）的从业者而言，具有启发和指导意义。例如：

蝾螈之目青蛙趾，
蝙蝠之毛犬之齿，
蝮舌如叉蚯蚓刺，
蜥蜴之足枭之翅，
炼为毒蛊鬼神惊，
扰乱人世无安宁。[②]

麦克白的女巫看来是第一批结构性金融方面的专业人士。至少有些人会得出这样的结论，管理者和他们的财务顾问使用结构性金融和非传统风险转移工具所做的努力，就像是一种炼金术：将债务转换为保险，将负债剥离资产负债表，或增加盈利以弥补已造成的亏损。我们不可能“向魔法说再见”（《暴风雨》，第五幕，第一场），但我们可以构建一种基础，基于此，可以构造适当的解决方案，以应对基本的资本和风险管理问题。

在本书的第一部分和第二部分，克里斯展示了过去30年以来由公司融资理论与应用研究形成的融资和风险管理的构建模块。随着我们从理论阐述转为实际应用，这些工具在第三、第四部分得到更充分的体现，涉及了项目融资、证券化，以及保险和资本市场相融合产生的工具，如巨灾债券和承诺资本。克里斯将两种不同的领域放在了一起，即公司融资领域和保险领域，并解释了这些工具虽然看似不同，但又是如何基于同样的基础的。

这两个领域本身就十分复杂。当从业者将两者混在一起时，常常会创造出拜占

---

① 克里斯是指本书作者克里斯托弗·L. 卡尔普的简称。——译者注

② 引自《麦克白》第四幕第一场女巫炼丹口诀。——译者注

庭式的结构[①]来应对会计、法规、税收和公司融资等方面的问题，这可能会使最精明的股东或分析师宣称：

“王子，我心中有些昏乱，

原谅我不能控制我的弱点；我的衰老的头脑有些昏了。”[②]

（《暴风雨》，第四幕，第一场）

这就是为什么简单原则是重要的原因。莎士比亚恳求的“让你自己更真实”（《哈姆雷特》，第一幕，第三场）可被管理者用来质疑该结构性交易究竟是遮掩基础风险的手段，还是解决基础风险的手段。结构性交易——无论是否将资产证券化，覆盖难以投保的风险，还是更有效地接近资本市场的投资者——如果管理层不能清楚地解释为什么花费相当多的时间和资源来构架这种解决方案，其价值就是令人怀疑的。

经常地，构造一种解决方案的决策是一个“生存还是死亡”[③] 的问题。如一家航空公司的管理层认为其股东希望公司从事运输业务还是燃料投机业务？以何种程度对冲未来油价上升的风险，对冲多长时间和以何种成本进行对冲？克里斯解释了这些问题的基本原理，并进一步解释了，如果股东不知道或不理解管理层的风险管理战略会面临的困惑。

当然，正是因为各种公司从来都不可能“不遭遇世间的机会和不幸”（《泰特斯·安德洛尼克斯》[④]），风险管理才能发挥其作用。同样重要的是，风险管理人员应明白，股东也期望管理层承担风险。如果不承担风险，管理层不可能创造价值。克里斯通过将我们的注意力集中于资本和风险管理，详细并集中地阐述了风险和毁损之间的平衡行为。

对于一些财务顾问而言，ART 交易一度是处理核心和非核心风险的完美手段。大家曾经认为，一张统括保单可以同时保障保险和金融风险。管理层还可以将结构性保险交易当做“甜饼罐”，当需要时，就可从中取出适量的盈利来弥补意外损失。克里斯指出（例如，在第 23 章和第 24 章中）这是如何发生的，如果管理层及其财务顾问不遵循以下两个重要的原则：

1. ART 交易不应被用来覆盖核心商业风险。

2. ART 交易不应允许管理层获得“甜饼罐”，来遮掩意外损失发生的真正原因。

当 ART 交易是透明的、集中于非核心商业风险，并避免为管理层制造一个“甜饼罐”时，我们就回到了这些工具的基本目的。

在未来的几年里，当资本市场的投资者和保险承保人对风险和风险分析逐步有共同语言时，我们会看到保险工具与资本市场工具将越走越近。在第 22 章，克里斯描述了资本市场投资者为何和如何通过巨灾债券来承担保险风险，以及承保人如何

---

① 拜占庭式的结构（Byzantine structures），在英文中意为错综复杂的结构。——译者注

② 引自《暴风雨》第四幕第一场普洛斯彼罗与那不勒斯王子腓迪南的对话。——译者注

③ “to be or not to be”，引自莎剧《哈姆雷特》。——译者注

④ 莎士比亚戏剧之一。——译者注

学会理解在可保事件发生后，如果他们提供资本而不是保险，他们将能分享其客户恢复带来的好处。

为将两个市场一起放入有效且可靠的结构中，很重要的一点是了解他们如何相互区别。从事公司融资和风险管理学习方面的学生需要了解这一点，以免得出保险或其他融资解决方案只是“叫其他名字的玫瑰”这样的结论。债务责任或保费支付的特点是克里斯运用常识清晰地描述的关键而重要的区别。希望结构性金融的从业者和未来的风险管理者会仔细地阅读这些章节，并加以理解：

“你是个堂堂的枢密大臣……

把你的威权用出来吧！要是你不能，那么还是

谢谢老天爷让你活得这么长久……”

（《暴风雨》，第一幕，第一场）

结构性方法是我们了解复杂的金融市场和保险市场的关键要素。如果使用得当，它们将给公司带来更大的财务灵活性，并使股东更加相信管理层正着重经营公司的核心业务而不是正暴露于不可掌控的风险之中。克里斯帮助理清了结构性金融的专业性和管理层的职责，确保股东理解结构性交易可以给公司创造的价值。

当莎士比亚警告我们“不曾留下任何一点烟云的影子”① 时，他非常好地阐释了这一点。如果他能够读到克里斯撰写的这本书，他甚至可能会加上结构性金融是“可以用来制造梦幻的材料”这样的评论。

汤姆·舍沃莱克

瑞士再保险公司资本管理部

① “Leave not a wrack behind”，引自莎剧《暴风雨》第四幕第一场。——译者注

前言

Structured Finance & Insurance

Foreword

本书主要阐述结构性金融和结构性保险方面的内容，也就是非传统风险转移（ART）如何帮助公司通过综合和全面的方法实现公司融资和风险管理的目标。结构性金融使用非传统融资方法筹集资金，并在此过程中改变了公司的风险特征。结构性保险或 ART 使用非传统风险融资和风险转移方法来管理风险，这一方法也会影响公司的资本结构和（或）资本的加权平均成本。它们是同一硬币的两面。

保险和资本市场的融合成为一个术语至少已有十年了。确定地说，保险、衍生品和证券领域在逐步变得越来越一体化。然而，保险和资本市场的融合趋势是相当基本的，远超出了只是增加产品和机构的相似性。真正的融合发生在公司融资和风险管理之间，这是一种思维方式的融合。

不幸的是，在这些市场中仍十分落后的一个方面就是跨学科的沟通。保险和衍生品的从业者们仍然使用十分不同的术语，甚至两个领域中最相似的概念也常常不被认为是本质上相同的东西。本书通过将 ART 和资本市场放到一个共同的平台上，并统一现代公司融资的理论和实践框架，以试图帮助解决上述问题。

本书的结构

第一部分为资本、风险、公司融资和风险管理等概念打下良好基础，为本书后面章节更加实务的讨论提供理论背景。现在确立公司融资和风险管理的第一性原则比以往更重要，不仅是因为公司可以继续追求针对其风险和资本管理问题的最有效和量身定做的解决方案，而且因为公司可以避免以错误的方式，或由于错误的原因，或者两者皆有，进行结构性交易的陷阱。

从 2001 年安然的失败到最近对结构性保险产品（如有限风险，见第 24 章）的调查，有人也许会得出这样的结论，即结构性解决方案正在逐渐衰落。当然，有人也许会对 20 世纪 90 年代的衍生品和 20 世纪 80 年代的高收益债务得出相似的结论，但这两个市场仍发展得愈发强劲。推动越来越多的公司在结构性金融和保险市场上追求综合的融资和风险管理工具的基本经济力量并未消退。无论如何，最近的争论只是使以下的情况显得更为重要了：在这些产品所要实现的经济和财务目标的基础背景下，应充分理解这些产品和解决方案的范围。

继第一部分奠定基础之后，第二部分对传统风险转移方法——在（再）保险和衍生品领域内的保险、再保险、衍生品和信用保护产品进行了简要评述。第三、第四部分则考察了当今结构性金融和结构性保险或 ART 市场的主要运作过程、产品和解决方案。

在第五部分，一些专家友好地分享了他们对这两个市场从业者面临的某些更加具体的问题和一些主题的思考。这些客座文章的出现顺序大致按照与它们最密切关联的本书的部分排列。

这本书是一个修订版吗

从专业上严格地说，本书是我在2002年出版的教科书《风险管理的艺术：非传统风险转移、资本结构与保险和资本市场的融合》（*The ART of Risk Management：Alternative Risk Transfer，Capital Structure，and the Convergence of Insurance and Capital Markets*）的第二版和修订版。然而，本书与前本书的重叠部分是很少的。不同部分是增加了关于结构性金融的第三部分，这部分在前面的书中未涉及过；增加了一些在过去五年中出现的新产品、新案例和实例。

总之，主要的实质性修订是我自己学习过程的一个总结。在多年与两家利用结构性金融和ART产品的公司及提供这些解决方案的公司共同合作期间，我不断地从客户和同事那里获得有关这一市场如何适应公司融资的更广泛的理论与实践的观点。希望本书的最新版本在如何连接理论和实践方面更为顺畅，并且能更综合地囊括最新的产品。

目标读者及背景

本书的概念导向倾向于非金融公司对结构性金融和保险工具的运用，因此，对本书感兴趣的主要包括公司风险管理主管、财务主管和首席财务官，以及那些主要与公司打交道的卖方机构，如（再）保险人、保险经纪人和投资银行家。如果专业服务公司和监管者有兴趣了解更多有关保险如何符合衍生品的要求以及两种工具如何符合公司融资的理论和实践的要求时，也会获得一些有用的资料。金融机构、资产管理公司、债务抵押证券（collateralized debt obligation，CDO）的抵押品管理人、投资者等可能因从中获得一些公司的想法而获益，但仅限于此。

重要的是，本书并非是一本针对金融工程分析师的著作。本书基于我在芝加哥大学商学研究院开设的MBA课程。该课程不涉及有关CDO的现金流瀑布模型、风管理优化起赔点、期限结构模型和其他类似的内容，主要是因为芝加哥大学的其他课程已涵盖了这些专业领域。我的课程意在成为一门连接公司融资理论与风险管理及结构性产品实践的概念性和制度性的课程。本书与我的课程具有同样的目标与限制。

阅读本书不需要之前有保险和再保险的背景，第二部分提供了两个领域的基本背景知识。具有一些关于互换和期货方面的基本知识是有帮助的，但也不是十分必要的。阅读本书的关键性前提条件是拥有公司融资方面的基本背景基础。如果有此基础，本书的其他材料都是相当独立完整的。

书中有一些比较专业性的章节和若干处数学公式，如果这让读者感到烦恼，可以放心地跳过公式，只读文字，不会因此而错过重要内容。本书中所使用的数学公式不是主要论点的证据和证明，将其包括进来主要只是帮助澄清某些概念和观点。

简而言之，它是选读的。

鸣谢

我为能从共事过的人身上获益良多而深感幸运，需要感谢的人很多，难以在此逐个点名致谢。我想从中挑出一些人以表达谢意，并对那些没有列出的人表示歉意。

我想在此感谢凯思·鲍克斯（Keith Bockus）、斯图尔特·布朗（Stuart Brown）、瓦莱丽·巴特（Valerie Butt）、唐·周（Don Chew）、凯文·达吉斯（Kevin Dages）、格雷格·艾林格（Greg Ehlinger）、保罗·弗雷斯特（Paul Forrester）、肯·弗兰奇（Ken French）、理查德·格林（Richard Green）、艾尔·哈里斯（Al Harris）、J. B. 黑顿（J. B. Heaton）、斯蒂夫·卡普兰（Steve Kaplan）、巴博·卡文纳夫（Barb Kavanagh）、安迪·克莱默（Andie Kramer）、摩特·莱恩（Mort Lane）、阿拉斯泰尔·劳瑞—沃克（Alastair Laurie－Walker）、克劳迪欧·劳德洛（Claudio Loderer）、安德里亚·奈维斯（Andrea Neves）、保罗·帕尔默（Paul Palmer）、汤姆·舍沃莱克（Tom Skwarek）、杰夫·萨默威尔（Jeff Summerville）、保罗·伍赫曼（Paul Wöhrmann）、亨兹·齐莫尔曼（Heinz Zimmermann），他们对本书各章内容进行了评论，并与我进行了长时间的讨论，提出了颇有创见的反馈和直言不讳的建设性批评意见。

我还想一起感谢我以前两个不同的学生组。首先，对过去两年我在芝加哥商学研究院 MBA 班教授的结构性金融和 ART 课程的学生给予感谢，他们对我的手稿、课堂笔记和课程及本书的内容给予了很好的反馈，并提供了很多想法。阅读他们的学期论文很令人愉快且很有启发，这使我希望自己可以给予得更多。

另外，能在我们称为“风险与资本管理”的研讨班上与瑞士再保险公司密切合作，我感到很荣幸。我们在美国和欧洲专为瑞士再保险公司的客户和员工举办了这一研讨会，在令人惊讶的两天时间里，我们涉及了本书第一、第四部分的许多内容。同与会者的对话让我受益匪浅，我立即感受到，我是站在满屋子层次非常高的人员中。这些人花费了大量的时间来思索风险与资本管理这一议题，并且探讨了市场必须提供什么。在那些论坛上，我作为协调人体会到了很大的乐趣，可以从中学习，为此我非常感激。

同时，我特别感谢汤姆·舍沃莱克，当他不忙于研究莎士比亚关于风险管理的观点时，总是愿意花费时间帮我扩展对结构性保险市场的认识，并推动了理论与实践的结合。我一直在等着有一天他会发给我一封短信，告诉我他已厌烦收到我的电子邮件并要我走开，但他至今没这样做。对此，我深表感谢。我从我们的讨论中学到了很多。

我还要特别感谢那些对本书惠赐论文的同事们。正如前一版本，他们的贡献使本书比只有我自己的文章显得有趣和实用得多。他们的专业性和知识性是与他们的奉献和乐于贡献的精神相匹配的。

最后，一句简短的个人致谢之词献给曾帮助我走出这似乎永无止境的工作的朋友和家人。虽然这本书从技术上说是第二个版本，但完成它所用的时间比我以往的任何工作都长得多。一个直接的结果是，我的全部剩余时间均被打乱并投入进来。我很高兴我有一群客户本打算离开几个月，而当我重新回到工作岗位时，他们仍在，以及我的家人和朋友似乎都准确地知道何时应打电话或造访以及何时不应这么做。我深深地感激他们。

约翰威利出版公司（John Wiley & Sons，Inc.）的比尔·法仑（Bill Falloon）和帕麦拉·吉森（Pamela van Giessen）对我非常耐心，已超过了所有合理的预期。我已经数不清错过了多少次最终期限，所以我非常感谢他们未在我的生活中加上一份合同约束。除了他们的耐心和理解，我很高兴能够与真正关心出版一本好书而不是仅仅标出出版清单上的一项内容的人一起工作。

尽管获得了所有这些帮助、合作、反馈和评论，但通常的声明仍然适用，即我独自承担所有遗留的错误和疏漏。另外，本书中我所表达的都只是我个人的观点，不代表任何我的客户和与我有关联的机构的观点。

克里斯托弗·L．卡尔普
芝加哥，伊利诺伊州
2005 年 11 月

目 录

Structured Finance & Insurance

Catalog

第一部分 综合风险和资本管理 …… 1

第 1 章 实际和金融资本 …… 1

1.1 实际资本和公司价值 …… 2

1.2 金融资本和公司价值 …… 4

1.3 期权视角下的金融资本 …… 9

1.4 公司的经济资产负债表 …… 12

第 2 章 风险和风险管理 …… 14

2.1 金融风险与非金融风险的对比 …… 14

2.2 核心风险与非核心风险的对比 …… 20

2.3 风险管理方法 …… 20

第 3 章 财务杠杆 …… 27

3.1 杠杆对公司价值的作用 …… 28

3.2 杠杆的成本 …… 31

3.3 最优资本结构 …… 37

第 4 章 逆向选择与公司融资决策 …… 43

4.1 逆向选择和柠檬市场 …… 43

4.2 证券市场中的逆向选择 …… 45

4.3 证券市场中逆向选择的含义 …… 48

第 5 章 资本预算、项目选择和绩效评价 …… 53

5.1 用于项目选择和绩效评估的会计方法 …… 54

5.2 无风险调整的贴现现金流方法 …… 57

5.3 净现值方法 …… 58

5.4 附加股东价值 …… 68

5.5 附加经济价值和剩余收入 …… 70

5.6 投资的现金流回报 …… 72

第 6 章 风险转移 …… 73

6.1 风险转移和股权资本 …… 73

6.2 风险转移和公司价值 …… 74
6.3 风险转移与风险资本的对比 …… 79
第7章 风险融资 …… 83
7.1 事前和事后融资之间的现金流区别 …… 83
7.2 在 M&M 理论假设下的风险融资的无关性 …… 86
7.3 为保留风险而筹资的动机 …… 89

第二部分 传统风险转移 …… 93

第8章 保险 …… 93
8.1 作为合同的保险产品 …… 93
8.2 保险定价 …… 102
8.3 道德风险和保险合同设计 …… 106
8.4 逆向选择与保险合同设计 …… 111
8.5 保险公司 …… 115
8.6 保险公司的准备金和资产—负债管理 …… 118
第9章 再保险 …… 121
9.1 基本知识 …… 121
9.2 承保原保险的风险 …… 123
9.3 购买再保险的动机 …… 124
9.4 临时再保险与合约再保险 …… 126
9.5 比例再保险合约 …… 127
9.6 超额损失再保险 …… 129
9.7 水平分层和混合保障 …… 133
9.8 辛迪加 …… 134
第10章 信用保险和财务担保 …… 136
10.1 信用保险产品 …… 136
10.2 信用证 …… 141
10.3 谁承担获取信用保护的成本 …… 142
10.4 不同信用保护产品之间的差别 …… 143
10.5 何时担保不再是担保 …… 145
第11章 衍生品 …… 153
11.1 衍生品的概念 …… 153
11.2 远期和类远期合约 …… 154

11.3 期权…… 160
第12章 信用衍生品和信用连结票据…… 170
12.1 信用衍生品活动的范围…… 170
12.2 单一名称信用违约互换…… 173
12.3 组合信用违约互换…… 177
12.4 资产违约互换…… 180
12.5 股本违约互换…… 180
12.6 总回报互换…… 181
12.7 信用连结票据（追索权）…… 182

第三部分 结构性金融…… 184

第13章 结构化过程…… 184
13.1 结构性金融解决方案的类型…… 184
13.2 结构化过程…… 191
13.3 分组和次级…… 196
第14章 混合证券、可转换证券和结构性票据…… 201
14.1 混合证券和可转换证券…… 201
14.2 结构性票据…… 206
第15章 应急资本…… 219
15.1 作为期权的应急资本工具…… 219
15.2 应急资本的（再）保险应用…… 221
15.3 应急资本在公司的应用…… 227
15.4 合成应急资本…… 232
第16章 证券化…… 234
16.1 证券化过程…… 235
16.2 信用增强…… 243
16.3 流动性支持…… 247
16.4 利率与货币风险…… 252
16.5 作为信用风险再保险的证券化…… 252
16.6 从ABS和ABCP到CDO…… 253
第17章 现金债务抵押证券…… 259
17.1 CDO的类型…… 259
17.2 资产负债表型CDO…… 261

17.3 套利型 CDO …… 265
17.4 作为整体资本结构产品的现金 CDO …… 269
第 18 章 合成债务抵押证券…… 270
18.1 第一代 SCDO 的结构…… 270
18.2 合成结构的吸引力…… 279
18.3 第二代 SCDO 的结构…… 280
18.4 “挑逗”保险 …… 284
第 19 章 结构性合成混合证券…… 286
19.1 股本违约债务…… 286
19.2 混合 CDO …… 288
19.3 第 *N* 次违约一篮子混合 CDO …… 288
19.4 回弹票据…… 290
第 20 章 私募股权和对冲基金的证券化…… 292
20.1 作为抵押的对冲基金和私募股权基金…… 292
20.2 单层资本保护票据…… 295
20.3 多级别 CFO …… 302
第 21 章 项目和本金融资…… 310
21.1 项目和本金融资…… 311
21.2 项目贷款证券化…… 319
21.3 未来现金流证券化：开发与基础设施…… 324
21.4 未来现金流证券化：本金融资…… 328
21.5 合成的基于商品的项目融资…… 332
第四部分 结构性保险和非传统风险转移 …… 341
第 22 章 风险证券化和保险连结票据…… 341
22.1 一般结构…… 342
22.2 综合再保险…… 343
22.3 公司风险证券化…… 352
22.4 衍生品结构…… 360
第 23 章 自保公司、保护单列公司和相互公司…… 366
23.1 资产负债表自保…… 366
23.2 自保公司和其他风险融资工具…… 368
23.3 相互公司或自保辛迪加…… 377

23.4 自保公司和相互公司作为其他结构性工具的使用者……381
第24章 有限风险……382
24.1 一个简单的例子……383
24.2 典型的有限风险结构……385
24.3 合法交易与滥用的机会……393
24.4 合法使用有限风险产品的例子……397
24.5 有限风险产品的合理原则……400
第25章 多险种和多触发原因保险结构……403
25.1 多险种综合风险转移……403
25.2 多险种结构的例子……412
25.3 多触发原因 IRM 产品……416
25.4 多触发原因结构的例子……420
25.5 双触发原因保险与衍生品和 FAS 133……423
第26章 应急保险……424
26.1 保费保护期权……424
26.2 嵌入现有项目的应急保险……426
26.3 应急保险连结票据……428

第五部分 案例研究 ……430

第27章 专利法在风险融资中的新角色……430
27.1 可取得专利的基础……432
27.2 例证：训练猫的方法（美国专利第5443036号）……433
27.3 一些风险融资专利的例子……436
27.4 金融专利的演变：一个简要的回顾……438
27.5 结论……440
第28章 天气衍生品和保险的主要区别……442
28.1 什么是天气衍生品……443
28.2 什么是保险……444
28.3 保险和衍生品之间的区别……445
28.4 天气衍生品作为令人怀疑的保险的分析……446
28.5 文件考虑……447
28.6 税收区别……448
28.7 结论……450

第29章　保险在新巴塞尔协议下是资本的替代物吗…………………………… 451
29.1　经营风险和相关风险类型定义…………………………………………… 452
29.2　风险衡量、资本分配和保险需要的减轻……………………………… 453
29.3　保险作为风险降低器……………………………………………………… 454
29.4　数据困境和20%的资本减少限制　……………………………………… 454
29.5　进一步获得监管资本减少的前提………………………………………… 455
29.6　结论………………………………………………………………………… 455
第30章　特殊目的机构在FIN46R下是可变利益实体吗？如果是，会怎么样…… 457
30.1　除外范围…………………………………………………………………… 458
30.2　可变利益…………………………………………………………………… 459
30.3　预期损失和预期剩余回报………………………………………………… 460
30.4　主要受益人………………………………………………………………… 460
30.5　可变利益实体……………………………………………………………… 461
30.6　FIN46R确定时间选择　…………………………………………………… 462
30.7　必要的VIE信息披露　……………………………………………………… 462
30.8　过渡………………………………………………………………………… 463
30.9　国际会计准则统一的提议………………………………………………… 463
30.10　结论　……………………………………………………………………… 463
第31章　信用衍生品、保险和债务抵押证券：安然事件余波…………………… 464
31.1　信用风险管理……………………………………………………………… 464
31.2　什么是信用衍生品………………………………………………………… 465
31.3　信用衍生品的滥用………………………………………………………… 469
31.4　信用衍生品或保险………………………………………………………… 471
31.5　改进文件的努力…………………………………………………………… 472
31.6　结论………………………………………………………………………… 473
第32章　项目融资债务抵押证券……………………………………………………… 475
32.1　什么是债务抵押证券……………………………………………………… 475
32.2　为什么项目融资债务对于CDO来说是有吸引力的资产　……………… 477
32.3　现在能使用项目融资债务抵押证券吗…………………………………… 479
第33章　保险证券化趋势2004年回顾：巨灾箱之外的探索　………………… 481
33.1　新型证券…………………………………………………………………… 483
33.2　定价理论…………………………………………………………………… 508
33.3　其他趋势…………………………………………………………………… 509
33.4　结论性评述………………………………………………………………… 518

第 34 章　企业风险管理：联合谷物种植公司案例 …… 520
34.1　企业风险管理 …… 521
34.2　可能无效的分立式方法 …… 521
34.3　UGG 的企业风险管理 …… 524
34.4　UGG 的企业风险管理过程 …… 526
34.5　UGG 在管理天气风险上的决定 …… 528
34.6　合同 …… 529
34.7　UGG 获得的好处 …… 530
34.8　其他企业获得的教训 …… 530
34.9　附录 …… 531
第 35 章　为推动公司交易而设计的告知和保证保险及其他保险产品 …… 533
35.1　为推动合并、收购和其他交易而设计的产品 …… 533
35.2　TIP 市场的发展 …… 538

附录 A　资本结构的无关性 …… 541

附录 B　关于金融机构的基于风险的资本监管 …… 547

附录 C　风险资本 …… 556

注释 …… 573

常用缩略词 …… 599

参考文献 …… 601

译者后记 …… 614

第一部分

综合风险和资本管理

第1章 实际和金融资本

一家公司实际上是一个转换函数（合在一起形成“一组合同”），吸收一定的投入并将它们转化成产出。[1]在这个转换过程中，资本在概念上共有两个不同的含义。第一个是资本的传统概念，即资本是一种生产要素——某种可帮助公司将投入转成产品的资产。为了筹集资金对这类资本进行所需要的投资以及在一组投资者中分散公司资产的风险，公司会发行证券。这些证券也称为资本，这是第二个含义。

当然，尽管这两个概念代表着传统公司资产负债表的不同的两面，它们是非常相似的。不幸的是，正是这种相似性导致了对此概念理解的混淆，特别是在实务资本管理过程中，如资本预算过程，讨论风险和资本的关系时。例如，一个银行家很可能将资本预算定义为对业务单位进行资本分配。在这个过程中，风险所起的作用是用来计算风险资本的风险调整收益率（risk - adjusted return on capital at risk），并将其作为最低预期回报率（hurdle rate）或用来评估风险资本对防范业务风险所起的作用。相反，面对资本预算问题的公司财务主管，将更可能诚实地计算出所有考虑中的项目的净现值，以决定哪个项目作为对实物资产的新投资。风险将通过加权平均资本成本表现出来，加权平均资本成本本身即是预期收益的风险调整衡量标准，用于折现投资项目中的未来风险现金流。

哪种角度本身都没有错。我们将在第5章中看到两种方法对决定是否接受一个新投资项目的相同的决策规则。但两个含义潜在混淆是巨大的，在本介绍性章节里，我们唯一的目的就是通过详细、系统地介绍资本概念，来消除混淆发生的源头——特别是通过考虑实际资本和金融资本的市场价值和公司的市场价值的关系来论证。不出意外地，我们将得出结论，即两者是相等的。

在得出这一结论的过程中，我们也将完成其他两个目标：第一，对如何从“期权合同角度”看待公司证券进行简要评述；第二，提出经济资产负债表的概念，此概念虽在本章显得很简单，但却发挥着重要作用并随着本书内容的推进而逐渐变得复杂。

1.1　实际资本和公司价值

实际资产是任何可以直接被消费和使用的资产。[2]个人或机构消费或使用一项实际资产的能力赋予了该资产价值。[3]更通俗地讲，我们有时会说实际资产之所以有价值是因为我们能食用它们，把它们给其他人食用或用它们来生产能食用的东西。

实际资本资产，或只是实际资本，是实际资产的特殊形式。它有助于在一段时间内生产一系列的商品或服务。实际资本资产和其他实际资产的区别主要在于时间范围。实际资本一般可用于中期和长期的生产过程，而实际非资本资产常常在短期内就被消耗掉。例如，一个大型自动倾卸卡车是实际资本资产，而一个苹果则是实际非资本资产。实际资本的其他例子包括工厂、设备、专利生产过程和技术等。

一家公司是通过不同主体之间的一系列合同将实际资产组合在一起的集合体。这些不同的主体包括劳动力和资本家、承包商、消费者及其他。为公司形成价值的是由公司所拥有的和受托的资产在一定时间内产生的现金流。梅尔斯（Myers，1977）有效地提出，公司的实际资产的市场价值，在任意t时可表示为$A(t)$，其可分为两个部分：[4]

$$A(t) = V^A(t) + V^G(t) \tag{1.1}$$

其中，$V^A(t)$为公司现有资产在t时的市场价值，$V^G(t)$为公司增长机会在t时的市场价值。

1.1.1　现有资产

公司在t时的现有资产是公司在之前的投资中已购买并已支付的实际资本资产。现有资产的当前市场价值等于这些资产的未来现金流的折现现值与公司当前时期的经营净现金流之和，或用下列等式表示：

$$V^A(t) = \overbrace{\sum_{j=1}^{\infty} \frac{E[X(t+j)]}{1+E[R^A(t,t+j)]}}^{\text{未来净现金流的折现预期现值}} + \overbrace{[X(t) - I(t)]}^{\text{当期净经营现金流}}$$

$$= \overbrace{\sum_{j=0}^{\infty} \frac{E[X(t+j)]}{1+E[R^A(t,t+j)]} - I(t)}^{\text{现有资产的市场价值}} \tag{1.2}$$

其中，$X(t+j)$ 为流动资产在 $t+j$ 时的净现金流。

未来预期净现金流以适于未来净现金流风险的资本化率进行折现——也就是说，以在相应时期中流动资产预期收益率进行折现，即 $E[R^A(t,t+j)]$。

在等式（1.2）中，净现金流 X 是公司所有业务单元现金流的总和。而且在这些数量中，我们包括任何非资本和其他经营收入和支出，从而现有流动资产的价值可完全包括所有公司当期和未来现金流，但不包括从增长机会中获得的现金流（将在下面章节讨论）。除非特别指出，我们将在本书中一直使用这个假设。

我们也可将公司看做是一些特定项目或业务单元的组合。如果公司有 U 个这样的业务单元，并且这些项目的现金流是相互独立以及可完全在等式（1.2）中表示出来，则我们将公司的现有资产的当前市值重写为公司的业务单元或项目市值之和，任意项目或业务单元的市值可在 t 时表示为$V_j^A(t)$：

$$V^A(t)=\sum_{u=1}^{U}V_u^A(t)=\sum_{u=1}^{U}\sum_{j=0}^{\infty}\frac{E[X_u(t+j)]}{1+E[R^A(t,t+j)]}-I_u(t) \tag{1.3}$$

其中，$X_u(t+j)$ 为业务单位 u 的流动资产在 $t+j$ 时的净现金流，$I_u(t)$ 为业务单位 u 的资产在 t 时的投资支出。

1.1.2 增长机会

梅尔斯（1977）将增长机会定义为公司将有的未来获取或开发一项资产的机会。如果公司决定进行后续投资支出，当前增长机会将成为现有的未来资产。否则，增长机会将会到期而一文不值。增长机会或是公司面临的自身含有价值的战略决定，或是当前可识别的真正的未来投资机会。

举例而言，假设讨论中涉及的公司是一家制药公司。在未来某个 $t+j$ 时，该公司有机会开始开发一种新药，在此将其称为“项目 Q”。该公司将会产生一系列已知的未来投资支出来开发该药品，而我们将这一系列支出视做在 $t+j$ 时作出的一项单一支出，此支出等于用于药品开发的所有未来投资支出的贴现现值。将这项投资支出在 $t+j$ 时表示为 $I_Q(t+j)$。如果公司开始进行该项目，它的净现值将是：

$$\overbrace{\sum_{k=1}^{\infty}\frac{E[X_Q(t+j+k)]}{1+E[R^A(t+j,t+j+k)]}}^{\text{未来净现金流的折现预期现值}}-\overbrace{I_Q(t+j)}^{\text{所有投资支出的现值}} \tag{1.4}$$

其中，未来现金流来自药品销售收入、专利许可收入等。或者，公司可能决定不投入此项投资费用而放弃该项目。因此，开发药品的项目 Q 在 $t+j$ 时的值为：

$$\max\left\{\sum_{k=1}^{\infty}\frac{E[X_Q(t+j+k)]}{1+E[R^A(t+j,t+j+k)]}-I_Q(t+j),0\right\} \tag{1.5}$$

增长机会更普遍地被称为实际期权，因为它们具有类似买入期权的特征，这在等式（1.5）中很明显。特别地，任何特定的增长机会可被看做对现有未来资产价值的买入期权，其行权价格等于开发或获得该资产所需的投资支出。我们通常将实际期权与战略资产收购或潜在无形资产（如知识产权）联系起来。

在任意 t 时，增长机会的市场价值正是可在 $t+j$ 时行权的实际期权的 t 时价格。公司发现的 K 个增长机会的价值正是与 K 个未来项目、决定或机会中每个项目相对应的实际期权价格的总和：

$$V^G(t) = \sum_{k=1}^{K} V_k^G(t) \tag{1.6}$$

1.1.3 公司价值

一家公司的市场价值等于其实际资本的市场价值，反过来，后者正是公司现有资产和增长机会的市场价值之和：

$$\begin{aligned} V(t) = A(t) &= V^A(t) + V^G(t) \\ &= \overbrace{\sum_{u=1}^{U} \sum_{j=0}^{\infty} \frac{E[X_u(t+j)]}{1+E[R^A(t,t+j)]} - I_u(t)}^{\text{U个经营单元的现有资产的市场价值}} + \overbrace{\sum_{k=1}^{K} V_k^G(t)}^{\text{K个增长机会的市场价值}} \end{aligned} \tag{1.7}$$

1.2　金融资本和公司价值

金融资产是对一个或多个实际资产所产生现金流的要求权。金融资产可以多种形式出现，其创设的原因也是多样的，但所有原因都基于以某种方式协助个体的消费、生产，和（或）与实际资产的交换，或协助公司的某些经营活动。

当一项金融资产由公司发行，我们将称其为发行公司的金融资本。公司通常基于几种原因发行金融资本。金融资本首要和最显而易见的功能是通过将对公司实际资产的未来现金流的要求权交换为当期现金来筹集资金，从而帮助发行公司对投资项目进行融资。此外，发行金融资本能将公司资产的投资汇集起来，以在多个投资者间分散这些资产的风险。当然金融资本也有其他金融资产所具备的好处，如为更换对一捆资产（如一家公司）的控制权提供便利，而不必交换实际资产。

正如实际资本与实际资产之间的比较，金融资本和金融资产的主要区别一般在于后者的长期性。另外，金融资本对具有所有权的投资者来说，涉及了商业公司中某种程度的风险。由此，公司发行金融资本时，既为其经营筹集了资金，也在多个投资者之间分散了投资风险。

1.2.1 金融资本的基本形式

一家公司发行证券募集的金融资本，代表了对该公司未来净现金流的要求权，该要求权基本上以两种不同的形式出现：股本和债务。本书也将在第 14 章讨论介于教科书定义的股本和债务之间的广泛的混合方式。

股本和债务资本的区别主要有两个方面：一是治理结构方面。大部分情况下，一家公司普通股和某种类型的优先股的持有人是唯一可在公司经营和管理中发挥积极作用的索偿权持有人；[5] 二是索偿权本身的性质，它分别影响这两种证券的风险收益。

股本也称为剩余索偿权，它给予持有人对公司在支付完所有固定要求权和短期账单后的剩余净现金流的要求权。对公开上市和交易的公司来说，股本索偿权的最基本的形式是普通股，它实质上是公司剩余净现金流的对应比例的利益。普通股一般是“永久性”证券——它没有标明公司发行者必须以确定的价格买回该证券的日期。股本也可以以优先股股票、优先股股份、一般或有限合伙的股份以及类似的形式出现。一个公司的股权人可以通过卖掉股份而从他们的要求权中获利，或等待公司关闭而获得清算股息。除了上述两种方式可将股份转化为资本利得（或亏损）外，一些公司还可选择通过阶段性的现金发放或红利来补偿其股权人。

公司为筹集资金而发行的金融资本的第二种形式被称为债务，是公司根据预定日程承诺偿还本金和（或）利息的一种贷款。[6] 与股本不同，债务合同中明确规定了债务的最大偿付额，这样当公司盈利增加时，债权人不会因此获得更多的偿付。与盈利有限相对应，债权人也比股权人承担更少的商业风险，因为他们比股权人优先受偿。但这并不意味着债务人不承担商业风险。随着债务的违约风险的增加，债务的预期收益率也会相应提高以促使债权人继续持有债权。公司经营状况越接近违约，债务则开始越来越像股本，尽管它有预定的最大偿付额。

与普通股不同，债务一般具有规定的到期日。因此，债权人通常可以按照债务期内承诺的任何利息支付和到期本金归还的时间表，从其债权中获得收益。债务也可能包含提前偿还期权，即发行人的买入权（callable debt）或投资人的卖出权（即回售权，puttable debt），这时债务的本金在提前偿还日支付。此外，与股本一样，债权人也可以在偿还之前通过向其他投资人出售其索偿权而获得收益，或在公司倒闭时获得清算价值。

支付给债权人的利息本质上相当于支付给股权人的红利。然而在实务领域，这两者存在两个关键的不同点：第一，与红利不同，债务的利息在整个债务期内是预先确定的。[7] 第二，因为在现金派发时债权人比股权人具有优先权，债务利息应在任何红利派发给股权人之前支付。

1.2.2　高级性、优先性和次级性

当公司资产价值低于公司发行的固定索偿权所承诺的支付额时，我们知道股权人将得不到任何收益，而债权人将按比例分配剩余的资产。然而，多数公司发行品种更丰富的证券，而不是单一的债务和普通股。

优先性（priority）概念指的是当公司破产而对清算资产所获得的资金进行分配时，某些索偿权所有人具有优先索偿的权利。一项权利的高级性（seniority）指的是索偿权持有人的优先权。或者说，一种证券的次级深度（the depth of subordination）是其高级性的倒数，也就是说，最深的次级证券在破产情况下具有最低的高级性和最低的优先权。一般情况下，一个特定级别的证券具有的次级深度越高，该证券对于一个特定资产的市场价值来说所承担的违约风险就越大。这是由于具有特定优先权的索偿权持有人在公司破产时，只有所有更高级别的权利得到偿付后，才能获得支付。

图 1.1 显示了金融资本的优先性、次级性和高级性的概念。图 1.1 描述了在 t 时间内公司的经济资产负债表，该公司拥有的资产能够支持其债务和股本两种形式的金融资本。公司的金融资本从下到上以递增高级性或优先性（也就是递减次级性深度或递增风险）的顺序列在经济资产负债表的右边。除了普通债务和股本外，我们继续忽略任何其他公司证券，现在我们将允许在每一类里有多种级别和深度的次级性。

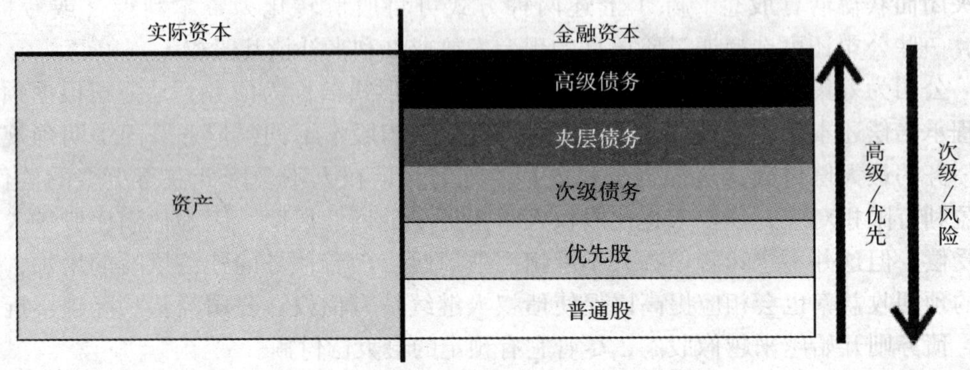

图 1.1 金融资本的高级性/优先性/次级性

具有最低优先权的追索人总是某种股本或公司剩余利益的持有人。实际上，股本索偿权有时称为“软”索偿权，因为它们在公司资本结构中的级别会随着该公司发行的其他证券而调整，以保持其最低级别的索偿权。最低级别和最弱的索偿权通常是普通股，该类股本在公司破产时，只有当所有其他证券持有人被完全支付后，才能获得支付。

比普通股级别高但低于其他证券的是优先股。优先股是另一种形式的股本，而其一些特征则更接近债务，如有确定的到期日和有限表决权等。优先股的红利支付要先于普通股的红利支付。但同时，优先股是股本而不是债务，这就意味着优先股红利也是视情况而定的。如果公司不能支付承诺的债务利息就属违约事件，但优先股红利通常可以暂停支付而不触发违约条款。[8]

债务作为一种金融资本经常有几个次级性层次，具有最低优先性的是次级或低级债务，最高优先性对应的是高级债务。公司的无保证高级债权人是指公司资本结构中最高级的无保证债务的持有人（本书将在第三部分讲到保证债务）。高级债务常以商业银行向公司直接放贷的银行贷款形式出现。

次级债务是在高级贷款人被完全支付后，贷款人按比例获取通过清算资产而得到的资金的一种债务。次级债务也可能有若干级别，常常为不同种类的公司持有。例如，银行可能持有高级次级债务，公共或机构投资者可能持有同一公司的低级次级债务。

就信用风险和外部信用评级而言，最低级别的次级债务一般比高级债务低两个评级。虽然这使低级和次级债务相比高级债务来说具有更大的风险，但债务的绝对风险水平取决于公司的总体风险。对一家创办不久的公司，或高杠杆和低资本率的公司来说，其次级债务可能是“垃圾”。[9] 但是对一家资本雄厚的 AAA 级发行者，其次级或低级债务可能仍具有 AA + 级或 AA 级的评级。

1.2.3　资本结构

简单地说，一家公司的资本结构是该公司发行的固定要求权和剩余要求权的对应组合体。我们可以按照存量或者流量来研究公司的固定和剩余索偿权的组合。

如果我们从资本结构的存量角度看，我们要考虑在任何确定的时点上的未偿债务与股本或总金融资本的比例，公司的资本结构应该是该公司发行的债务和股本的组合，以及这些权利的次级层次和到期日。

我们从存量角度来描述公司的资本结构时，最通用的方法是杠杆率，或该公司固定索偿权而不是剩余索偿权占金融资本总额的百分比。例如，0.30 或 30% 的杠杆率意味着公司资本结构的 30% 由固定收入债务组成，70% 是股本索偿权。此外，由要达到的目的的不同，我们可根据账面或市场价值对这些比率进行评估。

另外，公司的资本结构也可用流量来进行描述。如果从资金流的角度来考虑资本结构，我们将倾向于关注像红利支付比率和利息覆盖比率（interest service coverage ratio）这样的变量；或我们根据已发证券流来考虑资本结构，这表明公司愿意发行不同种类的索偿权来管理风险或对新投资进行融资。

1.2.4　资本结构和机构组织形式

法玛和詹森（Fama & Jensen，1983a，1983b，1985）定义了四种组织形式，主要对其发行的金融资本索偿权的性质和公司的治理模型进行区别——更明确地说，治理模型是公司发行的金融资本索偿权的持有人和公司治理人之间的关系。

第一，公开公司（open corporation）通常发行无限制普通股形式的剩余索偿权。普通股赋予每位股东对净现金流或公司资产价值的比例索偿权。如果公司已发行 N 份股，每位股东在公司清算时的 T 日将收到 $S(T)/N$，或在公司清算前的红利支付期内，获得同样比例的红利。

公开公司所发行的股份可以自由地在二级市场上进行买卖。虽然证券登记机构需将对发行公司的股份所有人进行记录，但投资者可自主决定何时买卖股份。股份所有权的转让通常不需要获得公司许可。[10]

第二，封闭公司（closed corporation）或独资公司（私营业主公司，proprietorship）也发行股份形式的剩余索偿权，但封闭公司的股份通常不能自由买卖。在独资公司中，股份通常以合伙股份或利益的形式出现。这些利益常常只有公司的管理者可以获得，并且通常不能自由卖出或转让，而普通股几乎可以自由转让给用现金购买的任何人。在有限合伙制中，股份持有可能不完全限于承担管理责任的人，但通常仍对其买卖有严格的限制条件，以将潜在合伙人限制在公司希望与之打交道的特定投资者群体中。

第三，金融相互制（financial mutual）或辛迪加（syndicate）。在这类公司中，剩余索偿权人也是该公司的顾客。例如，开放式共同基金或房地产投资信托（RE-

IT）的股份代表了对该基金或信托通过股份售卖获得的收益所投资的资产的比例索偿权。基金或信托从投资者获得资金的唯一原因是它们代表投资者重新将这些资金投资到某些特定的资产类别或投资项目中。当事实上公司剩余索偿权人也是该公司的用户时，这可能看起来就像个循环逻辑。

一些金融相互公司的股份在有组织的市场上公开上市，而另外一些只能通过私下谈判或拍卖获得。例如，一家乡村俱乐部的股份也是一种相互组织的股份，该相互组织股份的购买者也同时享用着这家俱乐部提供的服务。在这个例子中，购买者可能必须直接从俱乐部和其控制层成员获得会员资格，必须满足一定的会员资格标准，并且在没有获得其他控制层成员的同意时，不能将他的会员资格卖给其他人。

第四，非营利组织（nonprofits）是本质上没有剩余索偿权人的组织。最接近该类组织的是直接提供营运现金流的捐赠者和支持者。捐赠者获得对非营利组织劳动成果的无形剩余索偿权，而不是对非营利组织的净现金流的剩余索偿权。

组织形式的选择与公司的资本结构关系密切。发行金融资本对公司来说不仅是融资的途径，而且是汇集公司投资资金的一种方法，从而在一组投资者间分散商业风险。不同公司发行的证券的承受风险性质常常与所选择的组织形式相关。例如，因为一家公开公司已经形成了所有权与经营权的分离，所以其股本主要当做融资工具。由于这种形式的公司也允许投资者分担公司的风险和收益，投资者可相应地对公司进行定价。但由于股本所有权与直接经营权相分离，股本的风险起不到激励的作用。相反，当经营人不按照证券持有人的最大利益进行经营时，这些风险还将引起二者之间的矛盾。

对比而言，一家小的合伙公司，经常是所有权与控制权的高度融合。因此，合伙公司的股本不仅是一种融资的工具，而且能够持续激励公司合伙人投入时间和精力以使公司尽可能地盈利。

1.2.5　公司价值再论

在任意 t 时，所有公司的证券合并价值［表示为 $W(t)$］是该公司所发行的债务和股本索偿权的市场价值的总和，忽略这些索偿权的到期结构和次级性。该公司金融资本在 t 时的总市值为：

$$W(t) = [S(t) + \delta(t)] + [D(t) + \rho(t)] \tag{1.8}$$

其中，$S(t)$ 为在时间 $t-1$ 末已发行的公司股本或股份资本在 t 时的市场价值，$\delta(t)$ 为在 t 时支付给股东的红利，$D(t)$ 为在时间 $t-1$ 末已发行的公司债务在 t 时的市场价值，$\rho(t)$ 为在 t 时支付给债权人的利息。

只要所有金融索偿权的价值总额完全能够代表该公司从其现有资产和增长机会中产生的所有现金流，公司发行的证券价值总额就一定等于该公司资产的价值总额。将等式（1.1）和（1.8）合并，我们将得到：

$$V(t) = A(t) = W(t) \tag{1.9}$$

换句话说，公司的市场价值总是等于公司所持有的实际资产的市场价值，而后者也等于公司所发行的金融资本总额的市场价值。

注意等式（1.9）是同义反复，并且只要公司发行的所有金融索偿权能够完全代表公司拥有的资产所产生的所有现金流，该等式就一直有效。我们可使用期权理论看看为什么会是这样一种情况。这也提供了一个可在本书开始回顾最基本的期权结构的好机会，这些内容足以使具有有限背景的读者消化吸收本书后面有关期权的论述。

1.3 期权视角下的金融资本

金融索偿权的价值仅源自发行这些索偿权的公司所持有的实际资产组合的现金流。只要公司发行至少一种剩余权类别的证券来平抑其实际资产价值的波动，所有金融资本索偿权的市场价格总和总是正好等于公司实际资本的市场价值。我们可以利用期权理论去证实确实是这样的，同时以下内容还可以让我们对期权理论进行快速回顾，以使我们消化吸收本书后面有关期权的论述。

对于接下来的具体讨论，假设一个公司发行普通股并在 T 日到期，总面值为 FV 的零息债券。假定将该债券分为高级和次级，面值分别为 X 和 Y，因此，$FV=X+Y$。为简化起见，假设 $A(T)$ 表示公司净资产在 T 日的市场价值，这里我们将净资产作为公司的实际资产减去除债务之外 T 日到期的流动负债。进一步假定公司在 T 日将其实际资产以市场价格 $A(T)$ 进行清算获得现金，并不需任何成本地将这些现金重新分配给其三种级别的证券的投资者。

1.3.1 债务

高级债务是对公司现金流的固定索偿权，它向投资者支付 X，只要公司净资产足以承担该支出。如果 $A(T)<X$，公司高级债权人将作为一个团体按比例收到公司净资产清算后得到的现金 $A(T)$。当高级债务到期时，对其支付可以合理地表示为：

$$D^{sr}(T) = X - \max[X - A(T), 0] \tag{1.10}$$

从期权产品角度看，高级债务可被看做无风险贷款 X 加上行权价为 X 的对公司资产的空头卖出期权（short put）。对高级债务的偿付在图 1.2 中表示为 $A(T)$ 的函数。

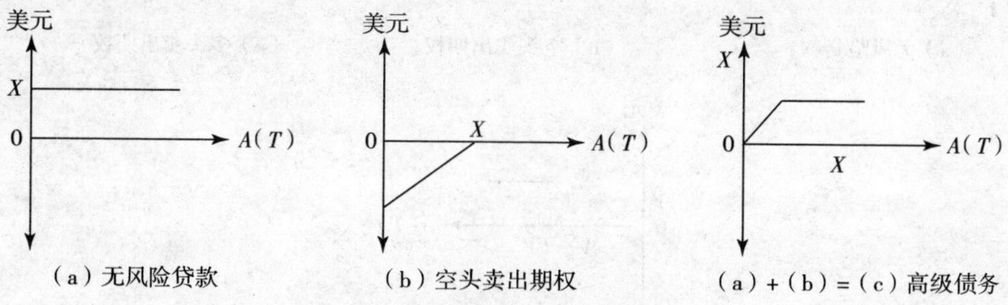

图 1.2 到期零息高级债务价值

对高级债务的解释是相当直观的。如果公司经营得很好，且 $A(T)$ 相对较高，债券持有人将收到其全部固定支付，但从不会参与公司的利润分配而获得高于其固定支付的金额。

再者，次级债务是对公司现金流的固定索偿权，只要公司净资产足以承担该支出，它就向投资者支付 Y。但是因为次级债务在资本结构中比高级债务级别低，低级债权人只有在高级债权人完全被支付后才能得到偿付。因此，对次级债务的完全清偿需要公司的资产价值至少为 $X+Y$，这样才能承担对两种级别债务的偿付。

从高级债务类推，我们可将对次级债务的总支付看做无风险贷款 $X+Y$ 加上行权价为 $X+Y$ 的对公司资产的空头卖出期权。当然，净支付也必须考虑总支付中必须留给高级债权人的部分。因此，我们必须从对次级债务的总支付中减去高级债务的价值，以得到对低级债权人的净支付：

$$
\begin{aligned}
D^{sub}(T) &= (X+Y) - \max[(X+Y)-A(T),0] \\
&\quad - \{X - \max[X - A(T),0]\} \\
\rightarrow D^{sub}(T) &= Y - \max[(X+Y)-A(T),0] \\
&\quad + \max[X - A(T),0] \qquad (1.11)
\end{aligned}
$$

等式（1.11）中对次级债务的支付在图 1.3 中表示出来，读者将会认出，此为多头或看涨的纵向多空套做（bullish vertical spread）的盈亏状况，包括无风险贷款 Y，一个行权价为 X 的多头卖出期权和一个行权价为 $X+Y$ 的空头卖出期权。从图形上看，该支付是十分直观的：在资产价值低于 X 时，次级债务根本不能获得任何偿付，因为所有公司资产都用来支付高级债务；对于高于 X 但低于 $X+Y$ 的资产价值区间，低级债权人按比例部分获得他们对公司的索偿权；对于资产价值高于 $X+Y$ 的情况，低级债务能够完全获得偿付并达到其最大现金流 Y。

对比等式（1.10）和（1.11）和图 1.2 和图 1.3 中的高级和次级债务偿付，我们能够看到高级债务持有人出售的卖出期权实际上由低级债权人购买。这就是次级

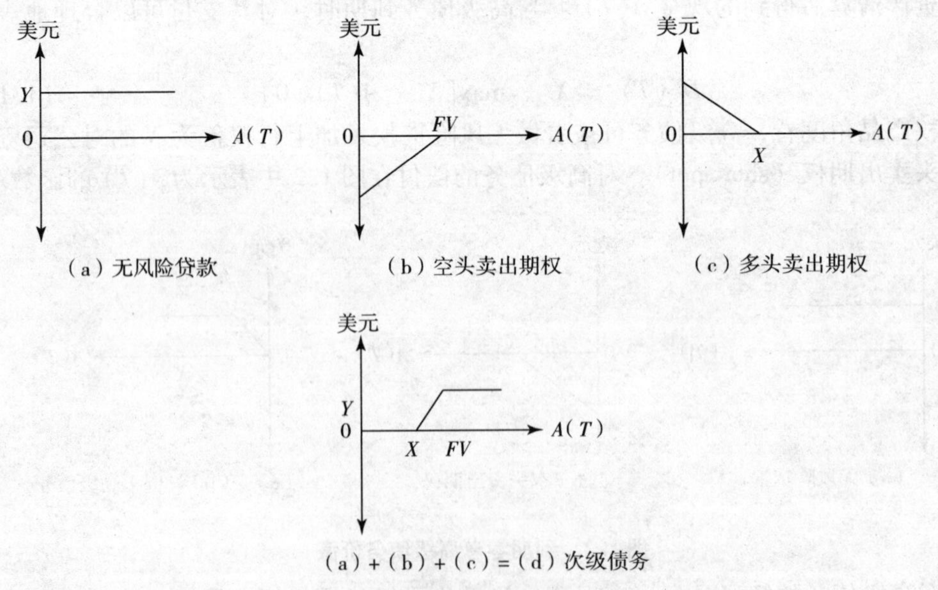

图 1.3 到期零息次级债务价值

性和高级性的本质。多头卖出期权实质上在次级债务和高级债务之间砌筑了一道不可逾越的“墙”，使得这两种债务只有在公司破产时才能区分开来，这就保证了次级债务在资产低于高级债务面值情况下不能对公司的资产行使索偿权。

进一步巩固这一概念，我们可看到当将公司发行的所有未清偿债务的价值进行加总时，隔离低级和高级债权人的这道“墙”——行权价为 X 的卖出期权就消失了：

$$D(T) = D^{sr}(T) + D^{sub}(T) = FV - \max[FV - A(T), 0] \tag{1.12}$$

因此，债务总体上的盈亏情况为一个现金贷款 $X+Y$ 加上行权价为 $X+Y$ 的空头卖出期权。行权价为 X 的多头卖出期权帮助我们决定低级和高级债权人如何在它们之间划分所有权，但并不影响总额。

1.3.2　股本

普通股是对公司净现金流的剩余索偿权。因此普通股股东可在 T 日得到的支付等于公司资产清算得到的总资金减去公司尚未支付的所有账款，包括偿付高级和低级债权人的账款。普通股是有限责任合同，所以在公司资产不足以支付所有债务时，股本基本没有任何价值。将普通股股东作为一个集合，其盈亏状况为：

$$S(T) = \max[A(T) - FV, 0] \tag{1.13}$$

因此，股本可视做多头买入期权，行权价等于所有未清偿贷款的账面价值，$FV=X+Y$。对于任何高于两种债券的本金的净资产价值 $A(T)$，股本持有人将有一得一（gain dollar for dollar）。这是股本持有人拥有的“剩余”索偿权，其潜在上方空间只受公司资产价值的潜在增值所限。由于存在这项潜在回报，按次级性排队，股权排在最后，除非剩余资产价值在偿付完债务后是正值，否则股本是没有价值的。图 1.4 显示了等式（1.13）中股权作为一个集合的盈亏情况。

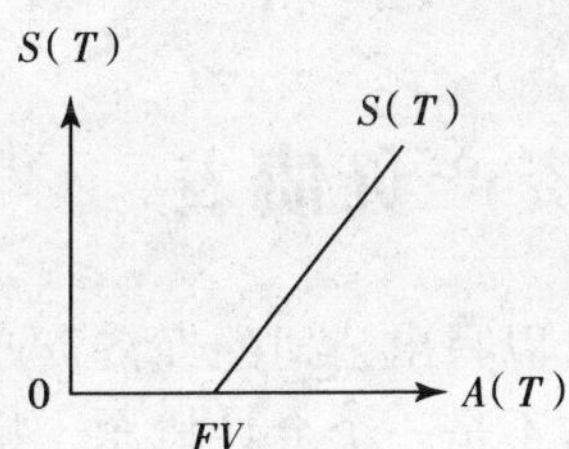

图 1.4　债务到期日的股权价值

从概念上讲，我们可从总值和净值角度考虑，就像前面讨论次级债务一样。从总值的角度考虑，如果公司在时间 T 进入清算，股权将获得公司资产 $A(T)$ 的剩余价值。但对所有高于股权的索偿权的支付必须从该总额中减去，以获得股权的净回报。因而，股权拥有如下回报：

$$S(T) = A(T) - \{FV - \max[FV - A(T), 0]\} \tag{1.14}$$

换而言之，股本持有人虽然得到通过对公司资产的所有清算获得的现金资金，但必须立即花费 $X+Y=FV$ 的资金以偿付所有债务持有人。等式（1.14）的表达式等同于我们在等式（1.13）中所写的买入期权的回报。[11]

1.3.3 公司价值

正如行权价为 X 的卖出期权在高级和次级债务中发挥的隔离墙的作用以维护债权的级次关系一样，在债权和股权的回报等式（1.12）和（1.14）中出现的以 FV 为行权价的卖出期权也扮演着类似的隔墙角色，即将债务持有人与股本持有人按次级性区分开来。记得之前我们将高级与次级债务相加而得到债务的总市值时，隔墙消失了。类似地，当我们将债务与股本的价值相加以得到所有公司已发行的金融资本的价值时，隔墙再次消失了，只剩下：

$$W(T) = A(T)$$

正如债务的证券级别间的情况，将公司作为一个整体也是一样的。我们如何在不同证券持有人间分配支付额，并不影响我们要分配的总体价值。[12]图 1.5 呈现了这一情况。

我们所有的例子都考虑的是债务到期日。如果考虑其他日期，则图形看起来不是很显著，但所有探讨的关系仍将成立。因此，上述结果在所有时期都成立。

在上述分析中，我们还忽略了债务的红利和利息。如果现在将这些考虑进去，就能够进一步确定以前在等式（1.9）中的论断，即公司价值等于公司发行的所有金融资本的价值和公司实际资产的价值之和：

$$W(t) = [S(t) + \delta(t)] + [D(t) + \rho(t)] = A(t) = V(t) \qquad (1.15)$$

正如我们以前提到的——现在我们明白了为什么——等式（1.8）和（1.15）是同义反复。为使这些等式成立，我们所做的唯一假设是公司的金融资本必须包括至少一项剩余索偿权。如果公司只发行债务，则可看到公司剩余资产的剩余价值将永远不会达到平衡。但如果至少有一项股本索偿权，股权总会吸收掉债务持有人被支付后的剩余市场价值。

1.4 公司的经济资产负债表

有了上述概念，我们现在可以写出公司的经济资产负债表，有时也称做市场价值资产负债表。我们必须强调这不是一个会计概念。特别是，一些会计原则下的表外项目将出现在公司的经济资产负债表中。而且，我们使用的某些术语如“金融资本”是经济概念。会计师将金融资本定义为公司的股本与折现和留存收益之和，而金融资本的经济概念是所有公司负债和股本的市值之和。

发行单一级别债务和股本的公司的经济资产负债表可见图 1.6。这显示了实际和金融资本之间的基本关系，即两者的市值必须相等，同时这一市值也是公司的市值。该资产负债表可能现在看起来很简易，但在后面的章节中将变得复杂并被广泛地使用。

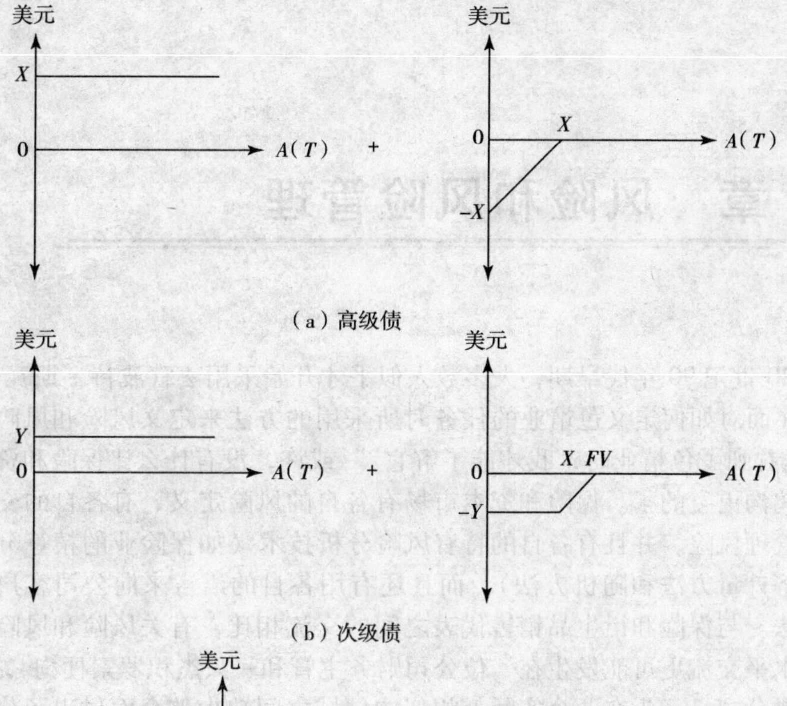

（a）高级债

（b）次级债

（c）股本

（a）+（b）+（c）=（d）公司价值

图 1.5　在债务到期日的公司价值

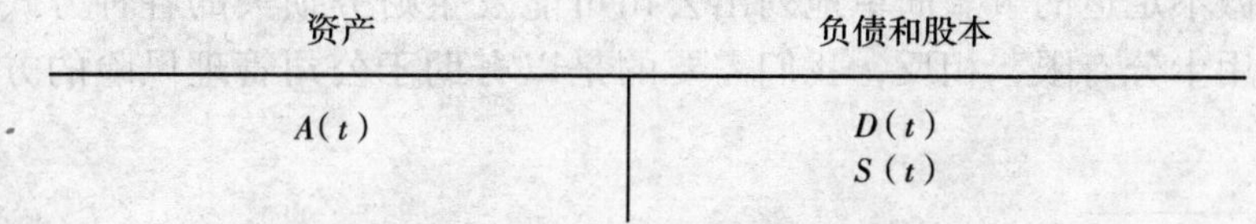

图 1.6　公司经济资产负债表

第2章 风险和风险管理

直到20世纪90年代早期，大多数人似乎才开始采用法官波特·斯瓦特（Potter Stewart）在面对如何定义色情业的任务时所采用的方法来定义风险和风险管理。他说："当我看到了色情业时，我才能了解它。"或许，没有什么比保险和资本市场之间的知识鸿沟更宽的了。保险和资本市场有各自的风险定义、有各自的交易方法来帮助公司管理风险，并且有各自的特有风险分析技术（如保险业的精算分析与衍生品中的经济计量方法和随机方法），而且还有用各自的语言来向公司客户销售风险管理的方法。与保险和衍生品销售代表之间的交流相比，有关风险和风险管理的有意义的高水平交流更可能发生在一位公司财务主管和一只杰积罗素梗狗①之间。

非金融公司已经为在两个实际上相似的领域之间缺少整合而付出了代价。这些公司基本别无选择，只能将保险与金融风险和风险管理解决方案作为截然不同的东西来对待。由于没有好的理由来按照保险公司或衍生品交易商提供的其他方式做，相互隔离的风险世界则成为公司的标准思考方式。

近年来，这些情况开始发生变化。曾经将两个实际上类似的行业分开的术语的神秘性和重要性都降低了，并且对风险和风险管理的概念、工具和定义的跨行业认识在不断增长。实际上，公司部门对保险与金融风险的综合需求曲线，以及处于衍生品和保险中间地带的以结构性融资和非传统风险转移方法日益形成的综合供给曲线，构成了本书存在的基础。

然而，有关风险和风险管理的含义仍然十分混乱。不管行业偏见或原先的背景如何，本章则力图搭建相同的领域并创建将在本书其余章节中通用的风险词汇。除此之外，我们还要区分各种风险管理方法，特别是风险融资与风险转移的比较。

2.1 金融风险与非金融风险的对比

风险可以定义为任何可能对公司扣除负债后的资产净值的市值、盈利或者毛现金流产生不利影响的随机性来源。在概念上，对"风险"这个术语的含义达成共识并不是一件微不足道的事。简单地列出公司可能发生财务损失的各种方式实际上并不难，但作用十分有限。相反，我们需要的是以有助于公司管理风险的方式列出各种风险。

---

① 杰积罗素梗，Jack Russell terrier，一种名种宠物犬。——译者注

让我们首先阐述在本书中将要讨论的各种风险之间的一些重要区别：[1]

- 金融风险（financial risk）——某种可能引起公司现金流、价值或盈利意外减少的金融事件。减少的数额由一种或多种金融资产价格的变化来决定。
- 危险事故（peril）——可能造成人身或财产损失的自然的、人为的或经济的状况。
- 意外事故（accident）——由危险事故引起的资源的意外损失。
- 危险因素（hazard）——某种增加由危险事故引起损失的概率的因素。

我们将依次讨论这些概念。

2.1.1 金融风险

金融风险是公司的潜在意外损失的一种来源。由于市场条件、公司债务人的财务状况或者公司本身财务状况的不利变化，都会出现这种意外损失。金融风险可影响公司的现金流、会计盈利和（或）价值（即资产和负债的市场价值）。特别重要地，公司因已发生的金融风险而损失的金额依赖于一种或多种由市场决定的价格的行为。金融风险有五种主要类型。[2]

市场风险 市场风险源自由市场决定的资产价格、参考利率（如伦敦银行同业拆借利率，LIBOR）或指数的变化，这种变化通常根据资产类别（其价格变化对所论及的风险产生影响）加以分类。基于资产类别的市场风险的常见形式包括利率风险、汇率风险、商品价格风险（通过材料买进或产品卖出）以及股本价格风险。

一项风险暴露的市场风险也可以根据风险因素影响其价值的方式加以描述。在这种情况下，市场风险通常可使用很多术语加以分类，即所谓的“兄弟行”——delta（δ）、gamma（γ）、vega（υ）、theta（θ）和 rho（ρ），分别表示一项头寸或风险暴露的价值相对于基础资产价格变化、基础资产价格的变化率、基础资产价格的波动性、时间的流逝以及折现率的敏感性。市场风险还包括基础风险，即由于资产和负债不同的风险可能引起非完全相关的价格变化反过来导致资产与负债之间的不匹配。

资金风险 当现金流入和当前余额不足以弥补现金流出时，则会出现资金风险，在这种情况下，为产生临时性现金流入，常常需要进行昂贵的资产清算。大多数公司，不管是金融性的还是非金融性的，都有其流动性计划以控制资金风险。众所周知的公司如德崇证券（Drexel Burnham Lambert Group, Inc.）和 MG 炼油和行销公司（MG Refining & Marketing, Inc.，德国大型公司 MG 的美国子公司）的失败很大程度上是由于资金问题，并已使公司更加重视这类风险。

纯资金风险和市场风险之间的差别比较微妙，因为这两种风险是明显相关的。市场风险可以看做当不利的市场事件出现时，一系列现金流价值变化的风险。所谓的价值正是定义为未来现金流的折现净现值（net present value，NPV）。当现金流及时出现时，资金风险则基于现金流风险。而在比较某时点的流动性风险与另一时点的流动性风险时，折现为 NPV 的方法就不合适了。相反，所有相关的只是每段时期的现金流余额。对比而言，市场风险会涉及任何时期的现金流风险，因为所有将来现金流最终都要影响资产或负债的当前 NPV。

尽管有这种差别，市场价格波动几乎总是表现了与资金风险有关的风险暴露的特征。虽然触发事件是现金资金不足，但不足金额本身和不足的经济后果通常是由市场价格变动所决定的。

市场流动性风险　市场流动性风险是指不断波动的市场会限制亏损交易的变现以及限制对冲现有市场风险的新交易的建立。假设某一公司与一家银行签订了在未来三个月用德国马克购买英镑的协议。如果英镑对德国马克遭遇大规模和快速的贬值，如1992年9月欧洲货币体系的汇率机制在“黑色星期三”发生崩溃一样，上述外币购买协议的价值将迅速下降。在此情况下，公司可能试图取消其最初的协议或者再签订一份抵消合同。如果该协议未经对冲操作，或者抵消合同的签约对方发生违约，市场波动性可能变得很高，以至于即使使用具有流动性的在交易所交易的英镑和德国马克期货，也不能以较好的价格达成新的对冲交易。因此，该公司的市场风险由于出现的市场流动性风险而剧增。

上述公司面对的风险暴露，即其潜在损失大小，将由市场驱动的英镑对德国马克的汇率变化来决定。因此，我们将此种风险在本质上视为金融性的风险。

信用风险　信用风险是由于公司的债务人实际或可能不履约而发生的风险。信用风险通常有四种形式：结算前风险来自债务人在交易结算开始之前发生违约的可能性；结算风险专门与公司在结算期内或者在交易确认和最终结算之间的时期内发生的破产相关；迁移或降级风险（migration or downgrade risk）是由于市场察觉某一公司不履约的可能性增加而导致该公司所发行的索偿权价值贬值的风险；而利差风险（spread risk）是由于一般公司信用质量恶化而影响某特定公司所发行的索偿权的风险。

这四种信用风险的差别可通过一个简单的例子很好地加以说明。假设沃夫姆（Wolfram）拥有一把七弦琴，并发行一份权证，使其持有者以预先谈好的10个金币的价格在一个月后买他的七弦琴。而且假设在发行权证时，人人都认为沃夫姆不可能不交付他的七弦琴。假设该权证今天值一个金币，并且假设七弦琴的当前市场价格是10个金币。现在考虑谭浩瑟（Tannhäuser）从沃夫姆处购买了这一权证，而且价款支付和琴交付都将在一个月后进行。如果沃夫姆在交易到期前1小时通知谭浩瑟，他不能交付七弦琴，谭浩瑟就可能遭受结算前损失。要注意的是，假设七弦琴的市场价格已经升至15个金币，而沃夫姆通知谭浩瑟说，他没有七弦琴，只能向其返还1个金币。但是，如果谭浩瑟仍然想要七弦琴，他现在必须以新的较高的价格签订一个新的七弦琴购买协议。这样，谭浩瑟则发生了5个金币的结算前信用损失造成的替换成本。

结算风险是在交易进入结算过程之后一方不履约才出现的。假设一个月已经过去了，而谭浩瑟向沃夫姆支付了10个金币，但沃夫姆却通知谭浩瑟说，他没有七弦琴可卖并将10个金币据为己有。在这种情况下，就导致谭浩瑟发生了10个金币的结算信用损失，而根本见不到七弦琴。[3]

不论结算前风险还是结算风险都与沃夫姆对谭浩瑟的违约有关。但信用风险也可能表现为迁移或降级风险，它不是由实际的违约责任所引起，而是由市场察觉到的将会违约概率的增加引起。继续上述例子，假设谭浩瑟不再希望拥有七弦琴，而是维尼斯（Venus）需要一把七弦琴。谭浩瑟可将其权证卖给维尼斯。但如果维尼斯现在怀疑沃夫姆一个月后能不能交付七弦琴，她向谭浩瑟支付的金额有可能少于谭浩瑟为购买其权证而向沃夫姆支付的金额，因为其价值是根据市场对沃夫姆的信用能力的评价而确定的。换句话说，谭浩瑟将遭受该权证上的资本损失，即使沃夫姆实际上并未违约也是如此。仅仅是市场对他可能违约的怀疑有所增加就足以使该权证的价值减少。

最后，当谭浩瑟向维尼斯出售那份权证时，如果市场感到所有公司的信用风险都在增加，则谭浩瑟的权证的价值也会减少。这种情况一般称为“利差风险”，因为风险公司现金流必须以无风险利率之上的违约信用利差进行折现。具体公司的信用情况（即迁移风险）或按法玛和弗兰西（Fama & French，1993）所说的更为系统的违约风险溢价都可能影响利差风险。

法律风险 法律风险是指如果一家公司认为一份合同是法律上可强制执行的，但实际上并非如此，由此而使公司发生损失的风险。全球衍生品研究组（Global Derivatives Study Group，1993）为常常用于风险管理的创新金融工具识别出几种法律风险的来源，其中包括口头合同的形成与某些国家和司法辖区内的反欺诈法令之间的冲突、某些实体（如市政当局）达成某类交易的能力、违约轧差交易（close - out netting）的可强制执行，以及金融工具的合法性。除此之外，法律和规定的意外改变也可使公司暴露于潜在损失的风险中。

法律风险在本书中归类为金融风险，因为这类风险引起的损失常常是由市场价格变化的大小和经济重要性趋动的。例如，在破产事件中的轧差协议是非强制性的，由此可能导致最优选择（cherry - picking）的损失，其损失总额由市场价格变动而定。例如，假设乌顿（Wotan）公司与齐格弗里德（Siegfried）公司达成互换协议，每季度按固定现金流10 000美元交换并从齐格弗里德公司收到等于全部利息的支付额，反过来，齐格弗里德公司从一组贷款组合得到10 000美元利息。如果有轧差协议，齐格弗里德公司破产时，该协议不会发生任何现金流。如果现有轧差协议是不可强制执行的，则齐格弗里德公司可能试图最优选择乌顿公司，要求收回乌顿公司欠齐格弗里德公司的10 000美元，同时拒付齐格弗里德公司欠乌顿公司的10 000美元。

在本例中，乌顿公司承受的风险额取决于齐格弗里德公司所拥有的贷款组合的价值。如果齐格弗里德公司的贷款为浮动利率且利率提高了，则齐格弗里德公司可能就欠乌顿公司15 000美元。但如果没有捆绑的轧差协议，乌顿公司可能再也不会见到那笔款项了。

2.1.2 危险事故、意外事故和危险因素

危险事故是一种可引起公司意外损失的自然的、人为的因素或经济状况，损失的大小通常不依赖于一个或多个金融变量的变化。因此，危险事故事实上是一种非金融性风险。意外事故是由某种引起损失的危险事故所导致的特定负面事件，通常被认为是非故意的。危险因素是增加危险事故相关损失的发生概率的因素，可以是

故意的或是非故意的。

通过例子或许能够更好地理解这三种概念的差别。例如，如果一家公司面对其雇员遭遇工伤的危险事故，则与此有关的意外事故可能是公司某个存储容器阀门的非故意开启。而危险因素可能是使雇员更可能打开阀门的酒精或毒品；也可能是容器中的能够溶解阀门密封的腐蚀性化学物品，以及其他类似的情况。

公司在其业务运转过程中经常面对的各种类型的危险事故包括以下几项，同时在每种情况下通过定义给出一些例子：[4]

- 生产危险事故——对所售产品的需求发生了意外变化，投入成本增加或营销失败。
- 营运危险事故——加工过程、人员或系统中的故障。
- 社会方面的危险事故——社会政策方面的不利变化（例如，所售产品的政治错误，紧张的劳资关系，时尚和口味的变化等）。
- 政治方面的危险事故——政府的意外更迭、资源的国有化政策的变化、战争等。
- 法律方面的危险事故——民事侵权行为和产品责任以及其他责任，其所承担的风险不是由金融变量引起的。
- 实物方面的危险事故——现有资产的破坏或被窃、资产功能的损害、设备或机械故障、与化学品有关的危险、与能源有关的危险等。
- 环境方面的危险事故——洪水、火灾、暴风、冰雹、地震、龙卷风等。

奥特瑞维利（1998）提供了一些可增加不同种类危险的损失可能性的危险因素的例子：

- 人类方面的危险因素——疲乏、无知、粗心大意、吸烟。
- 环境方面的危险因素——天气、噪音。
- 机械方面的危险因素——重量、稳定性、速度。
- 能量方面的危险因素——电力、辐射。
- 化学方面的危险因素——毒性、易燃性、易爆性。

在此不可能列出所有公司都可能面对的所有不同的危险事故和相关意外事故或危险因素并加以归类。不过，其中一些十分重要，有必要进行进一步讨论。

生产危险事故和业务连续性风险 与生产有关的危险事故包括那些威胁一家公司按预期进行正常的业务活动的任何危险，通常来自对公司的产品供给和需求的变化或物理生产过程的变化。例如，公司成本或需求函数的突然变化，可使公司价值由于生产风险而遭受突发的损失。其他三种与生产有关的危险事故包括顾客损失风险、对关键雇员的过分依赖性，以及供给链风险。

一家公司面临的核心风险是其顾客流失的风险。这既可能是由于商业竞争者的竞争，也可能是顾客不再在当前的报价水平上需要公司所销售的产品或服务。因此，顾客流失风险包括定价风险，或者公司错误估计顾客接受的价格水平或结构的风险。

留住顾客的重要性在近期网络商务的繁荣中可以得到生动地反映。对于一家刚开业的互联网公司，其准确估计顾客价值的能力是最主要的业务。只有当这些价值能够与顾客获取成本进行准确比较时，其业务才真正有价值。基于该原因，对顾客流失风险和顾客价值的关注或许永远要放在首位。

因此，对于所有类型的公司来说，顾客流失风险是相当重要的，它是经营一项盈利业务的真正核心风险。一家航空公司必须像网上书店一样关心其顾客流失问题，而一家咨询公司也必须如此。如果由于外生因素导致需求曲线向内移动，或者所售商品或服务的可得到的替代物变得相对有吸引力，则该公司业务将陷入困境。

许多非金融公司都会面临不利事件发生的风险，这些不利事件可能发生在连接公司生产过程的投入和其产出的物理供给链上的任意环节。在此供给链上的任何结合处都可能出现问题。例如，一家种植小麦、将小麦磨成面粉并将面粉向全世界的面包厂出口的公司，其不利事件发生的原因可能出现在疾病、坏天气、虫害、恶意破坏行为或一系列其他妨碍农作物按进度表（时间和数量）生长和收获的因素。在磨粉阶段，设备可能出现故障、谷物也可能遭到污染，以及在运输过程中产品的损失等。简而言之，在上述的每个阶段，公司都要面对某种形式的存货或产品风险。

另外，与生产有关的风险是商标名资本或名誉的损失风险，这是所有公司实际上都要面对的，可能导致收入的减少、成本的增加和顾客数量下降的风险，因而也将其归类为生产危险事故。当公司行为不谨慎或者只是被认为是行为不慎的，就可能出现名誉风险。例如，埃克森石油公司（Exxon）发生的沿阿拉斯加海岸的瓦尔迪兹石油（Valdez oil）灾难。

名誉风险是由于应对外部危机时不好的公共关系管理而引起的，而不考虑危机是否来自于公司的直接错误。例如，由天气引起的飞机失事，如果对灾难的公共关系尺度处理不当的话，对航空公司和飞机制造商的名誉都会产生不利影响。

最后，如果公司只是不能履行承诺，也会出现名誉风险。例如，一家经常力图避免支付索赔（即使索赔是明确而合法的）的保险公司，很快就会发现顾客越来越少。

营运危险事故 营运风险已经由国际互换和衍生品协会（International Swaps and Derivatives Association，ISDA）、英国银行家协会（British Bankers' Association，BBA）以及风险管理协会（Risk Management Association，RMA）定义为“由不适当的或失败的内部处理程序、人员和系统引起的，或者由外部事件引起的损失的风险”（ISDA/BBA/RMA，1999）。由营运风险产生的损失的例子包括失败的证券交易、资金转移上的结算错误、被窃或损坏的实物资产、法院诉讼判定公司给付的赔偿金、由会员协会或监管方征收的罚金、不可挽回或错误的资金及资产转移、非预算的人员成本以及失职和欺诈。[5]

如果营运损失是由市场风险、信用风险或流动性风险所驱动，营运危险有时也可看做是一种金融风险。巴林银行的破产（为承担其流氓交易员尼克·里森所建立的巨额头寸）在某种意义上说就是一种营运风险管理上的失败，即流程上的失败（即内部审计和控制）、人员的失败（即里森欺骗了公司和其他人）和系统的失败（即一个整合了的全球头寸监控系统就会揭露出里森的欺诈行径）。巴林银行最终走向破产的原因是市场风险影响下里森的头寸出现了亏空。营运风险管理可能未能认识到流程、人员和系统方面的问题，但市场风险却使公司“沉没”。

2.2　核心风险与非核心风险的对比

公司面对的核心风险可定义为公司在其业务中必须承受和控制的风险，从而使公司获得超过无风险收益率的回报。相反，非核心风险指公司的主营业务面临的，但却不是公司从事主营业务必须承受的风险。公司可能已经暴露于非核心风险下，但并不希望继续暴露于其下，是可以摆脱的风险。相反，核心风险是公司确实在业务中遇到的不能摆脱的风险。

核心风险和非核心风险目前分别被称为业务风险和金融风险。核心风险和非核心风险的主要区别则毫无悬念地纯粹由信息来驱动。公司感到其具有某些相对信息优势的那些因素，将是公司集中注意以获取核心业务现金流的因素。公司具有相对较少信息优势的风险，将是那些更可能被对冲、被多样化分散掉、被保险和以其他方式控制的风险。

核心风险和非核心风险之间的差别无疑是棘手的。不仅各个公司之间不同，而且也不依赖于公司实际上拥有的信息质量，而是依赖于公司认识到的消化该信息的相对优势。当然认识也可能是错的，即使这种差别具有令人满意的规律性，业务也可能会失败。没有业务的失败，人们就倾向于怀疑市场运转不正常。因此，实际业务失败的情况清楚地表明，不少公司认为它们能够很好地处理有关竞争对手、产品成本和对其产品的市场需求的信息，然而实际并非如此。

尽管识别核心风险和非核心风险之间的差别非常棘手，但是也必须做到。每家公司都应识别其所面临的风险，然后将风险分类为核心的和非核心的。而这种分类在不同的公司也是不同的。确实，有时相同类型的公司也有可能将同一风险归为不同的类别。例如，某些航空公司选择对其喷气燃料价格的风险进行对冲，而另一些公司则不这么做。那些进行对冲的航空公司必定认为，其核心风险包括使飞机飞行且不碰撞和售出尽可能多的机票等事情，但不包括喷气燃料的价格风险。相反，不对冲其喷气燃料价格风险的航空公司显然认为，承担喷气燃料价格风险是其业务的一部分。

2.3　风险管理方法

区分上述各节中讨论的各种风险的主要目的是帮助公司建立如何处理不同类型风险的风险管理战略。公司如何选择处理任何给定的风险被称为公司处理该风险的自留决定。对于公司所面对的作为其正常业务一部分的任何给定的核心的或非核心的风险，金融的或非金融的风险，公司的自留决定实际上有三种策略可以选择：自留、抵消或转移风险。图 2.1 解释了该决定。

任何特定的公司对不同的风险可能有不同的解决方案，并且解决方案也可能依赖于风险事件的严重性和发生的可能性。这些概念是理解本书的其余部分的基础。

因此，先让我们来准确地定义这些概念。

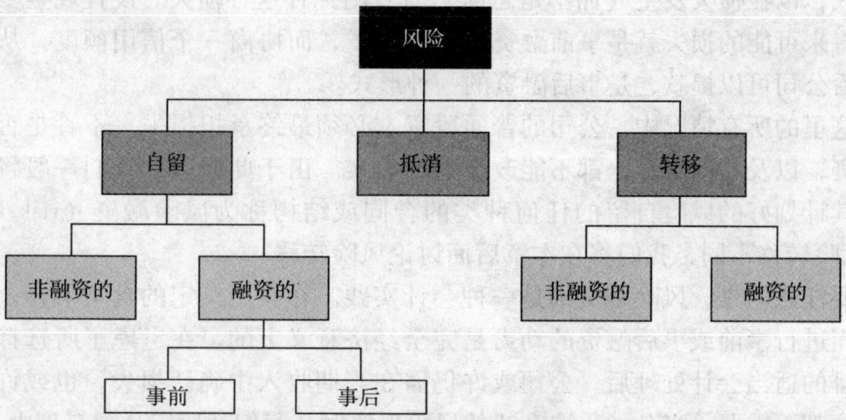

风险
自留　抵消　转移
非融资的　融资的　非融资的　融资的
事前　事后

图 2.1　风险管理选项

2.3.1　风险自留和风险融资

公司的自留风险或风险自留（risk retention）是指公司对于其在经营业务时自然暴露出的某些风险决定承担而不是试图内部抵消或是向另外的市场参与者转移所构成的风险的集聚。风险自留既可能是有计划的也可能是无计划的。后者是当该公司不能识别并没有适当管理风险时出现的。本书对无计划的风险自留不会给予太多的注意。现在，让我们将注意力集中于有计划的风险自留上。

保留某种风险的刻意决定，实质上表明了公司股东决定并愿意承担该风险可能引起的任何实际损失。当然，影响公司做此决定的核心因素是收益和成本之间的平衡，即自留风险的预期边际收益是否高于预期边际成本。收益就是公司通过承受此类风险而获得的回报或收入，而成本是潜在的损失。

融资的和非融资的风险自留　如图 2.1 所示，公司自留的风险既可能是融资的（funded）也可能是非融资的（unfunded）。风险自留是否是融资的与公司将如何支付已实现的经济损失有关。有计划的风险自留的融资与经济损失何时体现为现金有关。融资的风险自留指公司在风险事件转变为现实损失之前，对此风险已经准备了特定的资金或资金来源。

如果公司决定保留特定的风险而并不打算预备资金，这意味着公司打算在损失出现时另掏腰包。在这种情况下，公司既可使用其当前未用的现金准备，从计划好的投资支出中抽出资金；也可发行新证券，但前提是损失并未大到使公司失去发行证券的能力。

然而，由于多种原因（我们将在后面探讨这些原因），公司可能倾向于为某种程度的风险自留进行融资。在这种情况下，公司实际上准备了现金或筹集现金的渠道，可以在损失出现时全部或部分地支付损失。

事前融资与事后融资的对比　如图 2.1 所示，融资的风险自留可按事前或事后方式来进行融资。这种差别主要与发生损失时何时支付损失所用的现金有关。事前融资是在损失事件发生前筹集好现金，而事后融资安排允许公司预先协调好筹集现金的方式，以在损失发生（而不是之前）时专门弥补这种损失。设置现金专用准备以弥补将来可能的损失就是事前融资的一个例子，而协商一个信用额度，从而使损失发生后公司可以提款，是事后融资的一种形式。

在这里的所有情况中，公司的普通股资本必须最终承担损失。不管是否为风险自留融资，以及如何融资，都不能改变这一事实。由于此原因，我们一般将公司用于处理其计划好的风险自留的任何种类的合同或结构称为风险融资（risk finance）（这与风险转移不同，我们将在本章后面讨论风险转移）。

需要注意的是，风险融资不是一种会计实践。在我们给定的含义下，公司为风险自留而进行事前或事后融资的动力是完全经济意义上的。在考虑了所选择的风险融资安排的适当会计处理后，公司或许仍需在当期收入中确认损失，也或许不必如此，但这都不重要。当公司采取合法的风险融资时，我们就假定公司有理由这样做，这与会计处理无关，而与流动性或现金流有关。

2.3.2 风险抵消[6]

当一家公司能够减少或消除其风险暴露而不必寻求另一公司的帮助时，风险抵消（risk neutralization）就出现了。如果进行风险转移，则需要另一公司的帮助。如果公司保留了风险，但采取了某种其他措施进行了风险抵消，就不必承担风险自留的不利后果。我们可以将这些措施分为下述两类进行考虑。

风险减少、预防和控制 如果公司不希望保留其业务自然带来的风险暴露，其经常使用的一种可取的办法是风险减少。我们可将风险减少定义为不借助于风险转移而使公司减少遭遇意外损失的可能性或严重程度的过程。因此，风险减少包括公司实际上本身所采取的任何减少自然风险暴露的行动。[7] 例如，某些风险可通过技术进步或利用研究成果加以消除：一家面临来自销售变质食物的重大产品责任风险的公司，可从制冷技术的进步中获益。[8]

风险减少也包括预防和控制，即公司采取谨慎的事前措施来减少风险转变为不利后果的可能性，或减少损失出现时的损失程度或后果。例如，由具备资质的员工进行的经常性维护检查可帮助航空公司减少飞机失事的风险。类似地，防止公司与非投资级的交易对手进行交易的信用风险限额系统，可帮助减少意外的信用风险损失。

风险整合 通过将多个风险聚集起来从而减少总体风险的过程可称为风险整合（risk consolidation）。通过整合减少公司风险的方法运用了分散化原理。在公司对冲风险的意义上，我们有时将其称为资产负债表对冲，或者称为一种过程，在这种过程中，公司通过增加与某一风险暴露具有负相关的另一种风险暴露来有意识地减少前一风险。例如，农民可选择种植一种比较抗旱的农作物和另一种需要大量雨水的农作物，从而防止将所有鸡蛋都放在一个篮子中。

在我们称为“公司”的单一业务组合内整合风险对于某些公司是有益的，即使在分散化中获得的益处不十分显著时也是如此。具体地说，当在组合层面上，概率推理常常更为可靠。由于中心极限定理，我们知道，预期损失的分布随着在同一组合中所包含的不同损失数目的增加而趋近于正态分布，而不考虑组合中的单个损失分布的形状。例如，一家保险公司将其保费确定为等于预期损失，这种准确性则是风险减少的重要途径。同样，当将预期损失的评估值作为投资成本并包括在资本预算中时，公司也会发现由于风险整合而得到了更高的比较令人满意的准确性。

2.3.3　风险转移

风险转移是一个显而易见的过程，通过这一过程，风险的不利影响从一家公司的股东转移到一个或多个个人或是一个或多个公司的股东。所转移的风险可以是系统的或特殊的、金融的或非金融的，以及对于处理原始风险的公司的主要业务来说风险既可是核心的也可是附带的。关于何种风险或风险组可以被转移的唯一限制是在合同中定义风险，对此合同，原始方与至少一个对手方能够在交易条件上达成一致。

风险转移协议的对手方　必要的风险转移需要至少有一个自愿的对手方来承担原公司试图减少的风险。参与风险转移安排的对手方实际上有三个方面的目的：第一，具有相反风险暴露的公司可能相互寻求风险转移，例如，想要使其未来农作物的销售免受降价风险的农场主与想要免遭类似的未来购买谷物时涨价风险的磨坊主之间；第二，在交易资产的流动市场上，投机商可能同意将风险转移作为其利用信息优势或交易机会而获利的努力的一部分；第三，也是最普遍地，公司可通过风险转移专业公司进行风险转移。

风险转移专业公司，直接从字面解释，是提供用来促进风险转移的金融产品的专业公司。对于许多这样的公司，推动风险转移是其一项业务活动及经济利润的来源。但是，风险转移专业公司并不总是风险承担方面的专业公司。许多情况下，保险公司在制订保险合同时，对其承受的大综风险组合进行“再保险”或“转分保”(参见第 8 章和第 9 章)。类似地，大多数衍生品交易商试图运行一个“匹配账簿”，将其中一个合同承担的风险与另一个同类合同承担的风险相抵消。并且当匹配账簿不能自然地由寻求风险转移的不同公司的需求所形成时，衍生品交易商可能会转向另一种风险管理机制来处理其剩余风险。

因而，风险转移专业公司常常是风险转移合同的活跃用户。如上所述，保险公司积极地购买保险就是其中一例。同样衍生品交易商也是衍生品的活跃用户。在许多情况下，风险转移专业公司也依赖于许多公司使用的能够处理风险的其他方法，这些方法将在本章探讨。保险公司首先寻求风险整合，然后转向再保险以减少风险。同样，衍生品交易商也非常依赖预防以及整合手段，从而保持其风险状况与其风险承受度相适应。

风险转移专业公司的共同特点是，它们并不真正关心其经理人和证券持有人承担风险的喜好，而是倾向于拥有某些其他方面的优势。例如，一个风险转移专业公司通常比寻求风险转移的单个公司（常称为最终用户）面对更低的搜索成本，因而专业公司能够较为容易地在顾客群中确定抵消风险转移的需求。比如说，如果瑞士化学公司不得不外出为其自己寻找一个愿意对巴西货币里亚尔做多而对瑞士法郎做空的公司，则比专业公司为其寻找难得多。

最大的衍生品交易商同时也是拥有大量顾客和有关那些顾客深度信息的公司，如商业银行和投资银行，这并不令人惊奇。顾客信息深度之所以重要有几种原因：第一，交易商在其达成的交易上承担信用风险，因而识别和管理这些风险的专业技术对一家交易商的生存十分重要；第二，较好的衍生品交易商是那些拥有有关顾客需求足够信息的交易商，并可基于顾客需求来预期顾客对定制化风险转移方案的需求。类似地，具有衍生品交易的有组织的金融交易所，也必须拥有广泛信息来确定顾客想要交易什么。

为成为风险转移合同的可靠的交易对手方，风险转移专业公司除了要了解顾客信息的规模经济、深度和广度之外，还必须表现得相当稳健可靠。寻求转移其风险的公司必须拥有充分的信心，相信风险转移专业公司能一直履行其承诺。一个被市场察觉到缺少赔付资金的保险公司，其新保单购买人不可能太多；同样，衍生品交易商也面临同样的情况。市场察觉的信用能力，与风险转移专业公司所获取的信用评级有关。一般来说，对于信用评级处于A级之下的公司来说，要保持良好的风险转移业务是很困难的。

此外，风险转移专业公司通常都拥有大量的股权资本，无论是在绝对意义上还是在相对资本结构上。杠杆过大的公司以及拥有较低市值的公司通常不适合作为衍生品交易商或保险提供商。

好名誉也是任何真正风险转移专业公司的重要特性。像公司合并和收购等整体性风险转移方案通常会集中于与公司的经营利润密切相关的各种风险。然而，风险转移方案实质上是交易性的，每次执行合同是为了实现将风险转移需求定制为风险转移机制而得到的利益。虽然基于风险转移业务的交易性本质，对手方的商业名誉十分关键，但理所应当，寻求风险转移方案的公司会主要将注意力放在风险转移的价格上。本书第三部分和第四部分对此将有更多的阐述。但如果竞争使可比较的交易价格大致保持一致，名誉则在帮助最终用户确定合适的风险转移对手方时起到重要的辅助作用。类似的，一旦建立起与风险转移对手方的关系，感到满意的顾客往往还会进行大量的重复交易。

虽然风险转移专业公司要成为成功的中介机构不必在风险承担方面拥有比较优势，但有些专业公司可能具有这种优势。而这并不意味着那些公司对消息更为灵通或者是更好的价格预测者，而是说有时对于某些风险组合，那些公司将其整合进同一投资组合比单独留在市场更为有效，这里我们谈论的风险必须是特异性的或可分散的。因此，只要满足下述两个原因之一，这种“最佳风险包”论点可能就会成立。

第一，从金融经济的最基本原理得知，当某些风险组合在一起时，可以有分散化的好处。相关性越低，则在同一资本层下的同一投资组合所承受风险的分散化好处越多。

第二，将某些风险组合在一起会比分开时可进行更好的风险管理。由于中央极限定理，多个损失风险的组合的预期损失在风险数目增加时呈正态分布，而不管每个风险的损失的基础分布是什么样的。结果就是，合并多个风险暴露的公司能够比任何单个风险更为精确地估计组合的预期损失。预期损失是风险资本分配和（或）风险转移定价（参见附录C）的一个重要组成部分，因而在现实情况允许时，充分利用这些风险整合的好处是有利和有效的。

风险转移的类型 风险转移可以以多种方式完成。在某些情况下，风险转移就像出售资产或清偿负债一样简单。例如，一家在墨西哥拥有工厂的瑞士化学公司，由于担心比索价格的不利变化有可能减少其实际汇回国内的利润，就可能会简单地将工厂出售给某公司，如德国化学公司。这样，资产出售者向工厂购买者转移了所有其他风险和收入。因而，风险转移是出售工厂的结果，而仅在某些情况下它才可能成为动因。

在探讨结构性融资时，我们稍后将看到许多例子，其中在进行资产或负债的剥离时将风险转移至少作为部分目标。但必须认识到这不是管理风险的唯一手段。作为一种替代选择，公司可以只是签订合同，当公司业务组合其他部分遭受损失时，这些合同的支付则是正的。这些交易一般可在以下三个方面加以区别：

1. 补偿合同相对于参数性风险转移合同。
2. 负债的限额。
3. 融资的风险转移方案相对于非融资的风险转移方案。

补偿合同与参数风险转移合同 补偿合同（indemnity contract）是在一家公司实际发生经济损失时给予公司补偿的合同。相反，参数合同（parametric contract）则根据由市场决定的一个或多个资产价格、利率或指数的变动而产生一组现金流。保险是补偿合同的典型形式，而衍生品是参数风险转移合同的原始形式。

我们将在本书第二部分中深入讨论补偿结构与参数风险转移结构之间的许多折中方式。需要认识到的重要事情是，对只寻求风险转移而不进行资产或负债剥离的公司来说，如果设计得当，两者都是有效的方案。

负债的限额 我们将在本书第二部分看到，保险和多种衍生品之间的另一种差别是，保险在原理上从来不是公司净利润的来源，也从不使公司产生新的负债。补偿合同的最大支付是合同购买者所遭受的损失，这意味着，合同购买者的最好情况是盈亏平衡。同样，最小支付为零，因为合同本身承担有限的负债，并且保证购买者以后将不必向其风险转移对方支付额外的款项。

在此意义上，保险合同与期权合同是类似的。但期货、交换以及其他衍生品并不总是有限的负债。然而这些衍生品可导致巨大的损失。在原理上，如果衍生品使用适当，任何巨大的损失都会由公司在其他方面的收益所抵消，但这仅在原理上是正确的。实际上，像期货交易和互换这样的参数合同，对其使用者来说负债是没有限制的。

融资的与非融资的风险转移方案 完全融资的风险转移方案是一种将风险从一家公司转移到一个或多个对手方的结构，从而不会将风险保护购买者暴露于其对手方不履约的风险之下，如对手方违约或付款有争议的风险。[9] 换而言之，在任何损失发生前已留出现金，以及现金事实上已为风险转移协议的任何支付提供抵押。在某些情况下，甚至为风险保护购买者将留出的资金按照法律作为被托管的实际抵押，以及在其他一些情况下，资金可能事先向风险保护购买者支付。

然而，非融资的风险转移方案涉及风险转移对手方的或有支付责任。对这些交易的履行仅由对手方支付加以保证。

保险和再保险是非融资的。衍生品通常是非融资的或是通过抵押品设置或以其他信用增强方式部分融资。而完全融资的交易是结构性票据（见第 16 章）或为风险资产的实际出售。

风险转移方案是否有融资的问题是相当重要的，这不仅仅因为交易本身的信用风险问题，交易的融资状态也影响到风险保护购买者的现金流及筹资状况。例如，非融资的风险转移可以以某些方式代替发行新股本，因为非融资的风险转移能够让公司在给定的债务和盈利水平上承担较大的损失，这正是股本所能达到的目的。但与股本及其他金融资本不同，非融资的风险转移通常并不为风险保护寻求者提供新的现金，只是通过其市场资本结构影响公司的财务策略，而非通过其流动性或融资状况来影响公司的财务策略。

第3章 财务杠杆

莫迪格利安尼（Modigliani）和米勒（Miller）在1958年提出了公司资本结构和财务政策的变化不能影响公司的价值的理论（以下称为M&M理论）。该理论必须满足以下假设时才能成立，即所有投资者和公司代理人（指公司管理层）可以获得相同的信息、他们有相同的利用证券市场的能力、资本市场是完善的，并且公司的投资决定是给定不变的。在该理论中，公司的价值及其加权平均资本成本（weighted average cost of capital，WACC）的确定独立于公司发行多少债务、公司支付多少红利现金、公司保留了多少风险以及对所有其他财务考虑。换句话说，公司的价值独立于其金融资本。附录A为对此缺乏了解的读者列出了四个M&M理论的假设和三个著名的相互关联的M&M理论的命题。

当这四个M&M理论的假设不成立时，公司的财务政策将常常影响公司的实际资产价值以及公司本身的市值。我们将在本章探讨此内容，同时特别关注杠杆如何影响公司的价值。与此相关的还有负债能力，即公司通过借更多的钱而加大杠杆，且不引起大量问题的能力。

为了分析杠杆作用对公司价值影响的经济效果，我们考虑公司债务的成本和收益。提高杠杆的收益和成本也是最优资本结构权衡理论（trade – off theory）的基础。最优资本结构概念就是对某些公司来说，特定的一组财务决策将形成公司价值的最大化，而所有其他财务决策只能形成较低的公司市场价值。在权衡理论中，在任何给定时间，当公司的负债与净资产的市场杠杆比率正好使新发债务的边际成本与其边际收益相等时，公司则可实现其最大的市场价值。但是，这与支持这一理论的实务证据是相互矛盾的：一方面，在本章中我们要探讨的债务的各种收益和成本在影响公司决策时似乎确实起到某种作用；另一方面，该理论的几种可检验的推论与现存的实务证据不相一致。幸运的是，这不是很棘手。

当M&M理论假设不成立时，最优资本结构理论有许许多多。在此我们的任务既不是总结所有这些理论，也不是从中选出我们偏好的理论。在本书的第一部分，我们只想在经济原理和公司财务理论方面打下良好的基础，从而有助于较好地理解和解释本书后面所讨论的产品及解决方案的收益和成本。为此，我们不必从头到尾地讲解各种互相竞争的最优资本结构理论。我们只需要理解在影响实际的公司财务决策中发挥作用的基本要素。[1]

我们可能会质疑权衡理论作为公司追求单一、特定的目标杠杆比率的指针作用。

但这并不意味着公司在作出财务和风险管理决定时应该忽略杠杆的收益和成本——而是正好相反。因此，本书的其余部分将探讨债务的收益和成本、债务的收益和成本对追求目标杠杆比率的含义，以及其对于风险管理的含义。

3.1　杠杆对公司价值的作用

在本节中，我们探讨公司在资本结构中增加债务可能给公司带来收益的原因。这些收益适用于第一次考虑举债的全股本公司，以及那些已经举债的公司。当然，债务带来的收益因公司现有债务水平的不同而有所不同。

3.1.1　债务的税盾效应

税收对资本结构的影响已经被莫迪格利安尼和米勒（1963）、米勒（1977）、米勒和斯古勒（Miller & Scholes，1982）、迪安哥鲁和麦苏里斯（DeAngelo & Masulis，1980），以及其他许多人分析过。[2] 由于许多国家允许公司在计算所得税款时扣除利息支付，而不允许对支付的红利和留存收益做类似的扣除。在所有其他条件相同的情况下，这似乎是对债务的天然的不同对待。

假设一家公司所得或盈利每年以 τ_c 的税率征税。公司的债务税盾是公司因支付债务利息而非支付股东红利或留存收益所形成的税收节约的现值。这个现值通常是以与公司债务资本成本相等的折现率计算出来的，这样做的争议之处在于，与税盾相关的风险似乎等同于形成该税盾的债务的风险。

如果除了存在公司所得税之外所有的 M&M 理论假设均成立，则杠杆公司（资本结构中既有股本又有债务的公司，下同）在任意 t 时的价值可重新定义为：

$$V(t) = V^E(t) + T(t) \tag{3.1}$$

其中，$V(t)$ 是杠杆公司在 t 时的价值，$V^E(t)$ 是仅有股本的同一公司在 t 时的价值，而 $T(t)$ 是 t 时税盾的现值。[3] 假设，杠杆公司在 t 时具有市场价值为 $D(t)$ 的未偿债务的核心部分，则税盾的现值等同于一份年金。如果公司的债务资本的成本在 t 时是 $R^D(t)$，则从债务中得到的公司税盾的现值为：

$$T(t) = \frac{\tau_c[D(t) \cdot R^D(t)]}{R^D(t)} = \tau_c D(t) \tag{3.2}$$

将上式代入等式（3.1），则意味着杠杆公司的价值恰为：

$$V(t) = V^E(t) + \tau_c D(t) \tag{3.3}$$

等式（3.3）意味着100%债务的最优资本结构。

然而，前述分析是不完整的。公司实际上只是许多参与者的合法联合，参与者是从雇员到剩余和固定权利人再到顾客等。换句话说，公司并没有自己的理念，也没有自己的资金。特别是资金，实质上属于公司的权利人。在这种意义下，公司的目标不应该是将公司支出的税款最小化，而是将债券和股票持有人支付的总税款最小化。这些税款包括权利人通过公司所得税间接支付的税款，以及由权利持有人由他们持有的证券所生成的现金流直接支付的个人所得税税款。

在财务报告和征税期间拥有正的净利润的公司，既可保留那些所得也可将所得以红利或利息的形式支付给投资人。如果保留利润，则按公司所得税税率 τ_c 对其征税。如果利润完全向债务持有人分配，则利润避免了公司税，但却要作为债务证券持有人的收入被征收个人所得税。而且，如果利润以红利或资本利得形式向股本持有人支付，则既要按公司税率征税，还要再次作为股本持有人的个人收入征税。

如果股本的分配完全以红利的形式出现，则个人所得税税率是相同的，不管收入是作为红利还是作为债务的利息。但是，如果股本的分配涉及资本利得，而且对此种资本利得存在征税，则由股东支付的个人所得税税率就与债券持有人所支付的个人所得税税率不同。因此，我们用 τ_{pE} 和 τ_{pD} 来分别代表股本和债务权利人的个人所得税税率。

假设每年的净现金所得 $X(t)$ 完全保留或向其股东或债券持有人完全分配，也就是说，$X(t)$ 不被分割。表 3.1 说明了这 3 种方案的税收结果。[4]

如果公司选择某种资本结构以使总税款最小化，公司必须选择使所有税后的净收入最大化的债务和股本的组合。米勒（1977）指出，具有核心债务金额 $D(t)$ 的公司的相应盈利包含从杠杆作用中获得的如下盈利（每美元盈利）：

$$G_L(t) = \left[1 - \frac{(1-\tau_c)(1-\tau_{pE})}{(1-\tau_{pD})}\right]D(t) \tag{3.4}$$

需要注意的是，M&M 理论是等式（3.4）的特殊情况。当所有税项为零时，盈利额 $G_L(t)$ 为 0。当资本利得税不存在且 $\tau_{pD} = \tau_{pE}$ 时，等式（3.4）简化为等式（3.3）的相似情况，即之前的当仅有公司所得税时的情况，也就是说 $G_L = \tau_c D(t)$。在有资本利得税、不同的个人和公司所得税税率时，最优杠杆水平（所有其他方面均相同）意味着并非是 100% 的债务。等式（3.4）与表 3.1 中的最后一行为公司提供了如何决定什么是最优资本结构的指导原则。[5]

表 3.1　　公司收入的公司和个人税额

	$X(t)$ 由公司作为所得而保留	$X(t)$ 作为向债券持有人支付的利息	$X(t)$ 作为向股东支付的红利
公司税	$X(t)\tau_c$	0	$X(t)\tau_c$
税后公司利润	$X(t)(1-\tau_c)$	$X(t)$	$X(t)(1-\tau_c)$
个人所得税	0	$X(t)\tau_{pD}$	$X(t)(1-\tau_c)\tau_{pE}$
所有税项后的净收益	$X(t)(1-\tau_c)$	$X(t)(1-\tau_{pD})$	$X(t)(1-\tau_c)(1-\tau_{pE})$

3.1.2 减少自由现金流的代理成本

由于资本市场的不完善和信息的不对称，证券持有人（委托人）有必要监督其经营者（代理人），这样就会产生成本。最明显的类型就是由委托人监督、衡量代理行为导致的成本，以及通过薪酬、规则、政策和其他类似机制以控制这些行为而导致的成本。如果代理人的活动仅有部分能被委托人观察到，则代理人以其委托人的利益为代价，做自己事情的可能性更大。一种相关的代理成本即“黏合成本”（bonding cost）是代理人有时为了证明他们将不会采取不利于委托人利益的行动而导致的成本。这类成本是由作为直接监督的替代而产生的，以及当代理人的实际行为偏离了剩余权利持有人利益时，也可由作为向委托人补偿的一种方式而产生。

代理成本的一种特殊形式与公司经营者可能面临挪用公司的自由现金流的诱惑有关——自由现金流是指如果公司接受了每个可获得正的净现值（NPV）的项目后，超过投资需求的那部分现金流——将自由现金流从具有较高生产效率的投资活动向着负 NPV 项目上转移，这类转移对公司的经营者有利，但并不一定会对公司的证券持有人有利。

大家都认为经营者喜爱自由现金流，因为自由现金流增加了经营者对额外收入的消费。詹森（1986）和斯达兹（Stulz，1990）指出，经营者可能选择追求的有问题的额外收入是进行新投资的消费价值，即使当经营者处于具有不断恶化的或负的 NPV 的有问题的项目中时也是如此。不管是真正的错误还是炫耀其经营权力，这种对较差项目的过度投资是自由现金流太多造成的直接后果，也是股本的直接代理成本。詹森（1986）利用了 20 世纪 70 年代的石油工业来说明了这一观点。有一个未经证实的说法是，人们都简单地假定经营管理者更愿意进行投资，而不愿意将净现金流闲置起来，即使闲置的资金可以赚取无风险利率，而不太好的投资却使公司付出代价。

因此，在其他条件相同的情况下，自由现金流的代理成本的解决方法，似乎是让公司不持有该种自由现金流。一家公司可以通过向股票持有人支付较高的红利或通过回购股票来达到这一目的。但是，当监督需要成本、信息不对称和代理冲突尖锐时，以红利和股票回购方式分配现金流不一定会使股本持有人满意。毕竟经营者仍然控制着任何未来的自由现金流。他们可以宣布“永久”红利增加，但这又会使其本身出现问题，因为该决定终将会被推翻。

詹森（1986）建议，对自由现金流问题的较好的解决方法——不同于较高的红利或股票回购等方法使经营者以后难以逆转——就是举债。对债务的还本付息的需求减少了将来的自由现金流。而且为避免当期新举债而产生的关联现金流入，公司只需通过提供现有的股本来交换新债务就可实现。债务因此在公司资本结构中代替了某些股本，从而避免了当期现金流入的发生，同时又创设了对管理层的自律机制，制约管理层的未来投资决策和额外收入消费。

3.1.3 鼓励及时的清盘决策

哈瑞斯和瑞威（Harris & Raviv，1990）指出，债务有强迫公司更好地作出清盘决策的好处。如果公司有债务且出现违约行为，则投资人有权决定保持公司继续运营还是清算其资产。如果没有债务，这个决定要由经营者来做，而经营者倾向于选择继续运营，尽管公司资产清算并投入其他使用后更具价值。

此外，当公司接近破产边缘时，公司法愈加要求管理层的活动要以债权人而不是股东的利益为出发点。例如，瑞泽姆耐特卡耐森（Rhythms NetConnections）公司的债权人认为公司已经处在所谓的破产区域，因而要求公司在发生违约之前暂停其现金流出并结束其运营（Pacelle & Young，2001）。在 2001 年，类似的情况也出现在其他通讯公司，债权人或者让公司在破产前支付其债务，或者使公司改变投资策略进而转向低风险项目。[6]

3.2 杠杆的成本

在征收资本利得的个人所得税的国家中，许多公司因税盾现值提供的强烈的激励作用会有一些债务。这种举债的好处随着公司的杠杆越来越高而递减，因为杠杆达到某种程度时，让投资者持有公司债务会变得越来越困难。尽管如此，从目前我们所了解的情况来看，大多数公司也应该保持极高的财务杠杆。

在本节中，通过探讨公司承受增量债务的成本，我们就会看到为何情况并不总是如此。

3.2.1 财务困境的预期成本

当资本市场不完善时，信息是不对称的，而且（或者）投资人并不能同等地获得市场的信息和资源。破产甚至是趋近于破产的可能性都会给公司的证券持有人增加十分显著的成本。正如我们即将看到，负债会实质性地增加发生财务危机时的这些预期成本，特别是杠杆水平较高时。

财务困境的预期成本可包含两个组成部分：遭遇财务困境的可能性以及财务困境的实际成本。我们将要探讨每一部分如何受到公司资本结构中的债务的影响。首先要简略地探讨破产本身为什么是昂贵的这一问题。

财务困境的成本 对于财务困境是昂贵的这一概念几乎没有什么争论。只要问一下处于财务困境的公司的任何一位管理者或股东就可以知道。但是公司的破产并不确实是财务困境的成本。当然，公司的管理者和证券持有人都愿意公司资产产生正的净现金流，而且拥有尽可能高的市场价值，但这并不是问题的所在。主要问题是，公司作为法律主体，财务困境是否会造成损失。

在 M&M 理论的假设下，财务困境对公司的证券持有人来说，除了造成相关联的公司资产价值下降的不利影响之外，不会造成其他负面影响。当公司资产的市场价值不再足以支付公司的账务与债务本息时，公司就倒闭了。不过，公司的资产并未被毁损，资产只不过是被变卖并重新配置投入经济的其他生产单元。M&M 理论的假定使我们确信，所有资产都可以以其市场公允价值（信息对称及同等市场进入权）售出，而且资产的出售和现金收入向公司证券持有人的分配均没有成本（在完善的资本市场下）。

甚至在 M&M 理论的假设下，破产会影响公司发行的金融资本权利的相对价格。公司资产低于公司债务面值的部分即使很小也会使股本持有人一无所有，而债权人几乎可以全额收回。这或许不会让股本持有人太高兴。类似的，被关闭公司的雇员对于不得不寻找新工作，还可能寻找新住处、新的同事以及新的汽车合乘伙伴等，一点也不感到紧张，因为在 M&M 理论假设下，所有这一切都是无成本的，因此，即使工人也不会由于公司的失败而受到实质性的伤害。

然而，当我们放宽 M&M 理论的假设时，财务困境就会对公司自身产生成本。财务困境的成本多年来受到理论界和业界人士的同等关注和深入探讨与研究。这些成本包括直接的交易成本以及更为微妙的机会成本等。

当然，财务困境的一种主要成本是正式破产程序形成的法律费用。即使公司的破产并未带来利益各方的争夺或争论，公司资产的分配也绝不是无成本的，甚至都不能说是接近无成本的。破产的成本仍然由曾经是一家公司而现已不存在的虚拟法律主体承担。这就意味着，即使公司的资产可以以公允价格出售，公司债权人也绝不会拿到所有的变现款，因为债权人获得还款之前，还需要扣除与破产本身相关的常常价值不菲的费用。

在不满足 M&M 理论的假设下，破产公司的接收者可以以公允市场价格清算或出售原公司的资产的结论就会受到置疑。特别地，如果接收者进行了匆忙或慌乱的清算，原公司的债权人要十分幸运才能收回接近公司原有资产公允价值的资产。而如果接收者不着手变现而试图等待以公允的变现价格进行清算，结果债权人可能要延迟好几年才会收到回款，且不说最终收回的款额是多少。

公司以低于市场价格出售资产时所承受的财务危机成本的程度，在一定程度上依赖于公司所拥有的资产类型。一个资产主要由拥有流动二级市场且相对同质的现有资产组成的公司，将通过受压的价格出售其资产从而遭受最小程度的资产降级。相反的，拥有较高比例的无形资产、潜在资产，以及有成长机会的公司，在以低于市场价格出售资产时可能会产生相当大的损失。

财务困境潜在的较高成本在一些公司实际破产和关闭之前可能就已出现了。例如，如果一家公司在破产前出现了流动性问题，它可能开始不顾一切地变现资产以换取现金，而且可能愿意以比公允市价低得多的价格出售。进入财务困境期内的公司也常会遇到严重的“市场感知”问题（perception problem），这可能对其声誉、特许经营权价值、销售关系、谈判长期合同的能力以及类似的事项产生不利影响。

或许最大的财务困境成本是其带来的高级管理人员的意志涣散。财务困境迫使管理人员进入危机管理状态，而且在极端情况下进入几乎不能正确决策的心理状态。即使管理人员能够躲避灾难而使公司重回正常运营，但当公司流动性紧缺且拯救自身成为压倒一切的任务时，谁知道有多少正净现值的投资机会被白白丧失了呢。简单地说，财务困境的一项主要成本正是阻碍了公司管理者去营业时首先要做的工作。

债务和破产可能性 公司资本结构中的债务可增加遇到危机的可能性，因而增加预期的危机成本，并使举借新债超出特定杠杆水平时将引致巨大的成本。

对于给定的资产市场价值，未偿债务的较高面值增加了公司遇到财务困境的可能性。回顾第 1 章，资产净值可看做公司资产的买入期权，执行价格等于全部未偿债务的偿付总额。增加公司的杠杆等价于提高净资产买入期权的执行价格。对于给定的资产价值，净资产买入期权出现到期价值为零的可能性，即公司出现破产的可能性，会随着执行价格的提高而增大。由于正的财务困境成本的存在，公司未偿债务越多，财务危机的预期成本就越高，因而在所有其他条件相同时，账面杠杆水平与公司价值之间存在负相关关系。

在图 3.1 中可清楚地看到这一点。假设我们考察拥有相同资产的两家公司。两家公司都发行了同一级别的债务。具体地说，两个公司间的唯一差别是借款数额或账面杠杆的大小。假设瑞伟（Ravel）公司发债额为 *FV*（瑞伟），而德巴斯（Debussy）公司发债额为 *FV*（德巴斯），使得 *FV*（瑞伟）< *FV*（德巴斯），也就是说，瑞伟公司的财务杠杆小于德巴斯公司的财务杠杆。图 3.1 在 x 轴显示的是债券到期日两家公司所拥有资产的可能的市场价值。左边 y 轴显示的是两家公司的总股本在该日的价值，而右边 y 轴显示的是当债券到期时公司资产的概率密度函数，记为 $f(A)$。

图 3.1 中的曲线是对应于右边 y 轴的概率密度函数。重叠于该分布图顶端的是瑞伟公司和德巴斯公司股东权益的市场价值。对这两家公司而言，除非公司资产的价值超过公司所发行的债券的面值，否则资产净值就一钱不值。换句话说，瑞伟公司如果资产价值出现任何低于 *FV*（瑞伟）的情况，即处于破产状态；而类似的，德巴斯公司的资产价值低于 *FV*（德巴斯）时也是如此。从图 3.1 可看到，由于 $f(A)$ 曲线与德巴斯公司发债额 *FV*（德巴斯）表示的直线所形成的面积大于与瑞伟公司发债额 *FV*（瑞伟）所形成的面积，因而德巴斯公司的破产概率较高。[7] 当然，这一面积即代表遭遇财务困境的累积概率。因此，在其他情况都相同时，较多的债务意味着较高的破产概率，也意味着为保持公司正常运转需要较高市场价值的资产。

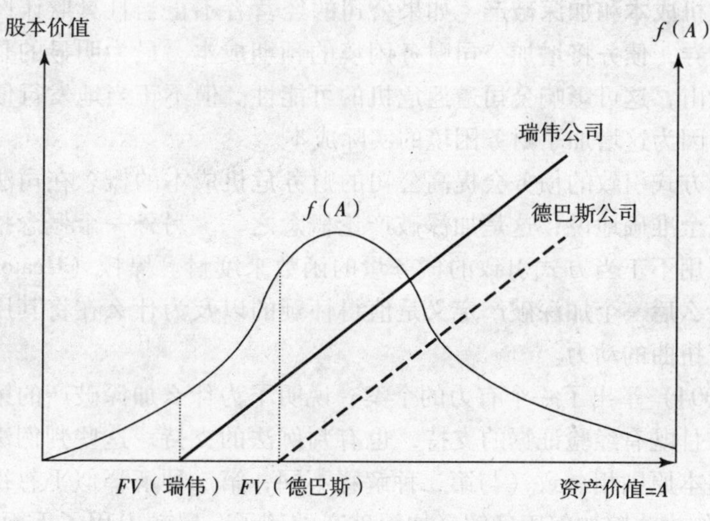

图 3.1 杠杆作用和财务困境

我们也可将上述分析反过来，在其他条件相同的情况下，具有较大风险资产的公司应该预期保有较小的杠杆。图 3.2 中的两家公司是莫扎特（Mozart）和塞雷埃瑞（Salieri）。两家公司都有价值为 *FV* 的未偿债务，但目前这两家公司拥有不同的实物资产。虽然两家公司所拥有的资产的预期价值相当接近，但黑实线和黑虚线（分别代表莫扎特公司和塞雷埃瑞公司）的比较则轻易地揭示了莫扎特公司的风险较大，不管看较高的资产价值方差，还是较高的违约积累概率，均是如此。如果发债有任何好处（例如在纳税上），那么在预期的财务危机成本变得过高之前，塞雷埃瑞公司应能更多地利用这些好处。换句话说，在别的情况都一样的情况下，塞雷埃瑞公司比莫扎特公司拥有更高的借债能力。

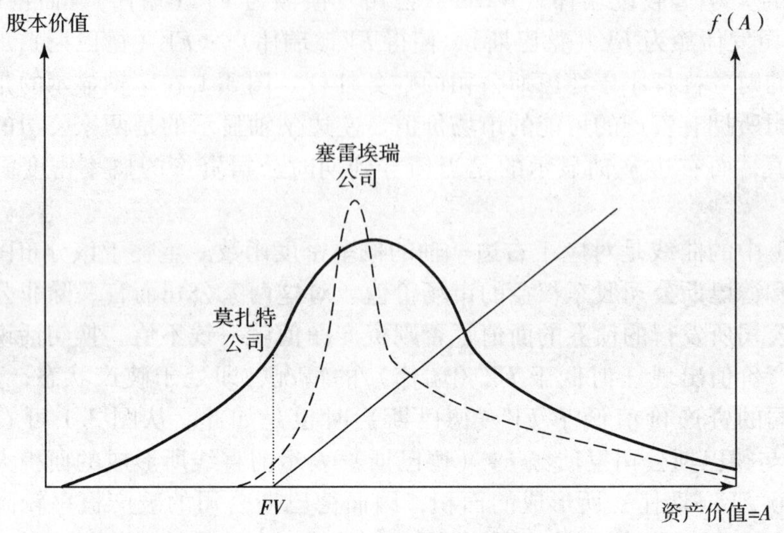

图 3.2 风险、杠杆作用和借债能力

债务、危机成本和加深破产 如果公司的经营者不正当且具欺诈性地发行新的不可偿付的债券，债务将增加公司财务困境的预期成本。最为明显的是，由于前节所述的同样理由，这可影响公司遭遇危机的可能性。但不正当地发行债务也可对公司造成危害，因为这增加了财务困境的实际成本。

由不正当方式引致的债务会提高公司的财务危机成本的概念在司法领域称为加深破产论。完全准确地说，这是加深破产论概念之一。另外一个概念指出，对公司损害的规模可用不正当方式引致的债务量的函数来度量。黑顿（Heaton，2004）详细解释了为什么后一个加深破产定义是值得怀疑的以及为什么在将其用做法律原则时可造成高度扭曲的动力。

黑顿（2004）举出了一个有力的个案，说明了为什么加深破产的第一个概念是有道理的，并且既有经验证据的支持，也有判例法的支持。这些判例法很好地与现代公司财务基本原则相一致（与第二种解释不同，第二种解释似乎忽视了现代公司财务原理）。作为法院如何正确解释加深破产的例子，黑顿引用了下面判例法原则，该原则恰为加深破产问题本身的极好描述：

当破产由难以处理的债务所引起时，破产……造成运营限制，这损害了公司以有利可图的方式来经营其业务的能力……加深破产可破坏公司与其顾客、供应商及雇员的关系。由欺诈债务引起破产的真实威胁，可动摇与公司协作各方的信心，对运营能力产生怀疑，从而损害公司资产，而公司资产常常依赖于其他各方的行动……此外，通过有害债务延长破产公司的生命只能引起公司资产的浪费。如果该公司得以及时解散，而不是以虚假债务来苟延残喘的话，这些损害是可以避免的，而破产公司内尚存的价值也可获得拯救（引自黑顿，2004，第 20～21 页）。

3.2.2 债务的代理成本

当一家公司完全以股权进行融资时，公司可能觉得麻烦的唯一代理成本是股东（委托人）与管理层（代理人）之间的冲突。在本章前面讨论过的自由现金流的代理成本就是一个例子。此外，如果项目过于冒险，过分厌恶风险的管理层可能会拒绝正净现值的投资项目，因为管理层害怕在公司遭遇财务困境时失去工作。

当一家公司向其资本结构中引入债务时，会增加额外的代理成本。具体地，股本和债务持有人对实施某投资项目时会产生不同的动机，这可能引起债务和股本之间的冲突。类似的，多层优先级别债务的引入会更加剧这一问题。

增长机会中的投资不足 我们之前已看到，债务（以及股票回购的红利）可以是因自由现金流带来的过度投资问题的解决方案。在本节，我们将探讨缓解过度投资问题的债务工具如何又导致了投资不足这样的问题。具体地说，当一家公司拥有梅尔斯（1977）所说的"债务威胁"时，普通股持有人可能不想让管理人员去追求所有的正净现值的投资项目，因为投资的好处主要由债权人获得，同时却由股本持有人承担大多数风险和项目成本。

正如我们在第 1 章中指出的，公司实际资产的现值——根据梅尔斯（1977）——最好可视为公司现有资产的当期价值与未来增长机会的折现值之和：

$$V(t) = A(t) = V^{A}(t) + V^{G}(t) \tag{3.5}$$

其中，$V^{A}(t)$ 和 $V^{G}(t)$ 分别表示当期资产和增长机会。增长机会是真实的期权，其执行价格等于未来投资的开支，如果行权的话，其内在价值就是项目的净现值。例如，一块未经测量的土地就是一个增长机会，其真正价值只有在探明其矿产权利、石油与天然气储量以及其他资源后，才能确定。而且在某些情况下，项目的真正价值只有在投资支出发生后很长时间才能了解，例如，在开发新药上的投资，制药公司常常要经过数十年才能了解新药的价值，如带来多少销售收入及专利收入。正是这种在增长机会上的投资时间选择向我们提出了增长机会中的投资不足的问题。

一个简单的例子将有助于说明"债务威胁下的代理成本"。[8] 考虑一家制药公司没有当期资产，即 $V^{A}(t)$ 为0，但有一个增长机会，其在 t 时的价值简单记为 $V(t)$。为了利用该增长机会，公司将必须在研发领域（research & development，R&D）上投资 $I(t+1)$ 个百万美元。当且仅当公司进行此项投资，公司才会把该新药作为资产。药的价值依赖于很多随机因素，如需求、所要治疗的疾病是否发现了自然痊愈的方法等诸如此类的因素。这个价值将要在时间 $t+1$ 时显露出来，我们用 $V(t+1)$ 来表示。

虽然我们一直使用简单的两时期例子，但在后面的例子中，信息披露的时间确实是重要的。在所有这些例子中，公司在 t 时决定是否发行新证券以筹集 R&D 开支所需的资金。在 $t+1$ 时发生了几件事情，而首先就是自然的真正状态揭示出来，从而公司了解了投资于新药的 NPV 等于 $V(t+1) - I(t+1)$。观察到这一价值后，如果公司作出这种选择的话，接着即进行实际投资。

现在让我们考虑几种情况。首先，假设公司没有债务且在 t 时发行足以支持潜

在投资支出 $I(t+1)$ 的新股本。这种情况下，公司总能作出最佳投资决定。如果 $V(t+1)-I(t+1)<0$，公司就不进行 R&D 投资，公司的价值和股本的价值都会一文不值。但对于任何 $V(t+1)>I(t+1)$ 的情况，公司就会进行投资，产生的利润也会归于股本持有人。

然后，假设公司发行价值为 FV 的债务，专门用于提供新药 R&D 的开支。但是请注意，公司不能发行无风险债务。虽然公司在作出新药投资决策时已经知道新药项目的实际净现值，但公司在最初发行债务时却不知道该药价值如何。如果 $V(t+1)-I(t+1)<FV$，则债务至少会形成部分违约。

如果公司发行的债务到期于新药真正价值显现之后及公司投资决策作出之前，则公司仍可追求正确的投资标准。也就是说，只要 $V(t+1)-I(t+1)>0$（该项目亦应如此），公司的股东将指示管理层进行新药的开发。如果 $V(t+1)-I(t+1)>FV$，债权人将得到全额还款而股东获得剩余的利润。如果 $V(t+1)-I(t+1)<FV$，只要 $V(t+1)-I(t+1)>0$，公司接受该项目时债权人仍将获得比公司否定该项目更好的结果。在这种情况下，债权人将收到金额等于 $V(t+1)-I(t+1)$ 的部分回款。虽然这还不足以完全偿付债权人，但仍比什么也得不到要好得多，而且股东也不会反对。

最后，假设在项目的真实状态揭示之前债务到期了。换句话说，公司股东现在必须考虑，在了解该药物的真实 NPV 之前，是否要还清债务。在这种情况下，仅当从该药物上获得的收入超过投资成本加债务还本付息额之和——也就是说，在 $V(t+1)-FV-I(t+1)>0$ 时，股东才会获益。如果 $V(t+1)<FV+I(t+1)$，投资费用将超过已发行普通股的市场价值，即使投资项目具有正的 NPV。换而言之，股东现在关心的是，是否 $V(t+1)-FV-I(t+1)>0$ 而不是项目是否具有正的 NPV——即 $V(t+1)-I(t+1)$ 是否为正。如果股东控制公司的投资决策，则他们将否决某些正的 NPV 项目，从而引致投资不足的问题。

股权人和债权人之间的冲突 回顾第 2 章的内容，我们可将股本看成欧式多头买入期权（European - style long call option），而将债务看做无风险贷款加一个空头欧式卖出期权（Short European - style put option），两者以公司净资产为基础，到期日为公司债务的到期日。我们可以用这两种期权的特征更为细致地研究激励问题。

作为多头买入期权，股权人做多公司的资产和波动性。因此，当公司财务能力趋弱时，股权人就倾向于选择较高波动性的投资项目。随着公司接近于破产，股权人开始考虑有巨大投资风险的项目。由于波动性是对称的，这些较高风险意味着获得较高或较低的项目回报的可能性都很高。股权人这样做是由于其具有有限责任，不会损失什么，并且能获得这类投资的全部利益。

作为债务的部分持仓品种，空头卖出期权会产生不同的激励作用。该卖出期权的出售人或债权人，与股权人一样，也做多公司资产。但与股权人不同，空头卖出期权的出售人持有的是空头的波动性。在其他条件都相同时，他们更倾向于低波动性的投资项目。原因在于，这种项目所许诺的固定回报是他们所能获得的最好结果。相反，较高的资产波动性增加了债权人遭受部分或者全部违约的风险，而不会在项目回报好时获得任何额外的补偿。

读者可以回忆初级期权课程的内容，当股本期权（即股票中内嵌的买入期权）处于平值状态（at - the - money）时，即股权完全没有价值而公司债权人仍可获得全额还本付息时，期权价格相对于公司实际资产价值的波动性的灵敏度达到最大值。这就意味着，随着公司接近或进入财务危机，在公司的投资策略上的意见分歧变得越来越严重。

我们在第2章看到，公司价值等于其全部证券的市值，而证券的市值又等于公司现有资产的市值加上增长机会。最大化公司价值的唯一投资原则是，管理层应选择能够最大化股东和债券持有人总财富的投资项目的市场价值原则。然而由于债权人和股东都可能在不同时间试图影响管理层来追求不同的投资原则——一种最大化债权人利益或者最大化股东利益而不是最大化两者价值总和的投资原则。公司可通过对债券增加保护性条款等类似手段来尝试缓解这种风险，但并不是没有成本的。[9]

公司也可能面对信誉问题，即说服市场使之相信公司确实在最大化其总价值，而不是在追求一组证券持有人的利益，而牺牲另一组人的利益。如果公司管理层不能令人信服地使外部投资者确信其投资策略意在最大化整个公司的价值，那么投资者就不愿意以全额的公允价格来购买公司的证券。法玛（1978）很好地总结了这一问题：

围绕股东—债券持有人利益冲突的潜在问题的本质是……股东难以抗拒这样的诱惑，即试图将最大化（公司价值）的原则意外地转为最大化股东财产的原则……为了最大化（公司的当前市场价值），即公司组织者的财富，公司必须让市场确信，它总是遵循最大化（所有证券的综合价值）的投资策略。如果市场认识到公司以后可能会试图改变为另一种策略，则市场会在设定（公司证券的当前价格）时将该因素考虑在内。为了使市场以与最大化（所有证券的组合价值）的策略相适合的价值来设定当前证券价格，公司将不得不找出某种方式以保证它将仍然实行这种策略。重要的一点是，提供这一保证的责任落在了公司的肩上。在对公司的证券定价时，良好运转的市场，平均而言，事先会让公司为其未来可能偏离当前声明的决策原则付出适当代价。公司仅能在其可提供具体保证的坦诚程度上，避免其证券价格上的这种折扣。

3.3 最优资本结构

正如前面提到的，最优资本结构的权衡理论的含义是公司在某个杠杆比率之下存在最优资本结构，在此比率之下，债务的边际收益严格等于其边际成本。具体来说，令 $V^E(t)$ 表示一个全股本公司的价值。接着令 $B(t)$ 和 $C(t)$ 分别代表 t 时的债务的收益和成本的现值。$B(t)$ 和 $C(t)$ 两者都是公司 t 时杠杆比率的函数。公司在任意 t 时的市场价值总额为：

$$V(t) = V^E(t) + B(t) - C(t) \tag{3.6}$$

将 $L(t) = D(t)/V(t)$ 定义为公司在任意 t 时的杠杆比率。当等式（3.6）对 $L(t)$ 的一级导数满足如下条件时，公司的价值达到最大值：

$$\frac{\partial V(t)}{\partial L(t)} = 0 \Rightarrow \frac{\partial B(t)}{\partial L(t)} = \frac{\partial C(t)}{\partial L(t)}$$

在 $L^*(t)$ 时，上式成立。在公司杠杆比率达到 $L^*(t)$ 时，再多发行一美元的债务将使得公司价值产生损失，因为下一美元债务的成本超过了其收益。相反，当公司债务水平低于 $L^*(t)$ 时，可实现公司价值的增加，因为从现值的角度看，多一美元的债务会有超过债务成本的收益。因而，在 $L^*(t)$ 时的金融资本结构会使公司价值最大化。

图 3.3 表明了最优资本结构和杠杆比率。x 轴是公司的市场杠杆比率，而 y 轴代表的是公司市场价值，它为公司杠杆比率的函数。目前来说，可将公司的市场价值看做公司发行的所有证券的市场价值之和。在下一节，我们将在公司所持有的资产价值方面考察公司的价值。

图 3.3 中在 $V^E(t)$ 处的水平线是一个全股本公司的价值。图上部的粗虚线是全股本公司的价值加上债务收益的现值（例如税盾效应、自由现金流的缩减的代理成本等）。虚线下的粗实线就是作为其杠杆的函数的公司价值，定义为公司的所有股本价值 $V^E(t)$ 加上债务收益的现值减去债务成本的现值（例如预期的财务困境成本、投资不足等）。

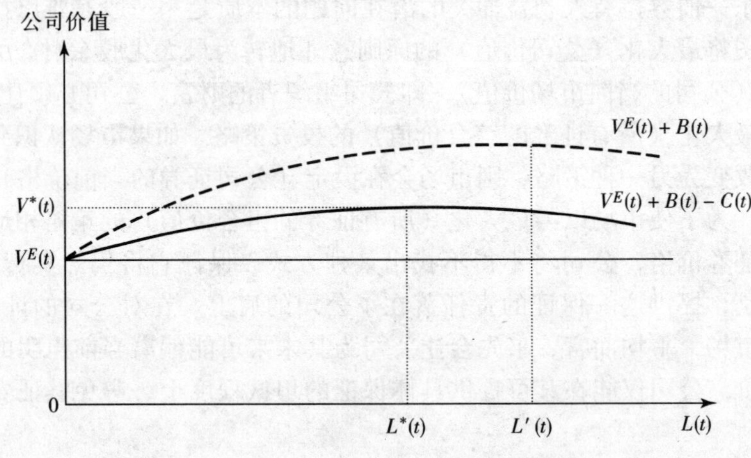

图 3.3　最佳杠杆比率和权衡理论

3.3.1　比较静力学

对于较小的杠杆比率来说，债务成本也比较小。事实上，在杠杆比率相当大的范围内，预期财务危机成本和代理成本两者都倾向于保持较低的水平。但当杠杆比率过了某临界点之后，这些成本会迅速增大，即使在公司的债务与资产净值之比只有很小的增加时也会如此。对照而言，债务收益的现值，特别是税盾效应，对于公司是有价值的，且其价值随债务水平的提高而迅速升高，即使对很低级别的债务也是如此。当公司的杠杆比率超过 $L^*(t)$ 时，税盾效应形成的收益和债务的其他收益开始被债务成本覆盖。因而，公司价值正是在公司的最优资本结构这一点上得到最大化。

对比最佳杠杆比率与 $L'(t)$ 点。由图3.3可见，杠杆比率在 $L'(t)$ 点是不考虑债务成本因素时债务的边际收益的最高点。对于一家不会面对财务困境前景且无债务代理成本的公司而言，这正是使公司金融资本市场价值最大化的杠杆比率。这提醒我们，最优资本结构很大程度上依赖于函数 $B(t)$ 和 $C(t)$ 的准确性质，而且这两个函数会随着每家公司的不同而有所不同。

而且，请特别注意，$B(t)$ 、$C(t)$ 和 $L(t)$ 都有时间下标，且以市场价值为衡量方式，而不是账面价值。公司行为或金融市场稍有变化都可使该杠杆比率迅速变化，因此，公司杠杆的变化并不需要新证券的发行。例如，一家具有AAA级评级水平的石油公司期望保持在油价高位且稳定时计算出的债务的收益和成本以及最佳杠杆比率。然后假设石油价格出现了出乎意料的急剧下跌。

石油价格的意外下跌有几种影响。如果公司没有保值措施或没有为石油价格可能出现的波动保险，价格下跌将减少其现金流并引起当前及将来预期收益率的立即减少，这就侵蚀了公司已有资产净值的当前市场价值，并由此而增加了公司的市场杠杆比率。如果除了这一影响之外没有其他影响，公司就会发现，它将不得不收回某些已有的债务（或以资产净值发行债务），以便仍然使其资本结构处于最大。

此外，显著的未预期的价格波动会实际上移动 $B(t)$ 和 $C(t)$ 曲线本身，因而 $L^*(t)$ 也发生了变化。取决于 $L^*(t)$ 和 $L(t)$ 变动的相对规模，公司可能被迫要收回已有的债务或可能发行新债务，以试图保持其最佳状态。

以权衡理论为基础，希望追求最优资本结构的公司可能会经历不断调整其已发行证券的坎坷历程。图3.3可以看到，对于追求杠杆比率 $L^*(t)$ 的最优资本结构的公司总价值是由杠杆公司的价值 $V^*(t)$ 与全股本公司的价值 $V^E(t)$ 的垂直距离给定的。如果该金额不是远超过不断微调公司财务资本结构而带来的交易成本和运行费用，公司可能就不值得追求资本结构的最优化。

3.3.2 公司实际资产价值的推论

我们在第1章中讨论过，一家公司的价值等于其所有金融资本或者已发行证券的总价值，也等于公司拥有的实际资产的市场价值。这一关系可视为同义反复。因而，如果证券的某些特定组合可使公司价值最大化，而公司的价值也等于公司所拥有的资产价值，则最优资本结构也必然使公司实际资产的价值达到最大化。

毋庸置疑，公司的资本结构并不能改变其真实资产。很清楚，在公司的杠杆比率变化时，工厂和设备不会发生变化。然而，不管怎样，公司的经济资产负债表（economic balance sheet）仍会处于平衡状态。原因很简单，本章讨论的杠杆的收益和成本，对公司资产的价值会有影响。

回顾第 1 章的内容，我们最初将公司资产的市场价值定义为现有的公司资产的市场价值加上公司增长机会的现值：

$$V(t) = \overbrace{\underbrace{\sum_{j=0}^{\infty} \frac{E[X(t+j)]}{1+E[R^{WACC}(t,t+j)]} - I(t)}_{\text{现有资产的预期现金流的折现现值}} + \underbrace{V^{G}(t)}_{\text{增长机会的现值}}}^{\text{实际资产的市场价值}} \tag{3.7}$$

$$= \overbrace{\underbrace{S(t)}_{\text{股票/股本}} + \underbrace{D(t)}_{\text{债务}}}^{\text{金融资本的市场价值}}$$

如果等式（3.7）右端股票和债务的某种特定组合产生的一组公司价值 $V^{*}(t)$ 高于其他可能的股票和债务组合产生的公司价值，则最优资本结构也会带来公司资产价值的最大化，正如等式（3.7）左端所给定的。换而言之，如果我们以债务和股本的非最佳混合组合开始，然后调整公司的杠杆比率至最佳水平，则公司的价值将提高到 $V^{*}(t)$，于是公司拥有的实际资产的市场价值也将提高相同的数额。

在等式（3.7）中，只有 3 种改变公司杠杆比率的方式可增加公司资产的价值：

1. 增加公司当前和（或）预期未来的净经营现金流（或者增加现金流入或收入，或者减少现金流出或支出）。
2. 增加公司增长机会的现值。
3. 减少公司的加权平均资本成本。

这三种效果中的任何一种都将出现在公司经济资产负债表的左端。

例如，考虑一家公司在任意时刻 t 所面对的债务的收益和成本，都是公司债务对股本的比率在 t 时以 $L(t)$ 表示的函数，且假设这些收益和成本可由图 3.3 中的函数 $B(t)$ 和 $C(t)$ 来表示。[10] 现在假设公司的当前杠杆比率为 $L'(t)$。

正如图 3.3 所示，这个杠杆比率代表了能够最大化公司债务税盾效应的现值的公司负债水平，即在该点公司再多承担一美元的负债也并不能带来税款的节约。但是，在该对外负债水平上，财务困境的预期成本已经以一种加快的速度在增加了。该杠杆比率因而不能最大化公司的价值。

仅以杠杆比率 $L'(t)$ 不能最大化公司的价值，并不意味着公司资产的价值不再等于公司已发行的证券的价值。

图 3.4 展示了公司的经济资产负债表。子表（a）显示了次优状态的杠杆比率 $L'(t)$ 下的实际与金融资本的价值。显然，表的左边和右边总是平衡的。在子表（b）中，我们考虑同一家公司，现在假设其杠杆比率为 $L^{*}(t)$。正如图 3.3 所表明的，这是与“全局最大”的公司价值 $V^{*}(t)$ 相一致的最佳杠杆比率。在其他任何杠杆比率下，公司的价值都没有这么高或更高。图 3.4 的子表（b）显示的公司的实际与金融资本也是相等的，正如在子表（a）中一样。但这时无论公司的实际资本还是金融资本，其总价值均比子表（a）中的要高。

子表（a）　　　次优资本结构

资产	负债和股本
$V^A[L'(t)]$	$D'(t)$
$V^G[L'(t)]$	$S'(t)$
$B[L'(t)]$	
$-C[L'(t)]$	

子表（b）　　　最优资本结构

资产	负债和股本
$V^A[L^*(t)]$	$D^*(t)$
$V^G[L^*(t)]$	$S^*(t)$
$B[L^*(t)]$	
$-C[L^*(t)]$	

图 3.4　公司的经济资产负债表

当然，我们可以像以前一样，轻松地将函数 $B(t)$ 和 $C(t)$ 的定义包括进目前现有资产和增长机会的价值的定义中，而不是在公司的经济资产负债表中提供独立的账目。例如，考虑一家在任何高于 $L^*(t)$ 的杠杆比率下对过度负债的代理成本十分敏感的公司。令 $V^{G*}(t)$ 表示公司在任何 t 时的增长机会的现值，假设所有正现值的增长机会在将来都理所应当地被接受。换句话说，假设“最佳行权行为”——$V^{G*}(t)$，是承担公司未来战略机会和投资的所有实际期权的现值。这恰说明，在必须作出投资决策的任何 τ 时，公司只拒绝那些 $V^{G*}(\tau)-I(\tau)<0$ 的项目。公司总资产的市场价值在杠杆比率 $L^*(t)$ 下达到最大，即债务与股本的特定组合 $L^*(t)$，促使公司执行与 $V^{G*}(t)$ 相一致的最优投资政策。

存在债务的代理成本时，在杠杆比率超过 $L^*(t)$ 时，公司可能拒绝一些净现值为正的项目。例如，当杠杆比率 $L'(t)>L^*(t)$ 时，股东会敦促管理层否决某些净现值为正的投资，因而公司的增长机会的价值为 $V^{G\prime}(t)<V^{G*}(t)$。从而债务威胁的投资不足的成本在现值项中为杠杆比率 $L'(t)$ 下的债务总成本：

$$V^{G*}(t)-V^G(L'(t))$$

这是公司当前资产在杠杆比率 $L'(t)$ 下未被有效配置的金额。这也是公司债务和股本的市场价值被低估的金额。换个角度，我们也可将此看做公司的证券持有人买下该公司后采纳最优资本结构 $L^*(t)$ 时可以获得的增量收益。

图 3.5 描述了这种情形。在子表（a）中，由于负债过重，公司受到了其增长机会的市场价值低于应有的水平的惩罚。子表（b）为一家承担较少债务的公司的经济资产负债表，因此，可以更优地实现其增长机会的实际期权。子表（b）中的公司拥有的市场价值超过子表（a）中的公司拥有的市场价值，超出金额为 $V^{G*}(t)-V^G[L'(t)]$，这恰为杠杆过高的公司放弃而具有最优财务杠杆的公司接受的正净现值投资项目的现值。

子表（a） **次优资本结构**

资产	负债和股本
$V^A[L'(t)]$	$D'(t)$
$V^G[L'(t)]$	$S'(t)$

子表（b） **最优资本结构**

资产	负债和股本
$V^A(t)$	$D^*(t)$
$V^{G*}(t)$	$S^*(t)$

图 3.5 公司的在增长机会上具有潜在的投资不足的经济资产负债表

第4章　逆向选择与公司融资决策

越来越多的证据表明，除了第3章中探讨过的财务杠杆的收益和成本之外，一些公司的融资决策也受到“逆向选择”成本的极大影响（法玛和弗兰西，2002、2004）。特别是，当投资者由于不能无成本证实公司投资决策的质量，但又对公司财务健全性十分关注时，其往往对公司发行的证券要求一定的折价。因此，公司倾向于避开这种融资方式，而更愿意采用以与公司的实际风险状况更为相称的资本成本来发行证券的方式。此外，公司尽可能努力运用其公司融资和资本结构决策，以试图显示公司真实的财务健全状况，从而减少在一些特定市场上发行证券时的逆向选择成本。

回顾第3章，公司的资本结构和融资决策在以下4项假设下不会影响公司的价值：完善的资本市场、对称的信息、证券市场的平等参与权以及特定的投资策略。（详情请参见附录A）虽然我们希望在第3章的内容上通过违反前三个假设中的任何一个来建立我们的分析，但我们本章的重点主要集中于违反对称信息这一假设。该假设在法玛（1978）的经典文章中或许已得到了最好的总结：“任何可用的信息都可以无代价地为所有市场主体（投资者和公司）使用，并且所有主体均可正确地理解这些信息对公司未来前景和证券所表达的含义”（法玛，1978）。因而，不对称的信息意味着，不是所有人都能无代价地同时获取相同的信息，且（或者）不是所有人都对一条新信息如何影响证券价格有一致的认识。

对信息不对称及其对经济活动的多重影响的研究，使乔治·阿克罗夫（George Akerlof）、迈克尔·斯宾斯（Michael Spence）和约瑟夫·斯蒂格利茨（Joseph Stiglitz）赢得了2001年的诺贝尔经济学奖。正如读者可以猜到的，信息不对称方面的学术文献随着时间的推移而发表得越来越多。在第3章中，当研究债务的代理成本时，我们已经看到这方面的一些例子。幸运的是，我们在本章中的任务还比较易于处理。我们在此将重点放在信息不对称的特定方面——“逆向选择”上。首先描述逆向选择问题本身的特性，然后转而探讨逆向选择如何能够影响资本结构和公司的融资选择。

4.1　逆向选择和柠檬市场

当产品或服务的购买人不了解产品或服务的真实价值而销售者却了解其真实价

值时，逆向选择就会出现。购买人通常将只愿意支付反映产品或服务的预期价值的价格。由于商家了解其销售产品的真实质量，则购买人愿意支付的价格对于高质量产品的供货商来说将太低，因而那些高质量产品的销售商则不会达成交易。只有低质量产品的销售商愿意以购买人最初提出的价格进行交易。然而，了解了这一点，购买人也会调整预期，假设只有低质产品才会提供到市场上，从而购买人进一步将其报价降低到低质量产品的价格水平上。这种形势就演变成为自我实现的预言，[①]使得只有坏产品在市场上进行交易。

逆向选择的典型与最初应用是在保险市场上，我们将在第 8 章返回来讨论在保险的特定环境下的逆向选择问题。本章中，我们将注意力重点放在公司证券市场的逆向选择上。首先要略加详细地论述一些基本概念。

在阿克罗夫（1970）荣获诺贝尔奖的文章《柠檬市场》（*The Market for "Lemons"*）中，他探讨了一种产品具有若干质量等级，而购买人在购买时却无法鉴别的情形。结果正如作者所言："为确定不诚实的经济成本而给定了一种结构"（阿克罗夫，1970）。阿克罗夫具有独创性的模型的应用，至今仍与其撰文时一样意义深远。

由于理解阿克罗夫的"柠檬问题"对本书此后讨论很重要，我们在这里提供其模型的一个简化版本，以便准确地说明问题的实质。具体而言，考虑一个拥有两类汽车的二手汽车市场：好车和坏车，其中后者被称为"柠檬"。假设在此市场上有相等比例的好车和"柠檬"在销售。

打算把汽车带入市场的卖车人了解一辆汽车的真正价值：好车价值应该值 100 美元，而"柠檬"只值 50 美元。但是，买车人在其拥有汽车之前不能确定汽车是好车还是"柠檬"［即使在有了车辆辨识码（vehicle identification number，VIN）数据库和 CarFax[②] 的今天，情况或许依然如此!］。但是买车人却知道好车与"柠檬"的比例。

由于只了解市场上好车与"柠檬"的比例，买车人来到市场，以这种给定汽车质量情形下的预期价格，为一辆车开出买价：

$$E(p) = \frac{1}{2}\ \$100 + \frac{1}{2}\ \$50 = \$75$$

在此价格下，好车的卖主不会将其汽车送到市场销售，因为如果以此价格卖车，则立即损失 25 美元。相反，卖"柠檬"的人将把 75 美元的出价视做一桩好生意。

虽然买车人不能区分汽车的质量，他们确实知道卖车人了解汽车的真实质量且总是按利润最大化原则行事。购买人因此知晓 75 美元不是能使市场出清的均衡价格。了解在该价格下只有"柠檬"出售后，购买人将更新其预期以反映只有"柠檬"出售的现实：

$$E'(p) = 1 \times \$50 = \$50$$

---

① 所谓"自我实现的预言"（the self - fulfilling prophecy），是美国社会学家默顿（Robert K. Merton）在揭示人类社会活动的建构特征时使用的一个概念，意思是说一个本来属于不实的期望、信念或预测，由于它使人们按所想象的情境去行动，结果使最初并非真实的预言竟然应验了，变成了真实的后果。——译者注

② CarFax 是一家提供车辆历史信息的网络公司。——译者注

这样，使市场出清的均衡价格是每辆车 50 美元，但仅有“柠檬”以此价格出售。

这是阿克罗夫模型的简化形式，但基本经济学原理是相同的。当信息在买车人和卖车人之间不对称时，我们实际上得到的是自我实现的反馈循环——买车人预期是“柠檬”，只支付“柠檬”价格，而结果也只得到了“柠檬”。阿克罗夫将该问题比做一种格雷欣法则（Gresham's law）①，在该法则中，“柠檬”将好车驱逐出了市场。

事实上，在阿克罗夫更普遍的模型中，他提出以下极端情况，即由于信息不对称问题变得非常严重而导致没有任何物品成交：“很可能出现以下情况：次品驱逐不太次的，不太次的驱逐不怎么好的，不怎么好的驱逐良品，以此依次发生以致市场完全无法存在”。（阿克罗夫，1970）这里我们不打算将其模型推到如此极端，但这也是信息严重不对称时可能出现的后果。

4.2　证券市场中的逆向选择

梅尔斯（1984）及梅尔斯和梅基拉夫（Myers & Majluf，1984）指出，当信息在公司内部人员和该公司证券的公众投资者之间分布不对称时，该证券市场则表现为类似于“柠檬市场”的特征，即有关公司的实际资本投资质量的信息是不对称的。因此，投资者假设公司管理层只有当投资出现问题时才到市场中筹集新资金。这就压低了外部投资者愿意为此新证券支付的价格，反过来这形成了自我实现的预言，从而导致管理层主要在新证券被过高估价时才发行。

换而言之，投资者相信，公司只有当股票价格被高估时才发行新股票，这样投资者将假设股票处于被高估状态，只愿意以一定折扣价来购买，而这一折价又诱使公司内部人只有当股价高估时才会发行股票。这种自我实现的预言则成为现实。

梅尔斯（1984）指出，该分析的直接含义有两层：第一，外部融资的成本并不纯粹是发行证券的成本（如承销成本）。此外，外部融资可导致第 3 章中讨论过的在增长机会上的投资不足。第二，如果确需外部融资，较为安全的证券比风险证券更适合。公司的经营者首先会选择发行无风险或低风险的债务，接着是有风险的债务，然后是混合品种，而最后才是外部股本。原因在于，风险较高的证券，其价格对信息披露也更为敏感。当公司的真正价值显露之后，则风险越高的证券，信息披露对该类证券的价格冲击也越大；或者，将逻辑反转，信息披露对证券的价格影响越大，证券的初始折价就越高。在存在逆向选择的情况下，为新的投资项目融资的最佳方式应是发行对于向市场最终披露的信息具有最低敏感度的证券，这样可以不去顾及披露了什么信息。换言之，证券越安全，逆向选择的折价就会越小，因而当披露信息时，证券价格做些小的改变就可包容新披露的内部信息。在相当有限的无风险债务的情形下，当投资项目的真实价值向市场披露时，债务的价值也完全不发生改变。

---

① 即劣币驱逐良币规律。——译者注

4.2.1　最优资本结构的融资顺序理论（Pecking Order Theory）

如果将梅尔斯或梅尔斯和梅基拉夫对阿克罗夫模型的应用用于证券市场，并达到其逻辑极端，结果就形成了公司在作出融资决策时遵循的四部分融资顺序：

1. 公司总是偏好内部融资而不是外部融资。

2. 公司拥有适合于投资机会的目标分红率，但红利是相对“黏性的”（即公司力图避免在其分红策略上的突然而且剧烈的变化）。

3. 由于黏性的分红策略、盈利能力的未预期变化和投资机会方面的意外变化，内部现金流相对于所需的投资支出可能会或高或低。当存在净现金流盈余时，公司使用盈余部分的现金流支付债务或投资于流动性证券。当净现金流发生不足时，公司会降低净现金余额并变现可交易证券的投资组合。

4. 如果外部融资是必要的，公司首先发行低风险的证券。换句话说，公司愿意以如下顺序来发行证券：高级债务或低风险的债务、夹层债务或次级债（即有风险的）、股票—债券的混合证券以及股票。

该融资顺序导致了在公司价值与其融资决策之间的关系上的两种不同的意见：第一种意见显而易见，即认为公司作出的融资选择及证券发行决策，应与上面给出的等级顺序相一致；第二种意见是第一种意见的引申，且与第3章讨论过的公司最优资本结构关系密切。具体地说，梅尔斯（1984）主张，公司杠杆比率的不同，应由公司对外部融资的累积需求来驱动，也就是说，由一段时间内公司投资的累积的净现金流来驱动。但是，权衡理论根据债务的收益和成本来解释财务杠杆的变化，而融资顺序理论将财务杠杆的改变只归结于公司累积的投资支出的融资缺口减去留存收益。

4.2.2　实证证据

权衡理论对纯粹融资顺序理论的实证支持是复杂矛盾的。由于该理论在公司的融资决策和公司的财务杠杆变化方面均有涉及，因此，分别沿着这两方面对证据进行总结是有道理的。

来自公司融资决策方面的证据　当涉及考察公司的融资决策时，许多经验文献是基于金融领域的传统的事件研究方法，这种方法主要检查新证券发行时的公告效应。准确地说，该方法是通过分析非正常的股票回报，以确定特定的证券上市公告是被理解为“好消息”、“坏消息”还是“无关紧要的消息”。

新股票的宣布发行，往往后面会跟着巨大的非正常的负回报，[1]这种情况支持了融资顺序理论。新的优先股发行公告也往往会引发股票价格的下跌，同时对于评级较低的优先股也有很强的负面效果。[2]公司回购其股票，正如所预期的，回购公告之后往往是股票价格的上扬。[3]交换发行也遵循一些预期的模式。以债务交换股本会抬高股票价格，而增加发行在外股本的交换则会导致股票价格的降低。[4]

证据还表明，可转换债券更多被视为权益而不是债务。因而，发行可转换债券一般可引起股票价格的负面响应，[5]较高评级的可转换债券比较低评级的可转换债券会对股票价格产生更大的负面反应。[6]

但是与模型预示情形相反的是以下证据，即新发行不可转换债券的公告，效果的大小并不依赖于债务的相对风险。[7]此外，法玛和弗兰西（2004）发现，与融资顺序理论相反，大多数公司每年都会发行或赎回股本，每笔发行量大，且这些发行通常不是公司被迫的。

来自公司资本结构和杠杆比率方面的证据　在公司资本结构和杠杆比率上的证据同样是混合的。对大部分来说，不涉及股本减少的债务增发只对股票价格产生微弱的影响，一般而言，其影响几乎是零。[8]换而言之，发行债务对公司的股票价格似乎没有实质上的影响。

与融资顺序理论一致，埃克波和麦苏里斯（Eckbo & Masulis，1995）发现，在所有主要工业化国家中，商业银行是外部融资的主要来源。史密斯（Smith，1986a）和詹姆斯（James，1987）进一步发现，公司获得新的银行贷款的公告对股票价格会产生重要的正向效应——银行贷款实际上被视做唯一有利于公司价值的证券类型。这与两个模型都相符——与权衡理论相符，因为银行贷款是债务，与融资顺序理论相符，因为银行贷款在融资顺序里是最高形式的外部融资。在适当监管之下，这并不容易受到信息不对称性的影响，但信息不对称会在发行公募证券时产生逆向选择的问题。

同样与融资顺序理论一致地，山埃姆—桑德（Shyam - Sunder）和梅尔斯（1999）发现了有力证据，说明了公司的内部融资缺口要对公司杠杆水平随时间的变化负主要责任。此外，法玛和弗兰西（1998）发现，杠杆水平和红利支付的变化确实趋于传达出关于盈利能力的价值的信号。[9]瑞詹和森格雷斯（Rajan & Zingales，1995）及法玛和弗兰西（1998）也都断定，高杠杆水平及杠杆水平的提高对公司价值而言往往是坏消息，这与融资顺序理论所预示一样，而与权衡理论正好相反。法玛和弗兰西（1998，2002）发现，债务与公司价值之间的负相关关系甚至在控制了盈利、分红、投资和研发费用之后仍然继续存在。法玛和弗兰西（2002）还观察到盈利能力与杠杆水平呈强烈负相关关系。

法兰克和苟优（Frank & Goyal，2004）发现了公司长期杠杆比率存在的证据，当公司杠杆率偏离该水平时将会回归至该水平。长期趋势的偏离主要由杠杆水平的变化来吸收，而不是由净股本来吸收。这对权衡理论和融资顺序理论两者来说都是支持证据。

但是，对于这些证据来说，没有争议是很难的。例如，巴克莱和史密斯（Barclay & Smith，1996）发现，公司的杠杆水平和盈利增长之间的关系是负相关的，这意味着，较大的盈利增长常与公司拥有相对较少的债务相关联。类似的，法玛和弗兰西（1999）发现，在债务已到期且建立了跟踪记录时，债务对公司更有益。这与权衡理论中有关债务的代理成本的描述是一致的，其一致的程度高过融资顺序理论。

最后，法兰克和苟优（2003）发现，公司的融资缺口通过新股权的发行被密切关注跟踪，而不是通过公司的杠杆水平被跟踪。法玛和弗兰西（2002）也发现，较小规模的且杠杆水平低的成长型公司发行新股本的规模最大。这些公司应当拥有较强的发行低风险债务的能力，因而这与融资顺序理论是矛盾的。

4.3 证券市场中逆向选择的含义

融资顺序理论作为公司如何为自身进行融资的一种内聚性的独立理论，可能没有太多的实证证据，但是对信息不对称确实影响某些公司的融资选择这一问题，很少有人质疑。我们将在本书第三部分和第四部分中讨论的许多产品和解决方案，是与支撑融资顺序理论的经济学原理相一致的。

此外，由梅尔斯（1984）最初建立框架的融资顺序理论并不是观察信息不对称对证券市场影响的唯一方法。在纯融资顺序理论中，公司无法矫正信息不对称性，信息不对称性是在其进行融资选择时融资顺序的基础。事实上，公司看起来却是在寻求融资替代工具，从而努力最小化其逆向选择成本或者向公众投资者发出信号，使这些公众投资者将那些成本用于使公开证券发行变得较便宜的努力中。

下面我们考虑一些逆向选择问题的其他含义——它们本质上不属于融资顺序理论，但这种含义可进一步延伸并解释所观察到的公司融资模式。重要的是，反对融资顺序作为最佳资本结构独立理论的证据并不一定是反对以下要讨论的六种含义中的任何一种的证据。事实上，正是这些同样的证据中的一些表明融资顺序理论实际上是支持下述观点的——请参见法玛和弗兰西（2004）。

1. 当公司必须筹集外部资金时，公司将更愿意从比较了解公司业务真实状况的资本供应者处筹集。

在传统的融资顺序模型中，给定证券被错误定价的程度仅依赖于该证券的风险度。而且，内部人拥有的信息假设完全不被外部投资者所知。这忽略了证券市场的某些重要特征。法玛和弗兰西（2004）很好地总结了这一观点：

梅尔斯（1984）及梅尔斯和梅基拉夫（1984）未曾考虑不存在信息不对称问题的股权发行。我们的结论是，存在许多重要途径来发行股本可以避免信息不对称问题。如果如此，由梅尔斯（1984）提出的作为资本结构理论独立模型的融资顺序就没有生命力了：股权融资并非最后的手段，而信息不对称问题也不是资本结构唯一（或者甚至是重要）的决定性因素。这并不意味着信息不对称问题消失了。但其含义变得相当有限：公司在作融资决定时并不遵循融资顺序，他们只是避免以涉及信息不对称问题的方法来发行的股本。

正如我们将在本书第三部分和第四部分中看到的，许多结构化融资和保险交易可用于代替传统的债券和普通股发行。区别这两者的重要特性是其发行的方式。由于结构性融资和非传统风险转移（ART）交易两者都可为公司筹集资金而且显著改变公司的风险状况，因此，对这些产品的尽职调查过程与对一般证券非常不同。[10]

例如，考虑在本书第 15 章中讨论的应急资本（contingent capital）交易。这些交易中，一家通常评级为 AA 级或 AAA 级的大保险公司事先约定在一公司行权时以固定的价格购买该公司的优先股或者次级债，而这只有在某些外部触发事件出现时才会成为可能。为缓解道德风险的问题，触发事件通常是不可少的。而且这些应急资本的提供者将在其自己的资产负债表中保留可观数量的证券，而不只是在市场上将这些证券重新卖出。

正如人们所预期的，这一交易的尽职调查是谨慎而耗时的，且远超过信用评级中包含的信息。部分尽职调查工作将涉及公司的一般信用风险评估。而部分工作涉及公司的资金意向用途分析，以便选择外部触发事件，这些触发事件既要模仿公司的特定筹资目标又要在公司管理层的控制之外。

此外，ART 的提供者倾向于将其提供的产品和解决方案更多地视做与公司的伙伴关系，而不是银行或者投资银行与公司的关系，这种关系通常是由交易驱动的而不是来自综合业务关系管理的需求。基于此，ART 提供者更可能对公司的综合核心业务形成一种整体的看法，从而不倾向于对任何单个项目的表现太过关注。

公司内部人通过该过程能够纠正一些他们在发行无担保的公募债券或者优先股时可能遇到的逆向选择的问题，这种情况是极为可能的。

2. 公司将力图从对公司情况比较了解的投资者那里筹集资金，不仅是为了降低新券发行的逆向选择成本，而且还将传递出其投资组合的真实质量的信号给相对不太了解情况的投资者。这种“代理监督”角色在最近几年已经从银行转移到了保险公司。

商业银行提供给公司的无担保的高级贷款长期以来被认为有助于减少与信息不对称有关的成本。商业银行对其借款人的投资活动扮演“代理监督”的作用。通过向借款人提供监管及外部约束，银行鼓励其借款人仅开发具有正的净现值的项目。[11] 如果贷款后来滚动增加，银行传统上要重新评估该公司的信用风险，然后给予借款人不断的激励，使其只进行正的净现值的项目和投资。当贷款滚动增加时，就向其他债权人传递了正面信号。以此方式，拥有信息优势的银行的债务使其他缺乏信息的对公众的债务变得可行。[12] 特别是小型公司和高风险启动期的公司，通过首先获取银行监督的债务而建立起来的金融市场声誉，后来才转而获取较难得到的公募或私募债务。[13]

信用衍生品、信用保险和合成再保险以及其他信用风险缓释结构的出现（将在本书第二部分讨论），已经显著降低了公众证券持有人和次级债权人获得信号的能力，使之难以再依靠高级债权人的信用展期和滚动决策作为公司真实信用质量的信号。由于次级债权人和债券持有人不可能了解高级债权人何时采取了对冲措施，所以贷款续期所发出的信号价值基本减少为零了。观察到一家高级银行债权人增加了其不承担信用风险的贷款，这到底意味着什么呢？由哈瑞斯和卡莫（Kramer）（本书第 31 章）所撰写的客座评论探讨了安然的失败如何极大地恶化了该问题，并且可能宣告了银行代理监督时代的终结。

如本书后面分几个阶段要探讨的，金融市场的最新发展是作为代理监督的银行被具有信息优势的保险和再保险公司明显取代。虽然事实上许多保险和应急资本解决方案涉及相对低级的索偿权，这些索偿权仍然非常依赖于其供应商提供的不间断监控。需要注意的是，这些交易混合了资金筹集和风险转移行为，而正是后者通常使资本提供者保持持续的警惕。

虽然这些索偿权的次级性质使得索偿权对私有信息的披露更为敏感，但它也使索偿权对于资本提供者而言更具风险。在保险和再保险公司的特定情况下，这使得这些公司都更加倾向于收集有关借款人的额外信息，以说服贷款人在证券资本结构中接受次级头寸，同时也可减少索偿权对信息不对称的敏感性。

因此，虽然银行作为代理监督的角色在近年来衰落下去了，但保险和再保险公司逐步介入并取代银行也相当不错。

3. 当结构性融资过程可以成功降低逆向选择和道德风险问题时，公司将利用结构性融资方法。

本书第三部分将专门讲述结构性融资。在此不详细论述，我们只需注意，实行结构性融资解决方案的主要原因很可能是公司希望减少逆向选择成本。特定的例子包括项目融资、贸易融资和应收款的证券化。

结构化过程可以有助于减少导致逆向选择成本的信息不对称，其原因至少有两个层面。首先关注结构化过程本身。如我们将在第四部分看到的，通过我们称之为“新代理监督”的机制，结构化通常包含对信用增级和外部信用保护的使用。比如，向资产证券化的高级层提供的 AAA 评级的资产包。通过引导大量知情方集中关注公司资产质量并进行仔细分析，发生“柠檬”问题的可能性似乎就很小。当然，某种程度上道德风险将取而代之，即投资者担心公司进行“反向优选”（reverse cherry - picking），只将其最差的信用证券化。但同样，来自评级机构、互换对手及保险公司等外部监督对结构性交易的大力关注也会改善这一情形。

结构性金融交易的第二个可能的动机是有关公司资产和投资的所谓“噪音”。简化起见，假设一家公司拥有风险资产组合，现考虑发行新证券为新的资本投资项目筹资。新发行证券的投资人担心公司寻求外部融资只是由于其拥有内部信息，即知道计划投资项目的低劣质量，这时就会出现“柠檬”问题。

再假设新投资通过项目融资结构来融资，在此结构下，新投资投在其自己的高度透明的特殊目的机构（special purpose entity，SPE）中。SPE 仅包括单个资本项目而没有其他资产。如我们将在第 21 章看到的［以及 J. 保罗·福斯特（J. Paul Forrester）在第 32 章的客座文章中所讨论的］，项目融资包括多个次级层、众多保证人、保险公司和监督人以及大量信用和流动性支持条款。如之前讨论的，参与此种项目融资方式的融资者，与投资于同样项目但与公司其他资产相混合而发行的无担保债务相比，不太可能要求相同的逆向选择折价。

当然，将资产或项目移到结构性融资管道中的价值依赖于公司所持有的其他资产。如果公司仅持有国债，则将投资项目剔除进行单独融资，将不会降低公司的综合借债成本。但是，如果公司主要持有无形资产，那么，移除有形项目进行单独融资，可有助于公司避免与无担保债务有关的相同的逆向选择折价。

4. 公司将得益于利用将风险管理和筹资方案统一于同一产品的融资方法。

融资顺序理论的主要原则是，公司将优先发行低风险证券。这些证券的逆向选择折价会较低，因为当公司投资的真实信息披露时，这类证券出现较大的不利价格变动的可能性较小。

对于那些面对相当大的信息不对称的公司来说，将公司融资和风险管理目标综合于一体的产品也是有吸引力的。这些证券和资产可能不会有较低的价格变化，而融资顺序理论本身会主张公司应避免此类报价。但由于公司使用这些产品可降低其整体风险，公司整体绩效对单一投资项目结果的敏感度将可能大大降低。这与发行低风险证券具有相同效果——它减少了真实信息披露对这些综合风险和资本交易中的外部投资者的影响。

5. 新证券上市时公司面临的逆向选择成本越大，公司对流动性和融资风险管理上付出的注意力也越大。具有大量潜在资产或无形资产以及实际期权的公司将会更倾向于管理其每期的净现金流，或通过对冲，或通过使用事前融资结构，如有限风险或应急资本。

梅尔斯（1984）指出，在某些情况下，公司可以维持一批外部债务，以在流动资产中保留足够的现金用于对投资项目的融资，但在该情况下，公司会尽一切努力使债务的风险尽可能低。他假定其基本理念是既使财务困境的预期成本最小化（参见第 3 章），又要保持以储备借款能力的形式出现的财务宽松（financial slack）。换而言之，发行具有合理低风险的债务或完全不发行债务使公司保持了正的债务能力，特别是为以后发行更多的低风险债务奠定了基础。

保持财务宽松和避免投资不足的愿望除了影响公司的资本结构之外，还会影响公司的风险管理策略。我们将在第 7 章重新探讨此问题。

6. 拥有大量逆向选择成本的公司，将尝试利用其他形式的向市场发送信号的手段（除了结构性融资或从比较熟悉情况的投资者借款之外），来努力减少对其公开发行证券的逆向选择折价。

在融资顺序理论中，信息不对称会导致投资过度及投资不足问题，而且公司的资本结构会作为应对与这些问题相关的成本的手段而出现。因而，公司的净现金流决定了其资本结构。相反，其他以信息不对称为基础的模型，将公司的净现金流和实际投资视为给定的，然后检查其资本结构决策如何用于向不太知情的资本市场显示公司投资的质量。这些显示手段理论是融资顺序理论的补充而非融资顺序理论的替代。

在一个早期模型中，莱兰德和派勒（Leland & Pyle，1977）考虑了一位单独的企业家为某一项目寻求额外的股权融资，对此项目，该企业家比潜在的投资者要了解得多。虽然投资者无法观察到项目的真实价值，但投资者可观察该企业家承诺用于该项目的资金额。随着该企业家在该项目上投资的增加，投资者为项目股权支付更多价钱的意愿也将升高。因而，该企业家的内部投资决策向不太知情的市场参与者发出了有关难以察觉的投资项目的信号。

米勒和饶克（Miller & Rock，1985）发展了一种红利的信号模型，在此模型中，公司的投资费用和外部融资维持不变，且外部投资者不能准确地估计公司当前和未来预期的营运现金流。回忆 M&M 理论假设的情况，红利政策是不相关的，因为在没有多余的营运现金流的情况下，必须发行新普通股或债务以便为较高的红利筹资，即使已发行证券的价值缩减，但缩减量也为红利的增加量。营运现金流是外部人士难以观察的，而公司支付的红利却可有助于揭示或者发出信号表明何时公司真正拥有多余的营运现金流。

在米勒和饶克的模型中，高于预期的分红表示高于预期的净营运现金流。相反的，高于预期的外部融资或新证券发行显示出低于预期的营运现金流。换而言之，高于预期的分红公告是正面信号，表示已发行的剩余索偿权价值的增加，而发行新证券的公告是负面信号，这种信号将压制股票价格。实证证据在广义上与这些预测是相一致的。[14]

罗斯（Ross，1977）开发了一种信号模型，在该模型中，较高的债务水平是向市场发出的较高投资质量的信号。在任何债务水平上，有较高风险的投资项目的公司均比财务健全的公司拥有较高的财务危机的预期成本。只要与较高债务水平相联系的财务危机的边际预期成本的增加多于已避免的逆向选择成本的抵消（如对公司证券定价低于正常价的数额），则拥有较安全投资的公司就有能力发行更多的债务，从而将其与劣质的公司相区别。其中逆向选择成本是由于发出信息的信号而得以避免的。[15]

第5章 资本预算、项目选择和绩效评价

资本预算是一个过程，在此过程中，公司决定投资于何种长期资本资产和投资项目，以及如何利用已有金融资本权益和新发行资本进行融资。大多数公司至少每年进行一次正规的资本预算。当公司的资金有限且其资本预算受制于不愿或不能发行新证券时，资本预算过程有时也称为资本配给或资本配置。

公司资本预算过程中内嵌了项目选择方法，或者说成是一家公司用以确定一个投资机会是否为公司或其证券持有者增加了价值时所运用的一套规则。当一家公司具有充足的资金或者愿意发行新证券为其部分或所有投资机会融资时，项目选择通常涉及一些决策规则，这些规则基于一些衡量项目价值或回报的指标与最低预期回报率的比较，或者基于项目对公司价值贡献的绝对指标，使公司作出是否接受或拒绝一个投资机会的决定。[1]

绩效评估是公司评估一个既定资本预算和（或）一个特定项目或业务单元执行情况的过程。绩效评估有几个目的：第一，它是一种公司评估现有项目和业务的目前价值的方法。在此意义上说，绩效评估是公司如何决定何时停止现有项目或业务单元，何时扩展这些项目。第二，绩效评估也被一些公司用来实施以绩效为基准的计酬和其他激励方法，用以解决公司的代理问题，① 促使高级管理人员只实行那些给股东创造价值的资本预算和项目。当明确将绩效评估和项目选择规则联系在一起以使公司价值最大化时，这一行为一般被称为价值管理（value - based management，VBM）。

项目选择和绩效评估是同一问题的事前和事后版本。最初用来衡量一个项目附加价值的基本方法与公司用来考虑一个正在做的项目的业绩和附加价值的方法非常相似。两者最主要的区别在于项目选择总是涉及预期指标（如预期回报率、预期现金流等），而绩效评估涉及实际业绩数据。

这些相关概念是公司如何作出主要商业决策的核心，例如把握哪个战略机会，投资哪种资产，何时对改进亏损业务进行投资以及何时停止某项业务等。然而，这些话题为什么与公司风险和资本管理过程相关联的原因不是很明显，且与公司结构性融资和保险项目的关系则更小。虽然这种联系不是太明显，但它却是存在的并且非常重要的。

---

① 指债权人、股东及管理人员因目标不同而产生的利益冲突。——译者注

风险资本是公司需要留出的金融资本额，以储备起来用于弥补一个或多个特定已识别的风险造成的损失。当我们在第 6 章和第 7 章再讨论时，股本风险资本可作为风险转移的替代物，留出来防范风险的以债务形式筹集的资金被称为事前或事后风险融资。我们也将在附录 C 中再详细地讨论风险资本。

本章仅限于探讨公司的传统资本预算过程，即进行项目选择和业绩评估以及风险如何进入到这个过程中。如果想进一步了解附录 C 中谈到的风险资本问题，阅读本章是很有必要的。此外本章将被用来作为对资本和风险之间的关系的另一个说明。

5.1 用于项目选择和绩效评估的会计方法

在本节，我们总结了一些应用比较普遍的来自于账面会计数据的项目选择和业绩测评标准。尽管这些标准比较受欢迎，但它们不是出自公司融资的基本原理，因此，不能为基于这些方法作出的决定而使公司价值最大化提供任何担保。确切地说，在一些情况中，这些标准可能会产生非常扭曲的决定而使公司和（或）股东价值流失。

在此讨论这些方法并不仅是出于学术目的，而是因为今天仍有很多公司继续依赖这些规则。我们的目的并不是质疑公司过于依靠这些规则，而是要确保使用该规则的公司完全了解使用后果。

5.1.1 盈利和每股收益增长

损益表是一个必需的会计内容，它是对公司及其业务盈利状况的简要披露。分析家和投资者就像老鹰一样地盯着盈利和盈利增长。如果公司盈利目标或预期下降，则公司常常会受到惩罚。

此外，很多公司主要将盈利作为事前项目选择和事后绩效评估的标准。在公司层面，很多公司管理者一直将稳定的收益增长作为衡量财务能力的尺度。高市盈率（P/E）仍被认为是公司资产负债表的一个显著特性。在公司内部，特定业务或项目带来的盈利或每股收益（EPS）常常直接或间接影响公司关于进行对哪些业务持续投资或再投资的决定。

至少有四个很好的理由表明公司进行项目选择和绩效评估决定时，盈利和 EPS 并不是适合的参考变量。第一，盈利对于会计原则具有很强的敏感性。会计原则可能随着时间的流逝而改变，在相似的国际行政管辖区间可能也会不同，并会引起对其解释的激烈辩论——参见由 J. 保罗·福斯特和本杰明·S. 纽好森（Benjamin S. Neuhausen）撰写的第 30 章。

有关盈利的第二个问题是它未能考虑投资支出的真实经济影响。像折旧和已摊销成本之类的会计因素使它难以识别出实际固定资本资产投资的真实现金流影响。另外，盈利估计经常不能适当对待营运资本投资，而这种投资对公司的风险和盈利能力具有相当大的影响。当我们看公司可能拥有应收账款时，这种情况表现得更加明显。例如，假设名为环形村庄（Circuit Village）的公司从名为多石（Stony）的公司购买大量的消费电子器材进行再销售，多石公司因此签发给环形村庄公司一张100万美元的票据。直到环形村庄公司支付该票据之前，这一直是应收款项。如果多石公司在账面上有250万美元的销售收入，其盈利将显示收入为250万美元，但其手中的可用现金只为100万美元。一般来说，相对于公司的真实现金头寸来说，应收账款逐渐增加的公司将高估其收入和盈利。

这使我们看到了盈利指标的第三个缺点：其不能在资产负债表中反映风险和风险管理的价值。公司的现金头寸很重要，不仅因为它是衡量公司真实盈利能力的更好的指标，而且它能更好地说明公司的风险。在前面的例子中，多石公司已将250万美元记入销售收入，但需留有100万美元的营运资本来为其应收账款提供资金。在所有其他条件相同的情况下，当营运资本需要开始吞掉公司所有的自由现金流时，这可影响公司的债务能力。虽然这100万美元的应收账款已经反映为公司的已赚收入，但也同样暴露在环形村庄公司违约的信用风险下。

已从一个AAA级保险公司购买了贸易信用保险（见第10章）的公司的盈利将比未购买保险而面临贸易伙伴违约风险的公司要低，因为购买保险的成本降低了盈利。但是这反映了一个事实，即该公司已通过购买保险锁定其风险头寸。未购买贸易信用保险的公司可呈现较高的盈利，但盈利的风险也较高。然而盈利就是盈利，并不是所有的投资者能够清楚地认识到这种风险。虽然保险降低了盈利，它也使所报告的数字更准确地代表了公司真实的风险情况。

第四，盈利评估不能反映金钱或公司资本成本的时间价值。公司可能产生盈利增长，但如果公司的新资产投资产生的回报低于公司的资本成本，其资产和证券仍将受到侵蚀。

对盈利作为衡量公司盈利能力指标的怀疑在安然事件发生后达到了历史高峰。安然公司集中关注盈利增长和高市盈率且已达到了入迷的程度，[2]在同期经历负的现金流时，安然仍竭力这样做，最终导致了公司的终结。这个例子说明了只将盈利作为公司经营决策的目标是错误的。无可否认地，安然是一个反证例子。其中的基本道理在现在的公司高层管理者中和董事会会议上都已非常熟悉。

5.1.2 投资回报率和资产回报率

非金融公司首先将投资回报率（ROI）作为解决上面提到的纯盈利目标问题。不同的是，金融机构认为与投资回报率有密切关系的资产回报率（ROA）是项目融资和绩效评估的核心。在这两种情况中，解决方法仍不令人满意，不能消除基于潜在的不适当会计数据来评判经济生存能力这一基本问题。

对一个在特定会计报告时期的定额资本项目，ROI通常可表示为：[3]

$$\mathrm{ROI}=\frac{\text{净经营收入}}{\text{资产}} \tag{5.1}$$

其中，净经营收入和资产都以账面价值计算。净经营收入实质上是报告期内（通常为一年）的收入减去支出，不包括一次性特定事件和损耗。资产是报告期内资产的平均账面价值。

当进行项目评估时，经常将等式（5.1）中计算的账面 ROI 与最低预期回报率相比，最低预期回报率一般等于公司的加权平均资本成本（WACC）。然而，将静态权责发生制下的总和与投资者要求的由市场决定的预期回报率相比，可能会产生一些不可思议的决定，并且不会保证投资的项目都会给公司带来最大价值。

使用 ROI 进行项目评估的许多缺点是众所周知的。[4] 第一，ROI 一般在初期会低估项目的真实经济价值，而在后期会高估项目的价值。因为它依赖于资产的平均账面价值，未折旧资产基数随着时间的推移稳步减少，因此，导致项目在生命期内早期业绩差，而后期业绩出色，即使在净经营收入未发生改变的情况下。

第二，ROI 对最初投资水平具有高度的敏感性。如两个拥有相似项目的公司。事实上，两个项目的盈利预期相同，并且两个项目的现金流也一样。这两个公司拥有的项目间的唯一差别是最初投资基数。有较大投资基数的公司将在项目早期具有较低的项目 ROI，纯粹是因为“悬置”的未折旧资产压低了等式（5.1）中的分母。但在经济学意义上，这是一项沉没成本，因为资产在前期已经购买并投入运作，所以不应该影响到之后是否投资新项目的决策。

第三，ROI 不能说明资产负债表表外项目的真实经济风险和回报。即使这些项目影响了损益表，也不能被计入公司的会计资产。

第四，ROI 不能控制投资项目的相关风险。两个具有同样投资额和预期利润的项目将有同样的 ROI。只要公司有不受限制的资本预算，那么即使其中一个项目可能会随着时间的推移呈现出较高的盈利能力变化也不会使 ROI 不同。但如果公司被迫定量配给或分配资本，ROI 就不能让公司正确地在两个可互相代替的项目间进行区分。

第五，ROI 为公司衡量项目的盈利能力，但不能控制杠杆率、项目融资的来源或对特定项目投资者的回报。

5.1.3 股本回报率

正如前面部分所提到的，ROI 试图从公司角度量化项目、战略或业务品种的回报，为了更好地量化项目、战略或业务对公司股本持有人的收益，很多公司从使用 ROI 转而使用股本回报率（ROE）：

$$\text{ROE} = \frac{\text{净经营收入}}{\text{股东权益}} \tag{5.2}$$

等式（5.2）中的 ROE 与等式（5.1）中的 ROI 的关系如下：

$$\overbrace{\frac{\text{净经营收入}}{\text{股本}}}^{\text{ROE}} = \overbrace{\frac{\text{净经营收入}}{\text{资产}}}^{\text{ROI}} \times \overbrace{\frac{\text{资产}}{\text{股本}}}^{\text{财务杠杆}} \tag{5.3}$$

过去，ROI 和 ROE 在项目选择和绩效评估方面是相互竞争的替代关系，但现在一般将二者共同应用到许多领域。公司经常使用 ROI 在现有业务单元和经营部门中分析业绩和评估投资。相反，ROE 经常被用来评估公司范围的业绩或评估需要单独融资的新的独立项目的投资。

ROE 具有所有与 ROI 相同的缺点。此外，ROE 对杠杆率过度敏感。例如，一家有50%的最优杠杆率的公司考虑某个特定项目。如果对新项目的融资是一种除了一半债务和一半股本以外的任何一种证券组合，该公司将被脱离最优资本结构，结果导致市场价值的降低。

不仅这种资本结构影响不能在ROE计算中得到解决，而且以ROE为基础的项目评估实际上也会产生错误的动机。如果项目回报大于债务资本成本，为提高ROE，公司可能会选择用次优高级别债务来进行项目融资。这种ROE的明显提高是正利率差额的结果。这一财务政策对公司资本结构的负面影响既未从ROE中剔除，也未能考虑高杠杆率对风险和预期股本回报率的影响。

5.2 无风险调整的贴现现金流方法

公司进行项目评估和绩效评估的方法不需要只依赖或主要依赖于权责会计制对公司在某个报告期的财务状况进行的估算。作为替代，公司可以使用贴现现金流（discounted cash flow, DCF）方法进行项目选择和评估。这种方法使用实际的每期现金流，而不是收益、收入、支出以及其他纯计算总和。

5.2.1 DCF或市场ROI、ROA和ROE

在计算项目回报时，我们不用计算净收入作为量化回报的基础，而是用计算回报的更经济的方法，即市场ROI。在t到$t+T$项目持有期间，市场ROI可表示为：

$$\mathrm{ROI} = \frac{CF(t,t+T) + A(t+T) - A(t)}{A(t)} \tag{5.4}$$

其中，$CF(t, t+T)$为t到$t+T$期间的现金流，$A(t+T)$为在$t+T$期末的资产市场价值，$A(t)$为在t期初的资产市场价值。如果比较市场ROI和账面ROI，我们将选择等式（5.4）中的投资持有期，这一时期与等式（5.1）中会计期相同。

当用于单个资产，等式（5.4）在金融经济学中更普遍地被称为资产持有期回报。具体应用于一个项目、战略或业务单元，市场ROI是所谓的经济回报。

就像使用账面ROI一样，当与最低预期回报率（如公司的WACC）相比，公司可能试图用预期市场ROI作为项目选择的基础，也就是说，公司将选择市场ROI高于公司的WACC的项目，否则就不选。虽然在衡量资产的经济绩效方面市场ROI要远远强于账面ROI，但它作为项目选择的基础仍有缺陷。市场ROI的主要缺点在于它不能解释风险。

像上述的那样，我们可同等地定义市场ROA和ROE，但就像市场ROI一样，市场ROA和市场ROE仍会有同样的缺陷。

5.2.2 内部回报率

项目的内部回报率（internal rate of return, IRR）是使项目贴现净现金流的现值正好等于零时的回报率。IRR作为项目选择和绩效评估的基础受到很多公司的极度青睐，这主要有两个原因：第一，它有一个自然的解释，即使项目收支平衡的回报，如果项目的回报低于 IRR，该项目则会亏损；第二，不像 ROI 和 ROE，项目的 IRR 使用的是 DCF 分析，因此，依赖于现金流而不是依赖于会计期平均额。

对于一个在其生命期内的任何 $t+j$ 和 T 年的预期净现金流为 $X(t+j)$ 的项目，项目的 IRR 或收益是能够满足下列等式的 IRR：

$$\text{净现值} = \sum_{j=1}^{T} \frac{E[X(t+j)]}{(1+IRR)^j} - I(t) = 0 \tag{5.5}$$

例如，在接下来 50 年每年的预期净现金流为 1 美元的项目，需要 10 美元的短期投资支出，该项目的 IRR 每年约为 9.91%。

IRR 在项目选择方面的实际用途一般是与最低预期回报率进行比较的。就像在以前的例子中一样，最低预期回报率通常是公司的 WACC。任何一个 IRR 低于公司 WACC 的项目都不应被采用，因为这种项目会使公司花费的为其融资的金融资本多于其产生的收益。反之，应该采用 IRR 高于公司 WACC 的项目。

IRR 的决定规则明显要比我们至今看到的其他方法好很多，因为它有时确实能够产生价值最大化的决定。然而，IRR 规则最终仍不是一个可靠稳定的项目选择方法。IRR 方法导致公司采用了错误项目的情况通常包括相互独立的项目或资本分配。当看一个完全独立的项目的经济生存能力时，IRR 是很有用的。但当我们用 IRR 进行两个项目比较时，IRR 可能会产生问题。对此感兴趣的读者可以参考法玛和米勒（1972）的文章，以获得更详细的解释。彼得森和法博兹（Peterson & Fabozzi, 2002）提供了一些很好的有用例子，可以有效地解释 IRR 的问题。

5.3 净现值方法

在过去的几十年中，用于公司资本预算的主要工具是净现值（net present value, NPV）方法。在 M&M 理论假设下，NPV 方法能够保证公司只接受那些将增加股东价值的项目。即使在不使用 M&M 理论假设时，如果除了 NPV 方法比较简单和直观之外没有其他原因的话，广义的 NPV 框架通常仍要好于其他方法。

NPV 方法指出公司应只接受 NPV 为非负值的项目。在第 1 章我们看到现有资产的 NPV 正是资产的现金流的预期总现值与投资支出之差。对于需要持续维护费用的资产，我们将所有未来预期支出的现值，或包括在当前投资支出中，或从项目的未来收入中减掉。

考虑一个投资项目从 $t+1$ 时到其有用经济生命期末 T 时产生一系列净现金流。使用与在第 1 章中相同的符号，这一系列净现金流可表示为 $X(t+1), \cdots, X(t+T)$。假设该项目也需要前期投资支出 $I(t)$。我们可将该项目的 NPV 写为：

$$\text{NPV} = \sum_{j=1}^{T} \frac{E[X(t+j)]}{1+E[R(t,t+j)]} - I(t) \tag{5.6}$$

其中，$E[R(t,t+j)]$ 是适当的预期回报，我们将用其作为专门针对 $t+j$ 时发生的现金流的风险调整折现率。

大多数好的公司融资文章将能满足任何讨论有关NPV方法的实务问题的需要，有非常多的问题在此只是刚刚开始讨论。然而，一些广泛的更深一层的解释也是必要的。我们还考虑了为等式（5.6）的分子中预期现金流和分母中的折现率实施NPV方法的主要现实挑战。

5.3.1 预测预期现金流

对任何拥有预期现金流的特定项目进行NPV计算实际是问题的核心。关于这样做的理论没有太多可说的。实际操作是比较难的一部分——与其说是一种科学，不如说是一种艺术，对于操作来说，很难把握。

当对一个项目的预期现金流进行估计时，应记住一个严峻的挑战，即NPV方法是明确以现金流表示的，而不是会计数据。然而我们进行预期现金流预测时所需的大多数数据很可能来自于会计数据。当将数据从会计和盈利模式转化为每期现金流入或流出时，必须要很小心。例如，运用直线成本摊销法，一台价值100万美元的机器可能在接下来的10年中被消费掉。因此，盈利将显示出该机器的花费在以后的10年间每年约10万美元。但如果现在全额支付了该机器的购买款项，NPV现在必须包括全部的100万美元的现金支出。事实上，会计方法像扣除利息及税项前盈利（EBIT）和扣除利息、税项、折旧、摊销及重组成本前盈利（EBITDA）等历史上作为真实净现金流的替代表现得十分不好。[5]

对项目产生现金收入的好的预期经常是比较容易的部分。确实，预测也许不是非常准确，但至少对该预测什么有一些基本的共识。

然而，成本比模型和预测更具有挑战性。对于成本，有一些问题需注意。首先，当公司享受着规模经济时要重视与项目相关的费用。当同样的投入可以带来多种产出，则被称为降低了公司的平均成本，规模经济常常与基础设施、信息技术（IT）项目、一般经常开支等相联系。会计师倾向于在项目和业务单元间分配所有的共同花费。然而，只要公司接受的项目能够确实增加现金流出，项目的NPV分析就将视这些条目为现金流出。

举个例子来说，假设某一公司正在考虑投资设立一个新的营运分公司。如果分公司开业，它将使用公司现有的集中的总分类账和会计系统，购买这一系统的费用已经支付完毕。为了将新分公司包括进现有体系，公司将不得不花钱进行系统整合。这笔费用是应包括在该分公司NPV分析中的唯一的现金流出。在这种情况下，公司将部分与会计系统有关的费用分配给分公司，且总公司已经支付完毕系统费用。边际现金流出只是整合费用。

与此相关的是，很多公司愿意将沉没成本包括在NPV计算中，以试图弥补一些以前的支出。然而，沉没成本的真正定义是指已经无可挽回地花费掉的钱。无论怎样具有吸引力，这种成本也不应该影响新项目NPV的评估。

其他应涵盖但经常不列入NPV计算中的成本包括机会成本（公司如果接受此项目而错过的其他机会）和影响公司其他部分的外部因素（如新部门将顾客从旧部门吸引过来）等。公司也应记住要将与项目有关的营运资本视为该项目的现金流出。

回顾第1章中的等式（1.3），我们将公司价值表示为所有公司项目的折现预期净现金流的价值之和。很清楚地，为了使这种表示成立，公司所有的现金流必须全部包括在内。例如，前面我们注意到的包括营运现金流的必要。同样地，当净营运资本被投资于某一项目（通常在项目之初）时和当净营运资本从特定项目中获得补偿时，短期资产减去构成公司净营运资本的短期负债也必须出现在这一等式中。

5.3.2 折现率问题

虽然我们已分别分析了预期现金流和折现率的计算，但我们还是不能永远完全将这两个问题分开。在现代金融中，有两种方法来计算风险现金流预期的现值：

1. 计算真实预期现金流，并以适当的风险调整折现率进行折现。
2. 模拟与无风险概率相关的预期现金流，然后以无风险率进行折现。

在本书中，我们将主要使用第一种方法，因为这种方法最普遍，以及这种方法最与多数公司追踪和保存的数据相一致。但两种方法都有可能，不仅是因为理论上一种方法并不比另一种方法差，而且实际上从两种方法中得出的结果应是一样的。如果没有得到同样的结果，则数据或风险调整方法就存在问题，但这两种方法基于的经济理论是没有问题的。

对很多项目来说，对折现率做微小的改动将不会影响NPV是正值还是负值。因此，一些人质疑是否给予了等式（5.6）中最适合对现金流进行折现的折现率太多的关注和时间。然而，像我们将在本部分以及本章后面看到的，对这一问题的认真关注是需要的。特别地，为了在资本预算过程中更好地运用NPV标准，公司必须回答以下6个关于折现率的主要问题：

1. 在风险调整预期收益中，如何解释系统性风险？
2. 项目风险或公司风险是应集中注意的风险吗？
3. 应该使用特定时间折现吗？
4. 折现率应该是税前的还是税后的？
5. 特定融资战略的好处如何融合到分析中去？
6. 当公司和（或）项目受到股东不能分散的特殊风险的影响时，如何改变折现率？

系统风险和折现率 在M&M模型中，系统风险是唯一重要的风险。因此，计算风险调整预期回报的方法将取决于我们假定的预期回报和系统性风险之间的关系。可瑞恩和卡尔普（Cochrane & Culp，2003）研究了出于资本预算和（或）风险管理的目的而为均衡中的风险进行风险现金流调整所能使用的其他方法。

可能最普遍的最低预期回报率仍基于旧的资本资产定价模型（CAPM）。根据CAPM，任何一捆资产或现金流的预期回报可表示为：

$$E(R) = R_f + \beta[E(R_m) - R_f] \tag{5.7}$$

其中，R_f 是无风险利率，R_m 是市场投资组合的回报，β是资产回报或是市场投资组合回报的现金流的协方差，反映了市场整体风险如何在所涉及的具体资产的回报中表现出来。

多数研究和最近的文章主张公司真正用来衡量投资最低预期回报率的最普遍的方法是使用 CAPM 和一些 beta 计量方法（资产、公司、行业等）。然而，尽管 CAPM 比较普遍，但仍然受到一些批评。法玛和弗兰西（1992）很好地调查了 CAPM 的缺点，以及为什么尽管 CAPM 模型比较简单但用其进行真实资本成本评估可能没有太大意义的原因。

对 CAPM 的基本批评是市场以外的其他风险因素被认为是对预期回报提供说服力的经验性因素。这些因素包括公司规模（Banz，1981）、公司的账面与市场股本价值之比（Fama & French，1992，1993，1995，1996）、劳动收入（Jagannathan & Wang，1996）、工业生产和通货膨胀（Chen，Roll & Ross，1986）和投资增长（Cochrane，1991，1996）。

另一可替代含有附加风险因素的 CAPM 的方法是使用决定预期资产回报率的多因素模型：

$$E(R) = R_f + \sum_{j=1}^{N} \beta_j f_j \tag{5.8}$$

其中，β_j 是资产包中风险因素是 j 的因素系数，f_j 是第 j 个因素风险溢价。公司用于现金流折现的越来越普遍的特定的多因素模型是法玛和弗兰西（1992，1993）的三因素和五因素模型。

法玛和弗兰西（1997）注意到有三个问题使所做的任何通过运用等式（5.8）隐含的最小平方回归而得出有意义的股本成本的努力变得复杂了。首要的和突出的问题是使用哪个模型（如哪些因素）。若要进一步了解有关讨论，请参见可瑞恩（2001）。

第二个问题是参数预测 β_j 中的时间变量。在这些参数预测中随着时间而发生的改变表明预期回报的各种风险因素系数发生了改变。这使这些参数的实际预测变成真正的挑战。有人可能会试图使用行业层面的数据而不是公司层面的数据，但这样做并不会有真正的改进。正如法玛和弗兰西（1992，1993，1997）在研究他们自己的三因素模型中的因素系数预测中所描述的，三因素包括市场组合、规模和账面与市场价值之比等因素。他们发现从 1963 年到 1994 年的全样本中得到的参数预测不比从以往三年数据中得到的预测更可靠。

第三个问题是对因素或因素风险溢价本身的统计预测不准确。法玛和弗兰西（1997）发现，若只将市场的超额回报作为风险因素，则 1963—1994 年的平均超额市场回报在统计上与任何在稍低于 0 到稍高于 10% 范围内的数字难以区别。同样，行业层面的数据和较长时间序列似乎起不了太大作用。

因此，如今寻求较好预测公司资本成本的方法，没有一个特别令人满意的。事实上，CAPM 对资本成本的预测仍旧被广泛应用，不是因为研究生商学院未能传递该模型的缺陷，而是因为没有好的和明显的其他替代方法。实际上，CAPM 方法，更广泛来说，依附于最初 M&M 模型用于确定 WACC 的方法，其主要优点是它的内在与假设的一致性。正如第一部分阐明的，违反 M&M 理论假设而影响 WACC 的特定方法被如此有争议地讨论，以致使用 CAPM 的一个主要问题是其假设十分简单。

简而言之，使用 CAPM 和 M&M 方法对 WACC 进行预测可以使我们避免“我的假设好于你的假设”的这类争论。

因此，CAPM 和 M&M 框架仍占主流，可能是最耐抨击的实用资本成本预测方法。有这些模型在手，法玛和弗兰西（1997）公正地得出结论，“无论正式的方法是什么，用于资本预算的两个普遍工具都是非常重要的，偶然发现有价值物品的用途是结果中的一支重要力量”。

项目风险与公司风险 当 M&M 理论假设成立时，M&M 命题 3 告诉我们，项目的 NPV 将永远不依赖公司为此项目融资而发行的证券组合。毕竟，在 M&M 模型中，项目价值不依靠拥有该项目的公司。因此，公司为某个项目进行融资的方法并不影响公司的基本价值。对这一命题的简要论述和证明可参见附录 A。

如果 M&M 理论假设成立，对折现率可做不同调整以反映公司特定的变量。然而，有一个调整是我们永远不会做的，即将为特定项目融资而发行的证券组合用做该项目的折现率。如果对项目的融资为 90% 的债务和 10% 的股本，该方法的提倡者将在 90% 杠杆率的假设下计算 WACC。这样做的危险是被特定项目支持的融资组合可能不被公司整体所支持，同时我们想以反映该项目在公司内部的真正风险的比率对该项目的现金流进行折现。

作为一般规则以及在理想世界里，用来计算现值的正确的折现率总是最能反映被折现现金流的风险的折现率。对于一个项目来说，这将总是该项目的预期回报率，或同等地，是与项目有关的资产预期回报率。即使在非 M&M 模型中，如果可以计算它，那么使用资产预期回报率经常是最佳的起点。

实际上几乎没有什么企业依赖于折现项目现金流的预期资产回报。其原因都基于实际考虑。例如，只是由于大多数项目缺少数据，就使得对特定项目难以估计与项目有关的资产 beta 或其他可比较的系统风险调节。即使当人们拥有数据时，数据也不一定很准确，这就在实际的经济估计实践中导致严重的度量问题。

多数公司选择使用 WACC 作为新投资的最低预期回报率，在项目评估时的现有资本结构为 WACC 计算提供了权重。我们从第 2 章知道公司的整体价值正是公司所有项目和资产的价值。因此，公司的 WACC 也将是所有公司资产的综合预期回报率。换句话说，WACC 本质上是公司现有的不同项目和资产的平均预期回报率。在 CAPM 模型中，整个公司的资产 beta 正是在考虑一个项目前公司已拥有的所有现有资产的 beta 的加权总和。如果公司现有 U 个项目或资产，其中任何一个价值为 $V_u^A(t)$，公司的资产 beta（与项目的资产 beta 相反）和公司证券的 beta 之间的关系是：

$$\beta^A = \sum_{u=1}^{U} \frac{V_u^A(t)}{V(t)} \beta_u^A = \frac{D(t)}{V(t)} \beta^D + \frac{S(t)}{V(t)} \beta^S = \beta^{WACC}$$

只要该项目的风险大致与公司现有项目的平均风险相同，WACC 就可被认为是 NPV 计算中比较适合的折现率。如果项目 beta 与公司资产 beta 有很大不同，这可能导致公司在项目评估过程中对风险有不恰当地调整。总是将项目预期回报率与其 WACC 相比的公司将会过度投资于风险比现有资产的平均风险更大的项目，而对那些比较安全的项目则投资不足。

当所说的项目特别大，而且其现金流特性或风险与考虑项目的企业完全不同时，我们也要特别注意。在这种情况下，最好的办法可能是尝试找出一家可比较企业（即具有类似项目作为其当前业务的主要组成的企业，或是与所说项目具有可比较的风险特性的企业）的 WACC。

预期回报中的时间变量 在等式（5.6）中的折现率是专门针对被折现的现金流的时间安排的。如果项目预期回报或公司的 WACC 表现出显著的时间变化，这就是非常重要的问题，而且一般它们也会有这种变化。然而，像以前那样，我们将被能够得到的数据所限而不能对此进行任何研究。

例如，假设我们有一个每年都有现金流的 10 年期项目。为了将不同的风险调整折现率应用于每年的现金流，同时没有假定固定的预期回报，我们将需要进行 10 次回归分析。假设我们正在预测考虑中的项目或一个同等项目的资产 beta，10 次回归分析将采取以下形式：

$$R(t,t+k) = R^f + \beta_k[R^m(t,t+k) - R^f] + \varepsilon_{t,t+k}$$
$$k = 1,2,\cdots,10 \qquad t = 1,\cdots,N(k)$$

每次回归将有 $N(k)$ 个历史样本数据点，我们将为 10 个时间范围中的每一个运行一次回归——第一次使用年回报，第二次使用两年回报，依此类推。

现在认识到我们通常需要 30 个左右数据点以在典型的回归分析中得到理想的结果。如果我们不想碰到与重复观测相关的计量经济学问题，这就意味着我们正好需要 30 年的数据来预测年 beta。对于 10 年的 beta 值，理论上我们需要该项目或同等项目的过去 300 年的数据。这是难以获得的。

因此，我们通常确定一个固定预期回报，其中 $E[R^{WACC}(t,t+j)] = E(R^{WACC})\ \forall_j$。这样等式（5.6）就变为：

$$\text{NPV} = \sum_{j=1}^{T} \frac{E[X(t+j)]}{[1+E(R^{WACC})]^j} - I(t) \tag{5.9}$$

税前或税后折现 M&M 模型假设没有税收，因此，对债务没有税收挡避。然而，在非 M&M 模型中，因为得益于税收影响，公司可能趋于将债务包括进它们的资本结构中，我们将明确对此加以考虑。

像在第 3 章中，如果公司税率表示为 τ_c，公司税收后的 WACC 可以写作：

$$E(R^{WACC}) = \frac{S(t)}{V(t)}E(R^S) + \frac{D(t)}{V(t)}E(R^D)(1-\tau_c) \tag{5.10}$$

我们几乎永远不会将这一项包括在本书中的公式中，这样做只是为了使该公式更具可读性。在实际应用中，人们确实需要为税收而作些调整。

特殊风险和折现率 属于 M&M 理论的枝节命题核心的假设的一个极其重要的含义是只有系统风险影响任意一捆资产的预期回报。这是 M&M 命题 1 和命题 2 成立的主要原因。一捆资产的预期回报只依赖于其系统风险，而不依赖于拥有这些资产的公司。因而，持有同样一捆资产的所有公司应有相同的 WACC，而不管它们是否有相同的资本结构和融资政策。在本章，公司在评估项目时，应完全基于项目的风险调整预期收益是否至少与系统性风险控制后的项目下的资产预期回报一样多。

当一个或更多的 M&M 理论假设被违反时，直接从中透露出来的含义是特殊风险可能很重要。而且特殊风险也将对股本很重要，但对债务来说不重要。因为公司股东不能分散项目本身的风险或当项目与公司其他部分相互影响时发生的特殊风险。因此，股本持有人将要求较高的预期回报，以承受股票带来的不可分散风险。

一个可能的解决办法是调整公司的 WACC，明确将股本承担的特殊风险溢价考虑进去：

$$E(R^{WACC}) = \frac{D(t)}{V(t)}E(R^D) + \frac{S(t)}{V(t)}E^*(R^S) \tag{5.11}$$

其中，$E^*(R^S)$ 表示股本持有人为承担项目带给公司的额外风险而要求的预期回报。只是公司可能选择哪里得到这些风险以及公司如何将这些风险融合进传统的股本预期回报中是不明显的，但是是有可能的。

5.3.3 调整现值方法

M&M 命题 3 提醒我们，融资战略不应该影响公司的资本预算决定。但当 M&M 理论假设不成立时，将债务加入公司的资本结构中既有收益又有成本。我们已在第 3 章和第 4 章讨论过了这些收益和成本。

将某一特定的证券组合的收益和成本合并起来的办法之一是直接调整 WACC。我们已在等式（5.10）中看到如何调整 WACC 以反映债务的税收收益。但当我们用这一方法来量化曾讨论的债务的其他收益和成本时，它有时显得比较麻烦。

公司更愿意用调整的现值（adjusted present value，APV）方法来替代 NPV 方法作为替代。一个项目的 APV 可定义为：

$$\text{APV} = \overbrace{\sum_{j=1}^{T} \frac{E[X(t+j)]}{[1+E(R^A)]^j} - I(t)}^{\text{资本为全股本的企业的NPV}} + \overbrace{B(t) - C(t)}^{\text{债务的净收益现值}} \tag{5.12}$$

其中，$B(t)$ 和 $C(t)$ 在第 3 章中分别表示为债务的收益和成本的现值。回顾一下，债务的净收益是公司在其资本结构中所拥有的真实杠杆的函数，它将包括像债务税收挡避现值、财务困境的预期成本、债务的代理收益和成本等变量。

从等式（5.12）中，我们可以看到，项目的 APV 正是资本为全股本的公司的项目的 NPV 与债务融资的净收益之和。后者有时称为项目的融资副作用。

需要注意的是，用来计算全股本公司所融资的项目的 NPV 的折现率不是项目资产的预期回报率，而是公司资产的预期回报率。这与非杠杆公司的股票回报率是一样的。

如果我们正确地解释杠杆的收益和成本，项目的 APV 应该等于项目的 NPV。然而，实际上，公司发现有时通过 APV 方法合并债务的收益和成本比将债务的收益和成本合并进 WACC（NPV 方法中）或直接合并进项目的预期现金流中更容易。

5.3.4 战略净现值[6]

在第 1 章中我们看到，公司的投资政策包括投资于现有资产和增长机会。增长机会可被看做实际期权，或对需要通过未来投资进行融资的现有未来资产的买入期权。增长期权通常比现有资产更难以估值。因为未来预期现金流是不确定的，我们需要利用某种期权建模方法来计算增长机会的当前价格。

公司仅仅存在增长机会并不会改变 NPV 方法的实质。对于增长机会来说，正如现有的新资产，只要增长机会的总现值大于需要为其融资的投资支出，公司的价值就会增加。

然而，当我们认识到实际期权不止限于增长机会时，情况就变得复杂了。自从梅尔斯在 1977 年第一次引入实际期权的概念，实际期权的构成范围变得越来越广泛。术语实际期权最近更倾向于意为公司可能在其资本预算过程中面临的一种战略选择。很多这样的实际期权是自然而然产生的，也就是说，无论公司是否意识到期权的存在与否，它都拥有这些期权。识别出这类期权在公司战略规划、资本预算和收入最优化中起着关键的作用。

在资本投资决定时忽略实际期权经常是“将金钱摆在桌面上”。通常我们只是使用合适的期权定价模型，然后将实际期权的价值添加到项目的 NPV 中。该结果被一些人称为战略 NPV：

$$战略\ NPV = NPV + 实际期权价值$$

对实际期权价值进行数字估计说起来容易，做起来很难。但对此感兴趣并想详细了解的读者可参阅有关实际期权的论文。在本书中，我们只是识别出应包括在公司资本预算框架中的战略期权，但并不作详细研究。

有待投资的期权（the option to wait to invest） 最基本的实际期权之一是资本密集投资项目的待投资期权。该期权之所以是基本的实际期权是在其抽象形式中，正如因格素和罗斯（Ingersoll & Ross，1992）所清楚表述的，期权的价值完全基于利率的不确定性而不是市场价格的不确定性。换句话说，待投资期权是需要等到当作出的投资决定具有价值时，甚至当项目的现金流完全得知时的一种期权。

因格素和罗斯（1992）提供了一个简单的例子，说明了只用 NPV 准则对于大多数公司来说是不够的。现将他们的例子复制如下：

假设一年期的无风险利率是 10%，有一项资本投资需要一次性当前投资支出 100 美元。该投资将在一年后偿还 112 美元。根据 NPV 准则，我们将接受该项目，因为：

$$NPV = \frac{\$112}{1.10} - \$100 = \$1.82 > 0$$

现在假设产出曲线是弯曲的，以及一年期利率从现在起一年是 7%，目前已知是确定的。现在不进行投资，而是等待一年。如果我们等一年，一年后将作的投资的目前 NPV 是：

$$NPV = \frac{\frac{\$112}{1.07} - \$100}{1.10} = \$4.25 > 0$$

经过等待，很明显收益会更好一些。[7]

现在来考虑利率不确定时的情况。为了看到小变动对资本预算决定的影响，先假设产出曲线是平直的并保持利率在10%，在这种情况下考虑投资一个在一年后产出确定为109美元的项目。若只是基于NPV准则，则不应接受该项目：

$$NPV = \frac{\$109}{1.10} - \$100 = -\$0.91 < 0$$

而且，因为产出曲线是平直的，没有价值可以等待，因此，将永不会接受该项目。

现在又假设还有一些机会，尽管很小，一年期利率将在比较远的未来某个时点下降到9%。尽管根据NPV准则该项目现在是没有价值的，但由于该项目在未来进行可能是有价值的，因此，目前并非毫无价值。

类似的，如果产出曲线是平直的，稳定在7%的水平上，但利率是波动的，这种情况下会如何呢？目前项目的NPV是正的，但利率的变动意味着我们目前确实不应承担此项目。如果利率在未来进一步下降的可能性足够大，该项目则值得等待。

延期期权（deferral option） 待投资期权是推迟投资支出的一般期权中的特例。在刚刚讨论过的待投资期权中，唯一的风险来源是利率的可变性或用于计算项目NPV的折现率。当投入和产出的价值不确定和（或）市场、信用和其他事件产生风险使项目的现金流趋于不稳定时，延期期权将变得更有趣。

当项目的现金流不确定时，能够影响等待投资价值的变量包括：

- 项目的总现值。其他事项不变的情况下，项目的预期未来现金流的总现值越高，延期期权越有价值。
- 投资成本。其他事项不变的情况下，项目的投资成本越低，延期期权越有价值。
- 投资项目机会消失的时间。其他事项不变的情况下，决定是否投资项目所需的时间越长，延期期权越有价值。
- 项目现金流的不确定性。其他事项不变的情况下，项目价值越不确定，项目越可能有价值，因此，延期期权越有价值。

这一系列变量看起来似乎像在传统期权意义上的潜在的资产价值、执行价格、到期时间和潜在资产的可变性。所以，我们可以轻易地利用适合的期权定价技术将延期期权的价值添加到一个项目的简单、静态的NPV中。

放弃期权（abandonment option） 放弃目前资产的期权是停止所有生产和运营并将目前资产按市值卖出的期权。因此，放弃决定是永久性的，除非公司在变现资产后再从市场上买回这些资产。

放弃期权在资本密集型行业中特别普遍，如交通和金融服务行业。投资的资本密集度非常高，即使对最终产品的需求下降一点也可能意味着投资和资产的清算价值比其留在营运或积极生产中的价值要高。

假设资产仍在持续运营中，放弃期权作为其潜在的资产也具有资产价值。期权的执行价格是项目的资产价值，该资产价值是指转移这些资产或在公开市场上出售的价格。因此，放弃期权是留在持续运营中的资产的卖出期权。如果当前项目的资产价值低于其转移或重新出售的价值，则将执行该期权，资产被放弃。

因为放弃期权的价值经常依赖于资产在其他用途下的价值，放弃期权的执行价格通常是资产价值本身。如果不将放弃期权视为持续运营价值的潜在资产的卖出期权，就可认为其是当前用途中的资产与将该资产换成折旧值或用做其他用途的期权的综合体。这两种情况合在一起构成了两种资产最大价值的期权。例如，在其他用途中，这两种资产可以是一家有轨车工厂的机器和设备。

续摊期权（time - to - build option） 续摊期权综合了延期期权和放弃期权。在续摊期权中，资本投资支出分为几个阶段，并与在某个时间放弃投资项目（如果得到新信息将减少项目的 NPV）的期权结合起来。其中，假定影响项目 NPV 的信息是随着时间流逝逐渐发布出来的，以及投资决定与这些信息的发布相联系。

投资项目的每个阶段都可视为一个混合期权，或项目本身的期权加上在任意阶段放弃项目的后续期权。该期权的应用之处包括具有时间敏感性的研发工作，如新药品的研制开发。其他应用包括大型建设产品和新建工业的风险资本融资。

当通过阶段性投资决定获得的资产可再被卖出时（像在普通放弃期权中），续摊期权将更有价值，但重新售出资产并不是一个要求。另外，在中途放弃一个阶段性投资项目也可以被理解，即使在到此为止发生的成本都未能收回的情况下。让我们来看一个关于在汽车发明之前的马鞭行业的例子，这在电影《抢钱世界》[8]（*Other People's Money*）中的丹尼·得威托（Danny DeVito）的经典演讲后广为流传。当汽车出现时，如果一家新设立的马鞭工厂处于阶段性投资支出的中期，这时放弃投资是有意义的，即使回收成本不可能。需求呈结构性而非周期性下降的情况赋予了续摊期权价值。换个角度考虑这个问题，在投资项目完成时对最终产品的需求可变性越大，对投资决定分阶段进行考虑越具有意义。

改变经营规模期权（operating scale option to alter） 有时放弃一项资产或当前投资有些极端，即使对在投资密集型生产过程中生产的产品的需求减少表明生产规模应比最初设想的小的情况下。但暂时停止投资决定这时也比较合理。

然而假设对正在生产的产品的需求比预期的高的情况下，为扩大生产能力和满足新的需求，公司也许希望增加额外的投资支出。

扩大或缩小期权（包括暂时停止和重新开始投资决定）被称为改变经营规模期权。该期权一般应用在以下方面：

- 自然资源开采，其中开采成本随着开采率变动，以及产出价格随着时间变化而显著变化。
- 设备的计划、建设和房地产开发，特别在像娱乐行业一样的周期性行业中。
- 时尚和时尚敏感性行业，包括娱乐、时装和饮食行业。

改变期权（the switching option） 改变期权是指在生产过程改变投入或产出。投入改变在生产投入比较灵活的行业较为普遍，如电力和农业。例如，在前一种情况中，发电可使用天然汽轮机、水电和泵贮存设备、矿物燃料、核燃料等。如果天然气的价格相对于矿物燃料（如煤）的价格上涨很快，从使用汽轮机转换为使用煤电厂是一个有价值的选择。

产出改变在产品需求不稳定和小批生产的行业中比较有效和普遍。对产品购买方有利并能容易地被销售方接受的产出改变期权的一个极好的例子是改变空中客车公司提供的飞机机型。[9]当航空公司想从空中客车公司购买飞机，它们签署的购买协议是关于一组飞机，而不是某一特别机型。购买协议将给予航空公司在今后几年购买飞机的权利。这一期权一旦被行使，仍有生产飞机所需的制造时间，即存在从订货到交货的一段时间。例如，购买协议给予航空公司一个购买一组飞机的四年期权和 18 个月的从航空公司决定执行购买权利到交货的时期。

一组飞机为空中客车 A319/A320/A321，这些机型的主要区别在于座位数量的不同，例如，A319 和 A320 可分别坐 120 人和 150 人，其他没有实质性不同。另一组飞机是 A330 和 A340，主要区别在于可飞行的距离远近不同（即 A330 可用于短途或长途飞行，而 A340 主要用于长途飞行）。

赋予空中客车飞机购买者的灵活性是延期投资的期权。航空公司不仅可以决定根本不买，而且可以在更好地了解其需求曲线后选择需要的产品。空中客车公司之所以能够提供这种灵活性，是因为空中客车的标准化生产过程产生出其自己的产出改变期权。特别是每组飞机都生产自同一生产线。因为 A330 和 A340 出自同一生产线，转换 A330 和 A340 以满足消费者需求的成本接近于 0。这极大地提高了空中客车公司调整其生产决定以满足客户需要的能力。

改变期权可在两种资产例子中（如航空公司在 A330 和 A340 之间选择的期权）视为转换期权或在两种资产中选择较好的一种的权利。后者在到期日 $t+T$ 时的价值为：

$$\max[S_1(t+T),S_2(t+T)] = S_1(t+T) - \max[S_1(t+T) - S_2(t+T),0]$$

或一种资产的价值（购置成本净值）减去将该种资产转换成另一种资产的期权的价值。在空中客车的例子中，$S_1(t+T)$ 和 $S_2(t+T)$ 分别表示为 A319 机型订单和 A320 机型订单的现值，两者将取决于在 $t+T$ 时的旅行需求。较高的需求将增加 $S_2(t+T)$ 的价值。

相互增长期权（interactive growth option） 相互增长期权是一个项目中的分阶段投资开放在其他领域中的增长机会。例如，收购兼并是相互增长内含期权交易的比较明显的例子。当一家石油公司与另一家合并时，合并目标为收购公司传达了其当前资产和实际期权。因此，在兼并中的投资使得收购公司获得收购目标公司的实际期权以及其当前资产。

让我们来考虑另一个例子，假设矿物勘探公司拥有一些从未勘查或探测的地。该公司可投资进行勘探，以决定公司还有什么其他实际期权。例如，对石油的勘探可以识别石油储备量，一旦确定，可使公司得知其拥有的资产及资产表明的所有实际期权。

5.4 附加股东价值

NPV 方法不管是以简单的形式还是扩张战略形式出现，都是一个可靠和健全的能有效控制风险的投资方法，它与最大化股东财富和公司价值的投资政策相一致，且在实践中具有可操作性。一些管理者不喜欢这一方法，因为它不是简单的“最低预期回报率”，而是依赖于实际的名义美元金额。然而，该方法的经济基础和实际应用使它非常有用。

附加股东价值（shareholder value added，SVA）在概念上只是超越 NPV 方法的一个小的额外步骤。像 NPV 方法一样，SVA 的计算开始于预期未来净现金流并以适当的资本成本进行折现。然而，SVA 有几个特点，这使它要优于 NPV 方法：第一，SVA 试图在一个项目或战略实施前后评估整个公司的价值，以集中分析风险的边际贡献和预期项目或战略对公司的回报；第二，SVA 强调对股东的回报而不是为整个公司创造的财富。

从理论上看，SVA 方法对待公司价值正如我们在第 1 章中方程（1.7）所表达的：

$$V(t) = A(t) = V^A(t) + V^G(t)$$

$$= \overbrace{\sum_{u=1}^{U}\sum_{j=0}^{\infty}\frac{E[X_u(t+j)]}{1+E[R^A(t,t+j)]} - I_u(t)}^{U\text{个营运部门的现有资产的市场价值}} + \overbrace{\sum_{k=1}^{K} V_k^G(t)}^{K\text{个增长机会的市场价值}} \tag{5.13}$$

从实践上看，SVA 分析将公司价值分为三个更易识别的部分。前两个部分即营运净现金流和剩余价值，完全基于预测或执行时期的概念，这段时期代表了所分析的项目或投资战略的时间范围（而不是分析直到目前我们已作的所有剩余现金流的无穷和的时间范围）。第三部分是公司在具有流动性的可买卖证券上的投资组合的价值。只要这一投资组合与公司营运无关，该组合的现金流将不会在营运现金流中体现，因此，需单独加上。

假设我们将预测期固定在 T 个时期，这是我们可以假定的所评估的项目的有效生命长度。从运营中得到的净现金流可被估计为：

$$\sum_{j=1}^{T}\frac{E[X(t+j)]}{[1+E(R^{WACC})]^j} \tag{5.14}$$

比较等式（5.14）和（5.13），我们可将公司的剩余价值表示为：

$$\overbrace{\sum_{j=T+1}^{\infty}\frac{E[X(t+j)]}{E(R^{WACC})} + V^G(t)}^{\text{剩余价值}} \tag{5.15}$$

其中，$V^G(t)$ 表示公司面临的所有增长机会在 t 时的现值。等式（5.13）中的公司价值可以重新写为：

$$V(t) = \overbrace{\sum_{j=1}^{T}\frac{E[X(t+j)]}{[1+E(R^{WACC})]^j}}^{\text{净营运现金流的现值}} + \overbrace{\sum_{j=T+1}^{\infty}\frac{E[X(t+j)]}{E(R^{WACC})} + V^G(t)}^{\text{剩余价值}}$$

$$+ \overbrace{Z(t)}^{\text{公司投资组合中可流通证券的现值}} \tag{5.16}$$

SVA 分析经常使用被称为永恒方法作为等式（5.16）的捷径。我们实质上假设预测期 T 也是公司的价值增长期，在此时期后，公司只投资于零 NPV 项目。[10] 在此情况下，我们可以计算剩余价值部分，并将其作为不变值，该不变值等于公司的预期年净现金流，可将其表示为 $\bar{X}$，它的现值为：

$$\frac{E(\bar{X})}{E(R^{WACC})} \tag{5.17}$$

因此，等式（5.16）中表示的公司价值变为：

$$V(t) = \overbrace{\sum_{j=1}^{T} \frac{E[X(t+j)]}{[1+E(R^{WACC})]^{j}}}^{\text{净营运现金流的现值}} + \overbrace{\sum_{j=T+1}^{\infty} \frac{E(\bar{X})}{E(R^{WACC})}}^{\text{剩余价值}} + \overbrace{Z(t)}^{\text{公司投资组合中可流通证券的现值}} \tag{5.18}$$

从等式（5.18）中，或从更普遍的等式（5.16）中，我们可将股东价值定义为这些等式中所定公司价值减去公司债务的市场价值。附加股东价值（SVA）是一个既定的预测情景给股东带来的增加值。对于在预测期中任意指定年，SVA 是营运现金流的累积现值加上剩余价值。或者，项目或情景的 SVA 经常计算为税后净经营利润（NOPAT）增长值的折现现值减去该项投资的增加成本。

SVA 常常被转换成更易于使用的最低预期回报率，称为初始利润率（threshold margin）。初始利润正是公司为保持某一时期的股东价值而必须坚持的最低经营利润率。任意低于初始利润率的经营利润率将导致公司价值的净减少，因为经营利润率将低于公司的资本成本。

5.5 附加经济价值和剩余收入

附加经济价值（EVA）[11] 是与 SVA 密切相关的一种特殊情况。实际上，EVA 是由通用电气在 20 世纪 50 年代最早使用的（Rappaport，1998）。项目的 EVA 或剩余收入被定义为项目 NOPAT 减去对融资项目所需投资的绝对资本费用：

$$\text{EVA} = NOPAT - I(t)[1 + E(R^{WACC})] \tag{5.19}$$

其中，NOPAT 和 WACC 通常是年度的，或至少按年计算。与 EVA 有关的相近概念是经济利润（EP）概念。经济利润是项目 ROI 高于资本成本之上的部分，在被与项目密切联系的全部资本所调整后得到：

$$\text{EP} = [ROI - E(R^{WACC})]I(t) \tag{5.20}$$

项目 ROI 和资本成本之间的区别是资本剩余回报率（RROC）或 EVA 差额。

当然，NOPAT 也与项目的 ROI 相联系。实际上可表示为：

$$\text{NOPAT} = I(t)(1 + ROI) \tag{5.21}$$

将等式（5.21）代入等式（5.19），我们可得出等式（5.20）。用资本成本折现这些表达式可得到项目的 NPV 的表达式：

$$\text{NPV} = \frac{I(t)[ROI - E(R^{WACC})]}{1 + E(R^{WACC})} = \frac{EVA}{1 + E(R^{WACC})} \tag{5.22}$$

换句话说，项目的净现值等于按公司 WACC 进行折现的项目带给公司的经济价值的现值。

上述内容可转变为多种决定规则。

例如，等式（5.20）告诉我们只接受或保留那些 EVA 差额为正值的项目，即

$$ROI > E(R^{WACC})$$

或者，我们将规则通过美元数量表达出来，只要项目具有正的 EVA 值，就应被接受：

$$NOPAT - I(t)\left[1 + E(R^{WACC})\right] > 0$$

并且，我们可用 EVA 重述 NPV 标准。只有符合下列条件，才能接受项目：

$$\frac{EVA}{1 + E(R^{WACC})} > 0$$

5.5.1　该理论的应用

上面所述都很有道理，但只有用过之后，才能确定是否真正好。EVA，像 SVA 一样，涉及很多会计变量，也可能需要进行多次调整以使其更有效。咨询公司和软件供应商每年通过帮助公司做这些必需的计算赚了很多钱。

瑞派波特（Rappaport，1998）有效地识别出了广泛应用于项目选择、绩效评估和价值管理系统的类似 EVA 的方法的三个变量。首先是 20 世纪 50 年代由通用电气提出的原始公式，它将剩余收入作为项目选择和绩效检查的核心动力。在这个原始公式中，所投资资本的数额与资本成本相乘，得到等式（5.19）中的资本费用——账面价值。相反，由思腾思特咨询公司（Stern Stewart & Company）提出的 EVA 的特殊形式——从中得到商标名称 EVA 并用经济账面资本代替了账面资本，以更好地反映投资于未体现在纯账面资本中的业务或项目的现金。最后，一些公司主要注意 EVA 或剩余收入的周期变化。

5.5.2　普遍的批评

EVA 经常受到批评，说其只能反映短期的公司财务状况。这并不完全正确。EVA 仅仅是将稍长时期的条目分解到简式记账账目中。格兰特（Grant，2003）指出"经济利润（EVA）是按年计算的公司净现值的等同值"。在简化过程中，一些信息可能会消失，但并不足以歪曲决策——至少不止是出于与时间相关的原因。

EVA 分析的另一个潜在问题是它不能轻松地处理增长期权。虽然可以调整 EVA 的应用，以产生与战略 NPV 的相似物，但他们有时似乎有点勉强。如果公司想明确地说明实际期权和增长机会，NPV 框架更容易操作。

当 EVA 分析用于已有项目或公司整体时，最突出的问题可能是它对账面价值的依赖性，它将账面价值作为附加股东价值可以与之比较的起点。在传统剩余收入和 EVA 应用中，投资于项目或业务的资本称为沉没成本，它不是对预期未来现金流的估计，而是预先的投资支出。除了反映沉没成本，账面资本数额（调整或未调整）也是可能或不可能与公司或项目的实际现金流紧密相一致的非现金费用。

5.5.3　EVA 与 SVA 的区别

虽然 SVA 和我们刚刚讨论过的不同形式的 EVA 根本上有着相似的概念基础，但是它们在实践中的应用非常不同。一个重要的区别在于两种方法对未来时间周期的处理不同。在 SVA 概念中，有着更明确的预测期，紧随其后有反映超过预测期的现金流的剩余收入期。如果预测期太短并错过了重要的稍长时期的现金流，SVA 就可能会出现问题。不过与 EVA 相比，预测期提供了更明确的每期现金流的细分和建模，因此，应用更普遍。然而，在 EVA 和 SVA 两种情况中，必须记住公司为了更容易处理，通常会牺牲一部分精确性，特别是当精确性的降低不会导致明显的错误投资决定的时候。EVA 的年化简化和 SVA 的预测期简化不可能改变对一个项目的“做或不做”的决定，但这些问题在公司不得不在多个项目中选择而进行资本分配时变得很重要。在这种情况下，一些小的区别也可能非常关键。

SVA 和 EVA 之间的重要区别在于在模型中反映投资和实际资本的方法。在 EVA 模型中，资本是账面或调整的账面资本，而 SVA 方法则使用初期和末期资产的实际现值。在此意义上说，SVA 计算的附加值与未来现金流的前瞻性预测相关，而与以往投资决定的沉没成本方法无关。当使用账面资本时，所有的投资支出早于绩效评估期。因此，SVA 对项目的实际经济利益和成本的描述更现实。由于 SVA 依赖于预测期内而非那些早于预测期所做的投资，所以也使 SVA 成为在事前项目选择中更可靠的分析工具。

5.5.4 剩余收入的变化或 EVA 的变化

虽然剩余收入和 EVA 两者都表示对基于历史成本法的附加值的预测，剩余收入或 EVA 的变化，当被适当地衡量时，就会得到与 SVA 一样的信息。特别地，在某一特定年份中 EVA 的变化等于 SVA 乘以该年份的资本成本（Rappaport，1998）。

5.6 投资的现金流回报

投资的现金流回报（cash flow return on investment，CFROI）[12]实质上是公司现有资产的税后 IRR。它是将现有资产的所有未来现金流的现值等于获得这些资产的投资成本的比率。对于项目选择来说，在新项目之前以及包含新项目之后都要计算 CFROI。当包含了新项目的现金流之后，且 CFROI 超过公司的资本成本时，该项目可被选为价值提高项目。

CFROI 与 EVA 非常相似。事实上，只有当 EVA 计算的年化效应由于某种原因失去了 CFROI 计算保存的信息时，二者唯一的显著区别才出现。从纯理论上讲，该方法将得出与 EVA 同样的决定（Grant，2003）。

回顾等式（5.21），我们将项目的 NOPAT 定义为它的投资成本按项目的预期资本回报率赚取的利润。重新排列该等式，我们得到：

$$\frac{NOPAT}{(1+ROI)}=I(t) \tag{5.23}$$

从这个等式中看，ROI 很明显也是项目的 IRR。因为 NOPAT 是税后利润，CFROI 的衡量标准与 EVA 衡量体系中的 ROI 相同。

在 EVA 方法中，公司追求那些经济利润为非负值的项目。当 EVA 差额或资本的剩余回报是正值时，经济利润也是正的。正如我们现在可看到的，这相当于在 CFROI 框架中公司只追求 CFROI（IRR）超过公司 WACC 的项目。

第 6 章　风险转移

回顾第 2 章的内容（特别是图 2.1），公司可以用以下三种方式之一管理其业务在正常流程中面对的风险（无论是核心风险抑或是非核心风险）：保留、抵消和转移。本章的重点是风险转移，内容包括何时进行风险转移有意义且可使公司受益，以及风险转移如何与公司的资本结构相关联。

6.1　风险转移和股权资本

在 20 世纪 90 年代早期，一家规模巨大、活跃于全球市场的欧洲银行的一位资深管理人员曾被问道："贵行对风险管理的基本理念是什么？"他回答说："拥有足够的股本资本以吸收任何较大的损失。"一方面，可能就该行而言其所言是正确的，并且其逻辑反映了风险和资本之间实质性的关系——在所有其他条件均相同时，以大量的股本资本吸收损失，会使得昂贵的风险转移计划没有必要也不吸引人。另一方面，吸收较大规模的损失，可能不是公司资金的最佳运用方式。但银行的股本持有人并不这样认为——前述资深管理人员在作出其惊人之语后不久，就失去了他的工作。

在初步水平上，风险转移和股本资本在本质上是类似的。在所有其他条件均相同时，较多的股权资本会减少公司遭遇财务危机的几率，从而取得了与将对公司造成毁灭性结果的风险进行转移基本相同的效果。但当公司遇到的风险并非灾难性的又如何呢？以及如果公司管理风险的目标不仅仅是保护资本化的净资产价值，而是保护其每期的盈利或现金流时又如何呢？在最坏的情况下，新的股本资本并不一定会对公司实现其风险管理目标产生切实的帮助。而在最好的情况下，额外的股本缓冲可能是有用的，但有可能有点过头。

风险转移比发行新的股本资本更具备"外科手术"的性质。真正的额外股本将吸收公司可能造成的损失，但它吸收的是由公司造成的任何损失，而不管风险的大小和来源如何（即核心的或非核心的风险）。对比而言，风险转移则有机会由公司针对特定的损失程度、风险类型等类似的特征进行更加个性化的定制。因此，使用衍生品或保险转移风险可以有选择地实现，而向新的股权持有人转移风险是做不到这一点的。

然而许多企业财务人员仍对对冲和保险的需要心存疑虑，特别是当所论及的公司已经富有资本且评级较高时。风险转移方案越昂贵，这类公司就越少感受到其好处。这些成本通常是相当透明的，例如，向保险公司或期权支付费用的成本，利用期货、远期或互换等方法时需让渡的利润的成本等。好处不太明显，下面我们要转向分析这些好处。

6.2　风险转移和公司价值

在保证公司价值与其资本结构之间的独立性的同样的四项 M&M 理论假设之下，公司价值亦独立于管理层采取的通过对冲或购买保险等任何有意的控制风险的措施。原因十分简单：股东自己可以管理风险。

考虑一个集体农场，其业务是向谷物仓库和面粉加工厂销售玉米。拥有农场的剩余索偿权人将发现，其现金流的价值和该农场资产的价值与玉米价格有密切的联系。当所有其他条件都相同时，若玉米涨价，公司收入增加。反过来，玉米降价就意味着减少了公司的收入。

在信息对称的 M&M 理论的假设下，农场的股东像农场的管理人一样，股东要了解玉米价格风险对其按比例拥有的对农场的索偿权产生的影响。而在平等参与的 M&M 理论假设下，任何单独的股东都可获得与农场本身相同的条件而参与金融交易，这些条件包括在理想资本市场假设下的零交易成本。

M&M 理论的最后假设是将投资决策视为已给定的。这样，股东观察公司的投资决策及其产品市场对玉米价格的风险暴露，然后由其自己决定是否想将承担玉米价格风险作为其投资组合的一部分。如果不这样做，通过购买谷物仓库或面粉加工厂的股票，股东可以很容易地对冲玉米价格的风险暴露。或者，他们不采取其他任何行动，只是分散掉特殊风险，正如通常做的那样。无论在哪种情况下，都是由股东来决定是否要管理玉米价格风险的。

通过风险管理增加公司价值的所有机会，均需要违反一条或多条 M&M 理论假设。但即使违背了那些假设，管理人员坚持市场价值原则，公司也仅在某些情况下才能从风险管理中受益。具体来说，为了使风险转移能够增加公司的价值，必须或者减少公司的资本成本或者增加其预期的未来净现金流。

此外，我们想提醒注意，在不存在 M&M 理论假设的领域，公司可由对影响其收益和（或）每期现金流的风险进行管理来得到利益。而这在存在 M&M 理论的领域中是绝不会出现的，[1] 但这却是事实。在接下来总结公司从参与风险转移而获得的各种收益时，我们想要提醒读者注意，为获得这些收益而实施的适当的风险转移策略，将依赖于公司是否在寻求资本、收入还是现金流的保护。

6.2.1　减少预期的纳税负担

当公司面对凸性的企业税安排时，对冲措施可减少预期的纳税负担并增加公司预期的净现金流。凸性的纳税安排是指随着税前收入的提升，公司平均税率也随之提升的一种安排。这种情况可能源自企业税率上的累进制、备选最小税收的影响、税收延后和纳税信用，以及其他可延期纳税的避税措施等。

这里的基本逻辑比较直观。假设一家公司有两种可能的税前收入水平 X_1 和 X_2，每种都可分别以概率 ρ 和（1-ρ）出现。进一步假设，公司可将其收益以成本 C 锁定在 X^* 上，其中 $X^* = E(X) = \rho X_1 + (1-\rho)X_2$。则对冲后的收益锁定在 $X^* - C$ 上。

与每个水平的收益相联系的是纳税责任 $T(X_j)$，其中 T 是 X 的增函数和凸函数；也就是说，对于所有 X, $\partial T/\partial X > 0$、$\partial^2 T/\partial X^2 > 0$、$T(X) \geqslant 0$。如果公司锁定其收益，其已知的纳税责任即是 $T(X^*)$。否则，公司预期的纳税责任就是 $E[T(X)] = \rho T(X_1) + (1-\rho)T(X_2)$。根据詹森不等式，我们知道 $T[\rho X_1 + (1-\rho)X_2] < \rho T(X_1) + (1-\rho)T(X_2)$，因为 $T(\cdot)$ 是凸的；也就是说，$T(X^*) < E[T(X)]$。倘若 $T(X^*) - E[T(X)] < C$，则锁定收益并避免对高收益水平的高税率而节约的税款少于对冲的成本，因而可增加公司的价值（原文有误，这时公司价值是减少的，只有节约的税款超出成本时才会增加公司价值——译者注）。

以更直白的语言来描述，一家公司面对收益的给定变化和凸性的纳税计划，收益提高时所增加的纳税责任，将比收益减少相同金额时所降低的纳税责任要高。一些公司会愿意将其收益稳定化，以便避免这些不成比例以及意外的大额税收增加。转移风险是降低此类收益波动的显而易见的方式。

6.2.2 减少财务危机的预期成本

在第3章中我们讨论了财务危机的预期成本。套期保值或购买保险常常是公司试图避免灾难性损失的手段，这种灾难性损失会使公司暴露于正的危机成本下，而且在极端情况下，会使公司破产。使用风险转移以缓解破产风险的公司，可能要寻求既管理其核心风险暴露也管理其非核心风险暴露的风险转移方法。

为此原因而进行风险转移的目标，通常是资本保护，或者更确切地说，是保护公司的净资产价值。

6.2.3 缓解投资不足

如果正的净现值项目由于缺乏风险管理计划而遭到公司否决（否则该项目将会被接受），那么风险转移的好处就相当清楚。正如第3章所讨论的，公司否决正净现值项目的一个原因是由于债务过重（Myers，1977）。如果一家公司债务过多，股东可能会倾向于否决正净现值的项目，因为项目成功的好处将主要用于偿付债权，而项目失败的风险主要影响股权人。我们称之为投资不足的问题，如果通过套期保值或购买保险以增加公司的承受债务的能力并减少其有效财务杠杆，该问题即可得以缓解。

如果公司现金流损耗殆尽，而且为新项目融资而发行新证券的成本是无法承受的，则公司亦会出现投资不足（Froot，Scharfstein & Stein，1993，1994）。在该情况下，公司可对其现金流采取套期保值措施，从而力图保证总有足够的内部资金用于实施所有正净现值的投资机会。

6.2.4 减少资产置换的监测成本

如果公司管理人员更多反映股东而不是债权人的主张，而且未启动债券契约等类似的高成本的监督机制，管理人员可能会选择有利于股东却以债权人的利益为代价的具有过高风险的项目。如果公司可以选择对具有正净现值但风险较高的项目进行净现金流波动性的对冲措施，管理层可能不会再有积极性实施风险过高的项目，这种项目是以剥夺债权人利益来提升股东价值的。

6.2.5 缓解过度的管理风险反感

一般而言，当管理人员的财富过多地与其薪酬一揽子方案联系在一起时，他的预期效用就开始依赖于他所就职的公司的价值。如果经营者面对的是非完善的资本市场或没有平等的市场进入权，就不能使这些风险充分地分散化，从而经营者会开始选择比证券持有人的偏好更为保守的方式行事。为了努力保持公司不破产且保护其主要收入来源，经营者可能会否决高风险但也有高净现值的投资项目，同样这也是投资不足。

巨灾风险的选择性对冲措施或保险可以帮助缓解管理人员在这方面的顾虑，从而能减轻公司的投资不足问题。

6.2.6 减少逆向选择成本

正如第 4 章所讨论的，向公众投资者新发行的债券和股票常常会有折价，这可归于信息不对称和逆向选择的结果。具有较高逆向选择成本的公司可利用风险转移来降低其资本成本。

通过风险转移以降低公司逆向选择成本及资本成本的一种方式是减少公开发行证券的需求。正如我们在本章后面即将讨论及将在第 7 章再次讨论的，如果这就是目标，风险融资也可达到同样的效果。

如果逆向选择成本本身与对项目绩效的关心程度（由非核心风险引起的，而这种风险可以采取对冲或投保来规避）相关的话，风险转移还可降低逆向选择成本。例如，一家期望向电力业务扩展的石油公司，希望所发的电通过输电线和变电站网络进行传输与分配。投资者对电力传输和分配网心存担忧，因为这种网络对天气、恐怖主义、恶意破坏行为等类似的实际资产风险非常敏感，同时管理层对这些风险本质的了解要远胜过向投资者披露的信息。通过购买保险，公司可减轻外部投资者对这些风险可能产生的各种担忧。一般而言，当逆向选择成本来自可对冲或可保险的风险时，对这些风险进行套期保值或保险均将减少逆向选择成本并降低资本的成本。

最后，套期保值和购买保险可减少公司为最小化其财务危机的预期成本而必须持有的股本的金额。该股本资本有可能承担逆向选择成本（例如，如果这是一次股票增发而获得的资金）。通过使公司免受外部冲击及减少公司为维护一个给定的风险水平而必须持有的股本，风险转移可使公司能够避免逆向选择的成本，这种成本如果缺少风险转移的方案可能会在额外新股发行时产生。

6.2.7 人工分散化

在一个所有者不能很好地分散其特殊风险的封闭企业中，股东不能持有分散化的投资组合，因为其财富过多地被束缚在所拥有的公司上了。在这种情况下，通过降低特殊风险对公司经营者或所有者的影响并采取对冲措施可减少资本成本。

6.2.8 提高盈利的质量

为不同的风险转移策略而采取的会计处理方法，与大量的企业经营者都有密切的关系。如果一家公司成功利用了保险和（或）衍生工具来降低风险，但不能在财务报表中体现出来，则对冲措施的使用也将受到限制。换而言之，许多公司所具有的对冲目标就是根据对冲策略如何影响某些会计综合指标（如收益）来确定的。

首先，我们必须特别仔细地区别下面两类：以合法的盈利为导向的动机而进行的风险转移和以谎报利润和误导投资者为目的而滥用风险转移合同的不合法的做法。盈利只是公司财务情况的近似评价，正如我们在第5章中解释的那样。必须报告盈利是因为投资者极少有能力观察公司的实际现金流。因此，盈利是公司真实财务质量的信号，虽然是个嘈杂的信号。

考虑一个每期盈利的平均水平为 μ 且可能会遭受两种随机冲击的公司。盈利冲击 ε_t 反映公司核心业务活动带来的意外所得或损失，而 η_t 表示由非核心风险引起的盈利冲击。因此，t 时报告的盈利可以写做：

$$Y_t = \mu + \varepsilon_t + \eta_t$$

由此，我们可将收入的波动性表示为：

$$\sigma_Y^2 = \sigma_\varepsilon^2 + \sigma_\eta^2 + 2\sigma_{\varepsilon\eta}$$

外部投资者所观察到的唯一情况是，报告的盈利数 Y_t 及其波动性 σ_Y^2。在这一框架之下，现在可以讨论公司可得益于采取风险转移策略以帮助其改善盈利数据发布质量的几种不同的方式。

应对核心风险的巨灾保护　在某些行业和某些公司中，外部人士，如分析师、证券持有人、评级机构以及类似人员和机构，可能会由于已报告盈利的波动性出现莫名其妙的增加而惩罚该公司，因为他们认为，这些波动性的增加是由 ε_t 即公司核心业务风险引起的，而这种核心业务风险可使公司暴露于代价高昂的财务困境及破产风险之下。

像保险之类的风险转移产品，由于为核心业务风险的冲击增加了底线的支撑，从而对公司是有效用的。此类巨灾保护工具至少可以说服投资者，尽管核心业务风险增加了，但公司的财务健全情况不会由于风险的增加而遭受显著的危害。

减少逆向选择成本　正如第4章所讨论的，较高的盈利波动性可提高公开证券发售的逆向选择成本。由于局外人无法区分是由可对冲的及可保险的活动所带来的风险还是由低劣的基本业务决策带来的风险。因而这就压制了公司发行新债券和股票的价格。

对于那些非核心风险对公司盈利的总体波动性有较大影响的公司而言，由于外部人士无法判断公司投资机会和核心业务运作的真实品质，则风险转移就是有意义的。当公司的非核心风险凭其自身即对公司报告盈利的波动性产生极大影响（即 σ_{η}^{2} 比较高），且对当公司盈利的非核心冲击与核心冲击（即 $\sigma_{\varepsilon\eta}$ 为正）之间呈正相关时，风险转移就很可能会出现。在这些情况下，将公司的非核心风险转移至另一市场参与者，将既减少非核心风险本身也减少其对盈利总体波动性（由核心与非核心之间的正相关性所引起）的影响程度。那么局外人士则能够更好地评价公司的真实业务绩效，因而减少了逆向选择成本。

增加“信噪比” 由于公司能够采取保险或对冲措施来应对产生非核心盈利冲击 η 的风险，我们可将构成盈利的这部分的波动性称为“噪音”。如我们刚刚讨论过的，公司会发现，使用风险转移产品来减少“噪音”是有用的，这将直接使投资者获得对公司财务业绩的更高质量的估计。但可能还有其他原因。

假设我们选取一家一般而言业绩总是劣于预期的行业中的公司（例如，20 世纪 90 年代后期的电信或因特网公司）。进一步假设，该公司刚好是该行业中主营业务开始转旺的少数几家公司之一。由非核心风险引起的高盈利波动性将掩盖这种较强的业绩表现，从而使这家公司看上去与该行业中的其他公司没有什么区别。

20 世纪 90 年代后期的通信公司就是这一问题的极好例子。大多数公司相对规模较小，跨领域的业务活动相当少，而且因投资不善、技术不成熟、难以投入实际应用的宽带市场的失败等方面的原因而业绩低下。只有少数几家通信行业的大型跨国公司选择避免当时高风险和未经验证的技术。但是这些跨国公司的盈利波动性表现仍与行业中的小型绩差的公司相当。这些公司中的情况经常是由外汇汇率波动引起的问题所导致。对冲这些汇率风险可以使公司在盈利表现中剔除大量的“噪音”，也可向投资者表明其业绩表现比将行业作为一个整体来看所表现的情况要好得多。

正如我们在第 4 章所讲到的，只有当劣类不能模仿优类时，信号才是有用的，而通信公司的例子再度成为这一观点的富有成果的例证。对于那些因非核心汇率风险引起盈利的高波动性的财务强健的公司而言，对冲措施降低了盈利的波动性从而揭示了这些公司业务的真实品质。其他公司无法模仿这种行为，因为那些公司并不真正面临任何重要的汇率风险。较小公司的风险主要在于其在核心业务上的效益较差，而这又不是那些公司可以消除的。

盈利的质量，而不是盈利的管理 对于基于盈利动机而从事风险转移的公司来说，在经济上可能是合法的。但是切记勿将盈利风险管理混为盈利管理。前者是为了降低财务危机的预期成本，或为了解决逆向选择问题以及为增强盈利发布中包含的信息质量而去稳定盈利。所有这些进行盈利风险管理的理由代表着公司改善其盈利质量的努力。

相反，盈利管理通常是与公司有意企图平滑其报告盈利并对局外人隐瞒公司真实财务状况等相关的一种贬义术语。不用说，这不是对风险转移产品的恰当应用。

特别是对最近相当热烈的有关盈利管理的论战，公司须十分注意不要偏离而越过区分合法的盈利风险管理与不当的盈利管理之间的界限。其中最好方式是通过特别详细的信息披露来避免。我们将在第 24 章中再次讲这个问题。

6.3　风险转移与风险资本的对比

风险资本是分派或分配于吸收某种特定风险和（或）保证特定投资组合业绩的财务资本。技术上，风险资本实质上就是放在特定损失准备中的现金，以实现为某些损失提供缓冲的特定目的，而这些损失会在一些特定的业务种类或者资产或负债组合中产生。

对于非金融企业来说，风险资本和风险资本分配的运用相当有限。很少有企业的财务主管会考虑向特定的风险分配资本。正如本章前面所探讨的，更为常见的是企业考虑保护净利润、现金流或盈利。然而，大多数企业把重点放在除资本之外的变量上，但这并不改变风险资本和为保护资本目的而进行的风险转移之间的基本关系。而且，甚至对于只重点关注收益和现金流的公司而言，这种关系仍是相关的，因为风险资本和风险转移实质上的类似性影响了那些可选的资本保护来源的成本之间的关系。

为探究风险资本和财务资本之间的关系，我们将使用莫顿和波瑞迪（Merton & Perold，1993）提出的模型的修改版。假设我们在考虑一家名为企业有限公司（Enterprises，Inc.）的公司，这是一家无违约风险的母公司（比如银行）的全资子公司。企业有限公司打算在二级市场上购买面值为 1 亿美元，离到期还有一年并且单一的固定利率为 20% 的单笔风险贷款。如果该贷款没有违约，企业有限公司将在下一年赚得 1.2 亿美元的本金加利息（principal and interest，P&I）。但是由于贷款是有风险的，借款人也很可能会违约。在借款人违约的情况下（称为“部分收回”），企业有限公司能够收回 75% 的贷款本金。该年可获得 7 500 万美元的收益。或者借款人可能违约而且根本不归还任何款项（称为“全违约”），在这种情况下，企业有限公司在这一年根本没有得到任何收益。最后，假设该贷款的当前市场价格是 1 亿美元。

案例 1：外部信用风险转移

假设无风险利率为 10%。企业有限公司决定通过发行无违约风险面值为 1 亿美元的债券，筹集所需资金购买该笔贷款。这使该公司负有一年之后 1.1 亿美元的支付责任。但是由于企业有限公司已经以无风险利率借款，现必须对该票据进行信用增级以保证 1.1 亿美元的支付责任。企业有限公司可通过购买对该贷款的保险从外部获得信用增级，或者从公司股权投资者处获得内部信用增级。首先将前一种情况作为我们讨论的案例 1。

假设企业有限公司购买了某种信用保险或信用担保，以一美元对一美元地补偿公司在其贷款资产上的任何损失，最多可达 1.1 亿美元资产的面值。为此，外部信用保护或风险转移支出的总成本为 500 万美元（我们将在后面的第 10 章讨论实际的信用保险和担保业务）。

在贷款违约的事件中，承保人向企业有限公司支付一笔现金，以补偿最多可达1.1亿美元的损失。该担保本身就是一种资产。贷款资产和担保资产合起来，确保企业有限公司能够总是有足够的资金以足额偿付其票据持有人，从而使企业有限公司的债务没有违约的风险。图6.1展示了企业有限公司的会计和经济资产负债表。在这种情形下，会计和经济资产负债表两者是相同的。

表6.1呈现了三种情景下的各种支付情况。在未出现违约的情景中，企业有限公司收到1.2亿美元的贷款本息，其中1.1亿美元支付给债券持有人，1 000万美元归还给作为该公司唯一股本持有人的母公司。在两种违约情形的任一情况下，财务担保支付最多达1.1亿美元的资金，债券持有人总是得到偿付，但股本的剩余索偿权却失去了价值。因此，作为外部信用增级提供商的财务担保人承担了贷款参与的所有信用风险，而企业有限公司的母公司作为唯一的股本持有人，仅承担了为信用增级而提供的保费的支出。

（a）会计平衡表

资产		负债和股本	
贷款	$100	无风险票据	$100
担保	$5	股本	$5

（b）经济平衡表

资产		负债和股本	
贷款	$100	无风险票据	$100
担保	$5	股本	$5

资料来源：Merton & Perold（1993）。

图6.1 带财务担保（以百万美元计）的企业有限公司的资产负债表

表6.1 **外部融资担保情况下的一年后盈利** 单位：百万美元

	资产			负债和股本	
方案	贷款	担保	担保的贷款	票据	股本
无违约	120	0	120	110	10
部分收回	75	35	110	110	0
全违约	0	110	110	110	0

资料来源：Merton & Perold（1993）。

案例2：由母公司担保提供的信用保护

假设取代为贷款购买外部信用增级保护的措施，企业有限公司从母公司为其债务偿付寻求担保——由公司的唯一股本持有人提供的内部信用增级措施。在该案例中，母公司甚至不必对企业有限公司进行显性的股权投资——其股本份额是通过担保而完成的。从图6.2（a）显示的企业有限公司的会计资产负债表中即可看到这一点。

在这种情况下，资产的坏账风险完全由母公司所承担。如果出现违约而部分收回的情况，母公司将不得不注入3 500万美元，从而使企业有限公司能够完全偿还其债券持有人。而在完全违约的情形下，来自母公司的现金支付将偿付债权人所需的全部1.1亿美元。

注意，在图6.2中的经济平衡表（b）中，母公司的担保出现在该平衡表的两端。担保作为一项经济资产的情况是非常明显的。不太明显的是，信用增级实质上是一种股权资本。莫顿和波瑞迪（1993）称之为风险资本，对此我们将在附录C中加以讨论。但我们如何知道该信用增级的价值就是500万美元呢？

（a）会计平衡表

资产		负债和股本	
贷款	$100	无风险票据	$100

（b）经济平衡表

资产		负债和股本	
贷款	$100	无风险票据	$100
母公司担保	$5	信用提高	$5

资料来源：Merton & Perold（1993）。

图6.2 带有内部母公司担保（以百万美元计）的企业有限公司的资产负债表

为得到答案，注意表6.2中显示的权益持有人的盈亏情况。由于母公司在担保时可能出现的现金流与表6.1显示的外部财务担保的现金流是完全一样的，本案例中的信用增级（即风险资本）应与直接担保的500万美元具有相同的价值。

表6.2 内部母公司担保情况下的一年后盈亏情况 单位：百万美元

	资产			负债和股本	
方案	贷款	担保	担保的贷款	票据	普通股
无违约	120	0	120	110	10
部分收回	75	35	110	110	0
全违约	0	110	110	110	0

资料来源：Merton & Perold（1993）。

案例3：由有违约风险债务的投资者提供的信用保护

现在假设企业有限公司愿意发行可能会有违约风险的债务。在此情况下，利率为10%的面值为1亿美元的票据不再是无风险的了。这样，为使其回报率高于10%的无风险利率，该票据将以票面值的折价发行，如折价δ百万美元。但是，如果企业有限公司仅从票据投资者筹集到（100－δ）百万美元，即未募集到足以购买贷款的资金。很明显，该公司须发行数量为δ百万美元新股权。假设企业有限公司通过向其母公司发行股票筹到了额外的资金。

表6.3呈现了该贷款在所有3种情景下的现金流。称为保险的资产是由有风险债务的持有人提供的保险。例如，在部分收回的情景中，贷款只值7 500万美元，所以票据持有人只收到7 500万美元。但我们可将该7 500万美元视做1.1亿美元价值的无风险票据减去3 500万美元，这3 500万美元是由票据持有人向公司支付的保险赔付以弥补资产的短缺。

表 6.3　　风险债务情况下的一年后盈利　　单位：百万美元

方案	资产			负债和股本	
	贷款	担保	担保的贷款	票据	普通股
无违约	120	0	120	110	10
部分收回	75	35	110	75	0
全违约	0	110	110	0	0

资料来源：Merton & Perold（1993）。

请注意表6.3，企业有限公司的母公司拥有与财务担保人完全一样的现金流，而且也与母公司提供直接担保的情形中所发生的现金流一样。因而，股本价值开始时必须为500万美元，这使债务在发行时价值9 500万美元，其预期回报为15.8%或者是9 500万美元本金之上的1 500万美元回报。

图6.3为企业有限公司的会计与经济资产负债表。债务相对于其账面价值为9 500万美元而言，具有1亿美元的经济价值。两者之间的差距基于如下事实：债务持有人实质上向公司出售了该资产的保险。

（a）会计平衡表

资产		负债和股本	
贷款	$100	票据	$95
		股本	$5

（b）经济平衡表

资产		负债和股本	
贷款	$100	票据	$100
保险	$5	信用增强	$5

资料来源：Merton & Perold（1993）。

图6.3　带有风险债务（以百万美元计）的企业有限公司的资产负债表

我们从第1章了解到，可将有风险的债券视做无风险的贷款加上一个公司资产的空头卖出期权。这个空头卖出期权正是我们所称的已由票据持有人售卖给公司的资产保险。表6.3中，将有风险的债券视为两个组成部分，即无风险票据和一个票据持有人出售的保险合同，且债券的盈亏是两个成分盈亏相抵的结果，这种看问题的方式可能是有帮助的。随着贷款价值的下跌，企业有限公司的债券持有人必须因贷款保险而向公司支付更多款项——这等价于未完全收回其本金和利息。图6.3（b）的经济资产负债表中显示的债券价值的额外的500万美元，即债券持有人为了提供本案例中的风险资本而收取的保险费。毋庸置疑的是，此保险的价值与为获得财务担保而支付的保险费，以及与由母公司（即由股本持有人而非票据持有人）提供的信用增级的价值是相同的。

第 7 章　风险融资

我们在第 2 章遇到过风险融资这一术语。重述当时的定义，风险融资是一个过程，公司试图通过此过程确保在遭遇由公司特意保留的风险而引起的重大意外财务损失时，能够拥有足够的现金流，以使公司得以生存。事前风险融资代表在损失之前预留的资金，而事后的风险融资安排是在损失发生后——但却是按照事前的筹资条件——筹集的资金，以帮助公司能够经受住损失的现金后果。

事前融资的传统例子是为筹集资金建立损失储备，而非传统类型的事前风险融资包括自保和类似自保的结构、已融资的混合有限风险交易以及财务再保险。事后融资的传统例子是基于信用额度或银行授信额度的提款，而非传统例子包括应急资本和非融资的混合有限风险交易。本书的后面部分，我们将再次讨论所有这些风险融资的非传统手段。

要仔细区分风险自留的事后融资与非融资的风险自留。风险自留是公司保留的风险，即如果风险转变为损失，公司的股东（或许还有公司的其他利益相关方）最终承担该损失的全部后果。非融资的风险自留是公司事实上并未为承担并帮助公司顺利度过该保留风险引起的损失而预留任何实际资金或资金来源。如果公司在遭受此类损失后需要额外的现金，它当然可以发行新证券或者动用其留存收益。但这与融资的风险自留是截然不同的，融资的风险自留是公司指定特定的资金（在事前融资的情况下）或特定的筹集额外资金的渠道（在事后融资的情况下），以弥补由风险损失引起的现金短缺。

7.1　事前和事后融资之间的现金流区别

事前融资与建立损失储备在经济意义上是等价的。在以股本方式融资时，事前融资则是实收风险资本，详见第 6 章。当以额外债务的方式融资时，事前融资则是流动性管理的一种手段。

虽然我们将在第 23 章和第 24 章看到，有比建立资金储备为损失提前融资好得多的方式，但目前，资金储备或许是形象化事前筹资结构的最好方式。简而言之，希望为特定损失指定特别款项的公司，可以利用其当前现金流和留存收益或者通过发行新证券，建立起储备资金，并一直持有这些资金直到风险事件发生或不发生。如果风险事件发生，可用储备的资金立即弥补损失。如果风险事件未转变为损失，则储备资金可以解放出来或者向前滚动用以覆盖未来新的风险事件。

公司为其自留风险筹资最常用的方法之一是使用经济储备。我们要将经济储备的概念与会计储备区分开来。经济储备是一种事前风险融资，该方式下公司从其已有现金中提取并指定为未来损失事件使用。即使在损失事件未发生时，储备资金也可以保留下来并指定用于以后该类可能的损失事件，或者释放回公司的自由现金流。

事后融资在经济上等价于公司购买一个其自身的债务的卖出期权。如果风险事件转变为将来的损失，公司可行权或利用该融资便利并以预先商谈好的利率借款，使用借入的资金来为损失融资。如果没有发生损失，该融资工具则未经使用而到期。作为给予公司承担新债务的权利（而不是义务）的交换条件，事后融资的提供商将向公司收取一定的承诺费，这在经济上等价于卖出期权的费用。

图7.1和图7.2提供了事前与事后风险融资对比的具体示例。在这些例子中，我们假设一家公司正面对在未来两年的风险期间内可能发生的潜在损失。如果出现损失，该公司愿意以期初预先谈定的利率发行5年期的新债来为损失筹集资金。在谈判融资条件时，公司只知道，如果损失出现，其必须在损失发生的同一季支付1亿美元。公司并不知道损失是否发生，也不知道损失发生在风险期间的哪一季。在图中，现金流入显示于时间线之上，而现金流出显示在下面。

如果公司以事前方式为其保留的风险进行融资，正如图7.1（a）所描述的，公司将在第一季度预留1亿美元以建立损失储备。为向该储备提供资金，公司或者从当前现金余额中转出现金（或许是流动资金或留存收益的一部分）以作此用，或者发行新债务。为了与损失后的融资结构进行比较，假设公司在第一季度发行了1亿美元的债券。这为公司提供了1亿美元的资金以用于损失发生时弥补预期损失，这样做的同时，允许公司在债券存续的整个5年期间逐步支付损失的资金。另外，公司可将发行债务获得的资金投资于高度可交易的证券以获取收益直到损失出现为止，从而将其净利息费用降低为新发行债务的利息成本与所持有的可交易证券之间的利差。当然，损失发生之后，公司已使用了1亿美元的资金进行支付，就不能再赚取利息收入以抵消其之后的利息费用。

在本例中，事后融资结构允许公司在第八季度之前的任何时间发行固定利率并于第二十季度到期的新债务。为获得此权利，公司在该安排的融资工具利用之前要支付承诺费。正如图7.1（b）所示，损失出现在第六个季度，此时，公司启用全部1亿美元的融资工具并产生1亿美元的现金流入，从而准确补偿其在该季度的损失。自此以后承诺费消失了，但公司现在承担了为期3.5年的债务负担。

图7.2呈现了同样的两种安排，但这次我们假设损失从未发生。在图7.2（a）中，我们看到，公司仍然发行了1亿美元的新债务以储备起来用以补偿损失。由于公司在第八季度之前仍然处于风险状态中，[1]在此期间，发行债务的资金不能用于其他用途。但公司在仍处于风险之中时，能够赚取损失储备的投资收益，这就使该安排的净成本减为该资金的自身债务成本与可买卖证券的利息收益之间的差额。

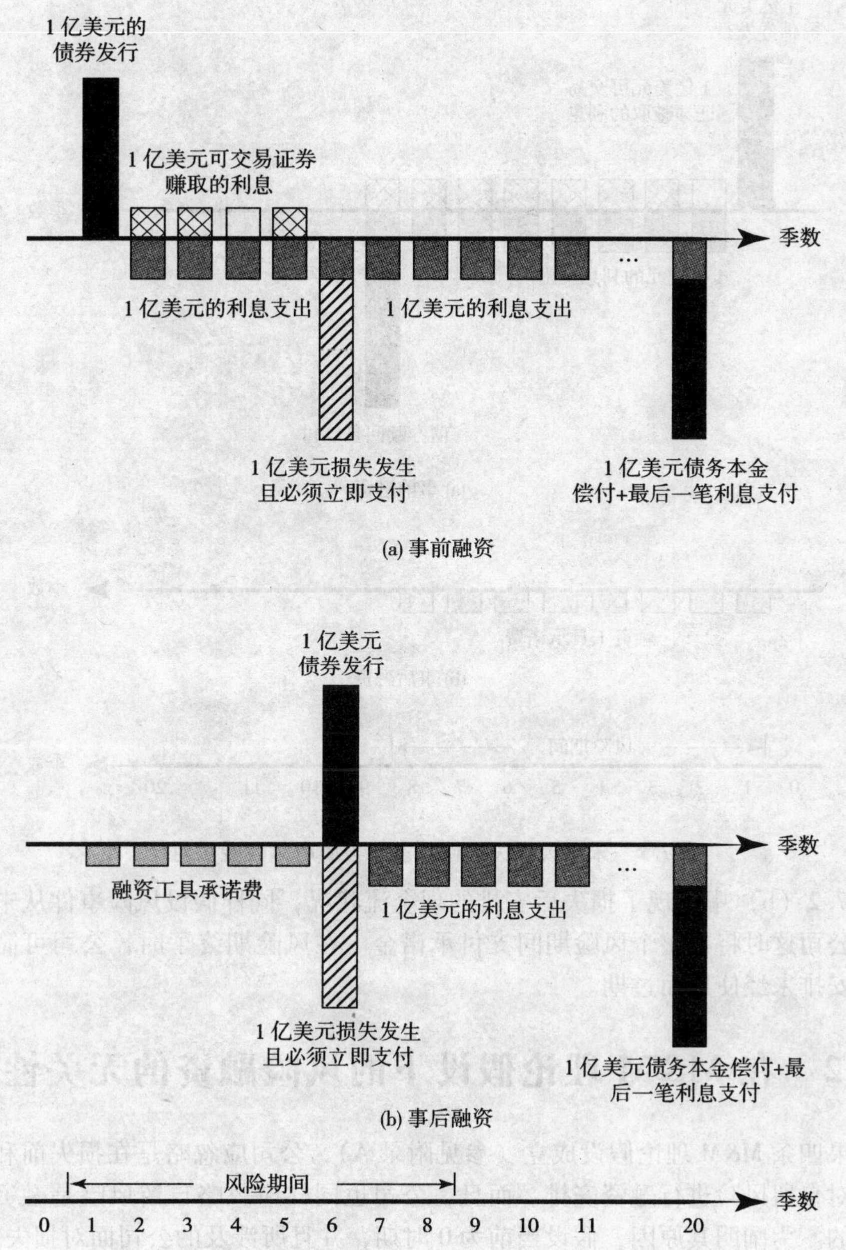

图 7.1　损失事件出现时事前与事后风险融资的对比

在事前融资的情况下，在风险期结束之后公司做什么取决于公司已发行债务的种类。如果公司开始时发行了固定的五年期债券，则只是简单地撤销风险储备金，这样给公司带来额外的1亿美元现金，可用于其正常的业务运作。或者，公司可选择在0时使该债务在风险期结束时成为可赎回的。这正是图7.2（a）中显示的情况。

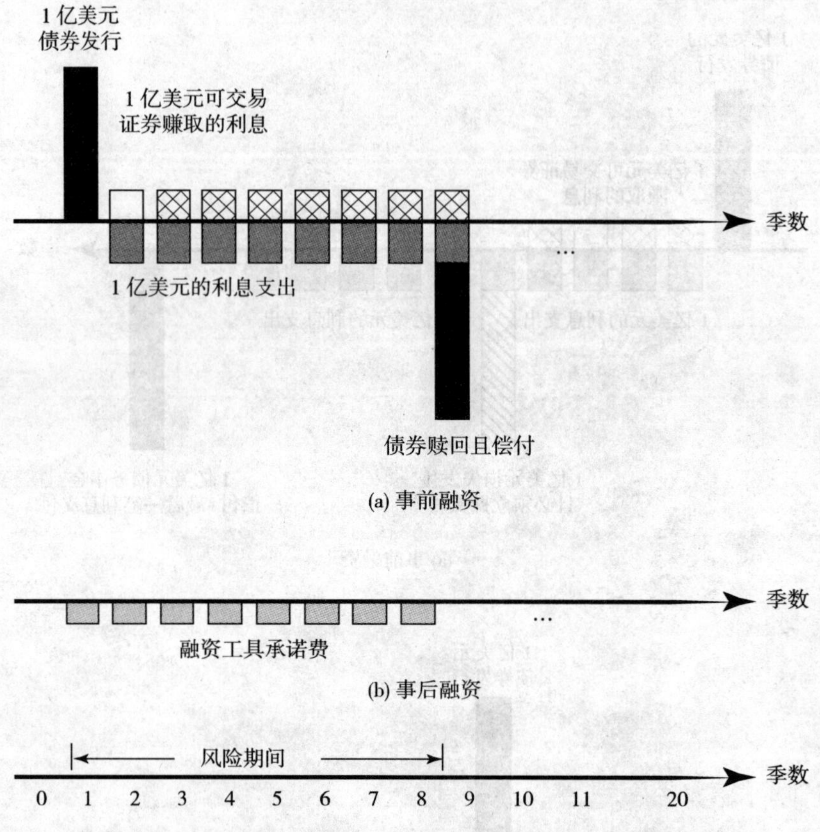

图 7.2 未出现损失事件时事前与事后风险融资对比

图 7.2（b）中呈现了损失后安排的现金流状况，同样假设风险事件从未转变为损失。公司这时将在整个风险期间支付承诺金。在风险期终了时，公司可简单地使该融资安排未经使用而过期。

7.2 在 M&M 理论假设下的风险融资的无关性

如果四条 M&M 理论假设成立（参见附录 A），公司应忽略是在损失前和还是在损失后对自留风险进行融资安排。而且，公司也同样应忽略自留风险是融资的还是非融资的。为阐明其原因，假设当前为 0 时期，并且所涉及的公司面对损失的风险。如果损失出现，该公司愿意在 T 时之前发行债务以为损失提供融资，且假设损失出现在 T 时并需要立即支付 Z 美元的资金。

假设所有债务需要在债券到期时一次性支付利息，使得所有债券以其票面价值发行。进一步假设计划为将来损失筹资发行债券所获得的任何资金，都以附息资产的形式持有，在损失发生之前，这种资产可获取与债务的票息率相同的利率。

在 t 时以本金 Z 美元和票息率 $R(t,T)$ ——两者均在债券到期的 T 时进行支付——发行企业债券的价格是：

$$B(t,T) = \frac{Z[1+R(t,T)]}{1+R(t,T)}$$

其中，$R(t,T)$ 是未年率化的多期利率。我们假设，贯穿于该期间，票息率或折价率完全反映了债券的全部风险，既包括利率风险也包括发行人违约的风险。简化起见，我们还假设利率期限结构的期望假设成立，因而得：

$$[1+R(0,T)] = [1+R(0,\tau)]\{1+E_0[R(\tau,T)]\}$$

案例1：非融资的风险保留

如果公司并未为某一风险自留准备资金，当（如果）损失发生时，公司将必须发行金额为 Z 美元的新债务。如果损失发生在 τ 时，债券可以以下市场公允价格发行：

$$B(\tau,T) = \frac{Z[1+R(\tau,T)]}{1+R(\tau,T)} = Z \quad (7.1)$$

债券发行获得的资金立即用于弥补 τ 时的损失 Z。然后公司在 T 时之前要归还本金和票息，这种影响等价于将损失支付的时间延期到 T 时对经济的影响。

在损失发生的条件下，公司该种策略的预期筹资利率为：

$$\text{预期筹资利率} = E_0[R(\tau,T)]$$

案例2：事前融资的风险自留

现假设公司在日期0到 T 的时间段内，为 Z 美元的风险自留充分筹备了资金。为此，公司在0时以票面价格购买了面值为 Z 美元，期限为 T 的债券。债券发行而筹得的 Z 美元资金放入风险储备之中，这在 τ 时之前可赚到 $R(0,\tau)$ 。

当到 τ 时，如果损失出现，公司从储备中取出 Z 美元并为损失买单。在此之前发行债券获得的资金已经产生了 $ZR(0,\tau)$ 的投资收入，这些收入留在储备账户中，直至 T 时。在该种策略下的 T 时的总投资收入将是：

$$ZR(0,\tau)[1+R(\tau,T)]$$

在 T 时，公司则偿付该笔本金和利息收入，具体金额为：

$$Z[1+R(0,T)]$$

因此，如果损失确实发生，公司在事前融资安排中于 T 时的净现金流为：

$$ZR(0,\tau)[1+R(\tau,T)] - Z[1+R(0,T)]$$

公司在损失出现的情况下的预期筹资比率因而是：

$$\text{预期筹资比率} = E_0[R(\tau,T)]$$

这与我们没有为风险自留进行融资所形成的预期筹资比率相同。

案例3：事后融资的风险自留

在第3个案例中，假设公司在0时以购买事后融资安排的方式为其风险自留融资。具体来说，即购买了于 τ 时发行而于 T 时到期的债券的欧式卖出期权，债券面值为 Z 美元，且息票利率为 $R(\tau,T)$ 。假设期权的行权价为 $K°$，这就使得公司拥有

在 τ 时以固定价格 K° 发行新债务的权利，而非义务，从而：

$$K^{\circ} = \frac{1}{1 + R^{\circ}(\tau, T)} \tag{7.2}$$

作为此权利的回报，公司在 0 时支付价值为 $p(0)$ 的不可退还的承诺费。

如果直到 τ 时损失仍未发生，公司就不再发行任何新债务，但仍形成了保证金的成本。如果在 τ 时出现了损失，公司将比较发行新债务的筹资成本与通过事后融资安排可用的固定筹资成本。如果市场息票利率 $R(\tau, T)$ 低于固定筹资利率 $R^{\circ}(\tau, T)$，公司将放弃损失后筹资安排，而以当前市场息票利率发行新债务。反之，公司将通过该事后融资安排以预定的利率借款。因而在 τ 时事后融资安排的价值可以将筹资成本的方式表示为：

$$\min[R(\tau, T), R^{\circ}(\tau, T)]$$

这等价于

$$R(\tau, T) - \max[R(\tau, T) - R^{\circ}(\tau, T), 0] \tag{7.3}$$

在此案例下，公司是可以自由选择它想在此水平上发行债务的任意固定价格 K°。但这会影响公司为此权利必须支付期权承诺费的高低。在 M&M 理论假设领域内，该融资安排的提供商将会将承诺费设定于盈亏平衡点上，从而公司向期权卖出人支付的价格将等于事后融资安排的预期价值的折现值。不管选择了怎样的 K°，公司将获得其支付的价值，即 M&M 理论假设领域下的预期价值，具体为：

$$p(0) = \frac{E_0\{\max[R(\tau, T) - R^{\circ}(\tau, T)]\}}{1 + R(0, \tau)}$$

因此，包括承诺费的事后融资安排的预期筹资利率为：

$$\text{预期筹资利率} = E_0[R(\tau, T)]$$

这与我们未对保留风险进行融资或者已使用事前融资安排形成的预期的筹资利率是相同的。

请注意，我们预期的筹资利率并不依赖于筹资安排可得到的固定息票利率 $R^{\circ}(\tau, T)$。较低的筹资利率对公司带来的利益恰好等于其提高的承诺费。

这种事后融资结构与事前融资安排或非融资的策略之间存在一个细微的差异。在本案例中，即使未发生损失，公司亦将支付承诺费。因此，乍看起来似乎该策略一定是更为昂贵的，但事实并非如此。在本例中，以确定的利率发行债务的权利是独立存在的，并不依赖于损失是否发生。M&M 理论假设领域内的承诺费反映了当损失发生时以有利可图的方式行使期权的可能性及潜力。如前述情况，在无损失的情形下支付的承诺费正好等于带有公司筹资利率底线的新发行债务的价值。

解释

刚才所讨论的结果并不令人惊讶。在 M&M 理论假设中，我们仅仅只能再次确认天下没有免费的午餐。一家公司现在可以借款为后来的损失融资，或者为同样的损失情况稍后进行借款（以当时的市场价格进行），或者为以后的借款而达成一个期权协议。在平衡状态下，公司在所有上述三种情况下的预期借款成本将应是同样的。

在 M&M 理论假设下，为自留风险筹资没有太多的意义。因为其主要假设之一是公司拥有无限利用资本市场的手段，即使损失事件的发生也不能改变这一点。在现实中，很可能完全不是这么回事，这也就是事前融资和事后融资可为公司增加价值的原因。

7.3　为保留风险而筹资的动机

了解了事前和事后风险融资后，我们将放开 M&M 理论的假设并探求这些安排在何时以及为何能够为公司增加价值。由于自留风险引起的损失将最终由公司的股权人来承担，因而公司为自留风险筹资的好处就不太明显了。在某种程度上此类好处确实存在，这将与公司的现金流有关而与其总价值无关。原因是损失的经济后果将在损失发生后立即反映到公司资本份额的定价上。公司于是不能使用风险融资来规避一笔损失对其市值产生的直接影响。[2]

7.3.1　保持财务灵活性

公司愿意以损失前或损失后安排的方式为其自留风险进行融资的主要原因是，帮助公司保持常被管理者称为财务灵活性的特征。这实际上是指公司为了以防万一而保留的多余现金或者承债能力。有时公司偏好额外的现金，以帮助弥补由非融资的自留风险导致的意外损失。在其他情况下，公司的目标则会更加明确（例如，保证公司能够满足红利目标）。

通过更好地规划其现金流需求，为自留风险筹资可有助于公司保持其财务灵活性。如果确实出现了大额损失，已建立的储备资金用以弥补该损失，有助于消除企业可能产生的有关保持流动性的担忧。许多公司完全愿意为此类安排付出一定的代价，因为它们知道，在以后出现较大的损失时，公司不必因补充其现金而受市场的支配。对于拥有较多无形资产的公司来说，更是如此。这些公司筹集债务资金时一般都会相当费时费力，所以以预先谈定的这类流动性安排而得到的财务灵活性的价值不应被低估。

然而，如果风险融资的唯一动机是财务灵活性，公司也不一定愿意为此类权利付出太多代价。而且，事实上，许多意在为公司提供财务灵活性的此类工具，例如直接的信用证，确实只需花费若干基点（basis point），不论是以事前融资结构的承诺费的形式来融资，还是以票面利率的形式来融资。

7.3.2　降低逆向选择成本及避免出现“甜饼罐冲突”

当公司发生财务损失时，其股本的市场价值相对于其债务的市场价值就下降了，同时公司的市场杠杆提升了。假定存在第 3 章讨论的债务成本和第 4 章讨论的逆向选择的成本问题，那么公司在宣告损失发生后发行新债务并形成更高的财务杠杆，就会被投资者视为“相当严重的坏消息”。

如果唯一的问题是避免公开证券的逆向选择成本，那么我们就不能说公司应该倾向于风险融资，同时与风险无关的私募发行也一样很有用。但这并非唯一的问题。如第 4 章所阐述的，公司不仅追求具有逆向选择成本较低的筹资渠道，而且在可能时也会试图为筹资担保，从而向市场的其他参与者表示公司的可信度。

公司公开发行的证券被视为“柠檬”且经常以公允价值的较大折价进行交易的一个原因，在于公司在如何花费其资金方面所形成的信用度。信用度问题由于所谓的“甜饼罐”（cookie jar）问题而恶化，“甜饼罐”是指公司为以后的目的储备了现金，但投资者却没有理由相信该资金会按承诺的目的来使用。确实，这正是像准备金这样的风险融资工具经常不起作用的主要原因。因为对公司而言，出于与其设立准备金时的目的毫无关系的原因，将储备金撤销非常容易。

当风险融资这一词中的风险变为合同中具有约束力的特征时，信用则可确立起来。正如在本书后面第四部分将会讲到的，例如，某些风险融资交易涉及事前或事后筹资，其发生的具体条件就在于风险触发。这与将资金划入某储备或者建立起新的无限制、无担保的信用证，然后简单地承诺将该资金用于弥补特定的损失的做法有很大的不同。在真实风险融资的情况下，公司不能动用这种资金——无论是已经存入银行还是视条件而定，除非一种特定的风险事件发生。

因而，风险融资可使信用度存在问题的公司受益，因为这实质上可使这些公司可信地设立现金准备或应急准备金的等同物。这种结构的可信性来自于其明确地将风险合并进融资安排。一些风险融资结构规定了公司可动用资金的特定风险情景。一些风险融资产品允许公司在任何时间提款，但流入的现金金额取决于已发生的损失情况。同时也存在对触发事件和现金支出均加以风险限制的产品。

的确，信用额度和指定的准备金不属于真正的风险融资的原因之一是，它们均不是以在合同中约定的风险事件发生为条件的。一项损失准备金，可能出于一些与最初为建立该准备金作判断的基础风险毫不相关的原因而被撤销。类似的，凭借信用额度实质上也可以随意愿提取资金。但无法确保公司使用信用额度提取资金只是为了产生现金流，以满足公司的自留风险转化为损失而对现金流的需要。另一方面，信用额度常常包含重大不利变化（material adverse change，MAC）条款，在公司财务状况发生显著恶化时，此条款可阻止用信用额度提取资金。

我们在本书后面还将通过案例更深入地进行讨论。这里我们只是强调，通过严格地将特定风险事件的发生作为调节公司财务杠杆的条件，真正的风险融资就能够降低逆向选择成本。

7.3.3　缓解投资不足问题

回顾第 3 章和第 4 章的内容，在公司内部资金过少，且无法获得开发新项目或者未来预期的增长机会所需要的资金时，公司会被迫否决正净现值的项目，从而造成投资不足问题。如果投资需求出现在公司的不利时期，如出现在公司内部资金短时间内大量耗损之后，就更容易出现此类问题。[3]

投资不足问题的出现最容易与不断提升的财务困境的预期成本相关联。具体来说，如果公司进入财务困难时期，出于对逆向选择问题和更加突出的信用风险考虑，公司很难在不产生更高的资本成本的情况下发行新债务或股本。这样，将迫使公司否决正净现值的项目。

然而，在公司财务困难出现之前发行证券可能不会让公司承担同样的成本。确实，还存在某些逆向选择的问题——投资者将会假设，今天发行的证券将用于弥补未来可能发生损失的准备金。然而，如果公司实际上并未处于财务困境之中，在损失之前，逆向选择折价可能大为降低。以此方式，公司可以为损失预储资金，而不致引起显著的逆向选择成本。

虽然事前融资的清晰而潜在的益处在于避免了不良债务融资的增高了的成本，同时在下述情况下还可能产生更大的益处，如在公司资金的大量损耗之后，由于外部融资的成本如此高，以至于公司事实上不得不否决正净现值的项目。为对此进行解释，考虑一家名为斯波克（Spock）的化学公司，拥有三个可能的关于新化学物质开发的研发项目，这些项目分别需支付 1 亿欧元、2 亿欧元和 4 亿欧元。[4] 假设这些项目相互独立且不能同时实施，其产生的无风险已折现的净现金流分别为 2 亿欧元、10 亿欧元和 4.5 亿欧元。表 7.1 呈现了项目产生的净现值。该例子引自弗如特、莎夫斯迪恩和斯迪恩（Froot，Scharfstein & Stein，1993）的论文并做了调整。

表 7.1　　斯波克公司的化学生产的资本预算　　单位：百万欧元

	投资支出	折现现金流	净现值
项目 1	100	200	100
项目 2	200	1 000	800
项目 3	400	450	50

根据表 7.1，斯波克公司很显然会偏好项目 2，其中 2 亿欧元的支出取得了 8 亿欧元的净现值。然而，所有三个项目的净现值都是正的，因此，这意味着如果可能的话，斯波克公司应投资于所有三个项目。

现假设斯波克公司的当期净利润加折旧再加留存收益为 2.5 亿欧元，但斯波克公司要面对化学物品泄漏可能引起的产品隐性责任。如果发生泄漏，斯波克公司必须立即支付 1 亿欧元用于产品责任和损失的赔付。为简化该示例，假设斯波克公司在宣告了化学物品泄漏之后不能发行新债务或股权。表 7.2 显示了两种情况下斯波克资本预算的净影响。

表 7.2　　斯波克公司的项目接受决定　　单位：百万欧元

方案	自由现金流	项目	投资	净现值
无泄漏	250	2	200	800
泄漏	100	1	100	100

从表 7.2 看，很明显化学物品泄漏将非常严重地消耗公司的内部资金，以至于公司将不得不选择次优的投资项目。换而言之，公司将承受投资不足的原因仅仅是其自由现金流太低不足以为项目提供资金，且市场又不允许发行新证券，所以斯波

克公司不得不放弃 NPV 达 8 亿欧元的项目。

公司保留的与化学品泄漏有关的产品责任风险设定的融资安排，将有助于公司避免这类问题。事前融资要求公司在损失发生之前预留 1 亿欧元，而事后融资则为公司提供了发生损失后提款 1 亿欧元的融资安排。无论哪一种情况，为公司自留风险而进行的融资安排均可为公司增加价值，因为这可保证未预期的损失不会消耗公司为承担正 NPV 项目所需的现金流。此附加价值的来源在于，公司在发生较大损失后无法通过资本市场以合理的市场价格借入资金。

读者可能已认识到，该例子及其情况是对弗如特、莎夫斯迪恩和斯迪恩(1993)论文中经典模型的回顾。他们的模型反映了企业使用衍生品和保险时常用的基本原理，也就是说，当外部融资成本不堪重负时，应降低现金流的波动性并缓解投资不足问题。正因为如此，那些不堪重负的融资成本可能来自逆向选择、债务的代理成本问题以及急剧增加的预期财务困境成本等。不过有趣的是，我们这里所见到的却不及弗如特、莎夫斯迪恩和斯迪恩的论文中辩称的那么强烈。在他们看来，真正的风险转移是投资不足问题的解决方案。我们同意风险转移将解决这种特定的投资不足问题，但这可能有点极端。总之，在面对昂贵的外部融资成本时，缓解投资不足问题所需的一切就是风险融资。

第二部分 传统风险转移

第8章 保 险

在第2章中，我们将传统的保险和再保险视做一种风险转移形式。现在我们从保险和将保险作为一种法律合同的讨论开始。之后我们还会讨论保险公司如何在称为费率制定的过程中确定保费和费率。作为讨论的一部分，我们将回顾保险公司试图用于费率制定和合同设计的各种方法，以缓解保险市场特有的道德危险和逆向选择等问题。然后本章以讨论典型的保险公司运作作为结束，即保险公司如何组织，如何运作，以及如何利用技术准备金来管理其资本。

8.1 作为合同的保险产品

传统的保险合同，一般而言，就是一方向保险公司支付固定价格以换取特定不利事件发生时得到赔偿的权利的一种合同。该赔偿是投保人打算用以降低特定不利事件的发生所导致的经济损失的手段。当然这是可以描述几乎任何风险转移合同（例如卖出期权）的非常通用的定义。如我们在第1章和第6章所讨论的，保险和期权的基本特征十分相似并非偶然，两者均为我们在第6章中定义的某种类型的应急风险资本。因此，我们要考虑的第一个问题是，是什么具体特征使之成为保险而非其他事物（卡莫在第28章也考虑了该问题）。

合同一词是回答该问题的关键。保险最初是在英国普通法的传统中作为合法缔约的工具而出现的。因此，保险与其他风险转移安排的区别在于合同本身的法律特征以及这些合同设立了哪些责任。此外，保险已成为一种行业，拥有几十年的传统，有其自己的词汇和商业惯例传统。随着时间的流逝，现在已经成为保险合同的不可或缺的特性的某些特点纯粹是依照惯例发展而来的。虽然这些方面与其他特征一样缺少相同的法律基础，但这些方面仍然值得讨论。在以后的部分中，我们将从保险作为普通法合同是如何发展的以及从其如何通过行业习惯和惯例被认知的双重角度，讨论保险的基本特点。

不过，在往下进行之前，有句提醒的话，即经常用以区分传统保险与非传统风险转移（ART）及衍生品的保险特性仍在不断地发展演化。而且，许多这种特性是非常主观的，尤其跨越国界时更是如此。因此，不存在能够确定何为保险合同的具有一致性的“石蕊试纸”。在许多国家，保险的定义也可能依赖于该定义的使用目的如何，例如，从税收角度来说被认为是保险的合同，从会计角度来看就不是保险。因此，在有疑问时，请教当地的专家和当局关于某种产品是否因某种特定目的（如税收或监管要求）是保险总不失为一个好办法。

另外，本章所讨论的保险的所有特性之中，只有一个是保险真正特有的。那就是“可保利益”特点，但即使这一点也在某些国家当前的判例法中逐渐失去作为保险的必要特性的法律基础。因此，本文讨论的保险特性应更多地解释为历史性指导原则，而非牢不可破的规则。或者，如经济学家喜欢讲的，如下是某合同可被视为保险的必要条件而非充分条件，但即使是必要条件，也会因为某些准则而变化。

8.1.1　可保利益

具有可保利益意味着，保险合同的购买人必须处于遭受某些经济损失的风险之中，这是在该风险的保险之下受到补偿的先决条件。例如，在财产方面拥有可保利益的公司会由于财产资产的损失或劣化而遭受直接和显著的损害。或者，在专业责任方面具有可保利益的公司必须是可能遭受来自于专业人员的不当行为以及代理人的疏忽而引起的直接和重大损害的公司。

若某合同被视为典型的保险合同，例如，与期权合同相反，则可保利益是必要的。[1] 回顾我们在第 2 章将传统的衍生品定义为参数合同。这意味着典型的衍生品交易的盈亏是通过参考像资产价格或利率等市场参数来确定的。该盈亏可能恰好等于也可能不完全等于购买风险保护的交易商所要承受的经济损害。同时，通过衍生品合同转移的风险不一定是衍生品交易对手所自然暴露的风险。例如，在典型的利率互换中，支付固定利率而接受伦敦银行拆借利率（London Interbank Offered Rate，LIBOR）的最终用户，不必以对 LIBOR 上涨风险的自然暴露作为进行交换的先决条件。如果 LIBOR 相对于互换中的固定利率上扬，固定利率支付方有权从互换对手处获得净支付，而不管固定利率支付方是否会因利率提高而遭受经济损害。这在传统的保险合同中是不可能的。

8.1.2 射幸合同、[①] 触发事件和给付额

保险合同被称为射幸的（aleatory），因为对参与保险的双方或任意一方，其价值取决于某些随机或不确定的未来事件。在射幸合同中，双方责任义务的价值依照过去的经验可能是不相等的。传统保险是射幸的，因为保险提供商的义务取决于将来的损失事件，而投保人要向保险公司支付独立于将来损失情况的固定保险金。

传统保险合同之所以是射幸的，主要由于它的两个基本特点。这两个特点分别为触发事件（trigger）和给付额（benefit amount）。用通俗的语言表达，给付额是当保险合同偿付时投保人所获得的利益，而触发事件则决定了投保人何时可以得到上述利益。为使合同成为射幸的，保险合同的触发事件和（或）给付额必须基于某些不确定的事件，在保单生效之初，触发事件的不确定性还不能完全解决。

这里仍有许多内容需要介绍，让我们有系统地展开并较为详细地讨论一些已经提到的定义。

保险触发事件 保险合同非常清晰地明确了可触发保险公司向投保人承诺的有赔付的风险、危险因素或危险事故的本质。所有保险合同都至少有一个特定的触发事件，除非触发事件被触动（即所说的风险事件已经发生），否则投保人不能向保险提供商提出索赔。无足惊奇的是，除非投保人在合同的起始时就面临触发事件所基于的风险，否则一份合同不能成为保险合同。稍后我们回来再讨论，当应对如何区分所谓的回溯性（retrospective）和前瞻性（prospective）保险保障时，这意味着什么。

某些保险专门针对某一列举的风险、危险因素或危险事故。这样的例子包括由火灾或洪水引发的财产毁损保险、与特定医疗问题（如牙科或眼科的保障）关联的健康保险，或者与汽车交通事故所受伤害有关的伤亡保险。其他保险结构的性质更广泛一些，例如普通房产主保单，用以保护财产所可能遭受的实质上所有不是由保单持有人故意造成的损害，或者普通医疗保障，适用于任何不是由保险前存在的健康问题引起的任何治疗费用。

保险给付额 保险合同的给付额既可是固定的也可是变化的。定值合同是当触发事件出现时支付固定赔付金额的保险合同。例如，常规的寿险合同在投保人死亡的触发事件发生之后，支付固定数额赔付。相反，补偿合同的可能支付与投保方所遭受的经济损失成正比。这样，较小的损失对应较小的赔付，而较大的损失则导致较大的赔付，这受制于一项重要的约束条件，即投保人不能从保险合同中获得超出其经受的实际经济损失的赔付额。完全补偿合同是能够使投保人恢复到不利触发事件发生之前完全同样情况的合同。

请考虑以下例子，投保人是一位房主，可保利益是房主拥有房屋的价值，而保险与特定的火灾触发事件捆绑在一起。假设房屋的价值当前是100万美元。房主可

---

① 射幸合同（aleatory contract），又称赌博性合同。当事人之间以不确定的偶然事件的发生或不发生为标的而签订的合同。纯粹的赌博性合同为法律所禁止。但法律规定的“射幸合同”如保险合同除外。——译者注

购买两份保险合同。第一份合同是一份定值合同（valued contract），投保人支付保费以换取火灾发生时获得，比如说，40万美元赔付的权利。40万美元的给付额在合同起始时是固定的，而且不依赖于火灾所造成的损失程度，虽然仅当火灾确实发生时，才支付40万美元。

第二份合同是一份补偿合同（indemnity contract），作为收取保费的回报，保险公司向房主赔付相对于当前房价（100万美元）在火灾中所造成的毁损额的金额，当然这次的保费与定值合同中支付的保费金额肯定是不同的。图8.1表示在火灾发生之后，定值合同和补偿合同的赔付额与火灾造成损害后的房屋价值之间的函数关系（正如以前章节所述，赔付额是总赔付，不代表扣除保费后的净赔付额）。

首先考虑定值合同。如果没有发生火灾，根据合同也就没有赔付，而该合同对房主的净值就恰好是所支付的保费。但是，一旦发生火灾，房主可获得40万美元。只要火灾引起的损失未使房屋价值低于60万美元，定值合同的持有人实际上收到的赔付高于其实际遭受的损害（这是非同寻常的，过一会再作更多的解释）。但是房屋价值减损到如果低于60万美元，则保险的总赔付额就不足以抵偿房主遭受的损失。

现在考虑补偿合同。在未发生火灾的情况下，赔付额再度为零——触发事件没有出现，而且投保人没有遭受任何与火灾有关的损害。但是发生火灾时，补偿合同的价值准确地等于房屋价值的下跌。不管房屋的价值跌到999 999美元还是跌到1美元，房主都获得房屋的初始价值（100万美元）与房屋新价值之间的差额。

比较两种合同，十分明显，当房屋的损害程度超过400 000美元时，事后看补偿合同更为合算。而相反，定值合同会受到房主的偏爱，如果该房主的房屋只是发生了厨房的小火灾且只引起房屋价值的轻微下跌，但这种小火灾仍构成了在两种合同下的触发事件。不过房主事先并不知道将出现的火灾会造成多大的损害。另外，两种保单需要缴纳的保费也不同——补偿合同对于更为极端的灾害将提供较大的保护，因而更昂贵一些。因此，房主事先会选择哪种合同并不清楚。

请注意图8.1，定值合同等价于房屋的二元卖出期权（binary put option）（参见第11章），而补偿合同等价于一个执行价格为100万美元的传统财产卖出期权。但是重要的是，两项重要差别将我们之前讨论的期权与这些保险合同区别开来。第一

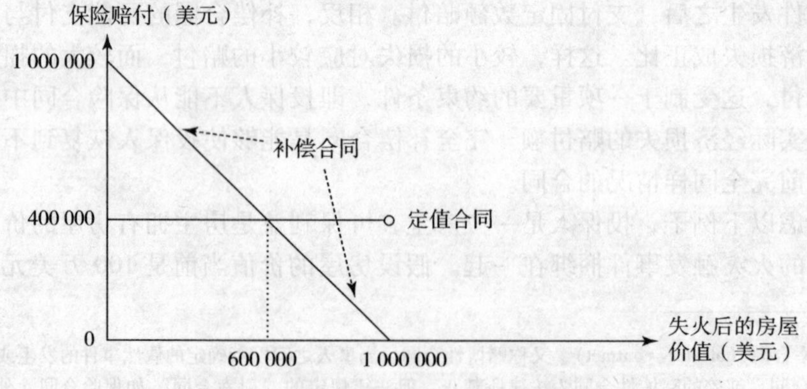

图8.1　房屋失火之后保险合同的赔付

个差别是可保利益的存在，如欲购买图 8.1 显示的任一种保险合同，购买人必须拥有房屋，而且房屋处于可能遭受火灾实际损害的风险之中。第二个差别是这些期权的行权价值并不仅依赖于其内在价值，还依赖于触发事件的发生。比如说，由于洪水引起的房屋价值的下跌将使期权进入实值状态，但是以不可利用的形式出现。为了使保险合同能够被“执行”，合同必须处于实值状态，而且火灾必须已经发生。

我们在本章前面提到，保险意在向投保人赔付其所遭受的所有或部分损害。然而我们刚评述的例子则清楚地表明，对于房主来说，假如火灾的损害小于 400 000 美元的话，就有可能从一份火灾的定值合同上赚到钱。这看起来有点怪的原因是，我们一般不会在这种情形下见到定值合同。定值合同主要用来承保具有相当主观性价值的物品或事件，这种主观价值难以使用某些各方可接受的一套客观标准来量化。这种情况的例子包括奇异的艺术品、人的生命等。通过事先商定一个固定的给付额，就可避免事后决定估价。虽然定值保险在保险领域发挥了重要作用，但在本书中却没有太多讨论的机会。除非另有明确说明，下文所有提及的传统保险假定都指补偿保险合同。

预期式和追溯式保险与可回溯合同 由于在定值保险合同中给付额是固定的，在这种合同中唯一的不确定性是触发事件是否被触动。如果在谈判或者执行保单时触发事件已经被触动，则固定赔付的定值合同通常不是保险合同。例如，芝加哥艺术学院可能不会为已经在火灾中毁坏的德加（Degas）的艺术作品购买定值保险。

然而如果给付额是可变的而且保险合同为补偿保险合同，则即使触发事件已经被触动，该保险合同的价值可能仍是不确定的并且取决于将来的事件。为了成为保险合同，只有下面一种情况，即给付额仍为不确定的且可能为零。

预期式保险合同（prospective insurance）是一种在投保人与保险出售人进行合同谈判时触发事件尚未发生或者给付额未知的合同。相对地，追溯式保险（retrospective insurance）的保障是在触发事件发生之后但在给付额已知之前谈判商定的。在这两种情况下，合同仍然是射幸的，因为其对购买人的价值和出售人的义务仍然不确定且取决于某些将来的事件。

举一个例子可能有助于区分预期式和追溯式的风险。考虑一家化学公司的情形。对于该公司的预期式风险可能是其卡车中的一辆发生交通事故并将化学物品溅洒到饮水供应系统。则该企业将面对由于财产和（或）伤亡索赔而导致的责任风险。一种类似的追溯式风险可能出现，如果该企业的卡车已经泄漏了化学物品，但该企业尚未及时发现。这时责任已经出现，但问题是该企业是否会实际支付责任赔偿尚未确定。无论是哪种情况，化学公司购买一份针对其责任风险的保险合同都是合理的。

不被允许的是可回溯的（retroactive）保障。继续分析上述例子，如果化学公司已因泄漏事故遭到诉讼且陪审团已作出了该企业有赔偿责任的判决，比如说需要赔偿 100 万美元，则该化学泄漏事件就不再是该企业的可保事件。损失已确知且不再是风险，同时保险也不再是射幸合同。

图 8.2 可帮助澄清这些概念之间的差别。在该图的所有 3 个图板中，我们设定保险的保障期为投保人可能因触发事件的直接后果而遭受经济损害的时段。假设保

险是为抵御地震后的建筑物的财产毁损。

图 8.2（a）描述了一种地震前投保的预期式保险合同。在这种情形下，假设地震损害了建筑物，但该损害直到地震后一个月建筑物倒塌时才发觉，民用建筑工程师判定地震在结构上损害了建筑物的稳固性。财产所有人将可以毫无麻烦地在地震之后一个月向保险公司提出合法的索赔要求。

图 8.2（b）描述了一份追溯式保单。我们刚刚研究过的例子可能不适用于追溯式保障。该例子中，在地震时建筑物的结构性损害已经造成，而延迟的只是损害的发现。但假如这次是一家位于建筑首层的小咖啡馆的主人在地震后对建筑物可能发生的倒塌产生了忧虑。如果我们继续以地震为触发事件，则保护咖啡馆抵御建筑物后来倒塌风险的新保单是允许的。

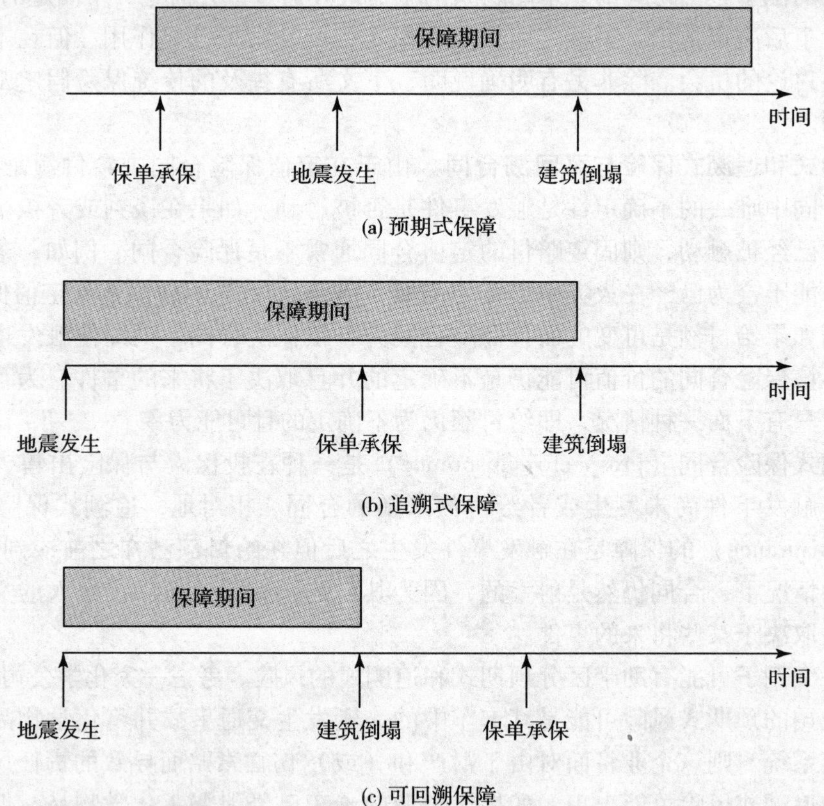

图 8.2 预期式、追溯式与可回溯保障

有人可能会问，为什么咖啡馆主人在这种情况下不应该购买普通老式的预期式财产保险？她可以购买，但是她一定要十分小心，要确认该预期式财产险保单是否不含有某种“事先存在情况”的条款而将地震相关的损失排除于赔付之外。

无论是建筑物的主人还是咖啡馆的主人，在建筑物已经倒塌的情况下购买保险都是不恰当的。确实，结构损坏的准确程度可能是未知的，但损失是现实的而且是可估计的。它已不再受将来随机性的影响，除了与损失衡量相关的可能存在的随机性之外，但此随机性对于判定合同是射幸的且依赖于未来的风险而言过于单薄了。图8.2（c）描述了这种情况，其中触发事件和风险区间在时间上都早于合同的执行。

模糊的边界 追溯式保障和可回溯保障之间的区别，有时是含糊不清的。假设一家公司因错误披露其会计收益而被其股东起诉。诉讼已向法院提出，但该案尚未进行庭辩或判决。该公司能够对案件的结果购买保险吗？从技术上说是可以的，因为陪审团的裁决将决定责任和损失的额度，而且也有可能发现公司并没有责任。

现在假设同一家公司被起诉且已经判为是负有责任的，但仍有一个未解决的问题，即该企业的错误陈述给股东造成了怎样的损害。这时购买保险对于该公司来说可能是一个更加棘手的问题。为了有资格达成一项合法的射幸保险合同，公司必须实质上能够证明，损害金额仍然是未知的。而且作为商业考虑，如果公司仍然能够认为零损失仍是该审判的可能的合法结果，这将会对达成保险合同起很大作用。如果仍然存在公司对一些没有造成损害的事件负责的实际可能性（例如，尽管企业盈利数据被夸大了，公司的股票价格依然暴涨），则保险具有一定可能性。在所有情况下，只要有疑问，最好就此类事情请教律师。

触发事件的定义 触发事件的定义与我们将一项安排是视为追溯式还是预期式有很大关系。如果我们将保险触发事件定义为由特定风险事件引起的损害的发生，则我们就已将触发事件与正的给付额挂钩。这种情况下，无论追溯式还是预期式的保险保单均会涉及在保单谈判时还没被触动的触发事件。如果反之，则将触发事件定义为只是可能导致将来损失的风险事件的发生，这样追溯式与预期式保险的区别就是显著的。

实际上我们怎么定义并不关键。重要的是，我们要清楚在保单语言中我们的意思是什么，以及合同是射幸的。选择将其称做什么以达到最终目的是一个词汇选择和教学的问题。

8.1.3 风险转移的适当考虑

一份合法的传统保险合同必须将风险的某一部分从投保人转移到保险的提供商或销售人身上，作为回报，投保人必须把其某种对价传达给保险销售者。当然，这种对价就是保费，而且合法的保险应当涉及与保险合同所转移的风险额相对应的合理的保费额。

切记，真正的保险合同必须是射幸的，这也意味着，某种风险被转移了。例如，为最多赔付1 000万美元的财产险保单支付1 000万美元的保费，就不会被认为该风险转移具有适当的保费，也未涉及任何风险转移。

解释保险的这一独特特征时的真正挑战——而且这也导致了近来非常热烈的辩论——在于如何决定多大程度的风险转移是足够的以及对此风险转移的适当考虑是什么。不论回答哪一个问题，都绝对不存在得到一致认可的会计、法律或监管的回答清单。

许多年来，会计界依靠一种被称为“10/10规则”的非正式的推断式方法来确定一份合同对于特定的保费支付来说是否包含了足够的风险转移从而符合保险特征。在此规则下，如果保险公司至少有10%的机会损失至少10%的保费，合同即可视做保险。过去若干年来的一系列争辩已经使许多会计师采用同种推断式方法时，使用更为严格的"20/20"的测试水平。但即使如此，仍然只是一种推断性的，没有正式的法令、案例法、监管规定等类似的基础。

我们将在第24章返回该问题并进行更详细的讨论。

8.1.4 最大诚信原则

与大多数传统商业或金融交易不同，保险历来要求合同遵循最大诚信原则（utmost good faith)。最大诚信原则意味着，适用于保险合同的诚信标准高于适用于普通商业或资本市场交易的标准。

最大诚信原则要求投保人和保险公司均需披露充分的信息。投保人的信息披露标准通常只达到与其专业知识相当的水平，例如，与个人信息披露违规相比，公司风险管理人员将受到更加严格的检查。投保人在最大诚信原则下可能违反信息披露义务的行为一般包括以下三种：违背保证、虚假陈述或隐瞒。

违背保证 保证是被保险人的声明，是保险合同成立条件的重要构成部分。确认保证是作出声明当日存在的情况，例如，汽车保险的购买人声称她在前一年未发生过交通事故，或者健康险的购买人表示他未被诊断出已患致命疾病。承诺保证是在保单全部或部分存续期内存在的情况，例如盗窃险的购买人承诺将其防盗报警器保持于正常工作状态，或者火灾保险的购买人将在房屋内24小时都备有充好防火剂的灭火器。

被保险人不遵从保证声明是保险公司拒赔的理由。但是，法院不鼓励使用保证的方式，除非投保人是一位风险管理专业人士。法院更偏好告知，从而为保险公司增加了更重的举证负担。

虚假陈述 虚假陈述是被保险人陈述的不真实的事实或观点，通常是在回答保险公司提出的尽职调查问题时作出的。

一项事实的虚假陈述是保险公司得以取消其赔偿责任的基础，即使信息既不正确也不重要。错误陈述的事实并不需要与发生索赔的损失有关。例如，约翰·史密斯购买了汽车保险，当被保险公司问及是否允许低于18岁的驾驶员使用其汽车时回答了"否"。约翰·史密斯经常让其16岁的女儿简开车。如果汽车发生事故，保险公司就有理由拒赔，即使当时开车的是约翰而不是简。

只有当被保人提供的信息是重要的且为故意误导，一个观点的虚假陈述方可成为保险公司取消其赔付责任的理由。假设我们的朋友约翰·史密斯现在购买人身保险。保险公司问约翰·史密斯是否健康，尽管他有未确诊的致命疾病，对该问题他回答"是"。保险公司若在后来以虚假陈述为由拒赔，保险公司必须证明约翰有意地提供了不正确的观点，并且如果他当时给出了正确的观点，则会影响保单的设计或提供。

隐瞒 虚假陈述涉及有关被保险人在陈述信息方面所犯的错误。而另一方面，隐瞒是一种遗漏错误。若使保单无效，必须证明隐瞒行为是故意的和重要的。例如，假设某制药公司的内部测试表明，一项新药物对治疗艾滋病有效果，但其副作用是可致 O_+ 型血的人死亡。如果该制药公司购买产品责任险时有意隐瞒了该事实，承保人以后可据此辩称保单无效，理由是制药公司故意向承保人隐瞒了测试结果，而该结果确实会影响保险决策。

8.1.5 要约与承诺

与大多数合同一样，保险必须是要约与承诺的协议——也就是说，双方确认，一致同意交易中的条件。这看起来似乎有些无关紧要，但对我们来说是一种有用的提醒，我们刚讨论过的若干问题可以基于交易双方的双边协商加以解决，条件是双方均基于真实披露的完整信息且履行诚信的原则。

这其中的一个主要含意是，一份合同可视做保险，即使作为其基础的触发事件是未为大家广为认可的风险或者未经客观数据支持的风险。例如，1971 年 Cutty Sark 威士忌酒酿造厂为捕捉尼斯湖水怪悬赏 100 万英镑的奖金。为了保证支付责任，Cutty Sark 酒厂从劳合社购买了保险。保费为 2 500 英镑，承保的风险为水怪在 1971 年 5 月 1 日到 1972 年 4 月 30 日之间被捕获。为了消除有关合同成立方面的疑问，合同包括了如下文字：“就此保险而言，尼斯湖水怪应被认为是：（1）在长度上超过 20 英尺，（2）伦敦自然历史博物馆馆长承认其是尼斯湖水怪。”（Outreville，1998）

8.1.6 不违反公众利益

虽然要约与承诺的原则给予保险公司和投保人很大的活动空间来定义保险合同所要转移的风险，但合同还必须被认为是不违反公众利益的。虽然这仍是一种模糊的表达方式，但却为将用于违法活动的合同排除于保险合同的定义之外留下了较大的余地，例如洗钱或故意和恶意地误导投资者关于公司真实的财务状况。

8.1.7 单方履行义务

许多商业合同均是双务合同——如果在法院提出质疑的话，任何一方都可要求强制执行。例如，一项有约束力的双务协议规定，福克斯·麦尔德将其“我愿相信”（I Want to Believe）的海报出售给丹娜·斯嘉丽，作为回报，斯嘉丽向麦尔德支付 100 美元现金，若该协议被违反，可针对任何一方强制执行。如果斯嘉丽付了钱，麦尔德必须交付海报，如果麦尔德交付了海报，则斯嘉丽必须支付现金。

与此不同，保险合同常常是单务的。法院将只在单一方向上强制执行该合同。只要投保人支付了保费，强制执行通常形成的司法行为是强制保险公司履行其赔付的承诺。如果投保人已经停止支付保费，保险公司当然可以考虑终止保单。然而，像期权一样，无人可以强迫购买人行权。

例如，假设我们的老朋友约翰·史密斯为其游艇购买了海事保险，以防碰撞引起的船体损坏。即使他十分忠实地按期缴付保费，在发生事故时他也不是必须要求赔付。例如，如果碰撞发生时，约翰·史密斯恰巧在湖上正密会情人，他可能很不愿意由保险索赔而完成的书面文件被邮寄到家庭地址。法院也不能强迫他这样做。在此意义上，该合同就是单务的。

8.1.8　附合

保险公司通常负责起草其产品合同。在附合合同中，合同起草人有责任使合同表达清楚无误且保证合同没有歧义。因此，如果合同用语不明确，附合合同将强制其草拟人承担责任。换而言之，在出现疑问时，总是假定投保人是正确的。

这有时称为保险的含糊性规则。如果保险条款是含糊不清的，法院通常会支持投保人的利益。

8.1.9　代位求偿权

保险合同还常常包括承保人的代位求偿权条款。代位求偿权是普通法术语，适用于被保险损失是由投保人以外的第三方引起时的情况。普通法之下，受损方是唯一拥有从造成损失一方获得补偿的一方。代位求偿权是从投保人向承保人转移的请求补偿的权利。

代位求偿可帮助执行补偿原则，以防止被保险人从一次经济损失中获得不止一次的赔偿支付。例如，假定房产主购买了火灾保险后，遭受了一次由火灾造成的重要损失，该次火灾被确定为纵火引起的。代位求偿给予承保人而非房产主追究纵火人赔偿责任的排他性权利——至少达到保险公司赔偿房主的额度。

在缺乏代位求偿权机制时，房产主就有可能因一次火灾而获得两次赔偿——一次来自承保人，一次来自对纵火犯的法律索赔。因而这种能力会导致道德风险，如房产主同意向纵火者支付一笔巨款去烧自己的房子，或者简单地同意不向纵火者追究和索赔。特别是当火灾发生时房屋的被保险价值大于其市场价值时，在缺乏明确定义的承保人代位求偿权的情况下，则纵火者和房产主都可以从该协议中获得相当可观的利益。

8.1.10　年期

保险值得注意的最后一项特性不能算是保险合同的一项特征，而是已经出现多年的保险缔约类型的一种结果。也就是说，传统保险单几乎总是为期一年或以一年为期限的。

主要原因在于，保险在历史上是通过经纪人做业务的行业，而经纪人靠佣金为生。保险的每年续保或重新谈判有助于确保每年都有经纪佣金收入，甚至对那些投保范围没什么重大变化的老客户也是如此。

8.2　保险定价

保险公司使用至少三种不同的术语来描述它们所提供的合同的价格。保费是为特定保单支付的总价格。费率是每个保障单位的价格。而摊收费率（rate on line，ROL）是保费除以总保单限额后得到的费率。例如，考虑一份汽车责任和碰撞保单，司机每年就此支付保费1 000美元。该保单可为投保人提供最高500 000美元的赔偿，如果该赔偿源于一次或多次事故中的汽车损害或对其他司机的责任。在这种情况下，保费是1 000美元，费率是每赔付500美元损失交纳1美元，而ROL就是0.2%。

一般来说，保险合同中的保费是3个变量之和：纯保费、附加保费和加值。

$$总保费 = 纯保费 + 附加保费 + 加值$$

最后一项——加值——是承保人将其作为利润边际而增加的保费额。该金额取决于保险行业的竞争状况——竞争越厉害，则加值提高的幅度越小。在后面的诸节中我们将忽略最后一项，将注意力集中于更令人感兴趣的保险定价的实务问题——即保险行业术语所说的费率形成过程。

8.2.1 确定纯保费

如果所有4项M&M理论的假定均成立，保险合同的纯保费——也称为保险精算公允保费——应当等于承保人的预期损失（或者，等于支付投保人的预期给付额）。回顾第6章的内容，我们知道，应急资本的公允价格等价于净资产保险的价格，或者等价于以企业净资产远期价格为执行价格的关于企业净资产的期权。这里我们用保险术语指的是同一件事情。保险合同的精算公允价格，就是投保人可在此价格上正好获得其所支付的价值。

一个简单例子 假设我们考虑N家相同的私营航空公司，其中每一家只拥有一架飞机。只要飞机仍然能够飞行，每家企业每年可获得的盈利为e°。但是，如果飞机损坏或失事并退出服役，航空公司将遭受的损失正好等于L，其发生的可能性为π。保险承保人与投保人对π与L的大小和程度达成一致。保险公司提供一份保险合同，航空公司通过支付金额为Q的保费，便可在飞机损坏或失事的情况下获得数额为L的赔付。合同中的保费为Q，且我们可定义费率为q，使得$Q = qL$。

任意给定航空公司的盈利可以用两种状态加以检验：无事故状态，其出现概率为$(1-\pi)$，另一状态是出现事故的状态，其出现概率为π：

无事故状态为 $$e^{NA} = e^{\circ} - Q$$

事故状态为 $$e^{A} = e^{\circ} - Q + L - L$$

因此，购买了保险的航空公司，由于在两种状态下均让渡了保费Q，作为回报获得了消除灾难性损失的可能性，从而获得了对自身的完全保护。

保险公司的总承保收入为NQ。因此，承保人期望在概率为π的损失中为N个保单的每一份赔付L，这样其预期的赔付或损失为$N\pi L$。在充分竞争和信息对称的前提下，竞争均衡将保证

$$Q = \pi L$$

或者

$$q = \pi$$

换而言之，精算公允保费率等于损失出现的概率，前提是所有 4 个 M&M 理论的假设都成立。

更普遍的纯保费形式 假设一家保险公司提供了 N 份保单。如果承保人已经为保单 j 提供了赔付额 L_j（即 j 的给付额为 L_j），保单 j 的精算公允价格恰为：

$$q_j = E(L_j) = \int L_j \mathrm{d}L_j$$

对 N 个保单求和之后可写为：

$$Q = \sum_{j=1}^{N} E(L_j) = \sum_{j=1}^{N} \int L_j \mathrm{d}L_j$$

大多数保险公司不会试图对每位投保人和每张保单直接求解该等式。而是考虑单一产品线的保单组合并假设同样为该保单的所有投保人提供了相同的报价。现定义以下变量：

n 为保单存续期内索赔人发生的损失个数；E 为风险单元；L 为损失金额 $= nE$。承保人喜欢使用的一些更进一步的概念：

f 为损失的平均频度等于 n/E；S 为损失的平均严重程度等于 L/n。

则每个承保单元的价格可表达为：

$$q = f \times S = (n/E) \times (L/n) = (L/E)$$

在信息对称的情况下，使用实际数据填入以上表达式并为给定的保单品种估算纯保费并不太难。但是信息的不对称就会使该任务大大地复杂化了。稍后我们将返回这一问题。

8.2.2 附加保费

附加保费是加在纯保费上以得到的最终保费，而且附加保费是为了反映管理成本和支出、对冲或再保险的成本（参见第 9 章），以及提供相关服务的成本。这些相关服务可能包括：

- 理赔或公估费用。理赔是一个保险公司调查一项索赔的准确性的过程，通常通过派出理赔员或公估人来检查与已提出的索赔有关的损害。
- 承保费用。这些是维持完全的承保业务所发生的费用。这些费用的一部分可直接归于相关的业务线，但许多承保成本是摊销的管理费用和固定成本。
- 投资费用。正如我们将在本章稍后讨论的，保险公司亦是一家资产管理机构——它将保费投资于某些资产以便为将来的赔付准备资金。投资管理过程可能是昂贵的，而且这些费用可能通过附加保费的形式转嫁给顾客。我们本章稍后讨论保险公司的运营时，将会明显地看到其他费用。

附加保费常常由保险公司按所收取总保费的一定比例进行计算。例如，考虑由一家瑞士保险公司在当地市场提供的一款汽车保单。假设从每位投保人收取的纯保费为每年 100 瑞士法郎，而该保单险种的附加保费是总保费的一定比例，比例为每年 40%。换而言之，对提供保险的承保人来说，成本支出大约是保险总价格的 40%。保险公司向顾客收取的价格因而将大约为每年 166 瑞士法郎。在该数额中，大约 60%（或 100 瑞士法郎）用来覆盖承保人的预期损失而其余 40%（66 瑞士法郎）将用于支付保险公司的费用。

但是，附加保费与保费成比例的假设真实吗？对于某些保险服务而言，保费是一种较好且非失真的量度，因为保险服务提供的成本确实与作为基础的承保额高度相关。但对于某些与理赔及风险控制相关的昂贵的保险服务而言，成比例的假设并不合理。一方面，反映预期理赔的频度和容量增加的保费的增加会增加承保人的调节和损失控制能力。另一方面，承保人不会加强理赔和损失控制，除非索赔总数出现了预期下降，这意味着与保费之间的负相关关系。

当索赔成本的预期边际减少等于在诸如损失控制和理赔等变量上的预期边际开支时，就出现了最佳附加保费。当然与此同时，承保人也是追求最佳保单数量，以取得其承保组合的规模经济和风险汇聚。

许多企业认为，赔付成本与理赔及损失控制的最佳开支之间存在近似比例关系。理赔成本与赔付支出之间的比例因而在某一特定的承保范围内应是相对稳定的。推而广之，理赔成本与保费之比以及赔付支出与保费之比也应当是稳定的。这样，当最佳成本额已经被分配给保险的承保和服务时，目标损失比率——赔付成本与保费之比——应该是稳定的。

某些保险公司将稳定的目标损失比率作为保单目标来追求。在确定了称为“风险期”的有代表性的时段后，该期间通常与给定保单种类中已出售保单的期限相同，然后该企业设定一个预期赔付支出与所收保费之间的目标比率——以 R 表示——假定理赔、承保、损失控制等方面处于最佳支出水平。企业会定期估算实际赔付支出与所收保费之比，此比值用 r 表示。以 $(r-R)/R$ 来调整当前费率。例如，如果保险公司定义目标损失比为65%，假设一个风险期的实际损失形成的 $r=70\%$，因此若公司想将比率调整为目标损失比率，则需将其保费提高 7.7% [（0.70 - 0.65）/0.65]。

但是，目标损失比率对于不同的保障险种而言可能有很大的差别。例如，在团险计划中的健康保险的理赔处理成本应当大大低于医疗事故责任险的理赔处理成本。另外，目标损失比率往往忽略我们前面所讨论的保险定价过程中内嵌的所有激励效应。该目标损失比率可能是保险公司经营的有用的指导原则，但可能并不是经过时间的推移仍能够使企业价值最大化的足够坚实的定价规则。

8.2.3 不对称信息与保险定价

作为可保利益原理和保险的补偿特点的实践结果，保险合同往往与企业特定风险、危害因素或危险事故相关联。而且，补偿合同具有基于企业所遭受的特定经济损失的或有赔付。由于投保人在参加保险交易之前必须处于遭受直接经济损害的风险之中，因而对于那些未参与参数风险转移合同（如衍生工具）市场的传统保险公司而言，保险会引发两个潜在的问题。

道德风险和逆向选择是两个典型的保险问题，它们都是承保人与被保险人之间信息不对称的结果。道德风险问题由隐瞒行为引起。具体来说，承保人不能完全观察到投保人的风险管理活动。反过来，保险也影响那些风险管理活动——如果风险管理活动所费不菲，保险的存在可降低企业积极主动地和预防性地管理其风险的动机。因此，保险可能削减投保人对风险管理的关注，而承保人无法观察到这种情况——而且，无法直接调整保险价格以反映投保人所面对的真实风险情况和动机。

与之不同，逆向选择由隐瞒信息所引起。第4章我们已经以一定篇幅见识并讨论了逆向选择的问题。在保险的背景中，当承保人不能区分本质上好的风险与坏的风险时，逆向选择则会发生。这时，承保人往往假设最坏的情况，这就有可能对低风险的类型形成过高的保险价格或对高风险的类型形成太低的保险价格。反过来，当承保人预期这一结果，设定价格时只假设坏的类型将投保，从而实际上也确保了只有坏类型才真正来投保，这时，极端的情况则出现了。

道德风险与逆向选择对保险市场结构和保险合同设计有着重要的影响。虽然我们已经在本书第一部分论及这些不对称信息的基本问题，但对于这两个问题在保险市场如何表现，还是值得特别关注的。

8.3 道德风险和保险合同设计

当投保人可以采取某些行动来影响可保损失的发生概率或者损失规模，并且信息的不对称性使承保人无法清晰地观察被保险人的这些行为时，就可能出现道德风险问题。

大多数人都熟悉个人保险市场上关于此现象的平常而又具有讽刺意味的例子：已投保的房产主纵火烧毁了自家的房屋；已投保的汽车车主将车钥匙留在车上，将车丢弃在治安很差的城区，然后以汽车被窃提出索赔。如果对合同的条款没有给予适当的注意，这些确实可能会产生问题。

然而，更普通的是保险对善意的个人以及追求成本最小化的企业的影响。如果风险管理和风险预防从根本上极其昂贵，那么保险将减少风险管理上的支出。一旦一家保险公司能够看到这一点，保险的价格将调整以反映出现损失的新概率。但当保险公司不能观察投保人的风险管理活动时，它必须在保险合同设计中尝试通过非价格机制来应对道德风险问题。保险的几项十分普遍的特性直接来源于道德风险的问题。

8.3.1 保单限额

一种既可减轻道德风险又可限制保险公司自己的最大风险的常见方法，是在保险合同中设定保单限额。这就设立了保险公司将赔偿的最大数额。保单限额可以每笔损失或每次事件限额为基础来定义，也可以保单存续期内某总计量来定义，或是其他方式。要找到没有限额的保单是非常困难的。

年度总限额 保单限额的最直接的一种是以固定的总限额适用于保单整个存续期——即一年，我们之前对此进行过讨论。为了阐明此概念，让我们回到图8.1中房产主购买了火灾保险的例子。现假设选择的是补偿合同，并且保险公司设置了每年总计500 000美元的保单限额。我们之前假设过，房屋的当前价值为100万美元，以及保单赔付是相对于该数额来计算的。现假定这一点仍然成立，图8.3呈现了同一张保单限额为500 000美元的保单的赔付情况。对于所有可归因于火灾的价值损失，最高为500 000美元，保单会向房产主一对一地赔付。但是任何超过500 000美元以外的损失都要留给房产主，这就给予房产主更强的参与火灾预防和风险管理的动机。

以期权的术语来说，图8.3是空头纵向利差（short vertical spread）的盈亏图。在此例子中，保单等同于行权价为100万美元的多头卖出期权，以及行权价为500 000美元的空头卖出期权，两者的到期日均为保单期限以及基础资产均定义为火灾后的房屋价值。

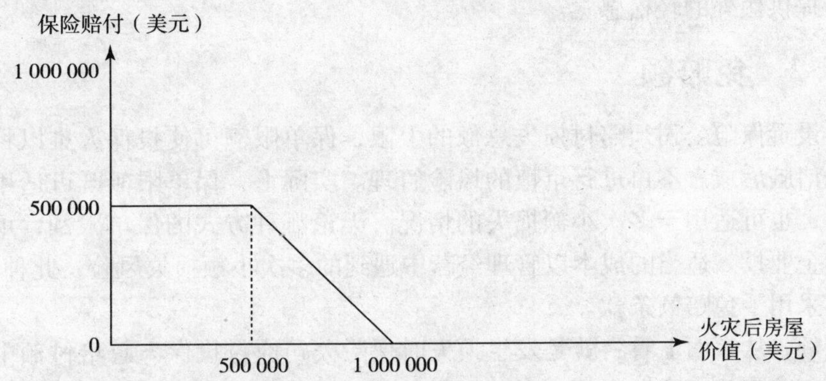

图8.3 每年总限额为500 000美元的财产（火灾）保险

每次事故限额或每次损失限额 保单限额也可按每次事故或每次损失为基础来设定。该限额限制了保险公司在任意单次索赔中所应付的数额。有些风险可能造成每年不止一次索赔，因此该限额常出现在覆盖这些风险的保险合同中。每次事故限额通常与年度总限额结合使用。两种限额互相补充以降低道德风险，而一种类型的限额通常并不是另一种类型限额的替代或候补。

为继续沿用以前的例子，假设由火灾触发的财产险保单具有500 000美元的年度总限额和250 000美元的每次损失限额。这就意味着，保险公司每年的赔付不会多于500 000美元，同时每次火灾赔付不会多于250 000美元。例如，如果发生了一次火灾并且毁坏了房屋，保单将赔付250 000美元，而不是500 000美元的全部限额。但是，如果发生了两次火灾且每次造成了200 000美元的损失，房产主可得到总数为400 000美元的赔付，因为没有一次火灾用尽了单次保单限额或者总保单限额。

其他限额 关注道德风险的保险公司，在定义新的限制其责任的方式，以及鼓励投保人进行更好的风险管理方面，变得颇具创造力。某些限额更着意于实现前者，而另一些限额的目的更加清晰地指向后者。

例如，健康险保单常常包括终生保障限额，这就为单一投保人设置了责任的最高限。这类保单可能也还有年度限额和每次限额。终生限额并不能太多地缓解道德风险问题，但也没有什么坏处。它更可能是为了降低逆向选择。当承保人不能识别可能给其带来令人难以置信的高风险的投保人时，终生限额则限定了其最大责任。

作为另一例子，保险可能包括指向某些特定的风险类型的次级限额或内部限额。例如，牙科保险可赔付常规的预防性洗牙费用，其赔付额只受年度限额的约束，但该保单可能还对颌面手术相关的赔付设置了单次性的次级限额。

复效条款 某些保单（多为再保险保单，我们将在第 9 章谈到）包括一项条款，允许保险合同在经过大额损失后，重新恢复其限额内的全部数额。该条款几乎总会要求支付额外的保费，因而不是一项免费的选择。如果没有复效条款，一项数额巨大的损失在一年的早期就用尽了保单的年度限额，则将迫使投保人实际上在无保险的情况下度过当年余下的时光。在这种意义上，复效——即使是昂贵的——可为投保人提供额外的轻松感觉。

8.3.2 免赔额

通过设置保险公司须赔付损失总额的上限，保单限额可使投保人难以将所有谨慎考虑抛诸脑后或者不再进行审慎的风险管理。实际上，保单限额既可适用于单次灾害损失，也可适用于多次小额损失的情况。无论哪种方式的保单限额，可能都不足以鼓励企业投入适当的成本以管理经营中遇到的多次小额损失风险。此种情形下，保险公司采用了免赔额条款。

免赔额，从字面上看，就是发生损失时保险公司应付投保人总给付额中的扣除额。如果免赔额超过了损失额，则不支付赔款。如果损失额超过了免赔额，则向投保人支付的数额等于损失额减去免赔额。

绝对免赔额 绝对免赔额（straight deductible）是固定的金额，可适用于每年或每次损失，如同前面讨论的保单限额一样。

为了说明绝对免赔额的作用机制，再来看房产主购买补偿保险以应对房屋火灾的例子。假设保单设有 500 000 美元的年度限额而房屋火灾前的价值为 100 万美元。现在假设保单含有每年 125 000 美元的免赔额。图 8.4 阐释了该保险合同的赔付情况。这时保单将赔付 875 000 美元与房屋的火灾后价值的差额，但最大赔付额不超过 500 000 美元。火灾损失的第一个 125 000 美元由房产主承担。

图 8.4 中的浅灰线作为对照展示了未设免赔额的初始保单的情形。在未设免赔额的情况下，如果房屋价值下跌到 500 000 美元，房产主即收到最大的保险赔付额。在有免赔额时，仅当房屋价值下跌到 375 000 美元时，房产主才收到 500 000 美元的最大赔付额。

保险合约依然类似于空头纵向利差，但现在多头卖出期权执行价格为 875 000 美元，它在免赔额的数额中处于虚值状态。如果设置足够大的免赔额，被保人就有动力采取一些防护性措施，诸如安装烟气探测器、购买灭火器及其他类似措施。此外，免赔额还降低了被保险人纵火的可能性。

递减免赔额 递减免赔额（disappearing deductible）是绝对免赔额的替代，即随着所遭受的经济损失的增加，免赔额降低。在保单的触发事件发生后，此种免赔额将导致承保人承担如下或有责任：

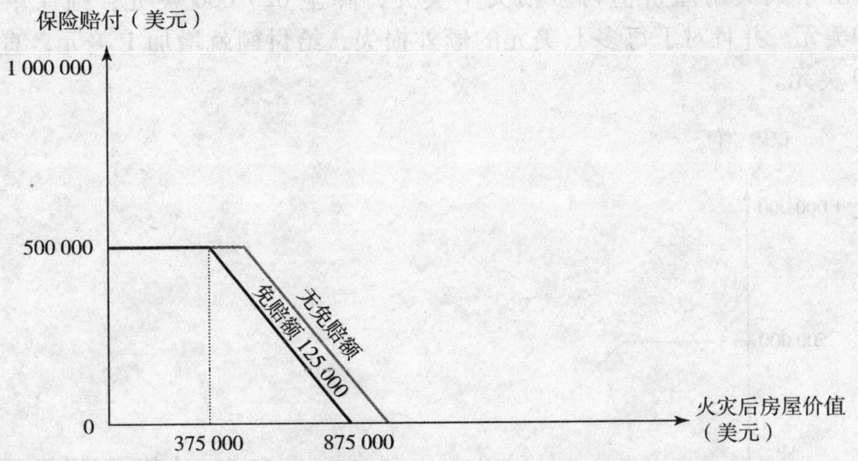

图 8.4 含有 500 000 美元总限额和 125 000 美元的年度免赔额的财产（火灾）险

$$(L-D)(1+\zeta)$$

其中，L 是总经济损失或所遭受的损害，D 为固定免赔额，而 ζ 是收回因子，该因子将固定免赔额转化为递减免赔额。

在我们当前的例子中，考虑火灾保单设有 125 000 美元的固定免赔额 D，而收回因子 ζ 为 10%。假设房屋火灾的年度总损失仅为 150 000 美元。保险公司的应付赔款则为：

$$(\$150\,000 - \$125\,000) \times 1.10 = \$27\,500$$

剩余的损失 122 500 美元是由承保人作为该损失水平上的免赔额而留出来的。但对于数额大得多的 500 000 美元的损失，保险公司的应赔额为：

$$(\$500\,000 - \$125\,000) \times 1.10 = \$412\,500$$

留给房产主的留存损失仅为 87 500 美元。

相对免赔额 相对免赔额（franchise deductible）确定了进行任何赔付之前损失的起赔额。但是在进行赔付时，全部损失都是由承保人赔付的。相对免赔额既可是固定额也可是百分数，既可为每一事故的也可是总计的，而且可与绝对免赔额结合使用（此时，赔付额仍然反映绝对免赔额的金额）。

相对免赔额在传统的保险合同中发挥的作用实质上类似于第二触发事件。第一触发事件要求特定的风险事件已经发生且承保人应支付投保人一项正的赔付额。当设有相对免赔额时，作出任何赔付额之前，第二触发事件必须也被触发，但赔付数额并不取决于这个第二触发事件。

为阐明相对免赔额的作用机制，假设现在房产主的保单含有年度限额 500 000 美元，没有绝对免赔额，以及相对免赔额为 375 000 美元。图 8.5 以粗灰线表示了该保单的赔付情况。作为对比，黑色的虚线表示的是含500 000美元限额且未设免赔额的传统保单的赔付情况。火灾后房屋的价值降至 625 000 美元时，含相对免赔额的保单的赔付额出现了不连续的情况。如果火灾后房屋价值为 625 001 美元，则损失只有 374 999 美元，这样相对免赔额的限制并未满足，则保单不需要支付赔付款。

但如果由于火灾房屋价值再多损失 1 美元，降至 625 000 美元，则保单需赔付 375 000美元。并且对于每多 1 美元的额外损失，给付额就增加 1 美元，直至限额 500 000 美元。

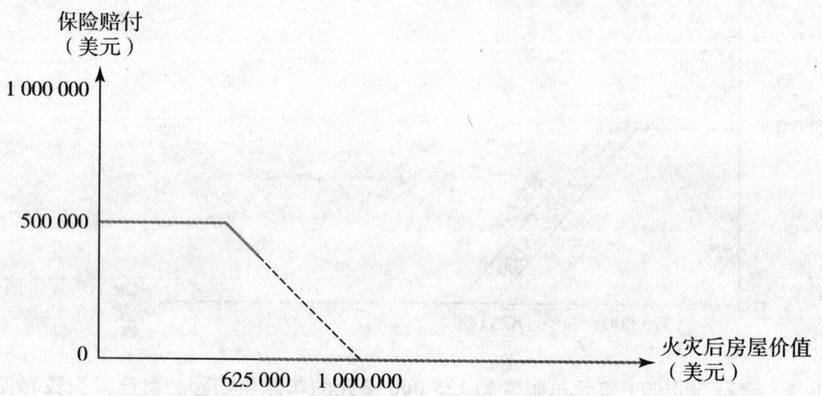

图 8.5　含有 500 000 美元总限额和 375 000 美元年度总相对免赔额的财产（火灾）险

期权迷们将认出图 8.4 中的支付图为向下生效障碍卖出期权（down - and - in barrier put option）的支付图。障碍或另一执行价格（instrike）设定为 625 000 美元，而行权价为 100 万美元。除非跨过障碍，期权处于不可执行的状态。但一旦第二触发事件被触动，期权则可以其正常的内在价值行权。

8.3.3　共保条款

保单限额和免赔额实际上是为投保人在两种极端情况下——较小及早期损失和较大的灾难性损失——保留某些风险而设计的。保险也可能包含共保（co - insurance）条款，要求承保人支付总体被保险损失额的一部分，而将损失的其余部分留给被保险人承担。共保条款可能也会要求风险暴露的未投保部分要投保人自留，防止被保险人为共保额寻求从其他保险提供商获得风险保障。这种风险保留因而迫使保单持有人进行某些审慎性风险管理，并可阻止欺诈性或恶意索赔。

图 8.6 显示了我们所熟悉的火灾保单，该保单含 500 000 美元的年度总限额，

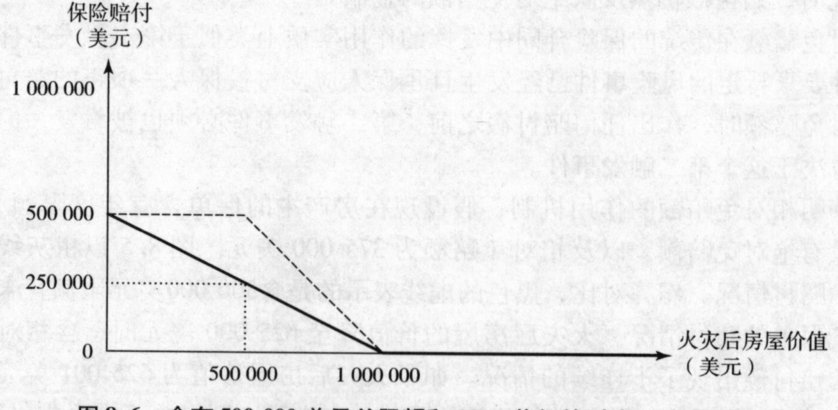

图 8.6　含有 500 000 美元总限额和 50％共保的财产（火灾）险

无免赔额，并含50%的共保条款。如灰线所示，该期权的赔付迫使投保人承担每1美元损失中的50美分。只有当房屋完全损坏时，才会达到该保单的限额；与最初形态的保单比较而言，当房屋价值遭受500 000美元的损失时，最初形态的保单就达到了其保单限额（其盈亏以黑色的虚线表示）。

同样，我们可以用期权语言来描述此过程，即在这种情况下，我们购买了一半以100万美元为行权价的平值期权。

8.4 逆向选择与保险合同设计

寻求保险的一方和保险提供方之间信息不对称也会产生逆向选择问题。我们在第4章已经遇到过此问题。在保险背景下，当承保人不能辨别投保人的真实风险类型并且以所收取的费率水平得到了太多的高风险时，逆向选择就发生了。

极端情况下，保险市场的逆向选择可导致我们在第4章所见到的“柠檬”问题。当承保人不能辨别好的保险风险与“柠檬”的差别时，收取的费率将会基于两类客户的某种平均值。这样混合的价格对于低风险会显得太高，从而导致了只有面临高风险的人才来投保。因此，承保人的目标是开发出一种合同设计或定价机制，有助于区别出低的风险与高的保险风险。罗斯柴欧德和斯蒂格利茨（Rothschild & Stiglitz，1976）及其他作者已经提出了各种价格或承保范围的组合，以帮助保险公司解决这一问题。

实务中，保险公司非常依赖所谓的分级过程来帮助减轻逆向选择问题。分级是一个过程，保险公司通过该过程将个人或企业分到某种风险类别中，并为这些类别进行定价。保险公司传统上使用四种费率评定方法之一来确定精算合理费率，用来计算向特定的风险类别组支付的预期赔付。以下简要讨论这四种费率设定方法：个体法、判断法、分类法和优点评定法。

8.4.1 个体费率评定

个体费率评定按每个人、每家企业或每张保单来设定，通常根据投保人对于保单承保风险的实际损失经验进行设定。这就假定经验损失数据是稳定的而且能够代表未来的损失情况。个体费率评定还需要在保单持有人水平上关于损失经验的大量高质量的历史数据，或者需要有使承保人比较放心的总体损失经验可适用于所涉及的保单持有人。

通常在承保人具有一个特定保单持有人真实风险特征的充分信息时，或者在承保人具有特别大的同质风险暴露单元的组合时，采取个体风险评定的方法。这种情况下，承保人实际上依赖于中心极限定理，该定理表明，保单的数目越大，其平均损失分布越收敛于正态分布。因此，为了得到相当可靠的纯保费的估算值，承保人实际上只需要有关损失的均值和方差的数据即可，我们之前已经知道纯保费就是预期损失。不过请记住，即使平均保单的定价是合适的，某一给定保单的损失的方差也可能是十分巨大的。

8.4.2 判断费率评定

当有关某一特定投保人的损失经验信息或（和）历史数据缺乏时，保险公司的费率评定部门的主观判断通常成为费率评定的主要决定因素。与个体费率评定类似，判断费率评定是以每张保单为基础的。

判断费率评定有时被称为专家系统，它可以包含多样化的形式。有时费率评定人士的职业经验就被认为足够能作出准确的判断了。而另一些情况下，保险公司可能要开发精心制作的模型，来试图预测或近似估计给定保单的损失经验。

判断费率评定最经常用于难以以客观准则和已有的历史数据加以量化的特殊风险的情况。

8.4.3 分类费率评定

分类费率评定是为一组人或企业确定的费率水平，而不是以每张保单为基础加以评估。分级费率评定通常包含三个主要成分：为给定风险确定类别、将投保方归入适当的类别，以及为每个类别确定适当的费率。

在为给定保单种类确定类别时，类别必须足够大以便能在该类别内进行适当的风险汇聚和平均化，从而在特定类别内的平均保单风险可由设定的分类费率覆盖。理想情况下，在确定类别时应当使同一特定类别中的风险是相对同质的。保险公司可以在紧密联系不同类别和保单种类上分散其整体风险。此外，同一类别的成员应该在赔付风险上具有紧密联系。

当涉及对单个投保人进行分类时，减少逆向选择是首要目标。但保险公司也不应忘记道德风险问题。一家公司如果得知其被归入低风险类别，就可能会只进行低于预想水平的风险管理活动，在分类过程中也必须考虑到这一情况。

拥有了适当数量及质量的数据，常常使用主成分分析法来进行分类。该分析方法是一种回归分析，以寻找给定损失经验与产生该损失经验的基础风险类别之间的关联关系。在分类过程中主观判断的重要性也常比许多承保人愿意承认的要多。特别是在涉及此类主观判断的环节，必须十分小心，切勿违反承保人采纳的或者承保人的保单管理体制所采纳的反歧视法及任何平等原则。

最后，在给定损失频率和严重程度的情况下，为各个类别设定费率标准主要是一种经验性工作。而在数据缺失的情况下，判断则发挥作用。

防范与火灾有关的损害的家居财产险常常是进行分类费率评定的。火险分类基于以下变量，如居住类型、迁移性（即风险是否为类似建筑物的静态对象，还是个人财产）、本地火灾防护的能力、建筑类型和材料，以及所购买保险的数量等。

汽车碰撞及责任险也常常按分类费率进行评定。设定纯保费费率 p^* 使得：

$$p^* = p^\circ(\alpha + \beta)$$

其中，p°为纯保费基数；α 为主调节因素；β 为辅调节因素。

纯保费基数根据诸如被保险汽车的型号、品牌及其主要使用区域等变量来决定。主调节因素则试图囊括有关谁在使用汽车及为什么使用汽车的信息——司机的数目、年龄和性别、汽车的主要用途等。最后，辅调节因素用来反映与保单风险有关的额外信息，这些信息不是直接关于被保险车辆及司机的，如所有被保险汽车的总数、型号与品牌及类似的信息。司机在汽车安全计划中获评的分数也常常被纳入辅调节因素。

8.4.4 优点费率评定

优点费率评定体系是个体费率评定和分类费率评定体系的一种混合。优点费率评定始于组分类和分类费率评定。优点费率根据所获得的被保险对象的实际损失经验，改变其费率以适应个体投保人的实际风险状况。以此方式，优点费率评定动态地限制了道德风险的发生并减轻了逆向选择的影响。

优点费率评定的三种常见形式包括列表费率评定（schedule ratings）、追溯性费率评定（retrospective ratings）和经验费率评定（experience ratings）。在列表费率评定体制下，列表列出了给定风险类型的平均特性。然后根据损失经验数据是高于还是低于平均值，赋予个人或企业优缺点的分数。列表费率评定在确定是改变整体分类费率还是只调整个体费率方面，严重依赖主观判断。

在追溯性费率评定体系中，使用分类费率评定来估算初始的保费，但最终支付的保费是根据实际损失经验的情况进行事后调整的。与此不同，经验费率评定或前瞻式费率评定则基于被保险人实际过去的经验以及对未来损失经验的预期。

正如前文所述，大多数住宅火险是由分类费率决定的。一个特例是向大型机构出售的美国商业火险，该险种使用优点费率评定的列表方法。美国商业火险费率表明确了费率评定的流程。首先，进行现场检查，依据财产的建筑、占用及防护系统等因素，对财产进行归类。然后，依据现场尽职调查获取的信息，确定列表费率，再加上额外的费用以反映被保险财产在当地比类似的财产风险更高的情况，或是减去一些费用以反映被保险财产比当地类似的财产风险更低的情况。

奖—惩（bonus - malus，B - M）费率评定体系是一种特殊的优点费率评定方法，其设计明确地用来减轻道德风险和逆向选择。例如，一项无索赔奖励方案针对无索赔，制定了折扣较大的初始费率。如果在保单存续期内发生了索赔事件，就丧失了未来的折扣。与此不同，升或降方案则依据过去的损失经验和未来的损失预期将投保人归入某一初始级别。每个无索赔期可使投保人从当前费率级别转向更高的费率级别，而每次索赔则将投保人移向更低的费率级别。向新级别的迁移可涉及不止一个级别的变化，且上下迁移也不一定对称。

第一个升或降 B - M 体系于 1963 年在瑞士的汽车车辆保险中运用，这是一个一升三降的系统（Outreville，1998）。该系统涉及 22 个保费级别，第 1 级风险最低，保费也最低。每个无索赔期将被保险人调降一级，而每一次索赔则将被保险人调升三级。

8.4.5 选择费率评定系统时的考虑

在今天的社会和商业环境中，作为保险公司费率制定过程一部分的老式分类过程，要求承保人仔细关注几个额外的问题。对于不同的公司、位置以及经营策略的进取性，有些问题（如下所述）可能比其他问题更重要。

制定费率时的商业考虑 保险公司也是企业，正因为如此，在制定费率标准时必须与其证券持有人的利益相一致。制定费率中的利润最大化策略与导致公司价值最大化的市场价值规则一致。但有些问题可影响到保险公司的长期利润。一些这样的变量为：

- 简洁性。最有效或利润最大化的费率结构对消费者来说常常太复杂。如果采用较为简洁的次优费率结构代替消费者难以理解的费率结构，企业可能取得更高的利润。
- 稳定性。由于不少企业和个人依赖于保险来帮助提高其长期消费和生产选择的可预见性，过于频繁的费率调整会削减保险项目的收益。
- 响应性。有关基础风险的新信息应尽快地反映在费率上。
- 损失控制。费率设定应当奖励道德风险的减轻而惩罚道德风险的加重。
- 分类成本。分类本身就是有成本的，且增加了额外保费。其他情况相同时，更为有效地定价风险而带来的利益，必须与更高的附加保费带来的承保规模的潜在缩减进行比较。

非商业考虑 分类和费率制定过程中的社会和政治考虑，与将保险公司作为社会风险文化的一部分的理解和操作有关。由于常常受到监管考虑的影响，定价政策对企业的商业运营名誉的影响是难以忽略的。

在某些国家与社会环境中，保险公司扮演的角色大大超出了正常的追求盈利的企业，正常企业的唯一目的就是追求市场价值原则并使其证券持有人的综合财富最大化。某些类型的保险及保险在某些地区，仍被视做一种权利或福利——正如其曾为一种公众产品一样。在这样的政体下，下述因素可在保费制定过程中发挥一定作用，而不管保险公司是否愿意。

- 足额。由于保险公司经营失败会产生比较明显的社会成本，费率结构的制定必须足以支持保险公司的持续运营。
- 合理性。承保人的利润率必须为正但同时又必须合理。
- 公平性。费率不能有不合理的歧视性。

但是，过多依赖诸如此类的非商业考虑可能是危险的。这会扰乱价格系统的运作，而价格系统的运行长久以来被认为是远远好于其他资源分配方法的。

例如，考虑公平性问题实质上是一种反对价格歧视的委婉观点。当对不同的顾客组实行不同的价格时，就构成了价格歧视。而我们知道这也常常是有效率的。当航空公司向最后一分钟商务旅行人员采取较高的价格时，它们依据的只是以下事实，即最后一分钟商务旅客具有更强的旅行需求。是的，结果出现了不公平现象——同一架飞机上邻座的两位乘客可能所付的费用差别很大。不过，这种不公平很难说是一种歧视，除非将对商务旅客的不同对待也视做一种社会歧视。

当投保人的风险特征与诸如宗教、种族或性别之类的社会政治变量相关联时，就会出现较大的问题。例如，现考虑健康保险的情况。对生活在公共住宅①中的投保人来说，很可能需要交高一些的保费，因为，许多城市的公共住宅仍然不幸地由毒枭和帮会人员所控制，表现出比其他市区较高的犯罪率。在不少城市，居住在公房的少数民族可能不成比例地较高。如果对居于公房的人群实行较高的费率，该保险公司就有被控告歧视少数民族的风险。

当然，该问题也会有两个方向的作用。一方面，一家保险公司可能仅仅使用住房位置为风险分类的标准进行风险定价，并希望阻止逆向选择问题。这与种族有相互关系，但并非由种族歧视趋动。但另一方面，想要实施种族歧视的保险公司也可能很轻易地隐藏于这一关联关系之后进行防御。对于外行而言，很难看出其区别。

8.5 保险公司

保险由保险公司或主承保人提供。某些情况下，一种风险常由不止一家保险公司承保。历史上，首席或者主要保险公司将其名称签于承保表的顶端，然后邀请其他保险公司共同承担其所承担的风险。这些保险公司将其名字签于承保表主承保人之下。保险公司承担风险的这一过程逐渐被称为承保（underwriting），而发挥主导作用的承保人被称为主承保人（lead underwriter）。

8.5.1 保险公司及其产品线

承保人有时也称为保险人（carrier），因为他们提供某种保险保单保障或产品种类。在劳合社内部（Lloyd's，这将在下一子节中进行解释），根据保险公司提供的主要产品是海上的、非海上的、航空的还是机动车的，对承保人进行划分。非劳合社成员的商业保险公司通常依据其是寿险还是非寿险的承保人来区分，在非寿险情况下，主要按财产险、意外险或者责任险区分承保人。

单一险种承保人是只承保一种风险的保险公司，如信用风险（参见第10章）。与之不同，多险种承保人提供不止一种类型的风险、危险因素或危险事故的保险产品。

历史上，保险分为海上和非海上保险险种。海洋海上保险包括船体、货物和责任风险。而非海上保险可分为寿险和非寿险产品。寿险是在被保险人早亡的情况下，向一位受益人提供财务保护。寿险包括广泛的产品种类，如定期寿险、终身寿险、两全寿险、变额寿险以及万能寿险。非寿险、非海上险常常根据保险消费者的目标群体加以划分。对于每一组顾客，都有一种常见的分组及特定的承保范围的例子：[2]

- 个人保险包括健康保险和旅行保险。
- 住家保险包括房屋、出租人和汽车保险。
- 商业保险包括财产、责任、信用、犯罪以及错误与遗漏（errors and omis-

① 政府为低收入者所建的住房。——译者注

sions，E&O）保险。

• 雇员利益保险包括团体健康和生命、伤残、劳工补偿以及失业保险。

特别地，商业保险具有多种不同的形式，根据企业想要转移到承保人的风险、危险因素或危险事故的性质来划分。下述为一些最常见的商业保险类型和这些商业保险产品通常承保的风险、危险因素和危险事故的例子：

• 专业人员责任（professional indemnity，PI）——由商业过程中的失败、过失的商业行为，以及非经意地向客户提供的非准确信息等而引发的责任。

• 犯罪和诚信——针对企业资源的欺诈、偷窃，恶意损害和破坏，以及雇员共谋。

• 董事和管理人员（directors and officers，D&O）——在管理企业的资产或财务方面未尽到职责，不能维持企业的信心和增长，疏忽导致的虚假陈述和会计欺诈，超过授权范围的活动，侵占挪用资金或财产，以及违背法定及诚信职责。

• 财产毁损（property damage，PD）——对财产和设备的物理损害，以及对信息技术系统的损害。

• 产品责任——由于产品的配送与销售所引起的投保人负有责任的损害，这种损害对投保人产品的消费者造成了伤害。

• 营业中断（business interruption，BI）——由于外部事件，生产中断以及服务供应的中断而引起的生产成本增加。

• 错误与遗漏——实际上是包罗万象的剩余风险的保单，以承保多种杂项责任和损害，如计算机病毒和恶意代码、恐怖主义之类。

8.5.2 保险公司结构

向希望使用保险作为风险转移机制的企业提供保险合同的保险公司通常有三种类型。股份保险公司（stock insurance company）是公开企业，而相互保险公司（mutual insurance company）是互助制的，其投保人也是保险公司的所有者。最后，合作保险公司（cooperative insurance company）是与某些合作化运动相结合而形成的，通常是与有组织的劳动者或贸易协会相结合。合作公司可被组织为股份公司或者相互公司，而通常以其使命声明和经营原则来区别为纯股份公司或纯相互公司。例如，合作制保险公司可能向与其关联的贸易协会的成员提供保单优惠。

ART 的演化和风险与资本管理的融合已引发对保险公司组织结构和设计方面重新兴起浓厚的兴趣——特别是对于为专门满足单个企业或小型集团的需求而组建的特别目的相互保险公司。我们将在第 23 章更加详细地讨论该问题。

只有一个市场允许个人提供商业保险，该市场就是劳合社，自爱德华·劳埃德（Edward Lloyd）于 1688 年成立劳埃德咖啡屋（Lloyd's Coffee House）以来经营至今。劳合社有 30 000 多家会员或“名称”（Names），这些成员又组成近 500 个辛迪加。只有企业将特定数额的资金存放入信托且满足最小净财产要求时才会被接纳为会员。一旦接纳为会员，劳合社会员就被授予作为独立个体进行承保的权利，但同时在该类承保中面临着无限个人责任。

劳合社对于希望分出不寻常的或者特殊风险暴露的投保人而言特别具有吸引力。无论是尚未发现的环境责任、绑架及赎金风险（kidnap and ransom，K&R），还是南太平洋上中途流产的寻宝活动，劳合社均享有可提供任何保障的名声，只要这种保障可用保险术语加以定义。为获得劳合社的保障，一家企业将其保险需求提交给劳合社的经纪人。该经纪人在“承保条”（slip）上注明投保人的需求，争取辛迪加签约人在承保条上签字以为该风险提供承保。十分重要的是，“名称”并不直接承保风险，辛迪加承担该承保条的风险后，允许“名称”一起作为辛迪加来承保。

8.5.3 典型的保险公司经营

一家保险公司也是一家公司。其类似于所有的公司，业务经营涉及各种互相配合的运营部门，以提供一套核心业务产品线。在此后的小节中，我们将总结一家典型保险公司的主要经营部门。

产品设计与开发 产品设计与开发是保险公司运营中最重要的领域之一。这是保险公司核心业务的重要组成部分。它实质上包括了需求评估、设计可满足需求的产品及解决方案、风险管理评价和新产品定价，以及取得高层管理人员对新产品的支持。

生产和销售 除了少数例外，保险公司很少在市场上销售其产品。保险公司自己做市场营销时，就称之为直接承保。汽车保险领域最近出现了向直接承保发展的趋势，但目前这仍是相对不太常见的做法（人们不禁怀疑，当前有关保险经纪活动的争论是否可能使未来天平更倾向于直接承保）。

保险公司依靠两种主要销售渠道向顾客出售其产品。一是代理人，即保险公司的授权代表。代理人可以为一家保险公司的专门代理或为几家保险公司的独立代表。所有代理人都可促成业务，但只有某些代理人能通过合同约束保险公司。代理人还常常负责保费收取、损失索赔管理和理赔。代理人通常与个人保险相关联。

相比而言，商业保险通常通过经纪公司，如达信（Marsh）、怡安（Aon）、韦莱（Willis）和怡和（Jardines）等进行销售。经纪公司作为客户的代表，搜寻适合它们的保险公司和保单。大型经纪公司常能提供跨越各个方面的保险和风险管理业务的高度综合的服务。

除了管理任何直接承保的业务之外，保险公司的生产和销售中心主要集中在对销售力量（包括代理人）的管理和与经纪公司的联系。

产品管理 保险公司经营的核心特征是产品管理功能，包括费率制定、承保、理赔和给付。费率制定部门负责执行本章前文讨论的定价结构。这包含对产品、风险类型和顾客类型的大量统计与精算研究。最后，费率制定部门负责分类。典型的费率制定小组还参与某些风险管理以及保险险种的融资状况及成本的分析工作。

承保过程的目标是决定哪些保单值得承保。这与其说是为避免损失，不如说是为避免错误的风险分类而付出的努力。因此，承保实质上负责监测及控制道德风险和逆向选择。员工承保功能包括一般承保保单的制订、对费率计划和再保险的检查等，而险种承保功能包括对所建议保单的评估、对来自制作者（即销售代理）的信息的分析，以及最终的承保范围和费率的确定。

最后，理赔与给付是管理索赔处理流程的部门。典型的保险公司中，理赔处理流程为：

• 报告——投保人通知保险公司有关损失情况并提交损失证明。

• 处理——确认有效的承保范围、委派公估人，以及估计赔款准备金（参见本章后面内容）和损失理赔费用。

• 理赔——调查索赔及损失评估的准确性，如果需要，提出索赔调整的建议。

• 给付——履行责任，向顾客实际支付。

• 记录——赔款准备金分配（参见本章后面内容）、代位求偿和仲裁，以及再保险（参见第9章）。

服务和管理 与其他企业类似，保险公司也有必要的服务部门，如法律事务、内部审计、雇员培训和教育、人力资源等。虽然这些部门不是产生收入的业务部门，而是成本中心，但其仍是保险公司的重要组成部分。

财务和投资 保险公司的财务部门对于公司的经营而言是独特且特别重要的。该部门的职责包括所有通常企业的财务功能，如流动性和资本结构管理。此外，保险公司的财务和投资部门还负责本企业的资产—负债管理（asset - liability management，ALM）活动，该活动包括将保费收入投资于资产，以为以后的保单赔付筹集资金。我们将在本章下一个主要小节讨论这些活动。

风险管理 保险公司的风险管理部门是其最重要的运营部门之一。该部门负责识别、衡量、控制、报告和监督保险公司的风险状况。风险管理主要参与的经营活动包括新产品的批准、限额管理、与财务和投资部门进行资产—负债管理活动的沟通与整合、风险资本分配以及类似活动。

8.6 保险公司的准备金和资产—负债管理

从表面上看，保险公司的核心业务是其义务——即该企业所承保的保单种类。现实中，一些人批评说保险公司提供保险仅仅是用于支持其涉足资产管理的借口。而真理或许介于两者之间。

作为提供保险合同的回报，保险公司收取保费。保险公司所收取的全部保费即可用于支付或有债务带来的索赔。但由于索赔并不必然与保费收取发生在同一时期（例如在同一年），保险公司必须使用技术准备金（technical reserve）。保险公司如何管理其技术准备金是其再保险需求（将在下一章进行讨论）的一个重要决定性因素，因而应在这里进行一些背景知识的讨论。

8.6.1 准备金的必要性

如果保险定价总是准确的，则保单组合的平均赔付将总是可以由所收取的保费覆盖。但是，平均值的正确并不能保护承保人不受到远离均值的潜在的极端支付责任风险的影响。而且，即使以现值计算的平均值是正确的，也不意味着承保人不承担早于预期出现的大额赔付带来的风险。由于这些原因，保险公司的经营有赖于准备金。正如第7章讨论的，准备金是保险公司进行事先风险融资的手段。

定价错误也很可能发生，在这种情况下，纯保费加额外保费不能覆盖平均赔偿责任加上保单的管理成本。在此意义上，对于费率制定过程中保费计算错误而言，准备金可能是一种附加因素（fudge factor）。

8.6.2 准备金管理方法

保险公司的技术准备金一定要与第6章介绍的准备金概念分开来看。对保险公司而言，其技术准备金是负债。保险公司收取的保费通常投资于某些资产，以支持那些技术准备金负债，而该企业的技术准备金代表了公司所售保险合同在未来的预期赔付。

保险公司利用两种准备金方法中的一种为由其承保责任引起的索赔提供融资。[3]在准备金管理的资本化方法（capitalization method）下，保险公司将其收取的保费投资于资产，然后用那些资产及资产的回报为以后的保险赔付提供资金。采用资本化方法的企业通常试图将由所收取的保费融资的资产与负债的技术准备金联系起来，而保费正是为此负债收取的。例如，如果保费是为财产损坏险而收取的，由该保费所获得的资产通常指定用于支持财产损坏险的技术准备金负债。使用资本化方法的企业，其技术准备金倾向于为中期或者长期的，支持相应负债而投资的资产也是如此。

与此不同，准备金管理的补偿方法是一种现收现付系统。该系统下，当年期间所收取的所有保费用于支付该年中任何险种产生的任何索赔。该方法中，并不真正试图将资产与技术准备金联系起来。收取的所有保费主要用于购买短期资产，而那些资产总体上支持所有保险险种的所有技术准备金。

保险公司技术准备金所进行的投资的类型和到期期限依赖于准备金管理的方法和准备金所支持的赔付的性质。在补偿方法中，准备金通常是短期的，因而通常由货币市场之类的资产所支持。资本化方法通常包含保费收取与赔款支付之间的较长间隔期。采用资本化方法的企业因而通常投资于固定收益证券类资产（政府、企业和机构债）、证券化产品、房地产和普通股。

8.6.3 技术准备金的类型

无论使用资本化方法还是补偿方法，承保非寿险业务的保险公司通常有3种主要的准备金类型：未满期保费准备金、平准准备金和给付准备金。[4]根据我们本章前面所定义的术语，准备金也可区分为追溯式准备金及预期式准备金。具体地说，追溯式准备金适用于已经承保但还没有提出索赔的保单种类，而预期式准备金则分配于将来要承保的保单。

未满期保费准备金 大多数传统的非寿险险种（例如，责任险和财产险），保单期限只为一年而保费在保单年度的开始时支付。虽然提前收取了保费，但随着时间的推移，只有未发生索赔，才能盈利。未满期保费（或称未赚保费，unearned premium）是那些已经收取但可能仍需用于补偿迄今尚未提出的索赔的保费。未满期保费准备金（或称未赚保费准备金，unearned premium reserve，UPR）因而是必须留出以支付将来预期索赔的那部分保费。

例如，假设一家保险公司在7月1日售出了一张1年期的忠诚保证保单并收取了100 000美元的保费，同时假定该公司的财务报告和会计年度于12月31日结束。这种情况下，该年度末只有50 000美元可被认为是已经赚得的。未满期保费准备金的计算可以包括或不包括支付给保险经纪人及销售人员的佣金及其他费用。

由于会计的缘故，大多数国家通常允许有三种计算UPR的方法（Outreville，1998）。半年法假定所有保单都是在日历年的年中承保的。假设保单在责任期内的每周或每月以不变的费率出单。在年末，以所有承保保费的50%确定UPR的水平。

相反，半月法假定当月保单以均匀和不变的速度销售，而且所有保单均在月中出单。在一个12个月保单或责任期中的任何一个给定的月份k，对于在k月到期的保单来说，未满期保费准备金可计算如下：

$$UPR_k = \frac{x_k}{24}\sum_{j=1}^{N_k} Q_{j,k}$$

其中，$Q_{j,k}$是在k月到期的总共N_k张保单中的第j张保单中收取的保费，而x_k是已到月中间的半年期的数目。对于1月而言，$x_1=1$；2月则为$x_2=3$，…，12月则$x_{12}=23$。则总UPR就是在一个保单年度的所有保单月上的UPR的总和，或

$$UPR = \sum_{k=1}^{12} UPR_k = \sum_{k=1}^{12}\frac{x_k}{24}\sum_{j=1}^{N_k} Q_{j,k}$$

最后，按比例调节（pro rata temporis）方法允许承保人按天计算UPR。当然这就假定保险公司拥有足够的资源和数据来完成该任务。但是，按比例调节方法并不总是能得到当局和监管者的认可。

无论选取何种方法，UPR都可根据毛保费或净保费来计算——也就是说，从收取的总保费中扣除佣金和其他费用之前或之后。这将在很大程度上影响准备金的数额。

如果保险公司拥有无限制获取资本的手段，那么其不会真正在意UPR计算中是否包括费用。但这是极罕见的情况。如第4章和第6章所讨论的非金融企业一样，如果只是因为企业通常在获取资本时都会产生逆向选择成本，那么资本对于几乎所有企业来说往往都是稀缺的。但特别是如果所讨论的保险公司受到资本和流动性约束，只是为了弥补已经转移到顾客身上的费用而额外占用准备金账户中的款项是相当荒谬的。无论如何，世界上不少监管体制都不允许保险公司在计算UPR时扣减费用。

平准准备金 某些国家允许保险公司利用平准准备金处理获取费用及承保费用的变化以平稳其收益报告。在像日本这样的国家，所有保单种类都是允许做平准准备金（equalization reserve）的，而某些其他国家只允许保险公司对特别列明的风险使用平准准备金。例如丹麦允许利用平准准备金来平稳费用变动对收益的影响，但只限于风暴及冰雹等保单种类。平准准备金的规模通常与费用的方差成正比。

给付准备金 保险公司为了支付其任何将来的索赔——已知的或未知的——而在未满期保费准备金之上维持的技术准备金称为给付准备金（loss reserve）。给付准备金可以是为已经报告或理赔的损失设定的，也可以为已发生但未报告（incurred but not reported，IBNR）损失设定，或者用于理赔费用（loss adjustment expense，LAE）。

第9章 再保险

保险公司极少保留其承保的所有风险。一些风险通过在各投保人及各种保单之间分散进行了抵消，但许多主承保人不愿保留的风险则通过保险转移给其他公司。当一家保险公司购买保险时，就称为再保险（reinsurance）。

本书中再保险的重要性远超越了提供一种原保险公司可以摆脱其不想承担的风险手段的作用。再保险公司往往规模更大，且比原保险公司涉及更为全面的金融活动。再保险公司也往往受到相对较少的监管。所以，再保险公司越来越多地为企业客户提供直接的风险保护。再保险公司还往往主导着非传统风险转移（ART）的市场。

9.1 基本知识

购买保险的保险公司称为分出人（cedant）。由分出人向再保险公司转出风险称为分保（cession），而再保险公司吸收或者转入风险，称为承担（assumption）。作为承担分出人分出其所承担风险的回报，再保险公司向分出人收取保费。图9.1显示了这一过程，其中实线箭头代表固定现金流，而短线箭头代表或有现金流，点线箭头代表风险的转移或流动。带圆角的矩形代表保险公司（这在本书的后面将代表更广泛的保险或衍生品风险转移工具的提供者）。浅灰阴影的矩形代表分出人，而深灰代表保护提供方（即再保险公司）。阴影专指交易。

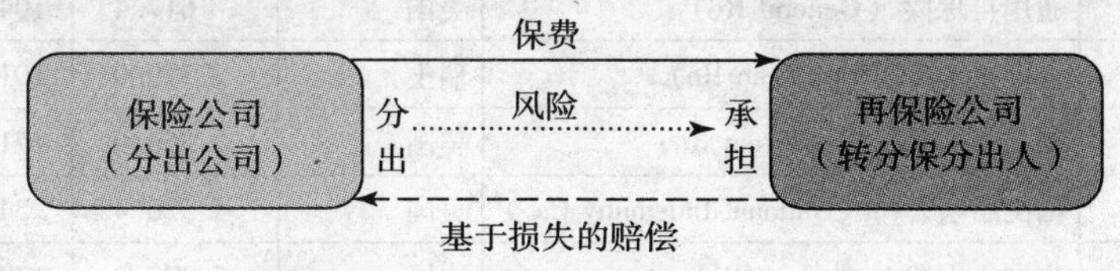

图9.1 再保险

当再保险公司对再保险的风险购买保险时，向外的风险转移就称为转分保（retrocession）。购买再保险保护的再保险公司则称为转分保分出人（retrocedant），在转分保业务中承担风险的再保险公司称为转分保接受人（retrocessionaire）。图9.2呈现了转分保的过程。请注意，在此例中，为强调在此我们重点关注的是转分保安排而不是原再保险的保障（见图9.1），最初的再保险公司现已经涂为浅灰色而原保险公司不再涂色。

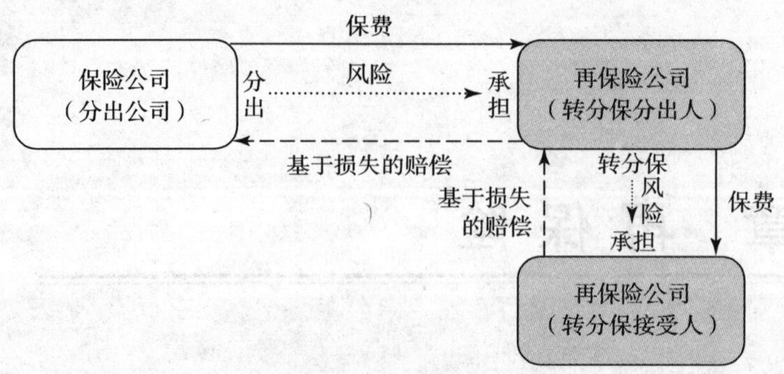

图 9.2 再保险与转分保

在本章剩余部分，我们将不再区分再保险与转分保，因为所用的交易机制与结构非常相似，不必进行独立的分析。然而，从实务上说，再保险和转分保市场是完全不同的。这两个市场由不同的公司组成，并且这些市场具有的流动性和定价方式大相径庭。转分保更难获得且更加昂贵。

再保险公司一般资本比较充足，拥有相对高的信用评级，而且都是拥有大规模、分散化承保风险组合的活跃的国际性公司。表 9.1 中列出了根据 2003 年已承保净再保费（net reinsurance premiums written，NRPW）位于前 20 名的再保险公司，既包括寿险公司也包括非寿险公司。

表 9.1 2003 年位于前列的全球再保险公司

排名	2003 年 1 月 8 日的评级	公司名称	所属国家或地区	NRPW（百万美元）	CR（%）	ASF（百万美元）
1	AA -	慕尼黑再保险（Munich Re）	德国	21 343.3	108.3	19 965.1
2	AA	瑞士再保险（Swiss Re）	瑞士	11 352.1	105.2	7 414.1
3	A	劳合社（Lloyd's）	英国	6 808.6	98.6	14 142.7
4	AA -	安联（Allianz）	德国	4 046.4	107.2	34 628.2
5	AA -	汉诺威再保险（Hannover Re）	德国	3 965.5	99.0	2 255.1
6	AAA	通用再保险（General Re）	美国	3 617.4	104.7	4 095.1
7	AA	欧洲再保险（European Re）	瑞士	2 779.0	101.0	210.5
8	AA -	安裕再保险（Employers Re）	美国	2 550.9	171.8	4 876.1
9	AAA	国民赔偿公司（National Indemnity Co.）	美国	2 526.4	54.0	15 732.1
10	BBB +	法国再保险公司（SCOR）	法国	2 273.3	128.7	844.8
11	—	格宁全球再保险（Gerling Global Re）	德国	2 247.7	106.6	589.9
12	AA	大西洋再保险（Transatlantic Re）	美国	2 219.8	102.1	1 545.9
13	AA -	安富莱再保险（Everest Re）	美国	2 119.2	98.8	1 494.0
14	AA -	通用富兰柯纳再保险（GE Frankona Re）	德国	1 977.4	102.5	—
15	AAA	科隆再保险（Cologne Re）	德国	1 950.9	114.7	969.8
16	AA -	东京海上火灾（Tokio Marine & Fire）	日本	1 941.7	49.1	18 584.5

续表

排名	2003年1月8日的评级	公司名称	所属国家或地区	NRPW（百万美元）	CR（%）	ASF（百万美元）
17	AA	信利再保险（XL Re）	百慕大群岛	1 857.9	94.8	—
18	A	康氏再保险（Converium）	瑞士	1 670.5	87.8	—
19	AA	瑞士再德国公司（Swiss Re Germany）	德国	1 645.6	109.8	1 408.5
20	AA－	E＋S Re	德国	1 514.2	99.8	883.0

注：NRPW（net reinsurance premiums written）——已承保净再保费；CR（combined ratio）——综合比率；ASF（adjusted shareholder funds）——调整后的股东基金。

资料来源：标准普尔，全球再保险荟萃特别版（Reactions，2005）。

表9.1的最后3列显示了（再）保险业常用的规模与盈利能力的衡量指标。NRPW是毛承保量或产出量的衡量指标。这是（再）保险业术语中的销售数量。（再）保险公司的综合比率（combined ratio，CR）是其盈利能力的衡量指标。CR定义为已发生净损失总和加上净承保费用后除以净满期保费（参见第8章中有关满期和未满期保费的讨论。）

最后，调整后的股东基金（adjusted shareholder fund，ASF）是公司盈余（股本）的衡量指标。该数字反映了公司资产与负债市值之差，其中负债包括平准准备金（参见第8章）。

9.2 承保原保险的风险

承保活动使保险公司至少暴露于3种不同类型的风险之下。我们必须理解这些内容，以正确评价再保险的作用。在本章后面考察某些ART产品（其目的就在于帮助企业管理一些这样的风险）时，我们还会回来讨论该问题。

9.2.1 承保风险

承保风险是某类保单提出的索赔额超过该类保单所收保费的风险。如果保险公司计算纯保费时发生错误，每张保单所收取的保费相对于平均索赔额的规模而言过低，则可能会出现承保风险。这种情况下，平均意义上，保险公司在该类保单上遭受了承保损失。

承保风险的另一来源，当然是任意特定的索赔额大大高于平均水平。即使保险公司已经收取了适当数额的保费足以补偿平均索赔，但大到一定程度的索赔仍然会给保险公司带来承保风险，如果其损失准备金不充足的话。

9.2.2 投资风险

投资风险是当保险公司所购买的，用来为其准备金（保单责任）提供资金支持的资产的市值在相应的索赔提出之前出现下跌的风险。在此情况下，保险公司在计算保费时需要完全正确，并且要使未满期保费准备金（UPR）和损失准备金正好等于未来索赔的现值。但是，如果这些准备金是由比如说对冲基金份额来提供资金的，而对冲基金失败了，那么为对这些准备金提供资金而进行投资的现金在索赔来临时就会出现不足。

9.2.3 时间风险

时间风险是索赔以比预期更快的速度出现而面临的风险。即使保险公司适当地准备了应付索赔的资金，而且准备金也投资于低风险资产且未遭遇任何投资损失，时间风险仍可能是一个问题。

为说明其原因，假设每年无风险利率为5%，而且保险公司只使用无风险资产来为其负债提供资金（如此假设，是为了不将时间风险与投资风险混在一起）。进一步假设，保险公司承保了一张1年期保单，其预期赔付额为100美元，而保单限额为1 000美元。如果出现了索赔，承保人期望索赔出现在保单期的最后一个月中。在没有额外保费的情况下，纯保费为95美元，或者为100美元预期赔付以无风险利率进行折现的现值。承保人因此收取95美元的保费，将资金投资于无风险证券并期望在提出100美元索赔时，那些证券值为100美元。

现在假设正好第二天就提出了100美元的索赔。很明显，保险公司若支付索赔额，将遭受5美元的损失。这本质上并不是承保风险，因为保险公司对预期索赔为100美元的估计被证明是正确的。这也不是投资风险，因为为支付索赔而准备的资产没有遭受任何形式的资本损失。该损失纯粹是保险公司关于索赔时间的错误假设而引起的。

这个例子是非常程式化的，在本书的第24章，我们将以更加现实的角度回来讨论这一问题。现在，认识到错误的时间假设可使保险公司承受风险的基本性质就足够了。

9.3 购买再保险的动机

传统再保险是保险公司购买的以为其承保的风险提供保障的保险。保险公司参与再保险及转分保具有各种各样的原因，有些原因在下面的部分进行讨论。请注意，在M&M理论假设中，这些结构是无意义的。但当资本市场不完善且信息不对称时，至少在某些情况下，上述所有问题都有意义。

9.3.1 增强的承保能力

或许再保险最明显的潜在好处是为再保险分出方及转分保分出方创造了额外的承保能力。通过将风险转移给再保险公司或转分保接受人，分保人及转分保分出人在特定的保险负债水平下减少了其承担的风险，从而为承担更多的此类负债提供了空间。

原承保人或再保险公司在两个方面存在承保能力不足的问题。巨额风险承保能力（large - line capacity）是保险公司在单一保单上承担巨额损失（即巨灾）的能力。在许多情况下，保险公司可能会觉得一份保单有吸引力，但只限于某特定数额的损失（或者，正如我们稍后将看到的，仅在特定的损失层之间）。为承保该保单，保险公司必须事先知晓，其可以不必保留所有的承保风险。再保险正好可为保险公司提供这种保证。[1]

此外，一些保险公司缺乏保费额度（premium capacity），即缺乏承保同一险种中大量保单的能力。原承保人的总承保保费受其股权资本（有时称为企业的盈余）的约束。在此情况下原承保人所关注的是保险公司承受大量小额损失而不是单一的大额索赔的能力。但再保险的基本原理实质上与巨额风险承保能力的情况一样，即租用另一家保险公司的资产负债表作为合成股本（synthetic equity），从而原承保人或再保险公司可提供其愿意承保的所有保单。

9.3.2 增强的负债能力

根据第6章所讨论的内容，再保险是风险转移和应急风险资本。这样，其对企业资本结构的影响与发行额外的股本相同（虽然其对现金流或盈利的影响不一定相同）。正如我们在第3章看到的，这反过来增加了企业的负债能力。

9.3.3 减少投资不足问题并增强流动性

正如在第8章所看到的，以未满期保费准备金（UPR）形式所持有的现金就像在第6章和附录C中所讨论的实收风险资本。这些资金的使用受到制约，不能被企业用做其他用途。在极端情况下，这可导致投资不足问题。

我们稍后将看到，某些类型的再保险涉及向再保险公司分出保费以及风险。这可以降低企业所需要的未满期保费准备金，从而释放了流动资金可做他用。同时，分出或转分保分出的保费及负债也增加了分出人或转分保分出人的盈余，这是由于在该过程中资金从准备金账户中取出并重新注入留存收益。

9.3.4 降低盈利和现金流的波动性

当一个保单种类的风险分散不足时，小额承保损失能够强烈地影响公司的盈利和现金流。如同其他企业，保险公司也希望减少盈利和（或）现金流的波动性，以避免投资不足问题，从而提升通过盈利信息发布而传达的信息的质量，或者增加内部现金管理及资本预算活动的动力。再保险可用于影响人为的风险分散化，并就此降低盈利及现金流对高度相关的不利承保结果的敏感性。

9.3.5 降低预期的财务危机成本

一些承保人对获得巨灾保护的需求，通常来自于发生频率低但严重程度高的事件，例如自然灾害、大型行业事故、由单一危险事故或因素所引发的多个事故，以及类似的情况。如第3章和第8章所作的解释，此类十分严重的损失可导致企业的资产市值接近或者降至企业未偿债务的面值之下，不管是在资本结构的意义上还是在技术损失准备金的环境中均是如此。

再保险可以建立一个额外的合成股本层，从而通过降低企业遭遇财务危机的可能性，减少财务危机的预期成本。

9.3.6　信息的获取

再保险过程是信息极为密集的。因而，再保险人在承保过程中获取的信息相当广泛并且具有潜在价值。如同银行为其顾客提供信用支票，通过对可能参与分保的潜在客户的尽职调查，再保险人可以获得有用信息，使其在将来可以更好地服务于这些保险公司客户。此外，再保险人也可能需要有价值的市场情报、有关其竞争者的信息、定价信息等类似信息。

再保险的购买人也会从这种信息传递中发现可获得的利益，原因如第4章所述。也就是说，其他资本提供方的信息越完善，从该方获得的资本的逆向选择成本就越低。在此意义下，从具有高信用评级并且广受尊敬的对方获得再保险，也可理解为向其他资本提供者发出正面信号，因而也降低了与企业发行新证券有关的逆向选择成本。

9.3.7　离开解决方案（run－off solutions）

再保险可帮助原承保人或再保险人十分经济地停售一种保单业务，而不必实际出售或收回所出售的保单。例如，假设原承保人决定，提供海上保障的风险太高并超出了其股东的风险承受能力。该公司可不再进行任何新的海上保险承保，然后让所出售的合同逐渐结束，从而退出该项业务。或者，承保人可以购买再保险，从而人为地几乎在一夜之间消除了整个险种。

9.4　临时再保险与合约再保险

再保险合同可采取两种形式之一——临时的再保险（facultative reinsurance）和合约约定的再保险（treaty reinsurance）。临时再保险合同保障单一风险和保险保单。换而言之，再保险公司和保险公司为每份原承保人希望分保的保单商谈不同的临时合约。因而，临时再保险具有极大的灵活性，并且可完全由合约双方定制条款。临时再保险通常用于规模巨大或灾难性的风险、非常特殊的或奇异的风险，或者不是分出保险公司核心险种的特定风险。

与上述不同，合约再保险涉及一组保单的再保险，这些保单需符合由分保人和再保险人（或转分保分出人和转分保接受人）确定的一般指导原则。在合约再保险中，再保险人不能拒绝业务种类或保单组内的任何特定风险或保单，只要该保单属于合约再保险预先定义的范围之内。由于合约有事先谈好的宽泛性条款，这种再保险很受承保人欢迎，特别是在承保人希望再保险的是大量的类似保单、整个险种或者一组相当传统的风险时。

临时再保险通常比合约再保险更可能遭遇较大的潜在道德风险和逆向选择问题，因为临时再保险之下的风险、危险因素或危险事故有专门的定义。因此，临时再保险通常包括对再保险人更深入的尽职调查。临时再保险谈判也比合约再保险更耗费时间，费率也更高一些。

在传统的保险项目中，保险提供者与购买者之间的风险共担安排是以一份保单为基础进行确定的。但是，由于再保险条约涉及不止一份保单，风险共担可以以许多不同的方式来实现。合约再保险中的所有风险共担安排或者为比例再保险（proportional），或者为超额损失（excess of loss，XOL）再保险。特定类型的比例合约和超额损失合约将在下述各节加以讨论。

9.5 比例再保险合约

比例再保险指分保人和再保险人（或者转分保分出人和转分保接受人）之间按比例进行风险共担。分担比例可以在固定的或可变动的条款中加以确定。风险共担的比例通常也作为两家公司间分配所收保费的比例，以及再保险项目中必须分配的任何理赔费用的比例。

9.5.1 成数合约

按照固定百分比分配风险、损失、保费和理赔费用的再保险合约称为成数合约（quota share treaty，QST）。在签订最初合约时，成数合约确定一个通用的比率。该百分比直接用于从分保人分出固定比例的所收保费给再保险人，作为再保险人将承担同样比例的后期索赔和理赔费用的回报。[2] 为补偿分保人在获得原始保单时所发生的费用，再保险人也向分保人支付分出佣金。

图9.3呈现了使用所谓的保单分配图表的QST的运作机制。x轴表示原承保人单一保单品种所承保的所有保单的等级排序，按照从最低保单限额到最高保单限额的顺序来排列。

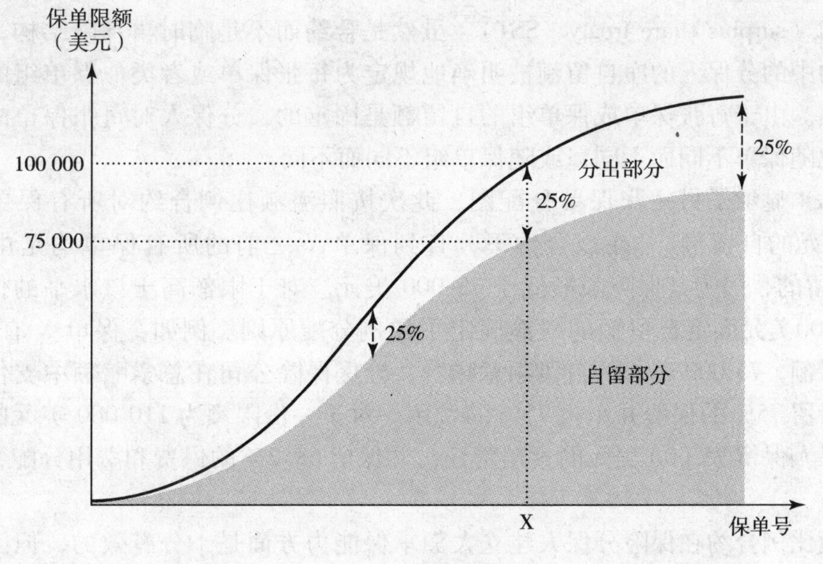

图9.3 成数合约

x 轴对应于某些特定的保单。y 轴则显示保单限额或与每张单独保单对应的总保额。虽然我们在 x 轴上按保单限额的递增顺序为保单持有人进行了排序，但不一定要这样排序。只要我们正确地将每个保单与该限额联系起来，就可以按我们愿意的任何顺序来安排 x 轴。

图 9.3 描述的 QST 确定再保险分出百分比为 25%。这意味着，原承保人向再保险人分出所有保费的 25%，以及再保险人反过来承担所有索赔及费用的 25%。图中的灰色阴影区域表明在这种情况下原承保人的自留比例。

例如，考虑保单 X，其限额为 100 000 美元。根据 25% 的分出比例，意味着原承保人要承担保单 X 持有人提出的最高达 75 000 美元的索赔。相应地，承保人只保留保费的 75%。再保险人收取保费的余额，作为支付所有费用的 25% 和最高达 25 000美元索赔的回报。

请仔细注意，百分比共担规则的运行类似于第 8 章讨论的共保，也就是说，承保人和再保险公司将按 75/25 比例分担已提出索赔金额的每一美元。请见图表，人们很容易受到诱导得出结论说，保单 X 持有人的索赔额 75 000 美元完全都由原承保人支付。但 QST 按每一美元来分配赔付责任，而不是依照索赔提出的顺序来分配。因而对于 75 000 美元的索赔额，按照保留 75% 的规则，原承保人将支付 56 250 美元，然后再保险公司将支付剩余的 18 750 美元。

通过未满期保费准备金的减少或者额外的风险分散化以减少现金流和盈利的波动性，寻求增强债务和承保能力的保险公司经常使用成数合约。正如稍后提到的，两个原承保人实质性地互相交换其承保组合的全部组成以增加两家公司承保业务的分散化的做法，就是所谓的互惠约定。成数合约可成为实现互惠分保的实用机制。

9.5.2 溢额比例合约

按照固定金额、可变百分比来分配风险、损失和保费的再保险合约，称为溢额比例合约（surplus share treaty，SST）。虽然是合约而不是临时再保险结构，但溢额比例合约中的分保人的净自留额被明确地规定为每张保单或者类似保单组的一个独立的金额。由于每张保单或保单组的自留额是固定的，分保人对每张保单的自留百分比也就随保单不同而不同，或随保单组不同而不同。

图 9.4 显示了另一张保单分配图，此次按照溢额比例合约对所有保单确定了 75 000美元的自留额。[3] 在该合约下，直到保单 Y 之前的所有保单均是由分保人 100% 保留的，因为其保障限额低于 75 000 美元。对于限额高于该水平的保单，相对于75 000美元固定自留额的限额确定了比例分配原则。例如，保单 X 有 100 000 美元的限额。75 000 美元的自留额意味着，分保保险公司在总索赔额中支付 75 000 美元，保留 75% 的保费并承担 75% 的费用。对于一份限额为 110 000 美元的保单而言，分保人保留 75 000 美元的索赔责任，并保留 68.2% 的保费和费用分配，依此类推。

溢额比例合约在保险分保人建立大额承保能力方面是十分有效的，但因为其重点在于大额保单风险，基本不能降低未满期保费准备金的负担。同时也需要注意，在溢额合约中，逆向选择问题可能十分显著，因为分保人可以选择每份保单的自留额。因而，分保人往往倾向于分出劣质业务而保留优质业务。虽然溢额比例是一种合约，但临时再保险中的逆向选择问题比成数合约中的更突出。

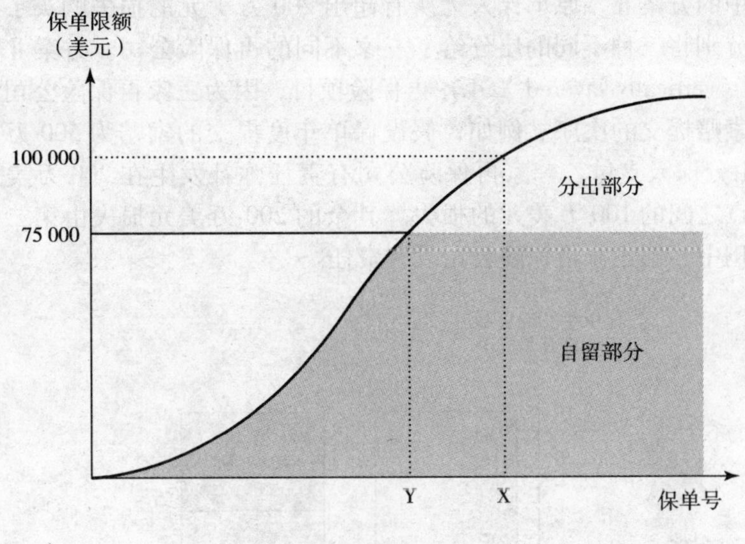

图9.4 溢额比例合约

9.6 超额损失再保险

比例分保，如成数分保及溢额比例合约，总是涉及向再保险公司的保费的某种划分和损失的某种分配。相反，在超额损失（XOL）合约中，损失发生的次序及这些损失的总数额影响再保险人的或有责任。再保险人的责任并非基于固定的或者变动的保险限额百分比，而是基于收到的实际索赔情况。小额损失由分保人自己承担，只有超出一定额度的损失才由再保险人支付。

一份 XOL 再保险合约对向再保险人分出的任何给定损失层确定了起赔点（attachment point）。记法为“A XS Y”（读作“A 超额 Y”），意指一家资本提供者提供最高 A 美元的保险，但仅在该公司已经承担了 Y 美元的总损失之后。一个覆盖 A XS Y损失层的再保险项目，为原承保人提供最高为 A 美元的补偿额，但仅保障从 Y 到 $A+Y$ 的总损失额。这种情况下，起赔点的下线为 Y 美元，而起赔点的上线为 $A+Y$美元。

考虑一个保单品种，其赔付范围从 0 美元到最大赔付额（即每个保单持有人均提出达到其保单限额的索赔额）。假设有 10 000 份保单，每张保单的限额为 1 000 美元，则原承保人（再保险之前）的最大责任为 1 000 万美元。假设原承保人感觉保留前 200 万美元的赔付额比较适宜，并希望将其余部分分保出去。最终，假设所有进行再保险的保单均覆盖同一年度，并且购买的所有再保险均覆盖同一时期。

原承保人可以有许多方式设计 XOL 再保险合约，其中两种见图 9.5。图 9.5 的方案Ⅰ，单独一家再保险公司同意分入 800 万美元 XS 200 万美元的损失层。在写

XOL 记法时，经常假设单位是已知的，因而我们亦可将这里的再保险层写做“$8 XS $2”。这意味着原承保人将支付所有的索赔最高至 200 万美元，而再保险人则支付其余的索赔。如果当年提出的索赔只有 200 万美元，则再保险人没有赔付责任。

图 9.5 中的方案Ⅱ，原承保人为所有超出 200 万美元的损失购买了再保险，但这次分保人分别将三种不同的层分给了三家不同的再保险公司。方案Ⅱ被称为纵向分层的 XOL（vertically layered XOL）再保险项目，因为三家再保险公司的责任有赖于保单年度索赔提交的次序。例如，假设保单年度提交的索赔为 500 万美元，则前 200 万美元由分保人支付。一家再保险公司有责任弥补发生在 200 万美元和 300 万美元的起赔点之间的 100 万美元的损失。其余的 200 万美元损失由第二家再保险公司支付。本例中，第三家再保险公司没有责任。

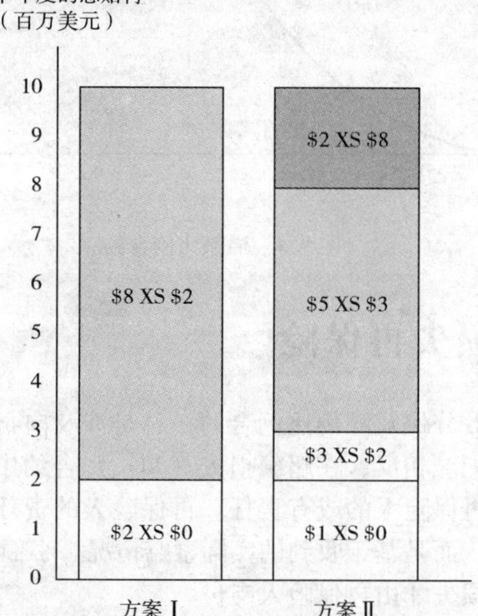

图 9.5 超额损失合约再保险

出于一些原因，这种做法是很常见的。一些再保险公司专注于承担某些类型的分保层（例如，具有低起赔点或高起赔点的层）。再保险公司的风险分散化需要可能也会使其接受某些分保层。当然，这也会影响由不同再保险公司报价的不同分保层的定价情况。

XOL 合约的定价，一般是一个整个再保险合约的统一费率，常包含一些理赔费用的分担。分保人与再保险人之间的保费分配，根据所提交的实际索赔和一段时间内的可估价基础来进行。

9.6.1 总计与每次事故项目和限额

在刚才的例子中，我们假定，起赔点和再保险保单限额均是总体的、累积的及全年的限额。但并不一定是这样。XOL 再保险合约通常基于每次事件来承保。返回

图9.5，并设想现在项目是一个每次事故XOL项目，方案Ⅰ将要求再保险人为总损失为1 000万美元的每个风险事件提供达800万美元的保障，而不是按每年总损失而计算。

XOL项目常常包括总限额和每次事故限额。考虑图9.6中所示的例子，一家财产险公司已经为两座建筑物提供了高达1 000万美元的保障。假设保险公司希望对每座建筑物保留第一个200万美元的承保责任，并再保险其余的责任。这时，保险公司找到一家再保险公司对这两个风险再保险，再保险公司同意提供\$8 XS \$2的总体风险保障，且有400万美元的每次事故限额。因此，再保险公司对每座建筑物提供每年最高800万美元的承保责任，但对任意单次损失的赔付不超过400万美元，在图9.6中以粗实线表示。如果飓风摧毁了两座建筑，造成每座建筑物1 000万美元的索赔，再保险公司的最大责任以每座建筑物400万美元为限。

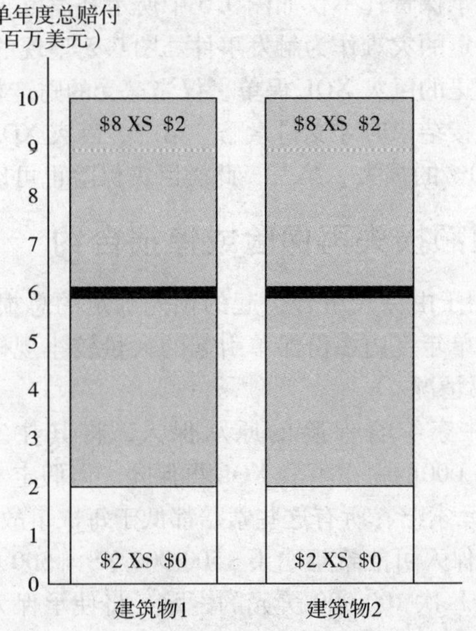

图9.6 总限额与每次事故限额的对比

在类似2001年的“9·11”惨剧的情况中，对一次事故或风险事件的定义可能会引起较大的争议。以该事件为例并保留我们例子中的数字，假设例子中的每座建筑物是纽约双子塔之一。当恐怖分子驾机撞入每座建筑物时，两者皆遭到致命毁损。在我们的例子中，这造成每座建筑物最高1 000万美元的毁损。如果我们定义飞机对每座建筑物的撞击为独立的事件或事故，则再保险公司就有责任对每座建筑物赔付400万美元。但如果将“恐怖袭击”定义为单一事件或事故，则再保险公司的赔付责任总额仅为400万美元。如何定义事件在本例中则可能造成再保险公司的责任加倍。

瑞士再保险、丘博（Chubb）和安联（Allianz）请求纽约法院将“9·11”恐怖袭击归类为单一恐怖袭击事件而不是针对不同建筑物的两次攻击。在瑞士再保险的案子中，这将使其赔付责任限制为36亿美元，而如果裁决那可怕的一天的事件因保险目的为两次事件，则将会加倍瑞士再保险的赔偿额。2003年9月26日，第二个地区法院支持较早的地区法院的观点并裁决在保险目的下，“9·11”事件为单一事故。

9.6.2　巨灾 XOL 补充保障

XOL 再保险合约的最高分保层常常被称为巨灾层。在图9.5的方案Ⅱ中，巨灾层是以黑色阴影表示的 \$2 XS \$8 层。其名称缘于一般达到该分保层的累积损失的可能性极低。此外，在特定的财产险领域，巨灾损失层常常与自然灾害和灾难相联系，如地震或热带飓风活动。

巨灾 XOL 保障的运作方式与每次风险或每次事故 XOL 合约基本一样，但有几处不同。第一，巨灾承保责任不仅如图9.5中所示补偿巨灾层，而且巨灾 XOL 保单本身几乎总是系于特定的灾难作为触发事件。图9.5呈现的 XOL 合约实质上是统括财产损坏保单，而真正的巨灾 XOL 保单，仅当遭受的财产损坏是如龙卷风之类的某些指定巨灾事件的直接结果时才支付索赔。第二，巨灾 XOL 再保险通常包含共保条款，很少保障超过90%的损失。第三，此类巨灾保险也可以包含免赔额。

9.6.3　总超额损失再保险或停损合约

总 XOL 合约适用于由保险组合引起的预先确定的总损失。总 XOL 合约的设立是用来保障在同一保单年度内多份保单引起的大量较小规模的损失，因而实际上是巨灾 XOL 合约的相反情况。

考虑一家承保住家综合保险的原承保人，将其住家综合保险组合进行了 \$1 000 000 XS \$125 000的每次事故 XOL 再保险。但假定本保单年度的特点是发生了大量的100 000美元索赔，所有这些索赔都低于每次事故再保险合约的125 000美元的低端起赔点。承保人可能希望购买 \$500 000 XS \$500 000的总 XOL 再保险。如果没有总合约，10个每次100 000美元的索赔，将使承保人支出100万美元，因为没有一次索赔会获得每次事故合约的补偿。但是有了总 XOL 再保险合约，分保人仅负责赔付前500 000美元的索赔。其余5个100 000美元的索赔将由总合约来赔付，即使没有一次索赔会由任何一个每次事故合约来补偿。

总 XOL 合约通常并不指定作为触发事件的风险或危险事故，因而可以包含承保业务名册上的任何索赔。正因为如此，总合约是十分高效的工具，保险公司通过使用该工具可以锁定最大赔付额，从而降低其盈利和现金流的波动。

这些合约的多样性也使其十分昂贵。此外，为了防止承保人对其经营范围内的风险漫不经心，总合约通常包含相当成分的共保规定。

9.6.4　可选择的复效条款

正如第8章所讨论的，一些原保险合同和许多再保险合同允许投保人支付额外保费来恢复已用尽的限额。像保险一样，再保险一般也只持续一年。再保险公司提供多年期结构的一种方式是通过可选择的复效条款。在年底，分保人可以支付额外的保费来恢复保单限额并将保单延期到下一年。这并不能为投保人提供像一份真正的多年合同所提供的对费率增加的保护，但至少可使再保险购买者感到某种程度的轻松，即使第一年限额已用尽，再保险的保障功能仍在下一年中有效。

9.6.5 第 *N* 次损失超额合约

保险公司和再保险公司从历史的角度认为每个保单期内的巨额索赔数目是有限的。特别地，人们相信，在一个典型的保险组中，第六大索赔额每年大致相同，只是排在前五位的赔付代表了极端巨大或灾难性事件以及在不同年份有剧烈的变化。因而六次索赔可被确定为对承保人在一个保单年度中最坏情况下赔付的合理预期。在某些再保险组中，这一幻数是第三或第四次损失。

第 *N* 次损失超额再保险合约是在该保单期内保障前 *N* 次损失的再保险合约。它实质上是一种纯粹的大额承保工具，某些原承保人使用这种工具来增加其承销险种的深度并提高他们能够提供的保单限额。

9.7 水平分层和混合保障

我们将传统的 XOL 合约描述为纵向分层的。当不止一家再保险公司为相同的标的风险提供不同损失层的再保险时，术语纵向（vertical）指每家保险公司的承保责任依赖于累计或每次事故损失的总额。

再保险项目也可能是水平分层的（horizontally layered）。在水平分层的再保险项目中，不止一家再保险公司为相同的损失层提供保障，这些公司将分担账单。一个

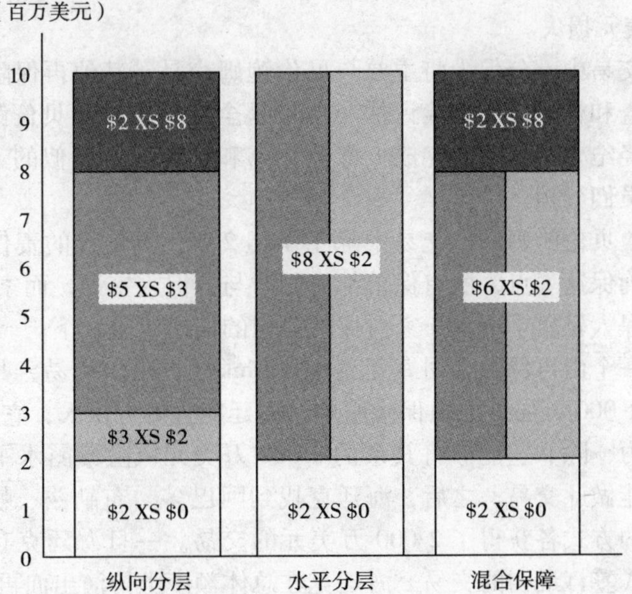

图 9.7 纵向与水平分层 XOL 合约的对比

既有水平分层也有纵向分层的项目称为混合保障（blended cover）。

图 9.7 呈现了每年最大赔付额 1 000 万美元的单一保单品种的三种类型的 XOL 再保险项目。白色代表分保人的自留额，而不同的灰色和黑色阴影表示不同的再保险公司。

在纵向分层项目中，三种不同的再保险公司只根据累计损失来提供保障。在水平分层的项目中，两家再保险公司一起提供 $8 XS $2 层的全部保障。对于大于 200 万美元免赔额或自留额的索赔的每 1 美元，每家再保险公司必须贡献 50 美分。最后，混合保障展示了两家再保险公司平分大于 200 万美元且小于 800 万美元的所有索赔额，而第三家再保险公司提供单独的 $2 XS $8 巨灾保障。

9.8 辛迪加

再保险交易常常由再保险公司联合进行。一家主承保人将负责合约谈判，但并不承保所有的风险。而是将风险在所有辛迪加成员间水平地（或可能纵向地或以混合保障的方式）分担。对于所有辛迪加成员间风险分担的条件，在与分保人签署再保险保单之前各成员已协商一致。

请勿混淆一个辛迪加交易与单独一家出面再保险公司（fronting reinsurer）希望对交易事先安排再保险的情况。为了解两者之间的区别，考虑一家原承保人寻求获得 $1 亿 XS $1 000 万的再保险的情况。

再保险公司贝伦鲍姆（Barenboim）向分保人提出一个辛迪加项目，其中贝伦鲍姆将是企业联合的牵头人和主承保人，而且将承担在 $1 亿 XS $1 000万层内最高 2 000万美元的损失。再保险公司阿巴多（Abbado）、布勒兹（Boulez）、赖图（Rattle）和索尔提（Solti）均同意参加辛迪加，每家公司承担 $1 亿 XS $1 000 万分保层的 2 000 万美元损失。

在辛迪加交易中，分保人将主要与贝伦鲍姆交易。其他再保险公司很可能将大部分的尽职调查和初始信用风险评估（但不是全部）委派给贝伦鲍姆。贝伦鲍姆可能也会负责与经纪人的交易，完成大部分文书和管理以及类似的工作。当然，费用将由辛迪加成员们分担。

重要的是，贝伦鲍姆在本交易中除了承担 2 000 万美元的责任之外，没有承担其他风险。为确保这一点，所有保单都将同时与分保人签订，而索赔也将分别处理。这意味着，分保人暴露于所有 5 家再保险公司的信用风险之下。

现在考虑一个由再保险公司海廷克（Haitink）提出的交易，其中海廷克将为整个 $1 亿 XS $1 000 万层提供再保险服务。海廷克告诉分保人，它没有多于 2 000 万美元的承保能力，除非它能够将其余的 8 000 万美元风险暴露水平地或纵向地再保出去，否则不能做此交易。之后，海廷克找到阿巴多、布勒兹、赖图和索尔提，以水平分层承保的方式各获得了 2 000 万美元的交易。一旦海廷克有了临时转分保协议，就可以正式签订最初的交易。海廷克在总体额度上扮演出面再保险公司的角色，但只保留了总损失中的2 000万美元。

从分保人的角度看，在第二单交易中与海廷克的交易实质上类似于在辛迪加交易中与贝伦鲍姆的交易。但两单交易的信用风险并不相同。在辛迪加交易中，分出再保险的原承保人处于所有 5 家再保险公司的违约或不支付风险之中，而第二单交易中，分保人承担的信用风险全部来自海廷克。例如，在辛迪加交易中，如果赖图不能支付 1 亿美元索赔中的 2 000 万美元，由于信用风险，分保人则损失 2 000 万美元。在第二单交易中，海廷克仍有义务向分保人支付该 2 000 万美元。

两个项目的定价也可能不同。辛迪加交易是 100% 的再保险，而第二个交易要求海廷克在转分保市场上将 80% 的再保险保障转分保出去。但是，转分保成本将以海廷克收取的 \$1 亿 XS \$1 000 万再保险保障的保费形式转嫁给分保人。如果转分保成本超过再保险费率，分保人在第二单交易将确实花费更多。但如果海廷克的评级为 AAA 级且贝伦鲍姆、阿巴多、布勒兹、赖图和索尔提的评级都低于 AAA 级，则分保人为了与较高信用评级的对手进行交易，可能愿意付出较高的代价。

第 10 章　信用保险和财务担保

本章我们将探讨传统（再）保险产品如何用于帮助企业管理所承受的信用违约事件带来损失的风险。我们将考察的产品包括传统的信用保险和财务担保（有几种不同形式并有不同的名称）。我们还会讨论与信用保险密切相关的非保险产品——银行信用证。然后我们将比较并对比不同的解决方案，以及围绕对这些产品近期的一些争论的讨论来结束本章。

10.1　信用保险产品

保险和再保险合同可用于转移信用风险，其方式与传统保险转移非财务风险（如财产损失和意外损失）基本一样。合同通常是补偿合同，具有保险产品的通常特点——免赔额、保单限额、代位求偿权等。触发事件可广泛地定义为特定债务人对信用保护购买人的任何财务责任的违约，或者可狭义地定义为特定义务未被履行。

10.1.1　贸易信用保险

传统信用保险市场的大部分是以贸易信用损失为目标的。贸易信用在相互进行商业运营的企业间发展起来，可包含财务责任或提供货物及服务的责任。例如，假设斯托尼电子公司（Stony Electronics）向电路城（Circuit Town）公司销售音、视频设备。如果电路城公司事先预付了音、视频设备的货款，而斯托尼电子公司要在 45 天内发货，斯托尼电子公司就是债务人，电路城公司是债权人，而斯托尼电子公司的责任就是递送音、视频设备。如果电路城公司担心斯托尼电子公司不能按时发货，电路城公司可购买贸易信用保险，用来补偿因音、视频设备发货违约而必须花费的部分或全部费用。

现在，反过来假设斯托尼电子公司立即向电路城公司发送了音、视频设备，并向电路城公司开具了发货后 45 天内支付货款的发票。在这种情况下，斯托尼电子公司现在成了债权人，承担了电路城公司作为财务债务人在商业交易中不全部支付货款的风险。为管理这一风险，斯托尼电子公司可从保险公司购买贸易信用保险，用来弥补电路城公司违约时的现金支付。

贸易信用保险的机制　图 10.1 一般性地说明了贸易信用保险的作用机制。请注意，我们采用与第 9 章相同的设定——浅灰阴影框是信用保护的购买者，而带圆角的深灰色框是保障的提供者或出售者，实线是公司现金流，虚线表明包括货物和服务转移和违约事件下或有赔付的结构。

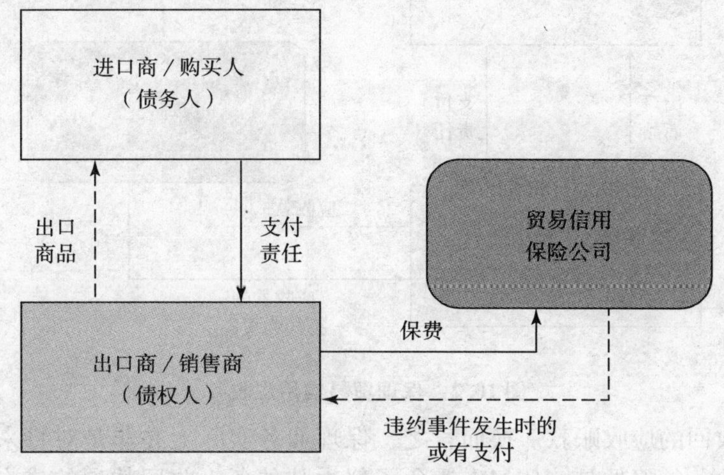

图 10.1 贸易信用保险

在这个特别的例子中，债务人是从外国出口商或销售商处购买货物的进口商。由于我们假设进口商是债务人而出口商是债权人，发送货物一定发生在票据的现金结算之前，因而对于出口商或销售商而言，此商业交易的现金支付方面产生了信用风险。出口商向保险公司支付保费，换取保障，当进口商不支付货款的情况下，保险公司来赔偿进口商所要求的款项。

在本例中向债权人提供的补偿往往具有传统保险的通常特征，包括免赔额和保单限额。贸易信用保险承保人也将保留代位求偿权。这意味着，如果进口商接收了货物，但不向出口商支付货款，保险公司赔偿出口商全部拖欠的款项。保险公司因此也就有了向进口商索偿的权利并保留其可从进口商收回的款项，包括进口商销售从出口商处收到的货物而实现的资金。如果进口商实际上已资不抵债，保险公司仍有在破产进程中对公司的剩余资产按比例求偿的权利。当然进口商可能会向出口商支付部分款项，在这种情况下，保险公司对出口商的赔付责任只是未支付的款项，且获取的代位求偿权也只是债务的未支付部分。

贸易信用保险与保理业务的对比 贸易信用保险在欧洲是企业管理其应收账款信用风险的很受欢迎的手段，但在美国从未受到同样的欢迎。[1] 美国公司更喜欢使用所谓的保理业务（factoring）来管理信用风险。

当一家企业的具有信用敏感性的应收款项受到保理时，实际上这些应收款项是卖给了被称为保理人的第三方。于是保理人开始负责追讨这些应收款项。保理人向原始债权人购买应收账款时支付的价格为应收款面值的一定折扣，折扣由预期的回收额决定。保理业务参见图 10.2，该图使用了与前面章节相同的贸易融资例子。

保理业务与贸易信用保险之间的显著不同在于，保理业务通常出现在原始应收账款发生违约事件之后。但在欧洲却并非如此，欧洲的保理业务既包含已成为坏账的应收账款的出售，也包含未成为坏账的应收款的出售。在美国，保理业务主要适

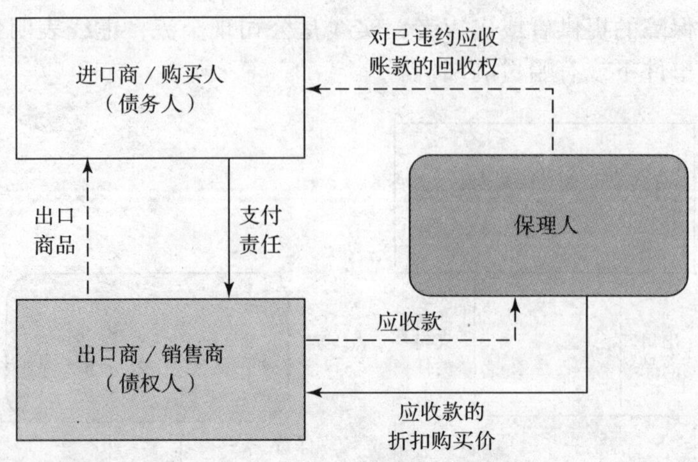

图 10.2　保理贸易信用应收款

合于已不能收回的应收账款。换而言之，保理业务实际上并非是对将来可能违约的保险。保理业务的好处是，债权人避免了努力从债务人收回款项的成本和烦扰。另外，债权人向保理人出售应收款时的打折价格为债权人锁定了预期回收率。如果实际回收款低于预期，应收款将比面值有更大的折扣，那么债权人就规避了这种损失风险。反之，如果回收款高于预期，保理人则保有该项收益。无论何种情况，债权人均规避了预期回收款与实际回收款背离的风险，此差额实质上是保理商提供的保险，而不是最初的拖欠风险。

10.1.2　财务担保

财务担保是一种信用保险形式，在财务责任出现违约事件后，受益人可全部或部分地获得补偿。有两种截然不同形式的财务担保，在当前市场上广泛流行——即所谓的纯财务担保和包装担保（wrap）。下面讨论这两种不同形式的担保。

纯财务担保　纯财务担保实际上是财务或信用（再）保险保单（除了几项例外），其中信用保障的购买者就是保单受益人。图 10.3 显示了简单财务担保的现金

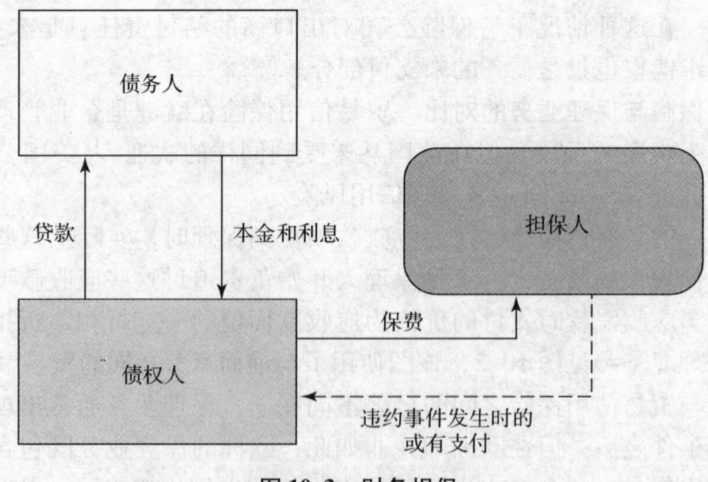

图 10.3　财务担保

流。本例的参考资产是保险购买人（贷款中的债权人）发放给贷款债务人的贷款。当债务人不能支付所要求的本金和利息（P&I）时，贷款进入违约状态，担保人将补偿债权人对剩余本金和利息的支付责任的现值（可能受到免赔额和限额的约束）。

在典型的财务担保中，担保人将保留对原始债务人的代位求偿权。如果出现违约以及债权人向担保人索偿，担保人有权尽力收回担保责任所保障的金额。当然，该回收权依赖于债务人是否已经进行了部分支付。换而言之，正如第 8 章所解释的，代位求偿制度将回收权从债权人转移到担保人，但仅限于尚未支付的金额；代位求偿权亦受限于担保人根据担保实际支付的数额。

虽然纯财务担保的运作是立即向债权人偿付，但术语“立即”（immediate）在保险业中是相对的。传统财产或意外险保单可在 30 天到 90 天内支付，这取决于理赔过程的长短。与此不同，纯财务担保通常在索赔之后 3 到 10 个工作日内偿付。但是，如果担保购买人想要偿付得比这更快一些又该如何呢?

保险公司受限于其能力而无法向投保人作出 2 天内不可撤销的和最后的现金支付。[2] 如果担保的企业购买人寻求保护其股本资本，则特别快速的支付可能也没必要。但是，如果一家企业立即需要资金以进行现金流风险管理，担保通常包括一项银行包装担保（bank wrap）。具体来说，当损失出现并激活了触发事件，银行将接受（再）保险公司支付义务的转移，将其作为一笔短期贷款的抵押。然后银行立即向债权人付款，几天以后当（再）保险公司清算后再偿还银行。图 10.4 描述了这种情况。

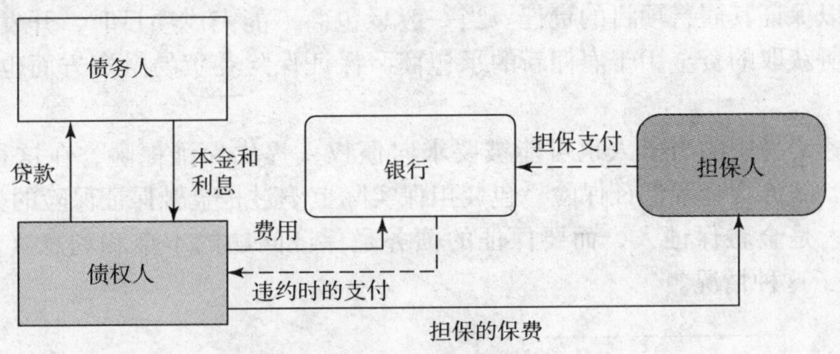

图 10.4　带有银行担保的财务担保

银行参与一项两天内结算的财务担保常常是必要的，这是由在多数市场中使资金转移实现不可撤销和最终性的机械手段引起的。银行结算要通过中央银行货币和准备金的转移来实现。在大多数国家，只有银行允许直接访问中央银行支付系统并在中央银行保留准备金。在这种系统中，保险公司和非银行客户必须通过银行进行账户结算。如果没有银行包装担保，就增加了结算过程的时间。[3]

包装担保　包装担保是一种财务担保，其中保险的购买人不是保单的受益人。包装担保的购买人通常是债券的发行人或其他具有信用敏感性债务的发行人。如果发行人偿付本金和利息出现违约，包装担保则向债务持有人提供无条件和不可撤销的支付担保。包装担保实质上与金融保证保险是同样的。

在传统担保的情形下，当事人对债权人的责任通常涉及商品的发送或服务的提供。但是，债权人可能会担心当事人的信用度，因而要求当事人提出一种保证保险以保证履行其债务。当事人向保证人（通常是保险公司）支付保费，然后保证人向债权人发出保证保险，当当事人违约时，担保人具有偿付责任。典型的担保情况参见图 10.5。

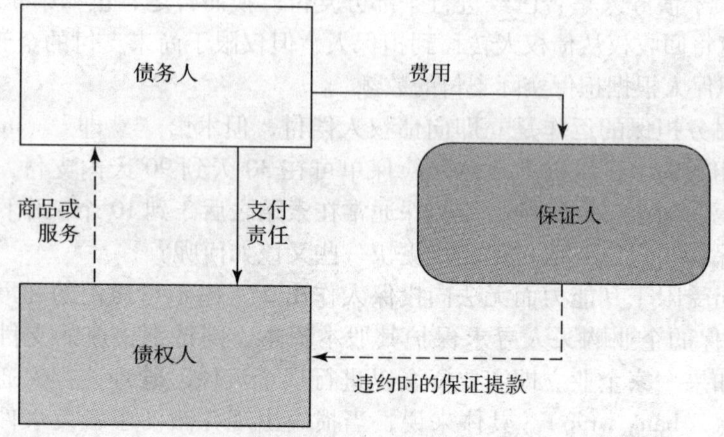

图 10.5 保证保险

商业保证保险历史上就曾用来为商品或服务的提供者履行义务作担保。在美国，比如在建筑项目上这种保证保险十分常见。一般承包商常常被要求向开发商提供保证保险，以保证其履行项目的责任。当一般承包商不能完成项目时，开发商就会将保证保险所获取的资金用于雇佣新的承包商。保证保险在贸易融资方面也是相当普遍的。

纯财务交易中的当事人也可能被要求向债权人提供保证保险，在这种情况下，人们将该产品称为金融保证保险。包装担保实际上不过是金融保证保险的另一名称，其中保证人是金融保证人，而要保证的债务是保证问题的本金和利息（P&I）。图 10.6 展示了这种情况。

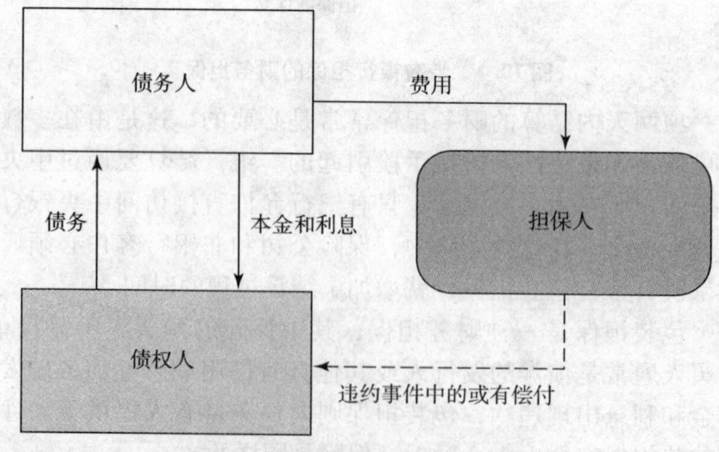

图 10.6 债券包装担保

数额巨大的债券包装担保是由大型纽约专业保险公司完成的。这些保险公司分别是安巴克保险公司（Ambac Assurance Corp.）、金融证券保险公司（Financial Security Assurance, Inc., FSA）、金融担保保险公司（Financial Guaranty Insurance Co., FGIC）和MBIA保险公司（MBIA Insurance Corp.）。表10.1显示了这些排名前列的担保商于2003年底的一些主要的汇总统计数据。目前所有这些专业公司都被评为AAA级或Aaa级。

大多数单纯的债券包装担保并不打算只作为信用保险的替代品。债券包装担保通常用做信用增级，主要为被包装的债务获取一个更高的外部评级（以及较低的资金成本）。实质上，专业公司是通过收取一定费用向债券发行人出租其自己的资产负债表的（受担保的债务的信用评级几乎总是担保人的信用评级，假设担保是无条件的、不可撤销的并覆盖全部本金和利息）。包装担保对于地方债券和结构性证券的信用增级而言是非常普遍的。

表10.1　　2003年底位于前列的专业担保商数据汇总　　单位：10亿美元

	总净同等暴露	总资本	总资产	每年承销的保险费	净收入
安巴克保险公司	425.9	4.526	7.354	115.3	0.598
金融担保保险公司（FGIC）	206.7	1.835	2.747	42.4	0.178
MBIA保险公司	541.0	6.083	9.986	122.3	0.669
金融证券保险公司（FSA）	294.4	2.104	3.754	84.3	0.263

资料来源：标准普尔2004债券保险手册。

10.2　信用证

信用证（letter of credit，LOC或L/C）是一种银行产品，是一种普遍接受的信用保险的替代方案。信用证可由债务人或当事人向债权人提交，以保证履行对债权人的财务义务。当出现违约时，债权人可使用信用证。信用证长期以来一直用于贸易融资。例如，一家银行向进口商发出了一张信用证，可向出售货物给该进口商的外国出口商支付货款。当进口商收到货物后出现付款违约时，出口商可启用信用证。图10.7提供了典型信用证的现金流例子。

信用证的功能有点像履约保证。它包括一些一般性的条款，诸如可提用的最大额度及期限（通常短于一年）。信用证也可包括某些特别的条款，规定在何种情况下可以使用信用证（例如，仅当购买人对所售货物的支付责任违约时）以及信用证向谁提交（例如，仅向销售商提交）。此外，大多数信用证是不可撤销的，虽然确实存在一些可撤销的信用证以及其功能更像信用额度而非履约保证。

不可撤销的信用证在经济上及功能上都等价于金融保证保险或包装担保。

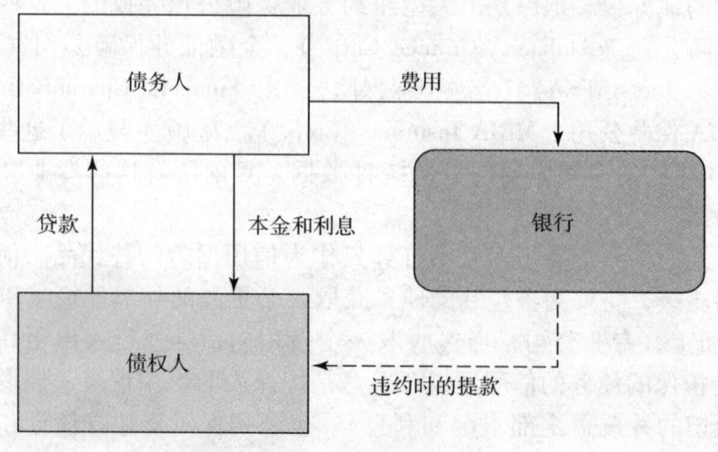

图 10.7　信用证

10.3　谁承担获取信用保护的成本

比较图 10.1、图 10.3、图 10.6 和图 10.7 时应注意到，债权人总是信用保护的受益方，但并不总是向信用保护的提供商开具支票的一方。在传统的信用保险或纯担保（分别参见图 10.1 和图 10.3）中，信用保护购买人或债权人向担保交易中的担保人支付保费。但不同的是，在图 10.6 和图 10.7 显示的包装担保和信用证中，担保交易中债务人向担保人支付保费或佣金。由于这种差别，可能有人会问，为什么信用保护购买人还想要获得一份保险或财务担保（为此必须支付费用），如果其完全可以向债务人要求信用证或包装担保（同样的支付，但是由债务人支付保费）。

现实中，向信用保护购买人开具支票的一方并不一定是承受经济损失的一方。具体而言，本节我们将考虑两个独立的观点：第一，如前所述，哪一方承担信用保护的经济成本并不一定取决于谁为信用保护费买单；第二，我们要考虑哪一方——债务人或债权人——实际上承担了信用保护的成本。

10.3.1　谁开支票与谁承担成本

任何给定的交易中，哪方承担信用保护成本的问题，与哪方向担保人开具支票并没有多少关联。在贸易实务中，在交易中需要对其履约加以担保的一方通常会承担支付信用保护或信用增强的负担。如果交易方通过购买保险或纯担保的形式获得信用保护，则保险费通常反映在债务人对标的交易所接受的较高利率中。

具体来说，假设投资者博佳（Bogart）向开格尼（Cagney）公司提供 100 美元的现金贷款。年底，开格尼公司欠博佳 100 美元的本金加单利。市场利率为 5%，或者 100 美元本金的利息为 5 美元。假设，无论担保的形式是纯担保还是包装担保对开格尼公司向博佳支付本金和利息的担保成本都为 2 美元。如果使用包装担保，开格尼公司在包装担保上花费 2 美元，然后欠博佳的债务本息额为 105 美元。开格尼公司的总筹资成本为 7 美元，或者说是 5 美元的利息加 2 美元的包装成本。

现在假设，是由博佳直接花 2 美元购买担保。在这种情况下，博佳将对其贷款向开格尼公司要求 7% 的利率。开格尼公司欠博佳的债务因而为 107 美元，这包括了本金（100 美元）、定期利息（5 美元）以及信用保护成本补偿（2 美元）。与包装担保的情况一样，开格尼公司的总筹资成本仍然是 7 美元。

在这两种情况下，开格尼公司承担了使博佳面对信用风险的成本以及由博佳的信用保护引起的成本。

但是须注意，造成信用风险的一方并不总是承担信用保护成本的一方。我们所要表达的是，不管是使用包装担保还是担保方式，承担信用保护成本的总是同一方。谁为信用保护开具支票不一定表明就是谁为信用保护买了单。

10.3.2　谁承担成本

在现实中，并不容易确定在具有信用敏感性的交易中，信用保护购买人或者债务人是否需要承受信用保护项目的经济成本。在许多债券包装担保中，包装担保的成本由债券的投资者承担——如果投资者对最初的发行要求信用增级，则其为信用增级支付费用。发行人向担保人开具支票，但接着用向债券持有人支付较低的利率收回了该项成本。这与前面的例子相反。

多种因素可帮助我们决定哪一方将承担获得信用保护的成本。这些因素包括：

• 债务人与债权人的关系是否比较亲密以及是交易性或是长期关系的一部分，例如，与债权人有大量业务往来的银行，为留住这些业务，就更倾向于承担信用增强的成本，这与仅做一次性交易的债券持有人不同。

• 债务人之间的竞争和发行的热销新产品之间的替代性，例如，如果债务人或发行人正提供相当独特的产品并受到热烈追捧，信用增强的成本很可能就会加在债权人身上，而债务人或发行人提供的产品如果具有大量的备选和替代品，则债务人或发行人可能要承担信用增强的成本。

• 新奇而未经考验的独特性，例如，有点与前面变量相反，由于市场对新产品存有疑问，新产品的设计者基本需要承担信用增强的成本，以促进该产品的销售。

读者可以看出其规律。最终，谁来承担获得信用保护的成本问题主要是出于市场营销方面的考虑。在债务或债权关系中拥有议价能力的一方很可能决定谁为信用保护买单。有时，债务人处于决定性谈判位置，信用增强成本将加之于债权人。而有时债权人处于支配地位或是不做某一交易也损失不大，在这种情况下，债权人可要求债务人提供信用增强，而债务人也必须为此付费。

10.4　不同信用保护产品之间的差别

信用（再）保险、财务担保、财务保证保险、包装担保和不可撤销的信用证，均以基本相同的方式发挥作用，且均可用于实际上同样的目的——在金融交易中保护债权人使之免受交易中债务人不支付造成的信用风险。尽管它们具有基本的类似性，所有这些产品在市场上都获得了广泛应用。然而这些产品仍存在一些重要的差别，这种差别可能影响给定的金融交易中的最优解决方案。

10.4.1 传统信用保险与财务担保的对比

真正的财务担保与传统保险合同在一个重要方面存在着差别。只要担保购买人目前处于保费支付责任下以及并未试图欺骗担保人，担保人就必须立即进行有关担保的支付。重要的是，在这个过程中没有像传统保险一样的理赔过程（参见第 8 章）。

此外，真正担保的文件比较简短且切中要点，包括很少的条约和限制。这已使许多人将真正的担保归结为“现时支付，日后起诉”为特征的信用风险转移产品。传统的保险中，保险公司在进行支付之前，使用理赔程序来决定其实际在索赔要求中欠付的金额；而对于担保，举证的责任在保险公司，保险公司先支付全部索赔，然后，如果保险公司认为其不应当承担索赔要求的全部义务，则可起诉索赔人追回钱款。

担保的快捷支付及无条件的特点，使其在用做信用增强手段及合成股本资本的来源时很受欢迎。高信用等级的保险公司提供的担保是财务实力的象征，而且原则上，还可为那些与保险购买人进行商业或金融交易的企业带来很大程度的轻松感。如果担保是可靠的，评级机构会提升保险购买人的评级，以反映其资产在担保后增强的信用。

10.4.2 纯财务担保与包装担保的对比

纯财务担保与包装担保实质上是相同的，二者均为财务担保的具体类型，但二者与传统信用保险存在差别。很大程度上，纯财务担保、包装担保和财务保证保险之间的区别只是专业用语的不同。

我们在前面一节中讨论过，在谁为信用保护出具了支票方面，存在一个机械的差别。这确实是另一个区别——但不是非常显著的区别。

一般而言，所有财务担保不会设计为完全相同的形式，但原则上它们还是相当接近的。

10.4.3 单一险种与多险种财务担保的对比

根据纽约州保险法，只有那些明确获得担当财务担保人牌照的保险或再保险公司，才能提供财务担保，包括纯财务担保和包装担保。[4]能够获得执照提供担保的保险公司，只能是单一险种保险公司（参见第 8 章），单一险种保险公司除了提供财务担保之外，不做承保业务。换而言之，由纽约州多险种保险公司提供的财务担保不可能是法律上可强制执行的合同。

这似乎是全球保险法的很小部分，但其意义十分深远。在纽约州保险法中的所谓阿普尔顿规则（Appleton Rule）之下，禁止总部在纽约州的保险或再保险公司在纽约之外提供纽约州禁止的承保责任。[5]类似的，已获准在纽约开展业务的其他州的保险公司或再保险公司，也受到约束不能在纽约州外承保那些禁止在纽约州本地的保险公司从事的业务活动，除非那些外部业务活动不对纽约州本地的保险公司形成歧视或损害。[6]

实践中，纽约州的限制规定极大地限制了多险种保险公司向注册在纽约州的公司或在纽约州法律之下运营的公司提供财务担保的机会。但需注意的是，这并不阻止多险种公司向其他司法管辖区域提供财务担保。事实上，总体而言，多险种保险公司在担保业务上是非常活跃的——只要不涉及纽约或住处在纽约的客户。

10.4.4　保险与信用证的对比

信用保险、财务担保、财务保证保险和包装担保相互都很类似，都是由保险公司提供的信用保护。不可撤销的信用证实际上与财务担保可达成同样的目标，而且与财务保证保险及包装担保很相似，但它们之间也有一些重要差别。

资本和债务能力　获得信用证的债权人有权全部或部分地从信用证提款，只要债权人在任何时间对债务人的支付能力或还款意愿产生了怀疑。如果债权人选择从信用证提款，债务人基于其自身信用去阻止债权人提款的能力十分有限。信用证因而实质上代表由银行担保的债权人的金融资本，也就是说，从经济角度看，信用证消耗着债务能力。

相反，保险和担保是担保人的财务责任而不是债务人的责任。保险和担保并不代表债务人的直接资本。正因为如此，银行会将信用证视为信用证发行对象企业的信用的经济延伸，因而降低了该企业的承债能力。但财务担保不是这种情况，财务担保完全是担保人的债务。

在某些情况下，银行要求获得信用证的企业为信用证提供抵押品，这会使企业的一部分资源成为抵押品，而这在其他类似财务保证保险中可能是不必要的。保险和担保偶尔也需要保证或抵押，但这种做法并不常见。

理赔　信用证可简单地由其受益人（在我们例子中的债权人）提款。但保险产品有时要经过理赔。这意味着，在保证保险支付之前，还需要对索赔进行调查。

正如我们所讲的，真正的财务担保有意避免理赔问题，并将担保与信用证同等对待。但这可能不能适用于所有的财务担保（即使或许其应当如此），而且对于普通的信用保险，也是不适用的。

承保责任　保险是一种补偿产品，因而向债权人提供最高达到损失数额的承保责任。与此不同，信用证常常为固定金额，该金额可能只代表了潜在违约责任的一个部分。在这种意义上，信用证可能对信用保护购买人提供较低的保障。同时，信用证是不可撤销的，以及常常比担保要求的条件要少。

10.5　何时担保不再是担保

自 2001 年以来，财务担保市场出现了相当大的不确定性。该不确定性关注的问题是，财务担保是否真如其表面表现的那样是无条件的。特别是，几家多险种保险公司以纽约州限制条款作为不履行担保责任或保证责任的借口——或许合法，或许不合法。在本节中，我们回顾几个最重要的案例并从中汲取一些教训。

10.5.1 作为财务担保的保证保险

四类保证保险推动了对纽约州限制条款的解释。这四种有疑问的保证保险是：

1. 银行存款保证保险（bank depository bond）和超额联邦存款保险公司（Federal Deposit Insurance Corporation，FDIC）保险向其持有人对由银行破产引起的超过联邦保险水平的损失提供补偿。

2. 租赁保证保险（lease bond）的发行是为了在承租人支付租金违约时，保证一项租赁的持续进行。

3. 预付供应保险（advance payment supply bond）的发行是为确保资产的最终交付，该资产是通过预付的远期或互换协议而预先购买的。

4. 回溯式保费支付保证（retro premium payment bond）用于确保某些后支付保费的保险项目的支付责任，如劳工赔偿和事后融资的有限风险（参见第24章）。

纽约州法律将诚信与保证保险定义为：[7]

……

（C）任何合同保证，包括投标、支付或维护保证或履约保证，其中保证保险了任何合同的执行，除了债务责任或其他货币性责任外；

……

（E）成为任何合法合同的保证，或者担保任何合法合同的履行，不属于本段专门规定的合同，除了（i）抵押担保保险，依照本章第65款，该类保险只能由获得授权的承保人提供，（ii）一项符合财务担保保险定义的合同，按照本章第6901节第（a）子节的第1段中阐明的定义，（iii）任何保险合同，除非依照本条款第1114节的第（c）子节，这类担保被授权；或者（iv）如在本小节中第28段中明确的服务合同补偿保险……

纽约州法律将财务担保保险定义为：[8]

：……保证保险、保险单，或者一项补偿合同，如果是由一家保险公司或者任何经营保险业务的人所提供，如本章的1101节第（b）子节所定义的，以及任何类似于前述类型的担保，在该担保下，一旦证明财务损失发生了，作为下述事件的结果，可向被保险索赔人、债权人或受赔偿人补偿损失：

（A）任何债务人或任何债务工具及其他货币性债务（包括由保证保险、保单或赔偿合同所担保的股本证券）的发行人在到期时未能支付应由债务人支付的责任，或者在投保时安排的由债务持有人收取的本金、利息、溢价、红利或购买价格等，或者此类工具或责任的其他到期应付金额，当这种违约是财务违约或破产的结果，或者只要这种支付来源是投资级的，是任何其他不能履行的支付，而不管这种责任直接来自于另一债务人的违约或者由于是另一违约债务的担保人而导致的；

……

（2）尽管本章子节的第一段，“财务担保保险”不应该包括：

……

（B）如在本章第 1113 节第（a）子节中的第 16 段中所定义的诚信和保证保险……

换而言之，纽约州法律定义保证保险是与债务责任支付无关的保险。

在本书中，我们可以看出，为什么前面列出的四种类型的保证保险有可能引起麻烦。例如，租赁保证保险在承租人出现财务违约时，确保一笔货币性支付。这看起来像是财务担保，而且确实，纽约州保险监管局曾经特别讲过，它认为租赁保证是财务担保而不是保证保险。[9]

或许涉及保证保险可强制性的最大争论是关于预付供应保险（advance payment supply bond，APSB）以及安然公司使用其为某些与 JP 摩根大通的交易进行信用增强。到 2001 年，大通曼哈顿银行及后来的 JP 摩根大通曾经安排从安然购买总额达 37 亿美元的原油与天然气的预付远期购买（prepaid forward purchase），该合约中，JP 摩根向安然预付现金，作为回报，安然以预先确定的价格和数量在未来交付原油和天然气。当安然提出破产保护时，JP 摩根因原油和天然气的交货违约而被欠了 16 亿美元，其中大约 10 亿美元是由预付供应保险加以担保的（Roach，2002）。

JP 摩根最初要求安然获取银行信用证，这样，在安然未来交货违约时，JP 摩根可以从信用证提款。1998 年开始，安然请 JP 摩根接受预付供应保险代替信用证，来作为未来交货的抵押。安然偏爱保证保险而不是信用证并不令人惊奇。回想一下，安然当时渴望避免承担新的资产负债表内债务。信用证将占用安然的资产负债表信用额度，而预付供应保险则不会。

尽管这种做法对安然有明显的吸引力，JP 摩根起初对接受保证保险来代替信用证十分犹豫。为减轻其忧虑，JP 摩根银行要求所有支持安然预付供应保证的保证保险提供几种形式的保证，以确保预付供应保险“在功能上与信用证等价，而且与信用证一样，可构成绝对的和无条件的按需支付的财务担保”。[10]很明显，这些保证被提供了，经 JP 摩根同意后，预付供应保险开始代替信用证作为抵押。预付供应保险的提供者都是多险种保险公司，其中多数是住所在纽约的公司，以及包括利宝互助（Liberty Mutual）、旅行者意外及担保公司（Travelers Casualty & Surety）和圣保罗火灾及海上公司（St. Paul Fire and Marine）。

2001 年 12 月 7 日，恰为安然提出破产保护之后的第 5 天，JP 摩根向安然的保证人提出了书面通知，要求根据预付供应保险支付近 10 亿美元款项。保证人拒绝支付，争辩说，预付供应保险“是为伪装（JP 摩根）大通银行向安然的贷款而设计的，并且，（JP 摩根）大通银行欺骗了保证保险的提供商，使之为原本他们不会提供担保，同时按照法律（纽约州法律）要求也不能提供担保的纯财务责任提供了担保。”[11]换而言之，保证人声称，预付款实际上不是商品交货合同而是伪装的定期债务。因而预付供应保险代表了多险种保险公司在纽约法律之下不能提供的财务担保，从而显然免除了多险种保险公司的支付义务。

2003 年 1 月 2 日，JP 摩根宣布，其在 2002 年第四季度承担了 13 亿美元的费用，主要用于处理与安然相关的诉讼事项。该项损耗费用反映了其与承保人达成了和解，该和解恰在审判开庭的同一天达成。根据该和解方案，11 家保险公司同意向

JP 摩根支付其预付供应保险项下责任的60%，或者是总欠款10亿美元中的6.55亿美元。

保证人声称安然—JP 摩根之间的预付远期与互换是定期债务而不是商品交付合约的原因，将在本书后面的第21章讨论。我们尚未覆盖足够的结构性融资或项目融资的有关内容，还不能进行深入讨论。现在了解争论的关键在于进行担保的责任是固定的货币性数额还是商品的交付，就足够了。如果是后者，保证人大概也就不能质疑其责任了。但是，如果安然欠 JP 摩根的债务是伪装为商品交付合约的固定货币性债务，那么预付供应保险几乎当然成为纽约州法下的财务担保，所以最初就是不允许的。

10.5.2 好莱坞融资

始于20世纪90年代中期，结构性融资技术就全面进入了电影融资领域。特别地，证券化或出售将来的电影收入成为流行的工具，并借助于电影获得融资。机制上，制片公司会向特殊目的机构（special purpose entity，SPE）出售未来影片的收入权，以换取代表了将来收入的经折现的净现值的现金支付。该现金可由制片公司用来完成电影的拍摄。SPE 通过发行债券来筹集所需现金，而债券本息的支付由电影将来的收入确保。

虽然对证券化技术进行了创造性的运用，但由 SPE 发行债券的信用质量通常都低于投资级。如果确实如此，电影可能永远也无法完成，则其对电影观众而言就是彻底的失败。因而这些债券的发行人会寻求增强信用的手段，如以担保或包装的方式来提高结构性债务的信用评级。

好莱坞融资担保 好莱坞融资（Hollywood Funding）是给予七种独立的私人电影融资证券化的总称。[12]证券化结构由瑞士信贷第一波士顿（Credit Suisse First Boston，CSFB）来构建，证券化中发行债券的现金流由维信意外及财产保险公司（HIH Casualty & General Insurance）和美国国际集团（American International Group，Inc.，AIG）旗下的莱星顿保险公司（Lexington Insurance）提供担保。

一家由前劳合社承保人经营的名为闪点英国公司（Flashpoint UK Ltd.）的英国电影公司，1996年到1998年从这些证券化途径中获得融资，为几部电影的完成而筹资。这些电影的应收收入反过来转入7个好莱坞融资工具，以支持7个系列的债券发行。维信和美国国际集团担保那些债券的本息支付，同意当电影收入不足以支付票据持有人时弥补任何现金短缺。这些担保的存在就是闪点公司从好莱坞融资获得支持的条件。

图10.8以图形的方式展示了这些关系并指出，维信担保了好莱坞融资发行产品的1到3，以及莱星顿担保了债券发行的4到7。实线表示现金流，虚线表示结构。灰点线代表所谓的担保。

好莱坞融资1和2拥有的收入比票据债务少3 100万美元，维信支付了最终的索赔。然后维信试图从为其担保进行再保险的再保险公司收取资金。该再保险——80%成数分保合约（参见第9章）——是由安盛再保险牵头的辛迪加所提供的。其他成员包括新罕布舍尔保险公司（New Hampshire Insurance）和独立保险公司（Independent Insurance）。

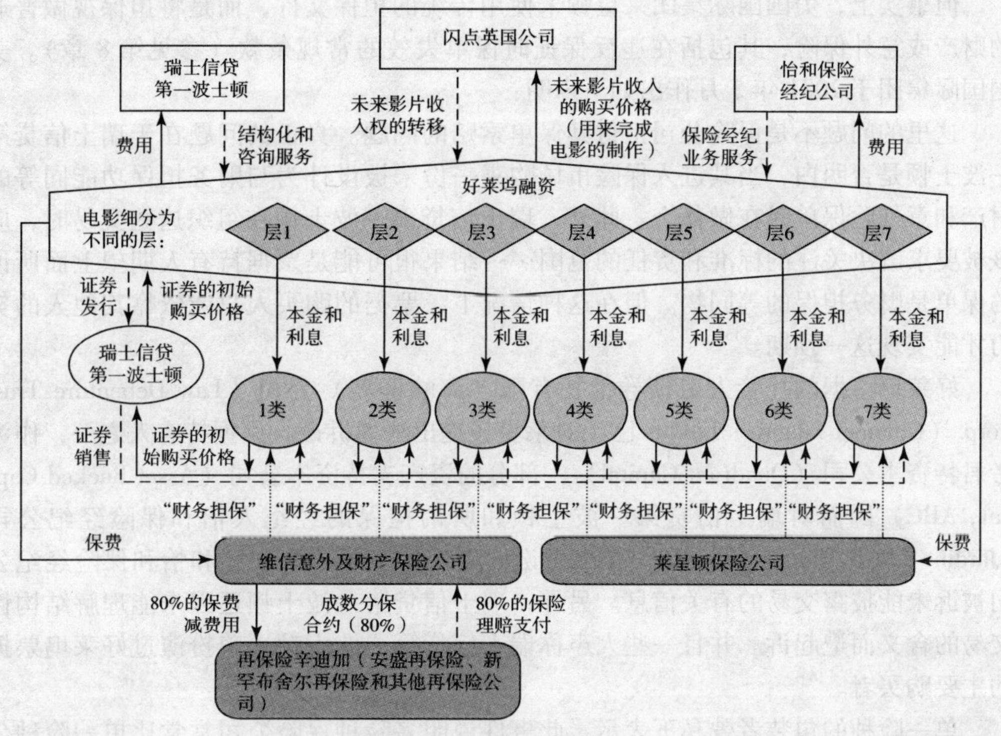

图 10.8　好莱坞融资

维信向好莱坞融资支付了索赔，向再保险公司提出索赔之后，再保险公司因违背保证而对向维信的偿还义务提出了异议。具体来说，维信本不应支付原来的索赔，因为保单的保证要求每个工具制作 6 部电影，但在每个案例中都还没有制作 6 部电影。上诉法院支持高等法院的判决，即该项索赔本不应该支付。

同时，美国国际集团的子公司莱星顿已起诉闪点公司，指责其不能在单独的托管账户（escrow account）内分散电影收入。在法院作出有利于维信的再保险公司的判决之后，莱星顿拒绝支付好莱坞融资 5 和 6 出现的任何索赔，并引用了维信判决，作为其没有责任的证据。

好莱坞结构发行的票据曾被标准普尔评为 AAA 级。在莱星顿撤销其担保后，好莱坞融资 5 和 6 发行的票据在 2001 年 2 月降级为 CCC－级。也是由莱星顿担保的好莱坞融资 4 在 3 月被降级为 BB 级。好莱坞融资 5 在 5 月对其票据持有人违约，以及好莱坞融资 6 在 6 月违约。

争论　围绕这次灾难的争论主要在于何时担保是一项担保，以及谁了解这一点。当标准普尔将好莱坞融资 5 和 6 降级时，其有以下声明：

在复核了保单之后，标准普尔认为，保单是绝对的和无条件的，即获得保单付款（除了托管账户中的钱款不足的情况）不需要条件或批准，莱星顿已经放弃了所有保单支付的防卫，并且保单满足金融市场工具信用增级的资本市场标准。[13]

标准普尔进一步解释说，“从保单字面看，事项除支付外仅为……与战争、国内暴动、外国敌人的入侵、革命等以及放射性污染有关的原因。”[14]

但事实上，美国国际集团莱星顿未使用传统的担保文件，而是将担保视做普通的财产或意外保险，其包括在违反保证时保单失效的常规条款（参见第 8 章）。美国国际集团于 2001 年 5 月作出如下声明：

这里的问题不是保险公司拒付其保单索赔的问题。真正的问题在于瑞士信贷第一波士顿是否明白，当其进入保险市场购买一份未被设计为与财务担保功能同等的财产和意外险保单时在做什么。此外，瑞士信贷第一波士顿在组织这些交易时，应该被要求解决关注的标准和责任的范围……结果很可能是票据持有人期望上面所说的保单是财务担保的等同物。但在这种情况下，票据的购买人只能依靠其他人的努力才能实现这一预期。[15]

好莱坞票据的托管人劳债券信托有限（海峡群岛）公司［Law Debenture Trust Corp.（Channel Islands）Ltd.］已经对莱星顿提出法律诉讼。票据持有人之一，作为考君特资本公司（Quadrant Capital）一部分的资产支持资本公司（Asset Backed Capital，ABC）因而对瑞士信贷第一波士顿和所谓担保的经纪人怡和保险经纪公司（Jardine Lloyd Thompson，JLT）提出诉讼。瑞士信贷第一波士顿和怡和保险经纪公司被诉未能披露交易的有关信息。另外，瑞士信贷第一波士顿还因未能理解结构性交易的含义而遭起诉。并且一些人声称瑞士信贷第一波士顿还曾扮演过好莱坞票据的主要购买者。[16]

单一险种的包装者曾私下表示，此事件说明多险种保险公司常常比单一险种公司更倾向于质疑索赔要求，并且多险种保险公司更倾向于提供类似担保产品但实际上又不是担保产品的产品。那些想争论财务担保实际上只相当于其担保人的能力和赔付意愿的人，常常将好莱坞融资作为例子。但是，那可能并不是从好莱坞融资的例子上吸取的正确教训。相反，或许可吸取的最好教训是需要区分传统保险与真正财务担保的差别。作为财产或意外保险的提供商，美国国际集团基于违反保证而不赔付似乎是在其契约权利之内的事，而维信及其再保险公司之间的英国争论似乎确认了这一点。真正的问题——其仍然相当神秘——在于这些保单是如何在市场上营销的。如果从未告知有关莱星顿提供的保险是担保而不是真正的保险，人们就难以指责美国国际集团，而是或许应该质疑标准普尔和债券投资人将保单解释为担保。但是，如果美国国际集团或者经纪人曾告知这些保单是担保，然后依据这些保单的传统保险身份作为拒绝赔付的借口，那就是另外一回事了。无论何种方式，许多人都将好莱坞融资案例概括为有关担保可靠性的广泛警告，但是人们要注意的是不要将该例子引申得太远。

财务增信评级和多险种与单一险种的对比 自 2000 年 5 月以来，标准普尔为保险提供商发出两种评级。传统评级——财务实力评级（Financial Strength Rating，FSR）——表示保险公司支付其赔付的能力，而在 2000 年 5 月引入的财务增信评级（Financial Enhancement Rating，FER）既表示保险公司支付款项的能力也表示其支付的意愿。虽然 FER 出现早于好莱坞融资，但正是由于前面所述的好莱坞融资的失败，才第一次使 FER 变得受欢迎。

FER 最初由标准普尔引入，以便提醒人们注意区分单一险种和多险种财务担保保障之间的不同。以标准普尔的说法是：

虽然资本市场参与者已习惯于根据交易条款全部和及时的支付，但多险种保险公司的支付文化不一定具有及时性。因而，多险种保险公司在分析和调查索赔时的传统惯例可能不能满足固定收益及资本市场投资者期望的迅速支付要求。FER 的一些部分就是为了顺应这种观点而设计的。拥有财务增信评级的多险种保险公司预期会被兑现对其的索赔，而不管法律上的先例及商业上的争论。[17]

10.5.3　交易所和清算所担保——迄今为止成功的故事

作为中间方的金融交易所和清算所承担其会员违约的信用风险，在违约超出任何抵押品、定金或者已抵押资本额时，清算所将遭受损失。在会员违约造成损失时，提供合成股本（synthetic equity）的担保可以是一项很经济的手段；利用该手段，清算所可在出现这类违约之后仍保证其正常运营，并同时向资本市场发出诚信信号。

向交易所和清算所提供担保始自 20 世纪 90 年代，并沿着两条独立的路径发展。一条路径是保罗·帕尔默先生开创的，当时他是被评为 AAA 级的单险种资产担保保险公司（Asset Guaranty Insurance Co.）的雇员，现在是位于纽约的资本信用控股公司（Capital Credit Holdings）的首席执行官。后来达信有限公司的交易及清算所组织（Marsh Ltd's Exchange and Clearing House Organization，ECHO）规则的开发者阿拉斯泰尔·劳瑞—沃克加入了帕尔默的经纪业务。帕尔默和劳瑞—沃克一起成功地在一些著名的清算所创建了担保，如伦敦股票交易所（在其 2001 年停止其清算业务并交给伦敦清算所之前）、悉尼期货交易所（Sydney Futures Exchange）、新加坡股票交易所（Stock Exchange of Singapore）和香港证券清算公司（Hong Kong Securities Clearing Corporation）等。在资产担保或达信（Asset Guaranty/Marsh）项目下，资产担保公司是唯一的担保人，有选择地且以自身的账户对风险进行再保险。

继帕尔默之后一年，美国国际集团的迪亚哥·沃特斯（Diego Wauters）相当独立地开始推销表面上相似的担保。美国国际集团的三项成功的业务包括芝加哥交易所清算公司（Chicago Board of Trade Clearing Corporation）、斯德哥尔摩交易所（OM Gruppen AB in Stockholm）和伦敦清算所（London Clearing House）所做的业务。与当时在澳大利亚银行的迈克尔·马奇（Michael March）一起运行，美国国际集团的担保看起来以及运行均与资产担保公司的结构有所不同。具体来说，美国国际集团将几乎所有风险都从后门推向由澳大利亚银行（Bank Austria）牵头的辛迪加，后者接着将风险分散于其他高评级的市场参与者，包括一些德国地方银行（Landesbänken）。

目前所有资产担保公司的保单仍在，虽然现在是由资产担保公司的继任者瑞迪安公司（Radian，另一家纽约单一险种公司）提供。此外，达信和瑞迪安一起在其提供担保的清算所列表中增加了几家新的交易所，如纽约商品交易所（New York Mercantile Exchange）。达信还与其他担保商合作了项目，如挪威电力交易所由瑞士再保险公司提供担保。

美国国际集团项目的进展并不是很顺利，主要是由于提供项目的人离开了美国国际集团和澳大利亚银行，导致这些企业终止了在该领域提供新的承保业务。这也使得现有顾客与无牵头人的银行辛迪加打交道，而这些银行实际上对清算与结算业务并不熟悉。虽然担保本身的完整性绝对没有问题，但更多的问题是在交易所，这些交易所不得不对几乎每项新产品或业务决定寻求来自一组银行家的事先批准，而这些银行家对交易评估似乎并不像交易所那样热心。因此，所有保单都于2002年结束，不是由其他工具代替就是由通过达信项目安排的工具所代替。

自资产担保公司的帕尔默、达信公司的劳瑞—沃克以及美国国际集团的沃特斯和澳大利亚银行的马奇的先驱性工作后，其他资本提供商也进入了该市场，为清算所提供担保。1999 年 9 月，结算网（Clearnet）——巴黎交易所的清算所——获得了额度达 1.5 亿欧元的担保，承保范围为 3 年内超过 1.7 亿欧元自保资本的有关违约的损失。该担保由法国兴业银行（Société Générale）安排，由丘博（Chubb）承保，以及由瑞士再保险公司、西德意志银行（Westdeustche Landesbank）、德国商业银行（Commerzbank）、卢森堡国际银行（Banque Internationale a Luxembourg）和加拿大皇家银行保险公司（Royal Bank of Canada Insurance Co.）提供再保险。

2001 年瑞士交易所自苏黎世金融服务集团（Zürich Financial）获得了€ 3 000 万 XS € 100 万的有关违约的损失的担保，担保对象是其与英国电子股票交易所（TradePoint）新合资成立的 Virt - x 交易所。该交易所仅有证券上市而无衍生品，苏黎世对 Virt - x 提供的担保是实施开放的、未结算头寸现金保证金制度（cash margin call）的一种替代方式。[18]

第 11 章 衍 生 品

在本章中，我们将暂离保险领域而将注意力转移到风险转移的传统组成工具上，即衍生品。本章将重点讨论传统的衍生品，即那些意在帮助企业转移和微调其所暴露的市场风险的产品（参见第 2 章）。我们将在下一章（第 12 章）讨论衍生品在信用风险转移上的功能和应用。

如我们将在第三部分看到的，运用衍生品促进结构性金融交易的达成已变得无足为奇。而且，在衍生品和将在本书第四部分讨论的非传统风险转移（ART）产品之间的类似性在一些情况中是显著的。衍生品和 ART 的某种形式在一些实例中是可完全替代的。但或许更为常见的是银行和（再）保险公司在金融工程过程中使用衍生品来创建 ART 结构。在该意义下，衍生品和 ART 成为高度互补的产品。

这两章并不想对衍生品进行详尽的介绍。这里，我们只是想简要回顾，金融工程师用来开发结构性产品的主要衍生品构筑模块的情况。这样，我们将不必在本书第三部分和第四部分采取突然式的跨越。

11.1 衍生品的概念[1]

衍生品交易的标准定义是一个双边合约，其价值源自某项基础资产、参考利率或指数的价值（全球衍生品研究组，1993）。但此定义一般来说有些过于宽泛而没有太多实际用途。毕竟，一份普通股就可被视做对企业基础资产的期权，即一种衍生品。

在第 8 章我们看到，保险的定义出自英国普通法并演化为一系列相当明确的标准，例如，要成为保险合同，保险购买者必须具有可保利益而且处于遭受经济损害的风险之中。对于衍生品，不存在这种制度上的或法律上的特别规定，尤其考虑到交易所交易的衍生品（如期货、期货期权和证券期权）与通过柜台谈判交易的衍生品（如远期、互换和商品及利率期权）的平行发展轨迹时更是如此。[2]

从经济学上讲，衍生品是涉及的时间和地点不是此时或此地的交易（卡尔普，2004）。衍生品总是涉及未来性因素，如当天以固定价格购买或销售一项资产并在将来特定日期交付的权利或义务。

衍生品合约必须至少基于一项标的（underlying）。标的可以是资产价格、参考利率或指数水平，根据标的，衍生品交易获得其价值的主要来源。实践中，衍生品覆盖了多种多样的标的，其中包括实物资产、汇率、利率、商品价格、股票价格和指数。实务上对于可作为衍生品合约标的的资产、参考利率或指数没什么限制。此外，某些衍生品可包括不止一种标的。

制度上，衍生品既可在有组织的证券或期货交易所谈定也可由交易双方私下谈定，后者称为柜台交易。表 11.1 显示了从 1998 年至 2004 年每年末的已售衍生品名义数额，通过标的及合约谈判交易的市场类型划分。

表 11.1　　1998—2004 年末的已售衍生品（名义本金）　　单位：10 亿美元

年份	1998	1999	2000	2001	2002	2003	2004*
柜台交易							
外汇	18 011	14 344	15 666	16 748	18 448	24 475	26 997
利率	50 015	60 091	64 668	77 568	101 658	141 991	164 626
股票	1 488	1 809	1 891	1 881	2 309	3 787	4 521
商品	408	548	662	598	923	1 406	1 270
其他	10 387	11 408	12 313	14 384	18 328	25 508	22 644
总计	80 309	88 202	95 200	111 178	141 665	197 167	220 058
交易所交易							
外汇	81	59	96	93	74	118	98
利率	12 655	11 680	12 642	21 762	21 715	33 918	49 385
普通股	1 199	1 851	1 520	1 909	2 026	2 704	3 319
总计	13 935	13 590	14 258	23 764	23 816	36 740	52 802

* 截至 2004 年 6 月。

资料来源：国际清算银行（Bank for International Settlements）。

所有衍生品或是由两种简单而基本的金融构筑模块构成，或是其本身就是这两种基本模块之一，如远期和期权。[3] 远期合约使合约双方按事先商定的价格，一方在未来购买且另一方在未来出售一项资产或其现金等价物。作为支付期权费的回报，期权合约给购买者权利而非义务按照事先商定的价格在未来购买或出售某种资产。史密森（Smithson，1987）将这两个构建模块称为 LEGOs，以此可构建任何衍生品合约。一旦定义了这两项构建模块，实际上任何衍生品交易的现金流均可视做一个组合的净现金流，该组合是由这两项构建模块的某种组合组成。

11.2　远期和类远期合约

衍生品合约的最基本类型是远期合约。一项远期合约是一项双边合约，用于以该合约成立时确定的特定价格在未来的某时刻交付一项实物资产（如原油或黄金）或其现金等价物。当合约成立时，标的资产不出现实际所有权的转移。而是达成在将来某一交付日期转移标的资产所有权的协议。通过判断购买方向出售方支付现金是在合约的起始日还是在未来资产交付日，可区别出预付远期合约和传统远期合约。

预付远期合约和传统远期合约的对比

将衍生品与其他金融产品相区分的一个最重要的特性是衍生品合约含有明确的时间。在该意义下，将衍生品看做是交易的类型而不是金融产品的类型或许更为有用。

诺贝尔奖得主约翰·希克斯爵士（Sir John Hicks，1989，p. 42）辩称，一项资产（实物的或金融的）的购买或出售可分成3个部分：（1）双方间的合约包括一方同意支付和一方同意交货；（2）由资产购买人向出售人的实际现金支付；（3）由出售人向购买人的实际资产交付。我们一般认为，在（1）中合约本身的谈判就是买卖或交易——扩展得出，交易谈判的日子就是交易日期（the trade date）。[4]

有了交易日期，我们可简单地根据交易的第2部分和第3部分的时间与交易日期的相对关系来刻画4种基本交易类型。当购买人的现金支付和出售人的资产交付在谈好交易之后立即发生时，我们称其为现货交易（spot transaction），或者说是现场购买资产。当购买人同意将来支付其在将来收取的资产时，双方就达成了一种远期交易（forward transaction），或者说购买了将来或延期交付的资产。当购买人同意立即向出售人支付货款以换取将来收到的资产时，双方就达成了一项预付远期合约。最后，当出售人立即交付资产且同意将购买人的付款推延至将来时，双方就达成了付款在后（payment-in-arrears）的远期合约。前3种类型的交易在金融市场上经常见到。第4种有时会在商业或零售合同中见到（如现在订阅期刊，以后付款），但在金融市场环境中比较少见，因此，我们在此不涉及第4种类型。

衍生品是以交付标的资产中或转移现金中的某些明确的延迟要素来区分的。将现货资产购买（即购买立即交货）的盈亏情况与传统及预付远期交易（即要求出售者在其后的日期交付资产的合约）的盈亏情况加以比较，或许可很好地说明所有衍生品共有的未来性要素。两种合约的时间差异见图11.1。

在本图及以下类似的图形中，向上的箭头代表现金或资产的流入，向下的箭头代表现金支付或资产交付。从 Z 单位某种资产的购买方的角度看，图11.1中描述所有3种交易类型。其中 Z 单位的某种资产可以是 Z 桶原油、Z 单位的外国货币、Z 单位的按揭支持证券等。

注意，在图11.1中，在交易之间有两个差别：支付时间和购买人（多方）向出售人（空方）所支付的数额。在图11.1（a）所表示的现货交易中，每单位所支付的 $S(t)$ 仅代表当前的现货价格。在（b）中，多方向空方支付的数额是为将来在时间 T 时交付资产而在时间 t 时的价格，可用 $f(t, T)$ 来表示。而在（c）中，多方在时间 t 时为在时间 T 交付资产所支付的数额，正是购买者如果推迟至时间 T 支付时所支付价格的现值，我们用现值运算符 $PV[\cdot]$ 来表示。

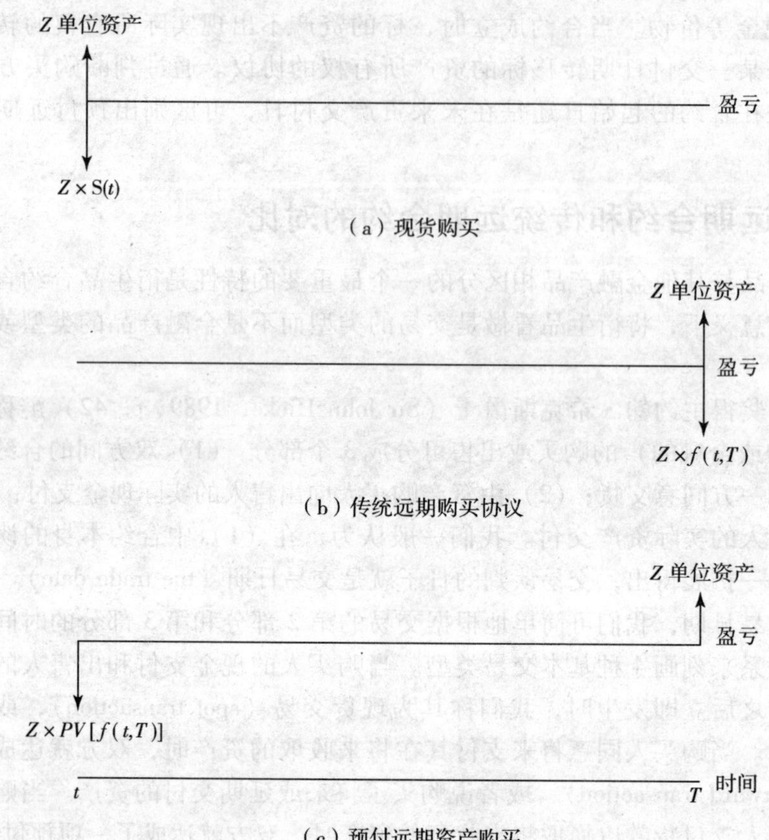

图 11.1 由资产交付及现金支付的时间决定的交易类型

在传统远期与预付远期中多方支付的价格具有可比性，但却不能与现货交易相比，原因相当简单，即两种期货给予购买者相同的标的——都是时间 T 时交付的 Z 单位的资产，其价值为 $S(T)$ 。与此不同，在现货交易中，多方得到了现值为 $S(t)$ 的 Z 单位的资产。当然，今天购买的资产的价格与将来交付的资产的购买价格之间确实存在某种关系，但它们必定是不相同的。请参见卡尔普（2004）的文章以获得更详细的讨论：该关系是何种关系及从何而来。

在典型的远期购买或销售协议中，单位交易价格、质量、单位数量、交货的地点和时间等条件在合约谈判时都要明确，但在将来指定日期之前，既不会进行支付，也不会进行实物交付。为了便利大量标的资产的交易，远期交割合约是相当常见的，这既包括实物资产的交易，如原油或黄金，也包括金融资产的交易，如债券和外汇。远期合约也可以是以现金结算的，在这种情况下，标的资产的现金等价价值由空方（即将来交货的资产的出售者）向多方（即将来交货的资产的购买者）转移，而不是转移实际资产本身。当合约经济功能更加依赖于现金流而非实物结算时，现金结算就会较为流行。例如，许多风险管理应用并不要求实物交割。

在远期合约的最基本形式中，交易双方在某日期 t 谈定远期合约，由空方向多方在将来日期 $T > t$ 时交付 Z 单位的标的资产，在其到期日的多方的盈亏情况为：

$$\pi_T^l = Z[S(T) - f(t,T)]$$

如果合约是以实物结算的，多方向空方支付现金 $Z \cdot f(t,T)$ ，而空方向多方交付 Z 单位的资产。交付的资产当前市场价格为每单位 $S(T)$，因而也代表了其价值。而在等价现金结算远期中，空方向多方支付现金 $Z \cdot S(T)$ ，而不提交具有相同价值的实物资产。

如同许多衍生品，远期合约就是所谓的零净供给资产——也就是说，对每位多方，都对应一位空方。这一点在下面将得到证实：其刚才例子中同一远期合约空方的盈亏表达式为：

$$\pi_T^s = Z[f(t,T) - S(T)]$$

合约中的出售方——空方——因出售每单位资产收到 $f_{t,T}$，而该资产在出售时的价值为 S_T。所以：

$$\pi_T^l + \pi_T^s = 0$$

作为远期合约的例子，请考虑一份协议，要求多方以固定的总购买价格 250 000 美元购买一根 500 盎司的金条。固定的购买价格可用 $f(t, T) \times Z$ 来表示，注意合约的规模 Z 就是要交付的量，也就是 500 盎司的黄金。因而固定购买价格为 $f(t, T)$ = 500 美元／盎司 。以多方的角度，该远期合约的支付情况见图 11.2。

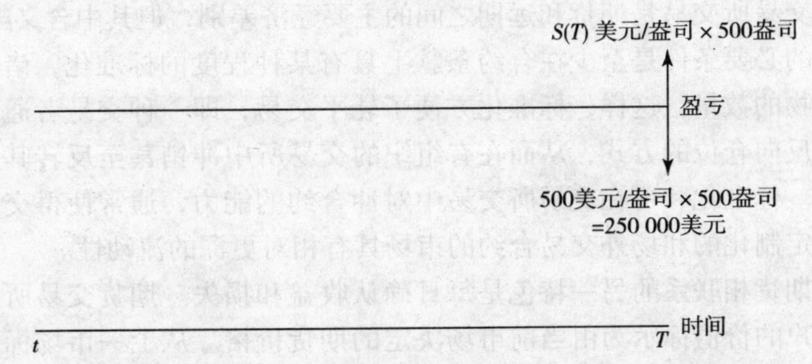

图 11.2 黄金远期购买合约

请注意，对多方（即黄金的购买者）来说，在交割日 T 时的合约价值仍然依赖于 T 时的黄金实际美元价格。如果 $S(T)$ = 450 美元/盎司，则购买人仍然必须汇出 2 500 美元才能得到500 盎司黄金。但那时黄金的市场价值只有225 000 美元。因此，黄金购买人现在要支付250 000 美元才能获得 T 时只值225 000 美元的固定数量的黄金。

图 11.3 显示了一种假设合约期限为一年，美元年利率为 5%，其他条件均相同

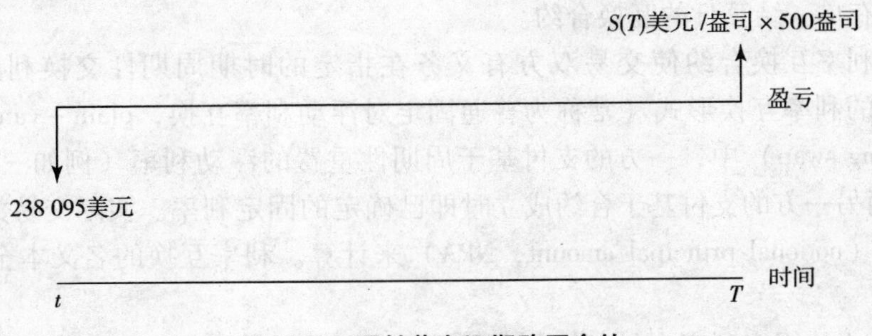

图 11.3 预付黄金远期购买合约

的黄金远期购买协议。本协议不再采取 T 时交付 250 000 美元而采取在 T 时收取 500 盎司黄金的方式，如多方现在在 t 时交付 250 000 美元的现值——或是 238 095 美元——并在 T 时收到 500 盎司黄金。该合约与图 11.2 显示的传统远期实质上是等同的，只是多方支付现金的时间不同。

期货合约　远期合约的重要性不仅在于作为金融工具本身所发挥的重要作用，而且还在于许多包含了复杂特征的其他金融工具可分解为远期多方和远期空方头寸的各种组合。如果一份衍生品合约可分解为一份远期合约或者远期合约的组合，则该衍生品是以远期合约为基础的。

基于远期的衍生品合约最常见的形式是期货合约，或者说是可在有组织的金融交易所交易的合约，如在芝加哥商品交易所（Chicago Mercantile Exchange，CME）交易的远期合约。与远期合约类似，期货合约可基于各种各样的标的物，既可用实物结算，也可用现金结算。一种常见的现金结算期货合约是芝加哥商品交易所的欧洲美元期货合约，其到期时的价值等于 100 减去当时流行的三个月伦敦银行同业拆借利率（LIBOR）。欧洲美元期货当前上市交易的品种有每季到期的品种，直至 10 年期。例如，10 年合约的标的物为从今往后 10 年的三个月 LIBOR。

虽然在交易所交易是期货和远期之间的主要经济差别，但其中含义颇深。例如，交易所交易的必要条件是至少在合约条款上具有某种程度的标准化，诸如作为合约基础的标的物的数量。这样，标准化方便了轧平交易，即一种交易者通过在相同合约上以建立反向仓位的方式，从而在有组织的交易所中冲销甚至反转其多方或空方头寸的过程。标准化和可在交易所交易中对冲合约的能力，通常使得交易所交易合约的市场比定制化的和场外交易合约的市场具有相对更深的流动性。

通常与期货相联系的另一特色是每日确认收益和损失。期货交易所至少每日将所有期货账户的价值标示为由当前市场决定的期货价格。从上一市场标记期间得到的价值上的收益可由胜者收回，而这些收益要由该期间的败者损失来提供。衍生品的零净供给特性保证在任何一天总收益总是严格地与总损失相抵消。

互换　第二种常见的基于远期的衍生品是互换合约。互换是双方私下商谈的协议，以在未来特定的时间根据某种支付公式来交换或转换现金流或资产。利率互换和货币互换应用最为广泛，虽然原则上互换可基于任何标的资产、参考利率或指数。

互换的基本构建模块与基本远期交货合约没有差别。事实上，简单互换合约的现金流总能分解为一项远期合约组合的现金流。同等地，一份远期合约也正是一份单期的、有单一结算日的互换合约。

一张利率互换合约使交易双方有义务在指定的时期周期性交换利息支付额。在最常见的利率互换形式（常称为普通固定对浮动利率互换，plain - vanilla fixed - for - floating swap）中，一方的支付基于周期性重置的浮动利率（例如三个月的 LIBOR），而另一方的支付基于合约成立时即已确定的固定利率。实际交易数额基于名义本金额（notional principal amount，NPA）来计算。利率互换的名义本金是不交换的。

图 11.4 从固定利率支付者的角度展示了典型美元互换的现金流。固定利率 K 是

在合约设立时与其他互换合约条款一起谈定的，包括名义本金额和最终结算日 T。在互换有效周期内的每个重置或结算日，固定利率支付者就会支付（或收取）对应于该重置日的浮动参考利率（例如用 R_{t+1} 表示对应于 $t+1$ 时支付的浮动利率）减去由重置日之间应付利息天数及互换名义本金额进行调整的固定利率 K 的净差额。

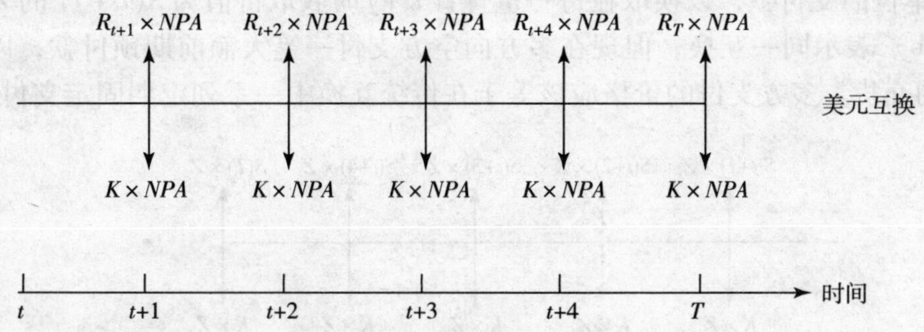

图 11.4　支付固定美元互换

货币互换类似于利率互换的方面在于，交易一方向其对手方作出一系列固定或浮动利率的支付，以换取一系列的固定或浮动收入。不过在货币互换中，周期性的固定利息支付和收取是以不同货币进行的，以及每种货币的本金额在互换开始时就加以互换，而在结束时归还。货币互换的本金因而不是名义上的本金。

除了普通的利率互换之外，还可找到许多其他互换类型，其中大多数互换均可由其内在的经济条件的差别加以区分。即使在固定对浮动利率的互换中，互换合约的大量条款都是可定制的，这包括：

- 名义或参考本金额。
- 本金额是否有分期摊销安排，如果是，如何安排。
- 谁支付及谁收取固定利率款项。
- 支付利息和（或）本金所使用的货币。
- 决定支付进程安排的假日约定。
- 互换有效期的时长（即互换的期限）。
- 由固定利率支付方所支付的固定利率水平（即互换利率）。
- 浮动利率重置指数（例如六个月的 LIBOR）。
- 加在浮动利率指标上的利差（如果有的话），以反映如下考虑，如互换的交易对手方信用风险和信用增级。
- 现金流的频率。
- 在计算支付流时复利计算日期的计算惯例。
- 浮动利率重置的时间与频率。
- 任何影响抵押品的特殊条款。

以多种标的物为基础的衍生品也很常见。最流行的多因素衍生品之一是基差或差额互换，在此种互换中，利率互换的两方都是浮动的。类似于普通的利率互换，该交易也有名义本金额，用以计算利息支付款，而且有在互换有效期内周期出现的支付安排和结算日期。但与普通互换不同，普通互换总有一方自交易起始日起即就支付固定利率，而在基差交易中，双方支付的数额由浮动参考利率决定。

与远期类似，互换也可做预付。最常见到的预付是与商品互换相联系的，而且我们将在本书第 21 章看到大量这类互换。图 11.5 显示了其他条件均相同的预付和传统商品互换之间的差别。图 11.5（a）表示传统互换，其中多方周期性地汇出固定的 K/单位的支付款，以换取在每一重置日 $t+j$ 时收取价值为 $S(t+j)$ 的 Z 单位的资产。（b）表示同一互换，但现在多方向空方支付一笔大额前期预付款，以换取所有将来的交货。多方支付的价格应该等于在传统互换中一系列定期固定支付的现值。

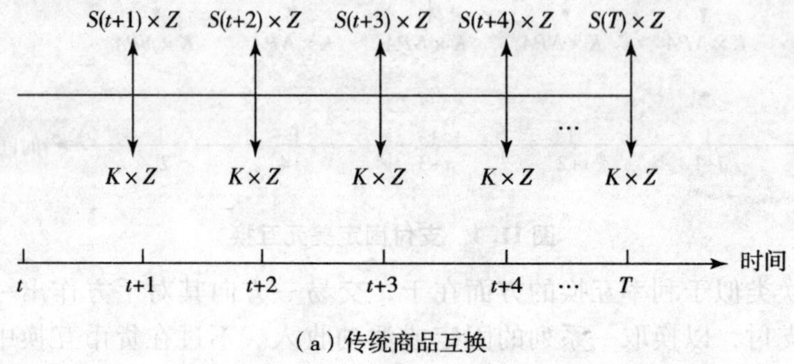

（a）传统商品互换

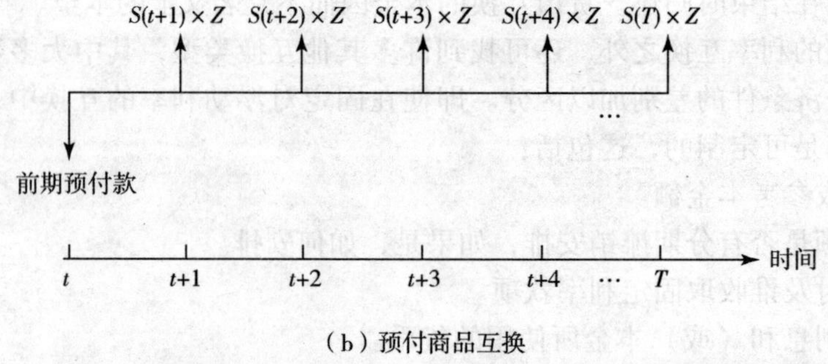

（b）预付商品互换

图 11.5 传统商品互换与预付商品互换的对比

11.3 期权

在衍生品领域，第二类用于市场风险转移的基本构建模块是期权合约。远期和基于远期的衍生品产生了将来购买或销售某一资产或其现金等价物的责任或义务，而期权及基于期权的衍生品为其购买人带来一种权利而非义务，可以购买或出售标的资产或其现金等价物。与远期类似，期权可基于任何数量的标的资产，既可为实物资产也可为金融资产。

11.3.1 期权构建模块的主要类型

一项买入期权给予其持有者以权利而非义务，可在期权到期日及之前以预先指定的价格购买某种标的资产或标的资产的组合。一项卖出期权给予其持有者以权利而非义务，在期权到期日及之前可按预先指定的价格出售某种标的资产或标的资产的组合。

如果购买或出售的权利可在期权到期日及之前的任何时间行权，则该期权称为美式期权。只能在到期日行权的期权称为欧式期权。期权购买人可按预先商定的价格行使其权利购买（买入期权的情况下）或出售（卖出期权的情况下）标的物，这个价格称为执行价或行权价。

期权购买人，称为多方，以向期权出售方支付期权费的方式，对合约带来的权利支付对价。期权的出售方，称为空方或期权签发者（writer）。期权购买者拥有有限负债的资产，而期权出售者可招致的最高损失可达期权标的资产变得毫无价值时的程度。

图 11.6 总结了从购买人和出售人双方的角度看待的欧式买入期权和卖出期权在到期日的盈亏情况。图中展示的期权的执行价格均为 X 并基于某种标的资产，该资产在期权到期时的价值记作 $A(T)$。

图 11.6（a）和（b）表示卖出期权的购买者和出售者之间对称的盈亏责任。为得到以价格 X 出售标的资产的有限责任权利而非义务，期权购买者向期权出售者支付期权费（仅显示了结算盈亏结果，而非利润——图 11.6 未将支付的期权费考虑在内）。如果标的资产在时间 T 时的价格高于卖出执行价 X，则该期权就称处于虚值状态（out - of - the - money）。期权购买人如执行期权就会亏损因而他也就不会执行期权。期权出售人得以保有期权费，且不再承担进一步的义务。

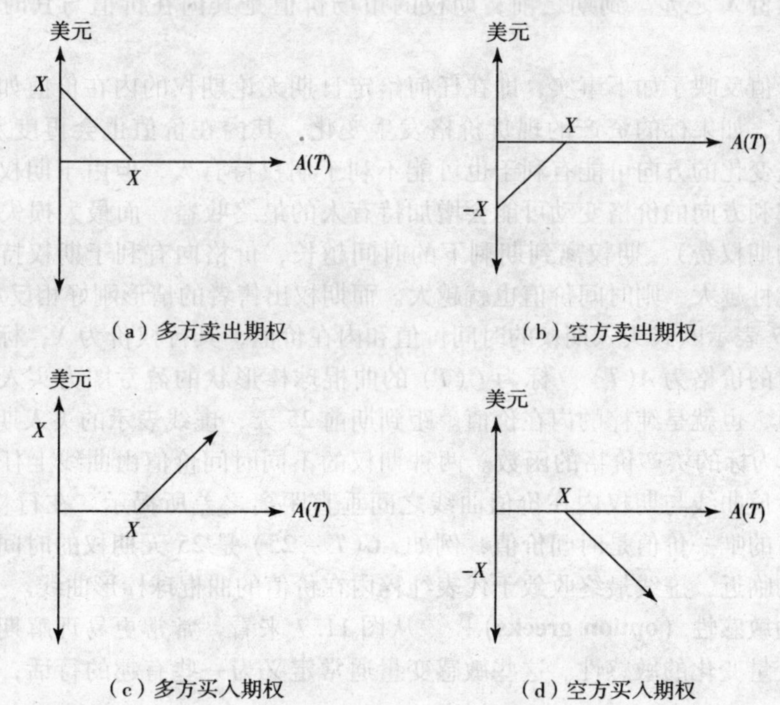

图 11.6 基本期权类型的结算盈亏（欧式，到期时的情况）

如果在时间 T 时标的资产的价格低于卖出交割价 X，则称该期权处于实值状态（in – the – money），期权购买人行权可得到的清算盈亏为 $A(T) - X$。如果标的物价格 $A(T)$ 恰好等于期权执行价 X，则称该期权处于平值状态，但这并不能保证期权购买人通过行权可获取利润。仅当价格下降到低于期权行权价，且足以弥补买方为该期权支付的期权费时，期权购买人才会盈亏平衡。

由于期权持有人在有损失时不会行使期权，购买的欧式买入期权（call option）和卖出期权（put option）在到期时的价值通常可表示为：

$$C(T) = \max[S(T) - X, 0]$$

$$P(T) = \max[X - S(T), 0]$$

这些期权的出售者具有反向的风险暴露。从出售者的角度，相同标的资产行权价为 X 的买入和卖出期权的最终价值则为：

$$-C(T) = -\max[S(T) - X, 0] = \min[X - S(T), 0]$$

$$-P(T) = \max[X - S(T), 0] = \min[S(T) - X, 0]$$

要注意的是，在（a）和（c）中，期权购买者的责任局限于所支付的期权费，而无论期权是买入期权还是卖出期权。无论标的资产的价格如何，不会再要求期权购买人支付额外的费用。而（b）和（d）中所展示的期权的签发人与此正好相反，其要承担事实上无限的责任。[5]

时间价值与内在价值的对比　期权到期时，期权所具有的任何价值即为所谓的内在价值。买入期权到期时的内在价值或者是零，或者是到期日的现货价格 $S(T)$ 与期权行权价 X 之差。到期之前，期权的市场价值是其内在价值与其时间价值之和。

时间价值反映了如下事实，即在任何给定日期无论期权的内在价值如何，在期权到期之前，如果标的资产的现货价格发生变化，其内在价值也会再度发生变化。的确，价格变化的方向可能有利于也可能不利于期权持有人，但由于期权是有限责任合约，有利方向的价格变动可能会增加持有人的最终收益，而最大损失为零（不计已支付的期权费）。期权离到期剩下的时间越长，价格向有利于期权持有人方向变化的可能性越大，则时间价值也就越大。而期权出售者的情形刚好相反。

图 11.7 表示欧式买入期权的时间价值和内在价值，其行权价为 X，标的资产在期权到期时的价格为 $A(T)$。标为 $C(T)$ 的曲棍球棒形状的盈亏图为买入期权在到期时的价值，也就是纯粹的内在价值。距到期前 25 天，虚线表示的买入期权的价值 $C(T-25)$ 为标的资产价格的函数。两种期权的不同时间价值由曲线上任何给定时间点期权价值曲线与期权内在价值曲线之间垂直距离之差所揭示。在行权价 X 处，期权所具有的唯一价值是时间价值，例如，$C(T-25)$ 是 25 天期权的时间价值。随着到期日的临近，虚线最终收敛于代表纯粹内在价值的曲棍球棒形曲线。

期权的敏感性（option greeks）① 　从图 11.7 来看，常常更易理解期权价值对各种市场变量变化的敏感性。这些敏感变量通常定义为一些有趣的行话，称为“期

① 如下文所阐释的，期权的敏感性指标以一些希腊字母表示，因此本节的标题即为 option greeks。这里意译为期权的敏感性。——译者注

权希腊字母”或“兄弟行”，这些敏感变量包括像 theta（θ）这样的变量，即表示了随着时间流逝期权价值的变化。在图 11.7 中，随着时间临近到期日，在价值曲线逐步落向内在价值的过程中可看出 θ 的情况。距到期日的时间越短，价值曲线越低，时间价值越少，因而期权的总价值也就越小，这也称为时间衰减，因为随着时间的流逝，所购期权逐步失去其时间价值，因此，期权是一种损耗资产。

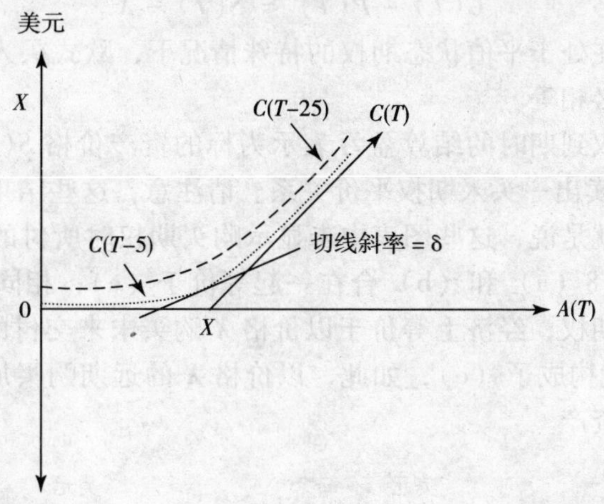

图 11.7 欧式买入期权在到期及到期前的结算盈亏情况

类似的，delta（δ）是期权价值随着标的资产价值的微小变化而变化的敏感性。这也可在图 11.7 中看到，即与价值曲线 $C(T-5)$ 相切的水平线的斜率。该斜率依切点对应的标的资产价格的变化而变化。δ 随着标的资产价格改变而发生的变化即为 gamma（γ）。

最后，vega 是期权价值对标的资产价格波动性的敏感性。由于期权购买人的有限责任特征（最坏的情形不过是损失期权费，不论买入期权还是卖出期权均是如此），较高的波动性及标的资产价格大幅上涨的较高机会并不会伴随着较大损失的同等风险。因而，波动性较大的资产，其期权往往更有价值。

除了这些图形之外，还考察了希腊字母对标的资产价格之外的因素（如到期的时间）的变化而变化的函数关系。有兴趣的读者不妨读一读赫尔（Hull，2003）的文献。

11.3.2 卖出—买入期权平价（put－call parity）

卖出和买入期权的价值通过卖出—买入期权平价相联系。对于美式期权，卖出—买入期权平价只能表达为一个不等式；而对欧式期权来说，该关系严格成立并受到套利交易成本的影响。换而言之，对该平价的偏差代表了一个可利用的套利机会。

为简单起见，假设我们正在处理基于某种资产（假设不会支付任何红利）的交易期权，该资产在时间 t 时的价格为 $S(t)$ 。令 r 表示无风险利率，X 表示买入和卖出期权共同的行权价，而 T 表示买入和卖出期权的到期日。基本的买入和卖出期权平价关系是指，在时间 T 之前的任何时间，多方买入期权的价格和空方卖出期权的价格有以下关系：

$$C(t) - P(t) = S(t) - PV(X)$$

其中，PV 表示现值，在本例中以无风险利率进行了折现。因而，购入买入期权并售出卖出期权综合地等价于购入标的资产并以无风险利率借入 X 美元。

如果假设我们持有这4种头寸的组合，则到期时买入和卖出期权平价告诉我们：

$$C(T) - P(T) = S(T) - X$$

由此关系可看到，在处于平值状态期权的特殊情况下，欧式买入期权和欧式卖出期权的价格在到期时必相等。

通过将某些期权到期时的结算盈亏表示为标的资产价格 $S(T)$ 的函数关系，图11.8以图形展示了卖出—买入期权平价关系。请注意，这些结果是结算盈亏而不是利润或损失——也就是说，这些图表中未显示购买期权时所付的期权费，只是 T 时刻的现金流。图11.8（a）和（b）合在一起等价于（c）；相同执行价 X 的空方卖出期权和多方买入期权，经济上等价于以价格 X 购买未来交付的资产。然后，（c）和（d）合在一起就构成了（e），如此，以价格 X 的远期购买加上借入 X，等价于以现货价格购买该资产。

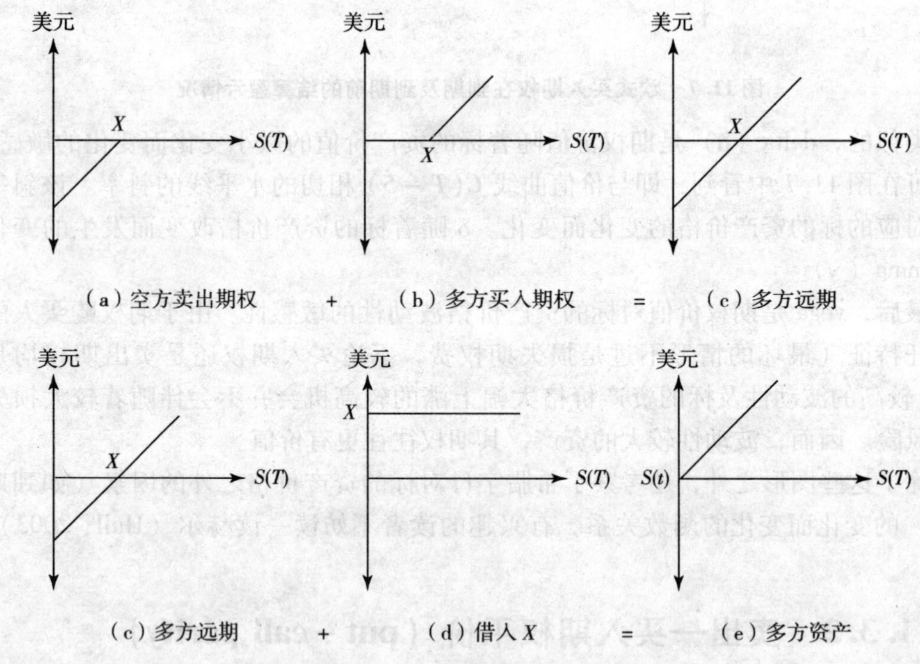

图11.8 卖出—买入期权平价

11.3.3 特殊期权

除了普通的买入和卖出期权外，还有大量的期权产品代表了传统期权主题的变形。这些期权常被称为特殊期权（exotic option），虽然其中某些期权实际上是相当简单的。任何一本编纂良好的衍生品教科书都会向读者提供特殊期权的完整概览。在本节中，我们将着重总结在本书其他部分出现的特殊期权的情况，这些期权或者作为其他结构的构成部分，或者作为其他结构的一种经济上差不多类似的结构。

障碍期权 障碍期权涉及对第二种执行价格的明确标定，该执行价格影响期权的可执行性而不影响如果行权后的期权支付花费。障碍期权包括两种，一种为触及生效期权（knock - in option），是在标的资产价格越过某一障碍之前不能行权；而另一种触及失效期权（knock - out option）是达到某一障碍时该期权即不可行权。通常跨越某障碍可使期权的可行权性发生永久性改变。例如，有一种下跌失效的(down - and - out）买入期权，就是传统买入期权加以下附加特性，即如果价格曾经下降到低于某一预先确定的出局执行价，则期权永久性失效。如果从未达到过该出局执行价，则最终的期权结算盈亏与传统欧式买入期权一样。类似的，如果下跌生效的（down - and - in）卖出期权的生效行权价为 X，而行权价为 K，则当 $X < S(T) < K$ 时，期权不必支付任何金额，而当 $S(T) < X$ 时，该卖出期权就是可行权的，且其内在价值为 $K - S(T)$ 。

图 11.9 表示欧式敲入期权到期日的结算盈亏，该期权所基于的标的资产在时间 T 的价格为 $S(T)$ ——具体而言，图 11.9（a）中是上涨生效的买入期权，而（b）中为下跌生效的卖出期权。在两种情况下，行权价为 X，而生效执行价为 K。虚线代表传统买入和卖出期权的结算盈亏，而实线代表敲入期权的结算盈亏。障碍特性制造了结算盈亏的不连续性。以（b）中的卖出期权为例。当所有 $S(T) < X$ 时，内在价值为正，但在 $S(T) < K$ 之前，期权不可行权。当 $S(T) < K$ 时，期权可立即行权，且其内在价值为 $S(T) - X$ 。对于买入期权也有类似结果。

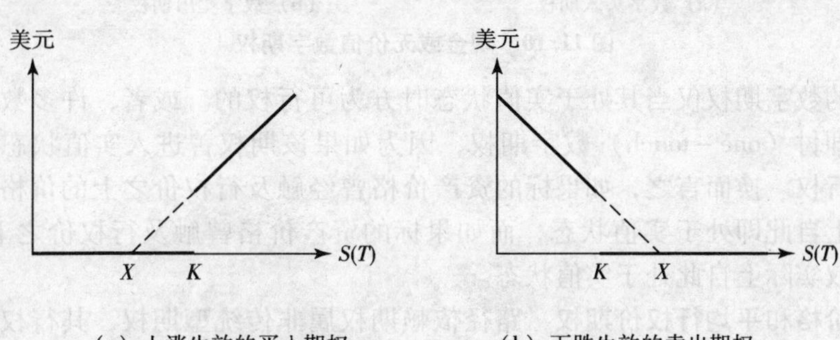

（a）上涨生效的买入期权　（b）下跌生效的卖出期权

图 11.9　敲入障碍期权

在期权中引入障碍限制了多方可以有利地行使期权的情形，从而与传统的、不受限制的期权相比降低了其价格。期权及类期权产品引入障碍要素常常明确用于降低期权费。

二元或数字期权 二元或数字期权是一种其执行的盈亏结果并不依赖于期权的实值状态的期权。下面是一个行权价为 X 的二元买入期权的例子：

$$C(T) = \max(0, Z)$$

其中，Z 是固定的数额。购买者或得到零或得到 Z，而后一数额不随期权处于实值状态的程度而变化。

两种常见的数字期权类型是现金或无价值（cash - or - nothing）数字期权及资产或无价值（asset - or - nothing）数字期权。前者 Z 是固定的现金额；而后者 Z 是固定单位的某种资产。现金或无价值期权的结算盈亏在各种意义上都是固定的。资产或无价值期权的结算盈亏不随着期权的标的资产价格的变化而变化，但盈亏结果的价值是数字期权行权的标的资产价值的函数。

图 11.10（a）显示的是现金或无价值买入数字期权的结算盈亏，而（b）显示的是现金或无价值卖出数字期权的结算盈亏。固定的结算盈亏是 Z，而在每种情况下的行权价都是 X。例如，假设期权是基于原油资产，其行权价为每桶 50 美元。如果任一种处于实值状态的期权，固定的结算盈亏均为 $Z = 100\,000$ 美元。在原油价低于 50 美元时，买入期权到期时不值一文，但卖出期权的结算盈亏为 100 000 美元。如果原油价高于 50 美元，卖出期权到期时不值一文，但买入期权要向其持有者支付 100 000 美元。请注意，这与定值保险合约基本上等同，当然，除了期权购买人不必拥有原油上的可保利益外。

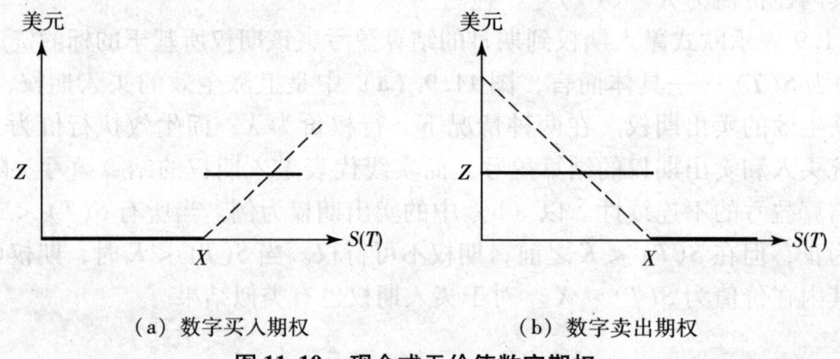

（a）数字买入期权 （b）数字卖出期权

图 11.10 现金或无价值数字期权

传统的数字期权仅当其处于实值状态时方为可行权的。或者，许多数字期权被称为一触即付（one - touch）数字期权，因为如果该期权曾进入实值状态即可以以固定数额行权。换而言之，如果标的资产价格曾经触及行权价之上的价格，则买入期权实际上自此即处于实值状态，而如果标的资产价格曾触及行权价之下的价格，则卖出期权实际上自此处于实值状态。

平均价格和平均行权价期权 路径依赖期权属非传统型期权，其行权或到期时的结算盈亏不仅取决于行权或到期时标的资产的价格，而且取决于在期权存续期内某些时期的标的资产价格实现路径。一种常见的路径依赖型期权称为亚洲（Asian）期权或平均价格期权或平均行权价期权（average price/average strike option）。就一项亚洲平均价格买入期权而言，如果到期日为 T，其行权价值为：

$$C(T) = \max[0, A(\tau1, \tau2) - X]$$

其中，X 是固定行权价，且 $A(\tau1, \tau2)$ 是期权的标的资产从 $\tau1$ 到 $\tau2$ 期间的平均价格。从 $\tau1$ 到 $\tau2$ 进行的平均的时间段可包括从交易日到到期日的时间，或者其间的任意时间段，而平均值本身既可为几何平均也可为算术平均。卖出期权的机制为另一种方式，其最终结算盈亏等于 0 或等于行权价减平均价格中的最大值。

亚洲期权是平均行权价期权。对于到期日为 T 的买入期权来说，平均行权价买入期权在到期时的结算盈亏为：

$$C(T) = \max[0, S(T) - A(\tau1, \tau2)]$$

其中，$S(T)$ 是标的资产的最终价格，$A(\tau 1, \tau 2)$ 是标的资产价格从 τ1 到 τ2 期间的平均价值。

回顾式期权 另一种常见的路径依赖型期权是极值期权或回顾式期权（look-back option）。到期或行权时，回顾式期权赋予购买者以权利，可根据标的资产在存续期内或在某一特定时期内已实现的价格选定一个行权价。[6]取决于期权是买入还是卖出期权，就会知道理性的选择者会挑选怎样的偏好的行权价——即能够最大化期权内在价值的实现价格。如此，回顾式买入期权一般而言等价于行权价为指定期间内最小实现价格的买入期权，而回顾式卖出期权是具有最大行权价的期权。回顾式买入及卖出期权到期时的结算盈亏分别为：

$$C(T) = \max[0, S(T) - S^{min}]$$
$$P(T) = \max[0, S^{max} - S(T)]$$

阶梯期权 当标的资产价格越过某一预先定义的障碍时，阶梯期权的行权价就会自动发生变化。购买者和出售者可商定多项这样的横档和对应于行权价的阶梯。阶梯期权常用于锁定一项期权的某种程度的实值状态，从而后来的行权或到期前的反转不会剥夺持有人的利益。

欧式阶梯买入期权在到期日 T 时有如下结算盈亏：

$$C(T) = \max[0, S(T) - X, \max(0, L_k - X)]$$

其中，L_k 是指定行权价阶梯中的第 k 个横档。图 11.11 显示了三种不同的可能价格路径下阶梯买入期权的结算盈亏。期权行权价为 X，阶梯中的横档为 K 和 L。价格路径 1 生成的结算盈亏等价于传统的买入期权，因为最终资产价格 $S(T)$ 高于这两个阶梯横档。对于价格路径 2，价格越过阶梯横档 K 和 L，但最终价低于 L 的价格。阶梯的结算盈亏因而是 $L-X$。而对于价格路径 3，路径越过阶梯的第一横档 K 后下滑，后来 $S(T)$ 也未再高于 K。但由于阶梯期权的特性，标的资产早期价格高于 K 时被锁定——对于价格路径 3 的最后结算盈亏是 $K - X$。

叫价期权 叫价期权（shout option）是一种买入或卖出期权，其购买者在期权存续期内可一次或多次通知出售者其定义的像阶梯期权一样的阶梯横档的情况。通常购买者只能叫价一次。换而言之，叫价期权也是一种阶梯期权，但其横档可在期权存续期内确定而不是在事先确定。当购买者向出售者叫价时，期权的内在价值就被锁定下来，成为期末结算盈亏的最小值。但是，如果只允许叫一次价，购买者可能会放弃其他潜在的更为有利的叫价机会。

欧式叫价买入和卖出期权在到期日 T 时的结算盈亏对于那些选择叫价水平为 K 的购买者来说定义如下：

$$C(T) = \max[0, S(T) - X, K - X]$$
$$P(T) = \max[0, X - S(T), X - K]$$

复合期权 复合期权（compound option）是一种期权的期权。行权时，购买者接受的是另一种期权而不是实物资产、等额现金或基于远期的衍生品合约。复合期权的例子包括上限期权、上下限期权和下限期权以及一组期权组合的期权。复合期权可以是买入期权或卖出期权，而且也可以基于买入期权或卖出期权而签售，从而

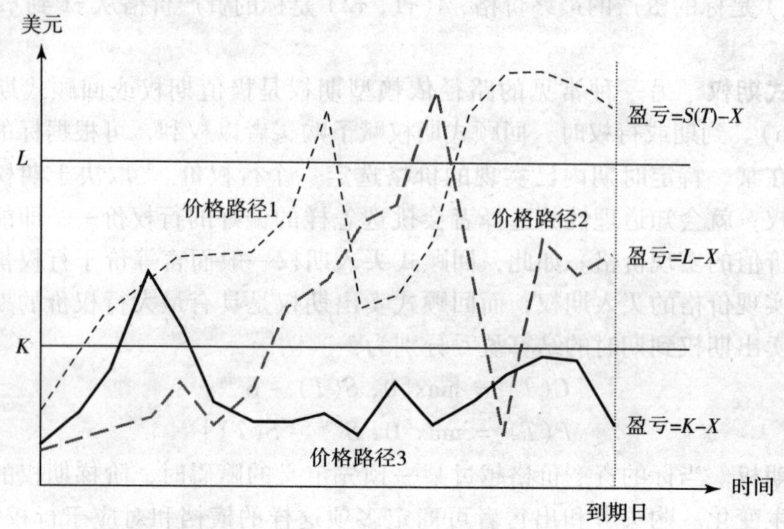

资料来源：改编自 Smithson（1998）。

图 11.11 梯形期权可能的最终结算盈亏

产生至少 4 种组合：基于买入期权的买入期权、基于卖出期权的买入期权、基于买入期权的卖出期权和基于卖出期权的卖出期权。

交换期权、彩虹期权和篮子期权 另一类期权其标的资产不是简单的单一资产，而是一种交换资产，或者是以一种资产换为另一种资产的期权。欧式交换期权在到期时具有如下价值：

$$\max[S_1(T)-S_2(T),0]$$

其中，$S_1(T)$ 是资产 1 的终期价格，而 $S_2(T)$ 是资产 2 的终期价格。

交换期权通常会关联到两种资产之一的持仓头寸。当关联完成后，净结果即为一项允许购买者获得两种资产中较好或较差资产的期权。其持有人有权获得两种资产中较好结果的期权，其结算盈亏如下：

$$\max[S_1(T),S_2(T)]=S_1(T)-\max[S_1(T)-S_2(T),0]$$

而其持有人有权获得两种资产中较差结果的期权，其结算盈亏如下：

$$\min[S_1(T),S_2(T)]=S_2(T)+\max[S_1(T)-S_2(T),0]$$

回顾第 1 章可知，风险企业债的价值是一种基于两种资产中较差者的期权：与债务面额相等的无风险债务加上以债务面值为执行价的卖出期权。

交换期权有时也称为相对利差期权（relative spread option）、彩虹期权（rainbow option）或优胜期权（outperformance option）。彩虹期权可包括两种或更多的资产组，而其中的资产组可代表一篮子其他资产。

11.3.4 照付不议合约（take－or－pay contract）

我们考虑的最后一种产品是在实物结算的商品衍生品交易中非常常见的，在第 21 章中我们将看到该产品的一些例子。在所谓的照付不议合约中，多方（购买者）同意以固定价格在一定时期内从空方（出售者）购买固定数量的标的商品。而实际的交货时机由多方决定。换而言之，多方虽承诺以固定的购买价格和总数量来购买，但可决定何时收货。如果在合约到期时，购买者还没有收取整个标的总量的商品，则购买者仍须为未交付的商品付款——因而产生了"照付不议"这一术语。

照付不议合约常用于能源和金属市场。在农产品市场上也常见到照付不议合约，此时，该产品称为锁定特定时间期货价格（hedge to arrive，HTA）合约。

一项照付不议合约在某种方式上看起来更像是远期合约而不是期权。但是由于其内嵌的数量方面的灵活性，照付不议合约可更简单地视做一组期权头寸绑定在一起，作为一项单一的具有数量灵活性的类似远期的工具。具体来说，从商品购买者的角度看，照付不议合约等价于拥有标的商品的美式买入期权并同时卖出标的商品的欧式卖出期权。两项期权具有同一执行价格——合约约定的固定购买价，且具有相同的到期日。买入期权的标的商品数量等于照付不议合约中须购买的总量，而卖出期权在到期时具有的标的商品数量等于美式买入期权未执行部分的数量。

第12章 信用衍生品和信用连结票据

如我们第2章的讨论，衍生品与保险的一般区别在于补偿原则和可保利益。保险是对实际遭受经济损失的补偿，而衍生品是参数化合约，其现金流基于由市场决定的变量，如利率和商品价格。

在本章中，我们将考察迅速扩展的信用衍生品活动和领域。信用衍生品是双边衍生品合约，当一项或多项参考名称或资产发生不利的触发事件之后，其中一方要补偿另一方。实际上直至1995年之前还无人使用信用衍生品。近年来，有关信用衍生品的交易才爆炸式地流行起来。一些人估计信用衍生品名义本金期末余额从2002年的6万亿美元扩张到2004年底的8.42万亿美元。

信用衍生品是所有衍生品中最类似保险的产品。虽然这种衍生品不要求有可保利益，但其支付却是基于一种或多种非常特定的资产而不是整体市场指数（broad market index）。无论如何，信用衍生品不是保险，信用保护的购买人并不一定要遭受任何损失，从而直接地将此类合约与补偿性合约区别开来。

信用衍生品具有多种多样的形式。以下各节中，我们将考察主要信用衍生品类型的作用机制。在适当的情况下，我们也会考察信用衍生品与第10章讨论过的可比较保险结构之间的主要差别。首先，我们以对市场的简要综述开始本章的讨论。

12.1 信用衍生品活动的范围

惠誉国际评级（Fitch Ratings）估计，2003年最流行的信用衍生品是单一名称信用违约互换（credit default swap，CDS）、组合保护产品、信用连结票据和债务抵押证券（collateralized debt obligation，CDO），其中最后一种产品我们还将在第17章和第18章中进行讨论。[1]图12.1表示2003年这些产品的相对流行程度。

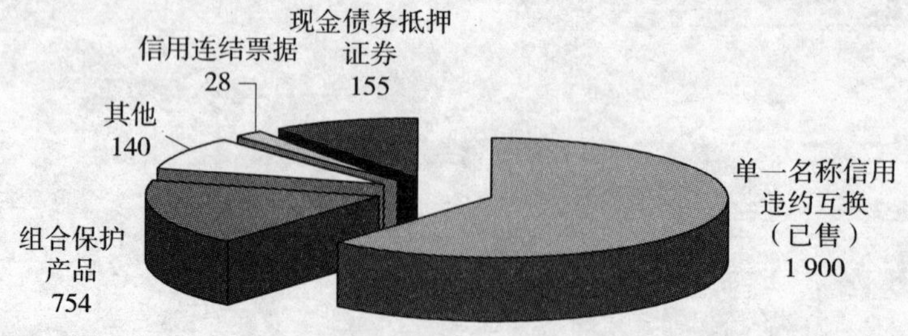

资料来源：惠誉国际评级。

图12.1 2003年按产品列出信用衍生品（单位：10亿美元）

信用衍生品的使用者可分为信用保护出售人或购买人。信用衍生品交易的最基本形式中，信用保护购买方向信用保护出售方定期地支付款项（信用保险保费的衍生品形式），以换取基础资产或名称出现违约事件时获得某些补偿的权利。一个名称实际上是一家企业实体，基于单一名称的信用衍生品可很好地覆盖该实体的任何重要债务上的违约损失。图 12.2 表示 2003 年已售出信用保护的参考名称的主要类型。表 12.1 列出了 2003 年售出保护的前 25 家的特定名称。

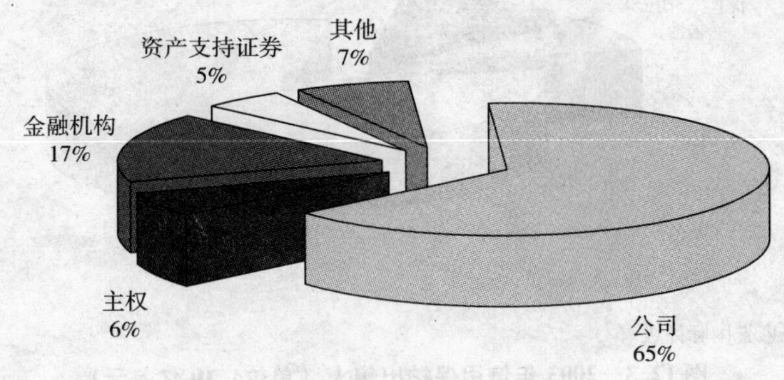

资料来源：惠誉国际评级。

图 12.2　2003 年以类型列出的参考名称

表 12.1　前 25 家参考名称（2003 年已售出的保护）

1	福特汽车公司/福特汽车信贷公司	(Ford Motor Corp. /Ford Motor Credit Corp.)
2	通用汽车公司	(General Motors/GMAC)
3	法国电信	(France Telecom)
4	达姆勒·克莱斯勒公司	(Daimler Chrysler)
5	德国电信公司	(Deutsche Telekom)
6	通用电气	(General Electric/GECC)
7	阿尔特利亚运集团	(Altria Group)
8	意大利信贷	(Telecom Italia)
9	日本	(Japan)
10	法国	(France)
11	意大利	(Italy)
12	葡萄牙	(Portugal)
13	房利美	(Fannie Mae)
14	弗莱森电讯	(Verizon)
15	安联	(Allianz)
16	美林	(Merrill Lynch)
17	大众汽车	(Volkswagen)
18	美国国际集团	(AIG)
19	花旗集团	(Citigroup)
20	德国	(Germany)
21	西班牙	(Spain)
22	法国巴黎银行	(BNP Paribas)
23	伊士曼柯达	(Eastman Kodak)
24	时代华纳	(Time Warner)
25	荷兰银行	(ABN Amro)

资料来源：惠誉国际评级。

全球信用衍生品市场上信用保护购买人包括银行、经纪商或经销商、资产管理公司和对冲基金以及非金融公司。信用保护的主要出售人是国际范围内十分活跃的银行机构（包括其关联的经纪商或经销商）。保险公司和金融担保公司也是活跃的信用保护出售人，其情况如图 12.3 所示。

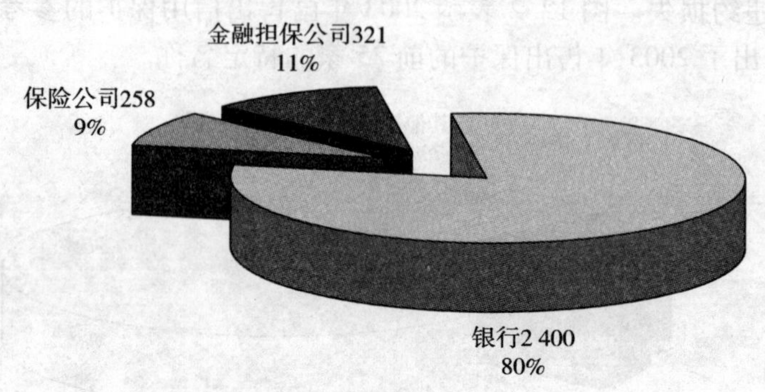

资料来源：惠誉国际评级。

图 12.3 2003 年信用保护出售人（单位：10 亿美元）

2003 年，前 10 位信用保护出售人几乎代表了总市场份额的 70%。表 12.2 列出了 2003 年排名前 25 位的保护提供商。

表 12.2 2003 年前 25 位信用保护销售商

1	摩根大通银行	JP Morgan Chase
2	德意志银行	Deutsche Bank
3	高盛	Goldman Sachs
4	摩根士丹利	Morgan Stanley
5	美林	Merrill Lynch
6	瑞士信贷第一波士顿	Credit Suisse First Boston
7	瑞银证券	UBS
8	雷曼兄弟	Lehman Brothers
9	花旗集团	Citi Group
10	贝尔斯登公司	Bear Stearns
11	德国商业银行	Commerzbank
12	法国巴黎银行	BNP Paribas
13	美国银行	Bank of America
14	德累斯顿	Dresdner
15	荷兰银行	ABN Amro
16	法国兴业银行	Société Générale
17	美国国际集团	AIG
18	巴克莱银行	Barclays
19	多伦多道明银行	Toronto Dominion
20	法国东方汇理银行	Calyon
21	汇丰银行	HSBC
22	安巴克金融集团	Ambac
23	CDC 爱克斯财务担保公司	CDC Ixis Financial Guaranty
24	德国复兴信贷银行	KfW
25	苏格兰皇家银行	Royal Bank of Scotland

资料来源：惠誉国际评级。

12. 2　单一名称信用违约互换

信用衍生品交易最流行的形式是单一名称信用违约互换（single - name，CDS）。虽然称为互换，但信用违约互换的功能却更类似于期权——当由参考名称所发行的合格债务违约时，则合约清偿。

单一名称信用违约互换市场在过去十年增长十分迅速。尽管是柜台市场（over - the - counter market，与之相对的是交易所交易市场），[2]但单一名称信用违约互换市场现在也相对具有较好的流动性。2003 年间 1 000 多个交易活跃的名称中，大约有 300 个名称的信用违约互换如果不是因为流动性更强的话，则会被认为其流动性与其基础债券的流动性差不多（Reoch，2003）。

12. 2. 1　单一名称信用违约互换机制

典型的单一名称信用违约互换发挥的功能几乎与信用保险或金融担保完全一样。信用保护购买人向信用保护出售人支付固定款项（或在一段时期内支付的一系列固定款项），以换取在称为参考资产的特定义务上出现违约事件时的或有支付款项。如果触发的违约事件出现，信用保护出售人向保护购买人进行现金支付，其数额等于参考资产的票面或名义数额减去其期望的回收款。该基本结构的基本原理如图 12. 4 所示。

以下各小节将讨论信用违约互换的某些更为具体的特征及变化。

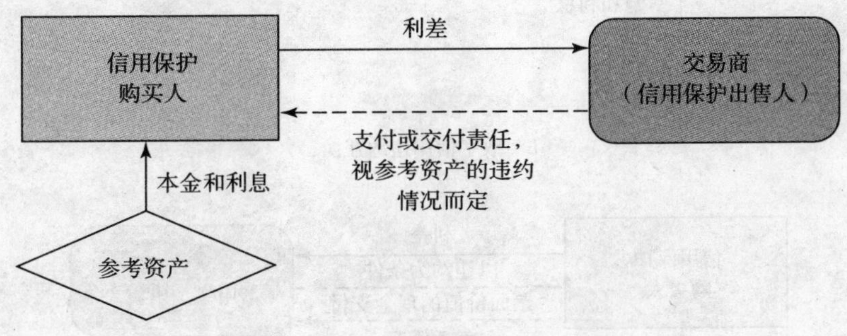

图 12. 4　单一名称信用违约互换

或有债务与结算方法　信用违约互换既可以现金结算也可以实物结算。信用违约互换的最常见的类型是现金结算的信用违约互换（cash - settled CDS），其中信用保护出售人向信用保护购买人做一次性现金支付（在违约事件发生时），其数额等于违约参考资产的票面价值减该资产的当前市场价值。[3]在该类交易中，交易双方要事先约定计算违约证券的市场价值时的信息来源和方法。

某些现金结算的信用违约互换——称为数字信用违约互换（digital CDS）——指定保护出售人向保护购买人支付的固定现金数额。如同传统的现金结算的信用违约互换可比做参考资产购买的补偿型保险一样，数字信用违约互换也可与定值信用保险合约相比较。如我们在第 8 章所看到的，当交易双方预期他们将在对基础资产的真实价值达成协议方面存在问题时，他们倾向于使用定值保险。数字信用违约互换常常用于流动性十分低的参考资产上，交易对手方认为一旦发生违约事件，这些参考资产的定价将十分困难。

实物结算的信用违约互换（physically settled CDS）要求信用保护购买人向保护出售人交付违约参考资产，以换取保护出售人向购买人支付固定数额的现金。固定的现金数额是事先在合约文书中指定的，通常为参考证券的票面价值。

从图 12.5 可以很明显地看出现金结算信用违约互换、数字信用违约互换及实物结算的信用违约互换之间的差别。

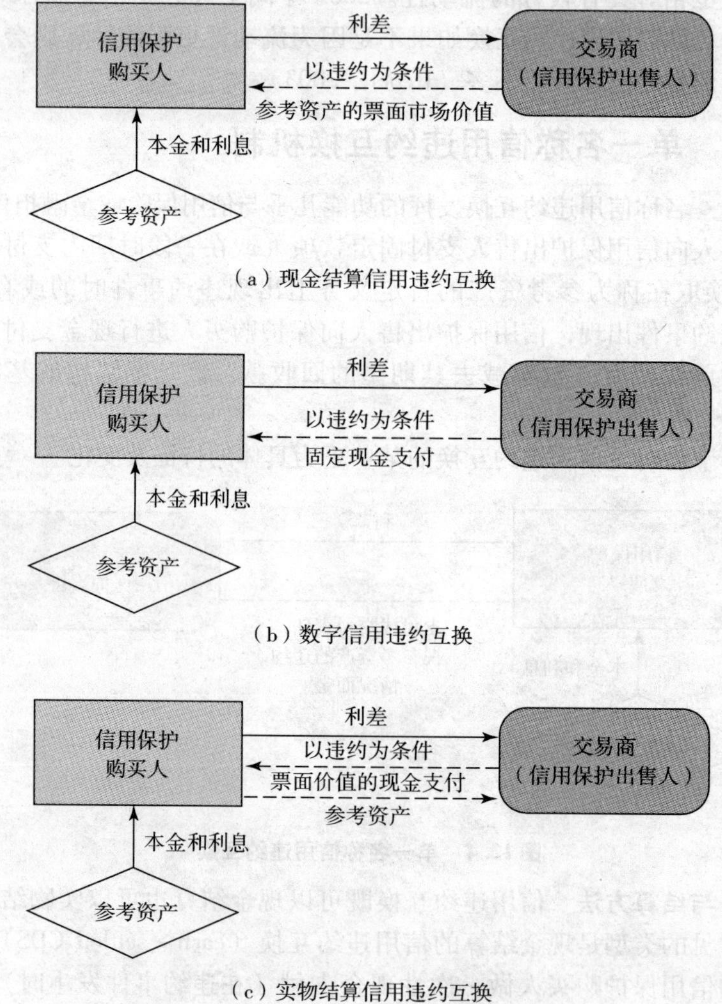

图 12.5 可供选择的信用违约互换结算方法

向保护出售人支付的款项 在信用违约互换中由信用保护购买人向信用保护出售人支付的款项称为利差或信用违约互换利差。向保护出售人支付的利差常常是在一段时期内支付的一系列款项。所有这些利差支付的现值经济上等价于信用保险的保费。

信用违约互换在经济上等价于一项杠杆融资债券头寸。如果参考资产的收益率等价于伦敦银行同业拆借利率加 50 个基点，而且机构可以以利率为伦敦银行同业拆借利率的回购协议进行融资，则 50 个基点的净利差应该近似等于信用违约互换的利差。实务中，债券和信用违约互换之间存在着一些重要差别，从而使这一关系变得不再准确，我们稍后将讨论该问题。

参考名称　在图 12.4 和图 12.5 中，信用违约互换是基于特定的单一参考资产的。信用违约互换并非基于某些资产，而是基于一个参考名称，或者对应于一个特定的发行人或债务人的法律实体。

单一名称信用违约互换覆盖参考名称所发行的任何合格的债务的违约损失。如果顾客需要更加有限的保护，信用违约互换文件可更具体地列出由互换覆盖的参考名称所发行的债务。

参考资产所有权、可保利益和回收权利　或许信用违约互换与信用保险的主要区别在于，信用违约互换中信用保护购买人不必拥有参考资产。图 12.4 和图 12.5 展示了信用违约互换购买人拥有参考资产的情况，但这不是必然的。换而言之，与保险不同，信用违约互换中的保护购买人不必在所购买保护的参考资产上拥有可保利益。

回收权通常会在参考资产的拥有者手中。一项资产的预期回收额反映在一项证券违约之后的当前市场价格上。在现金结算的信用违约互换中，信用保护购买人收到的支付款项等于证券的面值减去预期的回收额，但如果信用保护购买人拥有该资产，则他可以努力提高实际回收额从而获得高于反映在证券价格中的预期回收额的金额。对照来看，在实物结算的信用违约互换中，债券和回收权交给了互换交易商，以换取等于证券面值的现金支付款。如果信用保护购买人拥有该资产并相信可提高反映在证券价格中的回收率，则保护购买人使用现金结算的信用违约互换可明显地得到更好的回报。

如果信用保护购买人并不拥有基础参考资产，则回收权不再相关。而相关的是保护购买人选择实物结算的信用违约互换时所承担的结算风险。换句话说，在实物结算的信用违约互换中，出现违约事件后，并不拥有参考资产的信用保护购买人将不得不去获取该项资产，以履行其对互换交易商的义务。因此，市场上的任何流动性问题就会显著影响保护购买人购买该违约证券时支付的价格。为了降低这种风险，实物结算的信用违约互换常常指定实际上超出参考资产的可交付的债券。但这样做的影响就如同将单一名称的信用违约互换转化为首次违约组合（first - to - default portfolio）信用违约互换的影响一样。

触发事件/信用事件/违约事件　大多数市场参与者有赖于国际互换及衍生品协会（ISDA）的信用衍生品确认方法，这使得交易双方在定义触发信用违约互换支付的违约事件时具有很多灵活性。一项违约事件既可以简单地定义为不能支付一项指定参考资产的本金或利息，也可以宽泛地定义为发行人的登记破产。其他常常被指定为信用违约互换的触发事件的违约事件，包括参考资产或名称的降级、参考名称与另一项资产的交叉违约，以及参考名称对其另一项债务的拒偿。违约事件也可以包括重要性条件，从而数额很小的违约事件就被排除在外了。

在围绕着企业重组处理事件是否构成违约事件的问题上，发生过相当严重的争论。保护购买人往往倾向于将重组作为不利信用事件包括进来，因为重组常常会延长债务的存续期并弱化有关债务的支付条款。而交易商则出于同样的原因希望将其排除在外，并且交易商辩称，重组是非常难以定义的。ISDA 曾经试图着手解决这些问题，2001 年该组织提出了一项对信用衍生品主协议的补充，但保险业参与者发现这些补充并不令人满意。有关重组争论的更多讨论，可参考史密森（2003）和朝德瑞（Choudhry，2004）的文章。

12.2.2 固定期限信用违约互换与恒定期限信用违约互换的对比

典型的单一名称的信用违约互换，向信用保护出售人支付的期权费是固定的，即使这笔款项在合约的有效期内逐步付给保护出售人。近来出现的这种固定信用违约互换的变化形式，被称为固定期限信用违约互换（constant maturity CDS，CMCDS）。所付期权费在 CMCDS 合约的有效期内是可变的，而且周期性地参考某种固定信用违约互换进行重新设定。CMCDS 也可指定调节因子或参与费率，此费率为参考固定信用违约互换佣金的一部分。[4]

12.2.3 债券与信用违约互换的对比

如前面章节所指出的，信用违约互换基本上等价于融资债券头寸。但也不完全如此。事实上，信用违约互换与债券之间有一些重要的差别，而且这些差别使信用违约互换及其等价债券头寸之间在定价上有细微差别。在接下来的几小节中将讨论这些差别。

现金结算信用违约互换对面值的偏离 普通的现金结算信用违约互换的结算盈亏为参考资产的面值减去其市场价格。市场价格反映了参考资产预期回收额经折现的当前价值。

但是，任何给定债券都可能以面值以下的折扣价交易。在这种情况下，发生违约时的损失就是债券市场价格与反映该债券违约后市场价格的预期回收额之差。这与债券面值与其违约后市场价格之差不完全相同。

实物结算信用违约互换的交付方式 正如前面章节所述，信用违约互换可确定一整套可交付的责任，作为发生违约事件时信用保护购买人可交付的方式。当然，在其他情况都相同时，出售人将选择交付最便宜的债券。正如使用过期货合约的人所熟知的，这种以最便宜方式交割的选择权是有价值的，且其他情况均相同时，将增加信用违约互换相对于纯债券头寸的利差。

应计利息 当违约事件触发信用违约互换的赔付并使其终止时，信用保护出售人会收到直至违约日的利差支付。对于债券仓位，不能保证债券持有人实际收到或未来会收到应计利息。

流动性 一般而言，就相同的参考资产，信用违约互换市场通常比债券市场的流动性弱一些。其他条件均相同时，这会使信用违约互换利差略高于融资债券的利差。

12.2.4　金融担保与信用违约互换的对比

金融担保与信用违约互换之间在经济意义上的相似性也是相当明显的。但是，正如融资债券头寸与信用违约互换的对比，金融担保与信用违约互换两者之间也有一些不应忽略的重要差别。

参考资产和触发事件　保险在涉及能够触发违约事件的参考资产或参考名称时往往会更加具体。如前所述，信用违约互换对违约事件的定义往往是相当广泛的。这将使信用违约互换与可比较保险产品之间表现出显著差别。例如，信用违约互换通常只能由已向大众公开披露的违约事件所触发。保险产品与之不同，可由未公开披露的违约事件所触发。

持续的保障　当信用违约互换的违约事件出现时，信用违约互换通常就终止了。而保险产品只要财务担保的保单限额还未达到，就仍然有效。即使达到，选择性的复效条款也允许投保人支付额外保费后恢复部分或全部原始保单的限额，即使保单限额已由之前的索赔消耗殆尽。

税收与会计　金融担保是保险合约，因而会受到保险的会计和税收准则的约束。相反，信用违约互换是一种衍生品合约，因而与保险不同，其会计上必须按市值记账。对冲税收准则亦可适用，这与保险税则不同。例如，为金融担保支付的保费是可免税的，而信用违约互换的利差通常不行。

提前解约　当信用保护出售人想避免现有义务时，信用保护是以信用违约互换的方式出售还是以担保的方式出售，出售人可选择的解约方式是不同的。在信用违约互换的方式中，只要信用保护购买人同意，交易总是可以解约的（即提前终止，以换取保护购买人与出售人之间协商同意的现金支付款）。同样地，信用保护出售人也可将信用违约互换让与新的保护出售人，条件是保护购买人同意这种让与。

保险则是较难逃脱的责任。信用保护出售人可购买再保险，以对冲其风险，而这大约是保护出售人唯一所能做的事了。

12.3　组合信用违约互换

组合保护产品使其购买人有权在多个名称和（或）多项资产组成的参考组合中出现一个或多个违约事件时获得赔付。根据惠誉的资料，组合信用衍生品交易在 2003 年以 49% 的增长率增长，达到了 7 540 亿美元，其中约 80% 源自北美。这点与单一名称信用违约互换市场不同，单一名称信用违约互换市场在全球都很活跃，尤其流行于欧洲。

12.3.1　一篮子信用违约互换

一篮子信用违约互换是多名称保护产品。信用违约互换所保护的参考债务是由互换中指定的所有参考名称发行的所有债务或特别指定的部分债务。理论上，一篮子信用违约互换可以构建为覆盖所有参考名称的所有可能的违约，因此，类似于单一名称信用违约互换的组合。由于这种产品极其昂贵，因此，更为常见的是只补偿参考资产组合中的一项违约事件（或特别指定的违约事件组）引起的损失，然后终止。

第 N 次违约信用违约互换 当参考资产组合出现第 N 次违约时，信用违约互换就会清偿第 N 次违约的损失。例如，考虑一个由 100 家不同的公司或参考名称发行的公开交易债券组成的参考组合。当参考组合中出现第一次违约时，首次违约信用违约互换（first to default CDS）就加以清偿。只要是参考名称之一的责任，何种资产或哪家企业首先出现违约并不关键。清偿了首次违约之后，该信用违约互换即告终止。

对比来看，第二次违约信用违约互换（second to default CDS）将清偿参考组合发生的第二次违约。该信用违约互换对首次违约不承担什么赔付责任，且在清偿了第二次违约之后，该信用违约互换即告终止。

对于那些能较好地了解资产组合违约的频率，但不太掌握实际引起违约的名称或违约名称出现顺序的机构而言，第 N 次违约信用违约互换深受欢迎。假如一家银行向不同的公司发放了 100 项贷款并预期有 10% 的贷款将违约。该银行将设置贷款损失准备金，以覆盖前 10 次违约损失。如果银行希望多一点额外的保护，则它可以达成一项第 11 次违约信用违约互换。参考组合为这 100 项贷款资产，而当贷款组合中第 11 次违约出现时，信用违约互换将向银行赔偿损失。以这种方式，该银行可保护自己不受其贷款组合的 11% 引起损失的影响：银行已经为前 10 次违约建立了准备金，并且针对第 11 次违约取得了信用保险，从而不必为第 11 次贷款违约预留损失准备金而绑定全部资本金。

高级及次级一篮子信用违约互换 一篮子信用违约互换可在违约触发事件以及由信用保护出售人给信用保护购买人的赔付中包括不止一种资产。常见的一对此类信用违约互换类型是高级一篮子信用违约互换（senior basket CDS）和次级一篮子信用违约互换（subordinated basket CDS）。

例如，考虑一个 10 个名称的参考组合，其每个名称的基础信用额为 100 万美元。假设前 6 次违约与参考一篮子的次级债务有关，而后 4 次违约则包括高级债务。次级一篮子信用违约互换要赔付前 6 次违约中的任何一次或所有的违约，而高级一篮子信用违约互换仅赔付第 6 次到第 10 次的违约。

限额和起赔点 与其保险业的同类产品相似，一篮子信用违约互换常常包括免赔额和特定的起赔点。在以前的例子中，我们描述的组合实际上有两层信用风险——次级的为 \$6 XS \$0 层，高级的为 \$4 XS \$6 层。如同一项可比保险项目中，我们可进一步将那些层进行切分以嵌入免赔额与限额。如我们稍后将在本书第三部分探讨的许多一篮子信用违约互换的应用形式中，将涉及等价于组合的第一次损失（比如说，参考组合中的前 1% 的违约）的免赔额。

此外，限额或次限额（sublimits）在第 N 次违约和高级或次级一篮子信用违约互换中十分常见。由于这些合约由违约出现的顺序而不是由违约的规模来触发，因此，这些信用违约互换可很好地限制任何确定的违约事件上的赔付（一种次限额）或者限制包括所有违约事件在内的总赔付额度。例如，前面的例子中，参考组合有 10 次信用贷款，每次 100 万美元，由前 6 次损失中的任意一次所触发的次级一篮子互换仍可以确定最大赔付额，比如说 100 万美元。

另外，高级一篮子互换可仅以其起赔点的条件来定义。这时，我们不说该产品覆盖了 10 个名称组合中的后 4 次违约，而是见到了一个高级一篮子信用违约互换，特别标明覆盖了 $4 XS $6 的风险层同时具有 200 万美元的免赔额。这类可能的组合，其范围几乎是无限的，但不会令人吃惊的是，这些组合还紧密对应于我们在保险市场上所观察到的相同类型的结构。

相关性作用　一篮子信用违约互换产品通常是关于参考组合内违约事件相关性风险的。例如，如果不同名称之间的违约事件互不相关，则一年期的第 N 次违约信用违约互换的赔付很难达到或者超过 3 次以上直到 N 次。换而言之，特别是对投资级信用产品的组合而言，一年中多于 3 次的互不相关的违约事件通常认为是极为罕见的。但如果参考名称的违约不是完全无关，而是完全相关，则第 N 次违约信用违约互换与首次违约信用违约互换完全没有差别。由此，在定价、对冲及使用一篮子信用违约互换时，许多时间和精力就投入到了模拟及实证分析基础参考组合的相关性风险方面。[5]

12.3.2　信用指数

信用指数产品出现在 2003 年，当时 JP 摩根和摩根士丹利联合开发了 Trac - x 系列的信用违约互换指数。其后不久，德意志证券交易股份公司和 7 家投资银行共同创建了道琼斯 iBoxx 指数。2004 年 4 月，这两种指数合并形成道琼斯 iTraxx CDS 指数。此后，又有不少其他指数开发出来，从而各种不同类型和名称的信用违约互换指数遍及有信用违约互换交易的大多数地区。

信用违约互换指数是一种组合产品。例如，iTraxx 欧洲信用违约互换指数由国际指数公司（International Index Company）编制，包括了基于欧洲主体的 125 种信用违约互换的同等加权平均的静态组合。所包括的特定参考名称的确定基于对活跃交易商的投票调查以及有关参考名称合格条件的一套特别规则、单一名称信用违约互换的交易量以及类似的参数。该指数是可交易的，有 5 年和 10 年两种期限外加 6 个月的延展期，期间，新系列发布时要对参考组合进行再平衡（如需要）。

iTraxx 信用违约互换指数还包括 HiVol 指数（从 iTraxx 欧洲信用违约互换指数中选出的利差最大的 30 个参考主体）、许多行业指数、由评级不好于 Baa3 级或 BBB 级（并从负面观察）的参考名称所组成的交叉指数以及首次违约一篮子指数。此外，道琼斯 CDS 指数现在还覆盖了北美和新兴市场。

值得注意的是，这些信用违约互换指数产品不仅是公开发布的指数，它们还代表了那些可交易产品，其普遍性在很大程度上支撑了 2003 年组合信用衍生品交易的急剧增长。

12.4 资产违约互换

资产违约互换（asset default swap，ADS）是一种单一名称信用违约互换，其名称不再是一家参考企业实体或公司证券，而是证券化产品。目前，大多数资产违约互换均基于资产支持证券（asset－backed security），这种证券我们将会在第16章中进行定义并进一步探讨。

到目前为止，资产违约互换交易量仍非常低。资产违约互换的主要吸引力在于其在类似于单层合成抵押债务等结构中的运用，这种债务结构我们将在第18章中详细讨论。

12.5 股本违约互换

股本违约互换（equity default swap，EDS）是最新进入信用衍生品范畴的。顾名思义，股本违约互换允许保护购买人获得对参考资产的保护，这次要保护的资产是股票。由于普通股没有所谓的信用违约事件，股本违约互换实际上类似于市场风险及价格保护工具，如信用工具。尤其当人们考虑股本违约互换中的触发事件不是不能支付、降级或类似的情况，而是预先确定的参考股票价格的下跌幅度（通常下跌70%）时，这一点十分明显。因此称为股本事件，而不是信用事件。股本违约互换实际上是一种深处于虚值状态的股本卖出期权。

除了定义股本事件和基础参考股本之外，还要遵照股本违约互换的文件——通常为ISDA主协议，从而股本违约互换与可比的信用违约互换相符合——也将明确其他交易条款，像存续期（通常大约为5年）、名义本金以及股本事件发生时应当具有的支付责任等。某些股本违约互换要求保护出售人在股本事件发生之后，向保护购买人按与基础股票价格成比例地支付赔付款。这种形式的股本违约互换类似于下跌生效的卖出期权（down－and－in put option）。在其他例子中，股本违约互换中的保护出售人必须在股本事件发生之后支付固定的款项，通常其数额等于股本违约互换的名义本金额乘以（100－*X*%），这里*X*%是预先指定的回收率。一旦发生了股本事件且款项得以支付，股本违约互换则终止。但在违约事件发生之前，股本保护购买人需要周期性（通常为一个季度）地向保护出售人支付期权费。基本股本违约互换结构的一般例子见图12.6。

例如，假设投资人特勒曼（Telemann）与互换交易商汉德尔（Handel）达成两年期的股本违约互换，其中汉德尔是保护出售商，而特勒曼是保护购买人。参考资产是巴卡公司（Bach）的普通股，在股本违约互换交易日时的每股交易价为100欧元。假设股本事件定义为股本违约互换交易日时每股收盘价的75%，回收额为40%，以及名义本金为1 000万欧元。如果在接下来的两年中的任何时候，巴卡公司的股票收盘价下跌到低于每股75欧元（即是开始每股100欧元股票价格的75%），保护出售商汉德尔将向保护购买人特勒曼支付固定数额的现金600万欧元，

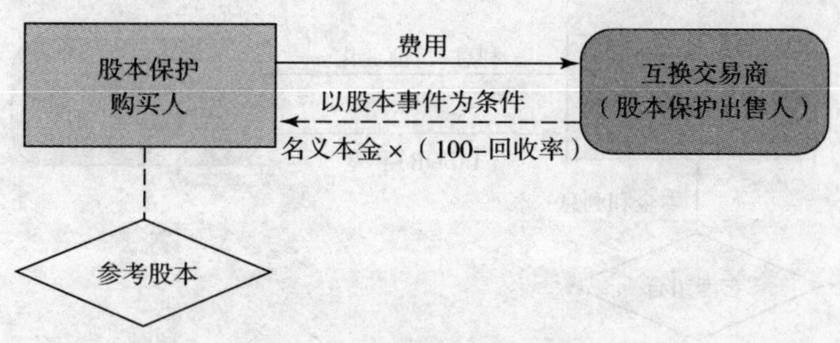

图 12.6　基本股本违约互换

即 1 000 万欧元×（100% -40%），同时股本违约互换终止。

与在信用违约互换中一样，股本违约互换中的保护购买人不必有可保利益——保护购买人不必实际拥有购买保护时所基于的股票。

12.6　总回报互换

第三种信用衍生品交易的常见类型称为总回报互换（total return swap，TRS），即为信用保护出售人向保护购买人支付伦敦同业拆借利率加利差，以换取伦敦同业拆借利率加上等于参考资产全部已实现利息及参考资产市场价值的任何变化的现金额的一种合约。信用违约互换为信用保护购买人提供的补偿仅是一项实际违约带来的损失，而总回报互换可保护购买人免受违约风险或由降级或其他不利信用事件造成的价值下跌形成损失的影响，而这里的不利信用事件不一定引起任何合同上的不履约（Culp & Neves 1998a，b）。

总回报互换可基于单一名称或资产或者基于多个名称或资产，以及可与参考资产具有相同或更短的存续期。选择名义本金额是为了决定总回报互换的实际现金流，而名义本金额与参考资产组合的面值可以相同也可以不相同。如果名义本金额低于参考组合的面值，这就等同于人工合成地卖出了基础组合的一部分，而大于组合面值的名义本金额就相当于人为的杠杆。

在合约开始时，总回报互换的交易文件将明确规定参考组合市场价值的常规确定方法。这可由参与互换的双方之一作为计算代理方来完成，或者通过合同约定的第三方（如贷款定价公司），抑或通过参考某种指数（如花旗银行贷款指数）来完成。

图 12.7 表示简单的总回报互换的基本操作。图 12.7（a）表示合约净现金流。保护购买人将参考组合上的所有利息收入加上组合价值的变化额支付给对方，而保护出售人则支付伦敦同业拆借利率加利差。由于组合的价值变化可正可负，图中所描述的互换的第一笔现金流很可能为负支付额。这可能会有些令人不解，因此，我们在图 12.7（b）中重新画出该同一交易，并对有关依据价格变化项对于适当的互换现金流是正的还是负的这一问题进行分析。

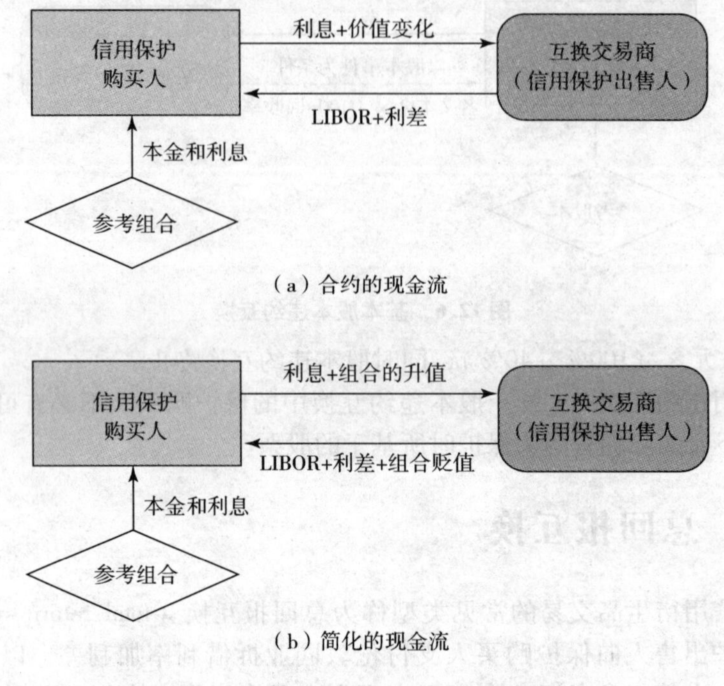

图 12.7 总回报交换

12.7 信用连结票据（追索权）

信用违约互换独立看来是一种非融资的风险转移工具（参见第 2 章）。如同保险一样，在违约事件发生时，它表示为信用保护出售人向信用保护购买人进行支付或履行责任的承诺。但是，用来支付此赔付的资金却未事先准备好。与信用违约互换类似但事先融资的方式称为信用连结票据（credit - linked note，CLN）。在最基本的形式中，信用连结票据在功能上等同于某种信用违约互换，在这种信用违约互换中，信用保护出售人已经以债券形式预付了损失额。

12.7.1 结构

在最简单的信用连结票据结构中，购买某种参考资产组合上的信用保护的机构向投资者发行一种票据或债券，其现金流与参考组合上规定的损失具有反向关系。只要参考组合未遭受特定的违约事件，发行人定期就要向投资者支付预定的本金和利息（P&I）。当参考组合上出现了违约事件时，发行人可不支付利息，而且如有必要，也可不支付部分或全部本金用来弥补所规定的与违约有关的损失。作为承担这种风险的回报，在参考资产上任何违约事件真正实现之前，投资者将可享有高于市场利率的利息收入。

从发行人的观点看，信用连结票据是一种比较经济的等同工具，等同于发行一次常规的票据加上通过信用违约互换从债券投资者那里购买的信用保护。票据的票面价值等于信用违约互换上最大可能的赔付，因此，在最坏的情况下损失亦可以将预先支付的资金完全覆盖，但投资者确信发行人不会有进一步的现金要求。投资者所赚取的高于市场利率的利息等于债券的正常利息加信用违约互换利差。尽管具有基于基础抵押资产和信用违约互换的现金流，票据仍然是一种追索权工具，也就是说，投资者承受发行人的信用风险。

参考组合和所规定的违约事件可包括迄今为止讨论过的任何结构。信用连结票据可以像传统债券加单一名称信用违约互换一样直观，或者可代表更为复杂的一篮子结构。例如，首次违约票据在经济上等同于债券加首次违约一篮子信用违约互换。而且，正如讨论过的其他信用衍生品一样，信用连结票据的发行人不必拥有参考组合中的资产，或者是参考组合中的资产的债权人。

图 12.8 表示这种简单信用连结票据的结构的运行机制。简而言之，投资者预先为信用连结票据支付等于其面值的款项。倘若无违约事件发生，投资者收取某种基础利率（如国债或回购协议利率）加利差（反映所购买的信用保护的价值——即信用违约互换利率）。最终，本金也会返还给信用连结票据的投资者，同样地假设没有违约事件出现。当参考资产违约事件的确发生时，参考资产的面值减去预期的回收率的资金并从信用连结票据持有人手中转移到发行人手中。

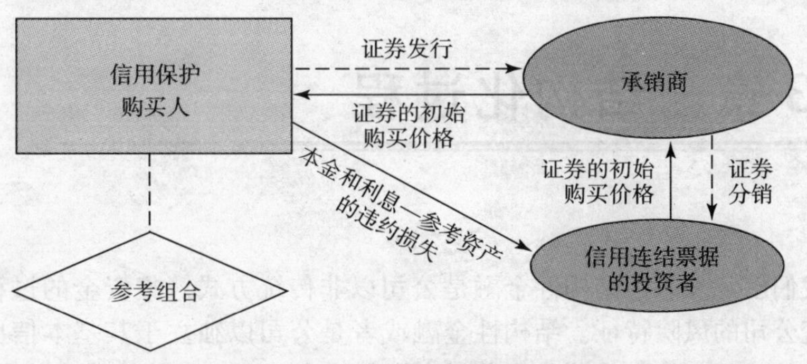

图 12.8　信用连结票据

12.7.2　收益与成本

信用违约互换与信用连结票据之间的主要差别是，资金是否事先提出以弥补损失。非融资的信用违约互换将信用保护购买人暴露于信用保护出售人的信用风险之中，而信用连结票据则不存在这一问题。

同时，信用连结票据实际上是一种债券，因而很可能上市交易并分销于投资者。如果投资者要求与许多企业债券发行的普遍特点相联系——如外部评级——这可使结构更复杂一些。虽然这是可解决的问题（我们在第 18 章中将专门讨论非融资的合成 CDO），但对发行人而言，它有可能提高获得信用保护的成本。

第三部分

结构性金融

第 13 章　结构化过程

正如我们已定义的，结构性金融是公司以非传统方式筹集资金的过程，并在该过程中改变公司的风险特征。结构性金融或者是公司以独立于其基本信用能力的方式筹集资金的过程，从而使该公司获得资金的成本独立于其总体风险状况。

结构性金融产品通常是为了满足一个或一小组公司借款人的筹资和风险管理需求，或者是为了满足特定群组的目标投资者的风险或回报投资意愿而设计的。因而结构性金融解决方案比标准化解决方案更加定制化，且往往特意设计现金流的打包方式，从而试图使特定的资金供给和风险转移与同等特定的资金需求和风险转移方案相平衡。虽然某些结构性产品已相当标准化，但这类产品在开始时并非如此。

本章对本书其余章节而言是基础性的。我们不仅要理解结构化的经济利益如何支持了金融活动的蓬勃兴起，而且我们还需要了解有关结构化过程本身的一些重要制度的详细情况。

13.1　结构性金融解决方案的类型

回顾第 1 章提出的一家公司的经济资产负债表，图 13.1 复制了该表更普通的形式。金融资本或公司证券是对该公司所拥有的实际资本资产的无担保索偿权。在图

13.1 中，公司的实际资产是由简单的未担保债务及单一的普通股持有人提供资金的。在这种情况下，公司的所有资产总体地支持这两组证券及其投资者。当公司破产时，资产被清算，所得资金按比例归还每份债券，其余资金归于股本。

仍回顾第 1 章的内容，一家公司的金融资本结构并不局限于为公司提供的资金来源。在此基础上，该公司资产引起的任何及所有自留风险均由作为法律主体的公司转移至其所有者和债权人，即转移至图 13.1 所示的两类证券持有者。

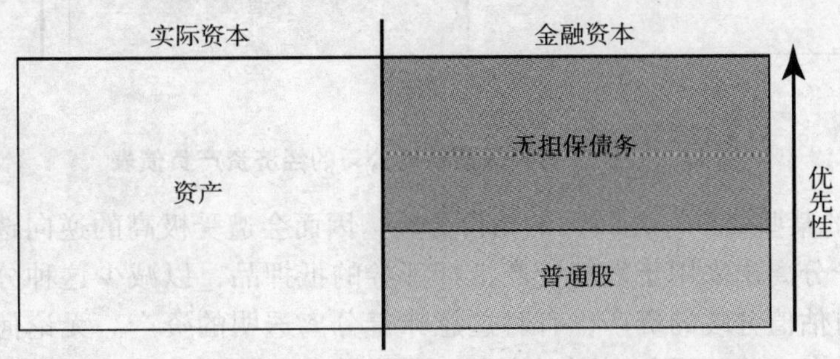

图 13.1　一家公司的经济资产负债表（无结构性融资）

结构性融资包含公司负债的金融工程化过程，以达到特定的融资和（或）风险管理目标。在某些情况下，金融资本权利结构的特意设计或重新设计是不够的——公司资产还必须重新包装。任何结构性交易的精确性质都依赖于实施结构化公司的确切目标，我们称该公司为结构性融资交易的发行人或发起人。将该公司的基本经济资产负债表作为解释工具，我们来总结结构性融资交易的主要类型以及发起人实施这些交易的典型动机。

13.1.1　以特定资产担保特定负债

或许结构性融资的最简单形式是发行有担保债务来取代无担保的债务。如图 13.2 所示，一家公司可通过留出一些特定资产作为抵押以支持特定担保索偿权的现金流，来发行有担保的索偿权。这些抵押品被抵押给债券或票据持有人以确保债务工具的履约，而票据持有人在抵押品上拥有完全的担保利益。这意味着，在公司破产时，这些抵押给有担保债权人的抵押品不会用于该公司无担保的债权人和股东。抵押品仅能排他性地用于清偿公司对有担保索偿权的债务。

公司实施这种形式的资产重新包装，原因之一是为了信用增级。通过将特定资产作为抵押品保证特定债务的履行，公司将投资于新的有担保债务上的投资者从公司传统资本结构的优先序列中移出。在 M&M 理论假设领域，这无关紧要。但在非 M&M 理论假设领域，保证某些资产的履约情况既对公司有利，又对偿付债务有利，或两者兼得。图 13.2 是公司的经济资产负债表，因而包含了一些会计上认为是资产负债表外的项目：

- 顾客或交易对手面对信息不对称，使其不能轻松地追踪或核实公司兑现长期承诺（例如长期远期资产出售、长期互换和衍生品等）的能力。为了使顾客满意，公司为高质量的抵押品配置资产，以抵押给债权人并确保相应债务的履行。

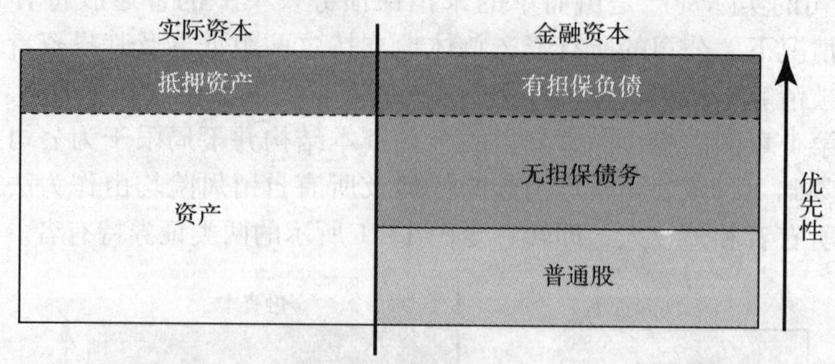

图 13.2 拥有有担保债权的公司的经济资产负债表

- 公司的某些资产存在较大的估价分歧，因而会遭受极高的逆向选择成本。公司将这些资产分离出来用于发行资产抵押证券的抵押品，以减少这种分歧。有时这意味着分离有估值分歧的资产，有时这意味着分离透明的资产。无论何种情形，结果是对公司总资产价值更好的总体估计——分离过程本身就增加了估值的透明度。但是此过程总是要求债务的更加结构化，我们将稍后看到这一点。
- 从作为抵押品的某类资产所支持的证券，可以识别出一种特别的投资者意愿。公司相信，通过发行由这些特殊资产担保的索偿权，可获得较低的加权平均资本成本或更为多样化的融资基础。在极端情况下，某些投资者可能从制度上被禁止投资于该公司的广义证券，但可能不排除投资于较窄领域的证券。例如，一家制定具有行业集中度限制的养老金计划的公司，就不能再购买任何汽车公司的证券。如果汽车公司将其融资活动分离出来，则新证券可被认为是金融行业的一部分，而不再是汽车行业，从而又可以成为投资的对象。

必须谨慎区分公司资产负债表直接发行的有担保债务与下面要讨论的证券化产品之间的差别。有时这两种产品看起来十分类似，而且分离资产的动机也常常相同，但这两者之间仍有重要的结构性差别。

13.1.2 资产证券化

资产证券化是结构性金融的一种形式，其中公司的某些实际资产被出售。收购公司为获取那些资产而支付的款项由发行新证券来筹集，这些新证券的本金和利息责任由新收购的资产作为抵押来支持。图 13.3 使用经济资产负债表来说明资产证券化。

在本例中，我们假设发起公司将从其出售部分资产中获得的现金收入用于归还相应数额的债务，从而使公司的资产负债表规模收缩。但并不一定要这样。在本书的第三部分中，我们将探讨更加广泛的资产证券化结构。此外，我们还将探讨什么是所谓的合成证券化（synthetic securitization）。在此类交易中，实际资产仍保留在公司的资产负债表中，但那些资产的经济风险通过衍生品交易的使用被转移到另一家公司身上。

留出资产作为由公司直接发行证券的抵押物，与出售同样这些资产获得现金再

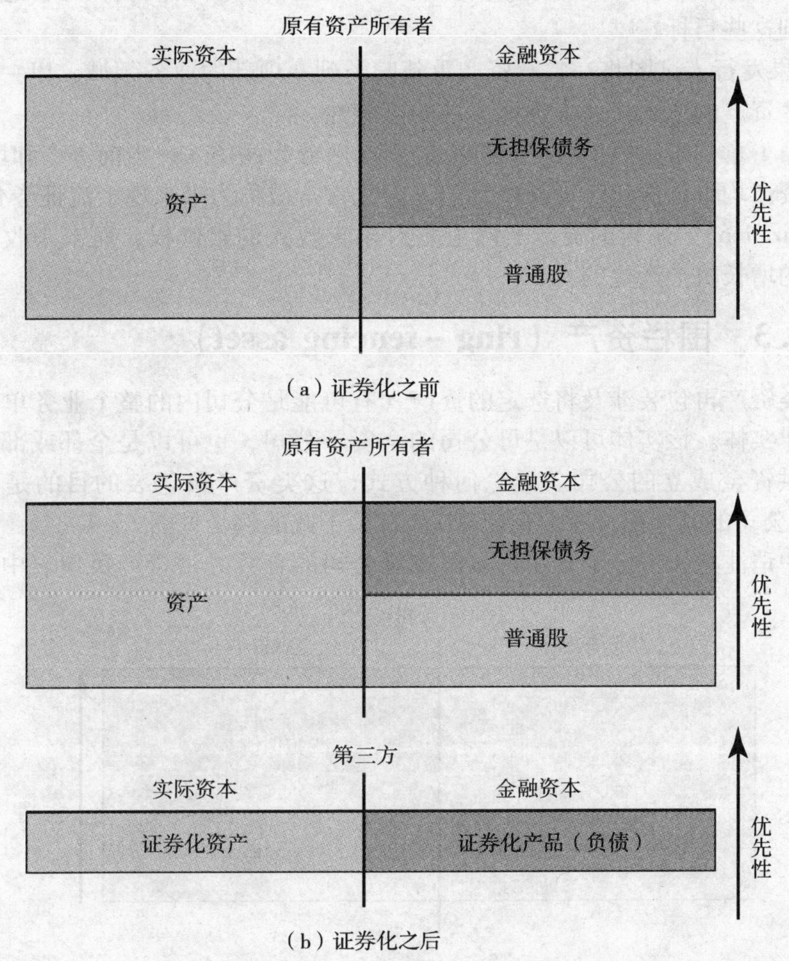

图 13.3　进行资产证券化的公司的经济资产负债表

由资产购买者发行由那些资产作抵押的新证券，在原理上十分相似。因而，证券化的经济动机也与简单担保资产的情况中所讨论的相似。但两者仍存在某些极为重要的差别，其中的一些差别为：

• 原有资产所有者可能为税收和会计目的或者为确保该资产与公司其他资产的破产隔离，希望实现该资产的真实出售。仅将资产作为有担保债务发行的抵押品不会将该资产从公司的资产负债表（经济的或会计的）中剔除，从而也不能实现为税收、会计或破产隔离目的而要求的真实出售。

• 除非将资产首先出售，否则由特定资产池支持的债务不太可能与公司的一般性信用风险及信用评级分开。

• 资产证券化的方法可用做压缩公司经济资产负债表、降低杠杆、增加承债能力以及降低监管资本要求（如适用）。但是仅将资产用做特定证券发行的抵押品实际上不一定能完成任何这些目标。

• 如果资产再包装的动机是为了改善给定资产池的透明度和可检验性，将资产出售给新的实体从而使其脱离原有资产所有者的经济资产负债表，几乎总是能够更容易地达到这些目标。

- 如果发行人试图将一整套资产重新归类到一项新的业务领域，以一家新的实体作为那些资产的主人将大大提高成功的可能性。

回顾第 1 章内容，我们将公司拥有的资产区分为两类——当前资产和增长机会。任何一类资产均可证券化。增长机会的证券化常常被称为未来现金流证券化（future flow securitization），出售的资产实际上是对未来收入的索偿权，而未来收入是仅由证券化时的增长机会产生的。

13.1.3 围栏资产（ring - fencing asset）

第三类资产再包装涉及将选定的资产（有可能是公司内的整个业务单位）隔离到另一法律实体。该实体可以是母公司的全资子公司，也可以是全部或部分由外部投资者提供资金成立的公司。无论何种方式，这类资产再包装的目的是围栏资产（即将其从公司的其余部分中分离出来）。有关于此的例子见图 13.4。

本例中请注意，假定子公司仍然留在母公司的合并经济资产负债表中，因为母

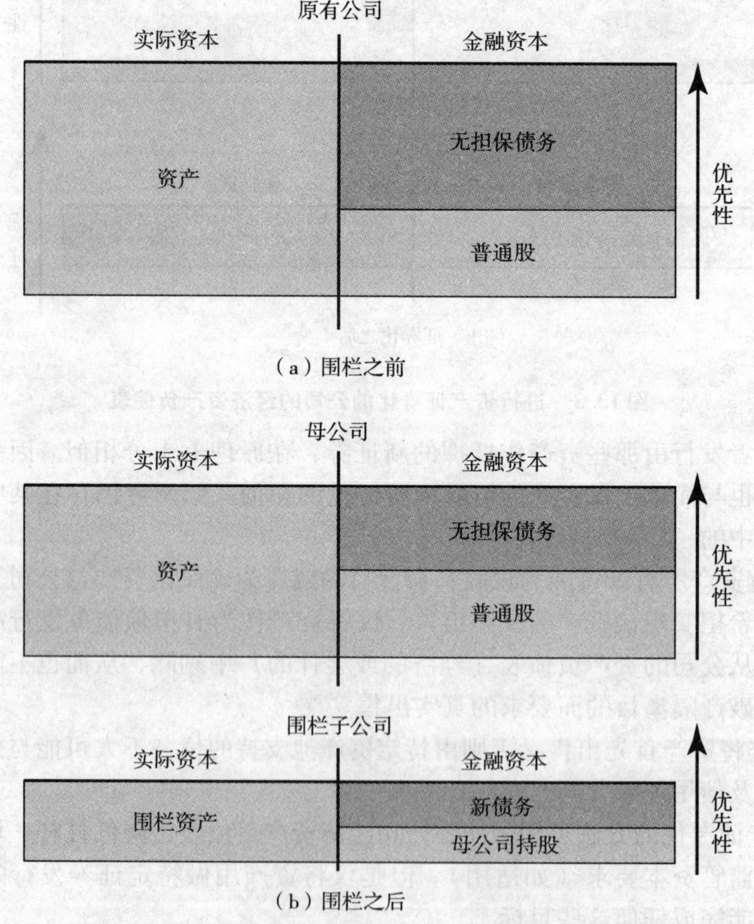

图 13.4 拥有围栏业务的公司的经济资产负债表

公司仍保留了（假设实质性的股权）股权利益。但是，我们也允许以下可能性，即新成立的子公司可发行由围栏资产支持的债务。围栏操作在许多情况下是有益的。更为常见的一些例子有：

- 一家公司拥有的资产会给公司造成特殊的风险。虽然不一定要公司剥离该资产，但母公司希望将这些资产装入一家破产隔离的公司，从而将其围栏起来。
- 公司的一项特别业务种类可获得比公司作为整体所能达到的更高的信用等级。公司将该业务种类围栏于一家新的子公司中，为该子公司提供充分的资本金，从而促进该子公司获得比母公司更高的信用评级。衍生品公司或不受监管的投资银行子公司就是这种结构的例子。
- 公司决定退出某一业务领域或资产组合并希望单独管理其分离解决方案，因而该公司设立围栏子公司来装入分离的业务。
- 公司正为一项大规模资本密集型项目寻求融资。该公司希望将项目的资产作为抵押来筹资，而不是发行新的无担保债务。该项目就被围栏于一家破产隔离的子公司中并为其单独融资。
- 由于外部投资者不能监控该公司拥有的某些资产，从而使公司遭受严重的逆向选择成本的困扰。该公司围栏这些资产以增加其透明度和易监控性，从而可望降低对其无担保索偿权的逆向选择折扣并降低其加权平均资本成本。
- 监管、会计、信息披露或税务考虑迫使公司将某些资产装入另一个完全不同的法律实体。
- 公司希望发出信号：它已实施了事前风险融资但不能通过使用资产负债表准备金的方式来做。为此该公司注资于一家新的子公司，如在例子中那样，使用自保公司（参见第 23 章）。

从这些例子中可以看到，围栏资产常常由项目融资所推动。例如，一家公司相信，通过将项目的资产装入独立的法律实体，可以为一项长期的资本密集型项目获得的较好的融资条件和较好的整体风险转移提供融资担保。这种围栏资产的基本原理也适用于公司尚未拥有但打算收购的新资产及其他公司。稍后再讨论其差别。

首先设想一家在投资级以下的石油公司，它拥有已经探测但还没有开发的油田，其已证实的储量相当丰富。即使有石油，该公司以无担保借款为油田开发的完成进行融资也有困难。该公司可将油田围栏在破产隔离的实体中，然后明确地以油田资产为基础进行借贷，作为整个项目开发完成的融资手段。

另外，考虑一家高评级的石油公司正考虑在未来 15 年内开发一片大型的完全未勘察过的油田。该公司也可能会选择将项目隔离来为其融资，但原因与投资级以下的公司不同。在这种情况下，围栏的动机可能刚好相反——希望避免由于油田项目的失败危及整个公司的正常财务状况。这样，该公司可能保留一些围栏实体的股权份额，但随后筹集外部资金为油田融资，此项资金由油田自身资产的索偿权来支持，而不是由整个公司的资产负债表来支持。

如上述两个例子所示，围栏操作无论对于业务风险较高的公司还是高评级公司，均是项目融资中有吸引力的部分。不论是低质量的公司不能为高质量的项目融资，还是高质量的公司不愿冒着风险成为低质量项目的唯一融资者，围栏操作都可能是有用的。在这两种情况下，风险管理与融资目标的融合是清晰的。

13.1.4 风险资本形成

我们很容易将前一节中项目融资的例子扩展到一家新公司。假设我们现在考虑一个由某家公司已识别出来的未开发油田。该公司缺乏资本和风险承受能力用自己的资金来为这项相当昂贵且长期的项目提供融资，因此该公司希望以某种方式部分保留该项目。

可建立一家称其为纽扣（Newco）的新公司，专门进行该油田的开发。就像正常公司那样，可发行证券，投资者与发起人一同进入新的合资公司，共享风险和项目回报。

当然，基于单项未被证实的资产或项目而设立的新公司是极具风险的。因此，纽扣公司将可能作为特殊目的机构而设立，其唯一业务是照料和开发油田资产。这将确保更容易利用债务及股权融资来完成项目建设，特别是同时引入负债结构化方法时更是如此。

13.1.5 有融资的风险转移或风险融资

公司可以精心地构建其负债，以帮助管理市场、流动性、信用和其他所遭受的风险。在这些情况下，负债结构化事实上总是外部风险转移的一项可替代选择，本章稍后将再作讨论。

出于各种原因，公司可能更愿意发行结构化证券作为其首选的风险融资或风险转移形式。例如，考虑一家炊具制造商，其利润暴露于铜材涨价的风险之中。投资于该公司负债和股权证券的投资者希望该公司做套期保值，但都面临着令人望而却步的高监测成本。除了发行无担保债务并购买铜的买入期权之外，公司可发行结构性债务，并与结构性产品投资者支付的票息和（或）本金与铜价指数挂钩——铜价越高，公司的筹资成本下降越多。因此，第二种解决方案对投资者而言更容易监测，从而可使公司避免无担保债务的某些代理成本。

主要用于风险转移的结构性证券是有融资的风险管理产品。信用风险或对对方业绩的关心也可解释这类产品的发行。

13.1.6 降低证券持有人之间的代理成本

负债方的结构化对于不同种类的证券持有人之间及对管理层与证券持有人之间正承受较高代理成本的公司来说也是有益的。例如，公司证券内嵌的买入期权、卖出期权和可转换条款可减轻此类代理成本，且不会显著增加外部证券持有人的监测成本。

13.1.7 满足特定投资者的需求

通过更好地设计证券以满足投资者的要求，某些公司可实现略低的资本成本或包括所有费用的筹资成本。为满足需求而设计的结构性证券也可由一项或多项前述经济考虑来推动，或者可为满足需求而具体地设计。无论何种状况，对证券的特定需求可以来自以下几个原因：

- 公司通过结构化可提供的风险与回报的组合在市场上的其他领域完全无法找到。
- 投资者不希望承担公司的所有风险。他们只对承担某些类型的投资风险感兴趣，所以公司或者对冲或者为其他风险购买保险，或者自留其他风险。例如，投资于跨国经营公司的投资者，可能更愿意不承担外汇风险，而如果公司不进行对冲或保值，他们确实将承受此类风险。然而他们可能也不希望公司对冲那些风险。作为一种折中方案，投资者将寻求一种可与公司承担汇率风险的部分相隔离的证券。
- 公司结构与形式可能已由法律、税收和监管等确定，而且可能没有反映投资者追求的最佳风险层。在这种情况下，公司可再包装其资产和负债，从而其证券与公司法人结构所允许的相比，能够更好地反映投资者的偏好。
- 某些投资者在投资特定种类证券时面临外部投资约束，而结构化可能是那些投资者进入原本无法触及的投资机会的一种方法。例如，养老金计划不能投资于无本金保护的资产，这可能将阻止其参与某些类型的私募股权或对冲基金。基金通过发行有本金保护的指数化回报的票据来满足这些投资者的要求。
- 在某些十分依赖于适用的法律和规定的情况下，公司可能会发现发行结构化债务的某些税收或监管优势。例如，信托优先股（trust preferred stock，TruPS）对许多银行控股公司而言很有吸引力，因为信托优先股支付的红利在税收目的下可视为债券支付的利息（即是可扣除的）。同时，评级机构给予发行人部分股权信用以发行信托优先股。这两个变量合在一起，会引发一种税收评级套利，对此信托优先股特别适合。在第 14 章中，我们还将讨论信托优先股。

13.2　结构化过程

结构化过程包含不同的组成部分。根据结构化问题的本质，这些组成部分在复杂性和重要性上存在差异。在以后的几章里，我们将更详细具体地说明任何特定结构化融资是如何完成的。这里我们只讨论更为一般的过程以及该过程不同环节中可能涉及的问题。

要注意的是，我们讨论的结构化过程的组成部分不一定会以某一特定顺序发生。例如，一家希望结构化只是为了增强其证券的收益率并为投资者提供新投资机会的公司，与那些结构化的唯一目的（比如说）是作为围栏负债手段的公司相比，在设计其新证券早期，会更加关注投资者的风险或回报取向。

13.2.1　识别经济动机

结构化过程最关键的方面之一是回答如下问题：为什么必须结构化而不是使用传统的融资和（或）风险转移方式？虽然这个问题的答案在不同的公司和不同的情

况下是不同的，但提出这个问题并以某种方式来回答是十分关键的。为什么要获取该问题的答案，最早有两个原因。

确保成本合理且结构化方法适当 不同类型的结构性融资程序会使公司承担不同类型和数额的成本。例如，在由发起人资产负债表直接发行的无担保债券中嵌入一项买入期权，比证券化该公司的应收账款的成本要小得多。了解为什么公司将得益于结构化对于帮助该公司理解其应该如何结构化是十分重要的。而且，如果一家公司追求结构性解决方案是为了在某种程度上降低公司的加权平均资本成本或增加公司预期的现金流，那么该公司应当能够确保价值的预期增加会超过任何结构化成本。

结构性融资交易中的发行人或发起人可能已经知道了上述问题的答案，但在许多情况下，常常是通过与另一方的对话，才能产生结构性融资背后的想法。这个第三方有时是一家顾问机构（例如一家结构化代理机构或结构化程序的发起人）。结构化决策往往是公司与一家或多家资本提供者以及（或者）一家或多家风险转移对手方之间持续对话的结果。

结构化必须由商业考虑所推动 任何好的结构化交易都应主要由经济和商业基本面因素所推动。如果一项交易能以一种合法的方式将希望达成的税收、会计、监管及法律处理等因素综合在一起，就会好很多。但结构性融资交易万不可只是定义为回到所希望达成的会计或税收结果。因而，早期明确结构化解决方案的主要经济或商业动机是至关重要的。

13.2.2 初步现金流模型

确定了发起人或发行人的经济动机，结构化代理机构和发起人将希望花一些时间准备一套关于预期结构中现金流“瀑布”的初始模型。利息和本金“瀑布”代表了结构中来自目标资产的收入的模型以及该收入如何应用于各种费用科目和被计划作为结构化项目一部分的债务上。

在此结构化过程的早期阶段，现金流瀑布将主要由来自资产一方的收入和某些开支组成。对于即将证券化的一个基本资产组合来说，这常是一个不太重要的步骤，主要组成是建立一个资产组合收入的模型。但对于更为复杂的项目融资、整个业务单元的证券化、未来现金流证券化及类似的工作而言，模拟现金流瀑布即使是初始阶段的也绝不是不重要的。

结构化程序中的开支分为两类：高级的和次级的。高级开支是与结构化本身有关的开支——向资产受托人、托管人、项目管理人及类似各方支付的费用。高级开支通常是固定的且不以任何方式依赖于结构化交易的业绩。与此不同，次级开支常常是与业绩相关的，例如，向项目顾问支付的成功费或管理费。在早期建模阶段，只关注高级开支是适当的。次级开支将根据之后留下来的数额从现金流瀑布中加以分配。

此外，本阶段构建模型时，应该牢记至少两个设计特点。第一，模型应当清晰定义结构中各期的现金流，否则该模型在以后用于模拟整个项目的现金流瀑布及设计项目以满足目标评级机构的标准时就会受到限制。第二，该模型还应当符合我们曾在第 5 章探讨的适当项目的可能性评估原理。例如，作为提高收益率的机会向投资者推销的主要金融资产证券化，或许将需要以投资回报率（return on investment，ROI）作为指标建模，而一项实际资本开发项目则更适合采用净现值分析方法。

13.2.3　指定结构化代理机构

结构性融资必须由某人或某公司来组织，而且结构化代理机构越早参与设计过程越好。结构化代理机构应是一家有能力可进行建模分析的机构，能够透彻理解发行人的融资及风险管理需求，以及全面掌握信用市场、证券设计原则、风险融资和风险转移等领域的最新发展。结构化代理机构常常专长于某种结构化类型（例如，一家非常优秀的结构性信用产品顾问公司，可能是一家非常糟糕的结构性解决方案顾问）。

在许多情况下，结构化代理机构与项目的发起人或者与先有提供结构性产品的想法而接近发行人的实体为同义语，例如，一项资产支持商业票据融资管道（见第 16 章）的银行发起人，或者是一项套利债务抵押证券业务中的抵押品管理人（见第 17 章和第 18 章）。

在其他的情况下，结构化代理机构可以是将最终营销并发送结构性产品的机构——即投资银行或证券承销商。在另外的情形中，结构化代理机构又可以是某些其他方，如咨询机构或律师事务所。项目的风险转移和风险融资提供商有时也作为事实上的结构化代理机构。例如，保险与再保险公司可能是最适合在一项大规模项目融资动议中提供结构化咨询的一方，在该项目中保险公司将提供多种类型的风险保护。

13.2.4　识别投资者的兴趣

结构性融资中的结构化代理机构和发行人必须尽其所能确保存在对计划发行的证券的偏好和需求。这几乎总是需要对发行新证券拥有良好的市场营销和配售网络的投资银行承销商的早期介入（大多数结构化产品都是私募发行的）。

在如何设计结构性产品以在潜在的投资者间分配风险和收益方面，结构化过程具有很多灵活性。由于结构性融资项目在设计时通常会考虑一组或多组投资者，了解这些投资者的需求和期望将有助于推进项目中新证券的设计。应该尽可能早地识别投资者的兴趣，然而在交易的经济机制明确表现出来之前过早地接触投资者将不具有建设性的意义，反而会耗费宝贵的商誉资本。

13.2.5　设计结构的制度特征

结构化过程的下一步是设计制度结构，其广义地包含将结构性产品带入市场所介入的各种参与者之间的所有契约关系。这是结构性产品设计可能发生某些根本性差别的地方。具体地说，某些结构性融资需要设立一家新公司以实现促进交易达成的特定目的，新公司被称为特殊目的机构（special purpose entity，SPE）或特殊目的载体（special purpose vehicle，SPV）。并不是所有结构性交易都需要一个特殊目的机构，而有些交易则需要不止一个特殊目的机构。在经济上、法律上、税务上、会计上以及监管法规上完善的讨论对于确定一项交易的最佳制度结构是十分必要的。

特殊目的机构 一家特殊目的机构通常设立为一家公司或者一项信托。要采取的确切形式取决于大量的商业、法律、会计和监管等方面的考虑。特殊目的机构的一些最常见形式包括：

- 特殊目的公司（special purpose corporation，SPC）——通常为计划发行新证券的公司或者有执照的保险公司的特殊目的财务子公司。
- 统括信托——可以发行由一个共同的资产池支持的多系列证券。如果主办人或发起人希望以后对抵押资产池再注入新资产的话，就非常有用。
- 所有者信托——为持有归为一组的非循环资产而设立。
- 授予者信托——被动税务载体，可发行单级证券或由共同资产池支持的高级及次级过手证券，但按到期日或时间来对现金流分层是不允许的。
- 受监管的投资公司——为投资管理目的而发行证券的独立公司。
- 投资信托（包括不动产投资信托）——资产可包括现金、按揭贷款、债券（与信托的所有者发行的证券不同）、过手证券，及某些不动产抵押投资管道（real estate mortgage investment conduit，REMIC）和金融资产证券化投资信托（financial assets securitization investment trust，FASIT）权益。

在某些结构性融资交易中，可见到单一结构中不止一个特殊目的机构的情况。这通常意味着，使用单一结构不能满足全部的税务、会计、监管和信息披露规则及要求。常常影响特殊目的机构结构的问题包括：对破产隔离实体的需求、为会计和法律目的而实现资产的真实销售的需求、将特定资产或债务从业务的其余部分分开的围栏资产的需求等。

谨防过度结构化 如果一家公司试图围栏一种业务，出售业务中的某些资产，并对剩余业务发行破产隔离的索偿权，则很可能会需要若干个特殊目的机构。但是在这种情况下，没有人会真正对交易提出质疑。

不幸的是，安然（Enron）对结构性融资的很多参与都具有不良的动机，如掩饰公司的真实总负债或隐瞒不良资产，或兼而有之。

简而言之，安然已经使特殊目的机构背上了一些糟糕的名声。这本身并不构成公司羞于使用的原因，毕竟合理及合法地使用特殊目的机构早于安然事件许多年。无论如何，安然的确就过度结构化问题给公司敲响了一次警钟。如果一个结构开始变得太过复杂并拥有过多的特殊目的机构，就会在同样广泛的交易结构内商讨出太多的各种不同的、奇怪的证券和衍生品，则会不可避免地引起投资者、审计人员、评级机构及监管当局对过度工程化（overengineering）的忧虑。

有时确实需要复杂的结构。只是要做好解释并清晰地披露信息的准备（或许比会计和信息披露准则的要求更详细）——这些结构做什么及为什么这些结构是必要的。

在某些情况下，公司将认为一项复杂结构是私有信息，不愿意披露交易的细节。

如果对交易细节保密的利益确实超过了风险与成本的考虑，那么这样做就是合理的。但公司必须清楚地认识到这样做的缺陷。某些公司可能会因此面临一项艰难的选择：要么披露那些作为私有信息且开发成本高昂的交易结构细节及目的，要么放弃该项交易。

13.2.6 证券设计

当已经形成了所提议的初步形式中的核心收入模型和制度框架后，结构化代理机构和（或）发起人就进入了攻关阶段：以符合发起人的经济动机并满足投资者的要求和利益的方式来设计结构性融资的负债。

结构化程序中的证券设计是大量的建模努力与对市场兴趣的常规调查相结合的结果。发行的证券需具备几项必要的特征，其中供给方（即发行人）和需求方（即投资者）就双方所关心的方面的妥协与协调是极为重要的。

有效期结构 发行的不同种类证券的期限常由结构本身的性质和作为结构基础的资产所决定。例如，短期应收款项的证券化可包含商业票据或发行的短期债券，而结构性项目融资贷款或资产抵押证券发行可含有 25 年到 30 年的有效期限。

不同期限的证券可能也需要被发行。某些结构实质上是静态衰减的，因而不需要定期注入新资金。在这种情况下，最初的一组具有一至两种期限的证券通常就足够了。但其他结构的设计可能会服务于动态的资产组合，这种资产组合连续不断地补充或注入资产。因此，常需要多种期限的负债，以服务于基础资产不同阶段的现金流。

分层与次级 在结构性融资发行中的最重要的一个方面是设计发行人的资本结构。在单级结构中，只发行单一类型的债务，其中新证券的所有持有人对支持结构性融资项目的资产拥有平等的索偿权。与此不同，一个多级结构需要结构化代理机构定义两个或多个次级层和不同的现金流层，并将基础资产与多个次级层联系起来。

对于一项给定的资本结构，结构化的大部分工作会涉及现金流瀑布的各种不同的模型。依照其在发行人资本结构中的优先顺序，各项负债在现金流瀑布中被赋予不同的优先次序，而且为所选债务进行融资的可能性将反过来决定新证券应支付的利息和本金的性质。

将现金流分割为多个次级层也是证券化结构如何将风险从发起人转向投资者的一项重要考虑。由于此问题非常重要，因此我们将在本章 13.3 中重点讨论。

13.2.7 目标评级和信用增强

结构化过程中一个绝对关键的组成部分是分配给该结构不同层的目标评级。针对结构性项目中满足特定的最低评级的最低要求，评级机构具有专门的指导原则，而结构化代理机构则需要将这些约束条件嵌入现金流和现金流瀑布的模型中（假设该发行要进行评级）。

有了目标资本结构、目标评级和初步现金流模型之后，为使结构能够满足发行人、投资者和评级机构等的要求，结构化代理机构必须在某些方面得到提高。这类提高可能包括信用和流动性方面的提高，我们将在本书第三部分对其进行更详尽的讨论。

13.2.8 执行与准备

在一个结构中对交易文件的执行通常发生在该结构的所有各部分均已设计并设立之后。所有参与方一般都有机会检查该交易文件草稿，剩下的就是各参与方执行文件了。

在交易结束时，该结构可能还没有完全准备好。任何给定结构的准备期（ramp - up period）是任何资产再包装、出售、转移及类似活动确实发生的一段时期。在一些结构中，准备期较短，仅需要所有权资格从一家公司转移到另一家公司。但在另一些情况中，购买相应资产之前必须先从新证券的投资者手中获得资金。虽然资产收购或再包装本身可能是相当费时的，但在这些情形中，准备可能是更为渐进的过程。

13.3 分组和次级

结构化过程中，必须花费大量的时间与精力在特殊目的机构所发行新债务的投资者中分配风险。在本节中，我们希望解释在一个结构性项目中分层并设计次级层如何实质上等同于为基础资产上的自留风险设计一项再保险计划。

在第 6 章最后我们看到，风险债务持有人如何能够被视为向公司出售了合成资产保险。当然这里没有真正的保单——因而就有了术语“合成”——但在经济意义上是等同的。当我们为公司的资本结构引入额外的次级层时，我们将得到一个更丰富的不同合成资产保险单的组合。回顾在第 1 章中关于次级的经济解释的讨论。虽然论证了高级债务是向公司出售资产保险，但也论证了次级债务是向高级债务出售资产保险的等同物。

本节我们以探讨次级和分层决策如何相当于在一项资产再保险项目中选择起赔点作为开始。然后探讨结构化过程中基础资产的损失分布、信用评级，以及分层与次级决策之间的关系。

在以下的讨论中，我们将局限于讨论一家其资产主要受信用风险影响的公司。这样的限制会让我们更为清晰地了解到风险如何分配于各层及投资者中间。但是，必须牢记以下事实：投资于公司证券的投资者受所有自留风险的影响。如第 2 章所指出的，公司可能会尽力寻求对冲风险或者将风险转移到对手方，从而特别地避免将某些种类或数量的风险传导到投资者身上。无论公司保留了什么风险——无论是有意的还是无意的——均将完全传导到公司投资者身上，因此我们需要明确是如何传导的。

13.3.1 作为高级债权信用增强的次级安排

如我们在第 1 章和第 6 章讨论的，一家公司所发行的金融资本——债务和股本——的市场价值总是等于公司实际资产的市场价值。在此意义上，可将金融资本视为证券投资者向公司自身出售的一种保险，因此，资产价值的损失是由投资者所吸收，而不是由作为法律实体的公司所吸收。公司发行的金融资本索偿权的优先级或高（次）级，规定了不同投资者吸收这些损失的纵向层级或次序。

或许通过举例最容易阐明这一概念。假设一家公司发行了高级及次级债务，两者均为零息债券且面值分别为 3 亿美元和 5 亿美元。该公司还发行 2 亿美元的股本。假设所有债务都同时到期并且公司在到期日也清算了——资产被清算并清退所有公司证券。

图 13.5 展示了每类投资者向公司提供的保险。x 轴表示总损失（即资产价值的下跌），y 轴表示公司其余资产的总价值。股本吸收了达 2 亿美元资产价值的第一美元损失（first dollar loss）。对于资产价值低于 8 亿美元的情况，次级债务则提供了高达 5 亿美元的保险。最后，高级债务为其余 3 亿美元提供了保险。

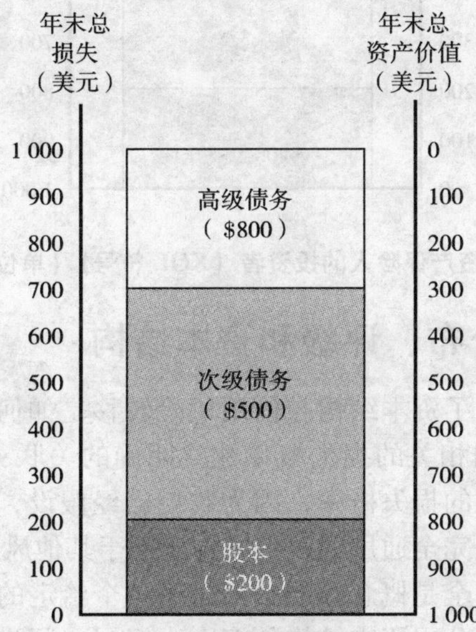

图 13.5　作为资产保险人的投资者（单位：百万美元）

已发行的证券不仅在总体上为公司资产价值保险，而且每类证券持有人实际上为公司证券的所有更高级的投资者提供了保险或信用增级。我们在第 1 章将债务分解为纵向利差期权时就看到了这一点。在本例中，高级债务实际上拥有 7 亿美元的由次级债务和股本提供的信用保护。直到公司资产价值下跌了 7 亿美元之后，高级债券持有者才会遭受损失。

读者或许已经看到，图 13.5 看上去与第 9 章讨论过的超额损失（XOL）信用再保险方案惊人地相似。这种相似性并非偶然——公司的资本结构恰好就是一项信用保险安排。让我们用术语“再保险 XOL”尽可能清楚地再阐释这一观点——结果请见图 13.6。

这种考虑次级安排的方式也可自然地转变为第 1 章讨论过的期权框架。将外部风险转移、次级安排和证券均视做期权，可使我们在所有那些概念中使用一致的估值和风险分析工具，以及对决定起赔点、进行内部与外部风险转移的成本比较等实践活动也是极其有用的。

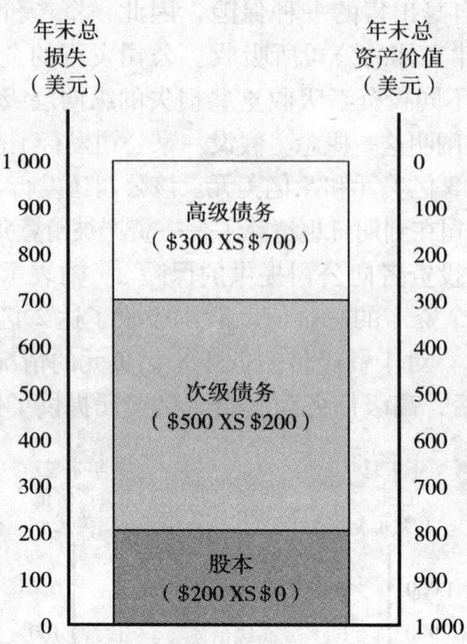

图 13.6　作为资产保险人的投资者（XOL 符号）（单位：百万美元）

13.3.2　损失分布、评级和资本结构

当从概念上牢固掌握了资本结构与信用风险转移是如何发生关系之后，我们再看看资本结构如何与信用相关的损失概率建立明确的关联关系。另外需注意的是，我们研究的是与信用相关的损失概率，因为我们已经假设，该公司资产的唯一风险就是信用风险。该框架是完全通用的，可同样适用于其他风险引发损失概率的情形。

当然，我们的讨论完全是概念性的。当讨论一个给定的具有信用敏感性的资产组合，与信用风险如何在公司资本结构的多个次级层之间进行分配时，两者之间的实际关系依赖于以下具体的因素：

• 资产组合的损失分布实际上是怎么样的？

• 公司现存何种其他信用增强或信用风险转移结构以保护该公司的证券持有人不受资产违约风险的影响？相对于公司已发行的金融资本索偿权的优先级，那些结构何时确切地偿付？

• 特定评级机构的评级准则如何影响对不同次级层和风险转移的选择？也就是说，三家主要评级机构的特殊方法如何影响起赔点（这就确定了所选择的不同次级层）的选择。

我们可提供一个例子来看这一概念性方法是如何工作的。具体来说，考虑一家公司，其唯一资产由受到违约风险影响的高收益债务工具所组成。图 13.7 表示这种资产组合的损失分布。[1]组合中资产的累积违约（表示为总资产的百分数）表示在 x 轴上，与那些损失相关的累积概率表示在 y 轴上。当然，此分布对于每个资产组合而言看起来都会不同，且可使用各种实证累计统计方法来形成。现在，我们将假定的损失分布视做已给定的损失分布。

遵循评级机构发布的对资产质量、违约和回收率，以及违约概率的指导意见，我们实质上可将预期信用评级加之于损失分布中，如图 13.7 所示（参见 D. Smith 2003，其提出了图 13.7 的概念）。各评级之间的实际分界点和给予不同分布块的准确评级有赖于组合本身及对应于该组合所设计的证券的形式。例如，选择发行的分层数或次级层将影响评级的分布和每一级别的起赔点。图 13.7 所隐含的资本结构只是此类资本结构的一种可能形式，即使囿于本例的范围也是可以有多种形式的。

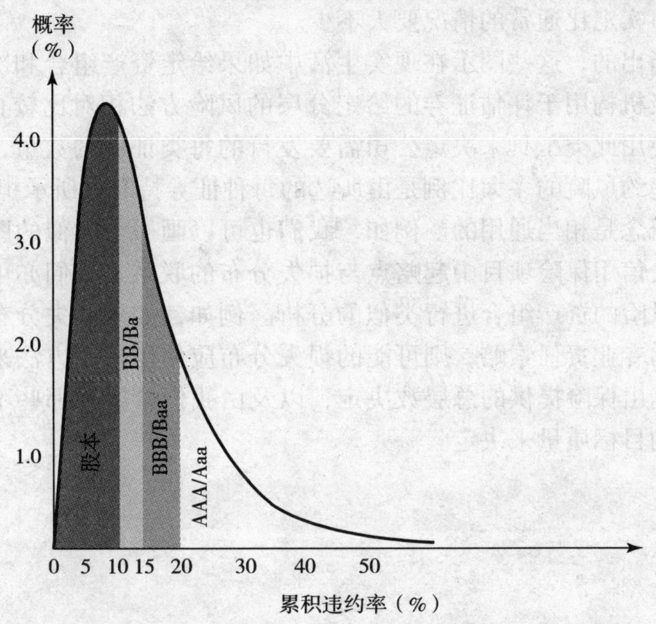

资料来源：D. Smith（2003）。

图 13.7　高收益债务组合的假想损失分布

从图 13.8 中，我们可更清晰地看到，损失分布和评级如何关联到一个给定的资

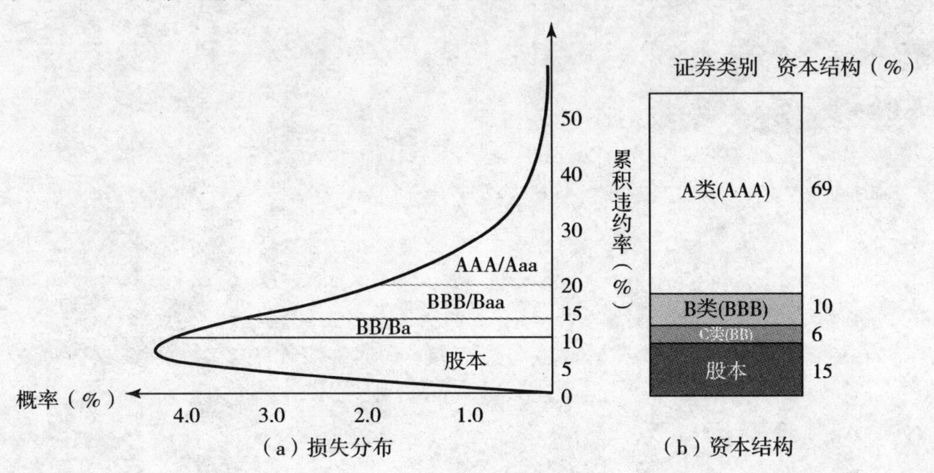

资料来源：美林证券。

图 13.8　损失分布和资本结构

本结构选择。图 13.8（a）显示了与图 13.7 相同的损失分布，但方向发生了变化；图 13.8（b）显示了对应于该损失分布的资本结构。

了解了违约风险将确定一个欲发行证券的给定类别个数的起赔点之后，我们可再次了解信用风险如何被转移到特定类别的证券持有人以及以何种比例转移。对于该特定资产组合，其在公司金融资本中充分地与违约风险相隔离，从而获得 AAA 评级的份额相当高，大约为资产组合规模的 70%。类似的，第一损失暴露（股本）也相对较大——事实上比通常的情况要大不少。

如我们已指出的，这些图示在现实生活中如果给定资产组合和次级选择，则很容易生成。评级机构用于评估证券的给定分层的风险方法相对比较直接。因此，我们可以准确地使用此类工具来决定公司需要发行的每类证券的数量，以及了解到影响组合的总体违约风险的多大比例是由所选的每种证券持有人所承担的。

上述基本概念是相当通用的。例如，我们也可以画一个类似的图表来表示一个典型的超额损失信用保险项目中起赔点与损失分布的联系。我们亦可为承担信用风险以外的其他风险的资产组合进行类似的分析。例如，如果损失分布对应的损失来自于对该公司的专业责任索赔，则可能的损失分布应使用精算方法来生成。保险安排中的起赔点则由保险提供的总层数决定，以及由我们希望为那些不同损失层获得的等同于信用的目标质量来决定。

第14章 混合证券、可转换证券和结构性票据

在本章中，我们开始分析结构性金融领域中一些最常见也最直观的概念——我们可将其总体地定义为结构性公司证券（structured corporate security）。结构性公司证券不仅是发起人资本结构的一部分，而且是发起人经济资产负债表中的负债。的确，能将这些产品与普通的金融资本索偿权（参见第1章）相区别的主要特征是其现金流被精心结构化了，以努力使发行人的融资及风险转换目标与所认识到的投资者需求相匹配。

这里我们考虑结构性公司证券的两种特殊类型：(1) 混合和可转换证券，(2) 结构性票据。混合证券是经结构化以集合债务和股本特点于一身的证券；可转换证券是混合证券的特定类型，它综合了债务与股本融资，为债券持有者提供了将债券转换为股本的交易的选择权。无论其结构和重新安排的现金流如何，混合证券和可转换证券的表现只取决于发行企业的风险。结构性票据与此不同，它实质上是事先包装的传统债务与传统衍生品合约的组合。其表现直接取决于至少一个不受发行人直接控制的变量或参数，如汇率或商品价格。

14.1 混合证券和可转换证券

混合证券是一种将单一发行人资本结构的几个构成成分综合或捆绑于一个金融资本索偿权中的证券。可转换证券是混合债务证券的一种类型，可以明确地转换为优先股或普通股。正如第13章中讨论的，混合证券及可转换证券很少要求正式的制度结构，例如，我们所考察的结构中只有一个结构要求有特别目的实体。对于金融工程师和律师来说在以下方面达成一致意见是非常必要的：该证券将支付什么、何时及如何支付、其次级深度如何，以及为形成一项债务与股本的混合体所需的其他任何特征或契约。

14.1.1 夹层融资

次级债务有时以所谓的夹层融资的形式出现。夹层融资常被公司用于促进诸如管理层收购或并购以及项目融资等公司活动。夹层融资也可称为低级别次级债，其

经济属性（如价格和回报）与高级债务相比更类似于股本。

夹层融资流行于20世纪70年代和80年代，常常用做成长型公司的种子资本，特别是在一项交易或资本结构中的股本部分过低以至于企业不能吸引较为保守的投资者和高级债权人时，如银行常常要求没有夹层融资的公司要具备比较高的债务股本比（debt-to-equity ratio）。特别是，银行和保险公司长期以来在信用评估上将夹层融资视为混合证券或类似股本的工具。这些情况源自三种不同的原因：第一，夹层融资发行的利率与高级债的利率相比更接近于股本回报率；第二，夹层债务常常伴随着可分离的权证的发行；[1]第三，夹层融资在某些情况下以优先股而不是债务发行的形式出现。由于上述三种原因，夹层债务常常称为混合证券。

夹层债务可能比高级债务低级，这既可通过总括条款也可通过弹性附属条款形成。在前者的情况下，夹层债务在较高等级的债权人完全清偿之前得不到任何本金或利息。在弹性附属情况下，只要发行方未出现违约事件，夹层债务持有人可以在更高级的债务尚未清还的情况下获得利息支付。一旦违约发生，附属条款开始生效，确保在高级债务未全部归还之前停止对夹层债务的支付。[2]

14.1.2　强制可赎回信托优先股

强制可赎回信托优先股在1996年成为一种流行的混合融资形式，当时美联储首次允许信托优先股可计入银行控股公司监管资本要求的一级资本。自此，超过800家银行控股公司已发行了超过850亿美元的信托优先股。[3]

一项信托优先股的发行由两个不同的交易组成。在第一个交易中，组成特殊目的信托作为银行控股公司的全资子公司。该信托使投资者受益并为其带来优先权——信托优先股。在第二个交易中，将销售信托优先股获取的收入用于为该信托从发行人购买次级债券提供资金，其中债券与信托优先股具有同样的期限。一旦低级别的次级债务得到清偿，信托优先股则是强制可赎回的。图14.1说明了这种基本设计。

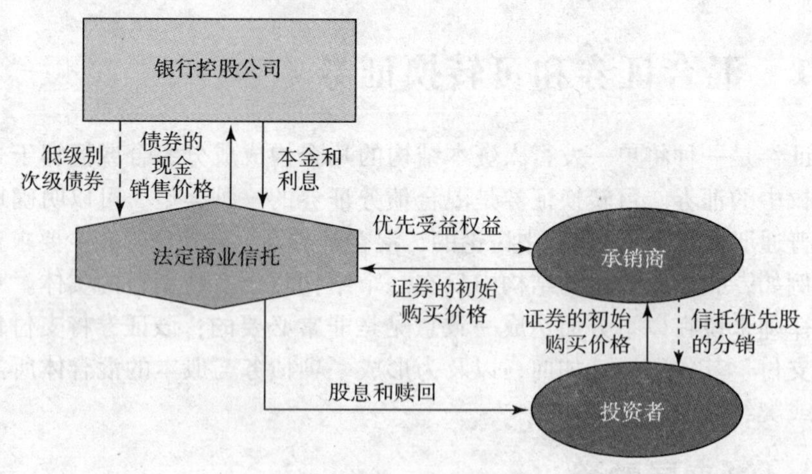

图14.1　强制可赎回信托优先股

信托优先股工具之所以具有吸引力，主要是因为发行人可将支付给低级别次级债务信托的利息从其税收中扣除。同时，发行人可将信托合并到其资产负债表中，从而允许该项债务作为公司间贷款来处理，而信托优先股也可按少数股东权益来处理。其净效应是：发行人对于一项优先股可获得债务税收处理，评级机构给予了该优先股部分股本信用。信托优先股工具特别受银行欢迎，因为银行将其视做有税收效益的一级资本来源。[4] 如附录 B 中所讨论的，巴塞尔协议将一级资本定义为主要包括全额实收并发行的股本，以及某些类型的受限制的核心资本，如非累计永久优先股和合并子公司的少数股东权益。受限制核心资本不能超过一级资本的 25% 以上。而次级债务和混合债务只能作为二级资本。因此，能够将信托优先股视为少数股东权益而不是次级债务对银行非常有吸引力。

管制特殊目的机构的会计准则近来的一些变化，使信托优先股也产生了巨大的变化。在新的财务会计标准委员会（Financial Accounting Standards Board，FASB）的第 46 号解释（修订版）可变利益实体的合并（以下简称为“FIN46R”——参见第 16 章和第 30 章）的要求下，发行次级债给信托（而后由信托再向投资者发行信托优先股）的发行人通常不能再将信托合并至其资产负债表中。结果，大量机构被迫将这些信托从会计报表中分离出来并将次级债记为信托子公司的负债。

尽管颁布了 FIN46R，但美国联邦储备委员会并不认为信托优先股应该完全被排除在一级资本定义之外。因而，在信托优先股的资本处理上，美国联邦储备委员会于 2005 年 3 月 1 日形成了最后准则。一般来说，该准则允许银行控股公司将信托优先股算做其一级资本总额中 25% 的受限资本的一部分。该准则将在未来五年内逐步实行，并且似乎已经拯救了信托优先股作为银行的混合融资流行形式的状况——至少目前如此。

14.1.3　可转换证券

1885 年，铁路巨头 J. J. 希尔（J. J. Hill）认为，股权投资者系统地高估了其铁路公司的风险。出于对长期融资的需求和需要一种工具来缓解投资者对信息不对称相关的忧虑以及伴随出现的可预见的逆向选择成本，他开发了第一只可转换债券并发行（Coxe，2000）。

可转换债券是一项包含期权的债券，凭此投资者可将其债券转换为对发行者的股权。可转换债券通常从其原始发行日算起存续 7 到 10 年并有某种形式的赎回保护，限制发行人的强制性早期赎回。硬性赎回保护（hard call protection）彻底禁止发行人的赎回，而许多可转换债券包含了软性赎回保护（soft call protection），仅当利率的变化尚未越过特殊的障碍时才可限制发行人的赎回行为。在任何可转换债券中规定的转换价格或转换比率都表示放弃一份债券（比如说，一份 1 000 美元的债券）所能获得的基础股票的股数。转换之前，可转换债券的投资者收到的利息一般比不可转换债券的利率低 300 到 400 个基点，并且高于相同企业的普通股的红利收益率 400 到 600 个基点。

可转换债券综合地等价于债务加认股权证，是相对老式的结构性债务种类，且已被证明是一种处理管理层与投资者对企业风险与信用评估之间差别的非常有用的方法。正如布伦南和施瓦兹（Brennan & Schwartz，1988）所主张的，可转换债券对发行人的风险评价相对不敏感，因为风险增加对债务和对公司股本的期权两部分的直接影响是相反的。公司现金流的预期波动性的增加（或低估），一方面降低了固定债券的价值，另一方面也增加了公司股本期权的价值。

主要由于这方面的原因，可转换债券的使用往往集中于小规模、高成长且其盈利波动性大的公司，即那些对发行直接债务融资的高成本望而却步的公司。可转换债券对于此类发行人而言是理想的，因为较低的利息支付降低了财务困境的风险，对于高成长公司而言财务困境也特别昂贵。

除了处于比投资者更了解企业前景的位置之外，管理层有时也有采取行动将价值从债券持有人转移到股东的权力。这在代理成本文献中称为资产替换问题。例如，管理层可以通过参与风险较高的业务（如20世纪80年代储蓄与贷款机构所做的）来降低未偿还债券的价值，或者以另一种称为债权稀释（claims dilution）的管理层投机形式，管理层可在旧债务之上大量举借新债（如Kohlberg Kravis Roberts & Co.之下的RJR Nabisco所做的），这被债券持有人视为事件风险。管理人员也可出售（或者分拆，如Marriott所做的）用来支持该债务的资产。而且特别是在面对较重的债务负担时，被困扰的管理层可能也会难以在安全、促销或研发上进行必要的投资。于是就出现了我们在本书第一部分中所遇到的投资不足问题。

有一些此类活动受到了债券契约条款的禁止。但是，除非债券持有人获得了针对管理层这些投机行为的有效防护措施，可以预期债券持有人会降低他们愿意为该债券支付的价格（例如，带有防御事件风险的所谓毒性卖出权（poison put）的债券，可以比无此安排的债券以更低的收益率进行出售）。这种价格的降低（或所要求收益率的提高）对补偿债权人可能遭受的由管理层投机造成的损失是必要的。它与签署并强制执行债券契约结合起来就是我们探讨过的债务代理成本的例子。

结构性债务通过应对债券持有人与主要代表股东利益的管理层团队之间的利益冲突，可降低债务代理成本。例如，可回售债券可抵御管理层使用杠杆的诱惑，否则通过给予债券持有人将证券回售给发行人的期权会增加公司的风险。仅基于可转换债券持有人可享有公司牺牲债券持有人利益而产生的任何收益的事实，可转换债券有助于控制这种资产置换问题以及管理层在困难时期投资不足的倾向。

在处理这些代理问题和信息不对称成本时，虽然管理层不发行结构性债务而仅使用直接的债务工具与衍生品的结合也可达到同样的效果，但在这种情况下结构性债务的优越性之一是它降低了债权人监督借款人的对冲活动所导致的成本。结构性债务正是通过迫使借款人事先承诺一项作为借款条件的对冲政策，而降低监督成本的（监督成本是代理成本的一种形式）。

为了阐释这一点，假设一家出口商的债权人坚持要求该公司对其外汇贬值风险进行对冲。为进行对冲，该企业可订立协议出售外汇远期。但这要求债权人必须连续监测公司的外汇风险，以保证该风险一直得到对冲保护。若非如此，可将该出口商的债务结构化，使本金既可以由外汇支付，也可以由与外汇汇率挂钩的美元来支付。这将确保该企业对冲其货币风险，从而大大降低了债权人的监控成本，并降低了债权人要求的回报率。同时，结构性债务持有人可引入特定债券条款，防止企业通过衍生品市场的交易消除其内嵌的对冲措施。

流动收益期权票据　美林证券（Merrill Lynch）于 1985 年引进流动收益期权票据（liquid yield option note，LYON），它是一种特定形式的可转换债券，可以管理信息不对称引发的代理成本。LYON 是长期的（通常 15 到 20 年）、可回售的、可转换的零票息债券。嵌入 LYON 的回售权是以最初发行价格加上至回售日的应计利息为执行价格的。因而，最初发行价格通常相对其面值都有较大的折扣。这给投资者提供了可在任何回售日实现收益的底部风险保护。

开发 LYON 部分是为了解决资产置换问题（或者至少是有关该风险的主要不确定性）。确实，LYON 持有人在管理层决定提高公司风险水平时会受到双重保护：投资者既可以在形势变得不利时赎回这些票据，也可以在已增加的风险转化为较高回报的前景时将其债权转换为股权。LYON 的早期发行企业，如废品管理公司（Waste Management）和 MCI 公司都是主要经营高风险业务，或者至少是暂不符合潮流的业务公司。

可转换信托优先股　信托优先股也是可转换的。在 2005 年美国联邦储备委员会关于信托优先股的新指导原则下，活跃于国际市场的银行被限制持有的诸如信托优先股之类的限制核心资本不能超过其核心资本的 15%，尽管银行控股公司一般允许持有 25%。而合格的强制性可转换优先股不含在这 15% 的最大限额内。因而大多数新的信托优先股发行中出现了可转换条款。

优先股赎回累积股票　优先股赎回累积股票（preferred equity redemption cumulative stock，PERCS）[5] 的出现实际是一种看似短期回售期权的可转换混合证券。PERCS 工具通常是强制性的可转换证券，在 3 年到 5 年之后自动转换为普通股。PERCS 也是发行人可赎回的，拥有逐步递减的价格安排，到期日最长可达到强制转换日。

PERCS 工具是为补充投资者收入而设计的。该类证券每季度支付累积优先股股息，并可为投资者带来高于普通股 300 到 400 个基点的收益，尽管它是以相同价格发行的（Coxe，2000）。这种补充性收入可视做对股票多头头寸出售一项买入期权的期权费，因而将整体结构转化为一项空头卖出期权。

优先可赎回增加红利股本证券　优先可赎回增加红利股本证券（Preferred redeemable increased dividend equity security，PRIDES）是转为普通股的优先股。它可以在任何时间以一定溢价转换，但到期时要强制转换。PRIDES 最早由麦斯克（MascoTech）公司于 1993 年 7 月发行，约构成可转换证券市场的 15%。这种证券通常以与普通股相同的价格发行，但收入会要求高于普通股 500 到 600 个基点的溢价，高于传统优先股 200 到 300 个基点的溢价（Coxe，2000）。

PRIDES 的最终盈亏结果取决于发行公司普通股到期时的价值。用 $S(t)$ 表示当 PRIDES 发行时发行人普通股的每股价格，K 表示在该时刻确定的固定转换价格。一份 PRIDES 等价于一份在平值状态执行价格为 $S(t)$ 的空头卖出期权，以及执行价格为 K 的 β 份多头认购期权。原理上，其盈亏结果以如下方式实现：

- 如果 $S(T) < S(t)$，PRIDES 转换为一份发行人的普通股。
- 如果 $S(t) \leq S(T) < K$，PRIDES 转换为 $S(t)/S(T)$ 份的普通股，或者给予 PRIDES 持有人的股票价值刚好等于每股 $S(t)$，而不管收盘价相对于初始价是何种情况。
- 如果 $S(T) \geq K$，PRIDES 则转换为 β 份普通股。

PRIDES 可由投资者决定在到期日之前以转换率 β 进行转换。发行人通常也可以在较早的时间（一段锁定期之后）以初始价的一定溢价加应计的股息进行赎回。由于出售的卖出期权处于平值状态和所购买的买入期权处于虚值状态，以及每购买 β 份买入期权出售一份卖出期权，因而收取的期权费超出了支出的期权费。这就是这种混合证券可提高收益的原因。

寇克斯（2000）对可转换市场作了一次极好的调研，并特别关注了发行人和投资者可使用的许多 PRIDES 变化形式。

14.2 结构性票据[6]

混合证券和可转换证券是综合了同一企业资本结构的不同成分，或者在某些情况下包括基于公司证券加其他证券的衍生品的结构性证券。无论哪种情况，混合证券和可转换证券通常是限于同一企业的证券和衍生品的组合。

债务证券也常常与资产价格相联系，这种资产不是由发行工程化证券（engineered security）的公司所发行的。为了区分这些产品与单一资本结构产品（如混合证券与可转换证券），我们将这种证券称为结构性票据。

结构性票据可由一种综合了债务与传统普通衍生品合约的盈亏特性的合约人工地复制。一家发行结构性债务的公司通常也可以通过发行直接的债务并签订独立的衍生品合约以获得同样的市场风险暴露。大多数结构性票据是由公司和政府发起的企业（government - sponsored enterprise，GSE），如由联邦住房贷款银行系统（Federal Home Loan Bank System）、房利美（Fannie Mae）和萨利美（Sallie Mae，即全国学生贷款协会）等发行。特别是联邦住房贷款银行系统曾经在历史上是世界上结构性票据最大的发行人之一。这些机构发行的结构性票据通常是中期票据（medium - term note，MTN），其期限长于一年。

每次企业发行证券时，它就会将那些证券中带有的影响其资产的且未进行对冲或保险的风险传导至投资者。如我们在第 13 章中讨论的，公司参与结构性融资市场的原因之一是将其自己特定的风险转移目标与投资者需求相匹配。因此，在债务中嵌入特定风险转移设计，对企业而言是一种机制，可以将特定的风险转移综合到筹资和风险转移交易之中。

回顾 M&M 理论的一个假设：所有投资者与大型企业拥有同样的进入资本市场的手段和条件。如果该条件不成立，发行企业可能会发现其所处的地位能够向有特殊需求的投资者提供一种差异化的产品。在对结构性票据的研究中，史密森和楚（Smithson & Chew，1992）认为，设计某些复杂债务工具的部分目的是为投资者提供在其他场合无法获得的券种。例如，与商品挂钩的债券通常包含了嵌入的在有形的交易所得不到的商品价格的长期远期合约或期权。投资者可能愿意为他们能获得这种头寸的结构性债务多付一些成本，从而也降低了发行人的加权平均资本成本（WACC）。

利用结构性债务管理价格风险的另一潜在益处是，其可避免公司的成本与衍生品的使用相联系。除了能规避培育衍生品市场专门技能所需要的成本之外，结构性债务还可使企业避免管理互换及其他柜台交易衍生品的交易对手的信用风险，以及避免管理所有衍生品相关的筹资和经营风险。

总之，结构性产品的价值不仅依赖于其在降低特定风险（如原油价格变化）引起的波动性方面的有效性，而且还依赖于与特定投资者组群（或衍生品交易中的特定交易对手）进行交易相关的净成本与收益。越来越繁纷复杂的风险管理产品在为公司管理层及投资者降低风险管理成本方面颇具潜力。

以下我们将区分四种类型的结构性票据：股本连结票据、利率连结票据、货币连结票据及商品连结票据。

14.2.1　股本连结票据

如果仅局限在日益成长的股本衍生品领域的话，那么将股票价格、股票指数或一篮子风险融入公司证券的能力是有限的。因此，与股本挂钩的票据的变化是令人惊愕的。这里，我们只提供这类结构的一些较常见的例子。

可交换债务　或许最简单的股本连结票据被称为可交换债务（exchangeable debt）。可交换债券非常类似于可转换债券，但有一点不同的是，可交换债务不是允许债务持有人将其债务转换为发债企业的股本份额，而是允许债务持有人将其债务转换为发债公司以外的公司的股本。可交换债务因而是纯粹的企业债务加上其他企业股本的美式买入期权。

在某些可交换债务的发售中，转换期权可以是现金结算的而不是以实物股票交付来结算的。在一些例子中，现金结算的期权具有附加的期权性。例如，电缆和无线（Cable & Wireless）公司的可转换债券允许发行人将其转换为一篮子股票和现金，其中一篮子中的转换比率由发行人自主决定。以及在其他一些情形中，发行人甚至可将其转换为自己的股票，只要交付的股票价值等于转换期权所隐含的企业股票价值即可。例如，新闻集团（News Corporation）发行了一种可转换为 BSkyB 股票的可交换债务，如果其以新闻集团的股票来交付，那么该可交换债务与所承诺的 BSkyB 股票的现金额相等，或者，必须在价值上等于 BSkyB 的股票价值（Grantham，2004）。

无论结算方式如何，可交换债务对于具有严重逆向选择问题的企业来说有非常大的吸引力。例如，如果一家企业证券的投资者怀疑该企业相对于其同行业的兄弟公司正变得低效，则基于一家或多家同行企业的可转换期权的引入，将会显著地削弱对该发行人投资决策的忧虑。但是，发行人必须购买已向投资者出售的其同行公司股票的期权，从而为其发出的信号支付成本。此外，发行人也处在将股权资本输给一家竞争对手的风险之中。

股本牛市票据（equity bull note） 许多 MTN 和债务工具，通过使用一种类似于买入期权的方式，使票据的票面利息和（或）本金价值与一种股本指数或股份价格挂钩。一直以来，有众多的缩写词用于该类产品，所以现在追踪这些名称没有任何意义。我们将这种结构性票据称做股本牛市票据。还有一些常见的变化形式可参考凯特（Kat，2002）的文章，以对这些结构性产品及其他结构进行更详细和深入的了解。

（1）无保护的牛市票据。一只普通的无保护牛市票据到期时会向投资者支付以下金额：

$$FV[1+\alpha R(t,T)] = FV\left\{1+\alpha\left[\frac{V(T)-V(t)}{V(t)}\right]\right\}$$

其中，FV 为债券的面值，α 为参与比率，$R(t,\ T)$ 为在债券存续期内指数回报率（变化百分率），$V(t)$ 为 t 时参考股票价格或指数水平。

参数 α 称为参与比率，决定投资者将承受的股价或指数的风险与回报。当 $\alpha=1$ 时，投资者百分之百地暴露于参考股价的百分比变化；对照起来，当 $\alpha=0.8$ 时，投资者只暴露于参考股票上 80% 已实现的百分比变化。无保护牛市票据在价值上等价于一只零息债券加对参考股票的远期合约。

牛市票据还可指定一个基点，使投资者在不改变参与率的情况下以实值或虚值状态作为开始。如果以参数 β 代表该基点，则票据到期时的清偿盈亏变成：

$$FV\left\{1+\alpha\left[\frac{V(T)-\beta V(t)}{V(t)}\right]\right\}$$

其中，β 通常小于 1，以使投资者以实值状态作为开始。

（2）有上限的牛市票据。较高的基点通常是以较低的参与率为代价的。或者降低了基点的牛市票据也可有较高的参与率，如果该票据的清偿盈亏限于某一最大回报率 X，则表示如下：

$$FV\left(1+\min\left\{\alpha\left[\frac{V(T)-\beta V(t)}{V(t)}\right],X\right\}\right) \quad \alpha>1,\beta<1$$

票据的投资者购买了 α 单位的远期合约并出售了 α 单位的实值买入期权，当然这就等价于售出 α 单位的虚值状态的卖出期权。

（3）有保护的牛市票据。无保护的牛市票据使投资者的本金处于风险状态。这会大大限制可购买这些产品的投资者的范围。为了增加其吸引力，可对其加入本金保护，这就得到了有保护的牛市票据。

一只可保证投资者有最小回报 X 的有保护牛市票据在到期日的清偿盈亏可表示为：

$$FV\left(1+\max\left\{X,\ \alpha\left[\frac{V(T)-V(t)}{V(t)}\right]\right\}\right)$$

有保护的牛市票据不再是一只零息债券加上一份远期合约，而是等价于一只零息债券加一份多头买入期权。

举一个具体的例子，考虑 1991 年奥地利共和国发行的股票指数成长票据

(stock index growth notes, SIGN)。该票据是 5 年期的中期票据，其到期日一次性利息支付挂钩于标准普尔 500 指数。该票据支付了面额加上基于标准普尔 500 在前五年百分比变化的利息额。如果股票市场价格下跌，投资者仅可收到该票据的票面价值；如果市场价格上涨，则投资者可直接分享上涨的成果。

从投资者的角度看，奥地利的股票指数成长票据可看做零息债券加一份嵌入的标准普尔 500 的多头平值买入期权，其参与率 $\alpha = 1$。如果在未来 5 年标准普尔 500 走低，买入期权到期失去价值，则投资者仅能得到债券的面值。然而股票市场的任何上涨均可一对一地反映为较高的本金偿付。

股票指数成长票据为零息金融工具，但也不一定全是这样。例如，考虑 1986 年所罗门兄弟公司出品的称为与标准普尔 500 指数挂钩的次级票据（Standard & Poor's 500 indexed subordinated note, SPIN）的产品。这是一只 1 亿美元票面价值及 2% 的半年息的 4 年期中期票据。到期时，投资者可得到最后一次票息和面值再加标准普尔 500 指数高于票据发行日指数的 108.5% 以上的任何上涨幅度的 92.2%。因而其分享率 $\alpha = 0.922$，基点 $\beta = 1.085$。

股本连结存单 类似于股本连结票据，股本连结存单（certificates of deposit, CD）从 1993 年至 20 世纪 90 年代末均十分流行。花旗银行、银行家信托（Bankers Trust）、纽约共和银行（Republic Bank of New York）、美国银行（Bank of America）及其他大大小小的银行机构都曾发行过股本连结存单。

举一个具体的例子，考虑花旗银行发行的股票指数保证账户。它是 5 年期无息票的存单，但到期时要向投资者回报存单面额或者存单面额加上前 5 年标准普尔 500 平均增长的 2 倍的数额。花旗银行存单的现金流可由 5 年期零息债券和两份标准普尔 500 的平值亚洲期权来复制。投资者放弃了传统存单可赚取的现金利息，这相当于为这些期权支付了费用。大多数股本连结存单由联邦存款保险公司（Federal Deposit Insurance Corporation）担保，因而通常可以低于股本连结票据的融资成本来发行。

利差与彩虹债券 差额债券（spread bond）或彩虹债券（rainbow bond）是多因素股本连结票据，允许投资者将其回报挂钩于一种股票相对于另一种股票的表现。差额债券可基于单一股票、一篮子股票或指数。

差额债券只是纯粹的债务工具（零息债券或附息债券）与差额期权的组合。因而所偿还的本金数额会基于两种股票相对于执行价的差额，可表示为：

$$FV\left(1 + \alpha \max\left\{\left[\frac{V_1(T) - V_1(t)}{V_1(t)}\right] - \left[\frac{V_2(T) - V_2(t)}{V_2(t)}\right]\right\} - K\right)$$

其中，股票价格或指数水平的下标分别表示资产 1 或资产 2。参与率同样用 α 表示，以及执行价格 K 通常为零。这种特殊情况下的期权部分——两种资产的差额——也称为交换期权，即以一种资产交换另一种资产的期权。

适用的参与率——正如我们在其他结构中已考察的——通常依赖于本金保护的成本。考虑一只一年期 100 万美元的差额债券。如果利率为 4%，必须投入 961 538 美元以保证 100 万美元的本金偿还。则留下 88 461 美元来购买差额期权。如果差额期权要花费 100 000 美元，则最多可以 88.46% 的参与率参与差额期权（即 0.8846 份差额期权）。或者可以提供差额期权的 100% 的参与率，但仅能保证 93.6% 的本金偿还，即（1 000 000 - 100 000）×1.04/1 000 000。

差额债券的吸引力来自以下原因：首先，它是一种已融资的工具，允许组合经理表达一种相对价格观点，而不产生与可比股本互换或股本远期差额交易相关的无限责任；此外，差额债券允许零售投资者投资于空头股票。

正像有人认为的，该结构不一定局限于两种资产——确实，常常不止两种资产。投资者需要的许多股票、指数或一篮子股票均可嵌入期权的清偿盈亏中。该结构在近年来获得广泛市场青睐的一种特殊品种是股票和债券的最佳（best - of - equity - and - bond）票据，允许投资者将对股票指数的参与换成对债券指数的参与，或者反之。

14.2.2 利率连结票据

第二类我们要考虑的结构性票据是一种本金和（或）利息随着某一浮动的参考利率变动的票据。这类票据通常是附息票据，且大多数利率连结结构性票据将其票息支付与某一标的参考利率挂钩。某些票据也包含与本金的挂钩浮动。本节将分析几种最重要的利率连结结构性票据。[7]

浮动利率票据 浮动利率票据（floating - rate note，FRN）是一种结构性票据，其借款人的利率支付与浮动参考利率或利率指数相挂钩。浮动利率票据的票息支付（通常是每半年支付）在发行时是未知的，利率会在每一票息日依据某个涉及一种或多种参考利率的特定公式重新确定。典型的浮动利率票据的票息是以基于伦敦银行同业拆借利率（LIBOR）加利差的方式确定的，如 6 个月 LIBOR 加 25 个基点（更简洁地表示为 6M - LIBOR + 25）。

浮动利率票据的现金流可由固定利率附息债券加一份利率互换组成的资产组合来复制，如图 14.2 所示（图示中，向下的箭头表示现金流出而向上的箭头表明流入）。图 14.2（a）显示了从发行人方面看的固定票息（$T-t$）期债券的现金流。债券面值以 Z 表示，且该债券以年票息率 K 支付定期利息。

图 14.2（b）显示了（$T-t$）期支付浮动互换的现金流，其各周期的浮动现金流是 LIBOR 加利差。例如，如果该债券和互换均是每半年付息的，则每一结算日的浮动利率——结算日 t 的浮动利率记为 R_t——对应为 6 个月前设定的 6 个月 LIBOR。[8] 作为支付浮动利率的交换，支付浮动利率的企业每期会收取等于互换名义本金额（记为 Z）$K\%$ 的固定利息。

在图 14.2 中，（a）和（b）清晰地构成了对同等条件的浮动利率票据的对冲组合。债券的固定现金流支付与互换的固定现金流相互抵消，使企业只剩下每期的浮动利率债务，等同于浮动利率票据的各期负债。

发行浮动利率票据，与发行固定利率债务的同时达成一项支付浮动互换合约具有等价性，这种等价性对结构性票据的估值与对冲具有重要意义。首先，如果浮动利率票据的价格与固定利率债券加互换的价格不相符，就会存在套利交易的机会。

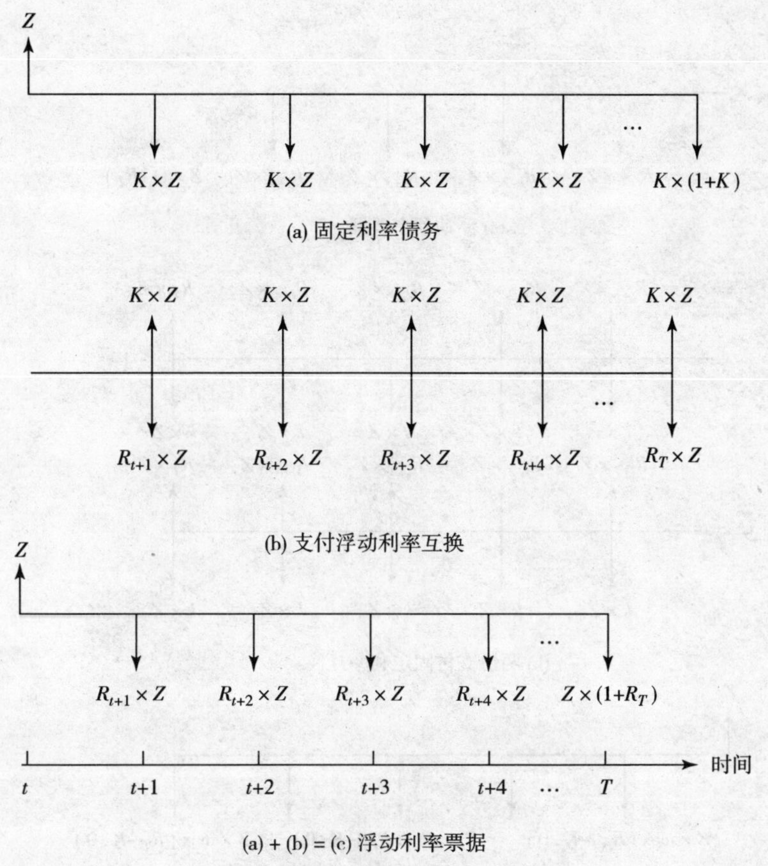

图 14.2　浮动利率票据

换言之，为获得浮动利率的融资，发行固定利率债务并作互换交易可能获得的成本更低。其次，互换工具的可用性（或更一般地衍生品的可用性）意味着发行人可发行投资者最偏好的债务类型，然后签署互换合约来获得所需要的融资形式。以另一种方式看，发行浮动利率票据并签订支付固定或收取浮动的互换合约，其结果就形成了合成的固定利率融资。

反向浮动利率票据　第一只反向浮动利率票据是 1986 年由萨利美发行的收益率曲线票据（Ogden，1987）。反向浮动利率票据也称为牛市浮动债券，因为它吸引的是看涨债券价格的投资者（即预期债券价格上涨，则利率下降）。[9]

面值为 Z 的反向浮动利率票据在（$T-t$）期间任意 t 时的浮动利息支付额可表示为：

$$C_t = Z\max(K - R_t, 0)$$

其中，K 是一个固定的百分数，而 R_t 是 t 时浮动参考利率。最低票息通常为零，虽然也有正数最低息票的结构发售。

图 14.3（d）中显示的反向浮动利率票据，其现金流可视为以下工具的组合：一张面额为 Z 的浮动利率票据、两份支付固定利率互换（每一份的名义本金均为 Z）以及利率上限（interest rate cap），所有这些的到期日均为 T。

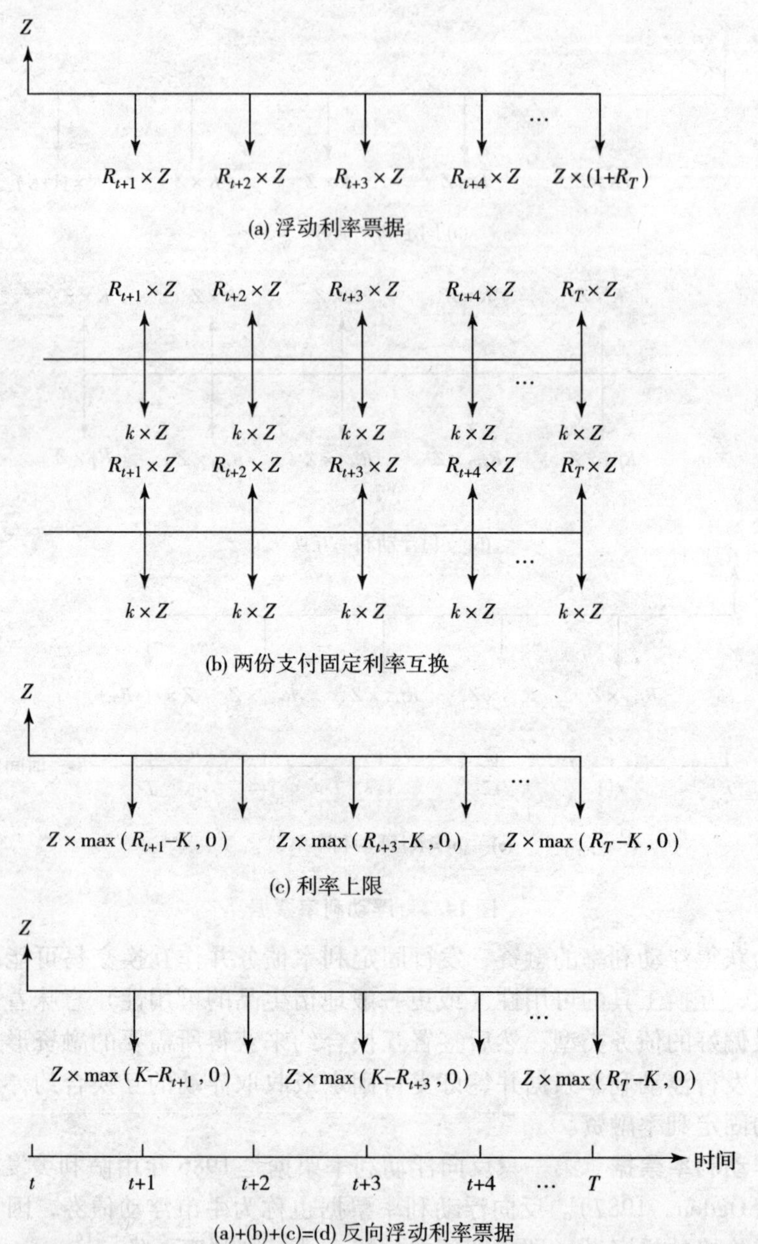

图 14.3 反向浮动利率票据

图 14.3（a）中，一家公司发行一种面值为 Z、到期日为 T 时且周期性地支付票息等于 R_t 的浮动利率票据。图 14.3（b）中，该公司将发行的浮动利率票据与两份支付固定利率的互换组合起来，其中每一份互换的固定利率为 k，而任意 t 时的参考浮动利率为 R_t。每期该公司则支付浮动利率票据的票息 R_t，在互换中收到 $2R_t$ 并支付 $2k$，从而形成了各期净现金流 R_t-K，其中 $K=2k$。最后，图 14.3（c）显示了该企业所签订的（$T-t$）期间执行价格为 K 的虚值状态的利率上限。最后这一头寸

是必要的，以确保该结构的票息率不会为负。

杠杆浮动利率债券和杠杆反向浮动利率债券　杠杆浮动利率债券（levered FRN）和反向浮动利率债券（inverse FRN）是结构化为票息支付额的变化更快于基础利率变化的债券。熊市浮动利率债券（bear floater）就是杠杆浮动利率债券的一个例子。熊市浮动利率债券之所以得名是由于对债券价格持熊市思维的投资者（即预期债券价格下跌，因而利率上升）觉得这些债券非常有吸引力。

一份材料提出首只熊市浮动利率债券是由梅隆银行（Mellon Bank）于 1986 年发售的，正好在萨利美首次发售反向浮动利率债券之后。梅隆银行的熊市浮动利率债券是 3 年期浮动利率存单，其向投资者支付票息的公式为两倍的 LIBOR 减去一个固定利率 9.12%（Smith，1988）。虽然熊市浮动利率债券与一只简单的浮动利率票据类似，其利息支付随市场利率的上升而增加，但熊市浮动利率债券的利息额比 LIBOR 的增加速度快。在梅隆银行发售的熊市浮动利率债券的例子中，杠杆因子为 2，因此，利息支付增加的速度是 LIBOR 增加的速度的 2 倍。

原则上，杠杆反向浮动利率债券类似于杠杆浮动利率债券。发行人只是选择一个杠杆因子并以该因子乘票息额中的浮动部分。一只杠杆反向浮动利率债券，其杠杆因子为 α，最低票息率为零，那么将在 t 时支付的票息为：

$$C_t = Z\max(K - \alpha R_t,\ 0)$$

其中，K 是固定的百分数，R_t 是 t 时的浮动参考利率，Z 同样是债券面值。

从实例中可看出，杠杆浮动利率债券和杠杆反向浮动利率债券可以分解为纯粹的债务加一组衍生品合约。假设发行者发行了一种反向浮动利率债券，付给投资者的票息下跌的速度是 LIBOR 下跌速度的两倍且最低的票息率为零。或者该公司可发行浮动利率票据并做三份支付固定的利率互换，其固定利率为 k，浮动利率为 R_t，名义本金为 Z。（同等地，该公司也可以做一份名义本金为 $3Z$ 的固定浮动利率互换）。由于被复制的杠杆反向浮动利率债券的最低票息率为零，发行人也会出售一份执行价格为 $3k$ 的利率上限。发行人因浮动利率票据、互换和利率上限而形成的净支付额可由下面公式计算：

$$C_t = Z\max(3k - 2R_t,\ 0) = Z\max(K - 2R_t,\ 0)$$

其中，$K = 3k$。该金融工具组合生成了一个人工合成的杠杆反向浮动利率债券，与 $\alpha = 2$ 的结构性票据具有相同的票息支付现金流。

区间票据　区间票据是一种结构性票据，当参考利率（比如 LIBOR）落入指定的区间时向投资者支付高于市场的利率，而在其他情况下则支付额为零。亦称为走廊票据（corridor note）、累息票据（accrual note）及收益率曲线票据（yield curve note）等，这些债务工具曾由瑞典王国（Kingdom of Sweden）、黑森—图林根银行（LandesBank Hessen – Thuringen）、瑞典出口信用公司（Swedish Export Credit Corporation）、世界银行（World Bank）及许多商业银行及商人银行发行过。

举一个具体的例子，考虑由巴黎巴资本市场公司（Paribas Capital Markets）1993 年发行的累息型 2 年期中期票据。[10] 该巴黎巴中期票据每半年支付一次利息，其数额不是仅由 LIBOR 决定，而是具体地由在 6 个月期间 LIBOR 落入预先规定范围内的天数决定。如果在该票据的 4 个票息期中的任何一个票息期中，LIBOR 每天都落入预先规定范围内，该票据则支付两年固定到期日国债（constant - maturity Treasury, CMT）利率加 1.35%。该巴黎巴中期票据的票息支付见表 14.1。

虽然支付的票息率基于两年期的固定到期日国债收益率加利差，但 LIBOR 的水平决定了该票据是否支付票息。区间票据也经常与 CMT 利率挂钩。

表 14.1　巴黎巴资本市场公司两年期区间票据

参考区间		支付的票息	
票息期	LIBOR（%）	范围内的时间（天数）	超过 2 年期 CMT 的利差
1	3.25 ~ 4.00	100	+135 bps
2	3.50 ~ 4.5625	95	+108 bps
3	3.75 ~ 5.00	90	+80 bps
4	3.75 ~ 5.3125	85	+53 bps
		80	+25 bps
		75	-2 bps
		70	-30 bps

一只区间票据的现金流可由零息债券和“资产或无”数字期权（asset - or - nothing digital option）（参见第 11 章）的组合来复制。区间票据的投资者实际上是向发行人出售了基于标的参考利率的数字期权，正如巴黎巴累息型票据的第一个票息期所显示的。假设该票息期为 180 天，投资者向巴黎巴资本市场出售了 180 份基于 LIBOR 的数字卖出期权，其执行利率为 3.25%。如果 LIBOR 高于 3.25%，投资者可得到固定利率为 2 年期 CMT 利率加上 1.35% 的支付款。如果 LIBOR 低于 3.25%，投资者什么也得不到。投资者还向巴黎巴资本市场售出了 180 份基于 LIBOR 的数字买入期权，其执行利率为 4%，仅当 LIBOR 落在期权的执行利率之下时投资者才能得到 2 年期 CMT 利率加 1.35% 的支付款。

利率递增债券　利率递增债券（step - up bond）是一种结构性票据，具有两种类型由合约约定的固定票息率：开始时期的低利率和后续各期的一个或多个较高的递增式利率。利率递增债券在初始低票息期内发行人不能赎回，但以后的各期可赎回。

利率递增债券可看做内嵌参考指标利率的买入期权的传统固定利率债券。例如，假设一只利率递增债券在不可赎回期间支付的初始票息为 C_1，而在可赎回递增期有较高的票息 C_2。考虑一家可以以 LIBOR 借款的发行人。投资于该发行人利率递增债券的投资者实质上向发行人出售了基于 LIBOR 的欧式买入期权，行权价为 C_2 而到期日为非赎回期的终止日。投资者在起始期获得 C_1 的利息，并且若债券未被赎回，投资者也可以收到更高一些的收益率（但低于市场水平）。如果债券以面额发行，投资者一般会在非赎回期获得高于市场的收益率。该市场水平之上的收益率实际上是投资者向发行人出售嵌入式可赎回权而收取的期权费。

双重挂钩的浮动利率票据　双重挂钩的浮动利率票据（dual - indexed FRN）是一种基于两个参考利率支付票息的结构性票据。许多双重挂钩票据的基础参考利率是 LIBOR 和 CMT。双重挂钩债券的一个例子是联邦住房贷款银行于 1993 年 9 月发行的双重挂钩合并债券。该债券向投资者支付的利率为 10 年期 CMT 利率加利差与 6 个月 LIBOR 之差。这里的利差按照具体的安排是随着时间而提高的。

双重挂钩票据的现金流可由一个浮息券与一个基准利率互换的组合来复制，这里的基准利率互换的支付额与两种不同的参考利率挂钩。考虑一家发行浮息券的公司，其面值为 Z，定期支付 LIBOR 利率并做了一个名义本金为 Z 收取 2 × LIBOR 并支付 10 年期 CMT 的基准利率互换。利率上限和下限也需要设定以限制所支付的最低和最高利息。

梯式债券　梯式债券结合了附息债券与一系列基于利率的梯式期权。在第 11 章的内容中，欧式梯式买入期权在到期日 T 有如下的清偿盈亏：

$$C(T) = \max[0, S(T) - X, \max(0, L_k - X)]$$

其中，$S(T)$ 是基础价格（在此情况下就是参考利率），X 是行权价或利率，而 L_k 是指定行权价阶梯的第 k 个横档。请参考图 11.11，其展示了 3 种可能的价格路径下梯式期权的清偿盈亏。

简而言之，梯式期权的目的是，如果且仅当基础参考利率越过一个阶梯横档 L_k 时，就会锁住一个最低的内在价值。一旦达到了起点利率，期权价值总是至少为阶梯起点减去行权利率。如果到期时参考利率小于阶梯起点，投资者可收到阶梯起点利率减去行权利率；或者，如果参考利率高于阶梯利率，投资者得到正常的内在价值支付。

指数摊销票据　最流行的本金与利率挂钩的结构性票据之一是指数摊销票据（index - amortizing note，IAN）。IAN 根据分摊率归还本金，分摊率是在分摊安排中具体指定的，是基础参考利率（如 LIBOR）的一个函数。参考利率的提高会引起 IAN 有效期的延长。所选取的参考利率通常与按揭债务的提前还款或者发行人应收账款相关联。当利率上升且相关按揭贷款的提前还款降低时，则 IAN 的存续期延长。

IAN 可由固定利率附息债券或浮息券与附带指数分期摊还率（index - amortizing rate，IAR）的互换（其摊还安排与 IAN 相同）的结合来复制。IAR 通常可分解（取决于分期偿还计划）为一种带有嵌入 LIBOR 跨式期权组合的利率互换。

14.2.3　与货币挂钩的债务

互换的最早应用主要与公司融资应用相关联。公司将在其发现有融资比较优势的任何一个市场发行债务，然后使用互换来人工地将其融资换为其希望采用的货币。当然，今天的公司通常募集外币资金时不会遇到障碍，只要发行外国货币计价的债券即可。

但是，某些公司更愿意在其公司融资活动中定制其货币风险暴露。为此目的，它们求助于与货币挂钩的结构性票据市场。以下探讨两种最流行的结构。

双货币债券 双货币债券是以一种货币支付利率而以另一种货币支付本金的结构性票据。票息的支付通常使用投资者国家的货币，而本金偿还通常使用发行人国家的货币。

最早的双货币债券是由菲利浦·莫瑞斯信用公司（Philip Morris Credit Corporation）于1985年9月发行的。该债券要求利息以瑞士法郎支付，利息额为认购额123 000 000瑞士法郎的7.25%，本金偿还为57 810 000美元。

不管是从发行人还是从投资者的角度看，双货币债券的纯粹债务部分可看做固定利率附带票息的债券。从投资者的角度看，双货币债券的衍生品成分不过是一种出售瑞士法郎换取美元的远期合约。从菲利浦·莫瑞斯信用公司（发行人）的观点看，债券的衍生品成分是一组出售瑞士法郎换取美元的远期合约的组合，每一远期合约的到期日对应于票息日，且每一远期合约的本金价值等于所支付的瑞士法郎利息。纯粹债务部分看上去类似一种美元计价的固定利率债券。

本金外汇连结证券（principal exchange rate linked security，PERLS）和反向本金外汇连结证券（reverse PERLS） 本金外汇连结证券类似于双货币债券，但又不同于双货币债券，票息和本金支付款均以相同货币支付。PERLS中的债务工具是一种附息债券且其利息与本金以同一货币支付。但是，本金偿还挂钩于该债券到期时票面价值的外币价值。如果外币相对于票息等的计价货币升值，其投资人会得到高于该证券票面价值的更多的偿付。该组合头寸因而等价于固定利率债券加上参考货币的远期合约。

例如，考虑萨利美于1987年发行的PERLS。该PERLS以美元支付票息和本金，而本金偿还额与澳元挂钩。所支付的利息为12.125%，本金偿还按面值每1 000美元兑1 452澳元归还对应的美元等值金额。从投资者的角度看，由于高于市场的票息加上澳元的虚值状态的多头远期合约，PERLS等价于一只以溢价出售的纯粹债券（straight bond）。

反向PERLS是一种本金偿还的金额随汇率升值而下降的结构性票据。例如，考察由福特汽车信用公司（Ford Motor Credit Corporation）于1987年发行的反向PERLS。本金的偿还与美元兑日元的汇率挂钩。从投资者的角度看，反向PERLS等价于一只以溢价出售的纯粹债券（由于其高于市场的票息率），加一份售出日元换取美元的平值空头远期合约及一份多头买入期权以给本金的潜在损失设置零下限。

反向PERLS结构类似于反向浮动利率债券和熊市浮动利率债券，其中本金的最小偿还额保证不会落到零或其他指定的数额之下。为保证这一点，嵌入反向PERLS中的远期合约伴随着日元买入期权，该期权的行权价为PERLS证券发行时现货汇率的2倍。这就设置了到期本金偿还价值为零的下限。

14.2.4 与商品挂钩的债务

近年来，许多很受欢迎的结构性票据只是债务加商品衍生品的组合。这些工具通常代表发行人所谓的资产负债表对冲，也就是说，债务中所嵌入的商品价格风险被企业资产中的自然商品价格风险所抵消。

结构性资产负债表对冲对于正遭受信用问题或者负债能力约束的企业而言是非常有效的。投资者可能十分关注一家公司偿还其无担保债务的能力。但是，如果发行人在其利息和（或）票息支付额中嵌入商品风险，这种担心可能就不存在了，这样，发行人的还本付息责任就与其现金流呈正相关关系。该公司仅当其收入或资产价值在增加时，才能借更多的债，从而为潜在的借款人提供了一种信用风险的天然的缓和剂，并很可能降低公司的 WACC。

下面讨论这类结构性交易的几个典型例子。

毕加索黄金挂钩债券（Pegasus gold - indexed bonds） 1986 年，毕加索黄金公司（Pegasus Gold Corporation）发行了带有黄金认购权证的债券。不同于大多数作为单一产品销售的结构性票据，毕加索债券实际上是两种相互分离的证券的捆绑销售。毕加索债券出售了固定利率的附息债券，到期偿还固定的本金，同时捆绑了可分离的黄金认购权证（即对黄金的长期、现金结算的欧式买入期权）。

当黄金价格上升时，毕加索债券的收入增加。债券到期时，投资者可执行其黄金认购权证且可得到较高的实际本金偿付，从而直接分享公司较高的收入。所以，毕加索公司就能够向投资者发售较低票息率的纯粹债券。

投资者也有另外的选择，即将其黄金认购权证出售给其他投资者同时保留纯粹债券。如果黄金价格大幅上涨，即使投资者不能直接行使该期权，他们也可出售可分离的黄金认购权证并获取部分价格上涨收益，同时仍然保持对毕加索公司债权人的身份。

玛格玛铜挂钩票据（Magma copper - indexed note） 1988 年，玛格玛铜制品公司（Magma Copper Company）发行了 10 年期票据，其价值挂钩于铜的价格。不同于毕加索黄金债券，玛格玛铜债券将其票息支付（而不是本金的偿还）与铜价格挂钩。投资者除非也出售其债券，否则不能出售其铜期权。

玛格玛铜票据每季度基于当前票息支付季度铜的平均价格来向投资者支付票息。对于给定的平均铜价格，支付给投资者的利息安排如表 14.2 所示。

玛格玛铜票据的现金流可用一个 10 年期固定利率附息债券和 40 个嵌入的铜的亚洲式认购期权的组合来复制，40 个期权在每一次票息日分别到期。

索纳达克公司（Sonatrach）石油挂钩票据 1989 年下半年，阿尔及利亚国家石油公司索纳达克陷入不能向一只银行业辛迪加持有的常规的浮动利率票据还本付息的困境。1990 年，大通曼哈顿银行（Chase Manhattan Bank）组织了一项重组计划，其中，索纳达克的浮动利率票据将清退，而用一系列的反向石油挂钩债券来替代。具体地，索纳达克向一组辛迪加银行发行新浮动利率票据，与 LIBOR 加 100 个基点挂钩，并向大通银行出售两年期的石油的买入期权，行权价为 23 美元。同时，大通银行向辛迪加银行出售 7 年期的石油买入期权（行权价为 22 美元）及 7 年期石油的卖出期权（行权价为 16 美元）。

表 14.2　　1988 年玛格玛铜债券的票息

每磅的平均铜价格（美元）	挂钩利率（%）
高于 2.00	21
1.80～2.00	20
1.60～1.80	19
1.40～1.60	18
1.30～1.40	17
1.20～1.30	16
1.10～1.20	15
1.00～1.10	14
0.90～1.00	13
低于 0.90	12

获得大通银行授予的石油价格的卖出和买入期权后，作为回报，辛迪加接受了 LIBOR 之上明显较低的利差（有人估计，可能要低几百个基点），比起若非如此安排时索纳达克要支付的浮动利率资金成本要低得多。这种各期利息成本的减免也就减少了索纳达克遭受进一步财务困境的可能性。此外，这些期权并未对索纳达克造成额外的石油价格风险，因为仅当石油价格上涨到高过 23 美元时，这家石油生产商才会承担额外的期权支付责任。因而仅当该公司能够支付得起额外的利息时，其筹资成本才会增加。

当时，这种索纳达克票据有效地管理了该公司债权人的石油价格风险，一部分是由于吸引了一组对石油价格风险有兴趣的投资者（辛迪加包括某些原来的借款人以及一些新借款人）。事实上，这类投资者是用其票息率的减少来换取油价的波动性。通过以此方式重新构建票据，大通银行及其投资者增加了索纳达克的信誉度，因而也就增加了获得其承诺的清偿资金的可能性。

第 15 章 应急资本

应急资本工具给予公司在指定的时期以预先确定的发行价格发行新债务、股本或结构性证券的权利。大多数应急资本工具是应急于某些事件的，在新的财务资本索偿权发行之前，某些触发事件必须发生。该触发事件通常会涉及应急资本购买者所遭受的未预期的重大损失，而这种应急资本与作为应急资本工具基础的证券的价格高度相关。

在本章中，[1]我们考虑一些应急资本结构的例子以及应急资本结构是如何运用于损失前风险融资及风险转移的。还要特别关注保险行业相对于非保险行业中应急资本的已为人知的益处和驱动力之间的区别。

15.1 作为期权的应急资本工具

应急资本是一种可用来发行公司证券的期权。我们在第 1 章讨论了如何将传统公司证券视为期权。因而，应急资本实际上是一种复合期权（compound option），即期权的期权，其标的物是企业实物资本资产的净价值。

在本章中，我们将重点讨论第一层期权性的问题，并且将应急资本作为实际上可用来发行公司证券的期权。类似于任何普通的期权，应急资本可以容易地由其关键特性来表示：(1) 基础资产，(2) 期权的存续期或期限，(3) 执行价格，(4) 期权的可执行性，(5) 类型，(6) 期权承销商。

15.1.1 基础资产

应急资本给予一家公司发行债务、股票或混合证券，或在某些情况下发行事件结构性证券（event structured security）的权利。[2]在此工具下可发行证券的类型在该种证券的实际发行之前，且在应急资本期权的存续期开始就预先确定了。此外，欲发行证券的准确条件（如存续期、利率、次级层的深度等）也通常在项目开始就已确定。

迄今为止，在大多数已公开披露的应急资本安排中，基础证券或者是深度次级债务，或者是优先股。由于更像是股票类的产品，许多公司明显依赖于应急资本工具作为其或有风险转移的一种形式。不同的是，企业在宣布发生巨额损失后利用应急债务工具，实际上是行使了一项处于平值状态的损失后风险融资期权。[3]

15.1.2 存续期或期限

无论一家公司以应急资本工具可发行的财务资本索偿权的期限如何，可发行应急资本的期权都具有清晰而相当有限的存续期。例如，考虑一项应急债务工具，它给予公司在未来3个月内发行5年期固定利率低级次级债的权利。基础资本索偿权的存续期为5年，但应急工具的期限只有3个月。

15.1.3 执行价格和内在价值

类似于其他期权，应急资本工具包括执行价格，或者通过该工具可发行的新证券的预定价格。执行价格的设置经常要反映损失前发行的条件。因而，新发行证券的价格是在特定风险造成的损失实现之前设置的，而且其价格也通常与应急资本项目谈判时的基础证券的价格有紧密联系。换句话说，这种工具一般在其开始阶段处于平值状态。

应急资本工具的价值（当使用时）——该期权在行权时的内在价值——实际上是由应急资本安排可获得资本的成本与当时公开市场上可获得资本的成本之差决定的。如果企业可在公开市场上筹得比通过应急资本项目更为便宜的资本，就不会行使期权。因此，为行使应急资本期权第一触发条件就是正的内在价值。[4]

15.1.4 可执行性

类似于常规的期权，应急资本工具可以是美式的、欧式的或百慕大式的。目前，大多数应急资本工具都是美式的，从而原则上允许其持有者在期权的存续期内以及交易前端简短的锁定期之后，在任何时间发行基础证券。

虽然典型的美式期权可在实值状态下的任何时间行权，但应急资本工具却包含第二触发条件。第二触发条件就是期权可被执行前必须满足的附加条件。在这种意义下，应急资本工具类似于障碍期权（参见第11章）。也像障碍期权一样，第二触发条件只决定该工具可使用的时机，而不决定使用该工具时的价值。换而言之，第二触发条件影响执行期权决策的时机，但不改变行权时的内在价值。

在传统的障碍期权中，第二触发条件通常依赖于该工具基础资产的价格。不同的是，大多数应急资本交易中的第二触发条件通常参考某些客观定义的损失事件。当然，遭遇这类损失将很可能也会影响应急资本工具的基础证券的市场价值。但两个触发条件必须都被激活才可以使用该工具。也就是说，该工具的基础证券必须为该公司提供比市场上可用的证券更好的条件，并且该公司必须遭受了协议中明确规定的风险引起的损失。

为缓解道德风险，应急资本工具的第二触发条件有时与公司影响能力之外的变量挂钩。例如，一家将应急资本用做事后融资来源的公司，人们可能会特别关注其投资不足问题，而该问题常与负向的盈利意外（earnings surprise）呈正相关关系。但是，定义第二触发事件为该特定公司的负向盈利意外可能没有什么意义，这可能会加剧道德风险问题而不是缓解这些问题。另一种选择可能是以平均行业盈利来定义第二触发条件，从而使该公司在行业内不同公司间发生不利的盈利冲击的情况下可以运用应急资本工具，并且不会给该公司任何操纵其盈利的不恰当的动机。

在其他情形中，第二触发条件是一次个别公司的损失，这种损失对期权购买者来说至少部分是可控的。但在这些情形中，起赔点很高并深入到巨灾层内部，而且起赔的可能性是如此之低，从而使道德风险不会成为一个问题。

我们将在第 25 章中更加详细地再次讨论多触发事件问题，届时我们将探讨多触发事件的（再）保险合约。

15.1.5　应急资本工具的类型

应急资本可为其持有者带来或者发行新的财务资本（即出售新发行的证券），或者购买一种新发行的证券的权利。前者是一种实收资本卖出期权，而后者代表一种买入期权。

或许应急资本最明显的例子是认股权证。认股权证的持有者拥有的是一项权利而不是义务，可在某一特定日期的当天或之前以预先确定的价格从发行公司购买剩余索偿权——通常是普通股股票。因而，认股权证可视为应急股票购买协议。包含了某种数量的内嵌认股权证的可转换债券和优先股，也可看做是应急资本的形式，许多管理人员或员工的薪酬补偿期权也是如此。

由于认股权证和可转换债券的行权决策取决于投资者而不是取决于发行权证和可转换债券的公司，所以这类证券的功能不太能作为（下端）风险管理手段，而更像是公司出现成长机会时[5]筹集股权资本的低成本的有效选择方式。本章的讨论主要集中在行权决策在本公司控制之下的应急资本工具（即卖出结构）。

15.1.6　期权承销商

所有应急资本交易实际上是应急的私募安排。在一般情况下，一家或多家公司作为期权的主承销商及该结构可发行的证券的自愿认购者。在许多案例中，公司可组织一个辛迪加，共同承担最终的责任、风险并分享项目回报。通过持续参与这些集中性的结构及在一家主承销商的监督之下，由信息不对称产生的逆向选择成本大大低于传统证券发行的成本，其原因已在第 4 章讨论过。

只要该工具仍未使用，期权的承销商将定期收取承诺费（即期权费），恰如一份传统的保险合约一样。但与保险不同的是，如果该工具被启用，则对手方须向该工具的拥有者支付款项，这并非是简单的现金流出。期权承销商支付现金后确实获得了一种证券作为回报。因此，应急资本的提供者须对获得应急资本保护的公司的潜在长期投资者的前景充满希望。

15.2　应急资本的（再）保险应用

如附录 B 所指出的，保险公司将其监管资本定义为盈余，主要包括实收股票资本。世界上大多数原承保人都受制于确定其最低盈余水平或盈余相关比率的监管要求。如果不满足这些最低额度，就可能受到非常严重的处罚，包括在保险公司资本金降至过低的情况下的强制停业。

应急资本结构在20世纪90年代首次获得保险业界的青睐，主要是作为保护资本不受所谓的“尾部事件”的影响的工具，如热带风暴和地震等巨灾风险引起的巨大财产损失（超过再保险额）。目前，保险业中的应急资本采取一些与那些早期盈余保护结构相同的形式，其动机仍然主要是资本保护。

我们在第13章已看到，财务资本是如何被看做一种超额损失保险或再保险的。因此，保险行业或再保险行业中许多公司使用应急资本都是为了将其用做直接的再保险和转分保的替代形式。当应急资本作为再保险的替代时，常常被保险公司和评级机构称为软资本。与实收股权资本等银行资金相比，软资本会使保险公司受到一家或多家第三方资本提供商的信用风险和业绩风险的影响。但是，除了这种业绩风险之外，软资本仍然是资本。使用本书第一部分的说法，软资本正是另一名称的风险资本。本节所考察的，一些是事前融资的风险资本，另一些是事后融资的风险资本。

15.2.1 母公司担保作为软资本

回顾第6章企业有限公司的例子，我们说明了向第三方（例如保险公司）转移信用风险与向该公司的债券或股票持有人转移信用风险的等同性。我们探讨的具体方案之一是为内部股票持有人以母公司担保的形式提供的信用风险保护。

我们在第13章再次探讨了不同类型的风险资本和风险转移如何共同为公司所拥有的信用风险资产定义超额赔款保险计划。在所有这些前期讨论的基础上，读者就不会再惊讶于了解到母公司担保确实是信用再保险的一种常见的替代方式，特别是对于单一险种的保险公司更是如此。几十年来，单一险种公司的母公司提供的对保险负债的明确担保，在那些单一险种保险公司的总体资本结构中起了非常重要的作用。

15.2.2 银行授信额度和信用证作为再保险软资本

评级机构将构成保险公司盈余的实收资本视为银行资金，因为公司已经发行了证券并回收了现金。保险公司多年使用的一种常见的应急资本类型被称为软资本工具（soft capital facility），这也是应急资本的另一称谓。与实收资本不同，软资本会使保险公司受到一家或多家第三方资本提供商的信用和业绩风险的影响。

许多年来，保险公司软资本的最常见来源一直是为保险公司客户提供专用额度或信用证（LOC）的银行。如我们在第10章所讨论的，典型的信用证是结构化的，看起来很类似于传统的再保险。具体来说，当保险公司遭受的损失超过某一特定的较低的起赔点时，银行就提供一项授信额度或信用证以弥补起赔点之上的某一层损失。但是这类软资本工具有史以来一直局限于巨灾损失层和特定情况（Mischel et al.，2004）。

15.2.3 应急盈余票据

盈余票据（surplus note）是一种由保险公司发行的债务工具（或优先股），在监管上可作为资本对待。20 世纪 90 年代初期，几家保险公司发行了事件应急盈余票据（event - contingent surplus note）。这些产品代表了对盈余票据的双重触发条件卖出期权，其中第二触发条件是一种重大的不利保险事件，严重到足以危及保险公司最低盈余监管要求。这类损失一旦发生，可立即发行应急盈余票据并可在一夜之间筹集到符合监管要求的资本。

汉诺威再保险公司（Hannover Re）、全国保险公司（Nationwide）和阿克莱特相互保险公司（Arkwright）都在 20 世纪 90 年代发行了应急盈余票据。[6] 在这些结构中，向投资者出售应急票据所得的资金用于购买高质量、可流通的证券，如国债或回购协议。这些证券由一个特殊目的信托持有。发起应急盈余票据发行的保险公司从该信托购买双重触发条件的卖出期权，使该保险公司在出现巨灾性承保损失时可立即发行盈余票据。保险公司为购买卖出期权而向信托支付的期权费也存入保证金账户。

只要期权还未被执行，该债券的投资者可赚得抵押资产的利息收入（如国债利息）加承诺费。如果触发事件出现，保险公司则可向该信托发行盈余票据。然后，该信托通过变现抵押资产来购买那些盈余票据。自此以后，向该结构的投资者支付的本金和利息将仅由信托为项目投资者持有的保险公司新发行的盈余票据应支付的本金和利息组成。图 15.1 展示了这种基本结构。

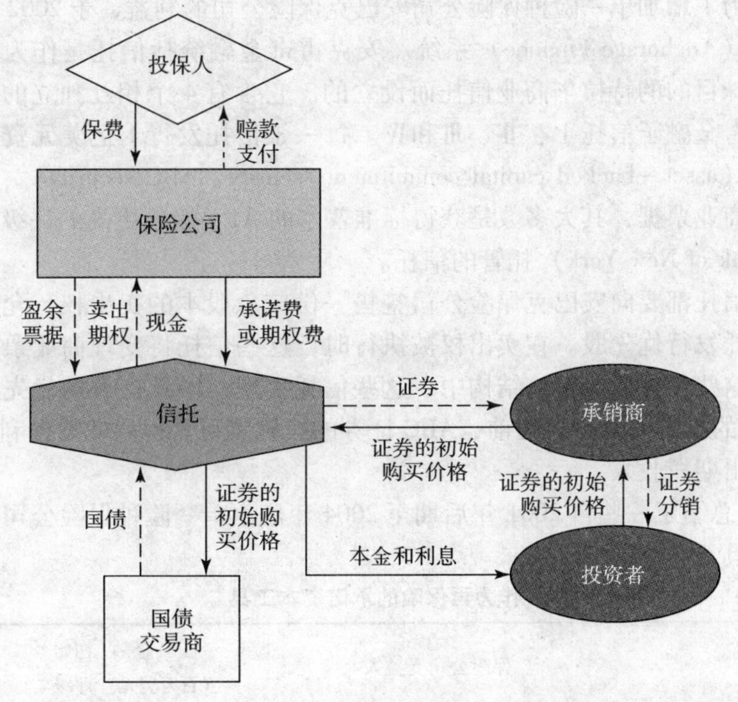

图 15.1　应急盈余票据

虽然应急盈余票据设立的最初动机只是为了在可能的巨灾损失发生后仍然能够满足监管方面的资本要求，但近来盈余票据又出现了复苏。此次应急盈余票据的使用动机却相当不同，现在，主要应用于合作制或互助制保险公司，是一种混合股权融资形式。在第 23 章讨论相互公司时我们将进行更为详细的探讨。

15.2.4 承诺资本工具

原有应急盈余票据主题下的另一种变形工具是承诺资本工具（committed capital facility），此概念容易与瑞士再保险公司的承诺长期资本解决方案（将在本节后面讨论）相混淆。承诺资本工具的作用与应急盈余票据很相似，虽然对特定事件发生的制约性稍弱一些。实际上，典型的承诺资本工具，其作用机制与一种资金已全额到位的（fully prefunded）再保险项目的作用机制相似。

结构上，特殊目的实体以向投资者发行债券所得的资金用来购买高质量的可交易证券。然后，特殊目的实体向保险公司受益人签售一份其自身证券的卖出期权——通常为优先股——给予保险公司受益人在任何时间向特殊目的实体发行证券的权利。当保险公司受益人执行其卖出期权时，特殊目的实体变现其持有的可交易证券并使用这些资金购买保险公司基于卖出期权协议而发行的新证券。投资于特殊目的实体发行证券的投资者，可获取高质量抵押资产的回报并加上出售卖出期权的期权费，直到保险公司行使其卖出期权为止。卖出期权一旦行使，投资者则会持有保险公司发行的新证券——既可直接持有，也可以通过其对特殊目的实体的主张权而实质性持有，此时特殊目的实体除了这些新证券也不再拥有其他抵押资产了。

例如，为了增加单一险种保险公司安巴克保险公司的利益，于2002年设立了安克雷奇金融（Anchorage Finance）系统。安克雷奇金融统括信托是作为由美林证券资助的有特殊目的的特拉华商业信托而设立的。它含有4个相互独立的子信托，分别为安克雷奇金融子信托Ⅰ、Ⅱ、Ⅲ和Ⅳ。每一子信托发行1亿美元资产支持的资本承诺证券（asset - backed capital commitment security，ABC security）。发行收入主要用于购买商业票据，其大多数是获得标准普尔的A1 + 级或更高的评级，并存入纽约银行（Bank of New York）托管的信托。

每一子信托都要向安巴克保险公司签售一份应急股本的卖出权，允许安巴克保险公司对信托发行优先股。在卖出权被执行时，这些信托将变现商业票据并用收回的资金收购这些优先股。在该结构中，这些信托变现，以及持有的优先股直接转移给ABC证券的投资者。行权之前，ABC证券的投资者可获得商业票据利息加上子信托收取的卖出期权收入。

表15.1总结了一些自2001年后期至2004年底由单一险种保险公司推出的其他承诺资本工具。[7]

表15.1 作为再保险的承诺资本工具

工具名	保险公司受益人	工具金额（百万美元）	初始评级	初始评级日期
蓝水信托（Blue Water Trust）Ⅰ	RAM 再保险公司	50	A +	2003年12月16日
荷兰海港金融（Dutch Harbor Finance）Ⅰ~Ⅳ	安巴克保险公司	400	AA	2001年12月4日
大中央资本信托（Grand Central Capital Trust）Ⅰ~Ⅵ	FGIC	300	AA	2004年7月15日

续表

工具名	保险公司受益人	工具金额（百万美元）	初始评级	初始评级日期
市场街托管信托（Market Street Custodial Trusts）Ⅰ~Ⅲ	瑞第安（Radian）资产担保公司	150	A	2003 年 9 月 12 日
北城堡托管信托（North Castle Custodial Trusts）Ⅰ~Ⅳ	MBIA 保险公司	200	AA	2002 年 12 月 18 日
北城堡托管信托（North Castle Custodial Trusts）Ⅴ~Ⅷ	MBIA 保险公司	200	AA	2003 年 5 月 15 日
萨顿资本信托（Sutton Capital Trusts）Ⅰ~Ⅳ	金融证券保险公司	200	AA	2003 年 6 月 9 日
双礁过手信托（Twin Reefs Pass-Through Trust）	信利金融保险公司（XL Financial Assurance Ltd.）	200	AA -	2004 年 12 月 3 日

15.2.5　损失权益卖出权和巨灾权益卖出权

损失权益卖出权（loss equity puts）能使一家公司在遭受特定类型的损失时以预先谈定的固定价格发行特定数量的新股份。在典型的损失权益卖出权中，该公司实质上以协议的方式与一家单一对手方（或辛迪加）预先谈定一次股权的私募交易，该协议允许这家公司在第二触发条件被激活时发行并直接向对手方出售新股票。基础证券可能是优先股或普通股。如果股票是优先股，其股息率可与其他优先股支付的股息相当，也可以是固定的。

或许最早及仍最为人们所知的损失权益卖出权的例子是巨灾权益卖出权（Catastrophe Equity Put，CatEPut）。CatEPut 由总部在芝加哥的保险经纪公司怡安与中央再保险公司（Centre Re）共同设计，主要由有巨灾风险暴露的再保险公司发行，以寻求在其已有的再保险计划之上的盈余保护。作为第二触发条件的损失事件通常与发行公司的股价变化高度相关。例如，如果地震之后的财产损失为第二触发条件，则激活卖出权的损失程度就要相当大，其股票价格的下跌也是可以预期的。该规定有助于确保只有在确实需要的时间，该期权才会提供有利的条件使公司进入股权资本市场，这就降低了公司需支付的期权费（也减少了期权签售商所承担的风险）。

第一只 CatEPut 是于 1996 年秋由一家专业财产和意外（property and casualty（P&C））保险公司——皮奥里亚公司（RLI Corporation of Peoria，Illinois）推出的，该公司承担了加利福尼亚的诺斯瑞芝（Northridge）因地震产生的巨大损失。RLI 为其财产与意外保险险种对巨灾超额损失层的风险寻求额外的资产负债表保护。RLI 的巨灾权益卖权中的第二触发条件也是设为一种巨额财产意外损失，其数额显著地超出了其已有的再保险补偿范围并因此会危及到该公司的盈余。通过给予 RLI 在此类损失之后发行高达 5 000 万美元的可转换优先股的权利，RLI 能够避免遭受盈余下降的风险，或者避免为提高其盈余而以不利的损失后条件的成本进行再融资。[8] RLI

于2000年再次以5 000万美元购买了CatEPut。

第二只CatEPut结构由怡安在1997年为豪瑞斯曼教育者公司（Horace Mann Educators Corp.）推出。该公司由于暴露于承保财产与意外险、人寿险和退休年金等业务线的损失风险中，豪瑞斯曼以与RLI同样的原因购买了1亿美元的CatEPut，即以确保其拥有确定性的保护手段，使它可以在遭受特别巨大的损失后借此方法补充其股本资本，避免侵蚀其盈余。豪瑞斯曼于1999年又以1亿美元购买了一只新的CatEPut保障。

15.2.6 可回售的巨灾债券

本书所讨论的大多数应急资本工具都已包含传统证券卖出期权和基于风险的第二触发条件的组合。现在我们考虑一种单一触发条件的交易，其中发行的时间选择未与特定的风险挂钩。在该例子中，应急资本工具不再是障碍期权，而只是普通的美式卖出期权，发行人可按其意愿行权（假设期权处于实值状态）。但是，不同于其他结构，该卖出期权不是设在传统证券之上，而是设在高度结构化的保险连结票据上。

在1998年早期，诚信国民公司（Reliance National）从投资者手中购买了应急债务期权，使其能够在1998年到2000年内任何时间发行巨灾债券——债券支付的利息和（或）本金在发生特定的巨灾时相应减少的一种债券。[9] 我们将在第22章详细讨论巨灾债券。

诚信Ⅲ应急资本工具的主要目的是：在再保险市场失去应变能力的情况下，使诚信国民获得某些险种的额外再保险能力。期权的执行价设置得略处虚值状态，从而，当行使这些期权时，期权持有人将以略低于市场的价格购买诚信Ⅲ的巨灾债券。由于支持期权工具的债券中包括了免赔额，从而诚信支付给投资者以确保其购买巨灾债券的承诺价格又进一步降低了。当巨灾发生时，发行人会承担其巨灾损失索偿权的第一部分，然后才是这些债券的本金或利息转做弥补损失。

从1997年到1998年底，诚信国民发行了两只早期且具有先驱性的巨灾债券。第一只，诚信Ⅷ于1997年上半年在塞得维奇兰金融公司（Sedgewick Lane Financial）和INSTRAT（英国）的协助下发行，是第一种基于多险种的巨灾债券。诚信Ⅱ也涉及多险种风险暴露。无足为奇，应急债务工具诚信Ⅲ隐含的巨灾债券在这方面模仿了诚信Ⅰ和Ⅱ。具体地说，诚信Ⅲ中20%的潜在票据持有人的本金将会遭受来自下面诚信的5个承保险种的损失风险：高于65亿美元在美国的财产损失、世界其他地区高于45亿美元的财产损失、日本或美国的航空事故导致250人或更多人死亡的、离岸海事损失超过5亿美元的，以及在符合条件的12次火箭发射事件的名单中超过2次失败的。[10]

15.2.7 承诺长期资本解决方案

应急资本产品的最成功的形式之一是瑞士再保险公司的承诺长期资本解决方案（Committed Long - Term Capital Solutions，CLOCS）。CLOCS既可构造成应急债务

（通常是低级次级债）也可构造成股本（通常是优先股）。保险公司购买 CLOCS 的动机类似于巨灾权益卖出权和应急盈余票据，即在罕见的大额承保损失之后对保险公司资本金的保护。

美国城市债券（MBIA）保险公司 如我们在第 10 章所讨论的，从像评级为 AAA 级或 Aaa 级这样的美国单一险种承保人美国城市债券保险公司，对于购买其信用保险的债券发行人和投资者，其风险管理的主要关注点不是该保险公司将会因偿付能力不足而在债券出现违约事件时不能提供信用支持。相反，主要风险是保险公司可能失去 AAA 或 Aaa 评级。单一险种业务实际上是被想要为一次债券发行“租用”一个 AAA 或 Aaa 评级的公司所驱动，这种公司希望找到单一险种公司来实现其目的。由于评级的重要性，单一险种公司在提供担保前要与评级机构密切合作，以确保它们提供的保险具有足够低的预期损失，从而不会危及到担保人的评级。

单一险种担保业务确实是依赖于 AAA 或 Aaa 评级的，以至于许多市场观察人士相信，该保险公司评级中丢掉一个字母就可能会引起其业务的枯竭并使其立即破产。几年前，市场传言另一大型单一险种保险公司濒临降级的边缘。该公司信用担保的用户们表达了这种忧虑，从而该保险公司的两家主要投资者明确地携带新资金介入，来确保不会出现降级。

因此，为确保在其担保业务遭受了一次重大打击之后仍能保证在损失前的条件下进入额外资本市场，MBIA 于 2001 年 12 月完成了其与瑞士再保险公司的交易，其中瑞士再保险公司牵头了一个包括其他（再）保险公司的辛迪加。瑞士再保险公司的 CLOCS 为 MBIA 提供了 1.5 亿美元的保障，但必须根据 MBIA 在其现有金融担保业务中遭受重大损失的情况而定。当行使该工具时，瑞士再保险公司就购买了一段时间后可转换为永久优先股的次级债。对获得该项资本的保证有助于 MBIA 保护其资本基础并维持担保承保能力，且为保险公司提供防止降级的重要缓冲。

豪瑞斯曼 2002 年 9 月，瑞士再保险公司完成了与豪瑞斯曼的一项 CLOCS 交易，豪瑞斯曼是作为巨灾权益卖出权的两次购买人的保险控股公司。三年期的瑞士再保险公司 CLOCS 交易代替了豪瑞斯曼的巨灾权益卖出权项目，并使保险公司能够在发生高于预先定义的触发水平的巨灾保险损失之后，发行数额多达 7 500 万美元的累积可转换优先股。该交易不是发行股票而是给予豪瑞斯曼一种权利，使其可与瑞士再保险公司达成一项 10% 的一年期的成数分保合约——一种应急保障形式，我们将在第 26 章进行讨论。

15.3 应急资本在公司的应用

应急资本的大多数保险用户诉求于这些解决方案作为一种资本保全，既避免其盈余不足以满足监管要求的风险，又在灾难性损失之后保持承保能力。应急资本的公司用户——银行和非金融类用户——也都发现了应急资本结构的重大利益。资本保全可能至少是一些已完成交易的一种动机，但绝不是所有使用者的主要趋动力量。

15.3.1 承诺的信用额度

或许应急资本最老及最常用的形式是承诺的信用额度（committed line of credit)。[11] 在这种安排下，一家银行同意在一段特定时期内将企业借款人的信用额度扩展至某一最大数额。该企业可在任何时间使用该额度，条件是该企业满足一些由贷款人事先设定的、作为该信用额度条件的预定标准。[12] 如果当企业部分或全部提用该额度时，则提用款成为真正的贷款，并且必须以事先确定的利率加以偿还。承诺的信用额度通常不能由银行取消或撤回。

借款人可部分或全部提用其授信额度，或者是两者的某种结合（例如部分提款后进行偿还，之后再次提现）。虽然承诺的额度通常不包括明确的第二触发条件，但公司通常都会在其流动性遭遇显著损耗之后提用额度，并常常作为主要财务损失的结果。不过，只要该事件不引起借款人财务状况的实质性恶化，承诺的额度将可作为极好的流动性来源。作为这项可发行债券的期权的回报，借款人要向银行按有未提现的余额交纳保证金。

因此，承诺的信用额度可容易地被视做应急风险融资。我们探讨过的较早的交易，或者是应急股权交易，或者是一种应急初等次级债——在任一种情况下，都更接近于风险转移而不是风险融资。但是，承诺的信用额度几乎不用做风险转移目的，而完全作为应急融资的一种形式。我们曾经在第3章、第4章和第7章（例如，减缓与投资不足问题相关的流动性问题、减少损失后融资的逆向选择成本问题、控制代理成本问题等）详细考察了这类产品的潜在利益。

15.3.2 CLOCS的再讨论

我们在前一节讨论保险公司使用应急资本时遇到了CLOCS。与许多瑞士再保险公司的创新资本管理产品一样，CLOCS产品在非保险领域也获得了成功。两项特别关注的交易总结如下。

加拿大皇家银行 2000年10月瑞士再保险公司与加拿大皇家银行（Royal Bank of Canada，RBC）商谈了一项承诺资本工具，在此项目中，瑞士再保险公司以融资利差的形式向RBC提供2亿加元（约合1.33亿美元）以换取RBC中的优先股，时间为2000年10月27日，即使用CLOCS交易谈判的当天。[13]

类似于大多数银行，RBC保持着持有超额准备金（相对于巴塞尔协议规定的最低资本要求而言）的惯例，以避免必须在不利及损失后融资的条件下补充准备金。银行往往在盈利和现金流均特别强时留出其超额准备金。这种惯例带来的一种令人遗憾的副作用是，留存收益被转为专用于贷款损失的准备金而不是用于支持其他业务活动的资金，如未来投资开支。因而，虽然按照巴塞尔协议的要求，额外准备金可以达到审慎的目的，但这对银行却是代价不菲的：由于如此之多的内部资金专用于额外准备金，从而可能引发潜在的投资不足问题。

RBC采用CLOCS作为一种解决办法，既为其额外准备金提供资金，又能在其贷款损失准备金及最低资本要求之间保持一个资金的缓冲垫。使用CLOCS可使RBC

避免只是为形成超额准备金的融资需求而发行新证券。同时，由于CLOCS工具是在银行遭受了超乎寻常的信用损失（即大大超过了低层级准备金的第一美元及其他损失的损失）时才被激活的，该工具仍会使银行在较大信用损失事件发生时保持足额的准备金。[14]

承诺的资本工具已经以几种方式帮助了RBC。首先，它为RBC带来一种低成本贷款损失准备金的事前融资的方法。正如RBC的高管大卫·麦克凯解释的："它使你在为准备金融资时花费的成本一样，而不管是为第一笔信用损失融资，还是最后一笔损失融资。……差别在于使用第一笔损失额融资与最后一笔损失额融资的概率不同。为了最后一笔损失额而在资产负债表上保留（实收）资本不是非常有效的。"[15]

其次，CLOCS结构也帮助RBC改善了其财务比率。例如，将资产负债表中的准备金换做应急资本，提高了RBC的股权回报率。虽然该工具提用时会转化为巴塞尔协议（Basel Accord）要求的第Ⅰ层监管资本，但该工具的或有性质大大降低了RBC保持超出其准备金之上的盈余资本的成本。

从瑞士再保险公司的角度来看，该交易的风险包括如下可能性：一项对加拿大经济的冲击可能急剧增加RBC贷款的损失情况。瑞士再保险公司履行了尽职调查和风险建模，以使其定价与该风险的对应程度达到合理标准。瑞士再保险公司对其与RBC的这单交易未组织辛迪加或做再保险。

米其林金融公司（Compagnie Financière Michelin） 瑞士再保险公司与法国兴业银行一起，也为瑞士的米其林金融公司（法国轮胎制造商米其林的财务和控股公司）推出了CLOCS工具。该交易已被公认为过去十年间最具创造力和最为成功的公司融资交易。

米其林交易实际上是部分银行债务和部分CLOCS。从该笔交易的银行部分，米其林获得了长达5年（即从交易起始日的2000年末到2005年底）的权利，可从法国兴业银行提用银行授信工具。作为回报，米其林每年支付35个基点的承诺费。实质上是对长期债务的承诺信用额度，该笔交易的法国兴业银行部分并不包含第二触发条件。

该笔交易的CLOCS部分，瑞士再保险公司授予米其林一项5年期次级债的卖出期权，到期日为2012年。[16]该CLOCS期权包括了一项第二触发条件：仅当米其林拥有活跃业务活动的欧洲和美国市场的国内生产总值（GDP）的综合平均增长率回落到1.5%以下（从2001年到2003年）或落到2%以下（从2004年到2005年）时，该期权方可执行。这种将第二触发条件与外部宏观经济变量挂钩的做法，可用做限制任何潜在的道德风险问题。同时，米其林的盈利与这些市场的GDP增长率高度相关的事实有助于限制该公司的基础风险。主要因为包含了第二触发条件，米其林付给瑞士再保险公司的承诺费为每年5个基点，低于其向法国兴业银行就银行部分交易而支付的承诺费。

不同于与RBC的交易，瑞士再保险公司为米其林交易组织了辛迪加，将该交易不仅带到保险市场（如瑞士信贷旗下的丰泰保险），而且也带到了主要欧洲银行市场。这极大地增加了可向米其林提供资本供应的范围，以至于该交易的总体成本对米其林公司而言非常有吸引力。事实上，这种交易可能永远也不会在传统的银行辛迪加市场或欧洲债券市场出现，部分原因是，绝大多数公司债务的最长期限是从发行日算起10年，相比而言，米其林使用了该工具后会发行有效期（有可能）为12年的证券。

米其林的CLOCS交易很好地解释了公司能够如何使用应急资本作为财务余地的来源或作为准备金中持有的流动性资本，以为可能出现的价值提升投资机会筹集资金。如果米其林公司在较好年景的时期面临扩张或收购机会，它很可能会有能力用内部资金为扩张融资，或通过以有利的条件发行新证券来融资。但在一段时期的较差盈利业绩之后，米其林可能会缺乏资金来执行其战略性投资计划。在这种意义上，CLOCS为米其林提供相对有效的一种保险来应对这种投资不足，即提供了一种保单，可能被认为比资产负债表中保有更多资本的成本要低。

15.3.3 长号可转换债券和购并应急融资

长号可转换债券（trombone convertible bond）是一种应急股本结构，其发展演化特别针对收购与兼并活动中相关的临时融资需求。这种长号可转换债券，在以不同价格进行的两次可能的赎回日中，其中一次转换是强制性的。其第二个回购日为或有的，只在发生某购并相关事件时出现，且设计为仅当发生一次成功的收购要约时给予现有股东某一折扣。

长号可转换债券最初是与英国购并案中的权利提供相联系的。想通过权利发售为一项收购融资的公司所面临的一个典型问题是：收购的成败可能系于某特定事件，但其结果在权利发行时尚未知晓。例如，美国和英国反托拉斯部门的批准就是比较常见的这类问题。如果条件最终未能满足，且收购归于失败，则该公司就会剩下巨额现金。

长号可转换债券可用两个赎回日的方式解决该问题。第一次赎回发生在权利发售时。第二次赎回视参考事件的发生与否而定。如果条件得以满足且收购向前推进，第二次赎回就会使投资者充分参与该次权利发行。如果事件没有发生，投资者就不必进行第二次付款，而最终转换时也可获得少一些的股份。

英国食品和饮料企业联合里昂（Allied - Lyons）于1994年策划了一项7.39亿英镑的收购计划，准备收购西班牙的饮料制造商彼得·杜麦克集团（Pedro Domecq Group）。收购协议于当年3月24日签署，而权利发售通告在第二天就发出了。接受该权利发售的截止日为4月15日，但欧洲共同体（European Community，EC）委员会直到4月28日才批准该项购并案。

在联合里昂的长号转换债券中，公司股东可获得“2换13”的股票单位的权利发售，可自动地转换为合并后公司的新股票。投资者对于每股4.9英镑的总价承担两次支付义务。在权利发售的截止日1994年4月15日支付第一期款项，而第二期款项的支付要视欧洲共同体委员会是否批准该项合并案而定。如果合并案已获批准，权利协议下所有已足额支付的股票单位将在获批后的第二天转换为新股票。如果未获批准，则无须支付第二期款项，而已部分付款的权利被以“2 换 1”的方式转换为现存的股票。[17]

长号可转换债券使联合里昂可以股权融资，但仅当该公司作为其收购计划的一部分真正需要筹集股权资金时才能执行。此外，长号可转换债券的结构使现有股东得以以折扣价参与购并活动。联合里昂长号可转换债券取得了如此成功，所以这种结构开始经常出现在英国的购并活动之中。其他采用长号可转换债券提供购并或有股权融资的公司包括汤姆金斯（Tomkins）、大都市提普胡克（Grand Metropolitan Tiphook）、桑恩（Thorn）、狄克森斯（Dixon's）和英国航空公司（British Aerospace）。

15.3.4 反向可转换债券

反向可转换债券（reverse convertible）是一种混合证券，实质上将应急资本工具嵌入一只债券。这种债券特别流行于德国和瑞士的可转换债券，其等价于附息公司债加一份发行人股票的卖出期权。但是不同于传统的可转换债券，反向可转换债券通常包含了发行人持有的欧式卖出期权。也就是说，发行人在债券到期之前不能将债券转换为股票。而在到期时，如果发行人的普通股股价低于期权中确定的行权价（通常债券首次发行时会设置为平值状态），则债券兑换为发行人的股票，且不再支付债券本金标定的固定数额的现金。[18]

迄今为止，发行的反向可转换债券的票息都相当高，以补偿投资者承担的相当巨大的股权价格的下端风险。某些反向可转换债券包含了第二触发条件来限制投资者承担的风险，从而可以支付较低的票息。不同于已经探讨过的其他应急资本工具，大多数反向可转换债券的第二触发条件类似于第一触发条件，是基于发行人股票价格的，从而使嵌入的股权卖出权相当于触及生效障碍卖出期权。[19]

例如，考虑贝多芬公司发行的下降且进入反向可转换债券，面值为 10 美元，行权价为每股 10 美元，而且内行权价（instrike）为每股 8 美元。如果贝多芬公司的股票价格，比如说 6 美元，那么投资者会收到的股票价值低于债券面值为 4 美元。如果贝多芬公司的股票价格到期时为 9 美元，则债券投资者得到面值为 10 美元。但如果贝多芬公司发行的是通常形态的反向可转换债券，9 美元的股票价格会触发一种低于面值的股票赎回从而使其价值低于债券面值 1 美元。由于下降并进入反向可转换债券要求在低于平值执行价格时以债券面值赎回，所以这种转换债券支付的票息就比较低。

要注意的是，反向可转换债券可使企业改变其资本结构，在此意义上，反向可转换债券是应急资本。但是，不同于讨论过的其他应急资本种类，反向可转换债券不涉及一项特定的风险触发条件（股票价格之外），也不能为企业筹措新的资本金。这样，反向可转换债券就类似于任何内嵌期权允许发行人将一种类型的资本转换为另一种类型的证券。其他例子包括了封顶普通股，如优先股股权赎回累积股票（preferred equity redemption cumulative stock，PERCS）和红利提升可转换股票（dividend enhance convertible stock，DECS）、可转换的 TruPS 以及第 14 章中考察过的其他可转换结构。

15.4 合成应急资本

在许多情况下，普通的股权衍生品，也可以构造为功能作用类似于合成应急资本的结构。所有我们考察过的应急资本交易实际上都可看做各种类型期权合约，这一事实清楚地证实了衍生品本身原则上可用做应急资本的来源。但是，公司将普通的衍生品用做明确的合成风险融资目的的实际案例却比较有限。最近的一个案例则展示了其过程是如何运作的。

生物技术企业塞法隆公司（Cephalon, Inc.）于1997年春引入了一项自助式的应急资本计划。该应急资本工具涉及塞法隆公司购买其自己股票的欧式认购期权，并附一个上限。该公司的动机是创建一种现金保险保单，当美国食品药品管理局（Food and Drug Administration，FDA）批准塞法隆的迈奥朝芬（Myotrophin）时，能够产生主要的现金流入。[20]

1992年8月，塞法隆从研究和开发有限合伙人塞法隆门诊有限合伙公司（Cephalon Clinical Partners，CCP）筹集了3 870万美元，为迈奥朝芬的研发提供了资金。CCP拥有该新药的专有牌照，但授予塞法隆一项约2年期的临时许可。为获得临时的销售和分销的权利，塞法隆同意在该新药获得FDA批准时向CCP支付1 600万美元现金。

此外，该新药获得FDA批准后塞法隆也将获得买回权，可从CCP以现金购买价格4 000万美元加1 600万美元固定批准款项购回该药的权利。在2年临时许可期过后，塞法隆还要在11年中向CCP交付专利权使用费。或者，塞法隆有权投标CCP的股票，既可用现金也可用塞法隆股票。该公司估计这需要花费大约1.25亿美元，外加开发新药的2 000万美元。

主要由于会计原因，塞法隆更愿意以股票支付。管理层有信心可以从外部筹集8 000万美元到1亿美元，但还需要另外的现金产生机制，以获得余款。期权计划就是解决方案。

塞法隆与SBC沃伯（SBC Warburg）一起设计了一项计划，其中塞法隆以49万股塞法隆股票为代价从SBC沃伯处购买认购期权，该认购期权可用来购买250万股塞法隆的股票。期权为欧式和亚洲期权，以期权到期日1997年10月31日之前20个交易日的塞法隆股票的平均价格来结算。如果为实值状态，这些期权就允许塞法隆以现金结算，或是以现金换股票的形式购买。这些买入期权以每股21.50美元交割且封顶于每股39.50美元。

这样，如果FDA批准了迈奥朝芬，塞法隆——假设股价出现明显反弹——预期变现其期权头寸，获得约4 500万美元。在管理层看来，这将会覆盖预期的资金短缺并为塞法隆提供足够的现金从CCP购回该新药并继续开发。

读者可看出该笔交易包含本书第一部分所述的各种经济动机的交织与综合。对外部资金有限可得性的疑虑清晰地表现为对外部融资某种形式的成本重负的预期，如逆向选择或其他信息不对称成本。类似地，管理层潜在担心的是投资不足的问题，企业可能由于短期现金筹集的约束而不得不放弃购回和（或）开发新药品。在此意义上，与 SBC 沃伯共同创建的应急资本解决方案确实是一种开创性的损失后融资的来源。

正如后来的结果所表明的，FDA 并未批准迈奥朝芬，企业购买的期权到期时毫无价值。但是，该计划具备了一种设计优良、价值提升的事前应急资本交易所应有的特点。

更多的此类合成应急资本结构可能正在不断涌现，请拭目以待。

第 16 章 证 券 化

在第 14 章和第 15 章中，我们考察了公司证券的结构化形式，这些形式是特别定制的综合融资与风险管理形式。此类结构可以且已经被用来转移财务风险和保险风险。

在本章和下面的几章中，我们将转向更具体地考虑结构性融资在公司财务和信用风险管理控制方面的综合运用。第 16 章到第 18 章（取决于读者求教的不同专家，也可以包括第 19 章）中分析的产品定义了所谓的全球结构性信用市场（global structured credit market）。虽然这些章节探讨的所有用于管理信用风险的结构化方法也能适用于其他形式的风险，我们仍将主要集中讨论那些只有信用敏感型资产的发行公司的情况（例如，一组债券的组合）。

我们在第 13 章中看到，可将一家公司的公司证券看做一种资产保险项目。如果该公司在其资产上的主要风险暴露为信用风险，则该公司发行的证券代表一种分层的信用保险项目。我们再假设该公司并不基于其资产直接发行财务资本索偿权，而是简单地出售资产（记住，向另一方转移信用敏感型资产的信用风险的一种方法就是将资产本身转移给另一方）。那些资产的购买人对该公司扮演着单一信用承保人的角色。这家资产购买人进一步发行其自身的证券实际上就对那些信用敏感型资产进行了再保险。

公司向第三方出售信用敏感型资产，然后第三方反过来发行证券，所发行证券的现金流又由最初资产作为抵押物来支持，此过程称为信用敏感型资产的证券化。因此，证券化对发起公司的影响既具有融资作用又具有风险转移作用：出售资产换现金通常导致现金净流入，同时将该资产的信用风险从最初的所有者转移到购买者身上（后者再将风险转移给由该项资产所支持的新证券持有人）。我们通常将证券化过程中发行的证券称为证券化产品或资产支持证券（asset - backed security，ABS）。

从本书构成上看，本章讨论了与前两章不同的内容。在结构性公司证券和应急资本的情况中，除了证券设计之外，对结构化过程的要求基本上是最低的，而当我们考虑证券化和证券化类的结构时，结构化过程本身就变得越来越重要。因此，本章也可作为对应用于资产剥离的结构化过程机制的重要阐释。本章考虑的许多制度性问题——包括各种机构的角色以及会计和法律问题——在以后讨论非信用结构性融资安排中也将是必不可少的。然而，虽然这些制度性考虑相当重要，但是本书并不是关于如何证券化的手册。此类手册是存在的，对证券化的具体细节感兴趣的读者可参考那些资料，如大卫森等人的文章（Davidson et al.，2003）。

证券化过程的讨论之后，我们将转而描述几种具体的早期证券化产品，正是这些产品定义了结构化信用市场。我们将把最新一代的信用敏感型结构性产品——债务抵押证券——留在第17章、第18章和第19章中进行讨论。

16.1 证券化过程

证券化是出售资产（或资产池）获得现金的过程，其中现金的筹集反过来通过出售现金流由初始资产池的本金和利息收入作为抵押的证券来获得。我们在本节只考虑主要由综合融资方法与信用风险管理于一体的制度需求驱动的证券化。

16.1.1 证券化的各参与方

一项证券化常常涉及许多参与方的协同工作，以使交易的各个部分组成一个有机整体。并非每种证券化都涉及所有类型的参与者，所涉及机构的实际作用取决于特定的交易。我们将在以下各小节中考察证券化过程的所有主要参与者。图16.1提供了证券化过程的图形说明，并包括了所有可能涉及的各参与方。

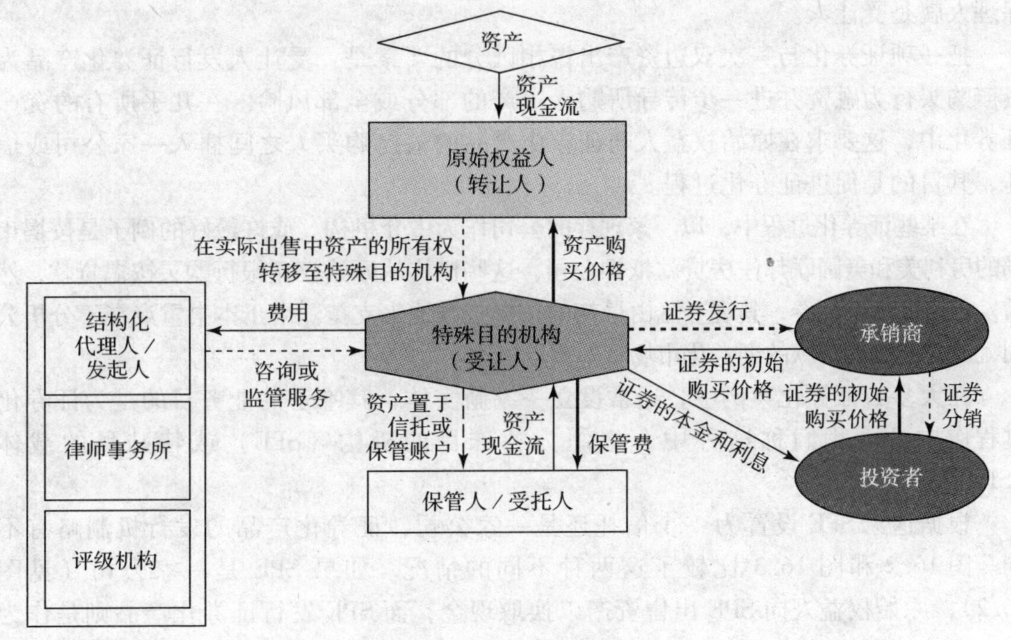

图16.1 基本证券化结构

发起人 一项证券化项目的发起人是发起该证券化过程的机构。发起人基本上是首先提出证券化意向，然后开始运转证券化过程的机构。

当一家银行是原始权益人（originator）且寻求将其所有或部分贷款组合证券化时，该银行通常也是发起人。但当一家非金融公司是原始权益人且考虑证券化其资产，如贸易应收账款时，我们常常发现，实际上该过程就是一家提供咨询的金融机构（如该公司的主要关系银行）发起证券化过程。

一项证券化的发起人可能是也可能不是证券化中出售资产的所有者。当发起人是与资产所有人完全独立且为不同的机构时，发起人在证券化过程中很少扮演任何种类的所有者角色。该种情况下，发起人通常只作为咨询人出现。

原始权益人或转让人 在证券化过程中原始资产所有人称为原始权益人或转让人（transferor）。这是希望将信用敏感型资产转换为现金，从而货币化一项资产（即将一项资产转换为即时现金流）且将该资产的信用风险转移给其他资本市场参与者的机构。例如，我们在第10章见到的，一家公司管理其贸易应收账款的信用风险，或者通过购买贸易信用保险的方法，或者通过保理有问题的应收账款的方法。现在我们考虑第三种可能性：贸易信用应收账款的证券化，其中原始权益人是将出售其应收账款换取现金并将自己与贸易信用主体的违约相隔离的公司。

资产购买人或受让人或证券化产品发行人 在一项双边资产出售或原始权益人剥离资产的情况下，资产购买人（asset purchaser）或受让人（transferee）就是双边资产出售的对手方。例如，保理是问题贸易应收账款由最初的公司贸易债权人向保理人的双边出售，因此，相应的现金从保理人转移到原始贸易信用债权人，并且由保理人承担贸易信用应收账款的所有风险与回报。最初的债权人就是原始权益人，保理人就是受让人。

把一项证券化与一次双边资产出售相区分的要素是：受让人发行证券化产品为资产购买行为融资并进一步传导所购入资产的部分或全部风险。在几乎所有的资产证券化中，这要求在原始权益人与证券化产品的最终购买人之间插入一家公司或信托，其目的是促进证券化过程。

在某些证券化过程中，以一家现存的公司作为中介机构。或许最好的例子是按揭市场的房利美和美国联邦住房贷款抵押公司，这些机构从原始权益银行购买按揭贷款，然后发行按揭支持证券，其现金流由最初的按揭贷款池来支持。由于本书重点在于分析公司，因此，按揭贷款的证券化市场将不重点讨论。

在大多数证券化案例中，通常设立一家新实体，其唯一的业务目的是为证券化过程作中介。我们称这种中介组织为特殊目的机构（SPE）或特殊目的载体（SPV）。

根据这家SPE设置为一个信托还是一家公司，证券化产品的发行机制略有不同。图16.2和图16.3比较了这两种不同的情况。如果SPE是一家公司（见图16.2），原始权益人向SPE出售资产以换取现金，而SPE发行证券化产品则是作为对SPE本身的索偿权（即对SPE的资产的索偿权）。

过去，一家公司型SPE的股本常常被定义为SPE资产的相对较小的部分。在某些案例中，股本被定义为具有固定价值，从而股本持有人并不真正承担任何传统的剩余风险。在这种情况下，股本常常由原始权益人保留，然后捐赠给慈善信托。其目的是确保SPE相对于原始权益人的独立性，以实现资产的真正出售，并规避在原始权益人的会计报告中合并SPE的要求。这种情况在FIN46R出现之后发生了变化，

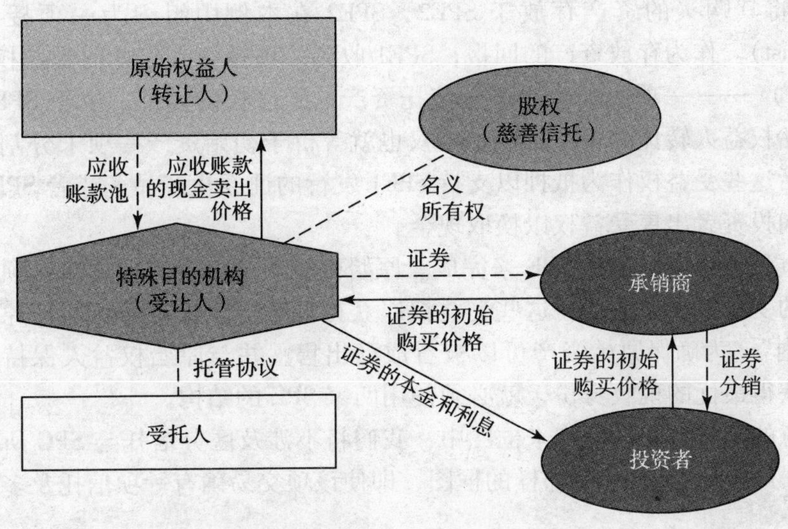

图16.2 公司型SPE的证券化结构

在本章稍后将进行简要讨论，详细的讨论将在第30章进行。

当SPE是一项信托时，资产转让与证券发行的运作机制就会稍有不同，而且这种工作机制可因采用的信托的不同类型、不同原始权益人的类型以及证券化的原因不同而发生改变。图16.3展示了一个例子。在此案例的结构中，包括两个不同的SPE。SPE1被组建为统括信托或特殊目的公司（SPC），以及从原始权益人购买资产或应收账款，通过发行证券化产品为此现金收购提供资金。但与我们在图16.2中看到的SPC的情况不同，初始资产并不作为新发行证券产品的抵押支持。在本案例

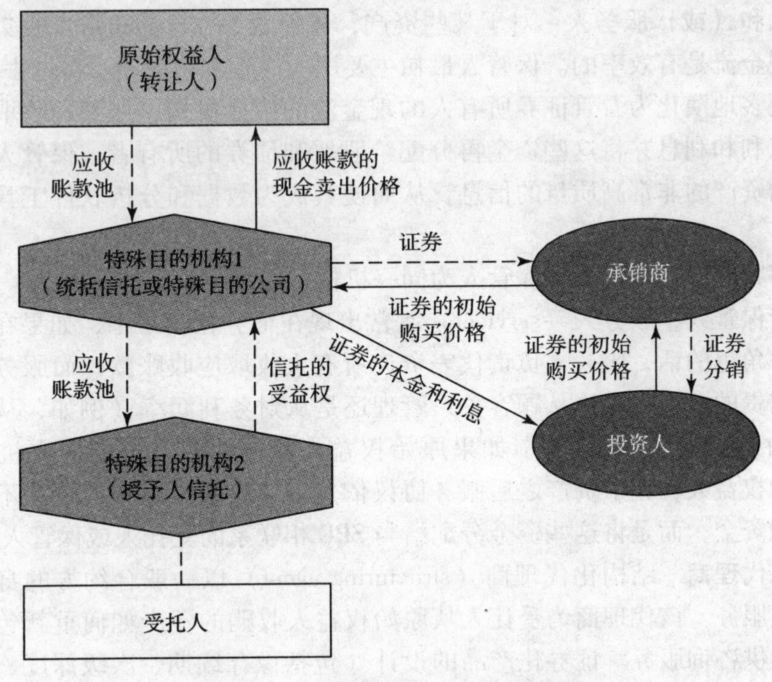

图16.3 带有信托SPE的证券化结构

中，SPE1 将其购买的资产存放于 SPE2，SPE2 在本例中组织为一项授予人信托（grantor trust）。作为存放资产的回报，SPE1 收到一项授予人信托的受益权（beneficial interest）—— 一项代表对授予人信托资产的索偿权的凭证。由于 SPE2 的资产就是由原始权益人转让的资产，该受益权也就等价于初始资产一项未分割的比例索偿权。然后这些受益权作为抵押以支持 SPE1 发行的证券化产品，或者 SPE1 可以简单地直接向投资者出售受益权以换取现金。

这一过程也可以以单一 SPE 来完成。原始权益人可将资产转让给一项信托以换取该信托的受益权，然后出售这些受益权以获得现金。但这样做可能使原始权益人仍“在圈内”。为确保原始资产可以被看成已出售，并与原始权益人保持破产隔离状态以及获得最优的税收身份，就必须使用两家 SPE 的结构。

要注意的是，在交易的未来框图中，我们将不涉及区分信托与 SPC 所必需的细节，而是一般使用像图 16.2 那样的框图，即使该项交易确有一项信托及多家 SPE 时也是如此。

受托人 实际上每项证券化都会有一家受托人（trustee），负责照料投资于 SPE 发行的证券化产品的投资者。在大多数证券化过程中，这意味着受托人也要负责照看为支持新证券化产品发行而作为抵押质物的资产。受托人的工作因而通常始于代表 SPE 所发行证券的持有人，从而完善 SPE 从原始权益人手中购买资产的证券利益。

作为此项功能的一部分，受托人也常常作为公平的第三方监督证券化的基础资产。例如，如果该资产必须符合某种最低信用质量标准，则受托人必须确保情况的准确性。

保管人和（或）服务人 对于某些资产，让保管人（custodian）收集并分发标的资产的现金流是有效率的。保管人最初主要用于保管实物证券。在过去几十年里，保管人已更多地演化为看管证券所有人的现金流的中介机构，如到期收取股票和债券支付的红利和利息并将这些资金再分配给股票和债券的所有者。保管人也常常拥有其保管的资产的非常高质量的信息，从而使其成为数据和分析软件工具的天然提供者。

在许多案例中，受托人和保管人为同一机构，但也不一定如此。

类似于保管人，服务人（servicer）常常出现在证券化交易中，如果在交易之前需要有这一角色的话，服务人负责代表资产所有人收取应收账款，而服务权常被认为是一项宝贵的资产，无论从顾客关系管理还是从财务利润率（例如，从浮盈上获取利益）的角度来看。特别是，如果原始权益人或原始权益人的分支机构是服务人，在原始权益人转让了资产之后服务协议依然继续有效。服务人现在不再向原始权益人分配资金，而是将这些资金分配给与 SPE 相联系的受托人或保管人。

结构化代理商 结构化代理商（structuring agent）以一般合约方的身份为证券化过程提供服务。该代理商为受让人从原始权益人收购的资产如何重新包装为新证券等方面提供咨询服务。证券化产品的设计（包括像存续期、次级深度、目标信用评级等条款）是结构化代理商的主要职责。这些设计上的考虑大部分基于可观察到的投资者需求（即谁想要购买该证券，所要求的评级如何，适合的规模等）来决定。

结构化代理还要负责模拟一笔交易的本息现金流瀑布并决定（如果有的话）作为结构化的一部分必须进行的风险管理活动。例如，一些证券的某些层所需要的信用增强的数量和类型，也要由结构化代理商来决定。

结构化代理商常常与该计划的发起人密切合作，并且这两家常常是一体的。

承销人 至少有一位承销人（underwriter）负责宣传并分销由受让人发行的证券。如同任何其他承销一样，一项结构化产品发售的承销人可采用最大努力契约或固定佣金契约来募集发售新发行的证券化产品。

评级机构 许多结构化产品都由一家或多家主要的评级机构进行评级，如标准普尔（Standard & Poor's，S&P）、穆迪（Moody's）和惠誉（Fitch）等评级机构。此外，还有另外一些更加风格化的小型评级公司也可能会参与提供受让人所发行证券信用质量的外部评估。

评级机构通常提供本次发行和发行人（issuer）的信用评级。许多结构化金融交易涉及发行评级，至少对SPE发行的高级别证券进行评级。在某些市场中，评级恰似福音，没有一个好的评级，发行注定要失败。某些类型的保险产品也非常依赖于外部评级。例如，一家单线保险公司不太可能向未评级实体提供金融担保。

有几家评级机构提供人们所说的影子评级（shadow rating）或非公开评级（non-published rating）。原则上，评级机构以咨询的角色参与，指出为了获得正式公开的评级，该顾客仍需做何种努力。如果确定的目标是满足内部人士或保险公司的需要，则这些非公开评级常常就足够了。但是，如果证券化产品要求一定要基于真正的评级，则证券化产品的公开的发行评级几乎一定是必要的。

律师事务所 结构化过程中，切勿低估一位优秀的法律顾问的重要性。一位优秀的外部法律顾问应该展现以下几种品质，以在证券化过程中发挥作用：

- 证券化和结构化过程的丰富经验。
- 精通该结构可能要涉及的特定国际管辖权的法律。
- 作为其他涉及各方（特别是评级机构和监管当局）的证券化专家，得到广泛信任。
- 积极主动地意愿地帮助顾客避免结构化过程中的某些陷阱，特别是有关不当的会计、信息披露和监管合规政策。

可靠的外部法律顾问的意见对确保证券化结构的恰当构建十分重要。例如，转让的资产与原始权益人的破产隔离、对SPE收入的清晰的税收处理、为SPE选择适当的法律形式和管辖地或居住地、结构中涉及的各方没有未解决或未披露的利益冲突、法律文件是无懈可击的，以及该结构经济上有意义等。

此外，一家优秀的证券化律师事务所在提示客户其结构属于不适当的结构（例如，为获得特定的会计结果而反向构建结构，完全为税务目的且无其他商业目的而设计的结构等）时不应羞怯不安。

由于大量的高水平专业人员涉入证券化过程，向咨询人员和专业人员支付的总费用会迅速增加，因而寻找可以削减成本的领域是有诱惑力的，并且在许多情况下，也是明智的。但不要对律师吝啬。特别是在当今的市场上，获得用钱能买到的最好的法律顾问是达成证券化过程的法律要求的正确途径。

监管机构 某些类型的证券化结构可能会直接或间接地引起当地、州和全国或国际监管机构的注意。例如，如果一家被严格监管的机构（如银行或保险公司）为原始权益人，则监管机关可能会在证券化中发挥积极作用，以保证证券化符合现有的法律和法规。

监管机构也可能参与证券化产品的发行。在美国，证券承销受到证券和交易委员会（Securities and Exchange Commission，SEC）的监管。由于大多数证券化产品也是证券，SEC 会有某种程度的涉入。SEC 角色的准确性质依赖于所发行证券的确切类型，看其是否为所谓的豁免证券或类似的证券。

外部风险转移和风险融资对手方 证券化结构不仅涉及标的资产信用风险向新证券各层（tranch）的重新分配，而且证券化本身还会创造出新的风险。如果结构化代理商和（或）发起人决定外部风险融资和（或）风险转移作为证券化结构的一部分是必要的，那么作为外部风险融资和风险转移的对手方的各家公司将在证券化中扮演一定的角色。

证券化结构中的风险管理问题十分重要，我们将在本章分小节讨论。

16.1.2 合并报表

构造一项证券化结构的最大挑战之一是确保原始权益人免于将其已出售的资产再次合并到其资产负债表中，从而抵消了该项交易作为资产剥离（为筹集资金和转移信用风险的双重目的）的根本目的。在第 30 章中，福斯特和纽好森调查了当前会计与信息披露的状况，作为对会计报表合并问题的关注。

合并方法 为了实现证券化的好处，用于支持 ABS 发行的资产必须为真实出售，这也就是法律目的下所谓的真正出售。此外，一项证券化常常需要满足真正出售会计处理的条件，这与 SPE 受让人应为独立于发起人和（或）原始权益人的非合并报表实体的要求相联系。

当一家公司拥有一些具有投票权的所有权利益并可能控制另一个独立法人实体时，就涉及到合并报表原则问题。问题是在投资公司的财务报告中如何反映分支机构的财务业绩和状况。当投资公司在一家子公司拥有多于 50% 的投票权时则适用全部合并原则。因此，在这种情况下，子公司资产、负债、收入、支出和现金流等所有组成成分都要完整详细地合并到投资人的财务报告中。

相反，行对行合并原则（line - by - line consolidation）适用于投资人在分支机构中拥有显著的权益（20% 到 50% 的投票权益），但不处于控制地位时。在这种情况下，就要使用股本方法进行合并。投资人来自所投资分支机构的盈利的份额，要计入投资人的利润表中并进行报告。最初的投资作为成本入账，并定期地调整以反映分支机构盈利中应获得的份额。分支机构财务报告的组成项不反映在投资公司的财务报告中。

早期合并报表指导原则 传统公认的会计准则（generally accepted accounting principles，GAAP）指导原则认为，在SPE中拥有控股权益的所有者应该将SPE合并到其财务报表中。大约在1991年，财务会计标准委员会（FASB）的新问题工作组（Emerging Issues Task Force，EITF）决定，对于那些业务目的有限的SPE，需要有某些更为具体的指导原则。特别是对于SPE为出租人时，承租人和出租人之间的关系需要必要的特殊指导原则。EITF指导原则建议，承租人应该合并一家SPE出租人，除非有以下情况：

- SPE出租人由与SPE不同的实体所拥有，本文中的所有权意为一种实质性的剩余权益的风险投资。实质性剩余风险和回报及实质性股权投资被广泛解释为至少3%的SPE资产的剩余权益。
- SPE出租人与除了承租人的各方有重要的交易。
- SPE资产的大量剩余风险和回报留在与SPE承租人不同的实体中。

但是，当将EITF准则用于所有证券化结构时，其中，租赁在使用该准则时，受到了质疑。首先，3%作为第三方投资而言过低。其次，围绕合并报表进行结构化太过容易了。最后，EITF指导准则并未弄清楚原始权益人与SPE间的交易如何影响了合并报表的结果，甚至在这些交易改变了对发起人的风险时也是如此。

为了澄清EITF租赁指导原则的含糊之处，2000年FASB在财务会计准则公告第140号（FAS140）中引入了新的指导原则，即金融资产和债务清偿的转移和服务会计准则（Accounting for Transfers and Servicing of Financial Assets and Extinguishments of Liabilities）。对于何时资产转让可获得真实出售会计处理及何时不必将SPE合并到原始权益人资产负债表中，FAS140准则设立了4项指导原则：

1. SPE是破产隔离的，且SPE中的资产与原始权益人充分隔离，使SPE得以在原始权益人的破产下仍能幸免保存。

2. SPE的可允许业务活动必须显著地受到限制，必须在该工具的交易开始或设立时期进行确定，而且仅在得到（原始权益人或其分支机构或代理人之外的）大多数权益持有人的批准时方可变动。

3. 原始权益人必须交出资产的有效控制权。

4. SPE必须有权抵押或转售或交换来自原始权益人收购的资产——资产的购买人必须具有所购资产的完整权益。

FAS140还定义了不需要由原始权益人合并的所谓的合格SPE的定义（qualified SPE，QSPE）。为了获得QSPE的资格，必须满足以下条件：

- SPE必须与原始权益人及其任何下属机构确实不同。
- SPE只能持有被动的财务资产和用于对冲的被动的衍生品。
- QSPE资产的出售与转让必须在交易文件中规定且绝不能任意决定。

FAS140使合并报表的争论更清晰化，但它们也绝未消除所有的含糊不清之处。许多灰色区域依然存在，例如，有关什么构成了原始权益人对资产的有效控制问题。请考虑某些推动FAS140走向解释极限的协议的例子：原始权益人回购资产的协议、给予原始权益人促成资产回归的能力的协议、原始权益人同意补偿新资产所有人任何损失且完全参与任何上涨利益的协议（即在所讨论的资产中保留大量的经济利益）。

安然公司的 FAS140 交易 在安然参与的许多已在结构化融资领域引发争论的交易中，一整组交易特别地落入了前述的 FAS140 的灰色区域中，数量如此之多，以至于安然破产后 FASB 就引入了合并报表的附加指导原则。

在典型的 FAS140 交易中，安然的基本目的是将定期债务伪装为证券化中资产出售所得到的支付款。安然将这些现金流记为运营现金流中的出售所得而不是债务。然而，通过对结构的细致审查表明，其中许多看起来都不符合 FAS140：安然从未真正放弃被出售资产的完全控制权和经济利益。

例如，考虑图 16.4 中描述的证券化，人们将其总体称为麦格瑞特 A（McGarret A）交易。该交易中，安然的全资子公司安然能源服务公司（Enron Energy Services，EES）在一家名为新能源公司（The New Power Company，TNPC）的公司里拥有股份和认股权证。虽然这些股份和认股权证处于实值状态，但在一段时间内受到限制而且不能从发行人处兑现。于是，安然公司就参与了一项所谓的证券化，试图将这些认股权证货币化，也就是说，将其当前内在价值转化为已实现的现金。

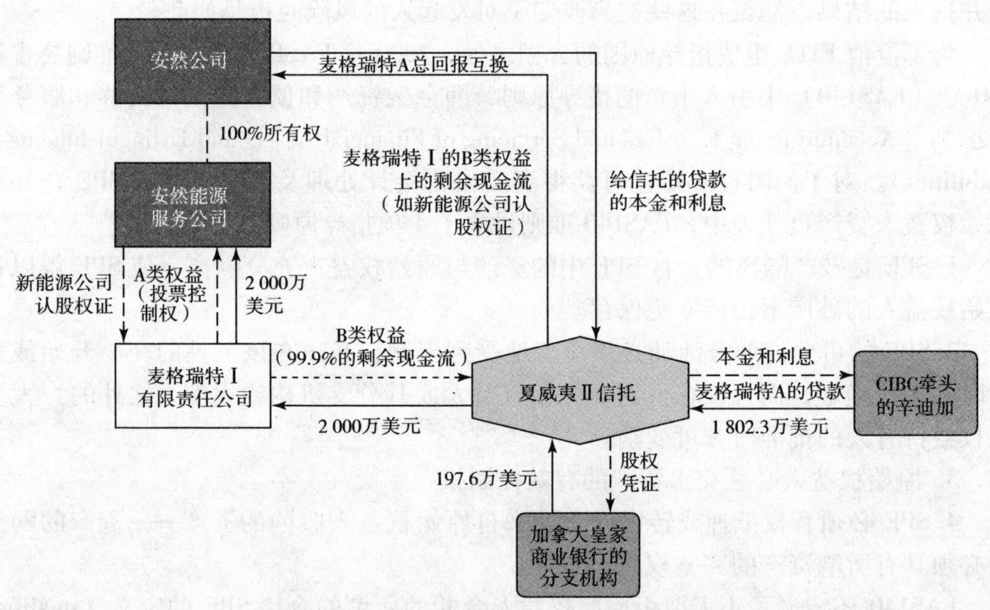

图 16.4 安然的麦格瑞特 A FAS140 交易

具体地说，EES 向一家名为麦格瑞特Ⅰ（McGarret Ⅰ）的有限责任公司出售其 TNPC 认股权证持仓头寸的一部分，换取 2 000 万美元的现金和麦格瑞特Ⅰ公司中的 A 类权益。A 类权益对该有限责任公司拥有充分投票控制权，但只有权支配该机构 0.1% 的剩余现金流。麦格瑞特Ⅰ通过向名为夏威夷Ⅱ信托（Hawaii II Trust）的 SPE 发行 B 类权益筹集了购买 TNPC 认股权证所需的 2 000 万美元。B 类权益没有投票权，但可得到麦格瑞特Ⅰ所持有资产（即 TNPC 的认股权证）的剩余现金流的 99.9% 的分配额度。夏威夷Ⅱ信托接着从由加拿大皇家商业银行（Canadian Imperial

Bank of Commerce，CIBC）作为牵头行的辛迪加获得1 802.3万美元贷款并通过出售股权凭证使一家CIBC的分支机构获得197.6万美元，共筹得了2 000万美元。

为了完成该交易，安然与夏威夷Ⅱ信托达成了一项总回报互换（TRS）协议。安然将应付给辛迪加和CIBC贷款的本金和利息支付给夏威夷Ⅱ信托。作为回报，夏威夷Ⅱ信托支付给安然公司麦格瑞特I的B类权益上的剩余现金流。

法院任命的安然破产案的审查员尼尔·巴特森断言，如同其他FAS140交易，该项特别交易进行了不适当的解释与披露。首先，巴特森经引导相信，CIBC的股权凭证更接近债务而非股本，而且从风险上也确实不是股本，因而无法通过3%的测试；其次，安然与夏威夷Ⅱ信托之间达成的总回报互换将信托债权人的信用风险转化为"纯安然"信用风险，TNPC认股权证的业绩不是问题所在；最后，通过总回报互换，安然在证券化的资产中保留了大量的经济利益。基于所有这些原因，巴特森断言，夏威夷Ⅱ信托应当合并至安然的财务报表。这就意味着，TNPC的认股权证并未真正出售，且记做运营现金流的2 000万美元应当记为定期债务。

FIN46R——反安然规则 主要由于安然在结构性融资活动中所谓的非法行为（大多数情况涉及本应披露或合并报表但从未披露或合并报表的SPE），FASB于2003年1月发布了一项管理SPE合并报表的新规则，并于2003年12月修订了该规则。这就是众所周知的FIN46R，在本书第30章中将重点讨论。

简而言之，如果某些类型的SPE是非被动的并且对其业务活动要求超出该实体所发行的股本的次级财务支持的话，FIN46R将该类型的SPE定义为可变利益实体（variable interest entity，VIE），一家VIE中的可变利益（variable interest，VI）是指当VIE净资产价值发生变化时其价值也发生变化的任何合约，包括股票、次级债、次级权益和赔偿、信用保护和信用支持工具、衍生品及类似的金融工具。暴露于最大预期损失或收益的VI持有人是VIE的主要受益人（primary beneficiary，PB），它必须将VIE合并到其财务报表。

16.1.3 信用、流动性和利率风险管理

本节前文已经指出，风险转移对手方是证券化结构的重要参与者，有助于解决信用、流动性和利率风险。当然，正如我们在第13章中所看到的，所有这些风险都被直接转移给SPE所发行的ABS的投资者。但是，不同于传统公司证券发行，证券化产品常是按投资者的需求而设计的。其中大部分是为SPE所发行的债务工具获取一个理想的信用评级。

风险管理是证券化和信用风险转移过程中相当重要的部分，我们将在本章接下来的3个小节中专门讨论通常证券化中如何管理风险，即信用增强（credit enhancement，C/E）、流动性支持和利率与货币风险。

16.2 信用增强

证券化过程的一个重要部分是基础资产池的信用风险的管理和分配，对象是

SPE 所发行的证券化产品的最终投资者。我们在第 13 章中已经看到如何运用次级方法在不同的次级层中分配信用风险，就像任何其他公司发行证券一样，也适用于 SPE 发行的证券。但有时这还不够。代替次级层设定的，或者在已设定次级层之后，可能也需要其他信用增强方式以保证由 SPE 发行的证券满足投资者的要求、评级机构的要求、监管部门的要求等。这些信用增强既可以是内部的，也可以是外部的。

为一给定的证券化而选定的内部信用增强方式的特别组合，实际上取决于结构化代理机构。一系列十分广泛的变量可影响所选用的不同类型的信用增强和数额规模，这包括不同信用增强的成本、信用支持提供商的信用风险暴露限额、声誉及信用支持提供商的客户效果等。让我们考察证券化代理机构所具有的信用增强的各种可能性。

16.2.1　内部信用增强

内部信用增强是由该结构内部参与人所提供的信用增强，如原有资产所有人、转让人或 SPE 所发行证券的投资者。如前所述，选择多层次级也是一种内部信用增强，也就是说，它在证券化产品投资者之间重新分配基础资产池的总信用风险，但证券化产品投资者总体上所承担的总信用风险量并未改变。

除了次级安排之外，最常见的内部增信方式是所谓的超额抵押（overcollateralization，O/C）。当一种结构的资产超过了固定的负债或债务时就是超额抵押。超额抵押是增加该结构的股权价值的一种方式。在第 13 章内容中，我们知道，额外的股权对于该 SPE 发行的所有更高级的债券而言均是一种信用增强。

直接股本发行　在一个结构中创造超额抵押的一种明显方式是由 SPE 发行比收购用于支持那些证券的抵押物数额要小一些的名义本金或面值的债务。当然这会引起 SPE 的筹资问题。如果 SPE 拥有资产值 100 美元，却只发行 80 美元的债务，剩余的 20 美元就确实形成了 O/C。但从何处获得这 20 美元呢？如果资产值 100 美元，则该资产的成本为 100 美元。

一个可能的答案是向一家投资者发行 20 美元的股本。这当然管用，但在许多结构性融资的情形中是不可行的。因为在许多结构性融资和证券化交易中，对股本层的需求相当有限。

另一种可能性是向内部人发行股票，我们在第 13 章考察母公司担保问题时谈过这一点。在本章的内容中，类似情况是向原始权益人发行股票。这所产生的问题是，它可能违背原始权益人或出让人和受让人之间必须独立的要求。在本例中，原始权益人有 20% 的股权且处于资产池中的前 20 美元的违约风险之中。这对于会计和披露目的来说，或许不是合格的真实出售，最终原始权益人不得不将他企图出售的资产再次合并到其资产负债表中。

幸而，向原始权益人发行股票并不是获得由原始权益人提供资金支持的超额抵押的唯一方式。

回扣　创设一项原始权益人提供资金的 O/C 而且不产生合并报表、会计、税务和控制问题的一种非常简单的方式是通过一项称为回扣（holdback）的机制。回扣是SPE从原始权益人收购资产实际支付的价格与那些资产的真实价值之差。如果SPE向原始权益人支付了合理的价格，则就不存在回扣了。但通过故意地以折扣价购买资产，则就创设了超额抵押。在前述数字例子中，SPE可发行80美元的债务和1美元的股权，然后支付81美元购买真实价值为100美元的资产。这就为债务层创设了一项19美元的超额抵押作为信用增强手段。但我们如何才能得到作为信用增强所需的19美元呢？

在大多数结构中，回扣被定义为基础抵押资产池的历史损失的倍数。相对于结构化代理商和发起人想要获得的ABS的评级，抵押物的信用质量及评级也是相当重要的。

现金担保账户 另一种获得原始权益人提供资金的O/C的简便方式是原始权益人在现金担保账户（cash collateral account，CCA）中存入现金。一个现金担保账户可用做损失的现金储备，并为SPE发行的所有证券提供信用增强。

对于原始权益人来说，努力使CCA将资产的实际损失经验转让给SPE，可能是非常具有诱惑力的。如果资产出售给SPE且未遭受任何违约，原始权益人则可以非常理想地回收其现金而不是看到现金归于SPE股权所有人。遗憾的是，这或许是不可能的。一项取决于资产实际表现的CCA账户可能会在原始权益人与该SPE之间建立一种依赖关系，从而使原始权益人难以规避与SPE的报表进行合并。请参见第24章并与贵公司的会计专家深入探讨，才能获得该问题的最终答案。

要注意的是，回扣和原始权益人提供资金的CCA账户实质上是可互相替代的。两者均是从原始权益人获得资金的一种方式。的确，一个CCA账户或许可由（比如说）股权投资者提供资金，正如第13章末尾和附录C中讨论的，是一种风险资本。但相对来说这并不常见。通常，如果一个结构需要来自投资者的内部信用增强，则这种信用增强会通过证券化产品发行的次级设计以及我们称为超额利差的某种混合来实现。

超额利差 一个结构内部的总超额利差（gross excess spread）是抵押资产上赚取的利息与SPE的债务负债所支付的利息之差。净超额利差（net excess spread）是总超额利差减优先费用和支出。[1]

超额利差等价于结构中留存收益的现金流。在一家正常的公司中，留存收益的部分或全部要以红利的方式支付给股本持有人。证券化中，在来自资产的现金流确实不足以归还债务时，超额利差可被转化为归还债务利息（及本金）的支付款。

原理上，超额利差可在损失前或损失后的基础上进行转化（参见第7章）。当用做事前融资时，超额利差仅在达到某一阈值之后，才会支付给股权持有人。例如，在结构的早期，超额利差会被转入一个CCA账户直至该CCA账户达到某一目标水平，如总资产的20%。一旦CCA的资金额达到目标水平，股权持有人可以开始收取周期性的分配，除非CCA落到20%级别之下，此时利差将再次被转入CCA账户。或者，如果该结构设计得特别保守，超额利差则将在该结构的整个存续期被转入CCA账户，且仅在SPE发行的债务到期之后才向股权持有人发放。

或者，基础资产开始出现违约之前，超额利差均可作为股权红利进行支付。而出现违约时，利差可被转为弥补损失。唯一的实质差别是谁得到了该利差投资所产生的投资收益。如果将其支付给股权持有人且仅当损失发生时转向债务服务，则股权持有人享有了早期分配部分的投资收益。如果在该结构的早期超额利差被转入CCA账户来提供资金，投资收益会积累到结构中并提供额外的O/C。

额外利差也可用来提供资金建立流动性储备（liquidity reserve）。我们将在下节讨论这些问题。

内部信用增强的例子 让我们将所有部分拼在一起以观察内部信用增强在实务中如何作用。假设原始权益人是一家银行，希望证券化其1亿美元的贷款组合，利率为伦敦银行同业拆借利率（LIBOR）加每年100个基点。假设该SPE的优先开支额为每年10个基点，而且该SPE发行两类证券——面值为8 000万美元的高级债和面值为2 000万美元的次级债。这里没有股本，但次级债发挥着股本的功能。高级债的票息率为LIBOR加50个基点。次级债的利率等于已实现的超额利差。

在该结构中，我们假设，未设回扣但原始权益人向SPE作出一次性不可撤销的500万美元的现金投入。该项资金被SPE的受托人用做设立现金担保账户——500万美元投资于可交易证券。

通过超额利差安排，从次级债持有人那里获得了内部信用增强。如果其资产未出现利息支付的违约情况，则净超额利差（以百万美元计）为：

$$100(L + 100) - 100 \times 10 - 80(L + 50) = 20(L + 250)$$

其中，L代表LIBOR。如果我们忽略LIBOR部分，将发行证券的高级层获得的总信用增级表示为初始抵押额的27.5%：20%来自次级债（2 000万美元/10 000万美元）、5%来自CCA（500万美元/10 000万美元），以及2.5%来自超额利差（250万美元/10 000万美元）。

16.2.2 外部信用增强

一个结构的外部信用增强表现为信用风险从SPE转向另一家公司。我们已经在第10章和第12章中探讨了这种可能性。为理解这些章中的概念在一个结构化的融资安排中如何发挥作用，需值得对其略加重述。

因此，我们不必太过局限于本金和利息之间的差别现在假设SPE发行零息债务，其中8 000万美元是高级债，而2 000万美元是次级债。

保险、包装和担保 SPE可为其持有的抵押资产购买财务担保，或为其基于抵押物发行的证券层购买包装担保，正如第10章所讨论的。无论何种方法，当抵押资产产生的本金和利息不足以提供该资产支持的SPE发行证券的本金和利息时，担保人将弥补其差额。

首先考虑一项包装担保，假设高级债的全部8 000万美元的本金和利息均做了担保。当标的资产的市场价值低于8 000万美元时，包装担保人将承担弥补差额的责任，从而使高级债持有人可得到全额偿还。

一项财务担保可达到同样的目的。SPE只需购买抵押资产的1亿美元的担保，附带2 000万美元的免赔额和1亿美元的保单限额。

无论何种情况，高级债都可获得财务担保人的信用评级，而不管 SPE 及其结构化代理商为该结构所采取的其他信用增强方式。

信用证 正如我们在第 10 章所谈到的，信用保险产品的另一种形式是信用证（LOC）。该 SPE 只需从一家银行取得 8 000 万美元的 LOC，其中银行就像一家财务担保人一样签售该 LOC。当 SPE 所拥有的资产发生的违约金额超过 2 000 万美元时，则可以提用 LOC，从而保证能够全额偿付高级债持有人。

信用违约互换 当然 SPE 也可参与一项高级或次级一篮子信用违约互换（CDS），且以抵押资产的 1 亿美元作为参考组合以及 2 000 万美元的免赔额。这样，CDS 将向 SPE 提供 2 000 万美元以上损失的全额信用保险。其中前面发生的 2 000 万美元损失由次级债层吸收，或者由该结构的内部增信手段吸收。无论在何种情况下，CDS 将保证基础资产中的至少 8 000 万美元是有保险的，从而完全保护了 8 000 万美元的高级债免遭信用风险带来的损失。

在此情况下的高级债的评级将依据 CDS 中信用支持出售商的信用质量，和（或）由信用支持提供商质押的用以支持 CDS 的任何抵押物的情况。

资产的卖出期权 外部信用支持的最终形式是一种传统的卖出期权，该期权的基础资产为 SPE 持有的作为 ABS 发行的抵押支持的资产。卖出期权可使 SPE 能够以固定价格向卖出期权的对手方出售抵押资产。当基础抵押物违约且抵押资产的市场价值减少时，可行使卖出期权以将抵押资产出售而换取固定数额的现金。如果卖出期权原来以平值交割，则行权生成的现金流等于资产的最初面值。或者，卖出期权可以以虚值状态成交并结合其他形式的信用支持。

16.3 流动性支持

流动性风险是许多证券化结构普遍存在的一种主要风险。流动性风险是作为 ABS 的抵押物的基础资产组合可能不足以产生足够的现金来偿还由受让人 SPE 所发行的 ABS 的本息责任的风险。流动性风险可源自基础资产的拖欠，或者由结构本身所引起。

作为前者的例子，假设转给 SPE 的资产是贸易应收账款。如果某些或全部债务人延期支付其款项，我们不一定称其为信用违约——只不过是延期支付。但延期支付也照样能够剥夺 SPE 所需的现金，使其无法为其发行的证券支付到期的利息和本金。

结构性的流动性不匹配也常在 SPE 中见到。继续前文的例子，假设一组贸易应收账款的组合进行了证券化以支持一系列的附息债券。但是，贸易应收账款为非附息资产。即使所有债务人均按时支付账款，SPE 仍然没有足够的现金提供给其发行的证券，特别是在 SPE 的成立早期。或者考虑一组公司债券的组合，这些债券都在每半年（在 6 月和 12 月）支付一次票息，将其用做每季度以 LIBOR 为基础支付利息的高级债及次级债券的抵押。抵押物的现金流入与现金流出非常不匹配。（该案例也说明利率风险是如何悄悄进入证券化的。在下一章节中，我们将讨论此问题。）

16.3.1 流动性支持和信用评级

理解流动性的关键是理解结构性交易的现金流瀑布。证券化结构通常涉及一项利息瀑布（interest waterfall）和一项本金瀑布（principal waterfall），两者独立地规定了基础资产的现金流入应用于支持 SPE 的 ABS 负债的现金流出时的优先级和顺序。一项结构的流动性风险管理是一种过程，在此过程中，内部和外部流动性支持工具用于确保增强的现金流瀑布能够支持目标或想要的信用评级及该结构未偿付债务的支付责任。

评级机构的评级标准常常是流动性增强设计和流动性支持工具的推动力。结构化代理商与证券化的发起人一起，将确定欲发行证券的目标信用评级。这样，流动性支持都是为满足不同机构设定的特定准则。

在大多数结构中，流动性支持的准则要求结构中至少有 100% 的抵押品价值是由流动性支持来源来支持的，该来源至少具有与证券化产品所要求的一样的评级标准。此外，评级机构通常持续地运用若干种测试方法检测证券化结构，以确定流动性支持是否足够。利息保障比率（interest coverage，I/C）测试应用于利息现金流瀑布，该瀑布设计用来确保手中留有最低数额的现金以应付即将到来的预定的利息支付。

O/C 测试关注结构中超额抵押的情况（如前节所述），并作为未来持续的利息和本金瀑布的流动性支持的量度。O/C 测试可根据资产的市场价值与负债或现金流的相对关系进行定义。前者通常是信用增强的量度，而现金流 O/C 测试往往是流动性充足程度的量度。一项现金流瀑布的债务偿付比率（debt service coverage ratio，DSCR）表示以现金 O/C 测试来表达的流动性支持充足程度。DSCR 表示为一个倍数并表明应该以现金（与市场价值相反）的方式支持一项结构的 O/C 百分比。

根据所要偿还的证券的目标评级和结构的类型（即基础抵押物）不同，最低 I/C 和 O/C 的阈值也有所不同。某些结构也会涉及额外的测试，如在压力测试的情况下检查非常长的期限内现金流充足程度的尾部测试（tail test）或锁定测试（lockup test）。

16.3.2 内部流动性支持

正如信用增强的例子，某些流动性支持可通过结构化而取得。对于确保现金流瀑布以支持 SPE 所发行的结构性证券的目标信用评级，有两种形式的内部流动性支持对其有很大的作用。

负债设计和到期日结构 在第 13 章中我们看到，在一项结构的负债中构造不同的次级层，是将信用风险分配给该结构的不同投资者的一种手段。类似地，对负债的结构化也可在流动性风险管理上达到同样的效果。但对流动性风险的管理通常涉及对到期日的精心构造，而不是构造次级层。

如果基础抵押资产池的现金流入已完全知晓，构造到期日结构来管理流动性风险，可如同匹配资产和负债的到期日一样简单。换而言之，如果流动性风险是由基础抵押资产池的现金流入时间与所计划的证券现金流出时间之间的结构性不匹配造成的，我们可简单地重新构造所要发行证券的到期日结构，从而“将问题定义掉”。在前面的例子中，我们曾指出，如果持有一组半年付息的债券，然后发行每季付息的证券，则会出现结构性现金流不匹配。我们可简单地解决该问题，只要发行半年支付票息的证券即可。问题是我们常常不想这么做。最初选择发行季付利息的证券，是因为我们确定那是投资者的需求。此外，我们仍然必须重视由抵押资产池的利息与本金的延付所引起的对现金流瀑布的意外冲击。

市场参与者开发了几个结构性解决方案以解决流动性风险管理问题，这些方案并不简单。一个这样的例子是SPE发行一种新型的证券，这些证券具有各种各样的名称，包括流动性增强票据（liquidity enhancement note）、有保护的流动性票据（secured liquidity note）、可延期票据（extendable note）或可赎回票据（callable note）。我们将统称之为可延期票据（extendable note，EN）。

一种典型的EN具有规定的最后到期日和中间到期日。当中间到期日到达时，当且仅当高级证券的利息和本金现金流瀑布超出了足以满足其各种流动性支持测试的金额时，票据则可赎回。如果现金流瀑布不足以偿付高于EN的高级证券，票据的到期日则自动延展到规定的最后到期日。评级机构不会将此视为不利的信用或流动性事件，因为中间到期日更像是一个赎回日而非规定的到期日。但是，一旦过了中间到期日，该结构必须想办法偿还EN以及其余负债。

EN的中间和最后到期日之间的时间就是所谓的摊还期（amortization period）。在这期间，抵押管理人必须开始出售基础抵押池中的资产，以产生足够的现金流来偿还包括EN在内的本金瀑布。外部流动性支持工具也常常与EN共同出现，以确保EN的最后偿还不出问题。

本章稍后，讨论资产支持商业票据（asset - backed commercial paper，ABCP）管道时，将较好地阐释EN的使用情况。

准备金 内部流动性支持也可以以融资的流动性准备金形式出现。流动性准备金实际上是事先留出现金账户，以确保利息和本金瀑布总在手头留有足够的现金，从而满足评级机构的测试要求。虽然这些准备金可以来自发起人或原始权益人的初始贡献，但来自结构本身的现金流瀑布为准备金提供资金更为常见——具体地说，是将超额利差转化为流动性准备金。

流动性准备金通常符合该结构必须满足的流动性测试。因此，一种典型结构可能包括一个I/C准备金、一个现金O/C准备金以及一个尾部准备金。

16.3.3 外部流动性支持

真正的流动性支持要认真地与信用支持区分开来。外部流动性支持提供商常常不愿意提供担保或其他形式的信用保护，一部分是由于会计原因。[2] 因而，外部流动性支持工具被仔细地构架，以便提供流动性而不提供太多的真实信用风险转移。用本书第一部分中的语言来说，外部流动性支持是纯风险融资而不是风险转移。

有追索权的信用证 许多年来，证券化结构使用的最流行的一项流动性支持工具是不可撤销的信用证，其中提供信用证的银行拥有对所提的款项必须偿还的追索权。此外，在原来的巴塞尔协议下，银行对离到期日不到365天的LOC不必为其持有资本，因而常常见到364天的LOC。当用于流动性支持而不是用于信用支持时，提供LOC的银行通常会享有对证券化计划的原始权益人或发起人的完全追索权。

图16.5显示了带追索权的LOC的机制。当对基础抵押池出现拖欠支付或不利流动性冲击时，SPE（或受托人或抵押管理人）可按限额提用LOC，以提供短期流动性资金。但是，不同于用做财务担保的LOC，人们不再将其看做信用证提用机构的信用工具，而是看做银行因LOC而对其拥有追索权的机构的信用工具——如前面所说的，通常该机构是原始权益人。换而言之，一旦LOC已经被SPE提用，银行事实上拥有了一项由原始权益人偿还的贷款债务。如果需要的话，偿还信用证也可以作为对该工具的再充值，从而可在流动性风险管理中再次提用LOC。

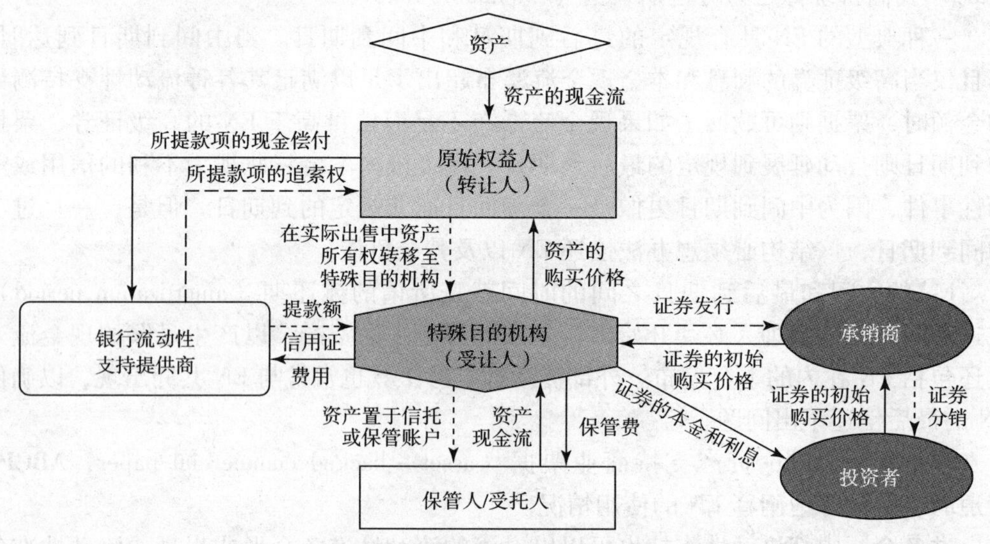

图16.5 使用信用证的流动性支持

随着时间的推移，几项新情况的发展使信用证在流动性支持提供上的应用变得不太流行了。第一项是正在实施的巴塞尔协议Ⅱ，改变了银行的资本充足性指导原则，而且开始要求银行为短期LOC分配资本（参见附录B和第26章）。第二项是新会计准则下，如果对LOC的追索权牵涉原始权益人或发起人，可能危及SPE相对于原始权益人的独立性。为此，LOC作为证券化项目中流动性支持的优先形式则逐渐减弱。

16.3.4 资产互换

图16.6显示了人们称为资产互换（asset swap）的衍生品合约的现金流情况。在此交易中，固定利率参考资产或组合上的固定现金流，定期支付给互换交易商，以换得基于LIBOR的浮动利率支付。资产互换常常用于将债券的固定票息支付转化为浮动的LIBOR利率的等价产品。除了将固定风险转换为浮动风险之外，资产互换

也可改变原始资产所有人现金流的时机，例如将固定的半年收入流转换为浮动的每季收入流。图16.6中的利差 X 是资产互换利率（asset swap rate）。

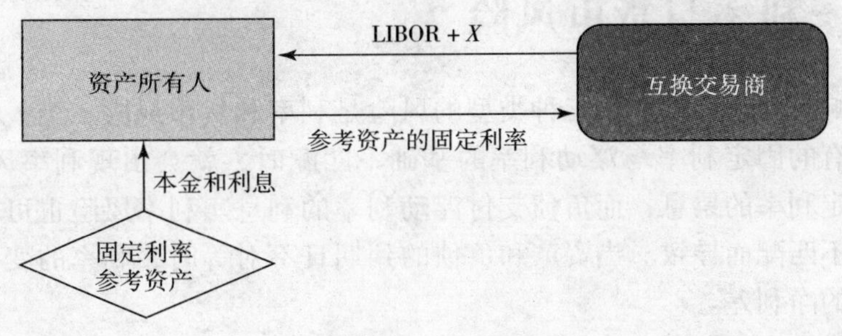

图16.6 资产互换

资产互换是为了实现流动性支持的目的，将一项证券化结构中基础抵押物的现金流入转化为与该结构的ABS负债的现金流出相匹配的现金流。图16.7阐明了这种机制是如何发挥作用的。SPE事实上是将基础抵押资产集合上所得到的利息支付给互换交易商，作为回报，SPE可以收取与其浮动利率负债在时间上匹配的浮动支付现金流。

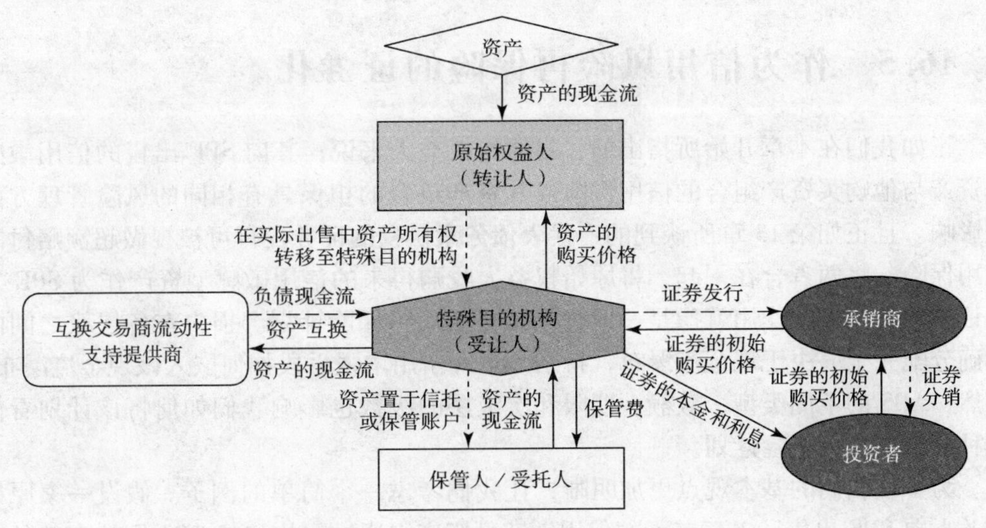

图16.7 使用资产互换的流动性支持

资产互换开始是作为现金市场工具，借此，投资者可将与一组债券等价的票息收入流转化为与货币市场等价的收入流。随着时间的推移，资产互换已经发展成了一种信用衍生品的近似形式，并且现在甚至被许多人认为就是信用衍生品。因此，一项信用违约互换可在估值的目的下当做资产互换来看待，这并不令人惊奇。

为了将资产互换只用于流动性支持，通常规定，任何已违约的抵押资产均将从资产互换的名义本金额中扣除。否则，互换交易商也会变为信用支持提供商，且该产品也会成为总回报互换，而不是资产互换。通过从名义本金中减去违约负债，互换交易商只对现有债券收取利息并支付 LIBOR 等价利率。

16.4 利率与货币风险

经常影响证券化计划的第三种类型的风险是利率和货币风险。当一项结构的资产和负债具有的固定利率与浮动利率的基础不匹配时，就会出现利率风险。例如，资产支持固定利率的票息，而负债支付浮动利率的利息。利率风险也可由资产或负债期限上的不匹配而导致。当资产和负债的到期日不对等时，利率的变化便可侵蚀掉一项结构的净利差。

资产互换成为流动性风险管理中替代 LOC 的流行工具的另一原因是，这类互换通常也会解决一项结构中相关利率风险管理计划的问题。若非如此，该结构的利率风险仍可很容易地通过其他利率衍生品进行对冲，如远期利率协议（forward rate agreement，FRA）、普通利率互换、欧元期货及类似的工具。

类似地，多种货币资产互换或单一货币资产互换与其他货币衍生品一起，为由结构中的资产和负债之间的任何结构性货币不匹配引发的问题提供了有效的解决方案。

16.5 作为信用风险再保险的证券化

正如我们在本章开始所指出的，对原始权益人来说，其向 SPE 出售的信用敏感型资产与他购买资产组合的信用保险或其资产组合的担保具有相同的风险管理方面的影响。且正如第 13 章所谈到的，代表债务索偿权的证券发行可被视做超额赔付的信用保险。将两者合在一起，将原始权益人收购得来的信用敏感型资产作为 SPE 发行证券的支持，其作用就像是一项超额赔付信用再保险计划。损失在各层级之间的精确分配完全取决于现金流瀑布，特别是各种信用增强手段如何嵌入该现金流瀑布。当然，ABS 的不同类型、数额、期限和次级层的级数也影响我们如何将该计划看做一种合成信用再保险计划。

为了使我们的基本观点更加明晰，让我们考虑一个简单的例子。假设一家原始权益人向 SPE 出售了 1 亿美元的信用敏感型资产。通过回扣和与 CCA 账户存款的某种混合，原始权益人向该结构提供了 1 000 万美元的 C/E。此外，原始权益人保留了该结构的 100 万美元的股本层。假设 SPE 发行了面值为 7 900 万美元的次级债及面值为 2 000 万美元的高级债。为简单起见，假设债务为零票息。最后，假设 1 000 万美元 C/E 用于股本与次级债务层之间的现金流瀑布。这就意味着，必须有 1 100 万美元的基础资产违约才会使次级债务层开始遭受损失。[3]

图 16.8 显示了从超额赔付信用再保险的角度看到的最终计划，其中每一灰色阴影代表了不同种类的投资者。标的抵押物的第一个 1 100 万美元的违约是由原始权益人通过持有股权和 C/E 的形式来承担的。其次，7 900 万美元由次级债的持有人承担。最后，高级债持有人在发行在外的 2 000 万美元的证券中有 1 000 万美元处于

风险之中，但仅在 \$10 XS \$90 层的标的抵押资产出现违约时发生。

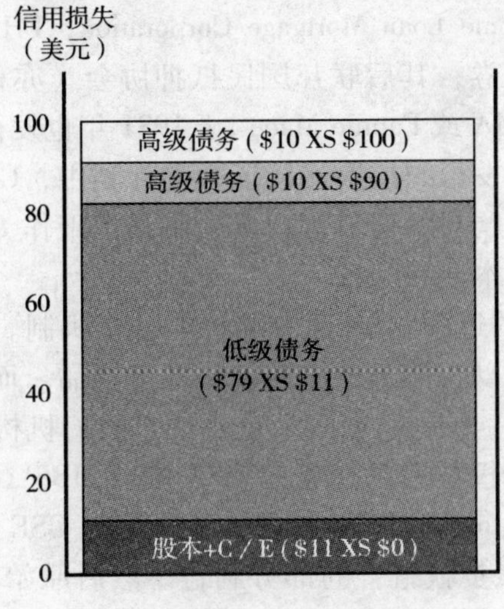

图16.8 作为合成再保险项目的证券化

要注意的是，图形中高级债部分的上半部——\$10 XS \$100 层——是白色的，用来表明其未处于风险之中。由于仅有1亿美元的基础资产及1 000万美元的C/E，对于高级债持有人来说，最坏情况下的情景是损失其本金的一半。于是，我们已经设计了一种结构，其高级债拥有90%的C/E——80%来自次级债（7 900万美元的次级债加100万美元股权）和10%来自内部C/E。

来自原始权益人的处于风险中的1 100万美元可看做由SPE卖给原始权益人的最初信用保险的免赔额。

虽然原始权益人已经出售了信用敏感型资产，但它仍然保留了前1 100万美元的损失风险，当然这正是免赔额或计划自留额的定义。

16.6 从ABS和ABCP到CDO

现实中，有可容纳各种类型信用敏感型资产的广泛的证券化结构。这些内容可根据以下要素进行区分：作为ABS而发行证券的类型、证券的到期日、次级的层级、C/E的组合、流动性支持的类型和性质，等等。也可能会有无限数目的排列和组合。

下一章我们将重点讨论作为结构性信用市场一部分的一些ABS，即债务抵押证券（CDO）和类CDO结构。但CDO在ABS的领域内是相对较新的产品，因此对之前的某些产品进行简短讨论为之后CDO的讨论奠定了基础。

16.6.1 按揭支持证券

ABS的第一个主要种类即是按揭支持证券（mortgage - backed security，MBS），

它首次于1970年由政府国民按揭协会（Government National Mortgage Association，GNMA）以过手按揭支持证券的形式发行。仅一年之后，联邦住房抵押贷款公司（亦称房地美，Federal Home Loan Mortgage Corporation，FHLMC 或 Freddie Mac）就发行了按揭支持的过手证券，其后联邦国民抵押协会（亦称房利美 Federal National Mortgage Association，FNMA 或 Fannie Mae）于1981年也发行了过手证券。在这3家政府发起企业（GSE）所发行的按揭支持证券的计划中，GSE 自身充当了受让人的角色，从原始权益人手中购买按揭贷款，然后将其汇聚作为抵押，以为其发行给投资者的过手证券提供还款本金和利息。

图16.9呈现了典型的过手 MBS 证券结构的工作机制。一家银行原始权益人向购房的借款人发放贷款，以及把房产作为贷款的抵押品。而且，这些贷款的本金和利息通过一家私人按揭贷款的保险公司，或者通过政府机构（如退伍老兵管理委员会）来进行保险。该原始权益人以贷款向 GSE 换取 MBS（通常为一张信托凭证）。MBS 可以是与原始权益人向 GSE 转让的同一笔贷款加 GSE 对 MBS 的本金和利息的担保，或者该 MBS 可代表贷款组合的部分利益。然后原始权益人将 MBS 出售给投资者以换取现金。

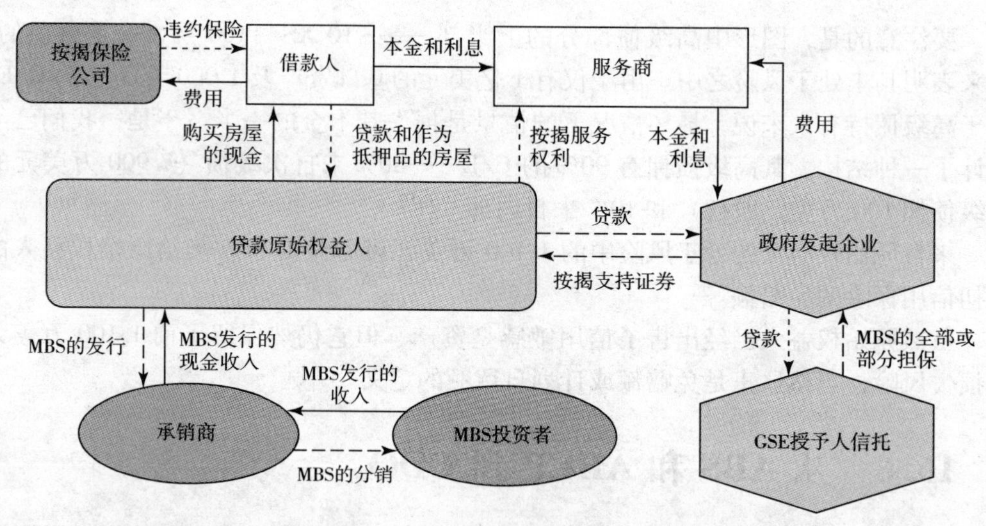

图16.9 过手按揭支持证券

大多数 GSE 向其过手 MBS 的持有人提供某种形式的本金和利息担保。GSE 因而扮演了主要的信用增强人的角色，而且，由于这些 GSE 都是 AAA 评级，因此，MBS 的投资者承担最低的信用风险。事实上，MBS 通常不被视做信用市场产品。与其他 ABS 产品不同，MBS 享有了证券化产品的一个独立的类别。但是，MBS 投资者确实也承担了基础抵押贷款的其他风险，包括提前还款风险和利率风险。

过手证券是一种单级别 ABS，MBS 同一级别的所有持有人均具有相同的优先级并按比例分享基础现金流的分配。多级别 MBS 在 MBS 市场上占有较大部分，其最流行的是所谓的抵押贷款担保证券（collateralized Mortgage obligation，CMO）和不动产抵押投资管道（REMIC）。REMIC 包括几个级别的证券发行，这些证券发行由一组过手 MBS、整体按揭贷款和贷款参与，或两种共同支持，这些证券由某些 GSE 和几家私人的按揭结构化代理商发行。CMO 的级别被构造为在不同级别的证券之间分配提前偿还风险（而不是违约风险）。例如，在传统的接续还本结构（sequential - pay）的 CMO 中，各层被分配的优先级对应于与每层相关的证券级别的高级性。现金流瀑布的本金支付也按该优先级顺序执行。以此方式，通过 CMO 结构发行的债券具有利率风险、提前还款风险和依不同层而具有的不同有效到期日的特点，因而投资者在各种风险或回报范围中拥有较大的挑选能力。

信用增强的手段一般不用于主要依赖于机构按揭支持证券的 CMO 结构。对于全额贷款支持的 CMO 而言，CMO 发行人通常持有一项准备金作为 O/C 的来源，以便在影响分配给投资者的现金之前吸收某种比例的与违约相关的损失。此外，CMO 发行证券的持有人常具有基础抵押物的追索权。当证券发行人违约时，抵押物就转给债券持有人，因而使发行人的信用质量问题变得不太重要了。

16.6.2 非按揭 ABS

除了由按揭贷款提供的担保外，ABS 也可由非按揭资产担保。第一个此类的证券化产品是 1985 年由瑞士信贷第一波士顿（Credit Suisse First Boston，CSFB）发行的，且由斯波瑞（Sperry）发起的计算机租赁来担保。

在典型的 ABS 结构中，信用敏感型交易的债务人向一家 SPE 转让一个特定的应收账款池或多个应收账款池，然后 SPE 发行证券，通常为基于最初资产池的多级别证券。当该资产池或者发生违约或者全额偿还时，由该 SPE 发行的证券就被全部偿清，该 SPE 也宣告终结。换言之，大多数 ABS 结构是自行结束的，并且拥有一个依赖于已转让的初始资产存续期的有限期限。大多数 ABS 的存续期从 2 年到 5 年不等。

基于一次给定的 ABS 发行的结构极大地依赖于抵押物的性质，不同类型的资产和应收账款会制造出具体问题，且该具体问题必须在证券化中解决。这里有太多的 ABS 市场的额外卖点以及证券化问题要讨论，但本书并不是主要讲述传统 ABS 的书。幸运的是，有许多非常好的选读参考书，有兴趣的读者可求助于这些书籍来了解想要获得的所有知识，从而不怕问及有关 ABS 市场和各种与资产有关的结构化考虑。

现在，我们分析一个典型的例子，即由丰田汽车信贷公司（Toyota Motor Credit Corp.，TMCC）于 2001 年发行的汽车贷款支持的证券。该结构如图 16.10 所示。初始资产是欠 TMCC 的 15 亿美元固定利率的汽车贷款，这些资产转让给 SPE（丰田汽车应收账款 2001 - B 所有人信托）换取现金。TMCC 以初始的现金存款创设了一个 CCA 账户。接着 SPE 发行了 4.18 亿美元的固定利率的高级债和 10.82 亿美元的次级债。浮动利率的债务被分为三个级别并支付浮动利率。

为管理该结构内部源自 10.82 亿美元固定利率资产与浮动利率债务之间不匹配

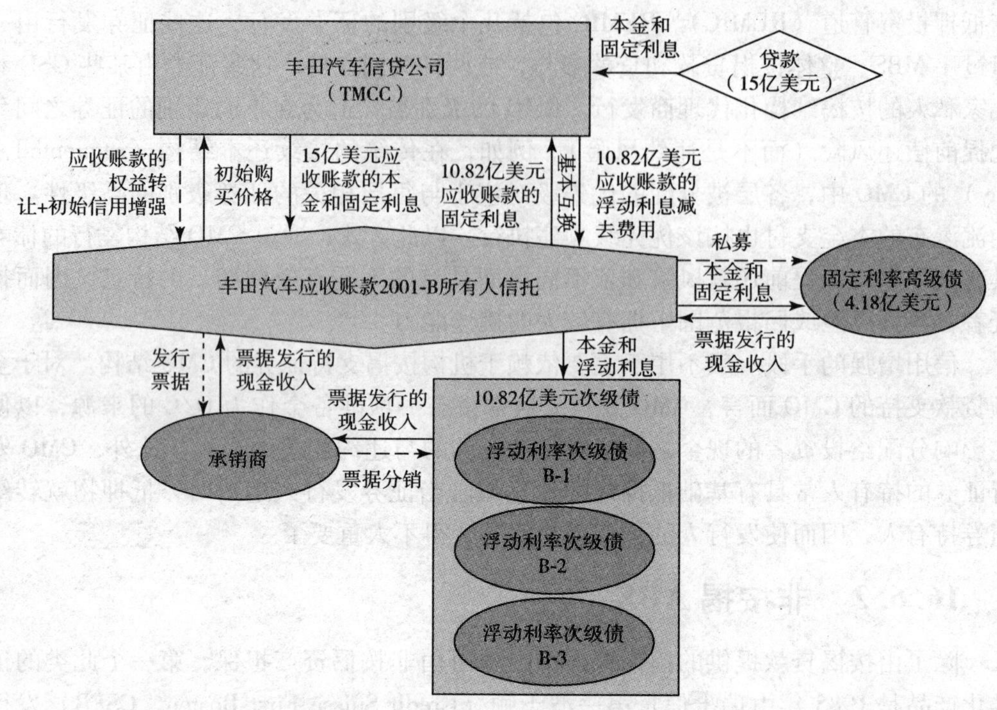

图 16.10 汽车贷款支持的证券

而引发的利率和流动性风险，SPE 与 TMCC 达成了一项普通利率互换协议，其名义面额为 10.82 亿美元。SPE 向 TMCC 支付固定利率以换取浮动利率的利息收入，然后用来偿还浮动利率的次级债。

16.6.3 资产支持商业票据计划

一类特别重要的信用敏感型 ABS——事实上比斯波瑞 ABS 早发行了一年——是资产支持商业票据（ABCP）计划。20 世纪 80 年代早期，银行越来越不能向其公司客户提供有竞争力的融资，而且不断地将客户流失到新兴的商业票据（commercial paper，CP）市场。由于巴塞尔协议，银行不得不对资产负债表内的贷款业务分配资本金，从而不能通过简单地扩大贷款规模来与 CP 市场竞争。

作为一个解决方案，银行界开发出了 ABCP。该计划是银行公司客户将其应收账款转换为利率具有高度竞争力的短期融资的渠道，但由于实际证券发行是通过与银行独立的 SPE 进行的，银行可帮助并参与其公司客户的资本形成过程，而不会使其资产负债表因新贷款而膨胀。

典型的 ABCP 管道的结构如图 16.11 所示。在图 16.11 中的 ABCP 就是所谓的多出售人管道（multiseller conduit），因为来自不止一个原始权益人的应收账款组合在同一个抵押资产池，以支持单一 CP 的发行。与此不同，许多传统 ABS 发行是单一出售人（single - seller）计划。例如，在图 16.10 中，支持证券化的唯一一个抵押资产的原始权益人就是 TMCC。

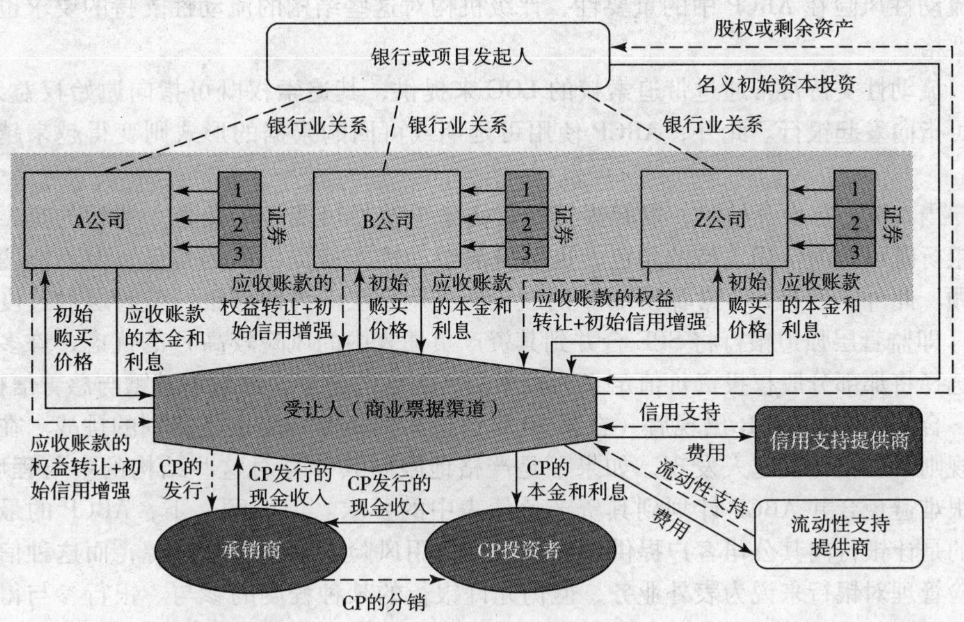

资料来源：Kavanagh，Bohemio and Edwards（1992）。

图 16.11 多出售人资产支持商业票据管道

ABS 与 ABCP 结构的一些其他重要差别可在图 16.11 中看到。

第一，ABCP 计划中 SPE 发行的证券是短期 CP。不同于 ABS，ABCP 的发行既无活跃的二级市场交易，也没有太长的存续期。反之，这种票据通常由最终投资者持有至到期，持有时间常常仅有几个月。

第二，ABS 渠道通常涉及一项向 SPE 的一次性资产转让，而 SPE 在应收账款全部偿还且发行的证券全额清偿后结束其使命。不同的是，一项典型的 ABCP 计划，SPE 持续购买新资产或应收账款并滚动使用其未清偿的商业票据发行。换而言之，一项典型的 ABCP 渠道是一项持续转让载体，定期以新的 CP 发行来购买新的应收账款。

第三，ABS 发行通常是高级—次级的多层结构。显示的 ABCP 发行则仅有一种证券，而且所有 SPE 发行的 CP 的持有人在 SPE 的资本结构中都具有同等的地位。

证券化为 ABCP 的应收账款常常是贸易信用应收账款，诸如信用卡、汽车贷款和资本租赁应收账款。信用增强部分来自每个原始权益人，通常是通过针对初始购买价格的回扣来实现。外部信用支持通常也是通过 LOC、包装担保或 CDS 来提供。

给定资产和负债的性质后，对一项 ABCP 的流动性支持通常是相当重要的。转给 ABCP 的典型应收账款常常无固定的到期日，往往会出现未预定的本金归还，可不带票息或附带固定利率的票息。不同的是，SPE 发行的 CP 负债通常是短期的且为浮动利率。

连续不断的应收账款转让，也加剧了流动性和利率风险。不仅新应收账款的收购必须通过发行新 CP 来提供资金，而且 CP 的清退也必须以滚动方式提供资金。由于流动性风险在 ABCP 中的重要性，评级机构对这些结构的流动性支持的要求也非常严格。

流动性支持常常通过带追索权的 LOC 来提供，其追索权既可指向原始权益人，也可指向发起银行。此外，ABCP 使用可延期或可回购票据的形式则变得越来越常见。

当 ABCP 首次开始时，发起银行通常力争扮演尽可能多的角色。典型的是，发起银行既可扮演信用支持的角色，也可扮演流动性支持提供商的角色，但不能两者兼顾。此外，发起人常常保留 SPE 的股权层或剩余层。为回应银行监管层对过度卷入（即监管层强迫银行将 SPE 合并到其资产负债表中的风险较高）的忧虑，许多银行选择将那部分股权投资价值定义为较小的、固定的金额，然后将其赠与慈善信托。

合并规则 FIN46R 出现后（在第 30 章讨论）对 ABCP 提出了特别的挑战。在该新规则下，银行发起人发现，如果不是严格地限制其自身对这些结构的参与程度，将很难避免合并 ABCP 计划到其资产负债表中的要求。但回顾一下，ABCP 的最初目的是让银行向其公司客户提供一种借贷和信用风险管理的替代来源，而这种信用风险管理对银行来说为表外业务，但仍允许银行的某种程度的参与。银行参与得越少，则发起这些计划的动机也越小。

最近的一个解决方案是 ABCP 提供预期损失票据（expected loss note）。这些债务证券的级别低于 ABCP 发行的 CP，也低于为该工具提供流动性增强的任何可延期票据或可回购票据。基础抵押物的违约会首先分配到这些预期损失票据，因而使这些票据的表现类似股本。将这些票据出售给像对冲基金这样的第三方，即通常可使银行发起人避免 FIN46R 准则下对该计划的合并。

第17章 现金债务抵押证券

在过去几十年中，结构性信用市场最重要的创新之一就是债务抵押证券（CDO）。CDO是一种资产支持证券结构——一般为多层结构——其发行的证券化产品的本金和利息由一组债务工具抵押物的现金流支持。CDO因各种经济目的而存在多种形式。CDO交易的增长与证券化技术的应用（即第16章描述的证券化过程）一起，为一般评估所有的结构性融资活动，特别为信用风险转移，创造了一个十分有用的概念性框架。

短短几章的篇幅不足以评价CDO市场的复杂性。幸运的是，想要更深入地了解CDO业务的读者将发现这方面的书籍并不缺乏——例如，朝德瑞（2004）、迪肯（Deacon，2004）、古德曼和法博兹（Goodman & Fabozzi，2002）、史密森（2003）和塔瓦考利（Tavakoli，2003）。本章和下一章意在概要评述CDO业务，并论述CDO业务如何融入本书重点讨论的更广泛的主题中，如结构性融资、结构性保险、风险和资本等。在本章中，我们将重点介绍CDO领域的一般概念并讨论现金CDO的运作机制。现金CDO是采用了证券化机制将信用敏感型资产转移给一个特殊目的机构（SPE），再由该SPE发行由信用敏感型资产支持的证券。下一章，我们探讨合成CDO，或者说是SPE运用信用衍生品通过出售信用保护的方式（而不是实际的资产购买）而构造的一个合成证券化结构。

17.1 CDO的类型

穆迪投资者服务机构（Moody's Investors Service）估计，2004年经过评级的CDO规模略超过900亿美元，代表了约200多笔交易。[1]在试图剖析这些支持了市场爆发式增长且不断创新的结构之前，我们需要从一些基本概念入手，探讨如何在CDO市场内部将这些结构划分为不同的类别。区分CDO可从以下几种不同的角度进行讨论。

17.1.1 抵押物类型

CDO常常根据CDO结构中支持所发行证券化产品的本金和利息的抵押物类型来区分。我们通常可根据基础债务的构成是贷款、债券，还是两者都有，来区分CDO抵押物。全部以贷款作为抵押物支持的CDO称为贷款担保债务（collateralized loan obligation，CLO），而债券支持的 CDO 称为债券担保债务（collateralized bond obligation，CBO）。

第一只由穆迪评级的 CDO 是 1988 年完成的德崇证券（Drexel Burnham Lambert）的长期债券交易，该交易的开发者并非他人，正是迈克尔·米尔肯（Michael Milken）。[2]此后 20 世纪 80 年代末及 90 年代初完成的交易几乎都是基于杠杆商业和工业贷款的 CLO，并常常与高杠杆交易，如杠杆收购（leveraged buyouts，LBO）等相结合。

1997 年，CDO 也开始将结构性债务和资产支持证券（ABS）包含在其抵押品组合之中。今天人们称为结构性融资 CDO（structured finance CDO）或更普遍地称为再证券化（resecuritization）的证券，就是这里作为 CDO 的抵押物的结构性证券，可包括 ABS、其他 CDO 发行的票据（或许还有股本）、商用及住宅按揭支持证券（分别为 commercial mortgage - backed security，CMBS 和 residential mortgage - backed security，RMBS）、信托优先股（TruPS）等。

图 17.1 显示了 2004 年 CDO 市场抵押物类型的相对分布。

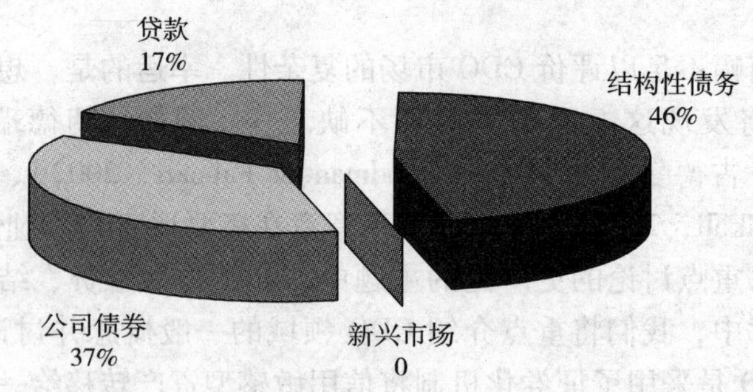

注：资产负债表型合成债务抵押证券（synthetic collateralized debt obligation，SCDO）的抵押品一般被认为是贷款，而套利型 SCDO 抵押品被认为是债券。

资料来源：Moody's Investors Service；Mayer Brown Rowe & Maw。①

图 17.1　由抵押物类型区分的 CDO，2004 年

17.1.2　发行人的经济动机

CDO 也可基于其经济目的来区分。这样，一只 CDO 可为一种资产负债表型 CDO（balance sheet CDO），也可为一种套利型 CDO（arbitrage CDO）。一个资产负债表型 CDO 项目能够运作，尤其是因为资产组合的所有者寻求剥离其部分或全部资产。想要出售资产的原因包括信用风险管理、筹集资金、资产负债表管理、保持承债能力等。与此不同，做一个套利型 CDO，主要是作为投资管理的工具。换而言之，原始资产所有人的公司融资目标并非是套利型 CDO 的一项动机。相反，套利型 CDO 是抵押品管理人和结构化代理机构将金融工程与资产管理工具相结合的产物，以此为投资者提供创新且优异的投资产品。

① 美国知名律师事务所。——译者注

图 17.2 显示了 2000 年至 2005 年 4 月 22 日发行的各类品种的相对金额。[3] 在以下几个小节中，将对运作 CDO 的两种经济动机进行详细讨论。

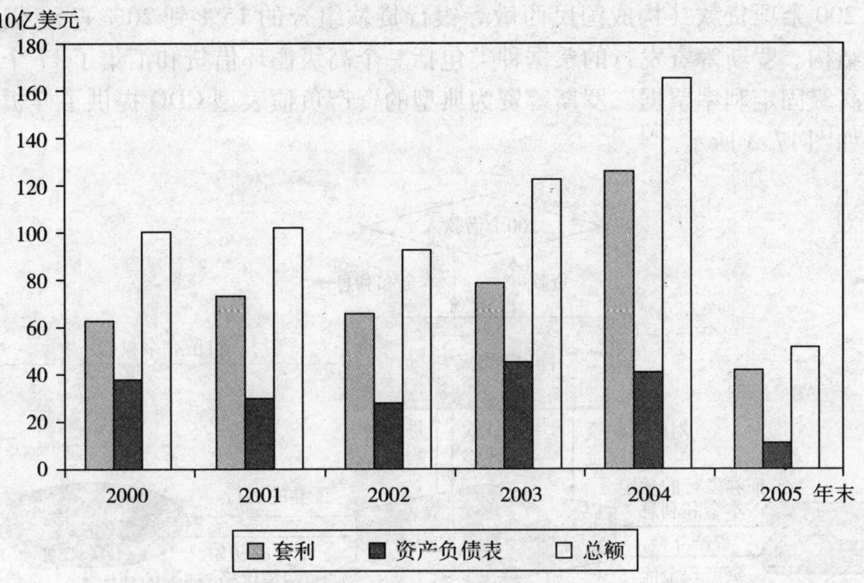

资料来源：JP 摩根；Mayer Brown Rowe & Maw。

图 17.2 2000—2005 年由经济目的分类的 CDO

17.2 资产负债表型 CDO

一只资产负债表型 CDO 的特征表现为资产的原始权益人通常是 CDO 获取债务抵押品的对象机构。因而，资产负债表型 CDO 在经济意义上首先由原始权益人驱动。发行人参与一项资产负债表型 CDO 的准确目的正是本书讨论的传统主题——减少信用风险的需求与将流动资产转化为现金的需求相组合，从而释放承债能力、降低资产负债表的杠杆率、压低财务困境的预期成本等。

17.2.1 结构

资产负债表型 CDO 通常没有独立的抵押品管理人。转给 CDO 的资产通常由原始权益人进行选择，或许还会与发起人和（或）结构化代理机构协商（参见第 13 章和第 16 章）。而且，资产负债表型 CDO 的原始权益人通常是一家银行。因此，资产负债表型 CDO 通常由贷款资产组成（即为 CLO）。

在一项典型的资产负债表型 CDO 中，银行会选择 100 余项贷款或参与贷款（loan participation）的组合来出售——通常总金额为 10 亿美元或更多——然后以真实出售的方式转给 SPE。除了次级方法之外，典型资产负债表型 CDO 的信用增强（C/E）通常包括了原始权益人提供资金的现金担保账户（CCA）和超额利差转移，这大约每年有 50 个基点。原始权益人通常也会保留资产负债表型 CDO 的剩余利益。

最早的传统资产负债表型 CDO 为 1996 年国民西敏寺银行有限公司（National Westminster Bank PLC）完成的罗斯筹资（Rose Funding）交易。罗斯筹资是一项基于包括 200 余项贷款（构成国民西敏寺银行贷款组合的 15% 到 20%）50 亿美元总规模的结构。罗斯筹资发行的票据种类包括一个高级循环借贷和汇集了 17 个国家投资者的高级固定利率票据。罗斯筹资为典型的资产负债表型 CDO 提供了样板，其简化形式如图 17.3 所示。[4]

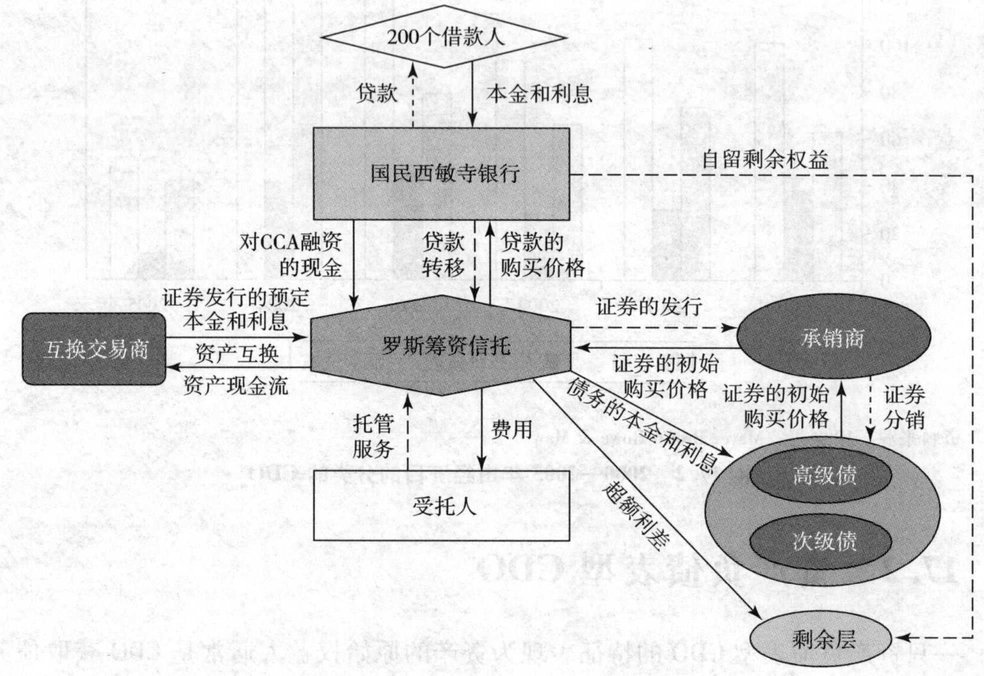

图 17.3 罗斯筹资资产负债表型 CDO

17.2.2 动机与利益

资产负债表型 CDO 代表了信用敏感型资产证券化为金融资本索偿权的多层结构。简而言之，CDO 是资产剥离的一种形式。无论其主要动机是筹集资金还是降低信用风险，资产出售也剥夺了原始权益人作为资产所有人的任何未来利益。银行采取该策略的原因有以下几个方面：

定制的信用风险转移 正如第 16 章所讨论的，高级—次级证券化结构的作用与合成信用再保险相似，而资产负债表型 CDO 正是该情况的例子——至少从风险的角度看是如此。剩余层的作用类似免赔额，而出售给第三方投资者的其他高级证券为基础资产的信用再保险提供了不同超额损失层。[5] CDO 因而可使一家公司以一项单一的资产组合出售给不同的投资者组群，这些投资者对该资产组合的特别风险暴露具有不同的特定风险承担倾向。

虽然信用再保险同样可使风险再包装至不同的损失层，但这将风险保护购买者局限于再保险公司。CDO 可使公司信用保护的购买方通过引入非保险投资者的需求而带来多样化的信用风险保护渠道。从投资者角度看，CDO 允许投资者拥有与企业相关的高度特定化的风险，从而可以分散特定公司相关的风险，并在不同的损失层及触发点之间进行较好的风险分散和多样化。这是投资者愿意花钱购买的东西，从而使 CDO 定价相当有竞争力。

要注意的是，原始权益人对剩余层的自留可为原始权益人带来合并报表的问题，特别是在 FIN46R 的规则之下。但是，剩余层自留又是该结构至关重要的组成部分，因为它创造了激励效应。类似于其他保险，合成信用保险创自于原始权益人出售其贷款给 SPE 之时，是一种会受到道德风险和逆向选择影响的信用保护的补偿形式（参见第 2 章）。迫使发行人自留一份类似股权份额的免赔额是减轻道德风险的关键部分。否则，CDO 证券的投资者可能就会担心银行对其贷款组合进行了反向挑选（即将剩余的低质量资产卖掉）。

资产货币化　虽然信用风险管理是资产负债表型 CDO 业务的一项明确结果和重要动机，但是在资产负债表型 CDO 中，信用风险管理与融资目标却融合在一起了。由于原始资产已经出售换取了现金，CDO 结构的风险管理和公司融资的影响是不可分离的。因此，资产负债表型 CDO 结构中同样重要的动机包括那些与资产真实出售相关联的各种动机，例如，为获取现金将资产货币化，缩减资产负债表规模，保持或维持承债能力等——事实上这与第 16 章所讨论的证券化的好处相同。

降低逆向选择成本　回顾第 14 章中提过的证券化的另一项好处是为原始权益人降低了逆向选择的成本，形成较低的加权平均资本成本（WACC）。若一家公司将其所有资产都投入到该公司中，由于缺乏透明度以及常见的“柠檬”问题与逆向选择问题，有时会使这些公司难以在传统的公开证券市场上获得其真实的筹资成本。

CDO 是相对透明的，并能够提供一种机制，通过这种机制，企业可将其复杂的、非传统的信用敏感型资产从其他资产中分离出来。在该过程中，最初难以估测的资产现被置于自包含结构中，信用和流动性得以增强并向投资者展现出来。这就可以减少证券原来要求的逆向选择折扣，这些折扣当然也会反映在向 SPE 出售的资产的价格上。

此外，将复杂的信用资产作为一个整体从公司中分离出来，可降低该公司由于错误管理资产而将其变成负净现值（NPV）资产的可能性。通过 CDO 出售资产也会由于降低了代理成本而导致 WACC 的略微降低。

有融资的信用保护　在资产负债表型 CDO 中，与资产证券化相关的预付现金流不仅对原始权益人有融资影响，而且也会影响原始权益人对于信用风险转移对手方的信用风险（不同于基础抵押资产的信用风险）。传统资产负债表型 CDO 代表了一种全额融资的信用风险转移方案，不同于典型的保险产品和普通的信用衍生品（不包括信用连结票据）。由于只有在损失事件发生时才会支付现金，保险和衍生品会使其使用者暴露于违约、不履行以及有争议的索偿权等信用风险之下。而在资产负债表型 CDO 中，类似于信用连结票据，有信用风险的资产已出售并换为预付的现金，之后违约而造成不支付的机会非常少。

监管资本套利　优化原始权益人须面对的监管资本负担也是迄今许多银行资产

负债表型 CDO 业务的另一强大的动机。例如，史密森（2003）指出，图 17.3 中描述的罗斯筹资结构据说为国民西敏寺银行（NatWest）释放了大约 4 亿美元的监管资本。那么这又是如何做到的呢？

在巴塞尔协议的最初版本（参见第 29 章和附录 B）中，银行必须为传统的商业和工业（commercial and industrial，C&I）贷款分配财务资本，其数额等于那些贷款面额的 8%。例如，考虑一个 5 亿美元的贷款组合，该组合可赚取的有效平均利率为伦敦银行同业拆借利率（LIBOR）加 135 个基点，筹资成本为 LIBOR + 35 个基点。该贷款组合的净利息收入为 100 个基点或 500 万美元，而资本要求为4 000万美元。因此，组合的股本回报率为 12.5%。

对于证券化贷款资产，巴塞尔协议要求的监管资本等于非杠杆投资的资本要求或证券化（即股权）引起的 100% 的留存负债两者中较小者。例如，若银行保留了 CDO 中的剩余项的 2%，资本要求为 1 000 万美元（不是1 000万美元的 8%）。如果 SPE 的高级费用为 35 个基点，则超额利差（累计给银行的，除非需要弥补违约损失）为 65 个基点。因此，股本回报率现在是 32.5%（325 万美元/1 000万美元）。

即使拥有较低的净利息收入及较高的资本要求百分比，对该银行而言，其股本回报率在发行 CDO 之后也是较低的，这是因为 CDO 的风险资本大大低于贷款组合的风险资本。

巴塞尔协议Ⅱ将使这种情况略有改变，但将证券化方法用做信用风险转移、融资以及监管资本要求减轻的综合机制这一基本想法，在未来一段时间仍有可能是资产负债表型 CDO 的驱动力。

17.2.3 评级考虑

结构性融资产品通常由三家主要评级机构的一家或多家来评级。[6] 这些机构通常始于仔细检视抵押池中的基础资产，然后再评估结构本身所存在的各种风险。

抵押品要求与资产质量测试 支持 CDO 的抵押品组合或参考资产组合的组成，或许正是评级机构关注的主要焦点。评级机构在作抵押品池的分析时，会考察以下变量：

- 基础资产全部特定信用信息，包括评级、回收率、信用增强等情况。
- 资产的集中与分散化。
- 产业多样性。
- 抵押品池中高风险资产的比例。
- 加权平均评级因子（weighted average rating factor，WARF）。

评级机构标准普尔和惠誉均倾向于重点对特定的债务人运行其专有的模型，而穆迪则更依赖于其行业分散评分的模型。对评级机构评级方法的详细讨论可从这些评级机构获得。

覆盖测试 评级机构一般要求至少进行两类覆盖测试，以便持续地保护 CDO 的票据持有人。超额抵押（O/C）测试要求，特定层的 O/C 比率总是高于某一最低值。对于 CDO 中一个给定的层，O/C 比率等于抵押品组合的本金价值之和加任何已分配的 C/E，除以该层已发行证券的面值之和，加所有更高级层的面值。例如，一只 CDO 发行了 A、B 和 C 三级票据，计算 B 级的 O/C 比率时，为该组合的面值除以 A 级与 B 级票据的本金。

类似的，利息保障比率（I/C）测试要求一项给定层的 I/C 比率在所有时间均超出所确定的门槛。I/C 比率定义为抵押资产上已计划的利息以及任何已分配的信用增强之和，比上所检查的 CDO 层的已计划的利息加所有级别高于它的层之和。

无论 O/C 测试还是 I/C 测试，都对信用增强的分配极为敏感。虽然 CDO 债务的次级属性通常是内部 O/C 和 I/C 的主要决定因素，但不同信用增强在本金和利息瀑布中的优先级却可造成很大的差别。选择一家优秀的结构化代理商通常是保证 CDO 的设计能够持续满足这些评级机构的测试要求的最佳途径。

17.3　套利型 CDO

与资产负债表型 CDO 截然不同的套利型 CDO，包含指定为抵押品管理人的公司选择并收购某些特定的债务资产作为抵押品。这些资产常常是在公开市场获得而非来自资产的原始权益人，而且常常是债券而不是贷款（这使许多 CDO 变成了 CBO）。套利型 CDO 的目标是试图从可察觉的套利机会中生成交易利润——通常所谓的评级套利——以及指定交易机会以获得一项包含所有因素在内的发行证券的再融资成本，该成本低于其购买成本。

17.3.1　结构

现金套利型 CDO 的结构（参见图 17.4）看起来十分类似于资产负债表型 CDO 的结构，但有几处例外。与资产负债表型 CDO 不同，转让给 CDO 的资产是一种由一家结构化代理商和（或）发起人以及原始权益人一起决定向 CDO 转让的资产，一只套利型 CDO 有一位抵押品管理人，此管理人被任命对支持 CDO 的基础资产池进行选择以及进行管理。将这些资产出售给 SPE 换取现金，然后为投资于 SPE 所发行证券的投资者将这些资产存入信托。所发行的新证券化产品由抵押组合的本金和利息，加上通常的信用或可能流动性支持来共同支持。

套利型 CDO 的基础资产可以是贷款或债券，可来自一家或多家资产所有人。这些资产所有人可以是这些资产的原始权益人，也可以是从二级市场收购资产而成为所有人。

由图 17.4 所示，剩余层不一定必须由该结构的内部参与方留存。如果支持 CDO 的一项基础资产是从原始权益人获得的，通过 C/E 的其他形式，如回扣或为 CCA 提供资金而进行的强制性存款等，可减轻道德风险和逆向选择的问题。在典型的套利型 CDO 中，剩余层或者作为一项独立的证券进行出售，或者由抵押物管理人保留在其交易组合中。（参见第 18 章关于单层 CDO 的有关讨论。）

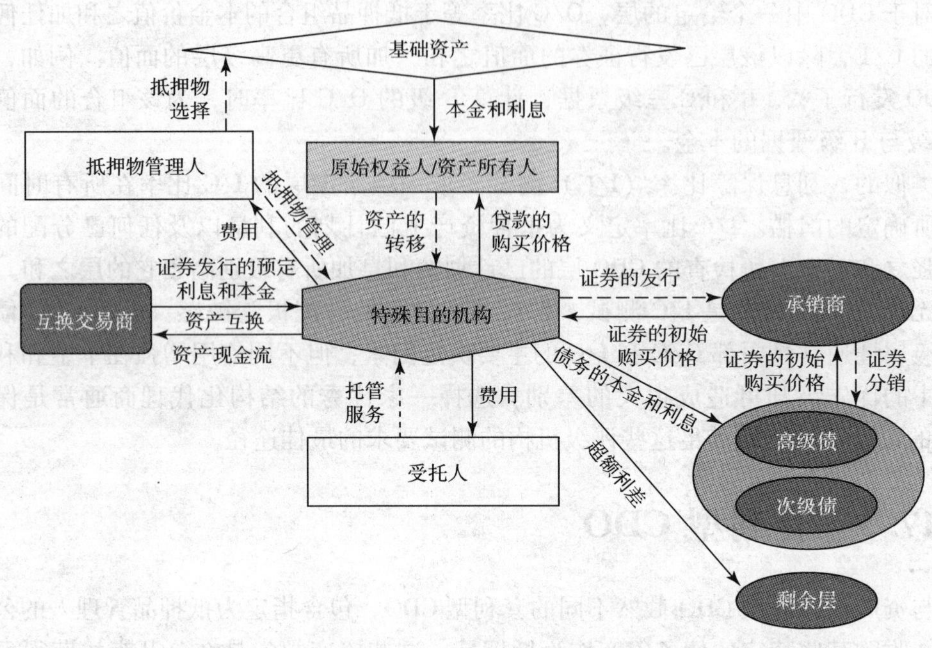

图 17.4 套利型 CDO

现金流 CDO 对比市值 CDO 几乎所有的新套利型 CDO 发行均被称做现金流 CDO（cash flow CDO），[7]但也并不总是这样。套利型 CDO 也可以是市值 CDO（market value CDO）。其差异在于为满足利息和本金现金流瀑布以及相关保障触发条件的不同的资金来源。

在一只现金流 CDO 中，利息和本金现金流瀑布由抵押资产组合的正常安排的本金和利息提供资金。不同的是，在市值 CDO 中，现金流瀑布可由资产抵押物的变现而提供资金。由于市值 CDO 正在快速地消失，我们不必花太多的时间讨论它。

静态组合对比管理组合 许多 CDO 包含在设计和结构化阶段对抵押资产集合的选择中。此后，CDO 只是按照其既定路线前进并结束。许多资产负债表型 CDO 也都是这样。但是，套利型 CDO 可能包含抵押组合的某种程度的持续管理。资产管理事实上表现为两种形式：轻式管理（light management）和积极管理（active management）。

轻式管理的组合通常涉及抵押品管理人在解决有问题头寸而进行的自主交易决策。例如，轻式管理组合的管理人可在违约事件真正出现之前出售债券，而静态 CDO 的相关抵押管理人必须静观其变。与此不同，积极管理通常涉及抵押管理人更多的自主判断和决策来进行积极交易。作为管理人获取超额收益策略的一部分，一只积极管理的套利 CDO 组合常常定期补充新资产。

所有 CDO 都有所谓的整合期（ramp - up period），或者说，原始资产的收购期。

资产组合规模越大越复杂，则整合期越长；同时收购过程涉及的交易方及原始权益人越多，整合期也会越长。

然后积极管理的 CDO 进入再投资期（reinvestment period），在此期间，现有抵押品的本金会被用来收购新抵押物，而不是支付给该结构的当前票据持有人。这通常要求 CDO 选择其发行证券的到期日，使之超出再投资期一年左右。

大多数 CDO 包含那些要求在特定日期一次性偿付本金的贷款或债券——偿还通常发生在贷款或债券的到期日。人们称之为子弹型偿付（bullet repayment），这意味着，该债务的中间现金流只有利息支付款项。同时还意味着，大多数结构的每一层证券也会包括再投资期之后的分期偿还期（amortization period），在此期间，抵押品的收入被转入一个现金准备金账户，为本金的最终子弹型偿付融资。

通过发行多种到期日的证券，CDO 可延长有效的再投资期。例如，如果已发行的证券一半在 3 年后到期，另一半在 5 年后到期，则只有一半的组合需要在第二年从再投资阶段转为分期偿还阶段，来为第三年的子弹型偿付筹资。另一半可保持在再投资阶段直至第四年。外部流动性支持被证明有助于促进此类积极的管理方式。

积极管理的程度和抵押管理人的自主性会以若干方式影响 CDO 的结构与运作。管理活动能够影响 CDO 的途径是会计和信息披露。例如，一家合格的特殊目的机构（QSPE）不需遵守 FIN46R，QSPE 与常规 SPE 或可变利益实体（VIE）的区别主要基于其管理的被动性程度。另外，静态和轻型管理的组合通常只涉及向抵押管理人支付最小费用。对比而言，在积极管理的组合中，抵押管理人通常能收取一定的基于业绩的报酬。绩效费在发行人资本结构中可能级别较低，在某些情况下，它只代表对股本层的某些部分的自留。

17.3.2　动机和利益

在套利型 CDO 中负责选择资产的抵押管理人常常是一家专业的基金管理人，如一家投资银行、资产管理公司或保险公司（是资产方而不是承保方）。套利型 CDO 可以为资产支持式的或结构融资式的 CDO。典型的资产持仓通常包括总规模超出 1 亿美元的 50 只以上的证券。套利型 CDO 的抵押管理人及其管理的 CDO 通常以其所持有的抵押物的类型进行分类［如高收益债券、布雷迪（Brady）债券、新兴市场债务、主权债务等］。

如图 17.2 所示，套利型 CDO 占 CDO 业务的大量份额。由于套利型 CDO 实质上为收益增强类的投资结构，抵押管理人永远追逐着收益。套利型 CDO 管理人所特别关心的是所谓的 CDO 资金缺口（funding gap），或者说资产组合的收益率与 CDO 负债收益率（加 CDO 结构的优先受偿的费用和成本）之差。资金缺口越大，CDO 的高度低级的次级债所要求的利率越高，则股本的预期回报就越高。

表 17.1 总结了截至 2004 年 11 月欧洲最流行的 CDO 结构的资金缺口情况。2003 年底所报告的统计数据中的 CDO 在 2004 年实际上没有业务活动。

表 17.1 欧洲 CDO 的资金缺口

	CBO BBB	CBO BB	CLO BB/B		ABS BBB		CDS A
	2003 年 12 月	2003 年 12 月	2003 年 12 月	2004 年 11 月	2003 年 12 月	2004 年 11 月	2003 年 12 月
资产收益加权平均	4.54	6.22	5.29	5.21	3.95	3.34	0.67
成本和支出							
利息支出	2.78	3.07	2.90	2.55	2.83	2.51	0.35
净保值成本	1.78	1.61	0.00	0.00	0.00	0.00	—
管理成本	0.31	0.56	0.56	0.56	0.31	0.31	0.18
分期偿还债务成本	0.39	0.44	0.42	0.42	0.38	0.38	0.20
成本与支出的分类汇总	5.27	5.68	3.88	3.53	3.52	3.20	0.73
资金缺口	-0.73	0.54	1.41	1.68	0.43	0.15	-0.06
普通股回报（无违约）	-14.56	3.83	14.12	16.78	10.72	3.69	-1.56
资本结构中股本百分数	5	14	10	10	4	4	4
EURIBOR 之上的利差加权平均	0.75	1.23	0.97	0.61	0.77	0.43	0.18

资料来源：美林证券。

当然，资金缺口也影响资产负债表型 CDO 的经济机制。原始权益人毕竟不会避开信用保险和信用衍生品而去支持负利差的资产负债表 CDO。另外，资金缺口须大到一定程度，以使所发行的债券可获得有竞争力的利率。但是由于原始权益人保留了股权层，资产负债表 CDO 并不要求一项高于预期的回报率。

图 17.5 总结了以发行人动机与抵押品类型而区分的 2004 年 CDO 市场。交易中，有 92% 是套利交易。这些套利交易中，大多数产品是由贷款、结构性票据或 ABS 来支持的。比较少的部分（9%）代表由信托优先股股票支持的 CDO。CDO 领域只有 3% 是由纯粹的 CBO 组成。

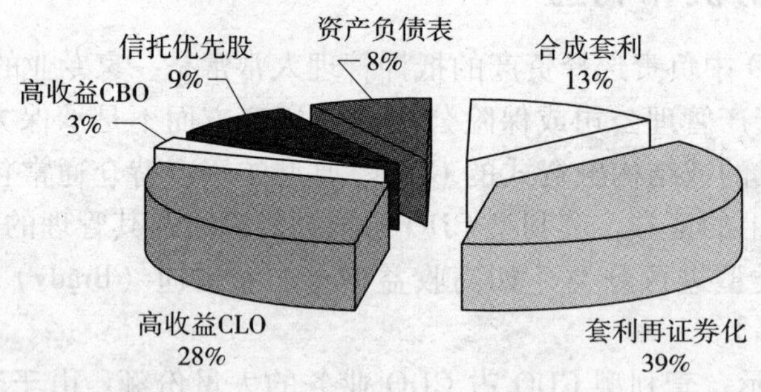

资料来源：Moody's Investors Service；Mayer Brown Rowe and Maw。

图 17.5 2004 年的 CDO 抵押物（总交易的比例）

像图 17.5 这样的图表可能会逐年变化，依赖于可察觉的收益率以及资金缺口发生的情况。

17.3.3 评级考虑

在资产负债表型 CDO 和套利型 CDO 两者中，评级机构基本上会关注相同的有关抵押质量的问题。覆盖测试在资产负债表型 CDO 和现金流套利型 CDO 中也基本类似。

但是，市值套利型 CDO 具有不同的覆盖测试，因而其会以不同于现金流型 CDO 的方式进行评估。主要的区别在于 I/C 和 O/C 测试的定义、计算和执行的不同。在市值 CDO 中，I/C 和 O/C 测试基本上基于抵押管理人快速且以合理市场价格变卖资产的能力。预付比率（advance rate）和（或）价差（haircuts）被应用于抵押物以反映市场和市场流动性风险。换而言之，当投入 I/C 或 O/C 测试时，给定抵押资产的名义价值可能会获得低于 100% 的信用。相反，已打折扣的市值被用来反映一种价格，在此价格上，抵押物可以安全地变现，从而为该结构的现金流瀑布提供资金。

17.4　作为整体资本结构产品的现金 CDO

现金 CDO 常常指整体资本结构产品（whole capital structure product）。其原因是相当明显的。由于 SPE 发行人已出售证券来为整个基础资产组合的收购筹集资金，CDO 的 SPE 的整体资本结构被出售给第三方投资者（除了原始权益人在一项资产负债表项目中所保留的第一损失层的任何次级或股本层）。如我们在第 1 章所看到的，SPE 创造了一些财务资本，这些财务资本代表着对 SPE 的经济资产负债表左侧资本资产具有的全部的索偿权。

第18章 合成债务抵押证券

现金CDO类似于第17章所探讨的CDO，涉及了将资产向受让人转移或真实销售以换取现金的内容。对比而言，合成债务抵押证券（synthetic collateralized debt obligation，SCDO）并不涉及资产的实际出售，而是原始权益人利用信用衍生品获得信用保护。

虽然SCDO直至20世纪90年代末期才真正出现，但现在却占据了较大的CDO市场份额。虽然SCDO上市时间相对较短，但无论从形式还是结构上其均已经历了相当迅速的发展。今天的SCDO市场与20世纪90年代后期的市场几乎完全不同了。

在本章，我们将对SCDO进行讨论。为了简洁，将不得不忽略许多细节，但感兴趣的读者能够很容易寻找到关于SCDO的详细论述。

首先，我们讨论称为第一代SCDO的结构。这是最初的SCDO结构，并在20世纪90年代末产生了合成CDO市场。我们不仅将考察这些产品的结构，而且将讨论这些产品受到广泛欢迎的原因。之后，我们转而总结近年来发展起来并风靡市场的第二代SCDO（实际上，2004年所有的新SCDO都是第二代产品）。

18.1 第一代SCDO的结构

本书已讨论过，风险转移可以是全部或部分融资的，也可以是非融资的。没有什么比最初的SCDO市场能够更好地解释其区别。全部融资及部分融资的结构，虽然其目的是相似的，但仍在结构与设计上表现出一些很大的差异。我们首先回顾早期市场上全部融资的结构，然后转向部分融资结构。本节以对全部及部分融资的资产负债表型SCDO的监管资本问题的探讨作为结束。

18.1.1 全部融资SCDO

全部融资意味着已经发行证券并且已从投资者处筹集了资金，其金额足以覆盖基础资产组合的任何潜在的与违约有关的损失。在现金CDO中，信用风险转移之所以出现了全部融资，是因为以现金收购的方式从原始权益人（资产负债表型CDO）或所有人（套利型CDO）处购买了信用风险资产。

合成CDO中，资产并未更换所有权，对特定资产的经济风险暴露是通过出售信用保护而人为获得的。因而这里的全部融资意味着向投资者筹集的资金的数额足以覆盖任何已出售的信用保护的最大的可能清偿额，即足以补偿资产组合的 100% 的违约率。全部融资的合成 CDO 因而是全部资本结构 CDO。

正像第 17 章所讨论的 SCDO 的现金市场一样，全部融资的 SCDO 的趋动因素或是资产负债表，或是对套利考虑，而且在某种程度上，动机确实影响了该工具的结构和设计。我们将在接下来的两个小节描述全部融资资产负债表型 CDO 与套利型 CDO 之间的基本结构性差异，但在本章其余部分将不坚持这种二分法。一旦理解了套利结构与资产负债表结构之间的基本差别，我们便可假定那些差别将适用于讨论过的任何产品。

全部融资的资产负债表型 SCDO　在全部融资的资产负债表型 SCDO（fully funded balance sheet SCDO）中，原始权益人定义参考组合，特殊目的机构（SPE）发行与参考组合规模相当的票据。票据发行募集的资金由受托人投资于高质量的可流通证券，如政府债券或定期回购协议（term repurchase agreements, term repos）。然后这些证券作为抵押物抵押给原始权益人，为 SPE 以信用违约互换（CDS）形式出售给原始权益人的信用保护提供履约担保。反过来，原始权益人支付信用违约互换（CDS）费用，这些费用会在未来时间中逐步添加到低风险的抵押资产组合中。

CDS 所需要支付的任何款项均在现金流瀑布中享有优先权。因此，CDS 的违约赔款首先由从原始权益人收取的保费支付，然后由抵押组合的投资收入支付，如果必要，再由抵押组合的证券变现来偿付。SPE 所发行票据的持有人会收取 CDS 的任何所需付款之后剩余的该低风险抵押品组合的本金与利息（P&I）。图 18.1 呈现了全部融资的资产负债表型 SCDO 的基本结构。

注意在图 18.1 中，受托人所持有的资产仍为票据持有人的利益而处于信托之中，但现在获得现金流瀑布中的第二优先级。据此，受托人对票据持有人的责任，被抵押给原始权益人的抵押物的现金流须用于 CDS 的任何所需支付的款项的责任代替。换而言之，受托人持有的抵押资产事实上是（如果不是在法权关系上的话）作为 SPE 通过 CDS 出售信用保护的抵押物。

同时还应注意，正如传统 CDO 的情况，互换交易商一般会以一项资产互换，即以高质量抵押物上的利益换取 SPE 的票据债务的利息本金，从而实施通常的资产—负债管理、风险管理和流动性平滑功能。

全部融资的套利型 SCDO　全部融资的套利型 SCDO（fully funded arbitrage SC-DO)，类似于全部融资的资产负债表型 SCDO，具有在第 17 章我们所谈到的资产负债表结构与套利结构之间的基本差别。也就是说，SPE 发行人现与抵押管理人共同构建一项参考组合，其重新分层的现金流纯粹作为收益增加机会被认为对投资者有一些好处。当 SPE 以 CDS 的方式出售信用保护时，参考组合则被人为地证券化了。这些 CDS 的交易对手方不一定是资产的原始权益人。他们可通过二级市场购入那些资产，或者可能只是信用违约互换的交易商或最终用户。另外，参考组合的组成可随时间发生变化，这取决于该结构是被动或静态管理、轻型管理，还是积极管理的。

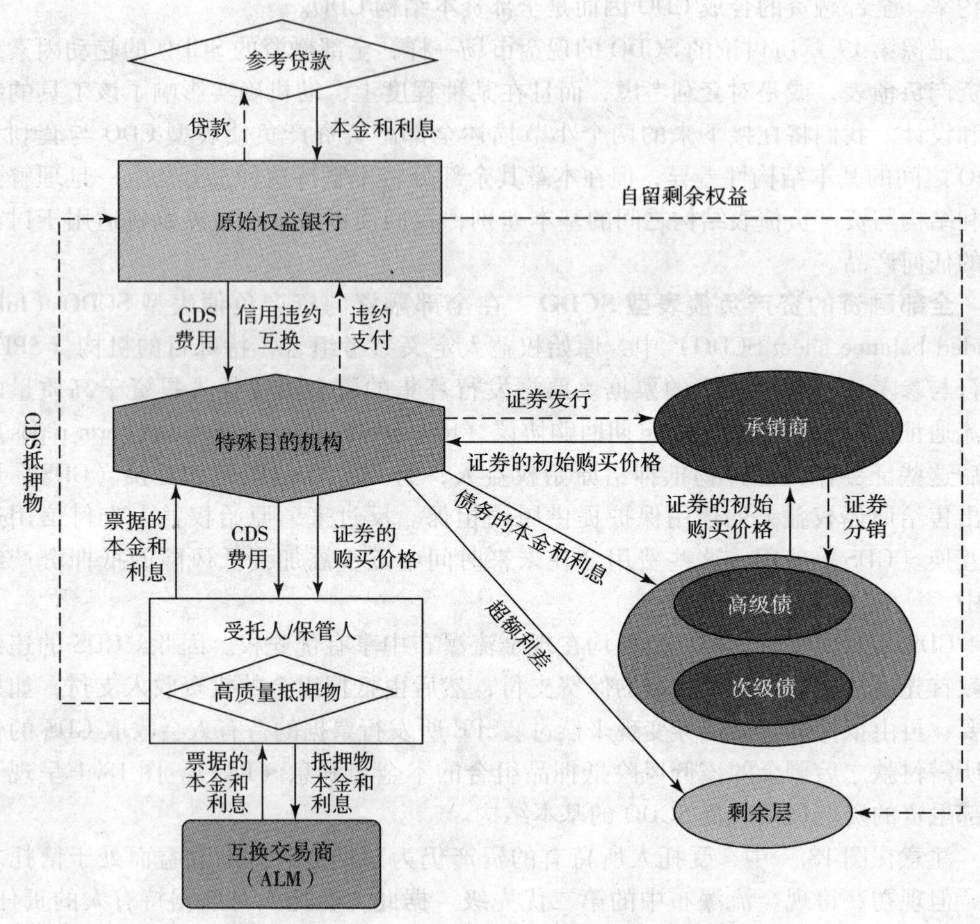

图 18.1　全部融资的资产负债表型 SCDO

图 18.2 呈现了一项套利型 SCDO 的典型结构。

在本例中仍需注意，剩余层或称股权层现在可以售出或由抵押品管理人自留。本结构中并不要求信用保护购买人保留该结构的股权风险，因为他们可能不是那些资产的原始权益人。另外，CDS 是作为衍生品而不是保险，通常人们不认为 CDS 会遭受道德风险问题，因为道德风险问题的出现会需要一项类似该结构中股权层的可变利益的免赔额。

全部融资的信用连结票据　上面评述的资产负债表和套利型 CDO 的两个例子均属多层结构。如果发行一种单级别证券来为出售参考组合的信用保护全额提供资金，我们就称之为信用连结票据（CLN）。回忆第 12 章所讨论的 CLN。那些 CLN 与这里讨论的 CLN 之间的唯一差别是发行人的身份。第 12 章讨论的 CLN 是原始权益人的直接债务，而当前我们考虑的 CLN 是 SPE 发行的单级别固定债务，其资产风险是合成的。

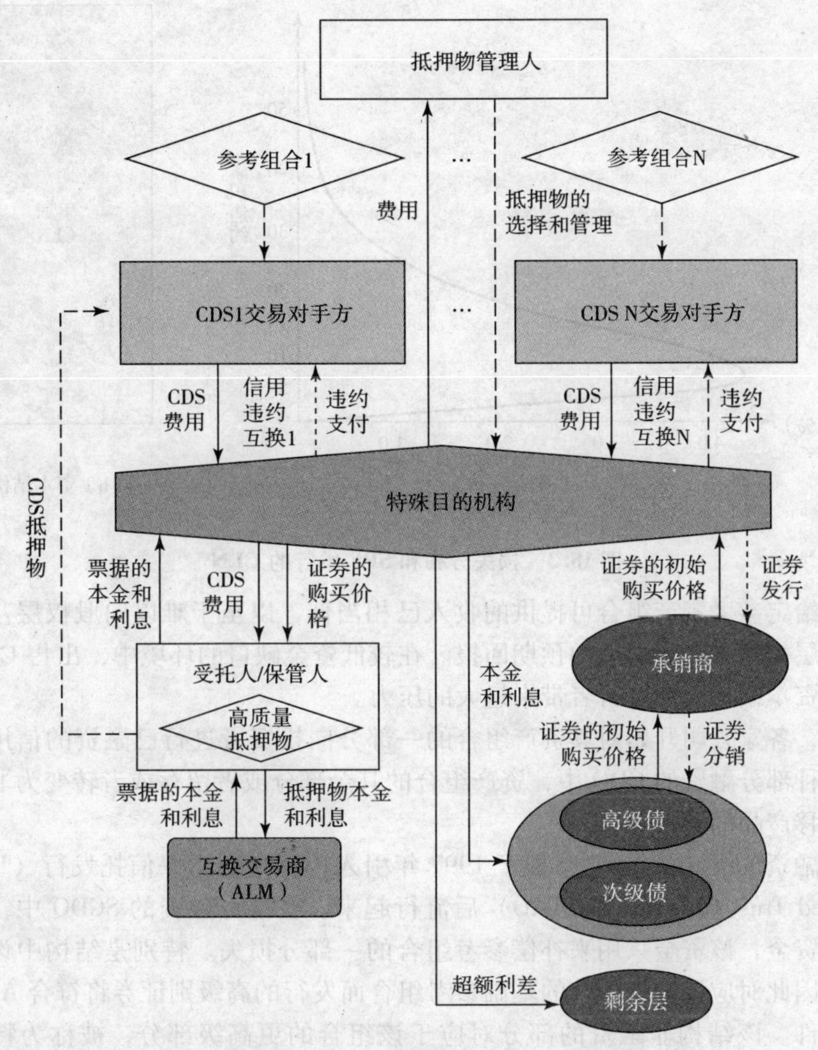

图 18.2　全部融资的套利型 SCDO

对于一组给定的资产组合，假设为研究其实现损失的概率，针对该组合的累积损失（以组合规模的百分比衡量），形成一个经验损失分布。在图 18.3 中，以与本书前面章节类似的方式，我们将该损失分布与 SPE 的资本结构联系起来。由于 CLN 是全部融资的，CLN 的发行规模对应于资产组合的总规模，从而使该解决方案是全部融资的。[1] 但由于这里只有唯一一个次级层，所有损失由 CLN 持有人同等地按比例承担。从而该计划代表了一项资产组合的全额信用保险保单，其分层为水平式的（horizontal layering），而不是通常的垂直或混合分层——请参见第 9 章。

18.1.2　部分融资的 SCDO

无论过去还是现在，没有几只 CDO 是全部融资的。出售发行人的全部资本结构并人为地证券化全体组合常常太难了，这是特别费时、昂贵、结构化强度高的工作，并且需要大量的风险承受能力不同的投资者。另外，由于利差与收益率缺口已经稳

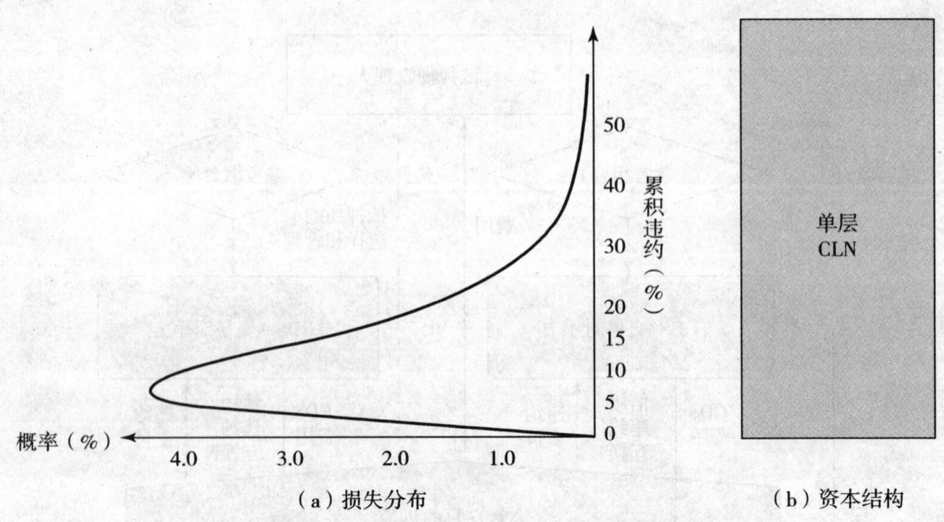

图 18.3　损失分布和 SPE 发行的 CLN

步收窄，给定参考资产组合可提供的收入已相当低，以至于难以向股权层甚至一些次级债务层提供具有吸引力的预期回报。在较低资金缺口的环境中，出售 CDO 发行者的全部资本结构会为发行者带来过大的压力。

因此，各家公司开始对其资产组合的一部分向投资者进行已融资的信用风险转移。在这种部分融资的 CDO 中，资产组合的其余部分或者留存或者转变为非融资信用风险转移产品的参考组合。

部分融资的 SCDO 在 JP 摩根于 1997 年引入广泛指数担保信托发行（Broad Index Secured Trust Offering，BISTRO）后流行起来。在部分融资的 SCDO 中，发行证券并留存资金，该资金只用来补偿参考组合的一部分损失。特别是结构中设计了融资部分，因此对应该融资部分的基础参考组合而发行的高级别证券将符合 AAA 风险评级的条件。该结构非融资的部分对应于该组合的更高级部分，被称为特级部分

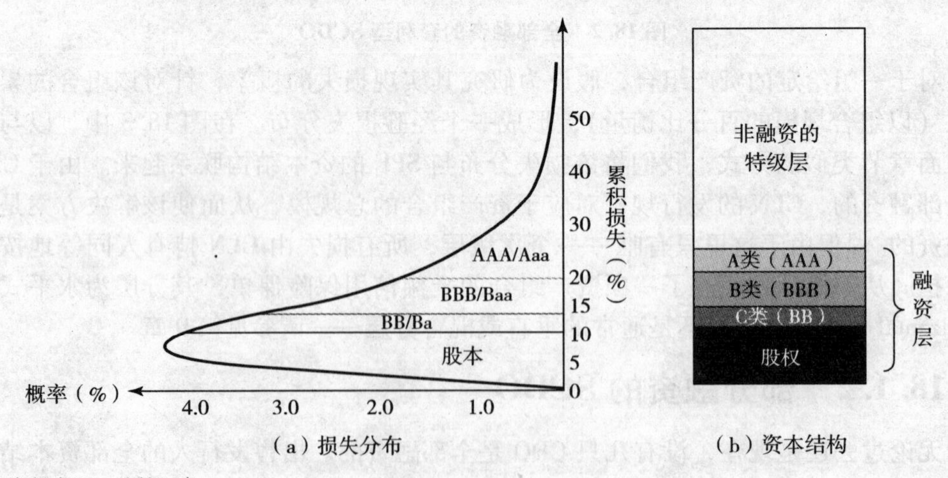

资料来源：美林证券。

图 18.4　部分融资的 SCDO 中的损失分布和 SPE 的资本结构

（super – senior piece）。图 18. 4 呈现了一项类似 BISTRO 的资本结构，其相关联于基础参考组合的假定损失分布。

从结构化观点看，该交易的已融资部分看起来像是一只全部融资的 SCDO。向投资者发行不同种类的票据，将这部分参考组合的违约风险转移出去，以换取高于市场的收益率（如果违约情况低于预期的话）。此收益率来自于从高质量抵押物（受托人使用债券发行所募集的资金为 SPE 收购的抵押资产）赚得的基础利率，加上由 SPE 出售的该资产组合的低级层的 CDS 而获得的信用风险溢价。因此，已融资的部分相当于一般的超额损失（XOL）信用再保险项目。

该交易的结构如图 18. 5 所示，假定的参考组合为 1 亿美元，其中前1 500 万美元为已融资部分。非融资的特级部分则是剩余的 $85 XS $15 层。在所示结构中，原始权益人使用特级 CDS（super – senior CDS）为特级部分购买了非融资信用保护。这在部分融资的资产负债表型 SCDO 中是常见的。

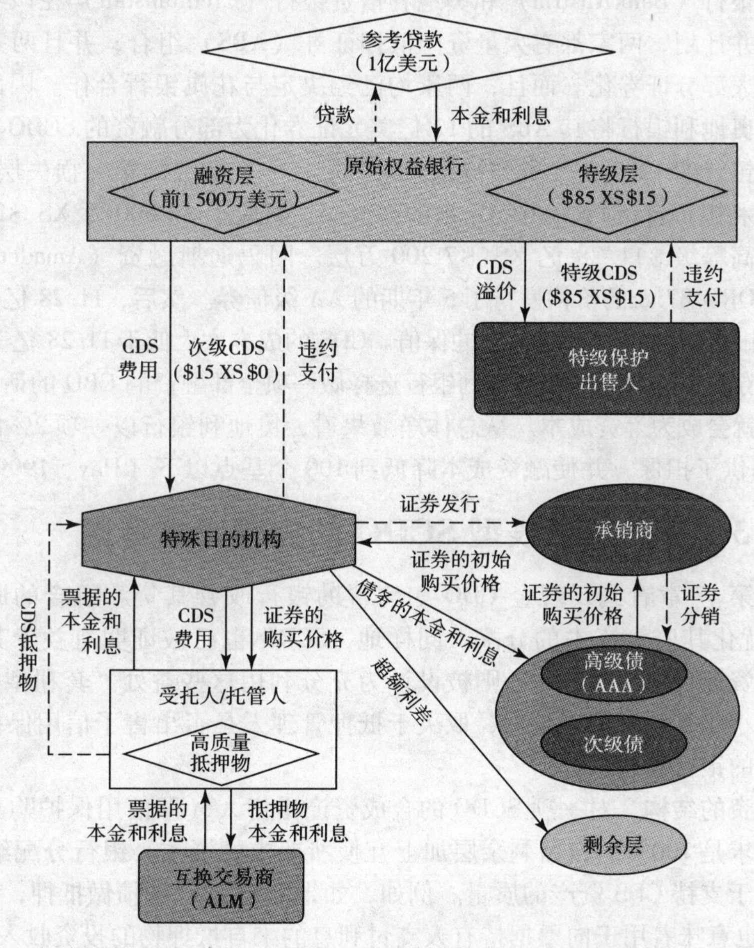

图 18. 5　具有最高等级 CDS 的部分备有资金的 SCDO

一只典型的部分融资的多层 SCDO 会基于一个大约 100 个信用产品的参考资产

组合，其中所有或大多数的信用产品为投资级。[2]至少这种结构中发行的一类以参考组合的已融资部分为基础的票据是 AAA 评级的。[3]如果基础抵押物由投资级的资产组成，损失分布的 AAA 级部分通常会对应在累计损失分布点的 15% ~20%，如图 18.3 所示的例子中实际损失对应的位置。这就使资产组合的 80% ~85% 留在特级层中。

由于已融资部分的设计是为了使基于该部分基础合成资产组合而发行的最高级别证券为 AAA 级，所以特级部分的风险就相当的低。即使只有 10% 的组合为已融资的，特级部分也仅在 10% 的资产组合先违约之后才遭受与违约有关的损失。由于这种可能性极低，因而在此级别上所转移的信用风险的价格也非常低。投资级债券的违约率为 25 ~30 个基点。由于特级部分优于投资级，特级部分的信用风险转移价格通常只能要求 15 个基点的溢价。因此，由特级 CDS 提供的对特级部分的额外非融资保护相对便宜。

举一个具体的例子，1998 年 12 月的阿玛迪斯融资（Amadeus Funding）交易。由于奥地利银行（BankAustria）和奥地利信贷银行（Creditanstalt）在该年后期才最终决定其合并计划，两家都有大量资产抵押证券（ABS）组合，并且两家都决定将其组合的较大部分证券化。而且，两家均已经决定与花旗银行合作。因此，在合并实现之前，奥地利银行将其 ABS 的 12 亿美元证券化为部分融资的 SCDO。[4]

奥地利银行的 12 亿美元资产被划分为 3 层：一个低级的第一损失层2 400 万美元（由奥地利银行自留）；一个 AA 级的高级层，对应于 $4 800 万 XS $2 400 万层；以及一个最高等级 $11.28 亿 XS $7 200 万层。阿玛迪斯融资（Amadeus Funding）以 3M - LIBOR +87.5 的价格发行了 5 年期的 AA 级债券。然后，11.28 亿美元特级部分用与花旗银行谈判的 CDS 进行对冲保值。CDS 的成本大大低于 11.28 亿美元 AAA 评级的高级债券的票息率，如果奥地利银行选择做一项全部融资的 CBO 的话，这种高级债券的利率就会成为筹资成本。从总体净效果看，奥地利银行以一项 2% 的免赔额为 12 亿美元提供了担保，并使融资成本降低到 100 个基点以下（Hay，1999）。

18.1.3 资产负债表型 SCDO 的监管资本考虑

我们在第 17 章看到，现金 CDO 如何帮助银行改善其贷款组合的股本回报率（ROE）并优化其监管资本的分配。同样地，SCDO 也已被证明有益于其银行发起人。所有的资产负债表型 SCDO 则被设计为充分利用这些益处。套利型 SCDO 的构建是否可最小化其监管资本负担，取决于抵押管理人是否出售了信用保护给受巴塞尔协议限制的银行发起人。

全部融资的结构 对一项 SCDO 的合成资产出售人（即信用保护购买人）的监管资本的要求是 100% 的自留剩余层加上互换所要求的资本。银行分配给 CDS 的资本必须要基于支持 CDS 资产的质量。例如，如果 CDS 是以国债做抵押，风险权重就是 0。但这也意味着用于向票据持有人支付利息的来自抵押物的投资收入相当低。

作为另一可选择的途径，银行可与那些一般资产负债表资产质量足够好（因而风险权重足够低）的机构达成 CDS 交易。例如，经济合作与发展组织（Organization for Economic Cooperation and Development，OECD）银行的债务只有 20% 的风险权重。

虽然不及零权重的国债，但与 OECD 银行进行 CDS 交易能使受托人持有略高收益的资产，胜过因监管资本的要求而将作为互换抵押物的资产持为国债。

例如，考虑一家有 5 亿美元贷款组合的银行，使用一项 CDS，通过购买 SPE 提供的信用保护的方式证券化那些贷款组合。该银行保留了 SPE 发行的股权层（占该项交易的 1%）。如果该 CDS 以国债做担保，银行的资本要求为 500 万美元，代表了为自留的股权权益而要求的 500 万美元资本。零权重的国债不增加对银行的资本要求。如果该 CDS 以 AAA 级证券做抵押（具有 100% 的风险权重），资本要求为该交易的 9%，或者说是 4 500 万美元，其中 500 万美元用于股权层，而另 4 000 万美元用于支持 CDS 的 AAA 级证券。在这两种情况下，CDS 均被假定为就其最大可能的支付而完全设定了抵押。

现在假设，该银行与一家 OECD 银行达成了 CDS 交易。OECD 银行自身具有风险权重为 20% 的信用水平，因而该银行的资本要求现在为：保留的股权层的 500 万美元，加 800 万美元（5 亿美元 20% 的风险权重的 8%）总计为 1 300 万美元。当然，这家 OECD 银行并非证券化产品的发行人。发行人仍然是 SPE。因此，在机制上，该 OECD 银行处于 SPE 和原始权益银行之间，作为所谓的出面信用保护提供商（fronting credit protection provider）。具体地说，OECD 银行向 CDS 的原始权益人提供信用保护，仅以其资产负债表作为一项履约担保。该银行反过来在同一 CDS 中购买了等价的信用保护，其中 SPE 是信用保护出售者。该 SPE 仍将其证券发行的收入投资于抵押物，但现在将抵押物抵押给 OECD 银行了。

完全以国债抵押的 CDS 使原始权益人面对一个较低的资本要求，但也给投资于 CDO 各层证券的投资者带来较低的基础利率。从资本要求的角度看，虽然出面保护结构并不像国债结构那么好，但 SPE 所持有的抵押物现已抵押给了 OECD 银行而非原始权益人。因而抵押物在资本要求问题上不再起作用。倘若 OECD 银行从信用风险管理的角度同意这样，则该 SPE 现可自由持有抵押资产，如 AAA 级资产，从而为投资者获取更高的基础利率。

由于受托人为 SPE 持有的抵押物抵押给了 SPE 出售的 CDS，且在 SPE 的现金流瀑布中优先于 SPE 自身的债务，因而当 CDS 的所有基础参考资产全部违约的事件发生而要求支付最大款额时，抵押物不足支付的概率仍然很小。基于受托人持有的作为 CDS 抵押的资产，投资者可能会承担某些市场风险，即抵押物的价值可能会下跌。但是，若有一家 OECD 银行出售出面保护，则从 SPE 购买 CDS 以对冲其出售给原始权益人的信用保护风险的银行，将为抵押物资产的选择提供某些外部规则。该银行可能会坚持其抵押物政策，也会要求 SPE 对其持有的抵押物打折，以反映在抵押物变现之前可能发生的潜在市场风险损失。例如，如果 SPE 希望持有 AAA 级资产，则它可能对持有的每一美元抵押资产只获得 80% ~90% 的信用，以反映 AAA 级证券的市场风险。在这种情况下，SPE 将需要通过某些针对结构的信用增强手段，如来自原始权益人的现金出资，来弥补差额。

较大的风险是流动性风险，这在有 OECD 银行的 SCDO 结构中，表现为两种形式。第一种是第 13 章和第 16 章讨论过的一般形式的流动性风险：即由受托人持有的抵押物的现金收入不能匹配 SPE 负债到期应付的利息。与互换交易商进行的一般资产互换可用来解决这一问题。

如果经风险调整后的抵押物面值（即 OECD 银行实施了减值之后）小于参考资产组合的全额价值，管理流动性风险则具有双重重要性。在这种情况下，现金流瀑布的收入将随时间推移而逐步建立起应付后来违约的额外信用与流动性增强结构，但该结构在项目早期仍然会较为严重地暴露于大额违约损失带来的流动性风险之中。如果资产互换的对手方未准备覆盖这一流动性风险，则该结构可能需要额外的流动性增强措施。

部分融资的结构 在部分融资的 SCDO（其中发行人直接且合成地从银行原始权益人获得信用风险）中，以与我们刚讨论的全部融资结构通过 OECD 银行出面保护出售人同样的方式，监管资本要求可按已融资的部分来最低地持有。这样只剩下特级部分的资本问题。

特级部分的资本处理取决于原始权益人用它做什么。如果留在资产负债表中未做融资，则该资产将获得正常的风险权重。或者，原始权益人可选择为特级部分获取保护（其原因已经讨论过）。这可通过有抵押的 CDS 或与 OECD 银行做的 CDS 来实现——既可是为夹层 CDS 出面的同一个 CDS，也可是不同的 CDS。如图 18.6 所示。

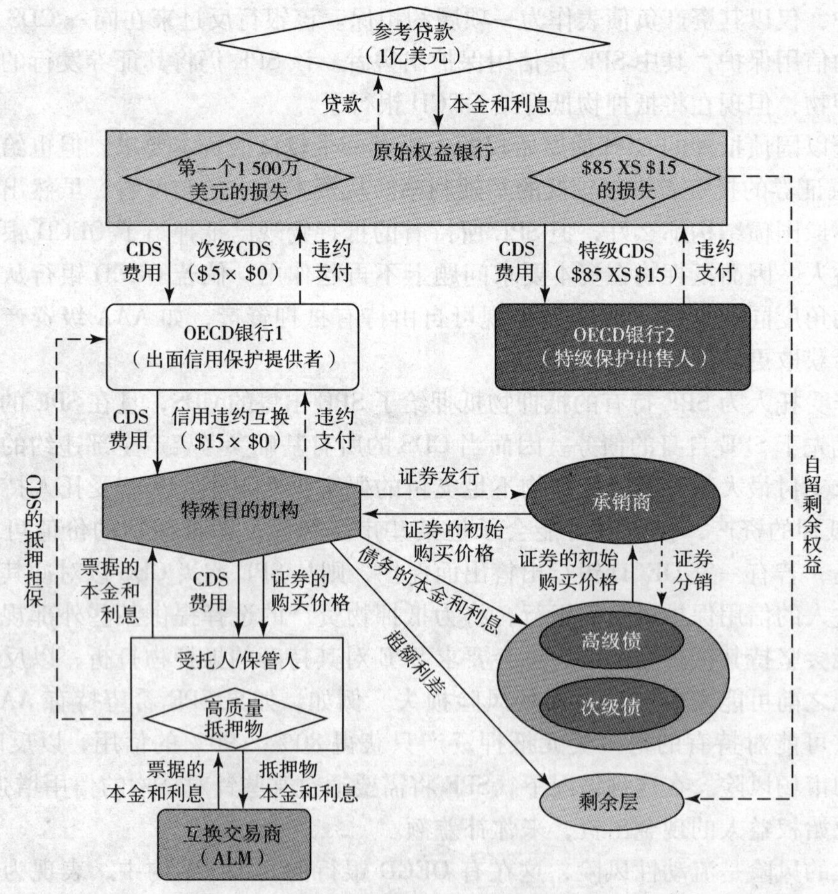

图 18.6 有出面保护提供商和特级保护的部分融资资产负债表型 SCDO

图 18.6 形象化地说明了全部融资结构在有出面保护提供者时的情况，只是忽略特级部分，并假设图 18.6 中已融资的部分为参考组合的 100%。例如，前面考察过的奥地利银行的阿玛迪斯融资结构中，奥地利银行要求将其 12 亿美元 ABS 组合的监管资本从 1.2 亿美元削减至 2 600 万美元，全部成本为 3 个月 LIBOR 利率加 100 个基点。[5]

18.2 合成结构的吸引力

SCDO 起源于 20 世纪 90 年代，主要作为传统资产负债表型 CDO 的替代选择，用于银行的信用风险管理。受信用衍生品市场增长的带动，SCDO 变得越来越流行，无论是在最初的信用组合管理的目的上，还是在套利型 CDO 中的使用上。SCDO 结构在发行人或原始权益人以及投资者中同样具有极大的吸引力。

18.2.1 操作上的益处

对比传统的 CDO，SCDO 常被引述的益处是纯粹操作层面上的，即 SCDO 避免了关于贷款出售的限制及各种条规的要求。特别是在银行辛迪加贷款的领域内，对贷款再出售的限制及对参与贷款的限制可使传统的证券化非常复杂。类似地，多重司法管辖下的贷款组合常常难以证券化，原因是各地税收的差异、会计和监管规章的不同以及实现真实出售的标准不同。使用 SCDO 可以取得同样的证券化经济结果，而不存在与实际资产剥离相联系的这样或那样的操作性烦扰。

18.2.2 设计的灵活性

构建一项定制化的合成参考组合通常比剥离一项真实资产组合容易得多。CDS 文档的完成比贷款文档更容易，且 CDS 结构很少像一项实际资产转移必须征得各个债务人的同意的情况而要求这样耗时的行动。同时，对于希望将不同贷款和风险合并在一个单一信用保护结构的银行而言，CDS 可提供极大的灵活性。

而且，作为 SCDO 基础的 CDS 市场已迅速成长为一个具备流动性和深度的市场，可购买和出售信用保护。随着该市场无论广度还是深度上的强化，各种结构的范围扩展（我们在第 12 章中只探讨过其中的一部分）已经显著地增强了银行的能力，使其可针对准确的风险管理需求定制实际的交易。结构化设计特征，如第 *N* 次违约、高级—次级—篮子保护、免赔额、定制的损失分层等，均使 SCDO 成为有效且效率很高的信用风险转移形式。

18.2.3 文档的简易性

随着信用衍生品市场的稳步增长，信用衍生品的文档形式已变得愈加重要。2000—2002 年许多突发性的信用事件（参见第 31 章）似乎只是强化了对文档问题的关注并使市场更加关注对标准化的需求。

对比而言，支撑一项典型的证券化过程或资产出售的贷款文档和交易文档，仍然是十分繁杂的，且与标准化还有很长的距离。一些人辩称，仅此一点就构成了一项使大家避开传统 CDO 而趋向于采纳其合成的同类形式的充分理由。

18.2.4 选择性风险转移和不对称信息

投资者和原始权益人常常喜欢选择合成 CDO 结构，因为这种结构将信用敏感型资产的纯信用成分与资产的其他内在风险（如主权或政治风险及货币风险）分离开来。

回顾普通的利率互换市场在其早期阶段之所以如此成功的一个原因，是该互换品种为银行和其他金融机构提供了一种可将一项贷款的利率风险从贷款的信用风险中分离出来的方法。类似地，信用衍生品现在也允许银行剥离该层。某些原始权益人可能已经察觉到承担其贷款的非信用风险（如货币风险）的某些比较优势。整体资产证券化剥夺了企业进行选择风险转移的能力，而 SCDO 却没有。

18.2.5 资本成本

在传统 CDO 中，最高级别层是受让资产组合的 SPE 的资本结构中的高级票据。最好的情况是高级层被评为 AAA 级，这很可能会定价为 35 ~ 75 个基点。

原始权益人的加权平均资本成本（WACC）在使用部分融资的 SCDO 时通常较低，因为该结构——通过特级部分——实际上可使银行至少在其部分资产中获得高于 AAA 级的融资。

实际上，这正是利用了当前信用市场定价惯例的一个弱点，即过于受外部评级的趋动，以至于明显缺乏一个市场可定价高于 AAA 级的类别。该 AAAA 级证券层的价格就是 SCDO 中特级保护的价格，以及该 SCDO 结构是迄今最高效的手段，可使银行及其他原始权益人得到此价格以及与此相应的较低的 WACC。

18.3 第二代 SCDO 的结构

随着 SCDO 市场的发展及筹资缺口的缩小，寻求合成 CDO 风险的投资者开始探求新的结构和设计。与此同时，CDS 市场向广度与深度的扩展，使银行和类似的投资者精确调节其单一名称和组合风险暴露的信用风险转移的做法愈发流行起来。两者共同作用，推动了 SCDO 市场和 SCDO 产品设计的演进与发展。以下几小节讨论第二代创新浪潮中主要的新结构。

18.3.1 单层 SCDO

在 2004 年，单层 SCDO（single - tranche SCDO，STSCDO）实际上占据了所有新的 SCDO 的发行份额。一项 STSCDO——有时称为定制的 CDO——是一种投资者驱动的或反向询价交易，其中投资者主动找发行人、抵押管理人或结构化代理机构，并且要求以证券形式存在的一种专门的现金流和风险暴露。所要求的风险暴露一般来说是一个参考资产组合的某种夹层层（mezzanine tranche），该层证券是发行人使用一系列的单一名称 CDS 而自主构造的。

与投资者接触之后，发行人选择一个参考组合，签订一项或多项信用衍生品合同，以合成对该参考组合的类似 SCDO 的风险暴露，然后发行投资者要求的参考组合所支持的单级别证券。参考组合通常包括在各行业高度分散的 50～100 个投资级信用。[6]

不像上节考察的多级别部分融资的 SCDO，STSCDO 的发行人通常保留参考组合风险暴露的其他各层，并动态地使用信用衍生品、回购协议（repos）和类似工具加以对冲，而不是试图将这些证券的一些或全部作为额外的证券种类推入市场。[7] 发行人可以以后决定出售由该交易的其他层所支持的证券，但不会一直等到为那些层找到买家才结束本次的 STSCDO 交易。这正是 STSCDO 的主要吸引人之处，因为这意味着，从投资者的首次询价到交易完成并执行可以在很短的时间内完成。当发行人必须招募多种级别证券时，文档变得十分复杂，承销及分销过程可能变得漫长，而完成整个交易的时间会变得非常长。但 STSCDO 不会是这种情况。

图 18.7 呈现了一个某种参考组合的假想损失分布，其中投资者已表示了对该参考组合的一个特定夹层层的独特的兴趣。读者可从该图看出，在该单项夹层层对应的证券发行时，承担第一次损失的部位和更高级的部分是非融资的。

由于该资产组合的夹层层发行了单一级别的证券，且发行人保留了非融资的第一次损失和高级部分（至少在最初时），所发行的票据实际上是一种 CLN。正如本章前文及第 12 章所指出的，CLN 不必由 SPE 发行。CLN 可由收到来自投资者逆向询价的原始权益银行简单地直接发行。

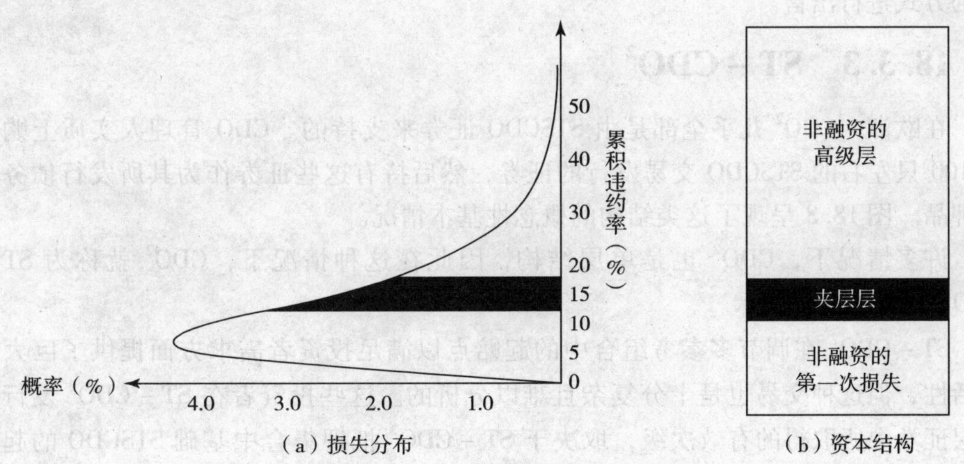

资料来源：美林证券。

图 18.7　损失分布和以单份额 SCDO 发行的证券

18.3.2　再证券化及 CDO^2

一项合成再证券化（synthetic resecuritization）是将其他 CDO 再包装为新证券。某些情况下，这种结构中所有抵押物均以证券的形式存在，但这些证券本身就是来自 SCDO 发行的 CLN。业界和评级机构标准仍将这些结构视做合成性的，因为 CLN 就是合成性产品。

一项 CDO^2 交易——也称为 CDO 的 CDO 或 CDO 的平方——实际上只是再证券化的一种合成形式。并非所有的再证券化都是 CDO^2 交易。再证券化可通过传统 ABS 以及商用按揭支持证券（CMBS）、住宅按揭支持证券（RMBS）、不动产投资信托（real estate investment trust，REIT）和 CLN 来完成。即使在 CDO^2 市场真正以 1998 年的再斯集团（ZAIS Group）发起的 ZING 交易开始之前，CDO 管理人已经将其他 CDO 的各层包括进其结构性融资的抵押集合篮子中。将 CDO 的夹层层作为其他 CDO 抵押物的做法尤其流行，因为该层有较高的利差和接近或低于投资级的评级。[8]

一项 CDO^2 交易的机制与我们本章考察过的已融资和部分融资的多级别 SCDO 并无不同。其差别完全在于支持证券发行所持有的抵押物。这样，推动第一代 SCDO 的同样的经济动机（如资本释放、满足投资者的特定需求、评级套利等）也会推动 CDO^2 交易。

另外，CDO^2 交易是其他 CDO 的一些小额度或者一些部分可被出售的途径。具体地说，套利型 SCDO 的许多抵押品管理人发现，剩余层很难在市场上招募发行。有时，夹层层以下的次级层的出售也证明是一种挑战。因此，抵押品管理人最终只能将大量很低级别的风险暴露留在其自己的交易账簿上。CDO^2 交易则提供了很好的机会，对那些其他情况下不具有吸引力的层的现金流进行再包装，并通过再证券化的方式进行出售。

18.3.3 ST－CDO^2

在欧洲，CDO^2 几乎全部是由 STSCDO 证券来支持的。CDO 管理人实质上购买由 100 只左右的 STSCDO 交易发行的证券，然后持有这些证券作为其所发行债务的抵押品。图 18.8 呈现了这类结构的概念性基本情况。

许多情况下，CDO^2 也是单层结构，因此在这种情况下，CDO^2 就称为 ST－CDO^2，如图 18.9 所示。

ST－CDO^2 在调节多参考组合中的起赔点以满足投资者需求方面提供了巨大的灵活性，但这种交易也是十分复杂且难以分析的。这些投资者在 ST－CDO^2 发行的单层证券中所取得的有效次级，取决于 ST－CDO^2 抵押集合中基础 STSCDO 的起赔点和评级。虽然构成综合信用集合的 CDS 之间具有相关性，以及那些构成成分 CDS 的参考名称可能重叠，但我们暂且保持那些情况不变，以便更集中地讨论评级及起赔点问题。简而言之，基础 STSCDO 的较低起赔点与评级和 ST－CDO^2 的高起赔点的结合，与一个基础资产上的高起赔点与评级和 ST－CDO^2 的低起赔点的结合，可产生同样的评级和风险水平（Batchvarov，Davletova & Davies，2004）。此种权衡与折中能使 ST－CDO^2 的结构多种多样，从而可满足基本上任何投资者的需求，但这也要求最终证券的可能持有人必须进行仔细的风险分析。

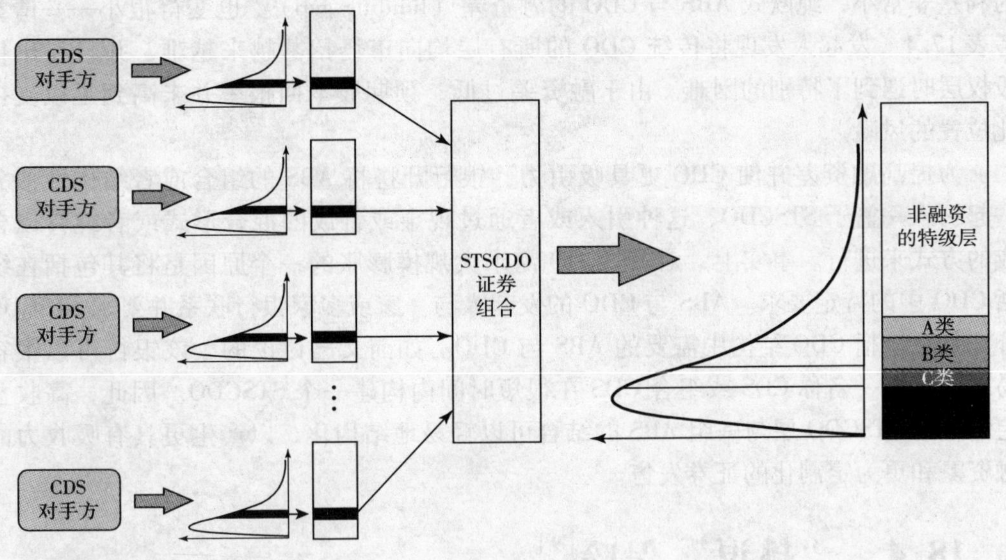

资料来源：美林证券。

图 18.8　STSCDO 的 CDO^2

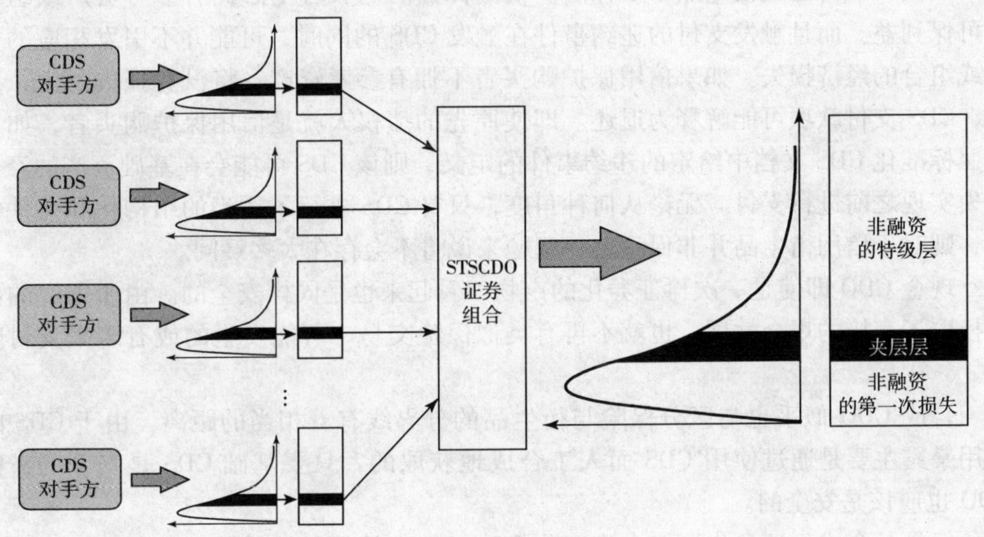

资料来源：美林证券。

图 18.9　STSCDO 的 ST－CDO^2

18.3.4　统括 CDO

统括 CDO（master CDO）是一种由 ABS 资产集合和一篮子 STSCDO 发行证券所支持的 CDO。统括 CDO 结构有时也称为再包装（repackaging）。

统括 CDO 主要出现在欧洲，那里大多数 CDO 业务涉及的是由 ABS 或结构性债务抵押（structured debt collateral）所支持的结构。由于在过去两年夹层 ABS 发行上的利差非常小，纯欧式 ABS 与 CDO 的融资差（funding gap）① 也变得很小——请参考表 17.1。发起人发现将传统 CDO 的所有层均向市场招募越来越难，并且在出售股权层时遇到了特别的困难。由于融资差过低，预期股本回报率并未高到足以支持此位置的风险。

为提高融资差并使 CDO 更具吸引力，银行开将将 ABS 的组合或者结构性债务一起引入一篮子 STSCDO，这种引入或者通过现金或合成的混合形式或者纯粹以合成的方式来进行。事实上，对 STSCDO 需求大规模膨胀的一个原因是将其包括在统括 CDO 中的特定要求。ABS 与 CDO 的发起人与一家或多家银行联系并要求 STSCDO 补充其在统括 CDO 结构中需要的 ABS 与 CDO。如前文已讨论的，该银行可以很容易地使用单一名称 CDS 或组合 CDS 在很短时间内构建一个 STSCDO。因此，高收益定制化的 STSCDO 层与一组 ABS 的结合可以轻易地结构化，以产生更具有吸收力的融资差和更为定制化的证券发售。

18.4　“挑逗”保险[9]

我们已经讨论过衍生品不是保险。信用保护的购买者不必拥有参考资产或组合的可保利益。而且触发支付的违约事件在触发 CDS 的同时，可能并不引发相应的资产或组合的经济损失。如果信用保护购买者不拥有参考资产，将没有损失发生，对此，CDS 支付款项可能解释为退还。即使原先的债权人就是信用保护购买者，如果按照标准化 CDS 文档中给定的违约事件的定义，则该 CDS 可能会在基础资产的经济损失实现之前进行支付。无论从何种角度，只要 CDS 进行了适当的结构化和文件保存，则对于信用衍生品并非保险这一问题来说将不会存在太多疑问。

现金 CDO 即使是一次再证券化的产物，看起来也是同样安全的。由于资产的出售换取了直接的现金款项，也就不再有类似保险交易中可能发生的或有未来支付问题。

合成 CDO 似乎也与区分保险与衍生品的分界线有着相当的距离。由于 CDS 的信用暴露主要是通过使用 CDS 而人工合成地获取的，只要基础 CDS 是安全的，则 CDO 也应该是安全的。

但是，合成再证券化可能会将区分保险与衍生品的分界线推近于断点。正如我们现在已看到的，合成再证券化包含使用衍生品获取证券化产品的信用风险。然而，如在第 13 章所见，证券化产品几乎总是由与原始权益人破产隔离的 SPE 所发行。从而一家原始权益人的破产或违约不会导致证券化产品的相应违约。

福斯特（Forrester，2003）指出，如果基于结构性产品的 CDS 统括协议中未包括一系列无争议的违约事件，则市场参与者往往按照如下方式定义其自己的基于结构性产品的 CDS 的违约事件：参考资产已不可撤销地被减值、参考资产被降级，或者证券化产品被以某种方式重新构建。福斯特（2003）接着评述道：“正如大家已

① 抵押品价格水平高于平均债务成本的差额。——译者注

经看到的，此类信用事件明显地更加接近‘损失’——因为在这些事件中，非常可能出现的情况是，参考证券化产品的持有人事实上已有了一笔已确认的损失。”

在建立起 ABS 违约事件的标准定义时，谨慎、小心以及持续的整体市场的努力将最终消除与此问题相关的不确定性。然而这里的教训仍然是清晰的。尽管保险与资本市场产品不断增强融合，但是监管仍未跟上步伐。这些产品的使用者必须小心地通过潜在的危险“雷区”，以获取监管规定中尚未包括的这种融合所带来的完全经济利益。

第19章 结构性合成混合证券

在本章中，我们考察一种新出现但迅速发展的结构性产品，我们称之为结构化合成混合证券（structured synthetic hybrid）。这些产品使用合成的债务抵押证券（CDO）的技术来合成证券，该证券代表对合成信用和股权的混合索偿权。这种产品实际上是混合证券的CDO相似物（参见第14章）。

这些结构的吸引力主要在于股本违约互换（EDS）市场的成功演化（虽然仍处于初期阶段）。回顾第12章，EDS实质上是深度虚值状态的长期股本卖出期权——通常是数字式的。但事实上EDS被构建为与信用违约互换（CDS）相同的产品，从而允许投资者有机会同时使用两种产品，以获得债务与股本的合成组合。

由于大多数EDS将股本事件定义为该参考名称的股票价格的大幅下跌，从而EDS将早于CDS进入实值状态的可能性非常大。相反，由于资本结构中所有债务责任均优先于股权，很难想象触发CDS支付的债务违约没有触发同一参考名称下的EDS的情况。这造成了EDS-CDS利差或基差的某种波动性，这种波动性作为提升收益以吸引投资者的来源，已用于本章所讨论的某些结构中。

目前已完成的结构性合成混合证券交易还较少，因此本章的内容相对简略。但EDS市场越发展，我们越可以期待这些新颖的产品产生出更多的创新。

19.1 股本违约债务

股本违约债务（equity default obligation，EDO）是一种合成债务抵押证券（SCDO），包括一个或多个EDS作为合成抵押的一部分（参见第12章有关EDS的讨论）。在结构上，EDO实质上等同于SCDO。唯一的实质差别是作为CDO债务的合成抵押物的资产损失分布不同。典型的EDO包括了相当广泛的信用产品——企业法人信用、主权信用等。对这些信用的股权风险可以通过多重的单一名称EDS或EDS的组合来获取，也可能与其他类型的抵押物相结合。

目前已完成的最直接的EDO交易之一是由大和证券（Daiwa Securities）安排的泽斯特（Zest）交易（于2004年3月完成）。[1] 在该交易中，参考组合由30家日本蓝筹公司组成。经与一家对手方谈判，特殊目的机构（SPE）获取了EDS组合中这些公司的风险。每一参考名称的股权事件是股价下跌70%，结算盈亏为股价的一个百分数。参考组合的名义价值为 315 亿日元。反过来，SPE 发行了 315 亿日元的 5 个次级层证券。3 个最高级别的证券层被穆迪分别评为 A3 级、Baa2 级和 Ba2 级。该交易的基本结构如图 19.1 所示。

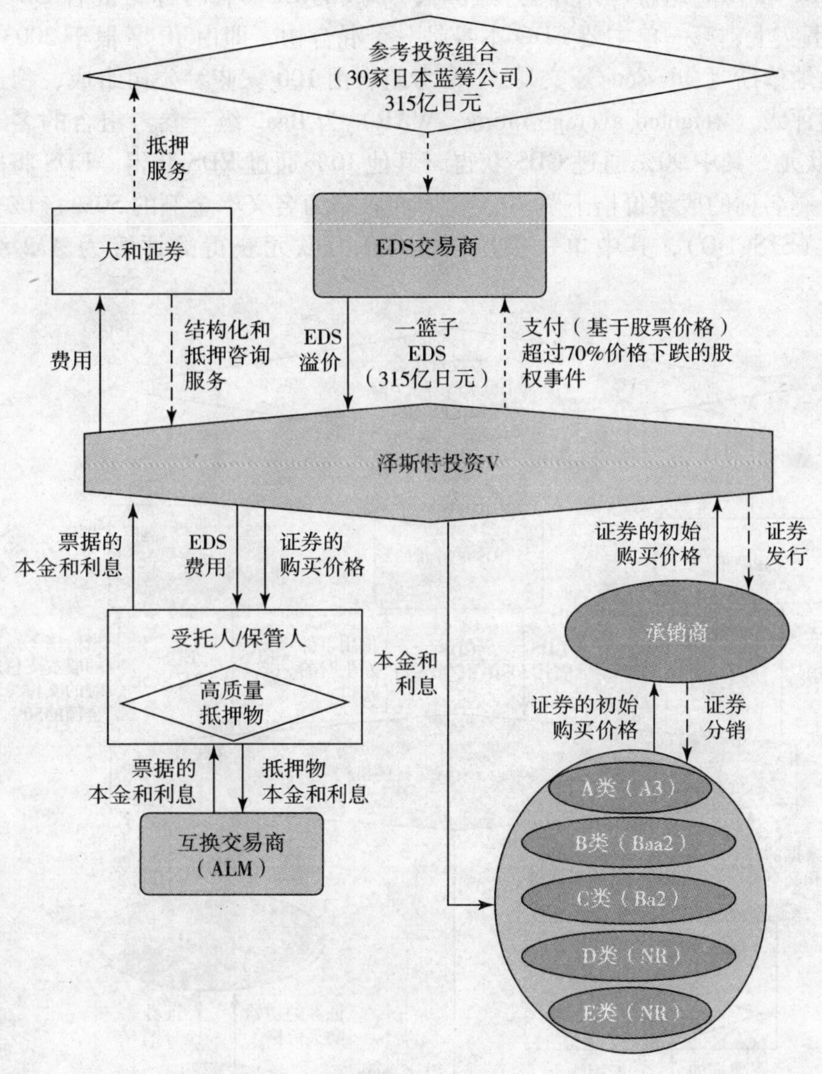

资料来源：穆迪投资者服务，泽斯特 V 出售前报告（2004 年 3 月 18 日）。

图 19.1　泽斯特股本违约债务（2004 年 3 月）

并非 EDO 中所有的股权风险暴露都是多头的。也可以见到类似多—空对冲基金风险暴露那样的结构。例如，考虑 2005 年 5 月完成的由瑞士信贷第一波士顿发起的 CEDO I Plc 交易。该结构中，基于基础组合发行了多层证券，该组合由 60 家多头 EDS 参考公司（称为风险组合）和 60 家空头 EDS 参考公司组成，可能（或许）区别于处于多头 EDS 下的参考公司（称为保险组合）。[2]

19.2 混合 CDO

当 EDS 和 CDS 组合起来作为抵押时，形成的 EDO 有时称为混合 CDO（hybrid CDO）。事实上，第一单主要 EDO 本身是一个混合物，即由 JP 摩根于 2003 年 12 月安排的奥地修斯（Odysseus）交易。[3]参考组合由 100 家蓝筹公司组成，穆迪给予的加权平均评级（weighted average rating，WAR）为 Baa2 级。参考组合的名义本金额为 12 亿欧元，其中 90% 通过 CDS 获得，其他 10% 通过 EDS 获得。EDS 将股权事件定义为每一名称的股票价格下跌 70%，而回收率为名义本金额的 50%。该交易为单层 SCDO（STSCDO），其中单一夹层层 3 000 万欧元获得的评级为 Aa2 级。如图 19.2 所示。

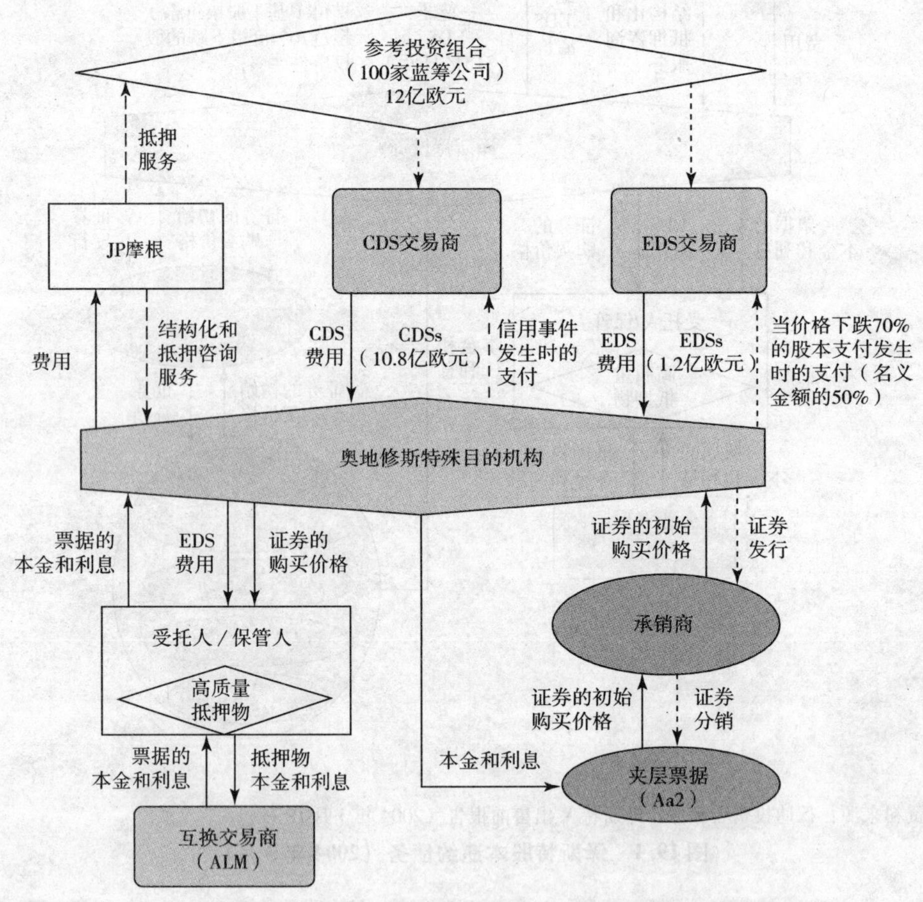

图 19.2 奥地修斯混合 EDO（2003 年 12 月）

19.3 第 *N* 次违约一篮子混合 CDO

比奥地修斯混合 CDO 更复杂的变形是将债务和股本风险相结合的 CDO，其风险暴露基于一次信用违约事件或股本事件的连续发生。此种交易的典型代表是2004 年 9 月的铬金融资 ACEO 交易（Chrome Funding ACEO deal），该交易由 CDC IXIS 资本市场公司（CDC IXIS Capital Markets）发起。[4]

铬金交易定义了 30 个篮子，其中每个篮子包括基于 4 个参考名称的风险暴露，篮子间不存在名称的重叠。每个篮子中有 4 项交易：3 个单一名称 CDS 和 1 个单一名称 EDS。总体 90 个 CDS 获得穆迪的平均评级为 A2 级，而 30 个 EDS 获得的穆迪加权平均评级为 A1 级。所有 EDS 均将股权事件定义为 70% 的股价下跌，并确定名义回收率为 50% 。

定义了每个篮子之后，该 SPE 以 30 个第二违约（second - to - default，2tD）一篮子互换的形式出售信用保护。大多数情况下，股权事件会先于信用事件发生，从而意味着该结构的经济风险暴露的大部分将来自每个篮子的第一次 CDS 违约。

该 SPE 的资本结构包含 4 级次级债务：3% XS 1. 7% 、3% XS 3. 35% 、4% XS 5. 4% 和 3% XS 6. 2% 。1. 7% 的第一损失层、90. 8% 的高级层，以及所有 4 个指定次级层的间隔部分均由发行人自留并进行了 δ 对冲。[5] 这些票据分别获得了 A1 级、Aa2 级、Aaa 级和 Aaa 级的评级。[6] 该交易结构如图 19. 3 所示。

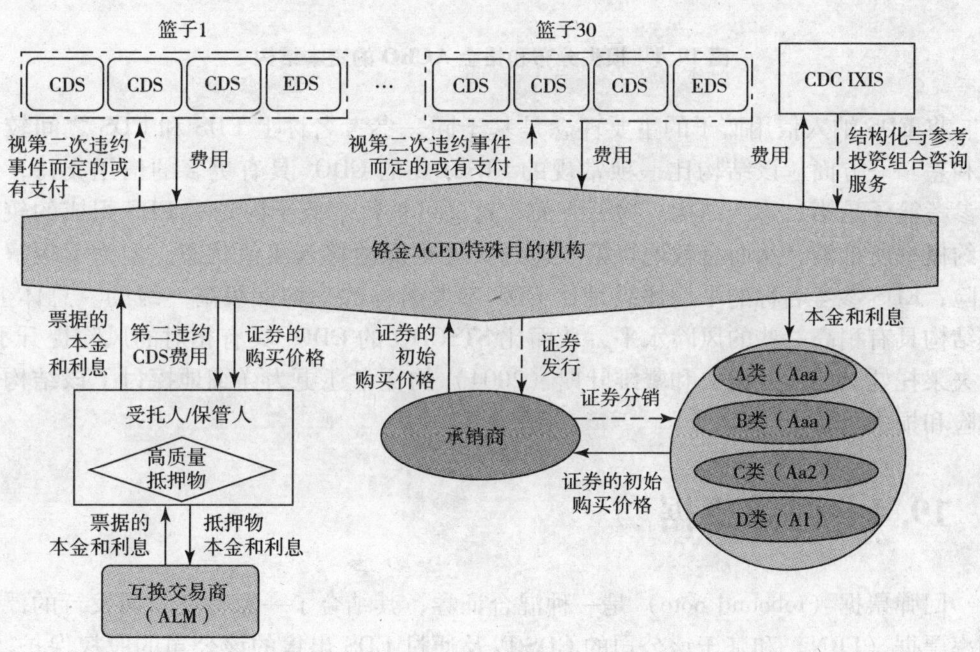

图 19. 3　铬金融资 ACEO 交易（2003 年 12 月）

达夫莱托娃、巴茨万诺夫和戴维叶斯（Davletova，Batchvarov & Davies，2004）的文章对此结构进行了有趣且颇具创见的分析。他们辩称，假定同一参考名称上的 EDS 几乎总是在 CDS 之前被触发，则每一篮子中的 EDS 可被视为 CDS，但具有较高的违约概率。第二违约篮子则可视为一种 STSCDO，从而意味着该结构作为一个整体类似于一项 STSCDO 的 CDO。图 19. 4 用一套为该铬金交易的最终资本结构而勾画的假想损失分布对此进行了说明。

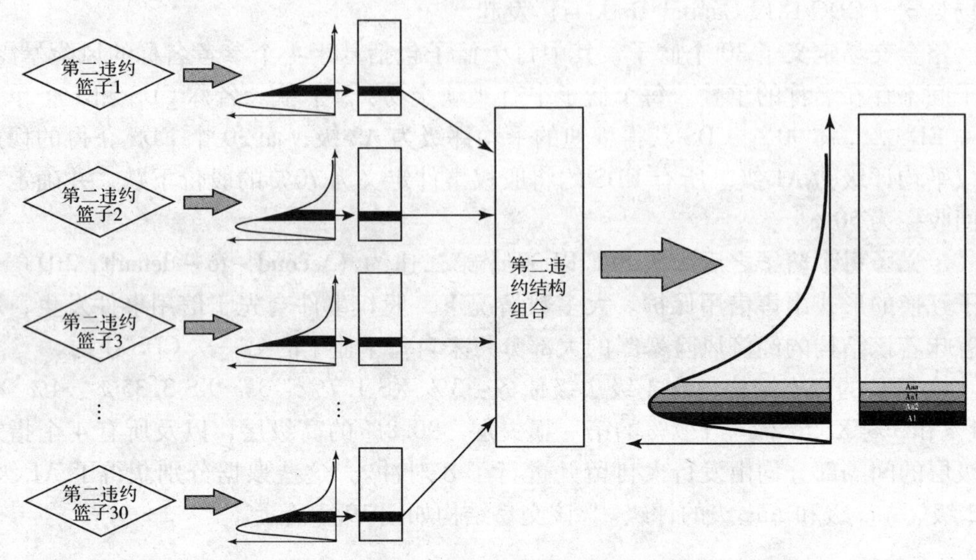

图 19.4 损失分布和铬金 ACEO 的资本结构

将 EDS 纳入信用篮子的主要理念是基于同一参考名称上 EDS 和 CDS 之间较大的利差。一方面，该结构比一项常规的 STSCDO 的 CDO^2 具有更多的信用支持，因为参考篮子是第二违约结构。另一方面，这又可被每个篮子内每一 EDS 组成的较高违约概率所抵消，从而有效地将第二违约头寸更深地移入实值状态。但为了缓解该风险，EDS 参考名称的平均评级是比 CDS 参考名称的平均评级高一级的。总体上，该结构具有稍高一些的风险水平，从而比 STSCDO 的 CDO^2 具有相对的风险提升了。达夫莱托娃、巴茨万诺夫和戴维叶斯（2004）的文章还更为详细地探讨了该结构的风险和损失分布。

19.4 回弹票据

回弹票据（rebound note）是一种混合证券，其结合了一家特定公司发行的浮动利率票据（FRN）和基于该公司的 CDS 以及通过 EDS 出售的该公司的股权保护。[7] 如果既不发生股权事件也不发生信用事件，回弹票据的投资者将收到 FRN 的收益加上收取的 EDS 溢价与所支付的 CDS 溢价的差额。当股权事件发生而信用事件不发生时，投资者可能会完全丧失其票据的价值。但如果当股权事件发生后又发生了信用事件，则本金就会回弹给投资者。

回顾第 12 章的内容，引发 CDS 中信用保护出售人支付的典型信用事件包括破产、不能支付一项债务等。然而，EDS 实质上是该参考实体股票价格的深度虚值状态的卖出期权。因此，股权事件将几乎总是先于信用事件出现，从而形成了正的

EDS - CDS 利差。[8] 回弹票据发行的结构如图 19.5 所示。

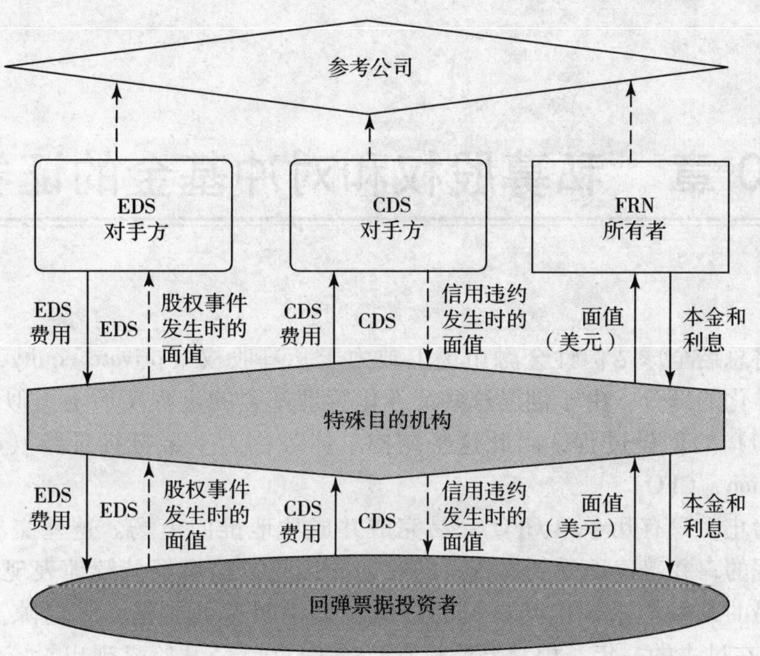

图 19.5　回弹票据

回弹票据吸引投资者的地方主要是方便进行资本结构套利。要了解其原因，可简单回顾第 1 章的内容。债务可视为一项贷款加上一项对该企业净资产的空头卖出期权，而股权可看做对企业净资产的多头买入期权。在莫迪格利安尼和米勒假设（M&M 理论）成立的情形下，EDS - CDS 溢价恰好反映了这些对应期权的期权费之差，而这些期权的期权费则会对应于各种资产价值的情景和对股权事件及信用事件的定义。现实中，这两者是可以不同的。

在此意义上，虽然回弹票据本身并不是一种公司融资工具（因为它依赖于或者已经发行的产品或者已有产品的衍生品），但是在市场上可获得回弹票据的确增加了发行人公司融资决策的效率，从而帮助确保债务与股本的期权等价价值保持紧密的联系。

第 20 章　私募股权和对冲基金的证券化

本章将总结全球结构性金融市场上致力于私募股权（private equity，PE）和对冲基金证券化的部分。由于创设这些证券化管理基金的过程实质上类似于债务抵押证券（CDO）的创设过程，因此这些结构总体被称为基金抵押证券（collateralized fund obligation，CFO）。

迄今为止，只有几十单 CFO 交易完成并成功地推向市场。这些交易均是 1999 年以后出现的，并普遍地受到投资者的欢迎和接受。该市场持续地表现出对所推出的这些交易的某种需求，但交易流的较低规模说明这可能是一种缝隙需求（niche appetite）。在过去的一年，由私募股权支持的 CFO 已经开始显现出投资者兴趣提升的迹象。唯有时间才能证明 CFO 市场是否会经历与 CDO 市场近似的可比增长，而迄今的各种产品足以令人感兴趣且已经相当成功，是值得在此进行讨论的。

我们首先回顾支持 CFO 的抵押资产的独特性质。然后转向回顾两种基本不同的 CFO 结构：全部融资的单层 CFO 和多级别 CFO。在整个讨论中我们将提供值得关注的交易实例。

20.1　作为抵押的对冲基金和私募股权基金

在考察那些现在确定 CFO 领域的结构之前，花一点时间讨论支持这些结构性产品发行的基础抵押物是有意义的。不像 CDO 和 EDO 是基于直接的公司债务或股本风险，CFO 通常基于积极管理的基金——私募股权投资基金、对冲基金、基金组合或基金的基金，或者基金指数。这将给结构化带来某些挑战和机遇。

由于对冲基金和私募股权基金两者主要是投资工具载体，将这些投资池进行重新包装和再结构化为新证券，并将这些证券作为主要投资机会进行营销和出售，好像可以获得较大利益。然而，这正限制了对冲基金和私募股权基金资本结构，使它们难以获得资本。首先，大多数对对冲基金和私募股权基金的投资采取了受限股权的形式，如有限合伙或一般合伙权益。这种结构使基金不能依赖于结构化其负债作为进行选择性风险转移的手段。相反，这些基金的所有投资者都必须承担基础投资所有风险的一定比例份额。

对冲基金和私募股权基金在结构化其债务方面所面临的困难有 3 个不同的负面结果：第一，只对该基金风险特征的一个特定部分感兴趣而不想与其他投资者及合伙人不分先后地共同承担所有风险的潜在投资者，将被排除在传统结构之外；第二，合伙人结构使基金难以吸引较小的零售投资者，从而将投资者局限于拥有较高净财富的个人、家庭办公室（family office，或称家族账房）和其他资产管理人；第三，缺乏多样性的负债使基金难以吸收某些受到制度性约束的投资者（如最大杠杆头寸、严禁投资于不保障本金的证券、评级机构限制或目标等）参与对冲基金和私募股权基金。

虽然 CFO 抵押物既包括对冲基金，又包括私募股权基金，但这两种投资管理工具是完全不同的。在下面的两个小节中，我们将总结每种工具的显著特征。

20.1.1　对冲基金

与传统共同基金相比，对冲基金是一种通常与较高风险、较高预期回报策略相关联的投资工具，投资者对此支付额外的绩效激励费。对冲基金的名称最初来自市场中性投资的概念，也就是说，基金通过多头与空头头寸的结合使用从而承诺一个较高的 α① 和一个近于零的 β。如今，对冲基金有许多不同的类型，其中最流行的有以下几种：[1]

- 股票市场中性（equity market neutral）——试图通过相互抵消的持仓头寸来保持市场中性的股权基金。
- 事件驱动型（event - driven）——主要集中于由特定事件引起的盈利机会的基金；某些基金是由单一事件驱动的［如可转债套利（convertible arbitrage）和危难基金（distressed fund）］，而其他为多策略性的。
- 多头或空头型（long/short）——由单个多头头寸对空头出售的成对投资所驱动的基金。
- 战术性交易（tactical trading）——数量化模型驱动的基金，常常集中于对市场时机的把握。
- 全球宏观型（global macro）——常常为跨越多种资产类别和全球市场的模型驱动式投资策略——通过发现整体市场的错误定价来获取较高的 α 和较低的 β。

对冲基金的参与通常通过主合伙人结构进行，其中基金顾问和（或）关键发起人是一般合伙人（general partner，GP）。外部投资通常以有限合伙人（limited partner，LP）权益的方式出现。有限合伙人若要退出一只基金，常常需要在计划赎回日之前向一般合伙人发出通知。退出可能还受到较长的最低初始持有期或锁定期的进一步限制。

许多可能的对冲基金投资者所面临的一项主要约束常常是本金损失风险。例如，养老金计划和某些其他机构投资者很少允许参与存在本金损失的真实可能性的投资。直到与对冲基金挂钩的结构性证券出现之后，参与对冲基金的回报而不承担对冲基金合伙人投资的全部风险才成为可能。

---

①　在资本资产定价模型中，α 意为投资工具获取的超额收益，而 β 意为投资工具承担的市场系统性风险水平。——译者注

20.1.2 私募股权基金

私募股权（PE）是公司融资和风险转移的一种重要来源，特别是对于难以进入传统公募证券市场的公司尤其如此。私募股权包括风险投资和非风险投资。风险投资PE通常与中小规模且处于资本化早期阶段的企业相联系，而非风险投资PE包括了收购、重组、摆脱困境等。

私募股权常常通过PE基金向市场募集。典型的PE基金被组织为一种合伙关系，拥有一般合伙人来积极地管理基金的具体投资。有限合伙人是基金中的投资者，同意为某一数额的资本要求提供资金，通常资金提供是在基金成立的前5~10年。

PE基金在几种情况下已经通过类似CDO的过程进行了证券化。CDO的分层资本结构与私募股权抵押天然匹配。结构化过程大大增加了私募股权基金投资者可选择的基金的风险或回报机会的范围。此外，随着私募股权支持的CDO受欢迎程度的增强，其自然结果就是基础私募股权市场的流动性增加、波动性减少、透明度增加和竞争性的提高（通过更好的比较基准）。

当然，私募股权确实对结构化过程提出了相当大的挑战。某些挑战纯粹是结构性的和法律上的。例如，有限合伙人权益是一种基金，一般来说仅在一般合伙人许可后方可转让，即使如此，也可能会受到额外的限制。证券化PE基金权益时，其他的挑战更多地来自PE业务本身的本质和风险。

私募股权基金通常具有类似于图20.1所示的净现金流随时间变化的特征，称为J曲线。较高的先期成本、整合期、资本要求，以及较高的归还债务（很大部分是高级债务）责任都导致典型的基金存续期早期出现大量现金流出。同时，基金投资的资金配置常常在一只基金成立后很长一段时间才真正开始。结果是，在基金存续期的早期净现金流极大地下降，接着是一次恢复。但从结构化的角度看，此类净现

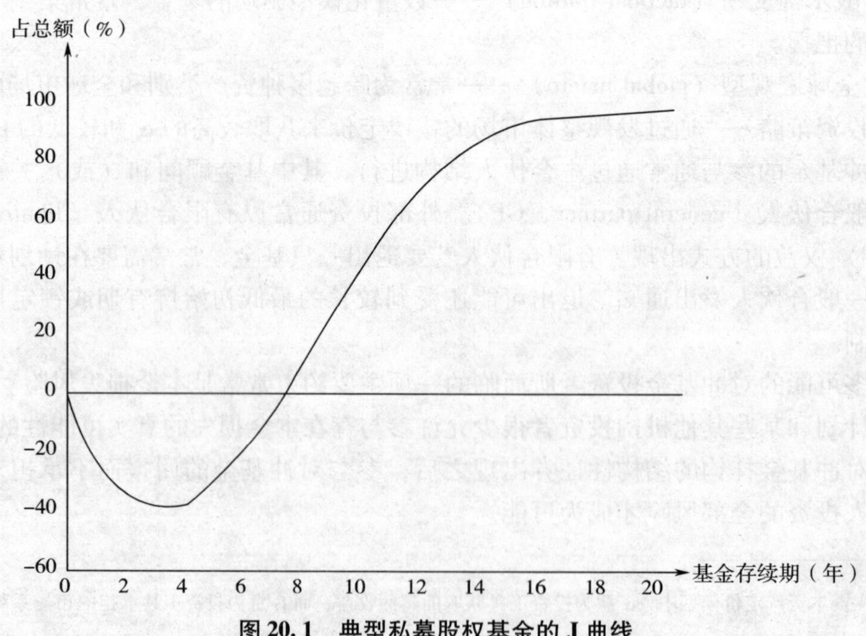

图20.1 典型私募股权基金的J曲线

金流特征要求必须非常关注流动性支持的问题。

将 CDO 技术运用于私募股权抵押品的主要诱人之处在于可以引入结构性融资解决方案来承担 J 曲线问题。在结构化代理机构的仔细安排下，该结构的现金流瀑布可进行重新安排，使净现金流随时间的分布比基础基金更为均匀。内部流动性支持可通过对私募股权所支持的 CFO 负债进行非常仔细地分层来实现，即对次级程度和到期时间进行分层。此外，通过银行产品、衍生品和结构性保险等外部流动性支持可提供一种十分重要的流动性增强的来源。

当然不能忽视评级机构的重要性。不仅要仔细评估作为 CFO 唯一抵押物来源的基础私募股权的质量（如信用质量、分散化得分、回收率等），评级机构还将采取通常的保守方法来评估该结构内部的流动性和信用风险管理问题。

值得关注的是，实际上迄今所有的 CFO 都是市场价值 CDO。这意味着，通常的评级机构测试是按抵押资产的市场标价进行的而不是按现金流瀑布来评估的。正如第 17 章和第 18 章所讨论的，市值 CDO 在广义 CDO 市场上尚未取得太多的成功，虽然对于有管理的基金作为抵押支持的 CDO 而言，从结构上好像是合理的。情况很可能是，CFO 是市值 CDO 得以持续存在的唯一可行的缝隙市场。

20.2　单层资本保护票据

我们考察的第一组产品是向单一类别投资者提供参与有管理的对冲基金或 PE 基金的机会，同时又提供对抗本金损失的底部保护的证券。这些产品与真正的 CDO 结构比较（参见第 17 章到第 19 章），其实更类似于信用连结票据及结构性票据（参见第 12 章和第 14 章）。特别是，这些产品是单层的，但并不是我们在第 18 章探讨的单层合成债务抵押债券（STSCDO）意义上的单层。重要的是，这里讨论的单层产品是全部融资的整体资本结构负债，可由特殊目的机构来发行而不进行大量的结构化。这些简单的早期结构常常被称为与基金指数挂钩的资本保护票据（capital - protected note，CPN）。

市场上可观察到基本 CPN 方案的一些不同的变形。我们通过考察两种不同的结构化问题来区分目前的这些产品：将参考基金的风险暴露嵌入 CPN 结算盈亏的方法，以及将底部或本金保护整合到结构化 CPN 的方法。

20.2.1　参考基金风险暴露

随着时间的推移，我们在 CFO 领域见到的这些结构的一个主要特性是该结构性产品是一个可使投资者分享基础对冲基金或私募股权基金业绩的手段。简而言之，此风险暴露可通过对这些基金的直接投资或者人工地使用衍生品来获得。

直接投资　在最早的结构性 CPN 中，本金保护是通过平价发行证券然后将本金的现值投资于零息剥离国债（zero coupon stripped Treasuries）而取得的。然后将所剩下的部分投资于对冲基金份额。例如，假设我们考虑一只 3 年期，面值为 100 万美元的 CPN，其发行时 3 年期剥离国债的利率为 5%。该 CPN 发行了 100 万美元，以及该数额由投资于3年期零息国债（面值为100万美元）的863 800美元来担保。当CPN三年到期时，国债将以面值100万美元偿还，从而保证了CPN的本金安全。

从初始发行价款中扣除购买国债之后剩下来的136 200美元，就可用来投资于对冲基金份额。类似于许多我们在第14章考察的股本连结结构，投资者可以选择一个参与率（或联动）[participation rate（或gearing）]，来指定票据持有人分享对冲基金回报的比率，以及精确指定多少百分比的本金能被完全保护的基点。较高的参与率通常意味着较低的基点，反之则相反。

结构上，该票据的发起人要设立一个SPE，然后由其向投资者发行票据。收到的现金可在国债和对冲基金合伙人权益之间分配。通常不需要额外的流动性增强，只有当对冲基金在票据存续期内向投资者（包括SPE）作出正的分配时，票据才支付利息。该结构的机制如图20.2所示。

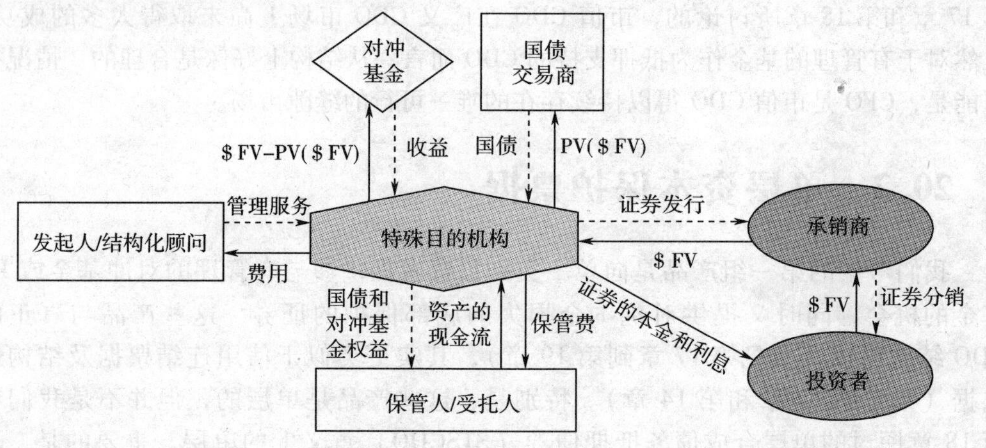

注：FV为面值；PV为现值

图20.2 资本保护型对冲基金关联票据，直接投资于对冲基金

在这些早期结构中，具有100%本金保护的结构的联动性相对较低，为投资者留下有限的上行潜力，而且绝对不允许使用杠杆。初始投资中要求投资于国债的数额如此之多，以致可投资于参考基金的剩余的无杠杆投资常被认为太少，不能引起投资者的兴趣。

使用期权的合成投资 20世纪90年代晚期，衍生品交易商和再保险公司开始表现出出售基于特定对冲基金和私募股权基金的意愿，从而产生了另一种类型的本金保护型基金挂钩票据。从机制和结构上，第二代CPN与其第一代先行者十分类似。一家SPE以面额发行CPN，然后像以往一样将本金的现值投资于零息剥离国债。但在新产品中，其余的资金可用来购买该基金的期权而不是该对冲基金的实际份额。图20.3呈现了该基本结构的设计。

通过购买基金份额的期权，投资者通过期权合约内含的杠杆获得了较早期交易更大的联动率。投资者也不再受限于只投资于对冲基金的平值状态，这正是第一代CPN发行的情形。而在第二代CPN中，投资者可以购买虚值状态的期权也可以购买

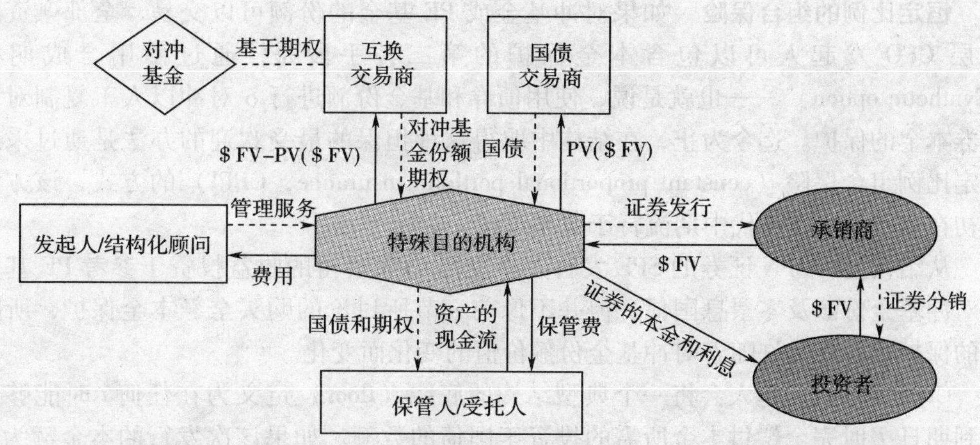

注：FV 为面值；PV 为现值

图 20.3　投资于对冲基金份额期权的资本保护型对冲基金关联票据

实值状态的期权。这当然会意味着较高或较低的参与率（即可以购买期权的数量）。投资者有时还通过选择亚洲期权来增加其参与率，当然这是在不同类型产品中的更高的参与率。

这些第二代 CPN 发展的最大约束曾经是对冲基金期权市场的有限深度和私募股权工具的期权的实质上的不存在性。如果没有对冲基金期权的市场，向 SPE 出售期权的互换交易商不得以其他方式对冲其风险暴露。由于对冲基金份额通常是被限制的合伙人权益，δ 对冲并不是很有效或者说并不现实。实际上，交易商将必须使用少量的对冲基金指数产品，或者其他一些更普通的指数衍生品合约。无论何种方法，如果不能购买与出售给 SPE 同样的期权，互换交易商就不得不承担显著的基本风险。

20.2.2　本金保护

许多机构投资者都被禁止大量投资于（或者根本不能投资于）具有嵌入的非融资杠杆头寸的证券，或者投资于不提供本金保护的证券。因此，设计这些产品的结构化挑战总是来自追求两种似乎不相容的目标所带来的困难：一方面是本金保护，另一方面是在投资者的参与率和基础份额价格之间的有吸引力的平衡。回顾第 14 章，升值率决定了 CPN 投资者参与对冲基金回报的程度，而基础是指购买票据时相对于对冲基金份额的价格的参与何时开始。

至少有三种不同的结构类型可为投资者提供本金保护。接下来我们讨论这些结构的差别。

全部融资的现金抵押账户　我们在前面的章节中已经探讨了担保一只结构性票据的本金的第一种可能方式，即初始证券发行所取得的收益可用于向一个零息国债构成的现金担保账户（CCA）提供全额资金，该账户价值将随着时间增长而达到要求偿还本金的数额。但我们也看到，这并非世界上最有效率的结构。除了其他弊端之外，它还迫使投资者为获得其投资资本的保底而放弃显著的上行潜力。

恒定比例的组合保险 如果对冲基金或 PE 基金的份额可以交易，全部融资的单层 CFO 发起人可以包含本金保护的第二种手段是，通过使用合成期权（Cynthetic option）——也就是说，使用债券和基金份额进行 δ 对冲以人工复制对该证券本金的保护。迄今为止，在结构中取得这种担保的最受欢迎的办法是通过采用恒定比例组合保险（constant proportional portfolio insurance，CPPI）的方式，该方法最初在 20 世纪 80 年代中期流行于股票市场。

从结构上，CPN 证券的 SPE 发行人将发行 CPN 所得的收益投资于参考 PE 基金或对冲基金份额及零票息国债。但并不像前一节所讨论的购买全额本金保护，所购买的保护数额现允许随着对冲基金份额价值的变化而变化。

CPN 发行的发起人会将一个典型结构的底线（floor）定义为在任何 t 时能够保证到期日 T 时完全偿付本金所需的投资于国债的数额。如果该次发行的本金额为 X 美元，底线金额在任何 $t+j$ 时所拥有的价值为：

$$F(t+j,T) = PV_{t+j,T}(X)$$

其中，$PV_{t+j,T}$（·）表示 T 时的一美元在 $t+j$ 时的无风险利率贴现的现值。注意，这并不一定是投资于国债的实际数额，只是如同上节一个 CCA 账户全部融资所需要的金额。

为了确定投资于国债中的实际金额，该结构接着将任何 $t+j$ 日的缓冲款（cushion）定义为：

$$C(t+j) = \lambda[V(t+j) - F(t+j,T)]$$

其中，V（$t+j$）是国债与对冲基金或 PE 基金份额共同构成的组合在 $t+j$ 日的价值。乘数 λ 是杠杆因子。然后将缓冲款投资于对冲基金，其余资金余额投资于国债这种组合保护成分。注意，在 t 日初始发行时，

$$C(t) = \lambda[X - F(t,T)]$$

定期地对组合进行再平衡，从而在对冲基金投资的价值降低时，给予更大的保护份额。

举一个例子会有助于说明这种情况。假设我们考虑一只 3 年期面值为 100 万美元的 CPN，发行时 3 年期剥离国债利率为 5%。CPN 发行额为 100 万美元。发行日的底线为 863 800 美元，这正是为了保证 3 年后能够返还本金而需要全额投资于国债的金额。如果乘数为 1，我们实际上会得到本节前文所讨论的同样的结构——136 200美元投资于对冲基金份额，而将 863 800 美元投资于国债。但如果乘数为（比如说）1.2，那么缓冲款为：

$$C(t) = 1.2 \times (\$1\,000\,000 - \$863\,800) = \$163\,440$$

这意味着，163 440 美元被投资于对冲基金份额，而其余的 836 560 美元投资于国债。

现在假设，一年以后组合价值下跌到 950 000 美元，同时，底线已经升到 907 000美元。缓冲款因而为 51 600 美元。因此，SPE 重新平衡其组合，基金份额为 51 600 美元，国债为 898 400 美元。

或者，如果在交易一年后，组合价值升到 1 050 000 美元，情况又如何？由于底线为

907 000美元，缓冲款因而为171 600美元。因此，SPE增加其在对冲基金份额上的资金分配。在这种情况下，国债分配的资金的绝对值也上升至878 400美元。但是分配给对冲基金份额的资金所占的百分比与以前相同。

在现实中，此类结构可能再平衡的次数显著高于一年一次，但该例子阐释了CPPI的基本工作原理。对冲基金组合价值的下跌会导致一种资金从对冲基金份额向国债的相对转移，而相反时，对冲基金投资的价值会有很大的增加。

对于那些仍然希望寻求某种程度的本金保护的投资者来说，CPPI提供了较大的上行空间。当然，问题在于本金保护的金额依赖于国债组合的实际规模。在市场巨幅下跌的时期，提升国债组合价值（或更具体地说，退出对冲基金份额来投资于国债）被证明是极度困难和昂贵的，特别是对于相对流动性欠缺的对冲基金市场尤其如此。因而，这类结构中的较大上行空间必须对照风险加以仔细权衡。

让我们举一个具体的例子，一只与对冲基金关联的CPN采用CPPI来达成其下方保护。这一特定的金融工具是一项与指数挂钩的欧洲债券，由法国兴业发行有限公司（Société Générale Acceptance NV）发行并由法国兴业银行提供担保。[2] 该票据在卢森堡股票交易所（Luxembourg Stock Exchange）挂牌，并像许多欧洲债券一样通过国际结算系统（Clearstream）进行结算。

该债券发行于2001年7月17日，初始的到期期限为5年。总发行额为2 000万美元，每张债券的面值为10 000美元，且债券以面值发行。该债券保证100%的本金作为资本保护，还提供参考基金上100%的参与率，参考基金为SCS另类基金（SCSAF）。SCSAF是由莱克塞资产管理公司（Lyxor Asset Management，法国兴业银行的全资子公司）进行管理的，并雇佣战略资本服务联盟（Strategic Capital Services Alliance）作为其投资顾问。

债券到期日前10个工作日，SCSAF将以已定义的净资产价值（net asset value，NAV）来结算其赎回额，并用$V(T)$表示单位基金的净资产价值。SCSAF挂钩的欧洲债券的赎回价值定义为：

$$\max\left[\ \$10\ 000,\ \$10\ 000+\left(\frac{V(T)-100}{100}\right)\right]$$

在持续不间断的基础上，票据发行人定义了一个参考水平对应于我们所称的底线以及一个交易水平对应于我们所称的缓冲款，其乘数为4。参考水平始于75美元并每天直线增加，直到到期时的价值为100美元。这是一个大约的现值曲线，规定了为全额保证本金偿还所需的金额。

起初，基金的净资产价值为每份100美元。由于底线为75美元且乘数为4，这就意味着，最初的缓冲款或交易水平为4×（$100－$75）＝$100，从而欧洲债券的发行人一开始就100%地投资于对冲基金份额。

假设债券期限过了6个月，SCSAF的NAV上涨到110美元。参考水平或底线也略有上升，但只升至77.50美元。在这种情况下，交易水平为当前NAV的130%，这意味着发行人将实际上通过借款做杠杆来购买更多的对冲基金份额。

但现在设想债券期限过了一年，SCSAF的NAV下跌为每份78美元。同时，底线上升到80美元。这隐含着一个交易水平降低了8%，因而发行人必须将其20%的资产投资于国债，且将剩余资产投资于对冲基金。

财务担保 除了提供资金给国债储备账户或进行动态再平衡来合成一个底线外，本金保护也可通过外部信用风险转移的方式来获得。两个早期的私募股权交易阐释了这一解决方案的好处。

第一个主要的私募股权 CFO 于 1999 年 6 月完成。该 SPE 发行人为公主私募股权控股有限公司（Princess Private Equity Holding Ltd.），这是一家由瑞士再保险公司（占 19.9% 的股份）和合伙人集团（Partners Group，占 81.1% 的股份）共同拥有的位于格恩西岛（Guernsey）的 SPE，是一家基地在瑞士祖格（Zug）的资产管理集团。抵押管理人和首席投资顾问公司为公主管理与保险公司（Princess Management and Insurance Ltd.），亦为瑞士再保险公司和合伙人集团共同拥有，分别占有公司 49.9% 和 50.1% 的股份。

SPE 的资产由 17 项具体的私募股权合伙投资组成，分散于各个行业。批准的投资要形成一定规模，即约每只基金为 900 万美元到 1 500 万美元。所有对这些基金分配的资金用于在该结构的存续期内的新私募股投资项目。

在负债方，SPE 发行单层证券（同时在卢森堡和法兰克福上市）于 2010 年到期偿付。初始发行募集了 5.25 亿美元资金以及可能募集的额外 4.75 亿美元，以便为超额抵押账户（O/C）提供资金并帮助管理该结构的流动性风险。每张债券的面值为 1 000 美元。

除了内嵌 O/C 外，也可以通过将这种单级别债务发行为零票息且可转换债券来解决流动性风险问题。换句话说，这些债券完全不必支付期间利息。这些债券也可以自 2007 年 4 月起以每股 100 美元的价格转换为公主私募股权控股有限公司的股份。转换价格在债券规定的到期日内，每个季度提价 0.375 美元/每股。

该结构的信用风险是通过公主管理与保险公司提供的包装担保并由外部系统解决的，之后保险公司再部分地向瑞士再保险公司分保。由于瑞士再保险的保护，惠誉为该交易作的评级为 AAA 级。交易结构如图 20.4 所示。

公主交易被赞许为一次巨大的成功，有几方面的原因：第一，票据的小规模使得即使是零售投资者也可介入这些债券，从而可以组成一个全新的投资者团体参与私募股权，而这些投资者原本可能会由于较高的最低资金限制而被排除在外；第二，通过将股本转为债务，这种证券化方式能够吸引机构投资者的参与，而机构投资者的股权参与往往比债权参与受到更加严格的管制；第三，尽管大多数私募股权基金拥有比较长的启动期，公主交易一开始就是全部融资的；第四，证券的超额发行中内嵌的 O/C 结构有效地防止了 J 曲线问题。

有助于该结构实施的是这些债券经包装担保达到了 AAA 级（参见第 10 章）。该项保险每年要花费 300 ~ 500 个基点且由该结构的现金流瀑布提供资金。回顾一下我们讨论过的对冲基金 CPN，要获得有担保的本金保护，或者通过牺牲巨大的上方空间，或者通过购买可能是非流动的、奇异的且昂贵的期权。公主交易因获得了瑞士再保险提供的本金保护而消除了该问题，可以说是花费较低且几乎没有丧失多少上涨的空间。

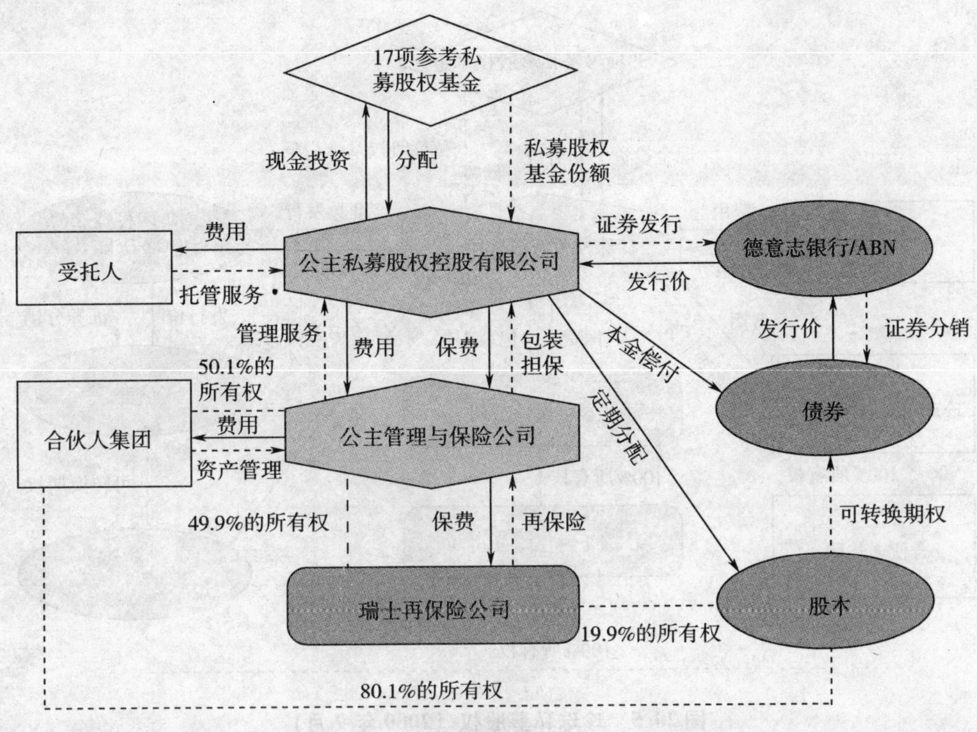

图 20.4　公主私募股权（1999 年 6 月）

与公主交易类似的交易——珍珠（Pearl）交易完成于 2000 年 9 月。该 SPE 发行人是珍珠控股有限公司（Pearl Holding Ltd.），是由合伙人集团拥有的一家位于格恩西岛的 SPE。抵押管理人和首席投资顾问是珍珠管理有限公司（Pearl Management Ltd.），也是合伙人集团的子公司。

珍珠交易的抵押资产由 33 项私募股权的合伙投资组成，并在各种类型中进行了分散。负债方珍珠发行了单层证券（在卢森堡上市），于 2010 年偿付。初始发行的 6.6 亿欧元从 2008 年开始可以转换为珍珠控股的股份，转换溢价每季度上涨 1.5%。与公主债券不同，单级别的珍珠债券是每年 2% 的附息券。票息故意设得很低，有助于管理 J 曲线风险。

该结构的信用风险由欧洲国际再保险公司（European International Reinsurance Co. Ltd.）提供的全额本金和利息支付的包装担保来解决，成本为每年 180 个基点。欧洲国际再保险公司也是瑞士再保险公司的全资子公司。此发行评级为 AA + 级。交易的结构如图 20.5 所示。

合伙人集团继续开发其结构性融资产品，于 2002 年 8 月完成了普莱默Ⅰ（Premier Ⅰ）和普莱默Ⅱ（Premier Ⅱ）。以美林为安排人并以法国兴业银行作为本金和利息担保人，普莱默交易包含一项总额为 1.37 亿欧元的单层证券发行，该发行由一家积极管理的对冲基金的基金作为支持。

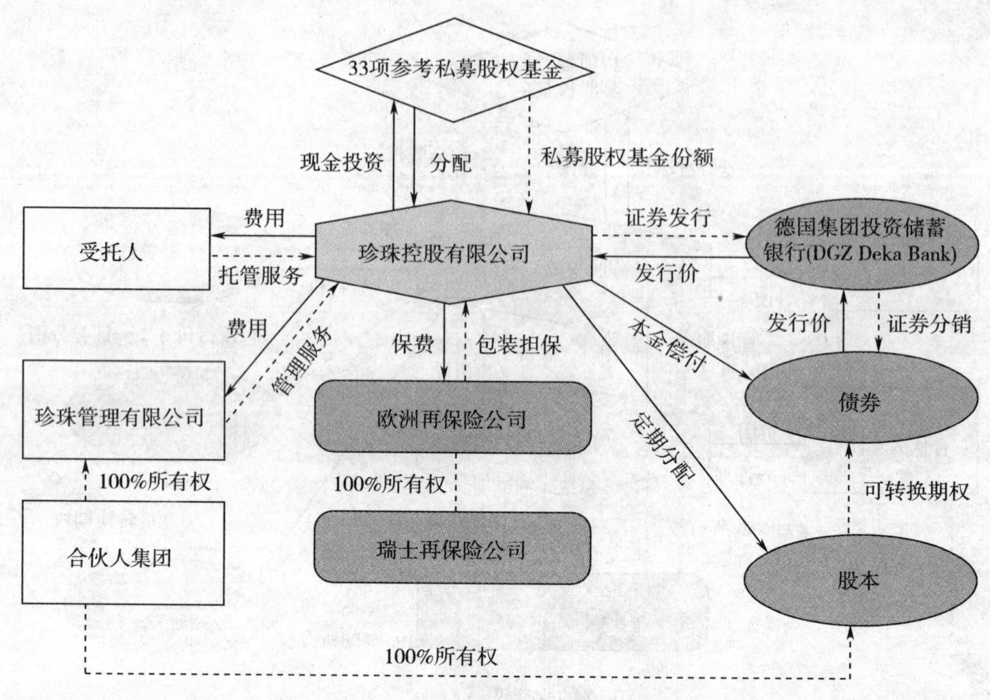

图 20.5 珍珠私募股权（2000 年 9 月）

20.3 多级别 CFO

真正的 CDO 技术于 2001 年运用到 CFO 中，当时第一只多级别的基于基金的结构性产品受到了广泛关注。除了提供多级别债务之外，这些结构也代表了从流动性和所用的信用增强手段的角度对前节讨论过的单层交易的脱离。或许最重要的是，更加扎实的 CDO 结构化技术大大增强了发行人设计负债来满足特定投资者要求方面的灵活性。一些发行人努力争取的设计考虑如下：[3]

- 投资载体的资本结构应如何，债务或股本应当如何分割？
- 该结构究竟应是融资的还是循环周转的？
- 债务利息应是固定的还是浮动的？
- 这些证券应是折价销售的还是有条件的？
- 债务应是可转换的、可交易的或两种均不可？

我们讨论几种至今值得关注且（或）领先的多级别 CFO 交易，只是为了给我们已经看到的各类交易以及市场如何发展演进（以及正在发展）添些调味剂。我们的讨论绝不是穷尽的——而更多的是选择最好的样本。

20.3.1 首要优势私募股权 CFO

首要优势资本股份有限公司（Prime Edge Capital PLC）的私募股权 CDO 包含价值 1.50 亿欧元的三个级别票据的发行，因此代表了第一个多级别 CFO。发行证券所得的资金投资于一个分散化的私募股权基金的基金池。主要管理人为瑞士资本动态专卖店（Swiss boutique Capital Dynamics），其与瑞耐·马克·福瑞公司（Rainer Marc Frey，RMF）及汉密尔顿·兰顾问公司（Hamilton Lane Advisors）共同管理抵押选择、投资管理过程及进行该结构的风险管理。

德意志银行安排了该结构并招募证券，这些证券包括一个7 200万欧元的高级层，每半年支付一次欧洲银行同业拆借利率（Europe Interbank Offered Rate，EURIBOR）加100个基点，以及一个3 300万欧元的低级层和一个4 500欧元的股权层。该高级和次级证券最初分别评为A级和BBB级，安联风险转移公司（Allianz Risk Transfer）将这两个发行包装担保为AA级，费用为840万欧元的高级包装担保费和3 850万欧元的低级证券的包装担保费。此外，该结构还包括一项内部信用增强，是通过160%的O/C［以超额承担（overcommitment）的形式］而获得的。

该工具的流动性支持通过错开前5年的启动期而获得。此外，安联风险转移公司提供了4 000万欧元用于承诺的流动性支持。这与160%的O/C一起，帮助管理该结构的J曲线风险。

20.3.2　多样化策略对冲CFO

第一只以对冲基金投资作为抵押的多级别CFO是2002年5月由瑞士信贷第一波士顿（Credit Suisse First Boston，CSFB）引入市场的多样化策略（Diversified Strategies）交易。该发行为其发起人Investcorp[1]募集了2.5亿美元，由Investcorp投资于其多样化策略基金二号（Diversified Strategies Fund Ⅱ）——这是一只在不同策略间分散化投资的对冲基金的基金。

该结构的负债包括了一只1.25亿美元定价在6个月LIBOR加60个基点的高级AAA级票据，一只3 250万美元定价在6个月LIBOR加160个基点的A级证券层和两只BBB级的夹层层证券，其面值各为1 000万美元（定价在6个月LIBOR加280个基点）和1 620万欧元（定价在6个月EURIBOR加270个基点）。该结构还包括了一只6 750万美元的股本层，部分由Investcorp自留。

20.3.3　曼·哥兰伍德另类策略对冲CFO

大约与CSFB向市场引入多样化策略交易的同一时期，JP摩根正忙于向市场引入曼·哥兰伍德另类策略一号（Man Glenwood Alternative Strategies 1，MAST 1）。MAST交易与多样化策略交易有着非常近似的结构和理念，MAST的抵押资产由大约35只对冲基金的权益所组成，这种设计是为了模拟由曼·哥兰伍德投资产品公司（Man Investment Products）所管理的曼·哥兰伍德多策略基金。曼也是5.5亿美元CFO发行的管理人。

MAST结构的负债包括了4个有评级的证券层：一个2.42亿美元的AAA级高级层定价在LIBOR加70个基点，一个AA级层分成一个1 300万美元浮动利率层（LI-

① Investcorp，一家著名的环球创投基金公司。——译者注

BOR 加 95 个基点）和一个 2 000 万美元固定利率层（6.17% 的固定利率，或等价于 LIBOR 加 95 个基点），以及一个 A 级层，也分成浮动和固定利率层。A 级的浮动利率债券面值为 3 725 万美元（LIBOR 加 185 个基点）；A 级的固定利率债券本金为 400 万美元，票息率水平为 6.98%（等价于 LIBOR 加 185 个基点）。其负债还包括了一种 BBB 级的5 775万美元的夹层层（LIBOR 加 300 个基点），一种未评级的1 100 万美元次级层由曼自留，以及包括 1.65 亿美元无评级的股权。

据报道，MAST 的发行相当成功。JP 摩根和曼集团大约一年之后以 MAST 2 的名义又向市场推出了第二个 5 亿美元的后续交易。MAST 2 的基本构想类似于 MAST 1，但其结构是一种复杂得多的统括信托结构。

20.3.4 松树街和银叶私募股权 CFO

随着首要优势的发行，若干种其他结构也推向市场，这些公司希望从中寻求对其现有的私募股权持仓进行证券化的方法。2003 年 12 月，美国国际集团（American International Group, Inc., AIG）发起了 10 亿美元的松树街（Pine Street）交易，将其部分拥有的私募股权组合进行了证券化。松树街交易是一种对老式单层结构的回归——发行了单一的 AAA 级债券，AIG 保留了其余的剩余层。

银叶（Silver Leaf）交易完成于 2003 年 5 月，也代表了对一家公司部分现有私募股权的资产负债表持仓的证券化，此次是德意志银行的持仓。该笔 4.68 亿欧元等价资产包括了对不同私募股权基金的约 65 个有限合伙人权益，特别集中于工业、商业产品和消费者服务行业，其成立期（基金的开始之年）从 1993 年到 1997 年不等。德意志银行保留了 1.87 亿美元的股权层并提供了由信利资本公司（XL Capital）包装的 40% 的流动性支持工具。虽然该交易为静态的且确实包括一个再投资阶段，但 30% 的额外流动性准备金由内部现金流瀑布提供，以覆盖 J 曲线风险。

银叶交易的负债包括了 11 种不同的证券层，所有这些层都有一个明确规定的法定到期日，为 2013 年 5 月。这些负债包括了 3 个高级层，评级分别为 AAA 级、AA 级和 A 级。这些高级证券再被分为固定利率和浮动利率债券和以美元及欧元计价的债券，以及一个夹层层，也按计价货币和票息类似地进行划分。银叶交易未以任何方式进行担保或信用增强，因而成为首先凭借其自身评级而存在的结构之一。

20.3.5 SVG 钻石私募股权 CFO

SVG 钻石（SVG Diamond）交易完成于 2004 年 8 月，代表了私募股权证券化的一种更为成熟和复杂的版本，并真正地采用了全面的 CDO 方法和流程。本结构从早期和相对普通的单一证券层资本保护票据发展成为运用于私募股权的更为严谨的 CDO 模型，是私募股权 CFO 市场演化的良好的展示。此外，SVG 钻石交易也是第一只主要支持新私募股权投资的有管理的套利型 CFO。

该 SVG 钻石结构实质上是一种双重证券化结构。SVG 钻石控股有限公司（SVG Diamond Holdings PLC），即一家位于海峡群岛（Channel Islands）的 SPE，是实际私募股权基金的投资者。这些基金和其他特定资产（稍后讨论）用做发行私募股权投资票据（Private Equity Investment Notes，PEI Notes）的抵押，这种票据定向发行给 SVG 钻石私募股权有限公司（一家爱尔兰 SPE）。SVG 钻石私募股权有限公司接着以 PEI Notes 作为全额抵押，向最终投资者发行票据。两家 SPE 均是符合 FIN46R 条款下破产隔离要求的可变利益实体（VIE），而且两家 SPE 的所有具有投票权的股份都由一家慈善信托机构持有（参见第 16 章）。SVG 钻石发售的基本结构如图 20.6 所示。

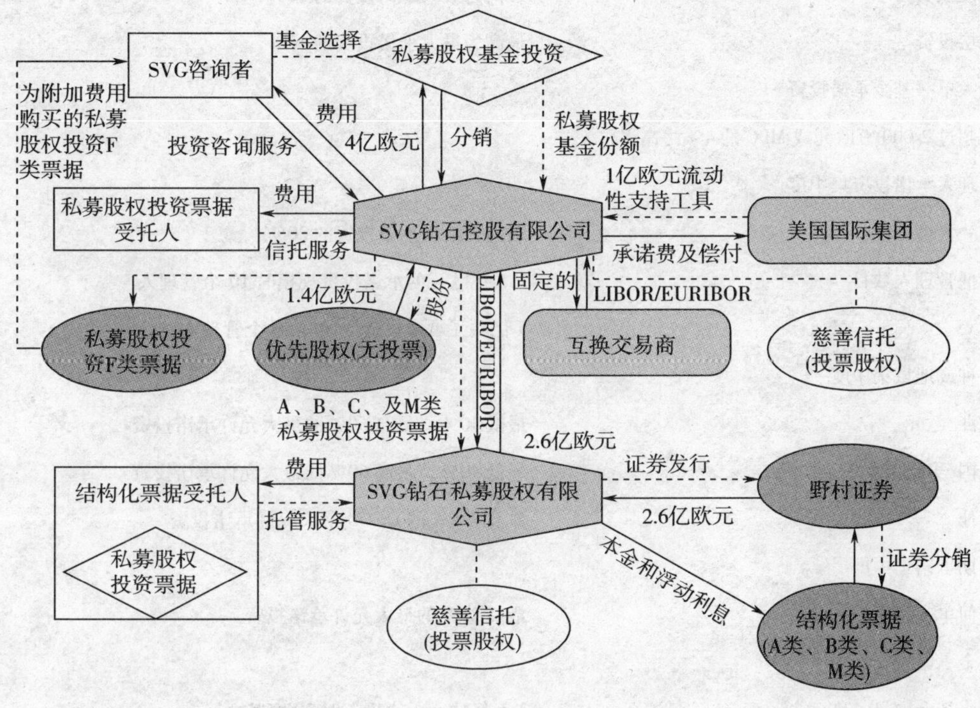

图 20.6　SVG 钻石（2004 年 8 月）

资产或抵押　SVG 钻石控股与 SVG 顾问有限公司（SVG Advisers Ltd.）共同工作，积极管理最终支持结构性产品发行的私募股权抵押池。虽然该组合得到了积极管理，但为确保抵押品的足够分散化及良好的信用质量，投资指引限制了可允许的投资范围。表 20.1 总结了 SVG 钻石控股的基金投资的投资指引，其重点在于美国和欧洲的收购基金。此项完全启动的交易的基础抵押资产由大约 40 种私募股权基金的有限合伙人权益组成，代表了大约 500 家基础公司。在不同成立期的分散化也是一项主要目标，其中基金的成立期实质上是其开始之年。

虽然该项目负债的规定到期日为 2026 年，但负债的预期到期日在 2013—2015 年之间。该交易的生命周期类似于第 17 章所讨论的大多数现金 CDO 的生命周期。在最初的启动阶段，SVG 钻石控股将主要投资于二级市场基金（即 SVG 钻石投资时已存在的基金）。一级市场基金（即新基金）将在前 3 年可操作下尽可能快地纳入进来。再投资将跨越该交易的前 7 年，在此期间，私募股权投资上的所有得到的分配额将用于新私募股权基金的投资。在第 7 年，该结构进入分期偿付期。在其顶峰期，该项目预期将发展到 5.4 亿欧元的投入。

表 20.1 SVG 钻石控股私募股权组合的投资指引

标准	最大允许承诺投资（MPC）
私募股权基金投资的类型	
收购	最低为总承诺投资的 70%
	最高为最大允许承诺投资的 100%
风险投资	最高为最大承诺投资的 10%
夹层投资	最高为最大承诺投资的 15%
最大单一基金承诺投资	
不超过 2 000 万欧元或 MPC 的 4% 之高者	
管理人承诺投资集中度	
同一管理人	最高为最大承诺投资的 20%
最低管理人数目	2.5 亿欧元的承诺投资规模时 10 个管理人
	5 亿欧元承诺投资规模时 20 个管理人
币种或地域集中度	
欧洲/欧元	最低 40%，最高 60% 的最大允许承诺投资
美国/美元	最低 40%，最高 60% 的最大允许承诺投资
其他	最高 7.5% 的 OECD 最大允许承诺投资
年期承诺集中度	
任何单一年期	最高 20% 的最大允许承诺投资
基金承诺投资集中度	
最小基金数目	2.5 亿欧元承诺投资时 20 家基金
	5 亿欧元承诺投资时 40 家基金

负债 由 SVG 钻石私募股权所发行的结构性产品，由三类高级债务和一个夹层融资发行组成，所有这些都是浮动利率的。表 20.2 总结了 SVG 钻石私募股权 SPE 的负债结构的预售详细情况。[4]

表 20.2 SVG 钻石债务（总发行额 4 亿欧元）

级别	售前信用评级[a]	金额[b]（百万欧元）	占总发行额的百分比（%）	规定到期日	预期到期日	信用增级[c] C/E（%）
A	AAA/Aaa/AAA	85	21.25	2026 年 8 月	2013 年 11 月	78.75
B	AA/Aa2/AA	80	20	2026 年 8 月	2014 年 5 月	58.75
C	A/A2/A	15	3.75	2026 年 8 月	2014 年 11 月	55
M	NR/Baa2/BBB	80	20	2026 年 8 月	2015 年 5 月	35

注：a 标准普尔/穆迪/惠誉。

b 按发行人的判断，每次发行中的某些可能是以美元计浮动利率的。

c 比债务更低级的资本结构百分数。

维护负债责任的本金和利息的现金流瀑布是基于优先级别按顺序支付的结构。因而 A 类的利息支付优先于 B 类票据持有人的利息支付，从而依此类推。类似的，一个级别的证券本金只有在所有更高级证券的本金均已支付之后，才能得到支付。如同大多数套利型 CDO 一样，某些给管理人的基于业绩表现的费用被作为现金流瀑布中的次级费用来处理，而其他非基于业绩表现的费用则是优先处理的。而且，如果流动性支持或信用支持目的需要的话，夹层权益可能会被留下来并推迟至到期日。

高级及夹层票据是 SVG 钻石私募股权 SPE 的唯一负债。这些票据由 SVG 钻石控股发行的私募股权投资票据（浮动利率）提供全额担保。这些私募股权投资票据也分 A、B、C 和 M 类进行发行，并且与 SVG 钻石私募股权的结构化发行具有相同的条件。SVG 钻石私募股权因而拥有如图 20. 7 所示的经济资产负债表。

私募股权投资的发行人，SVG 钻石控股公司，获取了私募股权基金的有限合伙权益，用以支持其向 SVG 钻石私募股权所发行的私募股权投资票据。另外，SVG 钻石控股也发行固定利率的 F 类票据和优先股。投资顾问购买所有 F 类票据和大约1/3 的优先股。

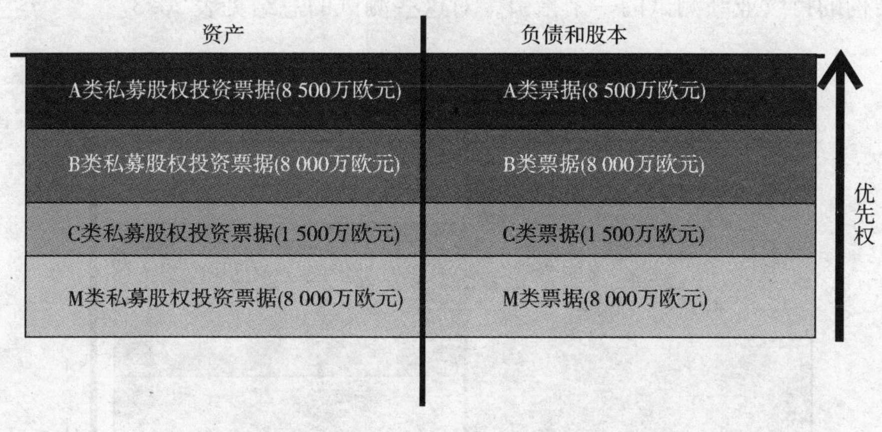

图 20. 7　SVG 钻石私募股权的资产负债表

1. 4 亿欧元的优先股发行时未被提取。当 SVG 钻石控股需要现金以支付不可延付的债务（包括优先的费用和支出）或者为满足私募股权投资组合的资本缴款要求时，都可对这些优先股融资。优先股的融资责任以有利于 SVG 钻石控股的方式按 6 个月 LIBOR 的幅度增加，直到股权资金缴款进来为止。优先股的持有人可以选择在任何时间全额缴足其股份的款项而避免价格的上涨。这种优先股的作用有点类似于应急资本，参见第 15 章内容。为了缓解发行人因任何未提款优先股而承担的信用风险，SVG 钻石控股要求优先股购买人至少拥有最低的信用评级为 A - 1/AA - 级（标准普尔评级）、Prime - 1/Aa3 级（穆迪评级）或 F - 1/A + 级（惠誉评级），或者至少拥有具有同等评级的担保人的财务担保。

流动性支持、信用增强和业绩测试 该结构的第一级流动性支持是SVG钻石控股发行的应急优先股。在所有优先股均已提款而该SPE仍然缺少现金来满足资本需求或支付优先的费用支出的情况下，该结构还包括了一个美国国际集团提供的1亿欧元的流动性支持工具。在现金流瀑布中，对利用流动性工具的任何提款的偿还的优先级别高于任何已发行的私募股权投资票据的债务。

另外，现金流瀑布也为准备金账户提供资金。在该结构的再投资期结束和分期偿付期开始时，就向准备金账户积累现金。在准备金账户得到充分资金之前，不会偿还私募股权投资票据的任何本金。一旦备足资金，该准备金账户必须一直高于一个最低余额，该最低余额代表了所有尚无资金支持的优先费用和债务（包括未偿付私募股权投资票据的债务偿付比率）的一定百分比。准备金账户的设立还意在促进适时取消该结构的流动性支持工具。当准备金账户等于6个月的优先费用加上所有尚无资金支持的偿付责任的78%时，则可撤销流动性支持工具。

该结构的所有信用增强均来自于次级设置。除了将资金分流到准备金账户之外，该结构没有可用的额外利差。

该结构还保持一套严格的持续业绩要求及测试条件，这是该结构必须一直满足的。SVG钻石控股的资产负债表如图20.8所示，此资产负债表的注释有助于作为解释该结构的持续业绩测试的一个指引，对这些测试的总结见表20.3。

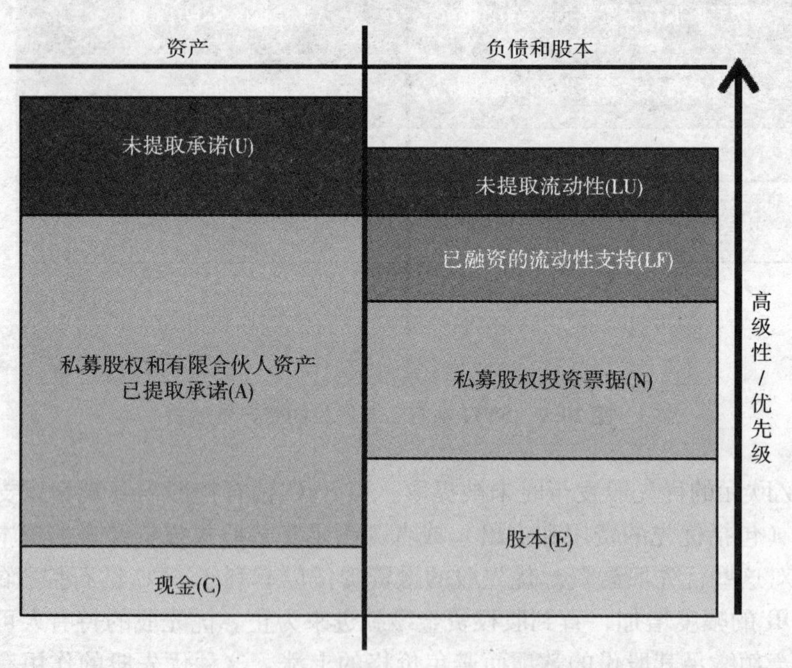

图20.8 SVG钻石控股的资产负债表

表 20.3　　结构的流动性和业绩测试

测试	定义	纠正/描述
流动性测试		
现金	$C \geq$ 1 000 万欧元	流动性过低时停止进行再投资。
承诺能力	$^{U}/_{C+LU} \leq 140\%$	确保有足够的资源以维持未提取的承诺——类似于标准 DSCR 的要求。
业绩测试		
联动（资产）	$^{E}/_{A+C} \geq 22.25\%$	如果次级部分损耗太多，则停止再投资。
联动（承诺）	$^{E}/_{U+A} \geq 25\%$	当有限合伙人回报太低且股权遭受损耗时，承诺投资受到限制。
总承诺	$^{E+N}/_{U+A} \geq 75\%$	限制与资产负债表有关的总风险。
资产损耗	$E \leq$ 7 000 万欧元 $C \leq$ max（7 500 万欧元 − A^*，0）	如果 A 级私募股权投资票据有未偿付额，保护那些票据不受业绩下降的影响。A^* 是 A 级票据原来的面值减去 A 级证券的当前剩余名义本金。
股权	$E \geq 0$ 欧元	在分期偿付阶段，夹层现金流转而用来偿还高级票据的本金。

利率和货币风险管理　在私募股权投资发行人（SVG 钻石控股）层面，利用标准的资产互换，将私募股权基金的固定利率分配收入转换为基于 LIBOR 的浮动现金流。

特别是，这里没有用衍生品交易或者保险或担保结构来处理货币风险问题。但是，由于私募股权的目标基金以多种货币计价，因而该结构中有潜在着的相当大的货币风险。为了缓解货币波动的影响，结构性产品发行人，SVG 钻石私募股权，计划发行两个系列的 A 类、B 类、C 类和 M 类票据：美元标价系列和欧元标价系列。由于进行实际发行之前必须选定负债的到期结构，因而仍然会有某些货币不匹配风险。为应对这些剩余的风险，结构化代理机构已经将剩余货币波动组合进其准备金管理模型和现金流瀑布压力测试中。

第21章　项目和本金融资

我们可以将项目融资（project finance）定义为给经济单元提供融资的信贷扩展，其中，经济单元的未来现金流和（或）专门配给该经济单元的各项资产的市场价值可用做该项贷款的抵押。项目融资通常适用于长期资本密集型项目，这些项目常常会在可产生收入之前就出现相当大规模的支出。

从历史上看，项目融资与开发及基础设施项目相联系。大规模资本密集型项目的结构化融资，如果以该项目的资产或未来现金流作为抵押，当该项目与开发或基础设施项目无关时，常常称为本金融资（principal finance）。虽然在一家公司中开展项目融资和本金融资的运营部门可能不同，但其结构和信用工具则通常相同，我们将在本章分析项目融资和本金融资之间的细微差别。

符合项目融资或本金融资的典型项目例子包括：

- 基础设施开发项目（如道路、铁道线路、网络）。
- 能源项目（如大型发电厂、变电和输电系统、石油和天然气勘探、钻井和炼油）。
- 环境项目（如水的供应与处理、废物的泄漏和清除、危险品处置和清除、自然资源管理）。
- 潜在资产［如研究和开发（R&D）、知识产权、制药专利］。
- 不流动或不寻常的风险投资，启动或并购（mergers and acquisitions，M&A）活动。

本章首先简要回顾项目融资过程本身——各参与方、各种阶段和各种风险，以及引入结构性融资解决方案来承担项目融资的问题的益处，然后分析四种不同类型的项目融资结构：

1. 证券化结构和项目融资债务抵押证券（CDO），作为初始项目贷款人的合成信用再保险和（或）合成再融资工具。
2. 出口的未来现金流证券化和开发与基础设施融资的其他应收款项。
3. 相关本金融资的未来现金流证券化，而非开发融资（包括整体业务证券化和知识产权证券化）。
4. 合成项目融资，及使用预付商品远期和互换的合成项目融资证券化。

21.1　项目和本金融资

本节中，我们将一般性地考察项目融资。之前已经定义了何为项目融资并已提及可以运用项目融资方法的一些项目的例子。因此，这里我们首先考察项目融资中的各参与方，随后讨论一个典型项目的各个阶段、每阶段的主要风险以及一些在项目融资的环境下需注意的具体融资考虑。

21.1.1　项目的各参与方

参与一项资本密集型项目的各种机构，或者是数量很少且为项目特定的，或者是数目较多且变化多样的。本节我们考察一个项目中一些潜在参与方的作用，并注意，并非所有项目都会有为每一个已经讨论的参与者而定义的角色。

因此，一个项目的参与方的数目和类型不仅仅传达了学术性的兴趣，而且，一个项目中的各参与方承担了项目的某些风险和得到了项目的回报。一个项目风险的分配也不再仅是项目融资方资本结构的函数。一项典型的项目融资结构如图21.1所示。

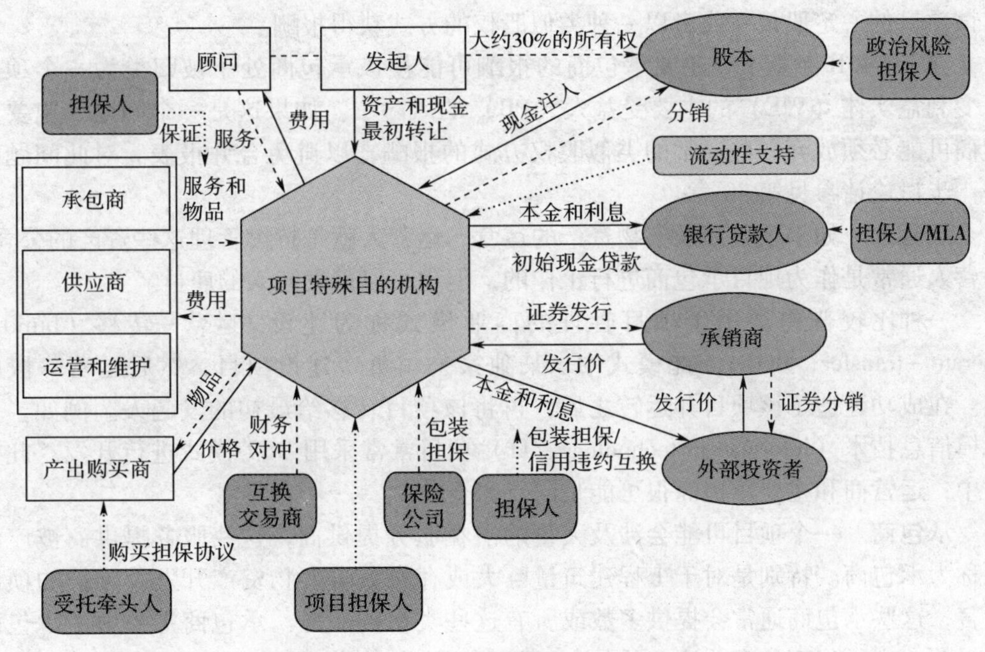

图21.1　典型的项目融资结构

发起人　每个项目会有一个发起人，那就是提议启动该项目的一家或多家公司。发起人常常会保留该项目的相当份额的股权，从而也是项目的产权所有人。在许多情况下，发起人很愿意拥有项目并通过资产负债表内操作为项目融资。但由于种种原因（参见第13章），发起人可能并不想或甚至不可能以无担保并对发起人具有完全追索权的方式进行项目融资。

项目特殊目的机构/证券化组 许多使用结构性融资技术的项目要求与发起人隔离，如我们在第13章所讨论的。可选择装载该项目（包括项目的流动资产和负债、对未来现金流的索偿权及类似事项）的法人实体是任何类型的特殊目的机构（SPE）。如以前各章所述，SPE通常是一家公司或是一项信托，但在某些特定项目的情况下，也可以是一种更加特别设计的组织形式，如合资公司、联产项目等。

SPE必须是破产隔离的。但不像某些证券化，SPE在合并报表方面不一定独立于发起人。情况很可能是，发起人完全愿意在其资产负债表中反映SPE的情况。以及投资人同样愿意投资于该SPE在此基础上发行的证券，关键是这些证券是无追索权的，这要求破产隔离而非发起人的独立性。

在本章，我们还会考察某些特定情况，在这些情况下，项目融资要求在一个证券化组中创建几家相关的SPE。这些SPE可能均与发起人具有相关关系，但它们也必须都与发起人破产隔离。

主要或总承包商 要求一定时期内进行资产开发和（或）供应链管理的资本密集型项目（例如建筑、勘探、种植、收获、煅烧等），一般都有一家主要承包商或总承包商来管理和（或）承担该项目的大部分开发工作。主要承包商通常作为一家统包商（turnkey）来引入其他承包商并作为项目资产的托管人。主要承包商常常持有该项目的一定股权，或者以一种类似股权的方式获得报酬。

在FIN46R条款下，主要承包商的报酬可能使该承包商处于被归类为一个项目可变利益实体（VIE）的主要受益人（PB）的风险中。如果这是一个问题，主要承包商可能必须放弃一些通常的类似股权方式的报酬，以避免合并报表。对此问题的进一步讨论请参见第30章。

运营人 如果项目涉及实物资产的运营，运营人就是持续管理这些资产的公司。运营人通常是作为项目承包商进行工作的，但也可以是发起人的雇员。

一种比较普遍适用于项目管理的商业模式称为建设—运营—转移（build－operate－transfer，BOT）。此模式中，某独家公司负责建设项目，然后运营一段时间。在成功建造了该项目并运转之后，再将该项目转移给最初的发起人。例如，大规模信息技术（information technology，IT）项目常常采用BOT模式进行开发。此模式中，运营商和主要承包商很可能是同一家企业。

承包商 一个项目可能会涉及大量的潜在服务提供商，这些服务提供商被广泛地称为承包商。特别是对于工程建筑量巨大或存在大量实物资产开发及维护的项目而言，这些承包商通常会提供多数或所有这些类似的服务。承包商主要由主承包商引入并向主承包商负责。这些承包商通常以固定价格获得报酬，既不参与承担剩余风险也不获得项目自身的回报。相反，承包商常常是因潜在的业绩不佳而引起项目风险的重要来源。

投入供应商和产出购买商 许多项目正处于供应链的中间，为了产生现金流，因而必须购买投入品和（或）出售产出品。考虑以下例子：

- 大型农业项目需要购买种子和化肥并包含农作物的最后销售。
- 为进行发电，能源生产项目可能需要购买一种商品或一些其他投入（如煤或天然气），然后再销售到成品市场。

- 基础设施开发项目一直包含建设和资产维护投入购买，出售的产成品取决于该项目（如公路的收费、一项公共基础设施项目上的政府支出等）。
- 大型 IT 项目需要采购硬件和软件，其产成品通过转移定价或明确定价方案或在公开市场上出售给 IT 系统的用户。

在这些情况和其他情况下，投入的供应商和产出的购买者都是项目的一部分。如同项目的各种承包商和劳务人员一样，这些参与者通常不是项目的投资者，他们也不参与项目的剩余收入的分享。相反，投入的供应和产出的销售往往是一个项目的重要风险来源（例如，产出销售价格和投入购买价格之间日益收窄的差价、贸易信用风险、不履行的风险等）。

贷款人或投资者　债务融资的外部提供者是项目融资的有机组成部分，特别是考虑到大多数项目的长期性质及其不可预测的现金流模式。投资者和贷款人从外部提供这些资金并按比例承担项目风险。不同类别投资者承担的风险取决于项目负债的结构化、与其他项目参与人间的风险共享安排，以及该结构的通常内部和（或）外部信用增强。

（再）保险公司　找到一个主要项目而没有一家或多家（再）保险公司的参与是十分罕见的。既具有非财务风险又具有财务风险的项目通常比较普遍，取得对项目的适当投资而不做外部风险转移安排常常几乎不可能。事实上，（再）保险公司在一些项目中发挥了巨大的作用，这些公司实质上成为该项目的共同发起人，并可通过某种形式参与项目股权。至少，人们可预期在一种或多种情况下看到（再）保险公司作为承包商、投入品的采购、产成品出售和长期销售合同（offtake agreement）、商品销售协议的担保人和保证人，作为其他形式的中间贸易信用的担保人，以及常常作为一个项目营运资本层的流动性支持的提供者。

衍生品交易对手方　对于涉及大量财务风险的项目，常常将风险对冲作为筹资的先决条件。特别是如果该财务风险并非该项目收入的核心组成，投资者很可能不愿因向该项目公司提供信用的扩展而承担其非核心财务风险。例如，一家在泰国设立工厂的美国运动服装公司可能需要筹集一些美元资金投入其项目，而该项目的收入和成本大部分以泰铢标价。投资于该项目的投资者可能很愿意投资于运动服装厂项目，但却对承担相当巨大的美元或泰铢货币风险缺乏热情。在该情况和类似的情况下，衍生品或许会成为风险转移的优选方式。

地方政府和多边机构　开发融资项目常常是准公共项目且通常包含一个或多个地方政府实体的参与。在某些情况下，政府机构可能是该项目的发起人和（或）项目产品的唯一采购方。例如，一条通往港口的隧道作为公共设施而建设，从而由一家地方政府机构为该地区的居民购买下来。

多边机构和出口信用机构也会在项目融资中扮演一定的角色。其角色可能因项目类型和性质的不同而有所变化，但可以包括向投资者提供财务担保、投入品采购或者产成品销售补贴或承诺、直接借款人、资产担保人等。经常与项目融资发生联系的多边机构的例子包括世界银行（WB）和国际金融公司（IFC）、国际货币基金组织（IMF）、各类国家出口信贷机构和进出口银行，以及各种区域开发银行［例如，美洲开发银行（Inter－American Development Bank）、亚洲开发银行（Asian Development Bank）］。某些国家还有一些其他专业机构专门从事国际项目融资支持。例如，美国海外私人投资公司（Overseas Private Investment Corporation，OPIC）实际上可直接为投资于政治不稳定区域和国家的美国公司提供政治风险保险。

项目咨询和结构化代理机构 如同任何一项结构性融资交易一样（参见第13章），一个项目也很可能包含不少咨询参与者，提供诸如法律咨询、税收和会计咨询服务，以及信托或保管服务等专业服务，以帮助完善和维护资产的各种证券利益。使用结构化融资技术进行融资的大多数项目也会涉及结构化代理机构，协助项目进行纯财务方面的设计工作。

21.1.2 典型的项目阶段

大多数资本密集型项目可分成5个相互区别的阶段：

1. 项目前期设计。
2. 开发。
3. 建设或资产开发。
4. 测试。
5. 运营和维护。

一个项目的相关风险，极大地取决于项目所处的阶段，并且这也会影响不同项目融资渠道的可用性和可接近性。正如前节所讨论的项目参与方一样，并非所有项目都存在所有这些阶段。

项目前期设计 在项目前期设计阶段，项目发起人采用第5章所提出的那些评估方法中的合适方法来评估项目的可行性，然后决定项目将如何开展——特别是将项目作为发起人的内部项目由发起人独立完成，还是是否需要将项目隔离并采用项目管理和项目融资技术进行开发。项目此阶段的参与者可能只有发起人及其咨询服务提供商。

开发 处于开发阶段的项目从很早时期就要经受严格的分析。在此阶段，需要开发收入和现金流模型，以及进行任何支持该项目所必需的第三方可行性研究。

通常任命一个项目管理小组来作为项目的发起人，来承担项目所有人的职责。该小组的第一项主要任务就是招标或雇佣一个主承包商。开发阶段的大部分时间则用于与主承包商一起招标选择其他承包商及分包商，确定所需投入品的来源及投入品提供商，以及类似的事情。

资金筹集通常在项目开发阶段的末期完成，因为很快将需要这些资金来负担下一阶段的大规模成本支出。

建设或资产开发 在一个大型项目中，通常历时最长且最花钱的阶段是建设和（或）资产开发阶段。取决于不同的项目，该阶段是项目选址、筹备，及建设或开发阶段。例如，一个工业项目可能需要为生产设备、机器和材料的装配与构建、生产投入品的获取及处理等选择并获取一个场地。再举一个例子，一个农业项目也会涉及选择及获取场地、投入品鉴定及采购、种植、耕作、播种等，但依不同的项目而不同。

测试　项目的测试阶段包括 α 及 β 测试（即有或没有现场顾客），并且这是项目阶段中将开发中资产转换为使用中资产的阶段。测试阶段也可能包括调试、授权许可、监管批准、纳税登记及类似事项。最后，测试阶段以项目的启动而宣告结束。

运营和维护　一个项目的运营和维护（operation and maintenance，O&M）阶段是项目开始执行的阶段。这通常是一个项目的生命周期中第一次产生收入的时间。所产生的成本包括可变运营成本，以及资产和项目的维护成本。项目的 O&M 阶段的重要部分是已开发资产的投入使用与维护过程。

21.1.3　项目风险

一个隔离的项目可能会遭受所有类型的风险，像财务的或非财务的风险。项目可能遭受风险的性质，在很大程度上取决于项目当前所处的阶段。特别是在 O&M 阶段的项目，影响项目的风险往往与项目早期所可能遭受的风险有很大不同。根据福斯特（2005）的观点，我们可依据有何种风险及如何管理这些风险来区分项目前 4 个阶段的风险——项目完成风险——与项目的最后 O&M 阶段的风险。

项目完工风险　考虑在前 4 个设计与开发阶段中项目可能遭受的风险的种类：

- 负债（例如，劳工赔偿、与劳务或承包商相关的债务、环境债务等）。
- 成本超支。
- 工期延误。
- 误期损害赔偿或罚款。
- 资产损毁（如灾难、恐怖主义、破坏行为、天气原因等）。

大体上，福斯特（2005）将项目完工风险定义为一个项目将面临的以下风险：

- 根本没有完成——一种灾难性结果，未实现任何收入。
- 未按时完成——这种结果在最好的情况下项目收入被延迟，而最坏的情况下项目收入延迟且低于预期，并伴随出现因不能按期履行计划而导致的各种合同和（或）监管处罚。
- 不合规——一项完成的项目不符合当地的和国际上规定和标准，从而引起可能的低于预期的产出、赔偿和罚款，以及高于预期的生产成本的风险。
- 超预算——对项目所需资金最初估计过低，从而发起人必须返回资本市场为相当规模的成本超支进行融资的风险。

福斯特（2005）概述了几种审慎的备选方法，项目管理团队可以用这些方法对项目完工风险进行良好的管理。下面重述福斯特的观点，这些项目完工风险管理的原则包括：

- 尽可能依据已获证明且已确定的技术。
- 执行强有力的、健全的且经过严格审查的合同，特别是各种建筑合同。
- 在建设和资产开发中获取承包商的保证或履约担保。
- 使用有资格的专家和有经验、有信誉的建筑承包商。
- 如有需要且可行的话，获得发起人的履约和（或）财务担保。

- 维护各种准备金和备用流动性支持，以按照事前风险融资方式为成本超支提供资金。
- 尽量签署一些应急投入品购买合同，如照付不议合同，从而在投入品的购置时机上获得一些灵活性以匹配项目需求的实际时机。

运营和维护风险 除项目完工风险之外，任何给定的项目也有可能在 O&M 阶段遭受各种财务和非财务风险。此类风险包括：

- 由于需求的意外下降或总供给的意外增加而导致的收入损失。
- 运营成本的意外增加。
- 资产减值、降级或破坏。
- 由于经营中断或缺乏业务连续性而造成的收入损失。
- 不安全的财产权（如非强制性专利权、政治风险、资本控制、没收）。
- 劳工纠纷以及当地劳动管理问题。
- 负债（如劳工赔偿、产品方面、环境方面等）。
- 来自非核心财务风险的利润侵蚀（如利率风险、汇率风险等）。

福斯特（2005）提出，管理 O&M 风险的方法与管理项目完工风险方法并无太大差别：

- 尽可能依据已获证明且已确定的技术。
- 执行强有力的、健全的和经过严格审查的合同，特别是对于维护合同和运营协议。
- 获取运营商、承包商和供应商的保证或履约担保。
- 使用有经验、有信誉的 O&M 承包商。
- 维护准备金和（或）备用流动性支持，以按照事前风险融资的方式为 O&M 成本提供资金。
- 对 O&M 提供商采取有激励安排的费用与报酬。
- 在具有实际及经济可行性的情况下，取得外部担保。

21.1.4 结构性项目融资的潜在利益

在本节中，我们将讨论结构性金融可使项目融资更简易、更务实，且在某些情况下更便宜的若干理由。有兴趣的读者还可参阅芬耐蒂（Finnerty，1996）的著作，以了解其将项目融资与直接融资比较而进行的精彩与深刻的分析。芬耐蒂在进行项目融资分析过程中也采用了公司融资的观点，从而以本书读者比较熟悉的理由证明了项目融资决策的合理性。

银行信贷能力的释放 银行是项目融资的主要提供者，但银行融资必然带来一些成本。最重要的是，银行非常强地依赖短期财务资本为其运营提供资金。由于许多项目具有极端长期的性质，为向项目提供相匹配的资金，银行将被迫承受潜在的巨大资产或负债不匹配，除非这些银行可获得某些形式的再融资机制。若没有，银行融资会变得相当昂贵，银行将必须为其资产或负债不匹配的业务分配经济资本，而这种经济资本的分配对于长时期的不匹配业务来说可能相当昂贵。

结构性融资解决方案可为银行提供一种对这些贷款进行合成再融资的手段，从而使银行可将这些贷款按短期业务对待，短于其在资产或负债匹配管理目的下的实际期限。这反过来显著地提升了银行参与项目贷款的能力，而不必为应对非融资的长期贷款所必须持有的资本收取昂贵的费用。

筹资来源多样化　结构性融资也有助于开辟银行融资之外的多样化筹资渠道，从而降低特定结构内部的信用集中度，因为它降低了该结构对银行部门的信用风险，且在多个经济部门之间分散了风险。

筹资的多样化也有助于鼓励银行参与项目辛迪加或类似的安排。例如，一家银行在与其他银行一起为项目提供资本、信用支持或流动性支持时，可能会受到内部信用限额的限制。此限制可能阻止该银行大规模参与项目，这不是出于项目信用方面的考虑，而是由于其他银行在该结构中所起的作用。

条款、批准和代理成本　特别是在项目融资中，银行和私募对手方均倾向于坚持关于该项目的众多协议和各种审批权。这对于项目管理团队可能会非常繁琐。除了造成延误和微观管理方面的担心之外，这种严重依赖协议和审批权的做法可能会引起两个其他重要问题。

一个问题是银行对项目的条件预期净现值（conditional expected net present value）的微小变化有过于敏感的倾向，瑞詹（1992）曾很好地描述并评论过该问题，卡尔普和米勒（1995）也对此进行过讨论。由于项目的长期性以及所有项目对银行债务通常广泛的依赖性，不需要有太多的负面信息，银行就可能对一个项目高度紧张。情况常常是，一家银行倾向于过早地停止项目。这就是为什么企业负债的100%来自银行很少被认为是一种最优状况的主要原因，这在一般情况下是真实的，甚至在长期资本密集型项目融资的情况下也是如此。

过分依赖于协议与审批也会产生代理成本。当不同的项目放款人开始争论不同类别的项目债务间协议的不同时，潜在的各债务之间代理成本的严重问题就会出现。即使对债务的仔细构建可使这种担心最小化，但也需要小心穿过代理成本的“雷区”，因为这可能大大增加结构化的成本。在项目融资中，包括非银行债务是降低整个项目对协议密集型借款（covenant - intensive borrowings）依赖程度的一个好办法，这些非银行债务更多地依赖于可观测的风险指标（如信用评级）。

发起人股权及代理成本　项目融资中的一个实际问题是，项目发起人通常会认为其在项目中所扮角色是十分特殊的。有时确实如此，可能发起人具有该项目中合法赋予的利益，如一项技术投资或大部分投入品的供给。有时也并非如此，可能发起人只是有进行该项目的想法，但除此之外很少或基本没有增加可比较的价值，并且投入的资本也很有限。无论哪种情况，认为发起人的角色十分特殊的感觉会引起严重的代理成本。

财务上，发起人对项目的参与表现在其保留的股权份额上。典型的项目发起人常常觉得有权拥有项目的所有股权或大部分股权，但由于需要引进外部资金，所以其将难以保留超过30%的股权。这种情形会使发起人觉得，其30%的股权实质上比仅在一家公司的普通股中占有30%的份额更重要。这就会造成有害的各股权之间的代理冲突及严重的公司治理问题，常常引起诉讼及争端，这些情况均会使项目陷于停滞的泥潭。

或许更重要的是，这类问题的出现将会在该公司的项目债务上发生显著的逆向选择成本。换而言之，债权人若担心一家发起人似乎很想剥夺其他股权持有人利益，则其无疑将担心自己的利益也可能被剥夺，从而要求对其投资的证券有一个潜在的相当大的折扣。即使不在乎剥夺权利，债务持有人仍可能要求一个较大的逆向选择折扣，以惩罚过高估计自己管理才能的发起人。

结构性解决方案通过创建一套更为细致的对项目的财务资本索偿权，有助于解决此类问题，至少在某种程度上可以解决。例如，除100%的普通股以外，发起人可保留其30%的股权份额，以及来自优先股的剩余股权，这些优先股可能可转换为普通股以进一步理顺利益关系。这种安排可使发起人的角色真正成为独特而唯一的，同时不会触发同一次级水平的成员之间的争执和冲突。或者相反，在某些结构中，给予发起人优先层并发行普通股更加合理。在这种情况下，发起人仍可得到回报，但发起人不再能够对项目产生不适当的治理影响。

虽然结构化有助于应对这一问题，但却不能消除它。完善的公司治理加上健康的预期管理才是摆脱股权内部问题的最佳方法。

信用增强和担保 被隔离的项目可以比与发起人资产负债表混合在一起的同一项目更容易获得信用增强。正如我们在本书第三部分多处已谈到的，CDO技术对于在不同证券层之间分配信用风险特别有用。分配信用风险的过程常常包括获得内部和（或）外部信用增强，而CDO的形式自然地促进了这一过程。

正如我们在项目融资的风险和风险管理描述中所见到的，项目常常需要多种类型的担保（既有财务的也有履约方面的）。通过类似CDO的载体进行一个项目融资的信用风险再包装，可使这些担保更易获得、更易进行定制及包装。

缓解投资不足问题并增加借债能力 回顾第3章内容：过多的风险债务会形成债务威胁（debt overhang），这是由于项目利益不成比例地被债权方获得，而成本却不成比例地由股东承担了，从而导致股权持有人否决具有正净现值的项目。因此，分离出一个单独的项目并在发起人之外为其融资，则将债务与股本更紧密地联系起来，较好地统一了两方的利益关系，降低了基于总债务水平而拒绝项目的可能性（John and John，1991；Finnerty，1996）。

由于类似的原因，采用结构化融资方法为项目分别融资可增加发起人的总借债能力。如果项目资产留在发起人的资产负债表中，公司就可能已充分杠杆化了，从而缺乏额外的负债能力。如果进行本次杠杆的原因与信息不对称有关（正如在投资不足模型中一样），则通过发行特定的债务为不同资产包分别融资，能够比所有资产混合在发行人层次获得更高的总债务水平。

如果项目融资的主要动机是在发起人层面上释放借债能力，则必须要求该项目不合并报表。不同于某些其他情形，项目SPE只需要与发起人破产隔离。此种情况下，项目可能必须实现对项目SPE的真实出售处理，且在FIN46R规则下项目发起人不是主要的受益人。

21.1.5 项目融资与本金融资的对比

项目融资和本金融资实际上是同一件事情，但如果只是看交易流的处理方式，就可能无法了解这一点。特别是在投资银行界，项目融资通常被看做基础设施项目的开发、市政公债或新兴市场融资，而本金融资是高收益私募债券领域的一种公司融资功能。事实上，两个领域的经济原理是相同的，都是以资产价值，或者与长期业务单元或资产组合相关联的未来现金流作为支持的借款。

但是，本金融资与项目融资之间也有一些重要的实质性差别。本金融资常常是与风险企业、购并活动、研究与开发活动以及其他潜在资产相关的借贷相关联。因此，作为本金融资基础的项目常常不经历开发项目和基础设施项目所具有的一些阶段（如前面所讨论的）。在我们本章稍后谈的例子中，这些差别会更加明显。必须认识到的重要事情是，这些差别大多是用语和制度上的，并没有真正改变我们将考察的债务结构的经济属性。

21.2　项目贷款证券化

我们这里考虑的结构性项目融资的第一种类型是项目贷款的证券化，通常满足三种主要原因之一就会发生。第一种原因，当一家单独的贷款人——通常是多边机构或出口信贷机构——作为一个大型项目贷款的实质上或法律上的担保人，而又不愿将全部贷款风险放入其账簿中时，该机构可能会证券化所有或部分贷款或贷款参与，以进行再融资，从而既管理了其风险又为额外的贷款释放了借债能力。

第二种原因，如前所述，某些项目的贷款人依赖于证券化手段，以短期筹资成本为基础并为长期风险进行再融资。在这种情况下，用传统的证券化或以 CDO 的方式进行贷款证券化就可解决问题。事实上，对于某些项目，证券化可能是解决该问题的唯一方案。由于几种原因，合成再融资会自然地服从 CDO 技术。第一个原因是 CDO 结构化过程中，再融资的各种风险可分配于各具体的证券层并分别销售给投资者。但或许更为重要的是，通过 CDO 结构捆绑各项目贷款进行证券化，可使单笔贷款在组合的基础上进行再融资，这可促进更为健全的风险管理，显著降低合成再融资的成本。

第三种原因，银行可能使用合成证券化的方法追求融资和（或）风险转移目标，正如我们在第 18 章中所见到的。业务动机实质上与实际证券化相同，但运作机制不同且允许对项目的合成再保险方面进行更为精细的微调。我们已见到，通过利用基础抵押支持集合的特级层，部分融资的合成证券化可降低一家原始权益人的加权平均资本成本。

对于项目融资证券化的详细且信息丰富的其他论述，请参见本书第五部分的第 32 章。

21.2.1　单笔贷款证券化

当一家单独的贷款人或辛迪加仅以出面公司的方式向一家项目借款人提供信贷时，单笔项目贷款的证券化通常会出现。这种情况的出现，可能是因为贷款获得了补贴，是已分配信贷计划的一部分，或是与担保进行了捆绑。在这些情况下，单独的贷款人通常是一家多边机构或出口信贷机构。但是，仅由于单独的贷款人或辛迪加愿意出面发放100%贷款，并不意味着贷款人愿意保留该风险，而证券化是再融资参与原有贷款的简便方法。

举一个例子，阿帕斯科公司（Apasco S. A. de C. V.）在1995年是墨西哥最大的水泥生产商。其需要完成的1.54亿美元的生产能力扩张，不幸的是这恰在20世纪90年代中期比索危机之后。由于比索剧烈贬值，墨西哥主权信用风险被认为非常高，这也逐步演变成为限制供给以及提高公司信用的价格。

为筹措资金用于扩张项目，国际金融公司为阿帕斯科提供了1亿美元贷款。但在这项贷款数额中，国际金融公司只愿意保留1 500万美元的风险暴露。于是国际金融公司设立了一家特拉华信托（Delaware trust），并向该信托出售了阿帕斯科贷款中的8 500万美元参与份额以换取现金。该信托通过发行单层BBB+级票据，为收购贷款参与份额筹集资金。该票据的固定票息为9%，相当于LIBOR+275个基点。宝德信（Prudential Insurance）、恒康互助人寿（John Hancock Mutual Life）、西北互助（Northwestern Mutual）和太阳美洲（Sun America）四家保险公司购买了全部发行票据。基本结构如图21.2所示。

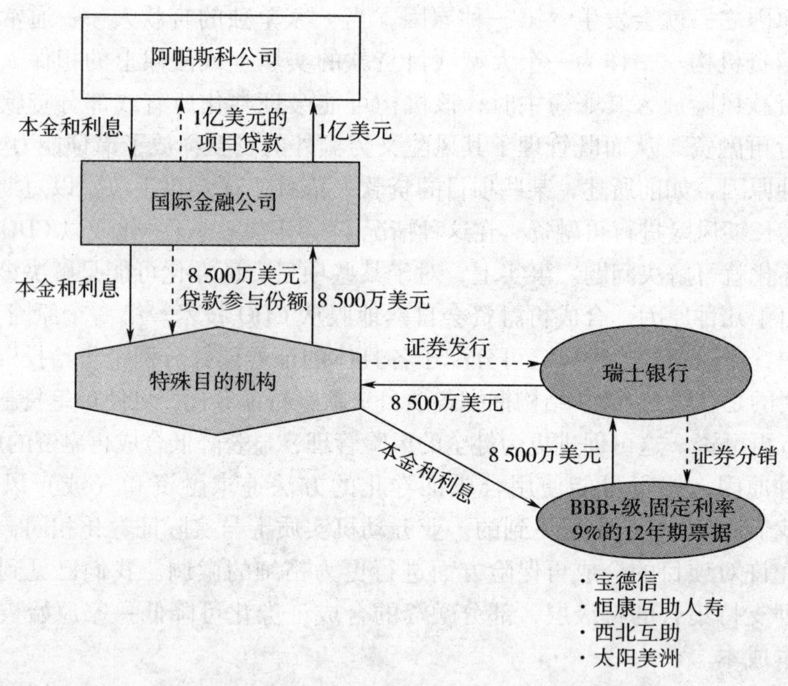

图21.2 阿帕斯科公司

21.2.2 组合证券化

埃菲尔1（Eiffel1）结构是传统项目融资证券化（一个全部融资的单层CDO交易）的另一例子，其中一组项目融资贷款被证券化了。[1]该交易的目的是，允许建筑公司参与大型基础设施项目，随时间逐步兑现其部分预期建筑应收款项，从而为这些建筑公司提供营运资本（流动资金）。埃菲尔1结构也是一项值得关注的交易，因为它代表了第一个项目融资 CDO，其中，CDO 中发行的债券是由来自项目的特定阶段的收入来支持的，而不是由项目整体来支持。该结构及其债务最终获得了较高的信用评级，高于任何未将票据与发起人自身信用风险完全脱离的发起人的评级。

20 世纪 90 年代，葡萄牙以公私合营（public/private partnerships）为支持，启动了一项大型公路建设计划，其中政府与私人参与方达成特许经营协议。迄今的大多数贷款均为发放给特许经营承担者的项目贷款，并根据其在未来 30 年从整个项目中获得的收入形成的还款能力进行发放。但是，埃菲尔 1 FTC 只由几个收费道路项目的建设阶段来支持，而交通、O&M 和其他阶段（无论风险还是回报）都不包括在内。

这些收费公路项目的主要建设企业——蒙它恩泽公司（Mota Engil SGPS, S. A.）、奔图派卓索建筑公司（Bento Pedroso Construcções, S. A.）和奥朴卡建筑公司（Obras Públicas e Cimento Armado, S. A.）的评级都低于投资级。这些建筑企业形成了人们称为互补公司联合体（ACEs）来共同履行收费公路合同。埃菲尔 1 为以下 4 个收费公路特许权（特许权人）提供融资：贝拉里托若易阿特（卢森塔尼亚）[Beira Litoral e Alta（Lusitânia）]、考斯塔德普若塔（维亚那）[Costa da Prata（Vianor）]、格软德鲍图（鲍特斯格尔）[Grande Porto（Portuscale）] 和奥特伊斯特达诺特（诺瑞斯）[Auto Estrada do Norte（Norace）]。特别是特许权人根据设备协议向 ACEs 兑现预期的建设支付款的时间表，并在以后用道路收入偿还贷款。

本案例的证券化（于 2004 年 10 月完成）包含贷款由 ACEs 向一家 SPE 的转移，这些贷款代表了它们对来自特许权人应当支付的所有现金款项的权利。该 SPE 作为一家基金设立起来，其唯一负债是单一级别的 5 年期 3.36% 附息的资金参与单位，其对流入 SPE 的现金流具有同样的索偿权。标准普尔给予该单位的预售评级为 BBB 级，以面值发行总额为 2.566 亿欧元。该结构如图 21.3 所示。

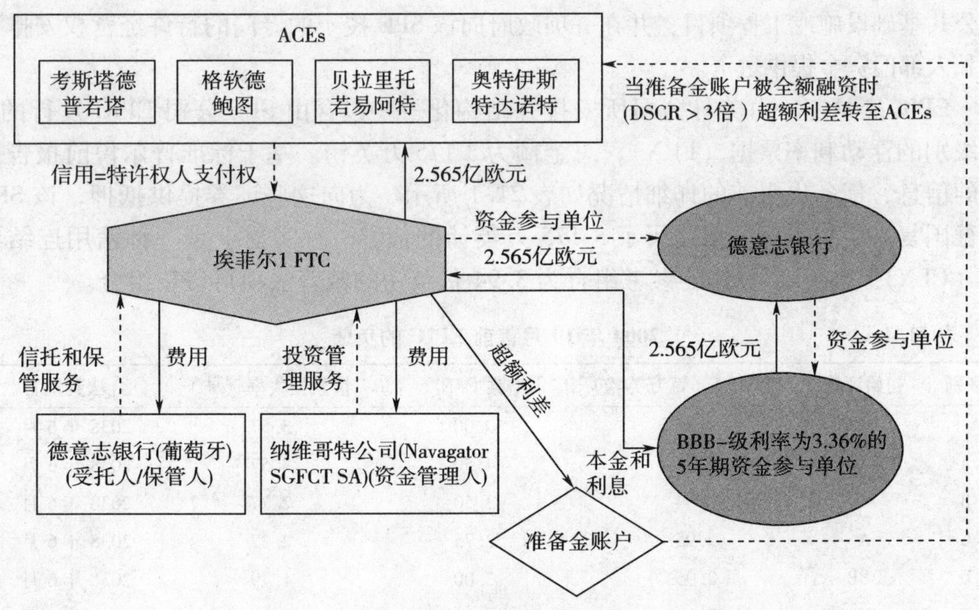

图 21.3 埃菲尔 1 FTC

该交易的主要内部增信方式是超额抵押（O/C）。按照公路收费特许协议，支付给 ACEs 的预期建筑款项总额为 1 292 993 896 欧元，代表了几乎 500% 的超额抵押嵌入该结构中。此外，该结构还设有来自两个内部准备金账户的额外增信和流动性支持，这两个账户是由建设信用支付款与资金参与单位的固定票息之间额外利差的转入来提供资金的。首先，建立债务偿付账户，支付未来六个月任何时间到期的利息。其次，建立锁定和末尾准备金账户，以覆盖该交易最后 9 个月的债务偿付。只要这些账户的相关债务偿付比率（DSCR）低于 3 倍，则可将额外利差资金转移过去以向账户提供资金。当该结构的 DSCR 大于 3 倍时，现金流瀑布的任何额外利差均以一种贷款延期支付的方式退回 ACEs。压力测试情景及基本情况表明该结构的总 DSCR 为 3.33 倍。

21.2.3 合成项目贷款证券化

基本公共基础设施资本（Essential Public Infrastructure Capital PLC，EPIC）公司交易完成于 2004 年末，是采用合成债务抵押证券（SCDO）结构向一组大型项目贷款组合的初始贷款人提供合成再融资的极好案例。[2] 该特别结构向原始权益银行提供一种针对其项目贷款组合的部分融资的信用保护，从而以非常有利的融资成本释放了对基础设施项目融资行业的内部信贷额度。如果没有该结构提供的信用保护，原始权益银行可能早已不能在项目融资领域发放额外的信用敏感型贷款。

EPIC 的参考抵押品组合是由爱尔兰的戴普法银行（Depfa Bank）最初发放的 25 个公共基础设施贷款的组合，价值约 3.94 亿英镑。所有贷款或者是英国私人融资计划（Private Finance Initiative，PFI）的一部分，或者是公私合营（Public Private Partnership，PPP）计划的一部分。任何单个 PFI 或 PPP 项目都是装载在一家独立的 SPE 之中的公共基础设施或工程项目，并在一项政府向该 SPE 授予的专门的特许经营权安排下由私人部门资金提供融资。

EPIC 交易——由美林公司所安排并结构化——包含由 SPE 公司 EPIC 发行的 6 个级别的浮动利率票据（FRN），总金额为 3 175 万英镑。基于标准普尔售前报告提供的信息，债务出售前的详细情况如表 21.1 所示。为向这些证券提供抵押，该 SPE 从德国复兴信贷银行公司购买了 3 175 万英镑的债券——实质上是一种信用连结票据（CLN）。与 CLN 挂钩的参考组合为 3.94 亿英镑的戴普法项目贷款组合。

表 21.1　　2004 年 10 月售前 EPIC 的负债

级别	初始评级	初始规模（百万英镑）	信用增强 C/E（%）	情景损失率（%）	合法到期日
A +	AAA	0.25	9.00	3.57	2038 年 6 月
A	AAA	17.72	4.50	3.57	2038 年 6 月
B	AA	3.94	3.50	2.77	2038 年 6 月
C	A	2.95	2.75	2.37	2038 年 6 月
D	BBB	2.95	2.00	1.79	2038 年 6 月
E	BB	3.94	1.00	0.90	2038 年 6 月

资料来源：标准普尔。

德国复兴信贷银行将 CLN 的发行收入投资于可交易证券，然后向戴普法出售针对其参考贷款组合的前 3 175 万英镑损失的信用保护。如果没有违约事件，CLN 向 SPE 支付的利息等于低风险抵押物赚得的利息收入加上德国复兴信贷银行收取的信用违约互换（CDS）的费用。如果出现违约事件，债券的本金和利息将被扣留，以便为 CDS 支付款提供资金，CDS 支付款金额可高达 SPE 所发行的 FRN 和德国复兴信贷银行所发行的债券的面值。债券也分 6 个级别发行，这 6 个级别在规模和优先等级上严格与 SPE 所发行的 6 个级别的 FRN 相匹配。

此外，德国复兴信贷银行也向戴普法出售了其参考贷款组合的 3.5802 亿英镑 XS 0.3569 亿英镑特级层的保护。德国复兴信贷银行作为信用保护购买人与另一互换交易商对手方签订一份类似的 CDS，从而为特级互换对冲风险。此项交易的结构如图 21.4 所示。

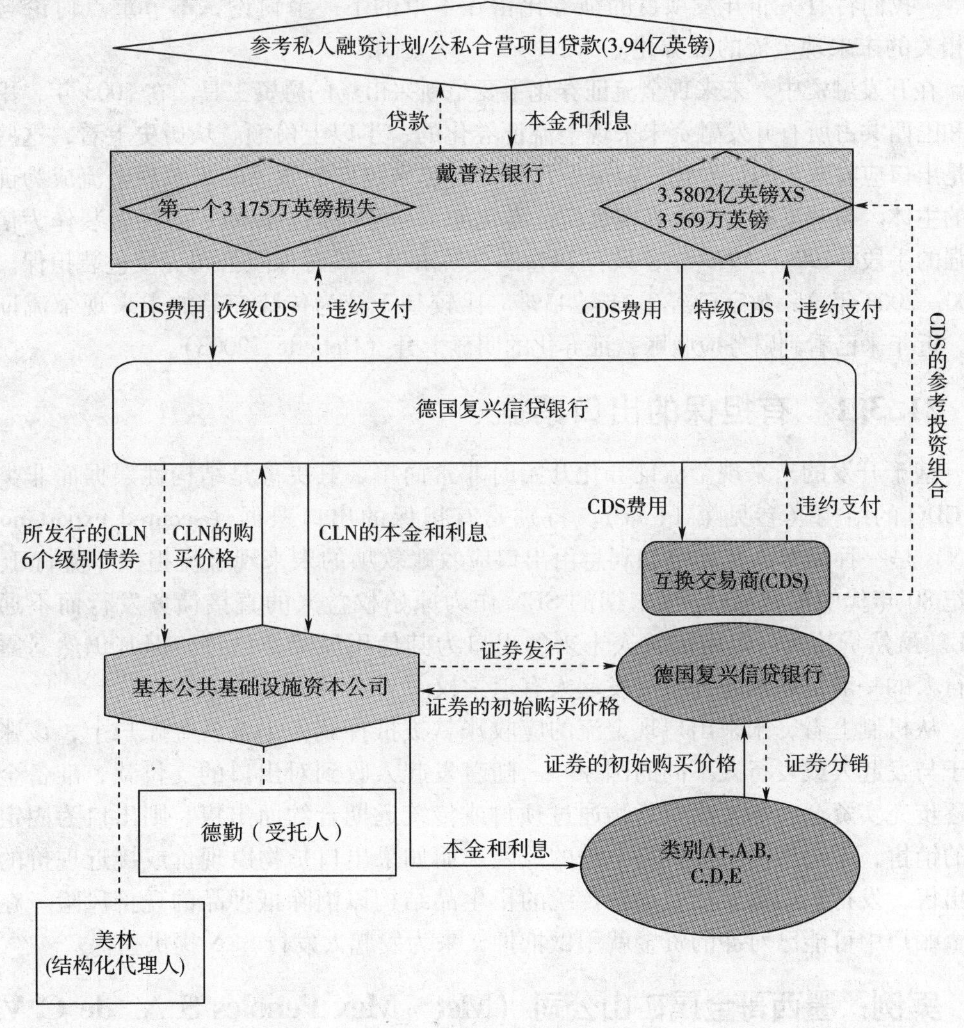

图 21.4　基本公共基础设施资本（EPIC）

21.3 未来现金流证券化：开发与基础设施

未来现金流证券化是一种结构性项目融资，其中来自项目的未来收入被证券和货币化，以立即筹集现金。在许多情况下，该现金为同一项目提供资金，而该项目随后将生成作为证券化基础的未来现金流。在其他情况下，一个项目的未来现金流被证券化，是为新的但类似或相关的项目提供资金。

传统项目融资领域的未来现金流证券化，常常与出口应收账款的证券化相联系。近年来，在与开发相关的项目融资中也已经开始出现对财务应收账款的证券化。除与开发有关的项目融资外，未来现金流证券化也与本金融资或非开发项目的融资相关联，其范围从购并活动到诸如专利和其他知识产权（intellectual property，IP）等无形资产的货币化等。我们将有关非开发项目的证券化留在本章的下一节讨论，本节重点讨论与开发相关的未来现金流的证券化。

在开发融资中，未来现金流证券化主要是新兴市场的融资工具。在2003年，墨西哥和巴西共占所有开发融资未来现金流证券化的一半以上份额。从历史上看，这些主要是出口应收账款的证券化。但最近几年，有越来越广的领域的未来现金流成为证券化的主体。与开发有关的未来现金流证券化的另一个倾向是以单一险种包装作为信用增强的手段。1996—1999年，只有14%的交易由单一险种保险公司提供包装担保。在2000—2003年这一数字已经上升至43%。比较基于较为传统商品的未来现金流证券化，近年来已看到财务应收账款证券化的明显上升（Heberle，2003）。

21.3.1 有担保的出口票据

基于开发的未来现金流证券化开始时非常简单，其更像是结构性票据而非类似于CDO的结构（参见第14章）。特别是有担保的出口票据（secured export note，SEN）是一种债券，其本金和利息由出口应收账款项的未来现金流担保。流行于20世纪80年代中期到90年代末期的SEN作为原始权益人的直接债务发行而不通过SPE。虽然贷款人可以用借款人未来的出口为其信用风险作抵押，但其仍然暴露于发行人的一般信用风险并可对发起人有追索权。

从机制上看，未来出口现金流的应收账款被抵押到一个准备金账户上，该账户位于与发起人或发行人不同的国家——随着发起人收到对出口的支付款，准备金账户逐步充实资金。如果出口货物通过预付或传统远期合约而出售，则出口为固定价格的销售，不会遭受出口价格下跌的风险。而如果出口货物以现价或接近现价的价格出售，发行人则需要使用某种传统的衍生品结构以消除抵押品的现价风险。在准备金账户中可能已对冲的资金就用做抵押，来为发起人发行SEN提供担保。

案例：墨西哥金属矿山公司（Met - Mex Penoles S. A. de C. V.）

一个十分典型的SEN标准发行的例子如图21.5所示。所示的实际交易是由墨西哥金属矿山公司于1993年12月发行的SEN。Met - Mex当时是世界上最大的精炼银采矿运营商，并且是墨西哥矿业、冶金和化学联合企业佩诺莱斯工业公司（Industrias Penoles S. A. de C. V.）的全资子公司。

由于 Met - Mex 需要扩展其当地的冶炼业务，因此推动了 100 美元的发行。银行贷款虽可以获得，但以完全追索无担保的方式成本过高。这样 Met - Mex 则发行了 5 年期已确定到期日的单一级别债券，由 Met - Mex 向住友（Sumitomo）销售白银的未来现金流加以支持。上述销售的完成通过以下组合进行：一份照付不议合同和住友出售给 Met - Mex 的一系列平值白银卖出期权。根据卖出期权，要求住友从 Met - Mex 以时价购买白银，确保 Met - Mex 能够偿付其在 SEN 上的债务。剩余的白银由住友按照第 11 章所定义的照付不议合同购买。

SEN 证券使 Met - Mex 能够以大大低于无担保方式筹集资金成本的水平进行借贷。住友协议将白银的销售抵押给债券持有人，这种方式既消除了银价波动的市场价格风险，又可使住友向债券持有人付款的同时保持 AA 级的信用评级。

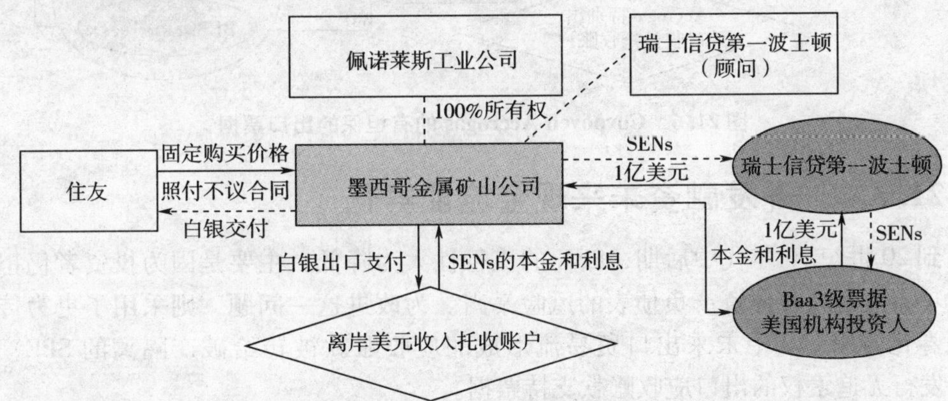

图 21.5 墨西哥金属矿山公司的有担保的出口票据

案例：Corpoven Accrogas

1993 年 7 月，委内瑞拉国家石油公司（Petroleos de Venezuela，PDVSA）的液化天然气（liquefied natural gas，LNG）子公司 Corpoven 发行了两类 SEN 共 2.75 亿美元，所筹资金用于 Accrogas LNG 生产联合体（Production Complex）的发展。票据发行得到两方面的支持：发起人 PDVSA 注资 7 000 万美元和 3 家出口信贷机构［法国的科法斯（Coface）、意大利的 SACE 和美国的进出口银行（EXIM Bank）］发放 1.95 亿美元的出口信贷。

Corpoven 以其液化天然气销售的应收账款为其票据发行担保，在本例中销售对象主要是道烃公司（Dow Hydrocarbons）和安然液体公司（Enron Liquids）。在 Met - Mex 交易中，白银销售的市场风险通过使用一份照付不议合约加一系列卖出期权得到降低。在 Corpoven 结构中，通过采用预付远期方式向道烃和安然（Enron）销售液化天然气从而消除市场风险。随着时间的推移，液化天然气销售预付款逐渐流入，这些资金将存入一个支持 Corpoven 票据发行的特别准备金账户中。

不同于 Met - Mex 交易，Corpoven 交易包含两类不同的证券，两者均是 Corpoven 的直接债务，因而票据持有人对 Corpoven 和 PDVSA 有部分追索权。一类票据是总额为1.25亿美元的6.5年期票据，定期支付的利息为CMT利率加250个基点。这些票据通过信诺（Cigna）出售给保险辛迪加，并带有BBB评级。另一类是总规模为1.5亿美元的6年期BBB级票据，支付LIBOR之上225个基点的利息。此类票据由巴黎巴银行（Banque Paribas）向银行辛迪加发行。如图21.6所示。

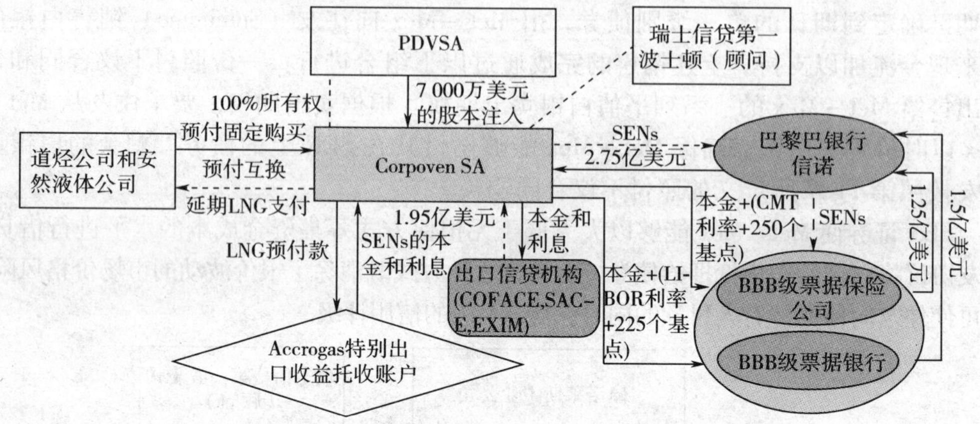

图21.6 Corpoven Accrogas的有担保的出口票据

21.3.2 开发融资未来现金流证券化

到20世纪90年代中后期，SEN的流行性大为降低，主要是因为投资者仍担心其对项目发起人整体资产负债表的风险暴露。为改进这一问题，则采用了更为传统的证券化方法，其中未来出口贸易流形成的应收账款被转给破产隔离的SPE，由SPE发行无追索权的出口应收账款支持票据。

出口应收账款证券化 2000年6月，卡塔尔通用石油公司（Qatar General Petroleum Corp.，QGPC）所做的当前及未来液化天然气销售应收账款证券化是一个关于出口应收账款证券化基本结构的极好例子。该笔特定交易的驱动因素为QGPC为其计划的生产设施扩张而筹集12亿美元的融资需求。首批用于产能扩张的8亿美元通过两笔辛迪加银行贷款来筹集，QGPC进入资本市场筹集其余4亿美元。

在该证券化结构（见图21.7）中，向顾客销售天然气的应收账款转让给一家名为QGPC财务公司（QGPC Finance）的SPE，价格为4亿美元。应收账款的收款现金流随后转入以SPE名义设立的账户。那些转入账户以应收账款和支付款项作为抵押品，为SPE发行给投资者的单一级别凭证提供支持，凭证的认购价为4亿美元。安巴克保险公司对此凭证提供了单一险种包装担保，使其评级达到AAA级。

本案例中的应收账款大部分是以现价向顾客出售液化天然气而获得的。这意味着，凭证的本金和利息会遭受液化天然气价格下跌的市场风险。为对冲这一风险，该SPE与互换交易商做了一笔支付浮动①的商品互换，使SPE可将一组基于现价的

① 指本交易的SPE（QGPC Finance）作为浮动液化天然气价格的支付方，从互换交易商方面获得固定的液化天然气价格的款项，从而将SPE在现货市场上收取液化天然气应收账款所隐含的价格变动风险对冲掉。——译者注

应收账款流转换为一组固定价格的支付款流，从而消除了支持凭证的抵押品的市场风险。

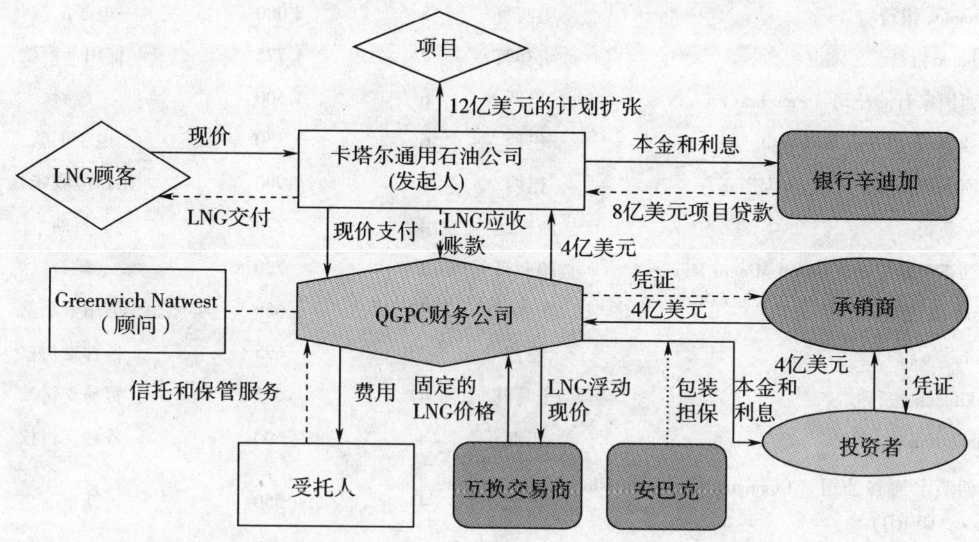

图21.7 卡塔尔通用石油公司的液化天然气出口应收账款证券化

这里讨论的QCPC出口证券化项目是来自实际项目的简化内容，其实际情况要稍微复杂一些。卡塔尔天然气（Qatar - Gas）Ⅱ——于2005年2月完成总额为128亿美元的项目——更复杂一些。我们仅在此讨论其一般情况，使我们大致能了解几乎所有出口应收账款证券化所采取的基本形式。但对于这些项目可添加的新花样，则没有什么限制。

其他开发融资未来现金流证券化 除了商品出口应收账款证券化之外，与开发关联的项目融资还包括与服务有关的出口应收账款证券化。例如，航空公司机票应收账款之前已由包括智利航空公司（LAN Chile）、阿万卡航空公司（Avianca Airlines）和大韩航空公司（Korean Air）在内的航空公司进行了证券化。[3] 证券化还包括财务未来现金流证券化，如电子汇款，或者按类别（如信用卡汇款）组成一组，或者合并为所谓多样化支付权（diversified payment rights，DPR）的打捆汇款。公路收入和未征取的税款仍然是作为项目或开发融资一部分的未来现金流的其他类型。表21.2总结了一个关于1996年到2003年11月与开发有关的未来现金流证券化的前几位发行人的情况，该表由赫伯尔（Heberle，2003）整理。

表21.2 1996—2003年位于前列的开发融资未来现金流证券化发行人

发行人	国家	交易数	发行额（百万美元）	抵押品
墨西哥合众国	墨西哥	1	6 000	石油
墨西哥国家石油公司（Petroleos Mexicanos，PEMEX）	墨西哥	18	5 000	石油

续表

发行人	国家	交易数	发行额（百万美元）	抵押品
委内瑞拉国家石油公司	委内瑞拉	11	3 515	石油
Banamex 银行	墨西哥	8	2 080	电子汇款
Akbank 银行	土耳其	7	1 775	信用卡汇款
巴西国家石油公司（Petrobras）	巴西	6	1 500	燃料
巴西银行（Banco do Brasil）	巴西	6	1 330	电子汇款
巴西 Aracruz 公司（纸浆生产商）	巴西	3	900	出口应收账款
YFP 公司	阿根廷	4	778	石油
墨西哥矿业集团（Grupo Minero Mexico）	墨西哥	3	720	矿石
Bancomer 银行	墨西哥	3	650	信用卡汇款
Unibanco 银行	巴西	3	625	各种支付权
Vakifbank 银行	土耳其	4	605	贸易支付款
Banco Itau 银行	巴西	4	600	各种支付权
巴西淡水河谷公司（Companhia Vale do Rio Doce，CVRD）	巴西	4	550	铁矿石
巴西 Visanet 公司	巴西	2	500	信用卡汇款
中国远洋运输公司	中国	1	500	出口应收账款
哥伦比亚国家石油公司（Empresa Colombiana de Petroleos）	哥伦比亚	2	466	石油
布宜诺斯艾利斯省	阿根廷	1	462	税收
Autopista del Maipo 公司	智利	1	421	道路收费应收账款

资料来源：Heberle（2003）。

21.4　未来现金流证券化：本金融资

证券化未来现金流，正如我们看到的，在利用证券化产品转移资产风险给投资者以及将一组未来现金流货币转化为当期现金流入等方面均十分有用。将这种证券化技术应用于开发融资领域以外的未来现金流也相当流行，特别是在本金融资的类似领域内。本节我们将考察这类交易的 3 个更富创造性的例子。

21.4.1　啤酒变现金

英国的酒吧或小酒馆在英国文化领域中是一种永久性的特色。在英国有60 000多家酒吧。1989 年，英国啤酒秩序法（Beer Orders Act）强制英国酿酒商将其拥有的2 000 多家酒吧出售一半，以防止酿酒商通过将啤酒出售给酒吧然后再销售给大众，从而非正当利用其在供应链中多个环节的市场主导地位。

一些被称为帕布克斯（PubCos）① 的大型酒吧公司打起了收购酿酒商所必须出售的酒吧的主意。但在许多情况下，这些帕布克斯们没有充足的融资渠道来完成对这些酒吧的收购。未来酒吧收入的证券化是一种以担保方式筹措收购资金的抵押品的主要来源。同时，经过整合的酿酒商也开始依赖于酒吧收入的证券化为其现有财产的运营和维护提供融资、为早期贷款进行再融资，以及为其所挑选的部分酒吧不动产和酒吧组合提供融资。

典型的酒吧证券化的抵押物来自酒吧业主承租所带来的收入。典型的租约产生 3 种类型的收入：租金收入、捆绑一起的啤酒销售的利润，以及游戏机收入。例如，2005 年 5 月酒吧业主或运营商庞奇泰文斯（Punch Taverns）的收入明细为 43% 来自租金收入和 47% 来自啤酒收入。[4]

典型酒吧证券化的一般结构如图 21.8 所示。[5] 除了筹集资金之外，典型酒吧证券化还涉及将资产隔离于其余发起人的运营活动，以保护证券化参与小组不受与酒吧融资无关的外部债务的干扰。证券化小组的构成为一家 SPE 结构性产品发行人、一家 SPE 借款人和一家运营公司。而后两者常常为同一家。

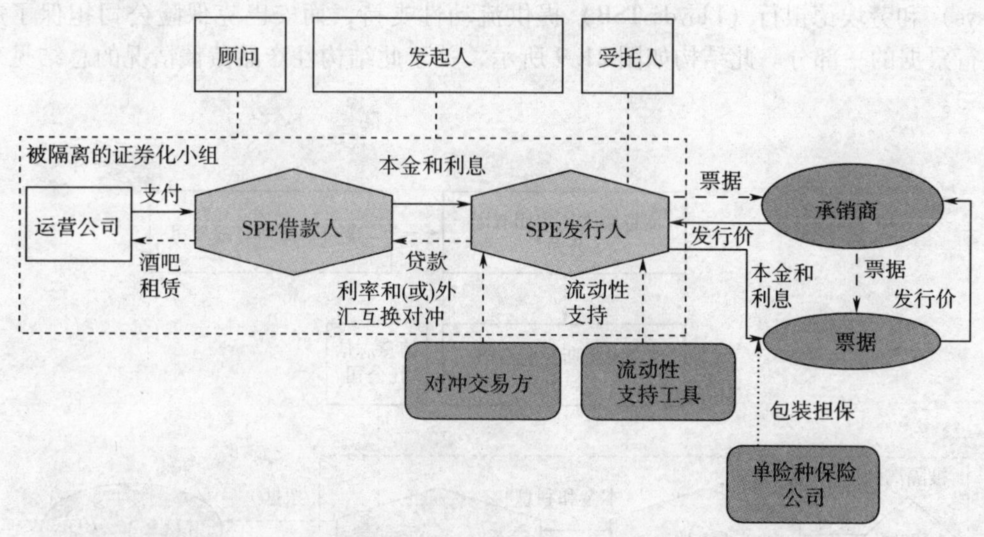

图 21.8 普通酒吧证券化

SPE 发行人通过发行未来现金流支持的票据来筹集资金。这些资金被出借给 SPE 借款人，而借款人又可以将这些资金投入运营公司，或用这些资金为一笔先前的交易进行再融资，或用这些资金偿付之前的本金或者与项目相关的过桥贷款，或用于任何其他活动，只要这些活动与酒吧的收入有关。SPE 发行人在作为其贷款抵押品的酒吧资产上具有完善的担保利益，而其贷款的本金和利息流又支持了其发售的结构性产品的本金和利息。

这类结构通常会包含很强的增强信用和流动性的安排。内部信用增强和流动性

① PubCos 是英文 Pub（酒吧）和 Cos（Companies，公司）的缩略形式，这里用来指代那些较大规模的酒吧公司。——译者注

增强的创设可通过嵌入式的超额抵押账户（O/C）、负债的次级安排和分层，以及对自由现金流和（或）息税折旧摊销前盈利（earnings before interest，taxes，depreciation，and amortization，EBITDA）的严格的 DSCR 要求来进行。通常由 SPE 发行人商谈利率互换交易，以管理伴随着高利率情况而产生的现金流缩减风险。SPE 发行人一般也为一至二年期的债务偿付获取外部流动性支持。最后，迄今的大多数这类证券化交易均涉及至少对某些证券层的单一险种担保。

举一个具体的例子，如 2003 年 11 月 3 日完成的庞奇泰文斯财务公司（Punch Taverns Finance PLC）的发售。本次总额达 182.5 万英镑的发行实质上是一次对已经被弥补和合并的几笔早期交易而进行的再融资。此次发行总共由 4 类组成。两个高级类别既包含固定利率也包含浮动利率的发售。到期期限从较高级发售品种之一的 6 年到大多数次级债券的 27 年不等。支持这些债务的抵押资产是庞奇泰文斯财务的上市公司对庞奇泰文斯有限公司（Punch Taverns Ltd.，PTL）的一笔贷款，该贷款以 4 183 家酒吧的未来现金流作为担保。PTL 还管理并经营着那些酒吧。苏格兰皇家银行（Royal Bank of Scotland）提供了利率互换对冲，巴克莱银行（Barclays）和劳埃德银行（Lloyds TSB）提供流动性支持，而安巴克保险公司担保了所发行票据的一部分。此结构如图 21.9 所示，关于此结构性产品负债情况的总结见表 21.3。

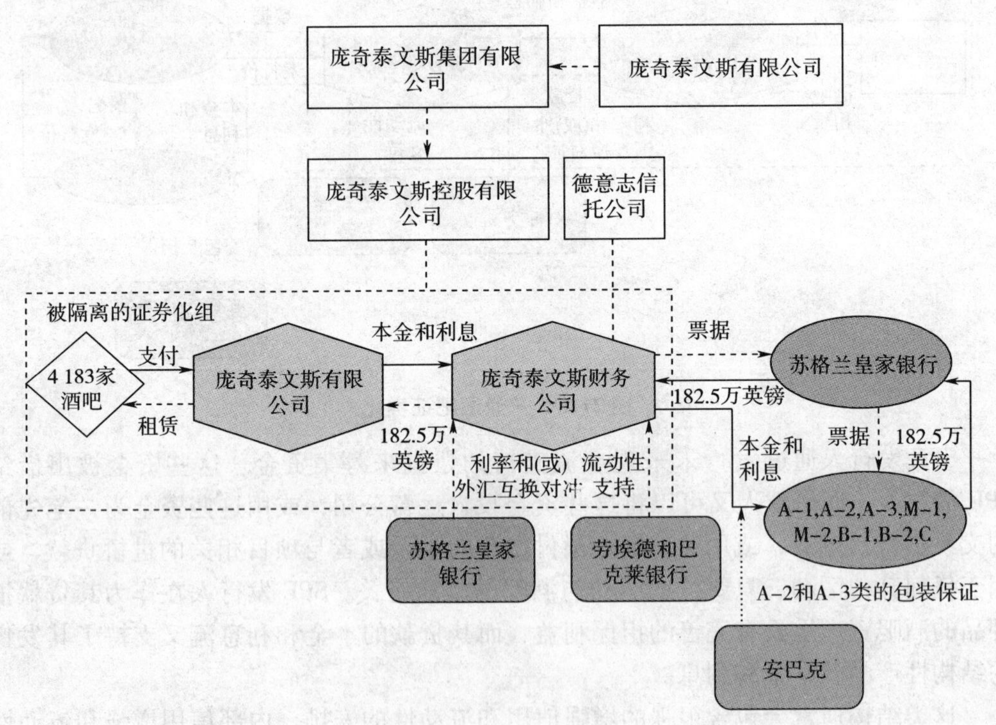

资料来源：标准普尔。

图 21.9 庞奇泰文斯财务公司（2003 年 11 月）

表 21.3　　　　　　　　庞奇泰文斯财务公司的债务

类别	评级（标准普尔）	本金（英镑）	利息	到期日
A-1	A	2.70 亿	7.27%	2022 年 4 月 15 日
A-2	AAA[a]	3.00 亿	6.82%	2020 年 7 月 15 日
A-3	AAA[a]	1.50 亿	3M-LIBOR+32	2009 年 4 月 15 日
M-1	A	2.00 亿	5.88%	2026 年 10 月 15 日
M-2	A	4.00 亿	3M-LIBOR+115	2026 年 10 月 15 日
B-1	BBB	1.40 亿	7.57%	2026 年 4 月 15 日
B-2	BBB	1.50 亿	8.37%	2029 年 7 月 15 日
C	BBB	2.15 亿	6.47%	2033 年 4 月 15 日

注：[a] 由安巴克担保为 AAA 级。

资料来源：标准普尔。

21.4.2　整体业务证券化

酒吧证券化是一种评级机构喜欢称为公司证券化（corporate securitizations）的类型，更为流行的称谓是整体业务证券化。这些交易曾主要流行于欧洲，不仅包括酒吧，而且还包括自来水公司和保健行业公司。整体业务证券化常常由一种可感受的需求驱动，即将所涉及业务的资产与发起人较广泛的业务活动相隔离，来便利并购活动或跨越业务范围的融资安排。同时整体业务证券化还是一种推动以前与并购案有关的过桥贷款再融资的普遍手段。

例如，考虑东南水务（财务）控股有限公司［South East Water（Finance）Ltd.，SEWFL］于 2004 年 7 月发行了总额为 3.66 亿英镑。[6] 此次发行起因于麦格里银行（Macquarie Bank）方面希望对其在 2004 年 10 月收购东南水务公司（South East Water，SEW）时形成的原始贷款进行再融资。SEW 是英格兰和威尔士的第二大水务公司，服务于英国东南地区超过 50 万的用户。该公司持有运营执照，从而创造了独特的市场，可以介入来自其所服务地区用户的水务支付和受到监管的费率费用。

正如酒吧证券化一样，一项整体业务证券化也依靠几家公司的隔离结构，即这几家公司的资产完全与发起人（本例中为麦格里银行）隔离。该结构所发行的担保票据持有人承担的信用风险，就是被隔离在证券化组内的所有实体的信用风险。SEW 就是那些被隔离的实体之一。此外，SEWFL 作为 SEW 的全资子公司，是 SEW 为该结构而创设的一家 SPE，其唯一目的就是向投资者发行票据。该结构的隔离部分也包括一家称为东南水务控股有限公司（South East Water Holdings Ltd.，SEWHL）的 SPE，它是 SEW 的唯一拥有者，从而也由麦格里银行全资拥有。SEWHL 的主要目的是持有 SEW 的股份。这有助于其代表票据持有人实现将这些证券抵押给一家受托人并作为票据本金与利息的抵押的法律过程。SEWHL 也扮演了一种渠道的角色，其将从票据持有人获取的资金返回麦格里银行，而同时又不会引起对被隔离实体的破产问题的独立性的担忧。

SEWFL 的负债包括两个证券层，总计 3.66 亿英镑——1.66 亿英镑为 25 年期传统债券，2 亿英镑为 15 年期指数挂钩债券。后者是以名义债券的形式发行的，然后将名义债券的收入交换为与一组零售物价指数（retail price index，RPI）挂钩的现金流，从而实际上相当于将名义债券转换为结构性票据（参见第 14 章），并合成与 RPI 挂钩的实际债券（RPI - indexed real bond）。[7]

在 SEWFL 筹集的 3.66 亿英镑中，360 万英镑用于充实一个高级利息准备金账户，2 500 万英镑用于一项新的资本开支计划，其余资金用于为前一年麦格里银行收购 SEW 的融资活动进行再融资。该交易由银行授信额度提供外部流动性支持，而结构内部则由该结构的现金流瀑布提供资金的准备金账户以及后续发行的债务来提供支持。这些债券由安巴克担保至 AAA 评级。

21.4.3 知识产权证券化

从 1997 年发行的著名的鲍威债券开始，市场对诸如知识产权（IP）证券化等无形资产证券化产生了极大的兴趣。IP 证券化背后的基本理念与任何其他未来现金流证券化并无区别：将某种资产或项目产生的未来收入转换为可支付给其所有者的当期现金额。对于知识产权，这种资产就是已获得牌照的知识产权，而未来现金流就是授权收入流。产权所有人是无形资产牌照持有人。

回顾第 10 章我们关于好莱坞融资论战的讨论。虽然我们对该案例的讨论是建立在事情如何不能成功的主题上，但更普通概念已很流行，即对未来电影版权的证券化。许多案例中，证券化的目标是在制作阶段超出预算的电影。未来版权的货币化会产生对电影所有人的先期现金支付额，以用于完成电影的制作。虽然从业绩表现以及维持评级的角度来看，这些结构有着波折的历史，但对电影制片人而言这些结构极其重要。

知识产权证券化的另一应用是制药专利，这方面有诸多讨论，但少有尝试者。

目前已完成的每一项知识产权证券化看起来都有所不同，我们已在好莱坞融资中看到了一个相当好的案例。尽管好莱坞融资债券的担保后来发生了一些问题，但图 10.8 中所描述的结构对于此类交易如何安排具有相当广泛的代表性。

让我们再看一个 IP 证券化结构的例子。1997 年，鲍威债券（Bowie bond）涉及大卫·鲍威的多达 300 首以前录制的歌曲的出版和录音权的证券化。出售使用这些歌曲的许可为鲍威筹集了 5 500 万美元，而且消除了其早期作品流行度下降的风险。[8] 鲍威债券为 15 年期票据，加权平均期限为 10 年，固定票息率为 7.9%。

除了具备一只证券化资产的通常特征之外，SPE 一般还拥有一只卖出期权，在该交易日可平值出售知识产权。SPE 可在任何时间出售 IP 及版权费的所有权给担保人，以换取固定的售让价格。这就保证了 IP 资产价值的下跌（如以前录制的鲍威的歌曲流行度下降）不会危及票据的本金和利息支付。[9] 然后 SPE 将卖出期权授予受托人，作为其发行票据的进一步的抵押。

21.5 合成的基于商品的项目融资

通过使用衍生品，基于商品的业务也可以合成地进行项目或本金融资。正如卡尔普（2004）曾解释和记录的，使用预付商品衍生品（参见第11章）作为项目或贸易融资的合成形式可追溯到亚述人（Assyrians）时期。想象一位农场主拥有一块可生长小麦的农田，但如果他想以无担保的方式借款而不产生非常高的外部融资成本，就会被认为信用风险过大。然而如果不借款，农场主就不能付钱给工人来照料农田并使庄稼丰收。这位农场主没有去寻找贷款人，而是采用预付远期合约的方式出售其农作物，产生当前现金收入，用于支付工人的工资，从而将该农作物照料成熟。至于所涉及的农作物也是该远期合约的基础资产并不重要。

以事先设定的固定价格购买一种未来交付的商品（即看多远期）在经济意义上等同于购买立即交付的商品并将其储存一段时间。总购买成本等于为购买商品而融资的利息成本，加上储存的实物成本，并减去实际持有该资产可获得的任何利益（Culp，2004）。在传统的远期合约中，多方在未来从空方收到资产的同一日支付购买款项。在一份预付的远期合约中，多方会在该笔交易的起始时间就为其未来收取的资产进行支付，从而实际上将传统的远期合约与向资产出售人的现金贷款结合起来。这也就是项目或本金融资，当然，这类项目融资的实际执行手段还要更复杂一些。

21.5.1 合成项目融资结构和资金来源

采用预付款作为合成项目融资的基础，可能会涉及多达5个不同的部分，这些部分一起形成了一个单一结构。这些部分是：

1. 预付款方面。资产购买人——常常是SPE——向资产出售人（即项目借款人）支付一笔前期现金，以换取未来一次或多次资产交付的承诺。该预付款会被记录为一笔衍生品合约，并按照与衍生品交易同样的方式进行会计和税收处理。如果预付购买与一笔未来交付相关联，该交易就是预付远期合约。但是，大多数时候，一笔预付款的支付是为了一系列的未来交付（例如，5年后的一年中每月交付一次）。在这种情况下，该衍生品合约属于预付互换合约。

2. 信用增强方面。预付资产购买人当期为一项资产进行支付，换来出售方未来交付的承诺，这显然承担了巨大的信用风险。当债务人违约时，所涉及的资产可能尚未全部完成。此外，资产购买人进行远期资产购置时也并未在基础资产中设定完全的第一权益留置权（first - interest lien）。所以，购买人将要求出售方提供某种显著的信用增强措施，以为交付义务提供保证。合成项目融资交易中常采用的信用增强手段包括信用证、预付款供给债券（即非财务担保——参见第10章），以及已融资的贸易信用保险。本章稍后将讨论与信用增强方式选择相关的一些问题。

3. 退出方面。资产购买人很少是该资产的最终用户，特别是如果资产购买人是一家SPE，其成立的唯一目的就是方便合成商品融资结构的建立。因而典型的综合融资结构就包括一份退出协议，或者说是资产购买人（SPE）在收到资产出售者或借款人的交付后出售该资产的一份协议。退出协议可以是照付不议合同、远期或互换合约、期权，或只是现货或期货市场的未来交易。

4. 对冲方面。取决于退出协议是否为固定价格的出售协议，SPE购买人可能暴露于预付期内资产价格下跌的风险。固定价格的退出协议将会对冲这一风险，但如果是可变价格的退出协议或在未来的现场市场上出售资产，则将要求 SPE 采用传统的远期或互换合约来对冲这种市场风险。

5. 融资方面。进行资产购买的 SPE 通常从一家或多家贷款人借入资金。未来交付责任加上信用增强措施将作为贷款的抵押。该结构的融资可由一家银行或保险公司提供，也可由一个辛迪加或通过已经对冲风险和信用增强的未来现金流的证券化来提供。

图 21.10、图 21.11 和图 21.12 呈现了这些方面的三种常见变化。在图 21.10 中，SPE 在未来得到资产的实物交付，并在现货市场出售该资产，采取一种传统（而非预付的）支付浮动商品互换或远期合约来对冲现货市场的风险。在图 21.11 中，退出协议本身就是固定价格的远期出售合同。这意味着，SPE 资产购买人无须再进行对冲。但这只是将风险对冲的问题推到下一层——退出协议的对手方已承担了市场风险，它现在可能会签订一份商品价格对冲合同。

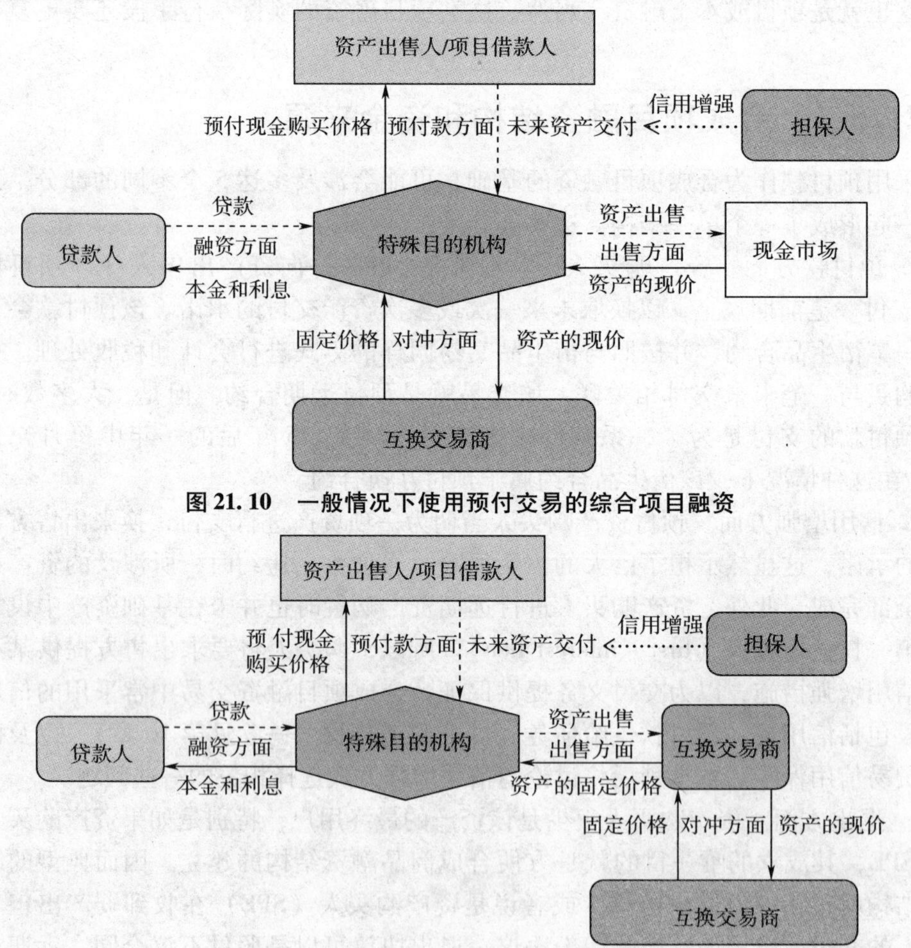

图 21.10 一般情况下使用预付交易的综合项目融资

图 21.11 使用预付交易的合成项目融资、退出及对冲的组合

在图 21.12 中，贷款人承担了退出和风险对冲的责任。这家银行没有向 SPE 发放一笔以 SPE 预付资产购买的未来交付为担保的现金贷款，而是只与 SPE 签订一项类似的预付购买合同。这样，贷款人则需要处理资产并对冲未来资产出售的市场风险。

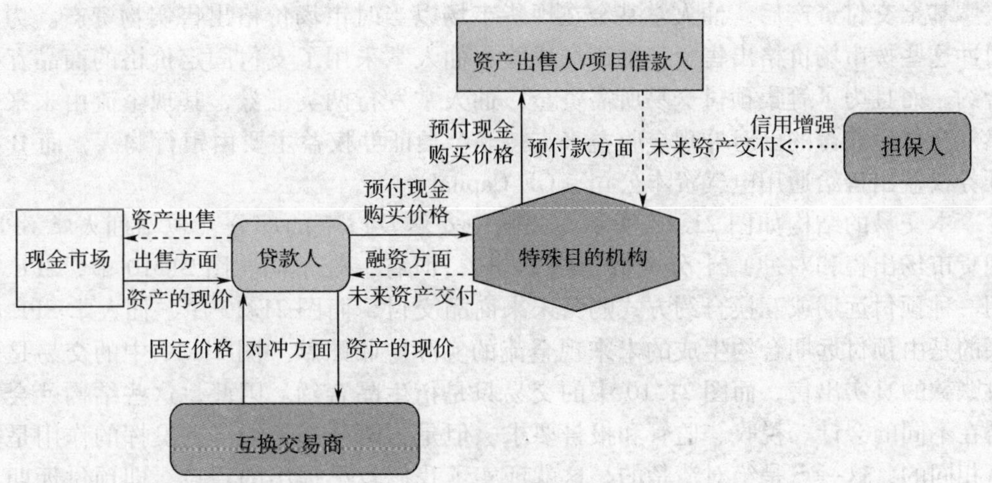

图 21.12　使用预付交易的合成项目融资，贷款银行承担退出和对冲责任

在三种结构中的任何一种，一家银行或银行辛迪加——或许还有（再）保险公司——都可作为合成项目融资的资金提供者。但合成结构也自然地通过一个未来现金流的证券化向自己提供资金，其中未来现金流就是与未来商品交付有关的已对冲的收入流。

关于此类项目的一个极好的案例是安然的大规模生产支付（Volumetric Production Payments，VPP）项目。作为 20 世纪 80 ~ 90 年代一项非常成功的项目，VPP 项目旨在培育或激励天然气公司，并在深化和增强已解除监管的天然气交易市场流动性方面发挥了不可或缺的作用。VPP 项目中的大多数安然的客户总体上都在财务健全性方面有一些问题。它们都很难获得条件比较有利的具有全部追索权的无担保贷款，并且在天然气交易市场上也不活跃。但是，每一家 VPP 客户确实至少有一块天然气田。通常这些天然气田尚未很好的开发，但已被证实有巨大储量。VPP 项目的实质是为这些天然气田的拥有者提供足够的现金，使气田能够投入生产，然后以气田的生产收入偿还现金贷款。

出于对参与 VPP 项目公司总体信用质量的担忧，安然要求每一家发起公司将其天然气开采资产隔离出来，这些资产也是这些公司寻求在一个破产隔离项目 SPE 中或一个证券组中进行融资的资产。其后安然采用预付互换合约的方式从每个隔离出来的 SPE 中预先购买其一部分产品。

当然，安然自身从未拥有充足的资金。相反，安然的问题之一（导致了其某些最值得怀疑的业务活动）来自于该公司的相对较弱的财务实力（该公司从未超过 BBB + 的评级）以及与对新债务的贪得无厌相结合的扩展的流动性。[10] 安然若想获得其预付购买所需的资金，且不在这一过程中增加新的银行负债，一种完美的解决方案是将预付交易的未来现金流证券化。在具体的例子中，安然创建了仙人掌基金（Cactus Funds）SPE，预付交易的未来现金流以真实转让的方式出售给该SPE，出售所得现金用于支付预付交易的资金。

其后，仙人掌基金SPE的作用正如图21.10所示。经过一段时间，当安然向仙人掌基金交付资产后，仙人掌基金在现货市场以当时市场价格出售实物资产。为了对冲这些按市场价格出售资产的市场风险，仙人掌采用了支付固定价格的商品互换合约。而且为了筹集预付交易所需资金，仙人掌发行两类证券，其现金流由未来天然气交付后获得的已对冲现金收益来支持。A类证券权益主要由银行购买，而B类证券权益出售给通用电气资本公司（GE Capital）。

本交易的结构如图21.13所示。此图中安然及以下的部分（包括仙人掌SPE、现货市场出售和对冲）十分类似于图21.10，但有一处不同。图21.10中，SPE采用一种预付远期或互换合约方式购买未来商品交付，而图21.13中，仙人掌SPE购买的是由预付远期合约生成的未来现金流的实际应收账款。图21.13中的交易是应收账款的真实出售，而图21.10中的交易只是衍生品合约。因此，这些结构就会有潜在不同的会计、税收、监管和报告要求。但是，两种交易经济上发挥的作用是完全相同的，这一点是绝对清楚的，这就证实了我们较早提出的观点，即预付远期与互换合约只是被记载为衍生品的合成项目融资证券化。

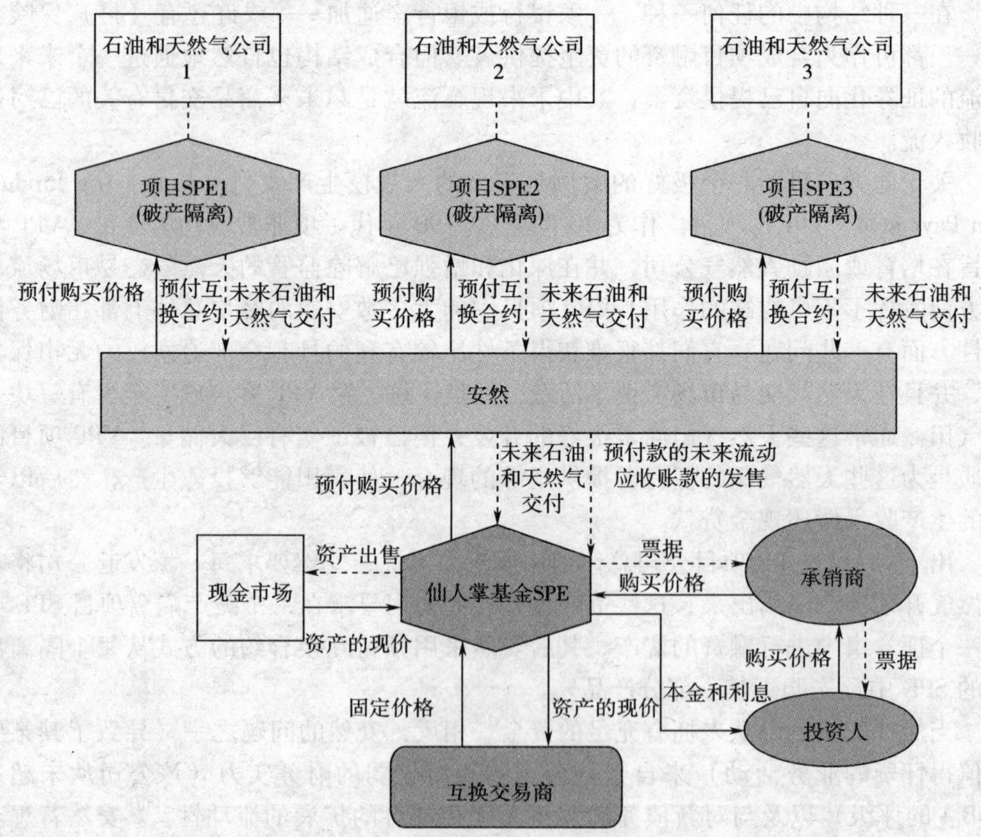

图21.13 证券化的合成项目融资：安然的大规模生产支付项目

21.5.2　预付交易中的信用增强

一系列预付款交易形成的应收账款的真实出售，与预付交易本身之间的一个实际差别是信用风险。在证券化中，商品交付应收账款通常会设定完全的第一利益留置权，而在衍生品合约中并非如此。出现违约时，衍生品合约所能保证的是合约的提前终止、按市值计价并双方轧为净值。衍生品的交易对手在基础商品上并不拥有完全的权益，并且预付远期的购买者会要求额外的信用增强安排，这种信用增强安排可采用本书第二部分所讨论的通常信用增强方式。

虽然安然的 VPP 项目是解释如何恰当使用预付交易推进项目融资开展的案例之一，安然也向我们提供了预付交易如何被滥用以及功能失去作用的一系列辩论。当安然于 2002 年 12 月倒闭时，它拥有大约 150 亿美元的现金预付款，这些款项来自 JP 摩根大通和花旗集团对未来石油和天然气的交付。一段时间内，安然曾与其他银行，包括瑞士信贷银行（Credit Suisse）进行过类似的交易。安然看起来已将这些预付款的现金流入记入营运现金流，与价格风险管理的负债相抵消。但是，批评人士指出，安然的预付交易并非真正的预付交易，而是伪装下的银行债务。因此，批评人士坚持认为，未将这些交易记为定期债务使安然低报其财务杠杆大约达 150 亿美元，这足以给外部人士就公司的真实财务状况带来严重误导。

这里并非要试图解决这一争论。虽然该话题可能是相关的，但并非所有的事实已为大众所知。并且所有事实澄清之前可能还需要一段时间。在各种法律程序取得进展之前，对本争论背后事实的猜测很难有什么结果。不过，这里确实有值得我们考虑的问题，即安然争论教给了我们的与预付交易一起使用的信用增强措施方面的问题。

为方便我们对这一系列高度复杂的交易（其中还有各种各样的事件仍未明了）中具体问题的分析，我们必须考察一个有代表性的交易结构。该代表性的结构类似于后来 JP 摩根大通（JPMC）、安然，和一家称为马奥尼亚有限公司（Mahonia Limited）的 SPE 之间的交易，但也不完全相同。这只是一个简化的交易结构，作为讲述及分析之用，并不想准确地代表一桩安然和任何特定银行之间的具体交易。不过，这一程式化的案例很好地促进了对围绕安然预付交易的信用增强安排问题的争论和分析。以下我们将考虑这方面的两个争论点。

预先支付供给债券和马奥尼亚　代表性的交易如图 21.14 所示。银行放款人是 JP 摩根大通。SPE 是一家称为马奥尼亚有限公司的海峡群岛 SPE，是应大通银行的要求于 1992 年 12 月由毛伦特·杜芬和琼恩（Mourant du Fen & Jeune）代表伊斯特莫斯信托（Eastmoss Trust）而设立的。马奥尼亚并非特意为与安然进行交易而设立的。当时，大通银行正就一家全国性银行是否有成文的法律规定可接受商品的实物交付问题接受质询，而马奥尼亚最初就是作为一种载体而设立的，借此大通客户交付的商品能够顺利进行而又不会给大通银行带来监管问题。该交易最初预期不会进行，但马奥尼亚实体已经建立。安然首先找到大通银行进行预付交易是在 1993 年 6 月，马奥尼亚被看做进行该交易的合适载体。在 1993 年到 2001 年安然倒闭之前，

JPMC、马奥尼亚和安然曾谈过至少 12 笔预付交易。图 21.14 所示的代表性交易接近后期的交易（大约在 1999 年之后）。

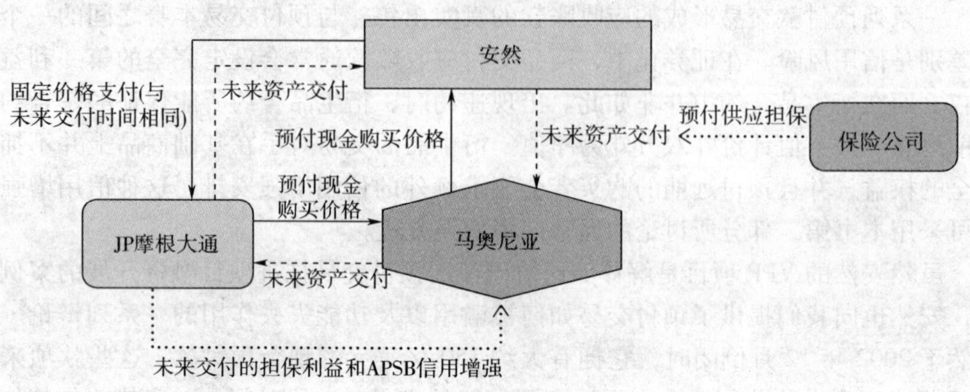

图 21.14 普通的后期马奥尼亚—安然交易

在许多马奥尼亚的早期交易中，有两处与图 21.14 所示的代表性后期交易不同。第一，早期马奥尼亚交易中，马奥尼亚在现货市场或纽约商品交易所（New York Mercantile Exchange，NYMEX）期货市场上出售其实物交付资产并在 NYMEX 或与互换交易商交易来对冲其出售资产的风险。其把从实物产品出售获得的已对冲收入作为 JPMC 发放贷款的抵押，从而为安然的最初石油和天然气预付款提供融资。相反，在图 21.14 所示的后期交易中，是马奥尼亚与 JPMC 执行类似预付交易，让该银行处理此项交易的退出和对冲事项，正如在图 21.12 中一样。但不同于图 21.12 的是银行向市场出售产品并通过一份商品互换合约对冲风险，JPMC 现在通过与安然做的一份商品互换（传统的而非预付的），在处理掉实物产品的同时，又对冲了其出售产品的市场风险。换而言之，马奥尼亚从安然购买的资产现通过马奥尼亚和 JPMC 最终又回到安然。

图 21.14 中描述的后期交易与较早的马奥尼亚交易之间，第二个重要差别是后期交易有赖于保险公司以预付供应担保（advance payment supply bond，APSB）的方式为安然的预付交易责任提供信用增强。回顾第 10 章的内容，APSB 是商业担保，是为了保证实物商品的交付。与此不同，早期的马奥尼亚交易中，JPMC 要求安然取得银行信用证，在交易对手向马奥尼亚的预付交付责任违约时，可以提用这种信用证。因此，JPMC 拥有预付交付资产和信用证的完全担保利益，可覆盖任何潜在的违约。

从 1998 年开始，安然要求 JPMC 让马奥尼亚接受 APSB 替代信用证作为安然—马奥尼亚预付交易的信用增强工具。JPMC 开始时对接受以担保保证来代替信用证有些犹豫。为减缓其担心，JPMC 要求所有支持安然 APSB 的保证要提供若干形式的保证，来确保 APSB“在功能上等价于信用证，并且要像信用证一样，构成绝对的和无条件的见票即付的财务担保”。[11] 显然这些保证得到了提供，在 JPMC 的保证下，APSB 开始取代信用证作为给马奥尼亚的抵押物。APSB 的提供商都是多险种保险公司，其大多数公司的住所都在纽约，包括利宝互助（Liberty Mutual）、旅行者意外及担保（Travelers Casualty & Surety）及圣保罗火灾海上保险（St. Paul Fire and Marine）等保险公司。

2001年12月7日，安然登记破产保护后的第五天，JPMC向安然的近10亿美元的担保提出了书面通知：这些担保在APSB下应属于马奥尼亚和JPMC。保证人拒绝支付，抗辩的理由是，APSB是设计用来伪装JP摩根大通银行向安然发放贷款的，而JP摩根大通欺骗了担保提供商，使他们担保了他们原本不会担保的风险，按照法律（在纽约法律下）也不能担保属于纯粹财务责任的标的。[12]换而言之，保证人宣称，由于预付交易是伪装的银行债务，APSB代表了在纽约州保险法之下不能由多险种保险公司提供的财务担保。

从图21.14中可看出多险种保险公司的观点。简单来说，他们争辩说，石油和天然气的转移从安然到马奥尼亚再到JPMC，然后又回到安然，形成一个循环，主要是因为马奥尼亚实际上只是一家未合并报表的JPMC的子公司而伪装成一家独立的公司。结果，该交易关于天然气的方面被抵消了，只剩下固定的现金流——JPMC向马奥尼亚支付的前期付款，此款又形成了由马奥尼亚向安然支付的前期支付款（保险公司认为这实际上只是JPMC向安然支付的款项），以及随后从安然直接又返回JPMC的固定支付款。如果真是如此，组合起来的结构事实上代表了一种财务交易而不是商品交易。并且这里正是合法的APSB和财务担保的本质区别。保证人声称他们是在承保合法的保证担保下来确保实物商品的交付，这在纽约州法律之下是合法的。但追溯过去，他们宣称该结构是一项财务交易，在纽约法律之下对于多险种保险公司是违法的，因此解除了他们的支付责任。

2003年1月2日，JPMC宣布它在2002年第四季度承担了13亿美元的支出，主要用于处理与安然的诉讼事项。该项损耗反映了在审判开始的同一天JPMC与保险公司达成了和解。有关和解情况透漏出来的当天，JPMC的股价上涨了7.5%，这显示了这项和解对JPMC是一种超出预期的巨大胜利。根据这项和解，11家保险公司同意支付APSB下对JPMC负债的大约51%，或者说10亿美元总额中的6.55亿美元。

西德意志银行和马奥尼亚Ⅻ 从前一节内容，可能倾向于得出这样的结论：信用证作为预付交易类结构的信用增强工具总是优于APSB和保险产品。正如安然的另一幕故事所阐释的，这是不对的。

JPMC、马奥尼亚和安然之间的最后12笔交易是于2001年9月完成的3.5亿美元的预付交易，正好在安然登记破产保护的几周前。不同于以前的每一笔交易，马奥尼亚Ⅻ（正如其名）由三项完全现金结算的互换交易组成。在早期交易中产品是否实际流入仍能被看到，但此项交易并不打算这样做。第一份互换合约是马奥尼亚和安然之间的预付互换合约，其中马奥尼亚支付3.5亿美元以换取一项与未来天然气市场价格挂钩的承诺未来现金支付。第二份互换合约是JPMC和马奥尼亚之间的一种类似的预付互换，其中JPMC向马奥尼亚一次性支付3.5亿美元，以换取一种权利，从而获得后来与未来天然气价格变化挂钩的浮动现金支付。第三份互换合约是JPMC和安然之间的传统（而非预付）互换合约，其中JPMC作出与未来天然气价格挂钩的浮动支付，以换取安然固定的3.56亿美元的现金支付。

本交易的信用增强工具由两份信用证组成，一份为西德意志银行（West Landesbank，WestLB）提出的1.65亿美元，另一份为JPMC提出的1.5亿美元。该结构如图21.15所示。

当马奥尼亚于2001年12月5日要求提用WestLB的信用证时，WestLB对其支付义务提出了抗辩。情况类似于纽约州JPMC和多险种保险公司之间的争议，但有一点不同，APSB的合法性这里已经无关紧要了，且不再是WestLB支持其不支付的论据之一。相反，WestLB只是主张，它是欺诈行为的受害者——JPMC和马奥尼亚共谋隐藏了3个互换合约的真实性质，而伪装成一笔银行贷款。根据美国公认会计准则（GAAP），这些交易未进行适当的解释和说明，以及WestLB在不完全知情的情况下，被欺骗诱导提供了信用证。

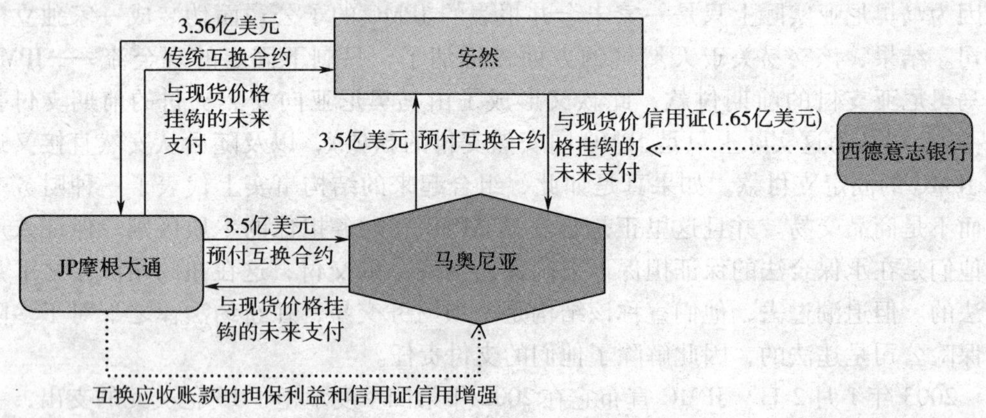

图21.15 马奥尼亚XII（2001年9月）

2004年8月3日，在英国高等法院，法官库克（Cook）向WestLB发出判决，要求WestLB履行其信用证的供款义务。库克法官之所以否定WestLB的主张，主要基于马奥尼亚是一个独立的公司而不是JPMC的未合并报表子公司，并且3份互换合约是相互独立的交易。事后这些交易相互抵消后形成一份固定对固定的支付的事实，不能使事前三者作为分立合约的独立性无效。

教训是什么？ 无论马奥尼亚预付交易下的事实最终如何判定，从我们刚讨论的两项争辩事件中吸取的一个重要教训是：必须非常严肃地看待信用保护产品和解决方案的法律和监管问题。无论风险融资、风险转移和纯融资市场在公司用户层面上如何融合为一体，都不能说其在监管、案例法、会计和税收方面已经一样了。这些产品的用户必须保持警醒并清楚地明白，他们可能正站在触犯法律的边缘。

从安然与马奥尼亚的争议中，不能简单得出此产品好于彼产品的结论。其教训——正是我们在本书中反复强调的——只是去预期未预期到的事情、付钱给好的外部法律咨询，以及当有疑问时，就不要去做——而不管它可能是什么。

第四部分

结构性保险和非传统风险转移

第 22 章 风险证券化和保险连结票据

在第三部分中，我们讨论了从贷款和债券到未来现金流和整个业务的相当广范围的一系列资产的实际和综合证券化。过渡到本书第四部分关于结构性保险和非传统风险转移（ART）的一种自然的方式是考虑这两个领域的交叉点，即保险连结票据（insurance – linked note，ILN）。ILN 是在我们可将其称为风险证券化过程中发行的结构性产品。在典型的风险证券化中，发行的证券可完全满足证券发行人和主办人或发起人之间的风险转移协议的资金需要。[1] 发行证券的目的不是为主办人筹集资金，而是为了管理风险。

在这种情况下，合成债务抵押证券（SCDO，参见第 18 章）是信用风险证券化。主办人或发起人从特殊目的机构（SPE）购买信用违约保护，SPE 通过发行债券为这种保护筹集资金，债券的本金和利息可以用来支付任意与违约相关的费用。这并不会使发起人产生现金流入，但会造成全部风险转移（假设 SPE 具有真正的独立性，参见第 16 章）。

虽然 SCDO 是信用风险证券化，但它们通常并不被看做 ILN。原因是 SCDO 中的信用保护是由 SPE（代表债券持有人）利用衍生工具，而不是利用保险卖给发起人。相反，在本章我们考察的结构依赖于真实的保险、再保险，或由 SPE 代表其投资人卖给保险购买人的转分保协议。驱使保险公司和非金融公司通过这种机制而不是传统保险获得保护的动力包括（再）保险市场的容量限制、资本市场（最近的发展）的更好定价，以及我们详细讨论过的使用结构性金融的一些通常原因（如较低的代理成本）。

ILN也得到了投资者的强烈需求。在很多情况下，对于机构投资者来说，证券化产品和以衍生品为基础的结构性金融工具代表了获得替代资产（如巨灾保险风险）的首要的和（或）最实际的方式。从证券组合管理角度看，对这些工具的需求确实有大量资料为证。[2]

我们将以对风险证券化的回顾和一个或更多级别的ILN的产生来开始本章。同样的基本结构将作为在本部分后面章节考察的所有交易的模板。接着，我们将简要探讨保险巨灾债券市场——由保险公司发起ILN项目，以获得对巨灾财产的保险覆盖以及获得更近期的其他类型的保险覆盖。随后，我们探讨ILN的企业发行，或企业从资本市场直接购买保险。最后，我们将讨论特定衍生品结构，其可作为与本章其余部分所讨论的相类似的风险转移目的。

22.1 一般结构

任何特定的ILN都有其自己的独有特点，但大部分还是有相同的基本结构和设计。而且，大多数ILN的结构看起来像完全融资的SCDO（参见图18.1）。这一相似点并不是偶然的。毕竟，证券的发行是为出售给企业信用保护筹集资金的。

图22.1表示一个典型的ILN的基本框架。按照主办人或发起人的要求，建立了SPE，SPE可以是一个（再）保险公司或一个企业。SPE的破产不影响发起人，其与发起人的关系不密切并独立于发起人。SPE允许在其经营住所以直接保险公司或再保险公司设立。SPE的资本结构代表ILN。正如我们看到的，CDO可以是单一级别或多级别的，也可包括多层次级。SPE发行的ILN的收入交给一个托管人，托管人将资产投资于低风险可流通的证券（如回购协议、国库券和AAA级企业）。

在ILN结构中，风险转移通过发起人和SPE之间的（再）保险合同来进行。该合同可以是能够想到的任何一种（再）保险合同。如果能直接承保，它可将SPE的对手方作为ILN发行的一部分而进行承保。该合同也可包含（再）保险的一般特点，包括免赔额、保额限制、共同支付条款等。作为该保险覆盖的交换，发起人定期（通常每季度或年度）向SPE（再）保险人支付保费。然后保费将交给托管人，并添加到被托管的低风险抵押物中。

托管人持有的托管证券首先保证支付（再）保险合同的费用，其余部分将分配给该框架中的票据持有人。任何对（再）保险单的索赔都首先从抵押物的投资收入和保费中支出，然后由抵押资产的变现支付。由于有投资收入，该框架中经常内嵌一些过度抵押（即配置的抵押物超过了融资所需的抵押物），因此抵押物的总市场价值实际上应永不低于（再）保险合同的承保总额。

该框架通过资产互换交易提高了流动性，也就是说，高质量抵押物的真实收益定期地支付给互换交易人，以换取基于伦敦银行间同业拆借利率（LIBOR）的浮动支付，从而与SPE的ILN负债的浮动利率融资基础相匹配。额外的内部和外部流动

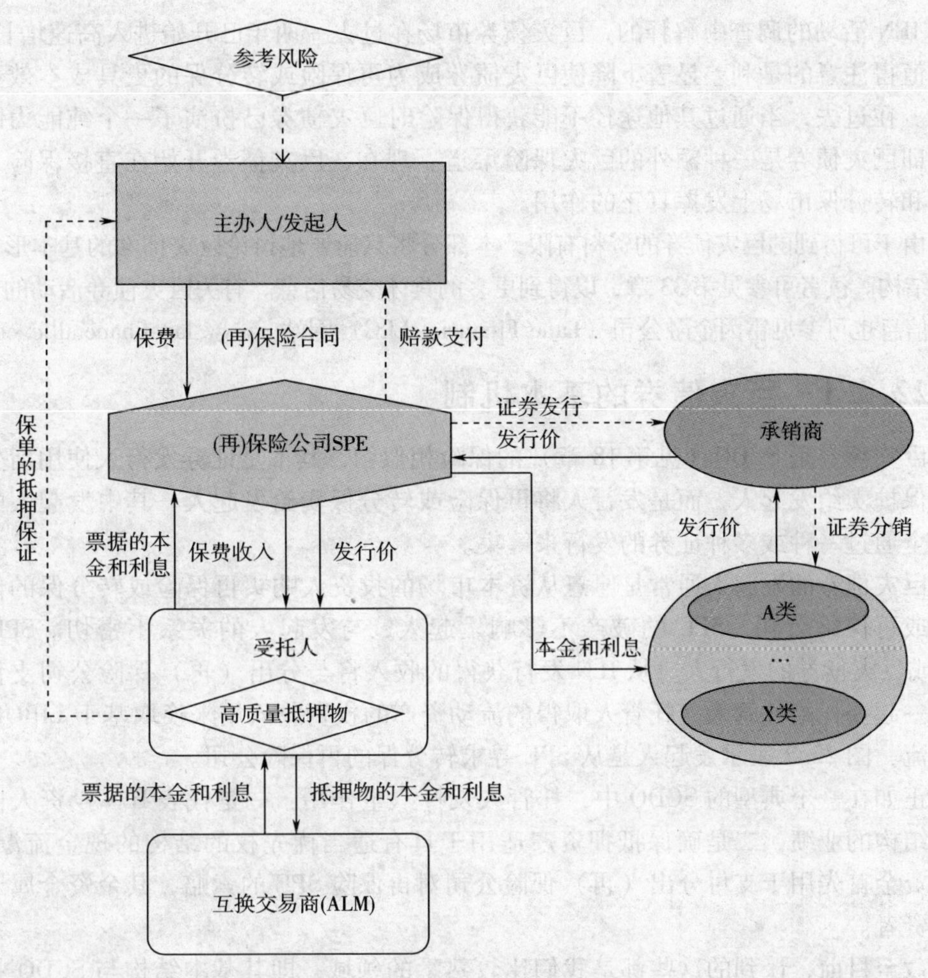

图 22.1 典型的保险连结票据的结构

性和信用提高可能也会用到。

22.2 综合再保险

目前发行的大多数 ILN 在再保险市场上已被用于为再保险或转分保提供资金，并与自然灾害如地震、雹暴、热带气旋、暴风、龙卷风等带来的巨灾（再）保险损失相联系。换句话说，目前大多数 ILN 由保险公司或再保险公司发起，（再）保险公司将其作为一种增加再保险或转分保能力的新渠道。

由保险公司或再保险公司发起的 ILN 通常被称为巨灾债券。该称谓来自于这些产品在为承保巨灾风险的企业创造额外的再保险和转分保能力方面的历史应用。虽常常被视做最成功和最原始的 ART 形式，但巨灾债券行业与其他结构性产品以及完全的巨灾再保险相比，其规模仍相对较小。然而，巨灾债券属于最早的资本市场和保险相融合的产品，很值得我们进行分析研究。

然而，正如雷因（Lane）和白科威士（Beckwith）在他们作的对 2004 年巨灾债券和 ILN 活动的调查中解释的，巨灾债券市场在过去一两年已开始进入高速增长期。特别值得注意的是利差显著下降使巨灾债券成为再保险或转分保的更具成本效益的渠道。在过去，当通过其他途径不能获得保险时巨灾债券已扮演了一个纯能力的角色，即巨灾债券是一种额外的巨灾保险渠道。现在，巨灾债券开始在直接保险、再保险和转分保市场上发挥真正的作用。

由于可得到的巨灾债券的资料有限，本部分将只简要地讨论巨灾债券的基本形式和普遍结构。读者可参见第 33 章，以得到更多的具体交易信息。有关巨灾债券活动的大量额外信息也可参见雷因金融公司（Lane Financial LLC）网站，www. lanefinancialllc. com。

22. 2. 1 巨灾债券的基本机制

巨灾债券是 SCDO（见第 18 章）的保险相似物，其不是证券发行人使用衍生工具将保护卖给发起人，而是发行人将再保险或转分保卖给发起人。其中发起人的资金完全通过一种或多种证券的发行来筹集。

巨灾债券的发起人通常是愿意从资本市场的投资人购买再保险或转分保的保险公司或再保险公司。SPE 的破产不影响发起人，与发起人的关系不密切。SPE 是 ILN 或巨灾债券的发行人。从 ILN 发行获得的收入将与分出（再）保险公司支付的保费一起委托给托管人。托管人取得的流动资产的投资收入用来换取基于 LIBOR 的现金流。图 22. 2 表示发起人是从 SPE 寻求转分保的再保险公司。

正如在一个典型的 SCDO 中，托管人发挥双重作用：一是代表 ILN 投资人监督整个结构的业绩，二是确保抵押资产适用于具有适当优先权的结构的现金流瀑布。托管资金首先用于支付分出（再）保险公司对再保险 SPE 的索赔，其余资金属于票据投资者。

截至目前，谈到的这些都是我们比较熟悉的领域，即其基本结构与 SCDO 相似的地方。但由于巨灾保险的性质，巨灾债券结构确实与传统的 SCDO 在一些重要方面有所不同，我们将在接下来的部分中谈到这些方面。

债务的到期日 我们在第 13 章、第 16 章、第 17 章和第 18 章看到，在一个证券化过程中债务的到期结构如何帮助管理结构本身固有的流动性风险。但谈到巨灾债券，事情就变得有点复杂了。

在一个基本的巨灾债券结构中，对 SPE 承保的再保险或转分保的索赔由收取的保费和托管抵押物的投资收入来负担。如果不足以支付赔偿，托管的抵押资产可以变现，造成返还给 SPE 发行的证券持有人的本金减少。如果发行了多级别证券，则本金的减少程度与证券在 SPE 结构中的优先权负相关。

或者，分出（再）保险公司进行的索赔可能造成本金返还的延迟，而不是本金被永久剥夺。通过启用废止条款，部分本金将按期返还。其余的将在以后返还，并可能通过用原始发行中的担保部分获得的收入购买零息证券来进行融资，就像我们在第 20 章谈到的资本保护票据（CPN）一样。

巨灾债券的有效实际的到期日经常由于废止之外的一些原因而有所不同。特别是由自然灾害引起的财产索赔常常是在引发事件发生后一段相当长的时期内逐渐报

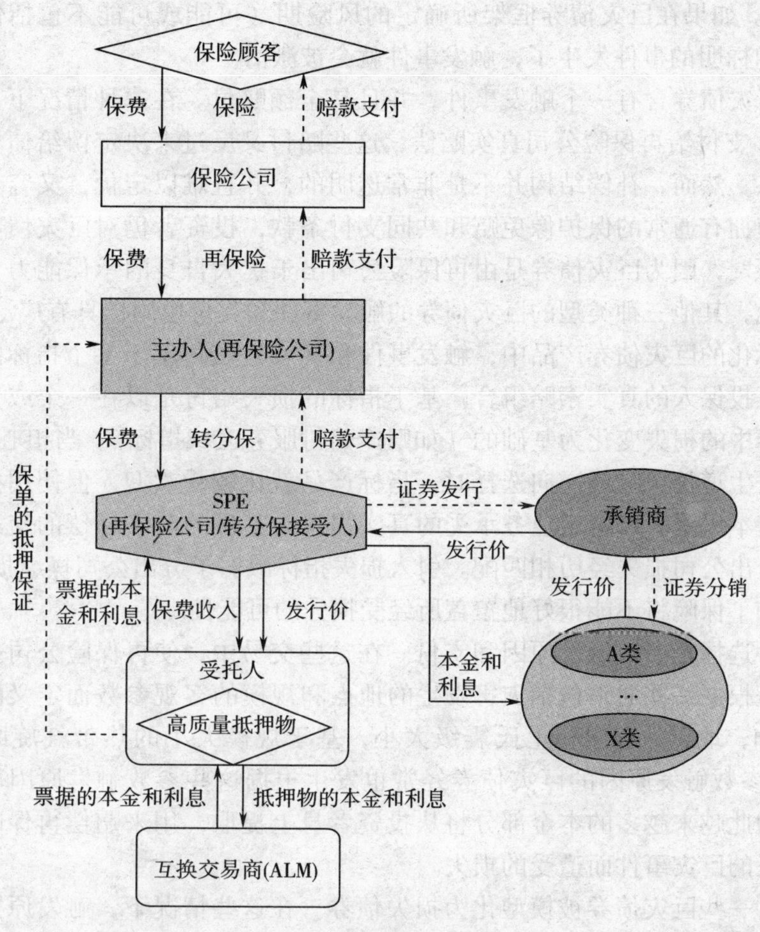

图22.2 典型的巨灾债券的结构

告，其余的被归类为已发生但未报告（IBNR）的损失，该类财产索赔花费的时间要长于多数其他种类的财产索赔。当一种危险引起承保范围内的损失而导致了债券的终止时，SPE经常可选择延长债券的到期日，以包括全部损失发展期。

级别 多数被认为发行比较成功的早期巨灾债券至少包括两种证券，其中较高级别的证券被评为投资级。信用增强（C/E）通过过度抵押而实现，过度抵押由任意超额利差的转移和（或）单一险种包融资。有很长一段时间，巨灾债券的发行趋向于低级别的证券或完全无级别的证券。现在多数巨灾债券的发行被重新评级，但即使在最近的多层发行中，高级债券也可能不能被评为投资级。

随着巨灾债券评级的演变，对巨灾债券发行的参与也在发展。早期发行的债券多被短期资本经营者、共同基金和养老金计划购买。但最近低级别或无级别的发行多是对冲基金和保险公司做的。巨灾债券基金也作为中介工具出现了，这种基金本身可以购买巨灾债券，然后将基金中的份额卖给可能没有资格直接购买债券的机构。

事件、触发原因和损失 巨灾债券的触发事件可以是单一危险（如破坏某一特定企业的一次热带气旋），也可是多个危险（例如多起地震，如一起发生在东海岸和西海岸)。如果在巨灾债券框架所确定的风险期(可能或可能不包括债券的整个生命期)内标明的事件发生了，触发事件就会被激活。

一些巨灾债券含有一个触发事件，并且是全额赔付。在这种情况下，再保险合同基于 SPE 支付给再保险公司真实赔偿，这些赔付又反过来决定留给债券投资者的本金和利息。然而，补偿结构并不是非常透明的，并且难以定价，又容易导致道德风险。即使拥有通常的保护像免赔和共同支付条款，投资者仍对巨灾债券项目的中立性表示怀疑，因为巨灾债券是由再保险公司出于扩大自身的承保能力为目的而设计的。因此，其他三种类型的巨灾债券的触发事件和支付也同样具有广泛的应用。

在指标化的巨灾债券产品中，触发事件和(或)赔付基于某个指标的已实现价值，而不是投保人的真实索赔组合。基于指标的损失赔付是以在一个或多个特定巨灾损失指标中的损失变化为基础的(如财产赔付服务区域指标)。当担心分出(再)保险公司发生道德风险或逆向选择时，指标产品就比较受欢迎，但使用指标的成本是引入了基本风险。以特定业务承受的真实损失为基础的基于补偿的交易可以使保险覆盖与分出公司损失经历相匹配。引入损失指标减弱了分出公司操纵损失的能力，但同时增加了保险将不能很好地覆盖所经受损失的可能性。

另一种选择是参数触发原因和支付。在这些交易中，使再保险公司提出索赔的触发事件是根据一些通常包括灾害发生的地点和规模的客观参数而定义的巨灾损失事件(例如，地震的震中和里氏震级大小，基于规模大小的热带气旋眼的着陆点等)。具有参数触发原因的巨灾债券经常也发生根据这些参数触发原因而定义的赔偿支出，因此越来越多的本金部分将从投资者身上提取，用来赔偿再保险公司因较大的和较近的巨灾事件而遭受的损失。

最后，一些巨灾债券被模型化为损失债券。在这些情况下，触发原因和赔款支付基于已输入到模型中的一个或多个参数，该模型主要关于一场巨灾将对投保人产生哪些直接影响。因此，赔款是以预期损失而不是真实损失为基础的。这种交易越来越普遍，似乎代表了一个居于有太多道德风险的补偿结构和有太多基础风险的指标化结构之间的较好的中间区域。

22.2.2 实例

鉴于到目前为止发行的巨灾债券的多样性，可能感受巨灾债券结构较广的变化幅度的最好方式是提供一些例子。这些例子既没有完全被涵盖，也不具有完全的代表性。在此举这些例子，只是为证明巨灾债券的多样性。

瑞士再保险/瑞士再保险地震基金有限公司(Swiss Re/SR Earthquake Fund Ltd.) 1997 年，瑞士再保险地震基金有限公司 SPE 发行了四类总额为 1.37 亿美元的票据，票据的偿还时间表与 SPE 在 1.119 亿美元的巨灾分保范围内支付给瑞士再保险公司的赔款相关联。触发事件是加利福尼亚地震，SPE 对瑞士再保险公司的或有负债是基于在一段由 PCS 确定的两年的时期内从单一地震中经受的最大保险损失。因此，瑞士再保险地震债券是单一危险的指标化巨灾债券。

瑞士再保险巨灾转分保是一种价值合同，而不是真正的补偿合同。根据损失的大小，债券的本金以一个固定的数额减少，这个固定的数额取决于债券的优先级别。前两类瑞士再保险地震债券是第一种被评为投资级的巨灾债券，穆迪评其为 Baa3 级，惠誉评其为 BBB - 级。本金的 60% 为处于风险的最大额，其余金额由 SPE 通过获得国债进行自我抵押。A - 1 类支付 8.645% 的固定利率，A - 2 类的支付高于 3 个月 LIBOR + 255 个基点。

第三类债券的 100% 本金都处于危险中，并赔偿了 10.493%。B 类债券被评为 Ba1 或 BB 级，其本金风险与来自加利福尼亚地震的 PCS 指标损失联系在一起。最次级的发行，C 类债券，支付了 11.952% 的赔款，没有评级。不像其他三种级别，其本金损失不是基于 SPE 的补偿支付。相反，在最大的加利福尼亚地震导致 PCS 已报告保险损失超过 120 亿美元的事件中，C 类债券持有人丧失了 100% 的本金。

从金融管理的角度看，在瑞士再保险地震结构中的每一类债券可被看做有息票债券加上一个或多个二元期权（binary option）。例如，C 类债券或者在没有地震发生的情况下返还全部本金且导致 120 亿美元的 PCS 指标损失，或者什么也不返还。从 SPE 的角度看，其相当于有息票债券加上执行价格为 120 亿美元且具有固定支付额 1 470 万美元的 PCS 指标损失数字买入期权（digital call）（即 PCS 指标隐含的财产价值的卖出期权），其是 C 类票据发行的总值。

A 类和 B 类债券综合起来相当于有息票债券加上包括数字期权的看涨的纵向多空套做。例如，在 B 级票据例子中，SPV 在损失低于 185 亿美元时留不住一点本金，在损失高于 185 亿美元时可保留 0.124 亿美元，在损失高于 210 亿美元时可保留 0.248 亿美元，在损失高于 240 亿美元时可保留 0.372 亿美元。二元纵向多空套做的第一个部分是执行价格为 185 亿美元且固定支付额为 0.124 亿美元的 PCS 损失多头买入期权。第二个部分是执行价格为 210 亿美元且固定支付额为 0.248 亿美元的多头数字买入期权。但是如果没有另外的一部分，这两个期权承受的损失水平将高于 210 亿美元。为将总支出限制在 0.248 亿美元，该多空套做也必须包括一个执行价格为 185 亿美元且固定支付额为 0.124 亿美元的 PCS 损失空头数字买入期权。对于高于 210 亿美元的损失，所有三个期权都要执行，执行价格为 185 亿美元的多头买入期权的净值为 +0.124 亿美元，执行价格为 210 亿美元的多头买入期权的净值为 +0.248 亿美元，执行价格为 210 亿美元的空头买入期权的净值为 -0.124 亿美元。对于其他损失触发事件水平，依此类推。A 类票据也同样如此。

瑞士再保险地震债券包括一个一年损失发展期。瑞士再保险公司和投资者之间的一个自然的争议是关于在损失发展期间预定的本金返还。再保险公司倾向较长的损失发展期，因为已报告损失只随着时间而增加。包括在转分保协议中的时期越长，瑞士再保险公司将越可以从债券持有人处获得补偿。另一方面，投资者显然倾向于尽可能快地得到本金的返还。作为折中，瑞士再保险地震债券要求在具有渐增损失基准的预计损失的发展期内进行定期的比较。如果损失稳定增加，托管人则将本金作为支付瑞士再保险公司潜在未来索赔的储备，最长时期为一年。但是当损失固定在与基准相关的事先确定的触发点下时，本金则被分期偿还。

东京海上火灾保险公司/参数再保险公司（Parametric Re）　开曼群岛的 SPE

参数再保险公司于1997年发行了债券，同时与东京海上火灾保险公司签订了再保险协议。与瑞士再保险地震债券的基于指标的触发原因不同，参数再保险公司的发行包含一个基于事件物理特性的参数触发原因。

被保险事件是东京和东京周围发生的地震。该结构确定了一个内部和外部区域，东京大致在区域中心。当地震发生时，震中的位置将作为确定该事件是否发生在内部或外部区域的基础。地震发生的地点和程度将决定参数再保险公司为再保险需要支付给东京海上火灾保险公司的金额。例如，如果在外部区域发生了日本气象协会确定的7.4级的地震，该事件将使SPE托管人留下44%的所发行票据的本金；如果发生在内部区域，则留下70%。根据东京海上火灾保险公司和参数再保险公司之间的再保险协议，这些从票据持有人手中留下的金额将用于支付东京海上火灾保险公司。

参数再保险公司发行两类证券。票面价值为0.8亿美元的票据完全暴露在地震风险下，而“单位”（units）则没有。总发行价值为0.2亿美元的单位包括0.1亿美元的不面对任何地震风险的废止凭证和0.1亿美元的完全暴露于地震风险的票据。废止凭证的结构与CPN相似。在第20章中讨论对冲基金和私募股份基金时谈到过CPN。

参数再保险公司使用的参数触发的一个好处是支付速度。不需要损失发展期，赔款可在托管人从原始发行获得的投资收益加上收取的保费及从中获得的投资收益中筹集。此外，一些人发现参数触发结构更容易对冲风险或实施再保险。被要求实质上降低基础风险的工具是可以与同样触发原因挂钩的。

USAA/住宅再保险公司（Residential Re）　最知名的巨灾债券发行之一是在1997年由美国汽车协会（United States Automobile Association，USAA）基于单一风险（即美国东部的飓风）而承担的。其共发行了两类债券，筹集资金4.77亿美元，几乎是计划募集金额的4倍。发行的A类债券总额为0.87亿美元，利率为LIBOR加上273个基点。B类债券总额为3.13亿美元，利率为LIBOR加上576个基点。两类债券的利息都处于风险中。B类债券的本金也处于风险中，而发行筹集的4.77亿美元中的0.77亿美元被用来保证A类债券的本金返还。A类和B类债券分别被惠誉公司评为AAA级和BB级。

与以前的结构不同，住宅再保险公司与USAA之间的再保险合同是真正的补偿合同。在同一飓风袭击20个东部州中的一个或多个时，该保单为USAA提供了超额损失再保险（XOL），并含有特定的共同支付条款。80%的5亿美元XS10亿美元的实际USAA损失在该保单保障范围之内。

圣保罗公司（St. Paul Companies）/乔治敦再保险公司（Georgetown Re）　圣保罗公司在1996年进行了一项总额0.685亿美元的证券化，以促使其再保险子公司圣保罗再保险公司产生额外的转分保能力，从而使它能够利用当时在北美洲对巨灾超损失再保险较强的需求。

圣保罗再保险公司通过发行票据（0.445亿美元）和优先股（0.232亿美元）来筹集资金，这两种证券的到期日分别为2007年和2000年。票据通过SPE将票据发行收入投资于零息可流通证券来保证本金的返还，因此票据获得AAA的评级。无评级的优先股没有本金返还保护。

乔治敦再保险公司的这一结构不包含任何对触发事件的特别定义。相反，圣保罗再保险公司和乔治敦再保险公司签署了一个期限为10年的传统比例再保险合约，在此合约中，前者将部分巨灾超额损失再保险分出给后者。票据和股票的利息支付以及股票的本金返还当时是基于分出业务的整体情况而定的。通过包括该巨灾超额损失再保险业务的承保和投资部分，圣保罗再保险公司确保了最后的分保是分散的，在当时也证明了对于投资者来说十分具有吸引力。

瑞士丰泰冰雹债券 避开通过SPE结构进行证券化，瑞士主要保险提供者——丰泰保险公司，在1997年通过发行保险结构性票据（即直接债券加上内含保险衍生品）直接进入了资本市场。该票据为三年期的次级可转换债券，面值为4亿瑞士法郎。

除了转换条款，该债券包括丰泰所称的WinCat息票，或是与巨灾触发事件挂钩的息票。在规定期间，丰泰将计算由于冰雹或暴风雨直接造成的机动车辆索赔的数量。如果索赔数量为6 000件及6 000件以上，WinCat息票将重新设定为零。否则，WinCat息票的利率将被设为比丰泰传统可转换利率高三分之一的利率，转换费率为7%。虽然提供给丰泰的风险转移估计仅约为9百万瑞士法郎，但这次发行仍广泛地被认为是十分成功的。[3]

从金融管理的角度看，次级WinCat可转换债券可被视为次级可转换债务加上附加于债券普通息票的触及失效期权（knock - out option）。触及失效期权的触发事件是在相应的规定期间机动车辆索赔的数量。如果期权未失效，债券持有人将获得所承诺的利息。因此，触及失效期权也是二元的。

22.2.3 不再仅是巨灾风险

巨灾债券结构开始时是作为增加对巨灾财产险的承保能力的一个渠道，随着再保险公司认识到这种结构实质上可以用于任何一种保险风险，巨灾债券结构很快被转移到其他险种上了。决定哪种保险风险适于发行ILN的唯一限制是成本。在多数情况下，ILN对于（再）保险公司获得再保险或转分保来说是较昂贵的，相对来说，直接承保市场几乎总是比较便宜。在很多年中，使保险公司转向资本市场的唯一风险是那些在保险行业内部已饱和的风险，像巨灾风险。随着时间的变化和巨灾债券的利差降低，ILN已成为传统再保险和转分保的更具有成本有效性的替代物，同时并不令人惊讶的是，被证券化的风险种类也因此而增加了。

稍微有点令人困惑的是，这些结构经常仍被称为巨灾债券。接下来将讨论其中一些结构（同时可参见第33章）。

贸易信用转分保 1999年发行的综合欧洲信用跟踪证券（Synthetic European Credit Tracking Security，SECTRS）提供了一个很好的例子，说明了证券化产品如何在非巨灾再保险领域被用做产生巨大能力的途径。特别是，SECTRS被用于为格宁（Gerling）信用保险集团的特定欧洲贸易信用再保险建立了综合转分保。

作为开曼群岛的SPE和注册再保险公司，SECTRS 1999 - 1有限公司建立起来。

该公司基于在贸易保险市场随机选取的92 000 件业务，向纳莫（Namur）再保险公司提供4.55 亿欧元的转分保。纳莫再保险公司是Gerling – Konzern Speziale Kreditverischerungs公司的子公司，后者又是格宁信用保险集团（GCIG）和Gerling – Konzern Globale Rückversicherungs公司的子公司。纳莫再保险公司主要向信用保险公司GCIG提供贸易信用再保险。

三类期限为三年的证券被发行。应支付的证券利息可按季支付。A类、B类、C类证券的利息分别等于LIBOR加上利差：分别为高于3个月EURIBOR的45个基点、85个基点和170个基点。如图22.3所示，大通银行作为托管人，管理证券发行收入和纳莫支付给SPE的保费。这些投资于可流通证券，将证券的利息与高盛三井海上衍生品有限合伙企业作互换交易，以获得用于支付票据利息的基于EURIBOR的稳定收入流。

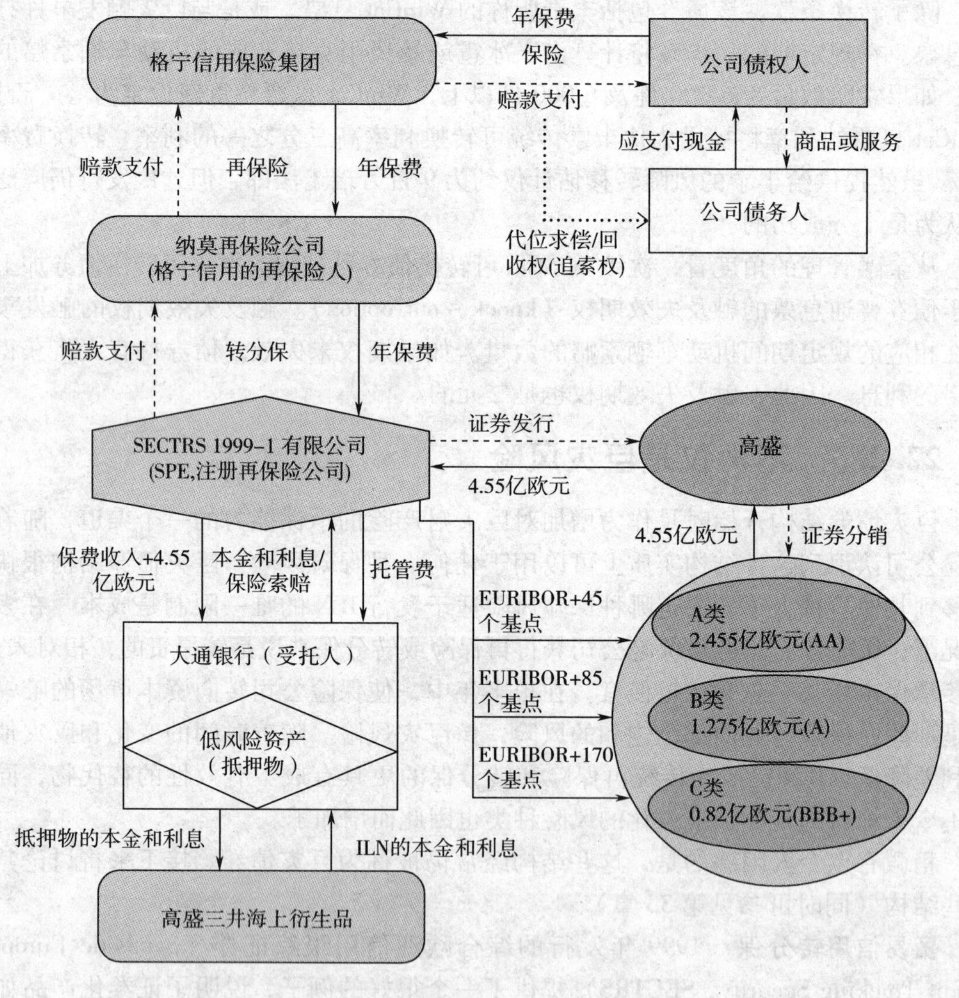

图22.3 格宁贸易信用ILN（SECTRS）

SPE向纳莫提供了以超额损失再保险为基础的再保险，保障范围为三个单独的参照组合（reference portfolio），参照组合分成92 000个业务。为决定转分保支付结构，年度数由在前一年度中受贸易信用违约事件的参照组合中的业务数量构成。另外，累积数保留到结构的第二年或第三年。当年度数超过三张保单中的任何一个的年度附加点时，或者当累积数超过累积附加点时，转分保触发事件将被激活。SPE 支付给分出再保险公司的金额等于年度或累积数超出较低的附加点的部分与预定回收率的乘积。每个保单也含有一个上限。

最终的结果是在 SPE 作为纳莫的转分保公司收到的对贸易信用参照组合的索赔的基础上，三类证券的本金返还减少了。而分出再保险人直接从资本市场成功地获得了显著的巨大承保能力。

寿险获得成本、死亡和支出费、盈余证券化　在本书中，很少提到人寿保险，但它仍是全球（再）保险业最大的组成部分之一。人寿保险从根本上与所讨论的几乎所有其他风险是不同的，因为它最终要还清。除了自杀或不合格受益人等少数免除责任外，人寿保险将不可避免地导致赔付。因此，人寿保险项目的主要风险有两方面：如何对昂贵的人寿保险业务进行融资，以及如何管理涉及人们生存预期的死亡风险。虽然这看起来好像有问题，但人寿保险确实是一个资产负债管理问题。

人寿保险公司面临的一个问题是紧跟着在承保一项寿险业务后，在保单获取成本上承受的现金紧张。每份售出的变额年金或人寿保单都产生让保险公司必须立刻支付的经纪费和（或）销售成本，尽管经过保单寿命前三到五年后可以将现金流赚取回来。这将给人寿保险公司的资产负债表“拖后腿”。[4]

早期三个有名的与人寿保险相关的证券化实例旨在将这些寿险保单获取的成本证券化。[5] 在 1996 年和 1997 年，美国斯堪的亚人寿保险公司作了连续四个交易，它向母公司转让了 80% ~100% 获取部分寿险项目的未来死亡和支出费用和临时延期销售费用的权利。母公司支付给该保险公司的金额实质上等于预期未来赔付的现值，这非常像损失组合转移。反过来，母公司通过由那些应收账款支持的 SPE，将未来发生的费用证券化。

第二个寿险证券化是由英国互助保险公司国家节俭机构（National Provident Institution，NPI）承担的。通过一个更简单的结构，NPI 将一大批寿险保单的未来盈利证券化。为发行两类有限追索权债券，NPI 成立了 SPV 相互证券化公司。这两类债券根据 NPI 的寿险保单产生的盈余获取利息和本金。

这两类证券按本金偿还日期分开，已随着时间变化而分摊预期盈余。A 类证券的本金偿还期限是从 1998 年至 2012 年，B 类证券是从 2012 年至 2022 年。通过将这些盈余证券化，NPI 可以在 1998 年以若干年后出现的盈余来获取现金。这样，NPI 的证券化可更多地被看做合成有限风险交易（见第 24 章），而不是传统的风险转移。

第三笔寿险交易是由德国再保险巨人汉诺威再保险公司联合荷兰合作银行（Rabobank）一起作的。为了对其欧洲的寿险业务扩张进行融资，汉诺威和荷兰合作银行在柏林成立了 SPE，名为因特保利斯（Interpolis）再保险公司，由荷兰合作银行所有。汉诺威与因特保利斯签订了比例再保险合约，汉诺威将其确定的再保险合约的 75% 分出给因特保利斯。反过来，荷兰合作银行向因特保利斯发放了 1 亿德国马克贷款。对此贷款，汉诺威可因流动性原因进行提取。剔除 SPE，该交易实质上只是资产互换。但由于有 SPE 在中间，汉诺威从荷兰合作银行获得了流动性。因特保利斯吸收了再保险风险，但荷兰合作银行反过来将得到未来业务 75% 的利润。

寿险公司也已从事寿险项目内含价值的证券化业务好几年了。在 2003 年末，英国寿险公司伍尔威治（Woolwich）与巴克莱资本公司合作，将 4 亿英镑转移给投资者。该结构并未转移死亡风险（参见下一节），实质上是将预期盈余货币化。与内含预期价值相关的盈余损失则由证券投资者承担。

变动死亡率票据 在 2003 年 12 月，瑞士再保险公司再次（注意有多少 ILN 印有瑞士再保险公司的名字）将市场推向了一个新的发展方向，第一次将人寿保单中的过度死亡风险证券化。Vita 资本有限责任公司，一个设在开曼群岛的 SPE，发行了 2.5 亿美元票据，其本金承受欧洲死亡率指标恶化的风险。这个三年半期的债券评级为 A + 级，利率高于 LIBOR 加 135 个基点。

ILN 的运作正如其他我们已考察过的，即发行票据、收入存在一个信托账户，同时瑞士再保险公司向 SPE 支付保费。如果死亡率超过指标数的 130%，将变现抵押品来支付瑞士再保险公司不能赔偿的死亡损失索赔。根据浮动计算法，当死亡率达到指标数的 150% 时，ILN 的 100% 的本金由 SPE 保留用来支付瑞士再保险公司的索赔，这时 ILN 的本金无法返还。

参见第 33 章的讨论，以及在寿险领域的几种其他创新结构。

意外保险 第一个意外保险证券化发生在 2005 年夏末，当时的石油意外保险公司（Oil Casualty Insurance Ltd.，OCIL）经过 3 年的时间从 SPE 阿瓦隆（Avalon）再保险公司获得了 4.05 亿美元的意外再保险。发行了三类票据，每类的票面价值为 1.35 亿美元，分别向保险公司提供了 \$135 XS \$300，\$135 XS \$450 和 \$135 XS \$600的保险保障。

22.3 公司风险证券化

巨灾债券的概念在 20 世纪 90 年代中期第一次出现在公司风险管理中，目的与保险公司发起的巨灾债券项目非常相似。第一个公司巨灾债券是由东方土地（Oriental Land）公司发起的，该公司为东京迪斯尼乐园的所有者或经营者。东方土地开始时没有为东京迪斯尼乐园购买巨灾保险，因此当它第一次获取该类保险是通过巨灾债券而不是直接购买时，这令市场十分吃惊。然而，在 20 世纪 90 年代中后期，日本巨灾财产保险的供给减少且价格增高。但此次发起是成功的并证明了资本市场替代品的敏感性。

之后，公司越来越多地在资本市场上寻找保险保障。被证券化的风险范围很广，超越了传统巨灾财产保险范围。这类交易的价格随着时间的变化而变得越来越有利了。本节回顾一些目前最重要和有趣的巨灾结构。这是一个快速发展和令人兴奋的领域，在其中，结构化融资与结构化保险相融合。这个领域正处于起步阶段。

22.3.1 地震和主题公园

迄今为止，至少已有两笔交易被设计用来使大型主题公园的所有者购买由发生在该公园附近的地震触发的保险。这两笔交易稍有不同，将在下面分别讨论。

东方土地公司/东京迪斯尼乐园 东方土地公司是东京迪斯尼乐园的所有者或经营者，其采用一个 1999 年 4 月的结构，获得保险用以保障地震带给主题公园的损失。该结构在几个方面表现得比较与众不同且富有创造性。特别是触发和支出都是参数的，造成当触发事件发生时，支付给东方土地公司的金额是预先确定好的。因此，该保险是一个价值合同，而不是补偿合同。由于对保单的赔偿支付不取决于实际经受的损失，只有当某些真实损失发生时才支付，从而使东方土地公司拥有一定的灵活性，可以使用保单收入来弥补它想弥补的地震造成的任何损失，如财产损失，或与经营中断相关的损失。与之相比，传统保险合同更加具有局限性。

另外，东方土地公司比较特殊，在于它包含两个不同的部分，一个是风险转移，另一个则是作为损失后风险融资的渠道。

交易的风险转移部分是由开曼群岛 SPE 康森克公司（Concentric Ltd.）所作的 1 亿美元的发行。其采用一般的风险证券化形式，债券托管人将发行收入投资于高利率债券，债券利率与 LIBOR 互换。然后，东方土地公司从康森克公司购买保险，触发和支付条件与地震的地点和大小相关。[6] 保费收入被添加到托管人管理的资金中。

康森克公司发行的 1 亿美元是单一票据，信用评级为 BB +/Ba1 级，到最后到期日 2004 年 5 月支付利率为 LIBOR 加上 310 个基点。证券本金的返还依据浮动计算法，此方法与管理东方土地向康森克索赔的同样参数相联。这些参数在图 22. 4 中作了说明，其依赖于与坐落在舞滨（Maihama）的主题公园方位相关的地震规模和地点。保险责任为在舞滨地区 10 公里以内发生的 6. 5JMA 级及以上的地震，在舞滨地区 50 公里以内发生的 7. 1JMA 级及以上的地震和在舞滨地区 75 公里以内发生的 7. 6JMA 级及以上的地震。为每个区域发生的低幅度的地震保险，东方土地保单要支付 0. 25 亿美元（为此，债券持有人需作出牺牲）。随着震级的加大，保单支付则逐级上升，在三个区域的震级分别为 7. 5 级、7. 7 级和 7. 9 级的情况下，达到 1 亿美元。因此，在主题公园周围 10 公里以内发生 7. 5 级地震将使保单支付额达到最大值，此时票据持有人将损失全部本金。类似的，如果 7. 9 级地震发生在舞滨地区 75 公里以内区域，1 亿美元将全部支付。

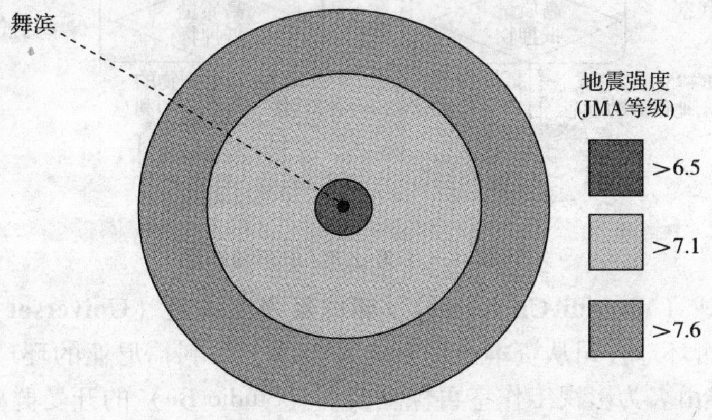

图 22. 4 东方土地/东京迪斯尼的参数化触发条件和支出（1999 年 5 月）

东方土地结构中第二部分是东方土地向 SPE 圆形舞滨有限公司（Circle Maihama Ltd.）发行的或有债务。特别是圆形舞滨向投资者以 LIBOR 加 75 个基点的利率发行了 1 亿美元的 A 级可扩展票据。发行收入与东方土地向圆形舞滨支付的期权费一起投资于由 AAA 级资产组成的信托基金，利率与 LIBOR 加 75 个基点互换。或有债务的第二个触发事件是康森克保单保险责任范围内的地震的发生。如果它发生在交易的前三年内，互换对应方将变现信托基金中的低风险投资，并从东方土地购买 1 亿美元的五年期债券。这样，投资者将获得东方土地债券的利息。如果地震发生在第四年或第五年，支持可扩展票据的新抵押物将分别是四年期的东方土地债券和三年期的东方土地债券。

通过互换对应方资产和代表债券持有人的信托基金之间的资产互换，交易的圆形舞滨部分被结构化了。只要康森克触发事件未启动，信托基金就向互换交易商支付 AAA 级回报，以换取 LIBOR 加 75 个基点。但如果康森克触发启动，互换交易商必须购买东方债券，并开始向票据持有人支付债券利息。直到东方土地行使了期权以发行新债券，互换交易商——不是东方公司——负责向票据持有人支付利率为 LIBOR 加 75 个基点的利息。全部东方结构概要如图 22.5 所示。

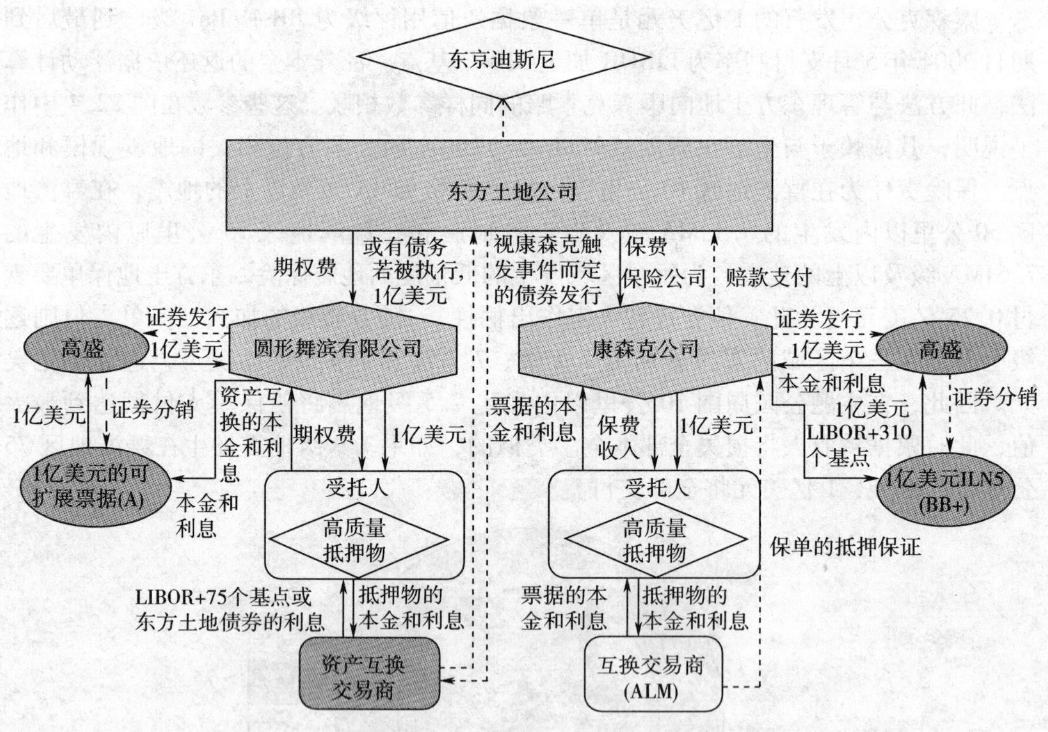

图 22.5　东方土地/东京迪斯尼

威温帝环球（Vivendi Universal）/环球影视工作室（Universal Studio），加利福尼亚　威温帝环球公司从资本市场上为其坐落于加利福尼亚的环球影视的财产寻求保护。[7]证券由名为影视工作室再保险公司（Studio Re）的开曼群岛 SPE 发行。

威温帝—环球影视结构含有一个模型化的损失触发事件和支出，其中损失包括加利福尼亚地震引起的环球影视损失，该损失是通过财产损坏、劳工赔偿和营业中断（BI）等加权后而得到的。

结构本身像一个两部分CDO交易，其中优先股吸收先发生的损失。债券和股份分别以高于LIBOR加517个基点和811个基点的利率发行。

22.3.2 剩余价值保护（东京汽车信贷公司）

像其他汽车企业一样，东京汽车信贷公司（TMCC）面临着已出租汽车的剩余价值可能低于其市场价值的风险。大多数租赁包含一个条款，允许承租人在租赁期结束时购买该车辆。如果市场价格低于该车的剩余价值，承租人很可能行使他的权力购买该车。这意味着多数归还给TMCC的车立即给TMCC带来损失，损失即等于汽车的剩余价值和其再出售价值之间的差额。

面临剩余价值风险的企业的一个解决办法是通过直接保险或剩余价值担保，这是航线融资的三个参与者采纳的方法。相反，TMCC则选择从资本市场直接购买保险。

格瑞莫茨保险有限公司（Grammercy Place Insurance Ltd.）是一家SPE，是在开曼群岛注册的保险公司。设立该公司唯一的目的是向TMCC提供直接剩余价值保险。基础资产池是预先确定的约260 000辆汽车和轻型卡车的租赁，这些租赁是由TMCC提供服务的丰田和凌志交易商发起的。

根据格瑞莫茨和TMCC之间的保险合同条款，TMCC为剩余价值保险向格瑞莫茨按季支付保费。反过来，格瑞莫茨向TMCC提供对剩余价值损失风险为期三年的年度保险保障。几年的保险保障被结构化为三个独立的保单，每个都包括10%共同支付条款，这样TMCC保留每年年度剩余价值损失的10%。另外，每年的保险保障含有一个免赔额，等于保单覆盖的所有租赁的初始剩余价值总和的约9%。

格瑞莫茨发行了三类证券，所有这些证券都是FRN，按季支付等于3个月LIBOR加上一个利差的利息。最初发行额为6 000万美元的高级A类票据，2.83亿美元的中级B类证券和2.22亿美元的高附属C类债券。总发行额计划为5.66多亿美元。

这些证券的发行收入放在由大通银行管理的信托抵押账户下。大通银行使用现金认购发行来获得可流通和流动的高质量证券。这些证券的利息通过资产互换支付给高盛三井海上衍生品有限合伙企业，以换取更稳定的基于LIBOR的季度现金流。格瑞莫茨利用这些现金流来定期支付票据持有人的利息。

因为保单是年度的且到期日是10月，每年10月TMCC将向格瑞莫茨支付它的剩余价值赔偿——超过当年免赔额的损失减去10%共同保险规定。如果投资收入和至今所付保费不足以支付赔偿，在信托账户中的部分抵押品将被变现（以及资产互换名义本金的相应部分减少了）。根据表22.1，抵押品变现收入将用于支付TMCC的索赔，剩余部分则用于逐期支付票据的本金。

根据优先性，为每类格瑞莫茨票据持有人偿还本金。如果变现抵押品的价值减去支付给TMCC的赔偿不足以支付当年的所有三类证券的预定本金偿还，票据持有人则要承受损失。如果第一年或第二年有盈余，可以用于弥补以后年份的亏空。[8]

A类、B类和C类票据期限分别为一年、两年和三年。如果投资组合的销售价格分别下降多于预期的23%、15%和9%，票据本金将处于风险中。票据定价分别为高于三个月LIBOR的23个基点、45个基点和325个基点，级别为AA级、A级和BB级。见图22.6简化的结构。

表22.1 格瑞莫茨TMCC票据的本金偿还安排 单位：美元

类别	第1份保单（1999年10月）	第2份保单（2000年10月）	第3份保单（2001年10月）
A类	22 650 000	23 230 000	14 800 000
B类	105 690 000	108 390 000	69 050 000
C类	83 040 000	85 170 000	54 260 000
总计	211 380 000	216 790 000	138 110 000

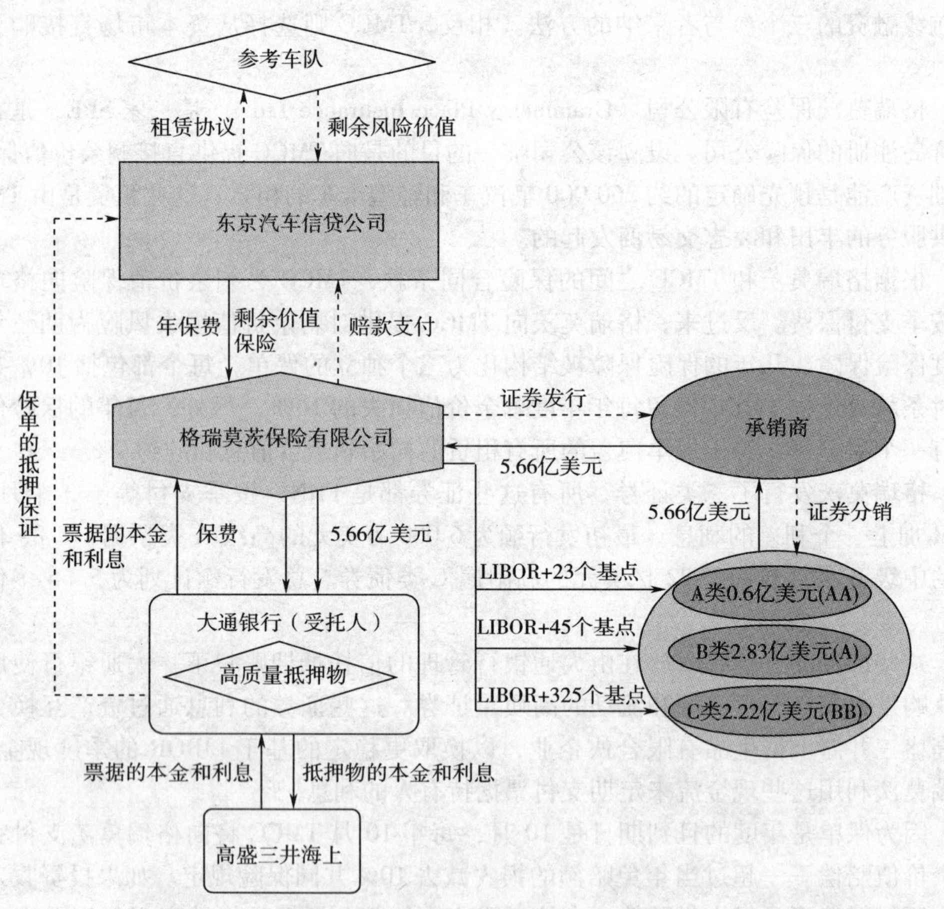

图22.6 TMCC的剩余价值ILN

22.3.3 信用违约保险（房地美）

摩根士丹利的抵押违约追索权票据（Morgan Stanley's Mortgage Default Recourse Notes，MODERNs）是开曼群岛名为G3抵押再保险公司的SPE发行的票据，从而允许房地美通过证券化渠道而不是直接从（再）保险公司获得违约保险。MODERNs 包括 5 类 10 年期证券，根据 1996 年发起的 150 亿美元固定利率和单一类 30 年期抵押的违约记录来支付本金和利息。

MODERNs 持有人根据应偿还本金额获得 LIBOR 加上利差。每段时期重新计算本金，只包括基础抵押资产的未违约本金部分。如果在投资资产池中发生抵押违约，偿还给 MODERNs 持有人的本金则因此而减少。

图 22.7 表示 MODERNs 的结构。它们的运作非常像前面所讨论的 TMCC 格瑞莫茨票据。五类票据的销售收入交给作为抵押品经营人和信托人的大通银行。大通银行将发行收入投资于可流通证券，然后与摩根士丹利达成收入互换，以更好地把握现金流。互换的应收账款用于支付 G3 发行的票据的利息。

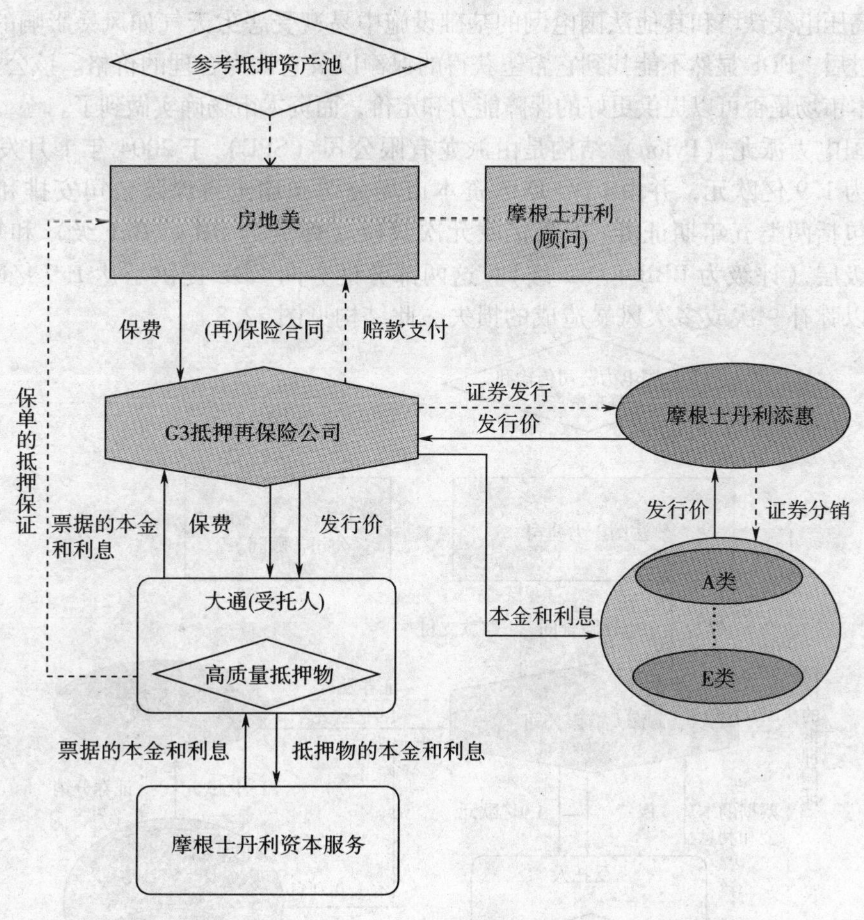

图 22.7　抵押违约追索权票据（MODERNs）

G3 向房地美销售的保单需要房地美按月支付保费，同时加到抵押账户中。反过来，抵押账户——包括保费、所持证券价值和证券产生的收入——用于支付抵押组合违约所引起的房地美的索赔。根据票据的优先级别，抵押账户中的资产剩余价值用于向票据持有人定期偿付本金。

22.3.4　传输和散布资产保险（法国电力公司）

自20世纪90年代以来，风暴引起的财产损失在欧洲大陆非常显著。特别悲惨的是1999年12月发生在欧洲的劳沙（Lothar）和马丁（Martin）风暴，给法国和瑞士的不动产业和保险业带来一场浩劫。很多人宣称这些暴风雨造成的损失的一个结果是某些被认为受这种气候现象威胁较大的财产的保险急剧增长（以潜在损失的大小和损失可能性来考虑）。

受到影响最大的单位之一是法国电力公司（Electricité de France，EDF），它是法国国家电力公司，也是世界最大的电力提供商之一。特别是EDF承受着劳沙和马丁造成的传输和散布（transmission and distribution，T&D）资产的极大损失，包括线路和电线、变压器、高压电线铁塔和其他法国电网的基础设施中易遭受恶劣天气如风暴影响的部分。暴风雨过后，EDF显然不能找到它希望获得的保额以及它认为合理的价格。该公司决定查看资本市场是否可以提供更好的保障能力和定价，而资本市场确实做到了。

法国电力派龙（Pylon）结构是由派龙有限公司（SPE）于2004年1月发行的，发行额为1.9亿欧元，并由CDC IXIS资本市场公司和瑞士再保险公司安排和实施。此发行包括两类五年期证券：1.2亿欧元次级层（评级为BB+/Ba1级）和0.7亿欧元高级层（评级为BBB+/A2级）。这两部分证券向EDF提供了达1.9亿欧元的保障，以弥补一次或多次风暴造成的损失。此结构见图22.8。

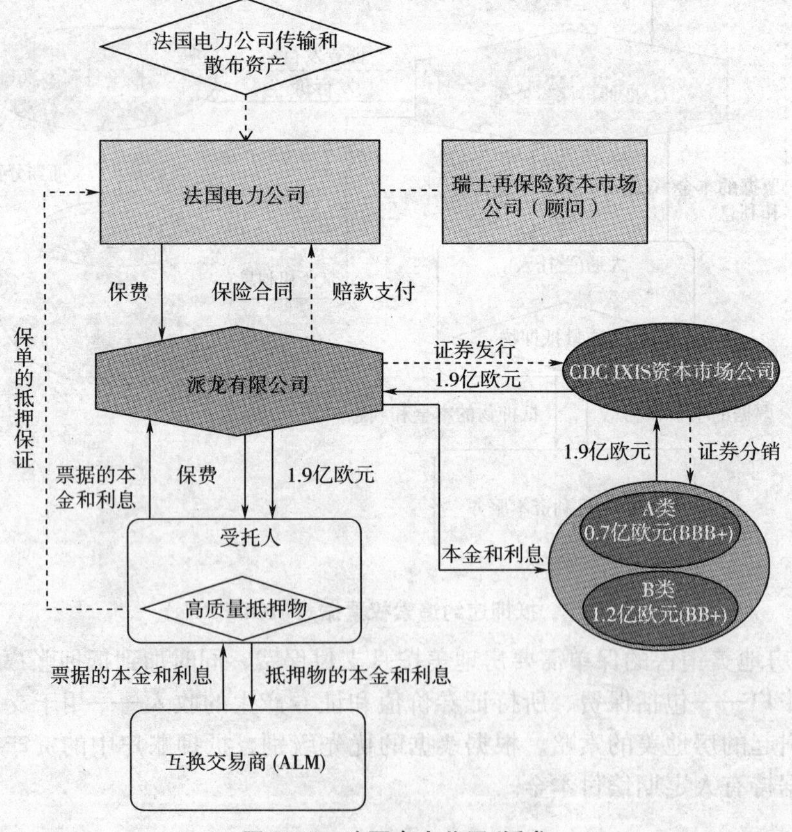

图22.8　法国电力公司/派龙

派龙债券的触发事件是参数的，其根据真实风速运行模型，并考虑模拟风暴造成的 EDF 预期 T&D 损失（对法国西南部的损失权重加大考虑）。根据损失的预测严重程度，五年中的每一次暴风雨将使次级份额按比例减少本金和利息的获得。高级份额投资者根据五年内发生的第二次暴风雨，其本金和利息也按相似的比例面临减少的风险，但这只发生在完全用光低级份额的情况下。

法国电力派龙发行的证券有些吸引人，因为它包含对核心业务风险的保险。我们曾考察过的其他公司 ILN，一般都旨在为它们的发起人（是真实存在的）获得保险，而不是为企业的主要业务风险。然而，EDF 却主要为 T&D 业务。

当被问到承保核心风险时，保险公司变得很不安。这不仅因为考虑到道德风险和逆向选择很大，而且保险公司也感到自己处于永久信息不对称的弱方。例如，如果保险公司对电力线路的了解与 EDF 一样多，那保险公司就是电力公司了！

原则上，传统保险可以通过结构化解决这些问题，但 ILN 发行更有利。特别重要的是基于模型参数损失的触发事件和支付，这实际上是 ILN 具有比传统保险更普遍的特点。而且，向投资者披露交易风险所需做的广泛的模式化的努力也好像超过了传统保险所要求的基本的尽职尽责，因此与较传统的保险相比，减少了 ILN 发行的逆向选择成本。

22.3.5 营业中断险（FIFA 赛事取消）

2003 年 10 月出现了另一个新型风险证券化结构，国际足球联合协会（FIFA）发行了 2.6 亿美元，为世界杯提供营业中断或赛事取消保险保护。

FIFA 为世界杯保险向赞助商、营销代理公司和电视台提供了 20 亿瑞士法郎的担保。其中 150 万瑞士法郎来自合同担保收入及电视转播收入，5 亿瑞士法郎以法郎、欧元和美元形式存在。如果发生赛事取消，剩余金额将可能遭受损失，除非有保险保障。

2001 年美国发生悲惨的恐怖袭击后，世界杯取消在某些地区成为主要的关注因素。继这些事件之后，FIFA 发现事件取消保险的承保能力有限且价格高。安盛再保险公司（AXA Re）在初期从 FIFA 恐怖主义取消保单中撤出，伯克希尔·哈撒韦（Berkshire Hathaway）公司的替代项目又极为昂贵。因此，FIFA 走入资本市场。

金色目标金融有限公司（Golden Goal Finance Ltd.）是一家 SPE，它将营业中断险卖给 FIFA。如果最初和接下来的事件导致 2006 年 7 月的世界杯被取消或重新安排，则可提出索赔。特别是如果在 2007 年 8 月 31 日之前，没有人胜出，支付也将发生。在 64 场比赛中，32 场比赛足以决定胜出者。保险责任不包括世界战争的爆发和球员或球队罢工的情况，但包括由其他原因引起的营业中断风险，如恐怖主义。

与瑞士信贷第一波士顿（CSFB）和瑞士再保险资本市场一起，金色目标相当于 2.6 亿美元的发行包括同一种证券的四次发行：2.1 亿美元的 A－1 债券，利率为 3 个月的 LIBOR 加上 150 个基点；3 000 万瑞士法郎的 A－2 债券，利率为 2.851%；1 600万欧元的 A－3 债券，利率为 3 个月的 EURIBOR 加上 150 个基点；1 000 万美元的 A－4 债券，利率为 3.895%。四次发行都被评为 AAA/A3 级。所有发行本金的

25%于2005年12月偿还，没有风险。根据支付FIFA保单的索赔后剩余的抵押品（以担保投资证明形式存在）的情况，其余本金按四次发行比例偿还。如图22.9所示。

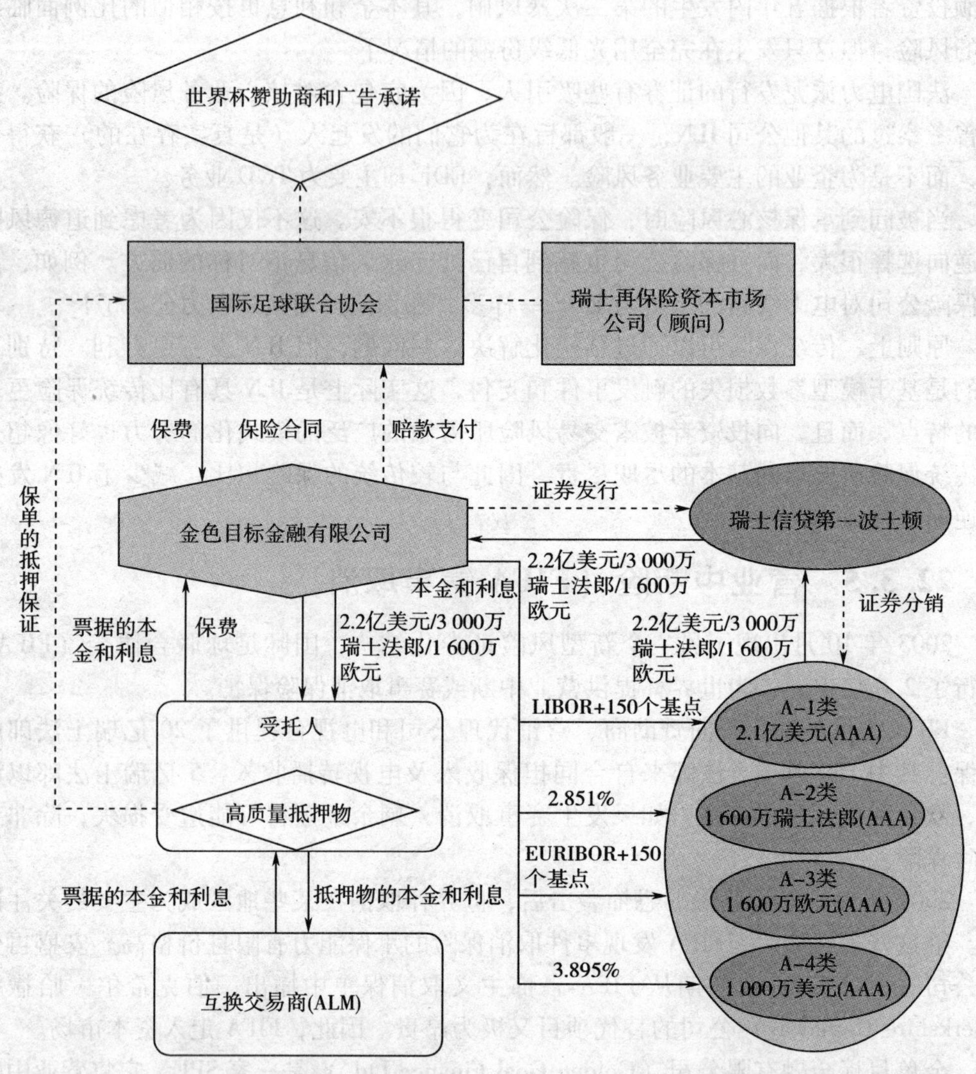

图22.9 国际足球联合协会/金色目标金融有限公司

该结构的详细情况很难识别，似乎它包括普通的资产负债管理（ALM）互换。然而，该结构不包括货币互换。相反，证券以三种货币发行，并且显然地也是以同样货币存入信托。保费支付和赔款支付也使用三种货币。原则上讲，该结构很自然地通过资产和负债的货币匹配来规避了货币风险。

22.4 衍生品结构

正如第三部分所讨论的，如果只专注于法律和制度上的区别，很多能够通过保险实现的目的，也可能通过衍生品来实现。我们已在其他地方分析了其相应的优点和缺点。在本节，我们研究一些类似于已讨论过的风险证券化的衍生品结构。

22.4.1　巨灾互换

巨灾互换是浮动利率对浮动利率互换合同（floating - for - floating swap contract），当保险事件发生后，一家再保险公司向另一家再保险公司支付保险相关的现金，以获得 LIBOR 加上利差。例如，让我们来看看 1998 年在瑞士再保险公司和三井海上保险公司之间进行的巨灾互换。此交易几乎与东京海上火灾保险公司或参数再保险结构相同，除了三井海上保险公司完成了一项风险转移，该风险转移与东京海上火灾保险公司直接使用互换而不是证券化相似。互换的触发参数与参数再保险债券交易中的一样。

特别是三井同意分期向瑞士再保险公司（即互换的对方）支付三年的 LIBOR 加上 375 个基点。[9] 作为回报，当发生的地震震中在东京附近且 JMA 级别至少为 7.1 级时，瑞士再保险公司同意向三井临时支付达 3 000 万美元的金额。

22.4.2　巨灾基础互换或风险互换

瑞士再保险公司和东京海上火灾保险公司于 2001 年签订了一个一年期的 4.5 亿美元的互换协议，允许再保险公司彼此互换巨灾风险。此项交易包括三个独立的层，每个为 1.5 亿美元。这三个层包含将瑞士再保险公司的加利福尼亚地震风险换为东京海上火灾保险公司的日本地震风险，将瑞士再保险公司的佛罗里达飓风风险换为东京海上火灾保险公司的日本台风损失，以及将瑞士再保险公司的法国暴风雨责任换为东京海上火灾保险公司日本飓风责任。这些交易在一个统括互换协议中打成捆，称为风险互换或巨灾基础互换。

22.4.3 交易所交易巨灾衍生品（Exchange - Traded Catastrophic Derivative）[10]

芝加哥贸易局（Chicago Board of Trade，CBOT）于 1992 年引进基于巨灾保险损失的交易所交易衍生品合同。[11] 在 2000 年，这些合同从贸易中被除去。虽然交易所交易巨灾产品仍是理论家乐意探讨的题目，但从未通过市场的考验。

ISO 期货和期货期权　1992 年 12 月，CBOT 引进了巨灾保险期货合同（Cats）。被保险巨灾损失按地区不同有不同的合同。除了全国损失合同，CBOT 对在美国东部、中西部和西部地区的巨灾财产损失分别有不同的合同。这些地区合同意在分别广泛地跟踪飓风、龙卷风和地震引起的被保险损失。

因为这些合同的基础资产难以确认，CBOT 则创建了一个指标。在合同结算时，参照该指标水平，这样指标赋予了期货合同价值。指标以按季度向独立的保险服务办公室（Insurance Services Office，ISO）报告的损失为基础，ISO 从约 100 家保险公司收集信息。期货的特定结算价值根据 ISO 选择的样本公司而定。CBOT 期货的名义金额为 25 000 美元。

理解巨灾期货的核心概念是事件季度概念。事件季度是指作为期货基础的被保险损失发生的季度。CBOT 为任意特定年份的四份期货合同：3 个月、6 个月、9 个月和 12 个月。上市的合同月份与合同的事件季度结束时的月份相对应（例如，3 月对第一个季度）。在事件季度开始之前，四个季度交易的合同上市。

举一个特定的例子，假设当前时期表示为时间 t，对时间 t 的增加以季度进行。如果时间 t 表示 1 月，$t+1$ 则是 3 月，$t+2$ 是 6 月，依此类推。对于到期日为时间 $t+2$的期货合同，CBOT 为做多头的人定义了合同的结算价值：

$$F_{t+2,t+2} = \$25\ 000\min\left(2,\frac{L_{t,t+1}}{P_{t,t+1}}\right) \tag{22.1}$$

其中，$F_{t+2,t+2}$表示于时间 $t+2$ 到期的合同的 $t+2$ 时的价格。$L_{t,t+1}$表示已报告的发生在时间 t 到 $t+1$ 之间的损失（基于 ISO 指标），$P_{t,t+1}$表示由 ISO 指标中的公司为发生在 t 和 $t+1$ 间的损失收取的保费价值。合同的基础不是损失水平，而是损失率，该损失率受制于 2 的上限。如果损失与所收保费的比率超过 2，做多头的人仍能够从每份合同中获得 50 000 美元。

用于计算合同结算价值的变量、损失和所收保费以报告给 ISO 或 ISO 预计的总数额为基础。因此，合同价值基于 ISO 指标中的公司群的损失率。当期货合同上市时，ISO 就宣布了这一公司群。当时，ISO 也宣布了那些公司为相应事件季度收取的保费的估计价值。因此，保费是固定的且在一份期货合同有效期内是已知的，理论上使它的价值只成为预期损失责任的函数。

虽然等式（22.1）所描述的合同在 $t+2$ 时结算，损失和保费同样被下标 t 和 $t+1$标示。计算合同结算价值的损失和保费都以事件季度为基础，事件季度从 t 时开始，到 $t+1$ 时结束。在 $t+1$ 和 $t+2$ 之间的季度被称为滞后季度（runoff quarter），包括这一季度是因为考虑到向 ISO 报告损失时存在时滞。虽然 $L_{t,t+1}$是对 t 和 $t+1$ 时间发生的损失的估计，但在那个季度仍要继续报告损失，直到结算日 $t+2$ 时。因此，合同的结算价值根据在 t 与 $t+1$ 间发生和在 t 与 $t+2$ 间报告的巨灾损失而确定。

卡敏斯和詹门（Cummins & Geman，1995）举了一个简单的例子来说明，解释保险公司可以使用巨灾期货合同作为再保险的替代来规避巨灾风险。假设保险公司期望收取 500 万美元的保费且对发生在美国东部 1 月和 3 月间的巨灾事件支付 60 万美元的损失赔偿。因此，损失率预期为 0. 12，保险公司则需考虑超过这一比率的损失。

作为再保险的另一选择，保险公司可以在 t 时做多头，东部巨灾期货可确定为：

$$\Delta_{t,t+2} = \frac{P^*_{t,t+1}}{\$25\ 000}\left(\frac{\delta}{\rho_{t,t+2}}\right) \tag{22.2}$$

其中，$\Delta_{t,t+2}$表示在 t 时做多头且在 $t+2$ 时到期的合同数量，$P^*_{t,t+1}$表示保险公司收取的保费，δ 表示保险公司想要规避的预期损失比例，$\rho_{t,t+2}$表示在 t 和 $t+2$ 期间预期报告给 ISO 的总损失比例。

假设套期保值者预期在 6 月之前报告给它和 ISO 的所有损失的 80%，且那时 3 月的合同将进行结算，因此 $\rho_{t,t+2}=0.8$。如果保险公司想规避其所有承保的风险，

$\delta = 1.0$。将 $\rho_{t,t+2}$ 的值和 $P^*_{t,t+1} = \$5\ 000\ 000$ 代进等式（22.2），保险公司显然于 t 时做多 250 份期货合同：（\$5 000 000/ \$25 000）×（1/0.8）= 250。

当合同于 $t+2$ 时到期，假设保险公司必须赔付的实际损失为 630 000 美元或比预期高 5%。实际损失率则将为 0.126。作为所收取保费的一部分，保险公司出乎意料地损失了 5% 或 250 000 美元。

假设在这个例子中，反映在 ISO 指标中的损失与保险公司实际承受的损失完全相关。在此情况下，无论期货初始价格是多少，都将上涨 5%。[12] 对每个保险公司做多头的合同来说，公司将在期货交易中获得 1 000 美元的盈利：（\$25 000/合约）× 0.05 × 0.80 = \$1 000。当 $\Delta_{t,t+2} = 250$ 时，保险公司则用期货进行套期保值的金额为 250 000 美元，正好抵消由于未预料到的较高的损失责任引起的意外损失（作为所收保费的一部分）。

在 1993 年中期，CBOT 通过上市巨灾期货的期权而增加了巨灾期货。在到期时，巨灾买入期权则有以执行价格签订一份多头巨灾期货合同的权利。对于巨灾卖出期权，期权购买人则有在到期时以执行价格签订一份空头期货合同的权利。

当时巨灾期货和期货期权面市时，对很多人来说像是个好想法。然而，多数市场参与者从未表示同意。1993 年 11 月，在期权第一次上市 6 个月后，全国巨灾期权数量为 3 650 份当月交易的合同。相反，CBOT 的比较成功的长期美国国债期货合同在 1993 年 11 月 1 日日交易量为 407 202 份。到 1994 年 6 月，巨灾期货产品上市一周年纪念日，其数量下降到当月交易的合同为 98 份。在 1995 年 6 月，再没有这类交易发生。从它们最早于 1993 年 6 月上市到 1995 年 10 月，全国巨灾期权总交易量为 5 668 份合同。从面市到 1995 年 10 月，东部、中西部和西部巨灾的累积交易量分别为 12 742 份、60 份和 44 份合同。因此，债券期货一天的交易量要多于在巨灾期货合同的整个寿命内交易的最成功的数量。巨灾期货和期权慢慢地、悄悄地退出了市场。

PCS 期权　1995 年，CBOT 认为期权像保险衍生工具一样具有非常好的前景，因而没有尝试营救巨灾期货。CBOT 放弃了巨灾合同，而引进了基于 PCS 指标的期权。不像巨灾期权，PCS 期权是现金结算的期权，具有一个新指标决定的基础现金价值。PCS 期权不要求期货合同的交付，CBOT 甚至没有将 PCS 期货上市交易。

PCS 每天提供 9 个巨灾损失指标的预测。这些指标是地区性的，全国范围内按地区（东部、东北部、东南部、中西部和西部）和按州（佛罗里达、得克萨斯和加利福尼亚）追踪 PCS 预测的被保险巨灾损失。

与 ISO 指标不同，PCS 指标衡量的是损失而不是损失率。任何地区的 PCS 指标值是被 1 亿美元相除的 PCS 损失预测。为得到那些巨灾损失指标值，PCS 调查了涉及巨灾保险的至少 70% 的公司、代理人和公估人。PCS 行业损失预测以此次调查为基础，根据未调查的市场份额和 PCS 的全国保险风险范围又进行了调整。

对每个 PCS 指标，CBOT 上市了 PCS 期权，包括高市值和低市值两种形式。高市值 PCS 期权追踪预测在 200 亿美元和 500 亿美元之间的巨灾损失，而低市值 PCS 期权只追踪低于 200 亿美元的损失。

像较早的巨灾期权一样，PCS 期权的结算价值根据事件发生期加上滞后期而确定。除了西部和加利福尼亚之外所有的 PCS 期权都含有季度事件发生期，期权的上市与四个事件季度相对应，3 个月、6 个月、9 个月和 12 个月。对于西部和加利福尼亚指标，事件期是年度的。

很多人感觉巨灾期货的一个季度滞后期对于要报告的足够大的损失是不够的，因此 PCS 期权购买者在两个损失发展期间有一选择：6 个月或 12 个月。期权交易直到发展期的最后一天。

PCS 期权的结算值根据相应的 PCS 指标的结算值或被 1 亿美元相除的 PCS 损失预测而确定。为了方便起见，指标值四舍五入至第一位小数。例如，预计损失 0.53 亿美元的真实指标值为 0.53。四舍五入得到 0.50，表示相当于行业损失 0.5 亿美元。

PCS 期权已确定，得出每个指标点价值为 200 美元。例如，值为 0.5 的 PCS 损失指标含有的现金对应期权价值为 100 美元：0.50 × \$200 = \$100。PCS 期权的执行价格以 5 个指标点的整数倍数上市。对于高市值期权，执行价格在 200 ~ 495；对于低市值期权，执行价格在 5 ~ 195。

在结算日，含有事件期从 t 到 $t+1$（如第一个季度）以及 6 个月发展期的低市值 PCS 买入期权的执行价值为：

$$C_{t+3}^{sc} = \$200\max[\min(I_{t,t+1},200) - K,0] \quad (22.3)$$

其中，C_{t+3}^{sc}表示发展期末的买入期权的结算值。$I_{t,t+1}$表示根据在 t 和 $t+1$ 之间发生以及在 t 和 $t+3$ 之间报告的损失而确定的基础 PCS 指标价值。K 是执行价格。最小值符号说明将期权确定为低市值期权，也就是说期权的盈利最高不超过 200 的指标水平或相当于 200 亿美元的行业损失。最大值符号说明期权的金融触发事件，也就是期权的执行值不可能是负的。

对于一个其他方面都一样的高市值买入期权，期权的执行值是：

$$C_{t+3}^{sc} = \$200\max\{\max[\min(I_{t,t+1},500),200] - K,0\} \quad (22.4)$$

最小值符号表示最高指标水平为 500。与等式（22.3）不同，等式（22.4）包括两个最大值符号。第一个表示将合同确定为高市值期权，指标值至少为 200。这个符号在等式（22.3）中不存在，只因为低市值期权可弥补的较低限度的损失为 0 美元。最外面的最大值符号反映买入期权具有有限责任。

PCS 产品的支持者期望这些产品成功的一个原因是在纵向多空套做和超额损失再保险之间找到一个合成等同物。例如，执行值为 100 和 200 的看涨的纵向多空套做锁在指标水平在 100 和 120 间的纵向保护层中，因此综合起来相当于在那些水平上的巨灾超损失再保险。

这些产品也为再保险公司创造了一个设计新型量身定制的结构的机会。例如，雷因（Lane，1998a）建议如何使用 PCS 期权建立合成加速成数分保（accelerated quota share），这样期权使用者规避的损失比例会随着损失层深度变深而增加。

失败或错的时间选择 尽管用尽所有努力要建立一个出众的巨灾保险衍生品合同，PCS 期权最后仍摆脱不了与其 ISO 前辈一样的命运。这是为什么？

很明显一个问题是市场的双边缺少自然的套期保值者。只有当有人愿意承保它，呼吁购买纵向多空套做时才有意义。虽然再保险和转分保两者都是十分普通的操作，有人可能期望两边市场出现，但它从未出现过。或许只是因为担心来自相对集中的再保险业的竞争。

另一个关于两个合同失败的解释是关于衍生品运作中的替代和补充发展顺序。交易所交易衍生品是商品化过程中的典型部分，在这一过程中，在模糊和双边框架中磋商的常规交易向在正式市场上磋商的更标准化交易转变。

卡尔普（Culp，2001）总结了这一过程，通过该过程，现金市场和远期交易已商品化为交易所交易衍生品，如期货。然而像证券化产品一样，交易所交易衍生品不能替代私下磋商的现金和衍生品交易。相反，交易所交易产品与它们的非交易所和现金市场一起发展。

每个期货交易面临的战略规划问题都涉及到在商品化过程中上市一种标准化产品的顺序。特别是相对于产品需求，有可能在商品化周期中过早上市一种交易所交易产品。例如，如果联邦全国抵押担保协会（Federal National Mortgage Association，FNMA）不首先开始发行过手证券（pass - through security），抵押担保证券可能就不会发展起来。

一个对交易所交易巨灾损失衍生品的发展可能产生的障碍仅仅是在基础巨灾共保体中缺乏成熟的非公开磋商衍生品和证券化操作。因此，直到更定制化的非交换交易从直接保险和再保险合同（承保处于风险中的资本）中发展起来之前，可能不会对标准化合同产生需求。

如果是真实的，那么对交易所交易巨灾衍生品成功的期待在某一天可能会实现。

第23章 自保公司、保护单列公司和相互公司

在第2章中我们看到，公司可以选择保留、抵消或转移它所面临的风险。在第三部分我们看到，保留风险的公司实际上仍是为那些风险购买保险，但它是从其股票和债券持有人那里购买的。有时保留风险是一种特意的决定（例如，保留核心风险，此风险是公司盈利的必要部分，以减少道德风险和降低逆向选择成本等）。其他时候，保留风险仅是考虑到成本问题——如果公司从经济的角度考虑，它将转移风险，但公司加权平均资本成本（WACC）会远低于外部风险转移成本，使它购买外部保险没有意义。不管保留风险出于什么原因，确实保留部分风险的公司常常明确希望对自留风险进行融资。公司避免受净资产值（NAV）、定期现金流和（或）收益的剧烈波动影响的需要可能也推动了这一要求。

目前，纯风险融资产品相对较少。由于公司寻求获得最优的内部和外部融资和保险组合，多数预先融资的自留风险在某种程度与外部风险转移混合在一起。然而，某些结构性保险交易仍主要受参与风险融资的意愿所推动。我们将在本章探讨这些方法，[1]首先从风险融资的最清晰的形式开始，即自保（self - insurance）。然后探讨更有组织的自保形式，也就是自保公司、租赁性自保公司（rent - a - captive）和保护单列公司（protected cell company，PCC）。最后，讨论相互公司或自保辛迪加，后者是将参与者的自保运作与参与同等组的风险转移结合起来，通常在超过营运资本层的附加点上。

23.1 资产负债表自保

非传统风险转移——现在更多地称为结构性保险——作为行业术语描述有组织的自保项目，第一次得到广泛接受是在20世纪70年代。随着保险市场形势变得严峻，保费上涨以及承保能力下降，公司想向保险公司强调它们能够经常通过非传统途径获得所需保护，其中最显而易见的途径就是自保。

自保实质上是一种有组织的预先融资的自留风险形式，它含有像保险一样的转移定价结构，但不要求公司设立或依赖一个独立的组织来完成。通过设立拥有保险执照的全资子公司来进行自保，包括使用自保公司和非自保公司方式。

23.1.1　自保：认知问题

自保是在公司内部使用保险一样的内部缔约和转移定价方法的风险预先融资。当公司具有足够的同类风险和损失机会，公司的预期损失总额相当稳定和可预测时，自保最有效。因为公司对自保的融资相当于未满期保费和损失准备金。[2] 然而，当在任意精确度内预测这些预期损失很困难时，为自留这些预期损失而进行的融资是非常困难的。

公司自保的机制有许多。最明显的是通过财务宽松（financial slack）：保持足够的财务灵活性和当前现金余额来对任意合理范围内的损失融资。但这是损失后融资。如果公司确实想对潜在损失进行预先融资，融资方法则非常有限。

对损失预先融资的方法之一是通过使用经济损失准备金。挑战在于准备金的管理和使外部人认可准备金中的资金可被用做融资于已被识别出的风险。但投资者倾向对准备金持怀疑态度。其中的一个原因是准备金太容易被取消，并且取消的原因常常与准备金表面上抵御的最初风险无关。例如，2004 年末，一家大型美国制造公司没有任何解释就取消了产品责任准备金，该公司的股价在消息宣布后的当天暴跌。

与损失准备金相关的诚信缺乏常常被称为“甜饼罐”问题。一些人可能感觉这只是明确关注管理收益非预期变化风险的公司面临的问题。但事实上，缺少可信度的准备金也可能是将风险管理集中于净资产价值或现金流的公司的问题。特别对已经承受过信息不对称高成本的公司，逆向选择忧虑将加剧投资者对经营者可能趋于取消损失准备金的恐惧。对于这种担心有很多有利的原因——记住潜在的投资不足问题。因此，“甜饼罐”问题不只是可信性和认知性问题。公司受诱于取消准备金以支配专项现金的风险是真正的风险，而不只是会计上的担心。

对于可以通过信心度来衡量的影响公司的风险，公司至少可以为自保设立会计准备金。然而，在某些情况下，会计准则甚至不允许设立准备金（例如，如果损失是可能发生的但是不可能量化的）。在这种情况下，公司实际上可以留出资金，但不能将那些资金从当前收益中扣除来反映自保的未来损失。

然而，公司有许多自保的方法可以采用，使自保可信并可靠。一种方法是通过现有保险项目中免赔额的审慎管理。正如第 8 章和第 9 章提到的，直接保险单或再保险协议的免赔额或临时分出使分出公司自留了一部分风险。虽然包含免赔额的主要目的是防止（再）保险公司遭受道德风险，但如果分出公司想要特意增加其自留额，也可主动提高免赔额。

通过主动增加免赔额而获得的假自保显然是专门针对所谈论的（再）保险单承保的风险。例如，考虑一家每年在工伤项目中损失超过 100 万美元的美国公司。如果该公司的大多数或所有工人都集中于一个州，这样的公司可能符合为其工伤责任成立一个自保项目的要求，这一项目必须在该州登记。在这种情况下，许多公司选择不建立正式的在州政府登记的自保项目，而是通过大幅增加其在直接工伤保险中的免赔额来进行自保。拥有这种免赔额项目的保险公司不需作为正式的自保项目在州政府登记。然而，实际上，向公司提供这种自保选择的保险公司将经常要求分出公司为自保免赔额建立以可流通证券作为支持的技术准备金。[3]

另一种没有遭受损失准备金认知和信誉问题的自保机制是自保集团（self - insurance pool）。尽管名称为集团，自保集团并不是公司可以汇集和自保其风险的载体。相反，自保集团是公司汇集其自保资金而更有效地为风险进行融资的途径。

正如前面谈到的，自保的一个特征是合理的损失基础，从中可以相对稳定地预测出预期损失。当损失大且偶然发生时，自保变得很难融资。在这种情况下，一个面对不同损失时间模式的较大资金池则比较有利——这是自保集团出现的基本原因。

虽然自保集团本身不拥有保险公司营业执照，但它与相互保险公司比较相似，我们将在本章后面讨论相互公司。参与单位向共保体提供资金，并同意相互保险。作为实际的结果，这并不意味着每个公司的风险转移都给了自保集团。相比较将所有的损失风险留在公司而言，如果集团参与者的损失风险足够分散，该集团则向全体参与者提供了稳定损失发生时间的途径，从而使预期损失更容易预测和预先融资。

23.1.2 自保的益处和成本

与从市场上购买的传统保险相比，自保具有几个潜在的优势，其中之一是经常性的非常优越的定价。自保结构不仅避免了与传统保险相关的附加费用，而且免受一般与传统保险相关的信息不对称成本的侵害。换句话说，自保公司可以既注意自己的风险管理方法又注意自己的风险，因此能够避免传统保险公司的不利定价或合同内容，从而减少了逆向选择和道德风险。

纯自保和风险准备金也允许自保者保留保费的利息收入，目前是通过转移定价结构留在公司内的。在这两种结构中，也可以马上得到资金来弥补损失。然而，要注意：因为存在一个代表多家公司利益的独立组织，自保集团可能做不到与准备金或纯自保相同的保费投资自由和资金交付速度。

23.2 自保公司和其他风险融资工具

如果公司想参与可靠的损失前融资，运用自保公司或类似自保公司的结构常常是最好的选择。自保公司保险或再保险公司是一种有组织的自保项目，在这个项目中，公司设立自己的保险公司来为自留风险融资和管理自留风险。自保公司在20世纪70年代末非常普遍，但降低的（再）保费导致了在整个80年代自保公司使用的下降。然而，在20世纪90年代，随着公司实现自保公司的好处特别是关于全公司风险管理的愿望的大幅增加，自保公司再次成为了融资自留风险和参与选择性风险转移的普遍工具，也就是说，使公司损失前风险融资策略与其风险转移项目相融合的工具。

现在存在很多种自保公司，它们之间的一些主要不同将在接下来的节中谈到，在本节我们则只限于讨论那些目的为纯风险融资的自保公司或类似自保公司的结构。我们在以后部分讨论混合风险融资或风险转移的结构。

23.2.1　单一母公司式自保公司（single - parent captive）

单一母公司式自保公司是最简单的自保公司结构，即公司为管理其自留风险而设立自保公司，以及在某些情况下，更通常地作为全公司风险管理结构来管理风险。[4]虽然一些公司已逐渐将其自保公司的保险范围扩大到了它们的产品、顾客和供应商，但单一母公司式自保公司的目的则主要是为设立该自保公司的公司的自留风险提供保险。[5]

单一母公司式自保公司　图23.1描述的单一母公司式自保公司是发起公司或寻求为自留风险融资的单位的全资子公司。[6]发起人通过使用内部资金或外部发行金融债的收入来购买自保公司股份，从而为自保公司提供资本。自保公司所需的股本额取决于自保公司结构类型，这将在后面讨论。自保公司将其股本售给发起人而获得的收入投资于低风险和可流通的证券，这部分证券作为自保公司代表发起公司设立的风险准备金。

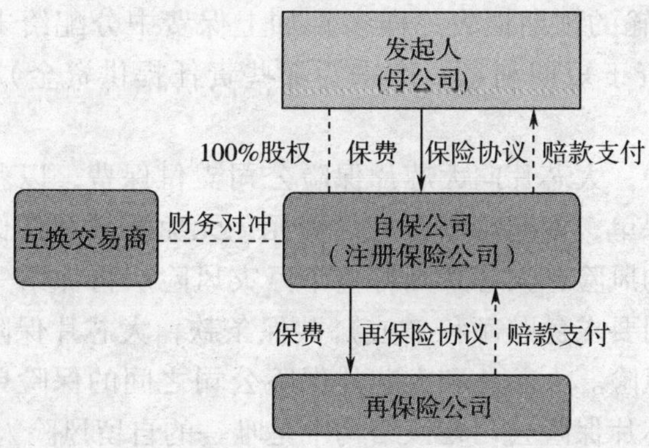

资料来源：Wöhrmann（1998）。

图23.1　单一母公司式自保公司

除了最初向自保公司注入的股本，发起项目还向自保公司支付保费，购买保险，以抵御公司想自留和自保的风险。反过来，自保公司注册为真正的保险公司，因此可以运用保费建立未满期保费和损失准备金。这种准备金与股本一起成为自保公司从母公司接受的或有支付责任的资金后盾。

自保公司可以由发起公司管理，发起人将向自保公司本身指派独立经理人，或出于费用考虑，指派给自保公司的管理公司。在自保公司管理方面比较活跃的公司包括（再）保险公司（如苏黎世金融集团）和大保险经纪公司（如怡安和达信）。

预先融资的自留风险一般与高频率和低严重度的损失事件相关。因此，自保公司通常保留这些类型的风险。如果发起公司希望寻求保险来管理其他低频率和高严重度的风险，自保公司也会承担管理这类风险的责任，包括也许会将它们转移给其他参与者。例如，如图23.1所示，自保公司可以利用再保险转移一些发起公司面临的但并非是其选择自留的风险。注意这是再保险，因为自保公司本身是已向其发起公司提供直接保险的保险公司。

出于同样的目的，发起人也可以与互换交易商磋商互换和其他衍生品。不管在哪种情况下，发起人不是对预期损失而是对风险转移成本进行预先融资，然后与自保公司签订某种意外协议，这种协议很像自保公司的风险转移交易。

让我们来看一个关于发起公司大芯片（BigChip）的特定例子。大芯片是一家芯片制造商和销售商。假设大芯片处于三类风险中：大芯片担保的运输中芯片损坏的风险、对其加利福尼亚总部和主要生产设施造成严重损害的地震风险，及由于多数大芯片的芯片销往日本而产生的日元与美元的汇率波动风险。

大芯片公司可以设立一家称为大芯片保险公司的自保公司，由大芯片通过购买100%的大芯片保险公司的普通股提供资本。大芯片可能会确定第一个风险，即芯片运输中损坏的风险，构成核心业务风险。这类风险特征是小额损失发生的频率高。然而，地震和外汇汇率风险是大芯片决定要转移而不是自留和融资的风险。

因此，大芯片与大芯片保险公司签订了三份交易。第一份是每次发生保险合同，无免赔额和共保，补偿大芯片的每次发生的运输中芯片损坏的年度损失，为此大芯片向大芯片保险公司支付年保费。大芯片保险公司则保留了该风险的全部，其股本（必须至少与芯片运输的预期损失一样多）加上保费中分配给未满期保费和损失准备的部分（相应投资于短期利息资产来为那些责任提供资金）作为偿付资金的来源。

在第二份交易中，大芯片向大芯片保险公司支付保费，以获得由加利福尼亚地震触发的超额损失保单，如起赔点为1亿美元，无免赔额和共保条款。由于此风险是大芯片不想自留的风险，大芯片则将整个巨灾风险层再保给一个或多个再保险公司。如果再保险公司要求免赔额和（或）共保条款，大芯片保险公司将代表大芯片不得不自留一部分风险。大芯片和大芯片保险公司之间的保险单很可能不反映免赔额和共保，因此大芯片保险公司在该结构中是唯一的自留风险人。

最后，大芯片和大芯片保险公司进行了一系列关于美元和日元汇率的外汇期货、互换、期权和（或）交叉货币互换，以对冲发起人的货币风险。这些衍生品将是大芯片保险公司与一个或多个互换交易商无论进行的哪种衍生品交易的参照交易。

自保公司结构的主要优势在于能够自留承保利润和用于支持未满期保费和损失准备金的资产的投资收入。如果自保公司承保的实际损失低于预期，发起人可以通过自保公司向其唯一的股权持有人——发起人——支付红利的形式，返回那些承保利润加上任何投资收入。

另一个常常提到的自保公司的好处是公司直接从再保险公司获得保险产品的能力，这对于非保险公司的公司来说如果没有自保公司很难做到。与保险公司相比，再保险公司相对较少地受到监管，且更复杂，更应设计定制项目。因此，对于一些公司，进入再保险市场本身也是自保公司的一个主要吸引人之处。

单一母公司式自保再保险公司　发起公司决定设立自保公司结构所面临的主要问题是自保公司的住所地。影响公司选择自保公司住所地的因素有以下几方面：[7]

- 对自保公司投资的限制。
- 再保险限制。
- 财务报告要求。

- 最低资本金要求。
- 保费收入和其他税收。
- 承保限制。
- 准备金要求。
- 住所地与发起公司母国间的税收关系。
- 住所地币值稳定性。
- 隐私保护。
- 当地基础设施和稳定性。

根据上述原因，公司常常将其自保公司组建和注册在其组建地以外的行政区域。

如果当地法律、法规或税收规定要求发起公司购买当地保险，公司可能选择设立一种自保公司结构，其中自保公司注册为公司而不是保险公司，正如前面部分讨论的那样。然后，发起公司找一家当地保险公司，称为出面保险公司（fronting insurer），让其将保费和保障范围转给自保再保险公司。含有出面保险公司的单一母公司式自保再保险公司结构如图 23.2 所示。

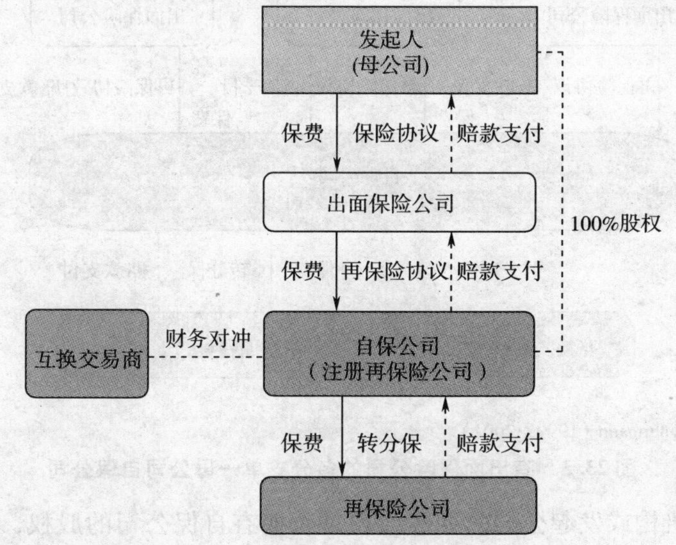

资料来源：Wöhrmann（1998，2001）。

图 23.2　有出面保险公司的单一母公司式自保公司

将自保公司注册为再保险公司需要一些成本。出面保险公司将要求一些安排费用，克罗门（Kloman，1998）估计出面保险公司的成本在总保费的 5% ~30%。但一般来说，使用出面公司的收益要大于成本，特别当监管规定本身使这一结构成为必要时。

同时，成立一家自保公司作为再保险公司也有一些明显的好处。再保险公司遵守监管规定的成本大大低于直接保险公司。事实上，大部分单一母公司式自保公司实际是再保险公司。

单一母公司式多分支机构自保再保险公司　一些跨国巨头宁愿以子公司为基础

管理自己的风险而不是以全公司范围为基础。即使公司愿意集中其风险管理决策制定，为风险转移或风险融资目的进行的交易对于多个地方辖区来说，可能仍需要当地保险公司。在这种情况下，公司可以成立单一母公司式多分支机构自保再保险公司。

如图 23.3 所示，一个多分支机构结构包含每个分支机构的保费和风险的保险分别给不同的出面公司，然后将所有这些分出给自保再保险公司。再保险公司仍可以选择性地转分保或对冲某种发起人不愿自留的风险。

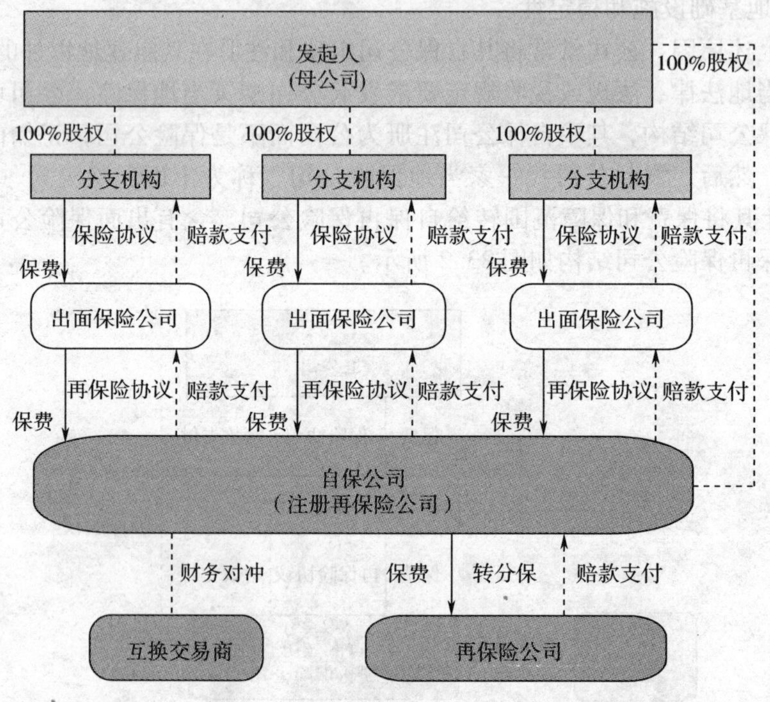

资料来源：Wöhrmann（1999，2001）。

图 23.3　有出面保险公司的多分支单一母公司自保公司

单个分支机构或发起公司的控股公司是否拥有自保公司的股权，实际上取决于发起公司。在每种情况下，来自于自保公司的承保利润和投资收入的红利在一定水平上将返还给发起公司。这里对所有的自保公司都一样，自保公司的资金仍是发起公司资金的一部分——自保公司只是自我保险比较可靠的工具，不会改变公司的资本结构。

税收　在普通保险领域，保费支付在多数辖区内可以减免税，包括美国。建立自保准备金不符合减免要求，为了保持一致性，美国联邦税务局（Internal Revenue Service，IRS）开始质疑对发起人向其单一母公司式自保公司支付保费的减免税问题。IRS 的观点是支付给单一母公司式自保公司的保费只是资本注入的一种形式，赔款支付实际上是红利。

在 1992 年，对减免税的检验首次开始得到美国税务当局和司法系统的重视，产生了一种观点，如果自保公司承保的业务中有 30% 来自非关联第三方，发起人向单一母公司式自保公司支付的保费可以从发起人的税收中减免。

在美国，关于 30% 非关联第三方承保的规定也影响投资收入的税收。如果没有非关联第三方业务，自保公司的净收入将与发起人一样遵守公司税收规定。如果 30% 规定适用，投资收入也可以从发起人的税收中得到减免，至少自保公司在其住所地上缴的净收入税收将从发起人的净收入税收中扣除。

23.2.2　租赁性自保公司和保护单列公司

在 20 世纪 90 年代末，（再）保险公司和保险经纪人提出的租赁性自保公司成为另一种重要的 ART 工具，主要针对想自留大部分风险并为这部分风险引起的损失进行损失前融资的公司。租赁性自保公司是一个多参与者结构，但参与者并不真正拥有租赁性自保公司的股权。

如图 23.4 所示，租赁性再保险公司由市场参与者如（再）保险公司或保险经纪人设立、管理和拥有，以为那些缺少资源或不愿出资设立和管理它们自己的自保公司的公司提供服务。

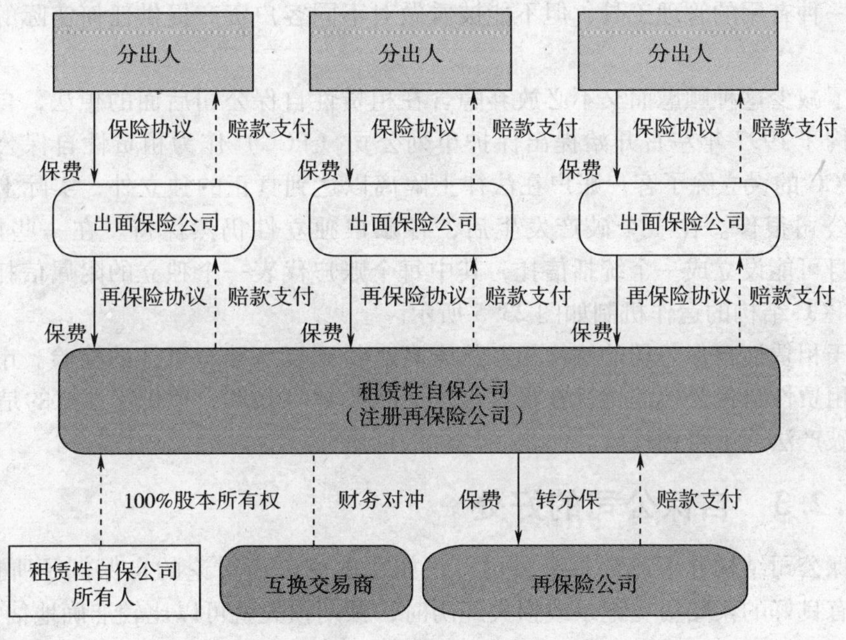

图 23.4　租赁性自保公司

如图 23.4 所表明的，租赁性自保公司的客户将保费支付给出面保险公司，后者再通过临时再保险将保费转给租赁性自保公司。这份临时再保险向客户自留风险的损失提供保险。租赁性自保公司本身一般会为参与者建立客户账户。保费记入这些账户的贷方，赔款记为抵消这些保费的准备金。此外，与传统保险不同，要追踪投资和承保收入，可能会以低赔款奖金的方式将其返还给参与者。因此参与者可以像拥有自己的自保公司一样受益，但却不需要股权投资本身。同时，如果客户提出一项大金额的索赔造成负的客户账户，租赁性自保公司的公共资金将用于支付此项赔款，该客户则负债，拥有负的余额。

对财务实力较弱的公司，支付给租赁性自保公司的保费可能相对高一些。在这种情况下，保费实际上履行双重职责，即普通保费加上抵押，用以弥补客户日后可能有偿还问题的潜在大额赔款。

在同一个结构中存在多个公司的主要目的在于减少管理费用和成本。且在参与者之间没有特别安排的风险转移。在最单纯的形式中，租赁自保公司计划只提供风险融资服务。与客户维护的账户理论是分开的，因此客户保费与其平均损失相等。在一些租赁性自保公司中，对任意特定客户的赔款要严格限于其账户中的资金，这意味着大量的抵押物需存入账户以弥补任何大额赔款。

然而，在破产情况下，一些人开始担心事后相互化。例如，如果一位客户提出的索赔超过其账户中的资源，租赁性自保公司将支付此赔款。然而，如果参与者调整其负余额连续失败，可能最终会导致租赁性自保公司破产，这样迫使其他客户将他们的资金用于该客户的索赔，且不会得到全部偿还。关于事后相互化的这种担心的主要原因在于租赁性自保公司的法律结构。从根本上说，它是再保险公司。客户账户是一种有用的管理工具，但不能被看做对不同客户资产提供任何实际的法律独立性。

为了减少这种顾虑而又不必放弃隐含在租赁性自保公司后面的想法，自保公司经营机构于1997年左右开始提出保护单列公司（PCC）作为租赁性自保公司的替代。[8] PCC的设立除了客户账户在法律上隔离以达到真正的独立外，实际上与租赁性自保公司很像。在一个破产发生后，各账户独立性仍然保持。在一些情况下，PCC自身可能设立成一个统括信托，其中每个账户代表一个独立的附属信托。一个典型的PCC结构的运作机制如图23.5所示。

关于租赁性自保公司的法律担心从未真正得到真实破产事件的检验。市场参与者关于租赁性自保公司的担忧在很大程度上已被PCC缓和，但仍需注意的是PCC也尚未在破产法律下得到检验。

23.2.3 自保公司的好处

自保公司结构并不适合每个公司。正如在本章前面讨论的自保例子所提到的，当公司有良好的索赔历史记录或损失经历时，预期损失就可以比较准确地估计出来，以及已发生赔款和已缴保费之间的比率会相当低，这时自保公司或类似自保公司结构的好处就最有可能得以实现。此外，寻求利用自保公司结构的公司需要充足的财力和现金流来支付数额足够大的年保费，以保证自保公司的费用。为使单一母公司式自保公司的设立有意义，最低承保保费通常在700 000美元左右，虽然使用租赁性自保公司或PCC结构可以将此金额减少到每年100 000美元。[9]

相对于传统保险来说，如果自保公司结构确实给发起公司（自保公司）或参与公司（PCC）带来经济利益，其潜在好处可以说是相当大的。这些好处中的一些也适用于自保公司之外进行的对冲项目，但不属于发起公司的财务或风险管理功能。

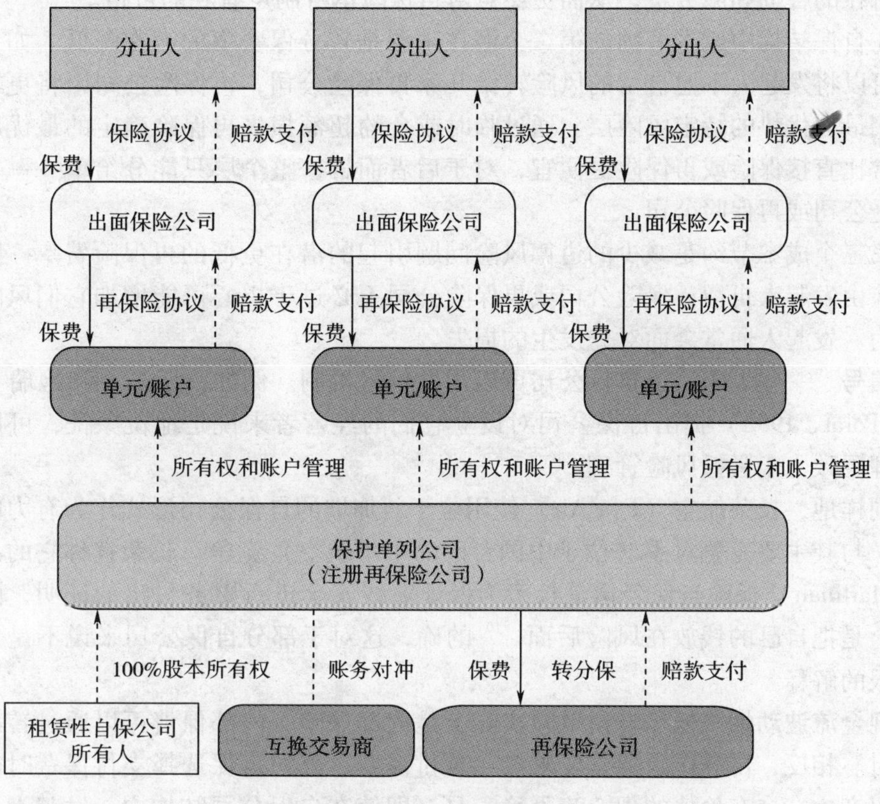

图 23.5　保护单列公司

逆向选择成本　我们已在本章和第 7 章注意到自保有时比风险转移便宜，因为它使公司避免了逆向选择成本。但需要注意的是要比较我们已遇到的两种不同的逆向选择成本。逆向选择的一个来源是保险市场的"柠檬"问题。这里，自保将毫无疑问地优于传统保险，因为从自己处购买的保险进行定价不存在"柠檬"问题。当市场确实高估了本公司的风险范围，保险逆向选择成本可能促使公司选择自保。同时，必须为自保融资经常通过发行新金融债来进行。这样，公司就不得不支付逆向选择成本，因为证券市场也存在"柠檬"问题。如果用于自保准备金和保费的资金可以内部筹集，这样自留风险与外部风险转移相比可以很好地节约成本。如果不可以，两种逆向选择成本的大小需要仔细比较。

经营成本节约　利用自保除了能够避免损失后外部融资成本外，自保公司还可以使发起人和参与者节约成本，这主要有以下几个原因。第一，正如我们前面已讨论到的，通过自保公司获得再保险比直接保险更便宜、更灵活。设立一家有出面保险公司的自保公司确实有时需要向出面保险公司支付相当高的费用，但这些费用有时比与再保险相关的成本节约小很多。同样地，发起人或参与者不想保留的风险可以由自保公司分出，费率经常会优于那些通过直接保险获得的费率。

再保险公司愿意向自保公司报优惠费率的主要原因是自保公司与其再保险公司之间的关系是长期的。因此与自保公司打交道的再保险公司知道可能将有长期的收益、潜在的咨询和服务费，从而更愿意对再保险本身制定有利的价格。

在自保结构中成本节约的第二个潜在来源是转分保费率的潜在降低。如果自保公司可以将发起人不愿自留的风险转给几家再保险公司，再保险公司则将更容易承担它们最有优势的特定风险层。通过临时或合约超额损失再保险确定的最优层式保险常常比直接保险或再保险更便宜，对于后者而言，整个层只能分给单一一家转分保接受公司或再保险公司。

第三个成本节约是减少的道德风险问题引起的潜在更低的再保险费率。因为很多风险由发起人自留，保险公司或再保险公司不必过于担心可能增加它们风险的隐藏行为。发起人通常会面对先发生的损失。

信号 一些人争论说自保公司可以用做信号机制。例如，斯格蒂和鲍瑞（Scordis & Porat，1998）提出自保公司对设立它们的经营者来说是地位象征，可用来表示管理层致力于紧抓风险管理。

同样地，长荣航空（Eva Air）使用位于新加坡的自保公司形式作为有力的信号工具，与其主要竞争对手（位于中国台湾的中华航空）竞争。长荣宣称它的马蒂耐尔（Martinair）保险自保公司是长荣为保证航线安全进行财务付出的证明，因为它实际上是把自己的钱放在风险后面。[10]的确，这对于部分自保公司来说不是令人难以信服的解释。

现金流波动性降低 自留风险实际上是内部保险，内部保费可以通过转移定价来支付。相反，传统保险通常要求按年预付保费。公司自保选择支付保费时间的能力可以产生一个有价值的现金流平稳工具。即使在自保公司结构内，发起人也通常计划在最有利于它的时间支付保费。

投资收入和准备金管理 自保或自保公司的使用者保留用于弥补保费和损失准备金的资产产生的投资收入。通过保留这些投资收入，保险资本成本降低，可以为预先融资的风险自留和自保公司项目的使用者带来显著的资本结构优势。

税收考虑 税收考虑单独一项不会促使自保公司和相互公司的建立，但在自保公司结构中税收减免产生的节约不应被忽视。这些税收节约对自保公司的住所地和发起公司的所在地有很强的依赖性。但只要自保公司作为一家合法保险公司在认可的住所地设立，几个母公司所在管辖区仍允许对自保公司的支出和费用有一些减免，这些支出和费用包括特定已实现损失和已报告或已发生但未报告（IBNR）损失准备金。很多自保公司住所地的税收法律在这方面对自保公司有优惠政策。如果发起人在内部保留其风险而不使用自保公司，就会使这些税收节约不能够全部实现。

降低的过度投资的代理成本——无“甜饼罐” 自保公司和相互公司还能够帮助公司减少过度投资的代理成本和在本章前面讨论过的关于准备金的认知问题。通过迫使发起人将内部资金以保费支付的形式交给自保公司，自保公司的管理则要承担起责任，将那些资金用于控制自留风险和相关损失的特定目的。

与自保公司形式相关的代理成本降低，对单一母公司式自保公司来说可能还要比相互公司多一些，不管单一母公司式自保公司是由其自己的管理层还是第三方自保公司管理公司经营。虽然在发起人的证券持有人和自保公司的管理层之间加进额外的分离层，可能看起来增加了代理费，但自保公司本身是一种非常透明的具有特殊目的的公司，因此监督其管理层相对容易。由于管理层的动机仅限于管理自保公司，使过度投资的决定更有可能被及时发现和适当处理。这种透明性也是进一步赋予自保公司全公司风险管理责任的基础。

增强的融资风险管理　对自保公司的一个批评是它们占用了公司的内部资金。虽然潜在地减少了过度投资问题，但如果用尽公司用来进行投资决策的现金，可能会导致投资不足的问题。

关于此问题的一个解决方法是选择纯自保或特定风险资本准备金而不是自保公司。在这种情况下，如果绝对需要的话，可从准备金中提取资金用于投资。但用于自保公司的资金难以很快地返回。在这个例子中，被指定用做风险准备金的资金不再真正地起作用。或者留出资金来弥补自留风险，或者不留出。没有中间的选择，至少这是投资者所关心的。

一些自保公司的住所地认识到这个问题，并通过允许自保公司和相互公司向它们的发起公司贷款来解决它。例如，佛蒙特州（Vermont）和夏威夷对自保公司贷款给其母公司在相当大程度上没有限制。而另一个受欢迎的地区——百慕大则对这种贷款有非常严格的限制。[11]在这种情况下，公司实质上能够通过内部借款来进行一些因纯现金流原因可能放弃的投资（参见第3章和第4章）。因为自保公司给其母公司的贷款属于内部贷款，内部贷款这一说法可能会更有利，现金转移会更快。但在此类贷款被限制的地区，必须在用尽内部现金而引起的潜在投资不足问题和将现金分配于预先融资的自留风险所带来的好处之间进行权衡。

管理公司的营运资本层　孤立地看自保公司，它的主要作用是作为有组织的自保风险融资项目。但事实上，自保公司通常是公司风险管理的第一步，而不是最后一步。例如，自保公司经常依赖再保险公司为特定风险获得外部保护，或更可能是为在特定起赔点之上的风险寻求保护。

对于使用综合方法进行财务或非财务风险管理的公司，自保公司是较好调整其自留额和营运资本层的很好的组织形式。出于统一和综合管理考虑，所有风险转入自保公司，但自保公司并不停留于此。也许仍会在公司营运资本层之上获得过度保护——一些风险的起赔点可能会高于其他风险。可参见第25章关于此类问题的例子。

重要的是，自保公司常常是综合多种结构性保险工具于一体的更广泛的综合风险管理项目中的第一步。特别是自保公司常常参与相互公司，以转移处于公司营运资本层之上的风险。相互公司是风险融资和风险转移的混合形式——后者比前者多些，但有些融资因素也发挥作用。选择加入相互公司的公司常通过它们的自保公司加入。

23.3　相互公司或自保辛迪加

正如我们在第8章谈到的，相互保险公司是一种公司所有者和保单持有人是一个以及相同的保险公司。在很多情况下，我们都会立即想到像利宝互助或万通保险这样的大相互集团公司，它们拥有成千上万的客户，股权高度分散。而且，这种相互公司一般提供相当商品化的产品品种。

在本节，我们主要讨论另一种相互保险公司。股东仍是保单持有人，但这些相互公司的股东成员一般少于一千人——常常少于一百人，有时只有5～10人，并且提供更专门的产品保险。这种相互公司提供的产品经常是有意补充现有的合格的自保项目，如自保公司。从而对非常特殊的风险提供较高起赔点的保护。

业界使用相互公司这一词汇来表示两种类型十分不同的保险公司，多少令人有点遗憾。可能对我们这章讨论的相互公司更准确的表述是自保辛迪加。传统的保险辛迪加是指共同分享承保单个保单或保单种类的风险、成本和利润的一组（再）保险公司。经过扩展，自保辛迪加是指分享承保保单的风险、成本和利润的一组公司（多为公司和它们的自保公司），其中保单只有辛迪加成员才能购买。

23.3.1　相互化的好处

自保和保险之间的根本区别在于前者缺少混合风险。相反，保险公司主要靠风险混合为生并需要风险的混合以实现风险管理和控制效率。因为相互公司实质上是保险公司，它的客户同时也是所有人。在转向影响相互公司的自保辛迪加类型的更特定的结构和设计问题之前，现在简要回顾一下相互化的潜在利益。

第一，组合分散化的概念是金融中最基本和重要的观点之一。只要多个公司的损失风险不完全相关，各风险的总和将总是超过综合风险组合。

第二，集合或相互化损失风险可以导致风险减少的原因是常常与集合相关的信息利益。特别是当在组合层面概率推理发挥作用时，常常更可靠。哈迪（Hardy，1999）解释说："单个事件与预期不符，但群体实际上总会保持与我们预期的一样或有变动。很明显，通过使用一种工具，我们可以使业务决定基于我们能够预测的平均水平，而不是不确定的单个事件，这则意味着风险的消除。被观测事件的数量越大，结果对原来最有可能的结果的偏离就越小。"

在统计学上，中心极限定理告诉我们，一大群独立和相同分布的随机变量的平均风险大致上是正态分布的，不管单个风险分布的形状和性质。[12]而任何单个分布可能都难以用于统计推理，但正态分布确实不难。因此，风险的综合极大地提高了我们得出对基础风险组的性质的可靠推论的能力。

需注意的是，这是组合中平均损失的不稳定性。因此，任何特定的单个责任可能会任意地变大。我们未必已经减少了在任意特定的组成风险上的最大损失。但是为减少平均损失的波动性，通过改进衡量风险和预测损失的能力，这样就极大地提高了管理综合风险的能力。

原则上，刚描述过的这种形式的风险合并可以用于将许多单个风险转为更便于管理的集合体上。并且，可能更重要的是，保险公司收取的保费应等于预期损失，对组合的损失预期可以比对其中任意一个风险的损失预期更准确。这意味着相互化能够减少准备金管理的成本和降低平均水平超过收取保费的赔款的频率。

23.3.2　自保辛迪加的设计考虑

如果一家公司决定它想参与自保辛迪加，而不是纯自保或从现有股东所有的保险公司获得保单，则其基本结构类似于群体母公司式自保公司（multiparent captive）——实质上与单一母公司式多分支机构的自保公司一样（参见图 23.3），除了每个分支机构现在是单独的公司，这些公司既是相互公司保险的购买者，又是股东。图 23.6 呈现了典型的群体母公司式自保公司，也称做相互保险公司或自保辛迪加。请注意，其中不要求出面公司存在，出面公司是否存在将依赖于与在单一母公司式情况下一样的住所地考虑。

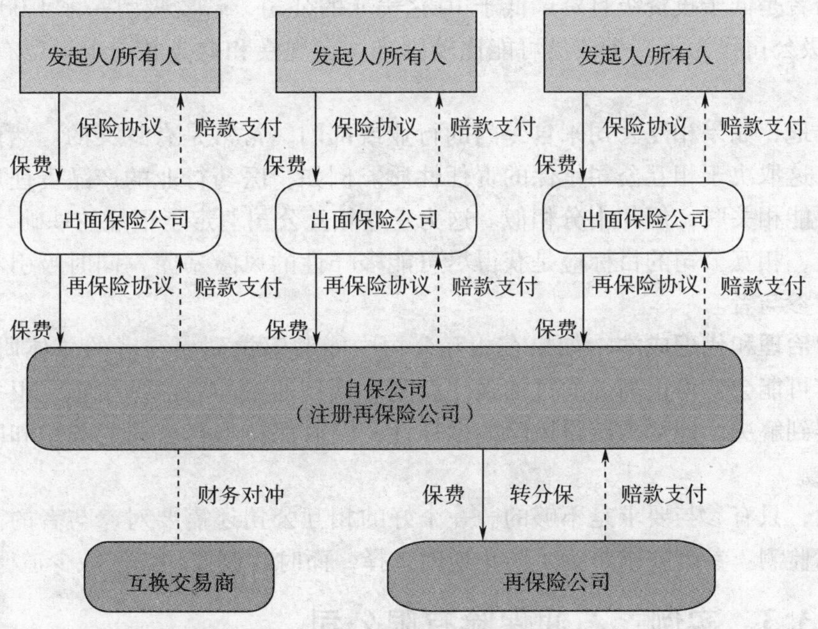

图 23.6　群体母公司式自保公司或相互公司

自保辛迪加常常以团体或协会自保公司的形式出现。团体自保公司是自保保险或再保险公司，它从多个发起人收取保费，从而同意承保那些发起人的特定风险。团体自保公司经常由行业协会代表其成员设立。

例如，在其鼎盛时期，国际航空运输协会的自保公司——航空相互保险公司——拥有 44 个积极参与者，对 110 家航空公司提供完全责任和损失保单。[13] 同样地，能源保险和相互有限责任公司是团体自保公司，代表了众多的美国电力和燃气提供商。当每个成员太小而不能承担设立其自己的自保公司的费用时，这个结构就比较有意义。另外，自保集团发挥作用的情况也可以解释团体或协会自保公司。与任意单个参与者的情况相比，汇集保费和风险的好处使得团体自保公司获得更平稳的损失支付时间表。同样地，风险自留集团是在美国责任法律下形成的特殊类型的群体母公司式自保公司，特别为一些特定的责任风险提供保险。

当相互公司不是由贸易协会提供时，涉及相互公司的成员问题就很快产生了：

公司的数量多少是合适的，公司应该怎样关联，等等。对此，没有简单的规则组，但有一些重要的指导原则。

风险暴露和财务状况 精良设计的相互公司所拥有的成员的基础风险导致的损失应该具有低关联性，从而得到最大化分散风险的好处。同时，风险应该足够相似，那么风险类型间的大额交叉补贴（cross - subsidy）就不会发生。如果损失低相关的原因是一家公司从不会经受损失，而另一家总是遭受损失，这样损失范围不相关的两家公司将不能成为很好的相互公司成员。的确，综合风险将分散损失范围，但对较强的一方不利。

通常情况下，参与相互公司的公司不应该在规模和财务实力上完全不同。如果一家参与者是低于投资级且资产低于 10 亿美元的公司，若要吸引一家 1 000 亿美元的 AAA 级公司作为第二个成员可能比较困难。在规模和财务状况上可以有些不同，但不要太多。

同样地，如果相互公司来自专门的行业或部门，常常是有意义的。然而在某种程度上，这取决于相互公司承保的责任性质。例如，医药行业的产品责任风险在公司间不可能相关联，但却十分相似。这为建立相互公司奠定了很好的基础。

总之，相互公司的目标应是获得尽可能多样性的风险暴露，同时吸引相对同质性的成员参与者。

公司治理和代理成本 如果在相互公司中能够感觉到参与者的总体质量差别，代理成本可能会变得很高。通过加强注意刚才谈到的参与者类型要求，很多这种压力可以得到解决，即努力获得风险的多样性，同时保持参与公司的类型和财务实力的同质性。

然而，只有参与要求是不够的。一个好的相互公司还需要对参与者的工作态度进行跟踪监测。参与要求是为了防止逆向选择，而时时监控是为了减少道德风险。

23.3.3 实例：石油保险有限公司

石油保险有限公司（Oil Insurance Limited，OIL）是一家在百慕大注册的相互保险公司——用我们的新词汇是自保辛迪加——自 1972 年设立起，一直为能源行业提供服务。OIL 刚开始由 16 个成员组成，现在约有 84 个成员。成员必须至少有 10 亿美元的总资产以及其年度收入至少有 50% 从能源市场业务中获得。公司的信用级别最低需为 BBB -/Baa3 级，才符合成员要求。有些 OIL 成员直接参与 OIL，而有些成员则通过其自保公司参与，以及使用 OIL 为自留在自保公司中的特定风险获得再保险。

OIL 保单的设计是为帮助成员弥补财产损失风险、较好控制风险（如重建、重新钻探等）和第三者环境责任风险的。OIL 保单限于每次事件为 2. 5 亿美元。此外，为控制行业内的关联风险，任意单一事件引起的多个股东的索赔总额最高为 10 亿美元。

股东可能选择自己的免赔额和起赔点。最低每次事件的免赔额为 500 万美元，并以 500 万美元为单位增加。而电力系统要求每次事件最低自留 0. 2 亿美元。起赔点在 7.5 亿美元及以上层可得到免赔折扣。

OIL 中的风险汇集以两个不同的风险种类为基础。在 84 个 OIL 成员中，20 个成员有较低的起赔点，在写本书时为 500 万美元。然而，OIL 认为其自己是一家巨灾风险提供商，因此不喜欢承保营运资本层。这就导致了一些争论，特别是关于 $500 万 XS $500 万的保障层。对于一些 OIL 成员，这是纯营运资本，但对于另一些则不是。在其他问题中，使人们产生了一种忧虑，即为有较高起赔点的公司估算的保费将为那些在 $500 万 XS $500 万的保障层寻求保护的公司提供太多的交叉补贴。

为解决这一问题，OIL 将 $500 万 XS $500 万的保障层作为独立的风险池，从起赔点为 0.1 亿美元及以上的保单中分离出来。这使得 OIL 对 $500 万 XS $500 万的保障层估算保费，而不是为这个特定风险池自筹资金，从而不从那些具有较高起赔点的层获得任何交叉补贴。

在 2004 年，OIL 公布了净营业损失为 5.48 亿美元。净赚保费为 4.43 亿美元，其中 2.38 亿美元来自投资收入。7.77 亿美元的承保损失发生在 12 个损失事件上，这些损失事件导致 20 次赔款。OIL 目前被评为 A +/A1 级，在 2004 年末拥有的总资产和股东权益分别为 44 亿美元和 9.94 亿美元。

23.4　自保公司和相互公司作为其他结构性工具的使用者

我们在本章考察的结构对其使用者来说并不是最终的工具。不是说自保公司一点风险都没有，只是顺其发展就行了。更普遍的是自保公司是公司风险管理过程中的第一步。

在本章我们已看到自保公司是一个有组织的结构，其管理风险和管理损失前融资的自留风险。但我们也注意到自保公司本身经常是再保险、互换和其他 ART 形式的使用者。事实上，自保公司成为其他结构性保险产品的客户是十分频繁的。确实，自保公司的主要目标是管理自留风险，但不是为完成此目标，所有转给自保公司的风险都需要保留。因此，自保公司是再保险的频繁购买者，同时也是有限风险、或有资本和多种类、多触发原因结构的使用者，这些我们将在下面的章节中讨论。

相互公司不是风险的最终贮藏室。像自保公司和其他公司一样，相互公司可能参与风险证券化、再保险、有限风险等；相互公司也可以是衍生品的大用户。

例如，对相互结构最大的担忧之一是参与者的失败。解决此问题的一种方法是相互公司使用任何一种结构性信用工具，如使用信用违约互换，股权违约互换或可能甚至是债务抵押证券为风险较大的参与者购买信用保护。我们在第三部分已讨论过。

第 24 章　有限风险*

简单定义一下，有限风险包括一系列风险管理工具，在这些工具中，（再）保险公司的不利方面很有限且被保险人可以参与其自身有利的索赔经历。为达到这两个要求，有限项目中的保费总额占了最大可能赔款的相当大的部分。有限风险工具实质上是风险融资和风险转移的混合体。

在写这本书的时候，称有限风险受到攻击大致相当于称第二次世界大战只是一场小冲突一样。有限风险在 2005 年已成为发展了 10 年的衍生工具：争论的焦点、长期不愉快调查的潜在展开、诉讼和可能的新规定。承受这些攻击的压力的公司是美国国际集团（AIG）。AIG 的麻烦开始于美国证券和交易委员会（SEC）对一项相对小额的有限风险交易的调查，并在 AIG 长期就任的董事长汉克·格林伯格（Hank Greenberg）辞职、对公司账户潜在极大的重新编报以及一系列可能来临及即将来临的诉讼和调查事件出现时达到高潮。与潜在的有限风险滥用相关的其他公司包括蓝点公司（Brightpoint）和现已破产的澳大利亚维信保险公司（HIH）。

尽管最近有这些争论，但本章有意避免讨论那些被特别认为滥用有限风险工具的公司。在写本书的时候，公开得到的信息很少，致使不可能作全面的分析，因此作无充分事实依据的推测是件非常不负责任的蠢事。如果有什么问题的话，可能媒体和检察官少一点对有限风险工具的评论是更负有责任的做法。让那些被控告违法的公司有一天上法庭，到那时之前，请让我们等候事实真相，而不要匆忙作出判断。

然而，最近的争论已证明了有限风险工具滥用的潜在性。在有限风险工具的情况中，有许多对产品的合法使用。至于滥用，更多地与公司如何说明和披露有限风险项目有关，而非项目本身。并且对有限风险工具可能因不合理的会计记账和（或）披露而导致滥用的方面的问题我们将作一评论。在作评论时，我们将略去公司名称。

很难定义有限风险工具，因此本章开始只是不含任何特色地举了一个简单例子来说明哪种风险管理问题可能导致公司考虑有限风险工具、为什么要考虑，以及通过正确使用有限风险工具可以有哪些好处。然后我们转向考虑什么是有限风险工具，我们将分几个部分谈此问题。首先，考虑有限风险工具区别于传统保险的主要特征。

* 本章基于与黑顿的合作，他对本章的任何遗留错误、疏忽或表达的特定观点都无可指责。

其次，考察有限风险工具可以用于管理的责任性质，融资的和非融资的有限风险项目的区别。再次，分析有限风险工具的几种比较受欢迎的特定类型的产品。最后，总结一些公司至今使用有限风险结构的积极经验，并且选择避开那些负面问题，从而有利于进行好的案例研究。

我们在本章开始前需注意的最后一个问题。有限风险产品既可以用于公司终端客户，又可以作为保险公司再保险或转分保的一种形式。为了保持一致，我们将使用“有限风险”或“有限”表示应用于公司的产品类型，使用“财务再保险”表示再（保险）行业的应用。因为本书主要讨论公司风险管理，我们将用很少的篇幅探讨财务再保险。然而，应该注意，至今几乎所有的被控告的有限滥用都是对财务再保险的滥用，而不是公司所做的有限交易。

24.1　一个简单的例子

有限风险产品最早由中央再保险公司开发和提供，中央再保险公司后来成为中央解决方案公司（Centre Solutions）。[1] 有限风险工具的支持者一般会回避将这些非传统风险转移形式称为产品，相反愿意将有限风险看做结构性方法而不是一次完成的风险转移解决方案技术。这是完全正确的。有限风险不是单一、独立的风险管理产品。它是一组产品，常常与其他结构性保险一起应用。如果完全孤立地看这些交易，通常会使人误解。不幸的是，这也使我们很难定义我们自己的主题。

因为有限很难定义，所以就得采用通过例子来定义有限风险结构性保险交易的这一公认的不科学的方法。首先，确立有限风险能够较好地帮助公司解决的问题的性质；其次，刻画这种工具的样子；最后，更深入地探讨结构性保险活动复杂环节的细节。

因此，假设我们有一家有轨车制造商，它的主要业务产生了石棉责任风险。该公司愿意拿出一大笔资金并留出 5 亿美元来弥补未来五年稳定发生的赔款现值。这是个开始，但有轨车制造商面临着三个持续的潜在问题。

第一，未来五年发生的赔款可能并不稳定。如果明天它们都发生了，例如，这 5 亿美元可能不会增长到足够的金额以弥补损失。只考虑现值是不够的，因为索赔者立刻就想拿到现金。

第二，如果 5 亿美元不够，该怎么办？很多有限公司用户面临着外部风险，像石棉责任，十分难以量化，因此需要在 5 亿美元之上有额外的保险。毕竟，5 亿美元的估计本身可能来自某种概率预测。也许它是与预期一样的或只是预期 50% 的损失。为超过 5 亿美元的实际损失也留下了很多空间。

第三，最后和可能最重要的是公司如何利用它想留出的 5 亿美元？如果公司做的只是从收益中取出部分建立了一种准备金，投资者可能要有所质疑。在第 3 章、第 7 章和第 23 章，我们解释过为什么投资者不十分喜欢资产负债平衡表准备金。简而言之，没有什么能够真正阻挡公司将这些资金用于其他目的的，或在未来当修正后的损失估计可能帮助公司实现收益目标时，任意地决定将其加回收益中。得到5亿美元的“甜饼罐”毕竟是非常具有诱惑力的。如果公司确实得到了这个“甜饼罐”并撤回了准备金，这将向资本市场传递一个极不好的信息。具有讽刺意味的是，有限风险交易常常被认为可以平稳收益，但这个资产负债表准备金的替代物实际上可能会使收益更不稳定。

而且，如果准备金用来抵御的风险是可能发生的但不能完全预测到的，会计准则可能甚至根本不允许公司使用准备金来抵消当前收益。在那种情况下，公司留出一部分准备金时，实际上可以最终不改变收益。投资者甚至不知道该准备金，预先融资的好处将不会影响公司收益。但在这种情况下，公司还是高估其收益的好。在最低程度，对会计政策不承认的损失建立准备金，将极大降低公司的收益质量。不幸的是，这点经常发生在与来自外部的长尾事件风险有关的情况下，如环境责任、并购（M&A）责任、石棉或硅肺病风险、产品责任等。

对于此例中的公司，采用有限风险产品可以是一种较好的解决方法，可能也是唯一好的解决方案。典型的有限结构需要公司向有高评级的再保险公司支付5亿美元的保费，以获得如3年期6亿美元的石棉责任保险。随着保费的支付，可能在项目期内按季支付，5亿美元将被花费，从而抵消了收益。正是因为表示出准备金将承担的损失，这将减少收益。

如果将赔款具体化，公司可获得的损失补偿达6亿美元，即使损失发生比预期的快。如果赔款低于预期，公司将得到低索赔红利（保费的部分返还）。公司已将潜在的巨大风险转化为当前费用，并且做得相当令人信服。

如果正确地推动、实施和披露，像这样的有限风险交易可以帮助公司购买到抵御难以预测的巨灾风险的审慎保护，提高公司收益质量和获得投资者对一项强有力的风险管理项目的认可。因此，有限风险产品有助于公司对未知结果的责任进行融资，同时转移公司可能低估与那些风险相关的实际自留额的风险。简而言之，有限风险产品提供了一种具有吸引力的手段，通过这种手段，公司可以将可靠的预先融资结构与传统的风险转移结合起来。

如果公司实际上没有5亿美元的现金来预先支付保险公司（或全额设立准备金），该如何处理？在这种情况下，保险公司可以进入另一种有限结构，实质上允许有轨车制造商得到1亿美元的保险，并在石棉索赔发生时，能够借入5亿美元的自留额。随后有轨车公司在方便的时候偿还这5亿美元。这是一种风险融资的传统形式，若适当披露，在得不到起赔点在5亿美元之下的保险的情况下，非常有用。

非保险公司一般发现有限风险产品在以下几个方面非常有用：（1）管理非主营业务的外部长尾风险、并购交易中或与产品融资有关的围栏资产或业务风险；（2）管理离开解决方案；（3）当公司在想直接投保的损失层上得不到直接保险时，对自留额进行融资。

24.2 典型的有限风险结构

我们已经通过例子介绍和引出了有限概念，现在让我们转向有限风险工具更实际的和详细的方面。我们已注意到，有限风险是一种结构性方法，而不是财务或再保险产品。它是风险融资和风险转移相融合或综合成为一个混合风险管理项目的过程，因此客户可以预先融资自留风险额，管理自留额的时间风险和为自留额之上的损失获得超额损失风险转移，所有这些都在一个混合项目中。大量的产品和解决方案都潜在地属于这一范畴内。

在本节，我们希望对有限风险工具的含义作更详细的解释。为达到此目的，我们主要考察以下3个特定方面：

1. 有限风险结构区别于传统（再）保险的典型特征；
2. 有限风险项目保障的典型责任的性质；
3. 有限风险项目完全地、部分地或非融资的程度。

然后我们转向考察在结构性有限范围内的一些特定有限风险产品。

24.2.1 有限风险结构的特征

传统（再）保险和有限风险产品的区别很微小，但对于帮助公司决定哪种风险转移方案是正确的方面非常重要。多数有限风险产品与传统保险区别的主要特点将在以下几部分讨论。不是每个有限合同都有这些特点，这里提到的特征不被认为是有限风险交易的充分必要条件。但对于多数有限风险产品来说，这一系列特征看起来很好地描述了典型的有限交易。

实质性风险转移 为了符合作为合法的（再）保险形式的要求，有限风险转移必须包含风险转移的实质性数额。回忆第8章和第9章，保险合同一般包括至少以下四种风险：

1. 承保风险——已收保费不足以弥补已发生损失的风险。
2. 信用风险——（再）保险公司将不能完全承担对其分出客户的或有责任的风险。
3. 投资风险——当已收保费投资于资产时，保险公司的投资收入低于反映在再保险公司保费定价方面的预期收入的风险。
4. 时间风险——实际损失赔付的发生比预期快且由于已投资的准备金太低而不足以满足赔款需求的风险。

真实有限风险合同必须含有所有这四种风险的实质性风险转移。然而，情况并非总是这样，一些有限风险的早期版本（以及一些可能最近较有争议的形式）完全集中于时间风险的转移，而不考虑承保风险。

例如，在被称为时间和距离保单的早期伦敦劳合社结构中，这些现代有限风险合同的先前形式含有分出公司对再保险公司的保费支付，然后确定保费返还给分出者的固定时间表。然而，这个时间表与分出保险公司索赔的实际时间无关，并且实质上更多表示现金储备而不是风险转移工具。因此，在时间和距离保单中唯一的实质性风险转移是时间风险，并且这些交易的主要目的似乎是单纯的稳定收入［如现金流和（或）平稳收益］。但是现在这种保单已不是合法的有限风险交易。

当然，决定多少风险转移是足够的取决于为什么作这种决定。从客户角度看，有限结构中风险转移的理想数额实际上是其理想资本结构的派生物，并且与现有税收、信息披露、会计准则和其他规定相符或不相符。当然，规定必须遵守，但即使这样，足够风险转移的监管定义至今还是模糊的。很清楚地看到，传统的保险合同代表的完全风险转移指分出者已经支付与其预期损失相等的保费以避免其实际损失，且再保险人反过来承担全部的未预期损失可能超过反映在保费中的预期损失的风险。同时，一份时间和距离保单不表示任何风险转移，因为再保险公司的唯一支付责任是承担与实际损失发展过程无关的具有固定时间表的支付。部分风险转移是居于中间的任何事情。

直到最近，多数会计师遵守的经验法则是，如果再保险公司发生的承保损失额至少有10%的概率等于保单限额的10%，则将此项交易视为包括实质性风险转移。一个保单限额为105万美元和保费为100万美元的项目将不满足10/10测验或10/10法规。在这种保单下，保险公司最大的损失将只为5万美元。即使损失发生的概率达95%，5万美元也只是保单限额的5%。同样地，如果超过100万美元的损失风险低于10%，那么超过100万美元免赔额的10万美元保险项目也不符合这一法则。

不幸的是，经验法则只是经验法则，而不是法定或监管要求。当涉及到其估计超过数的概率时，此法则就取决于模型解释。

由于最近出现一些关于有限风险交易的广泛公开的争论，很多会计师更愿意使用15/15法则或甚至20/20法则。在一些情况中，一家会计公司可能希望看到25/25法则，例如，在一个$1.25 XS $1项目中，发生损失大于100万美元的概率至少是25%。

分保人参与积极索赔经历　（再）保险公司面临的长期营销问题是如果公司认为索赔很少，（再）保险则不能增加价值的问题。然而，我们知道看损失是否发生与看一种风险是否存在有很大的区别。损失只是风险的一种坏结果，但风险不总是导致损失。当然，运用我们第一部分得出的原则，决定（再）保险是否增加公司价值的适当时间应是在事情发生之前。

然而，再保险公司也承认它们的费率反映了对逆向选择和道德风险的特定假设——趋于提高价格的假设。经过一段时间，如果一位客户的索赔经历帮助再保险公司认识到它并未承保“柠檬”，那么通过减少部分保费让这位客户参与其积极的索赔和损失发展经历是合理的。确实，减少部分保费比较有意义，即使没有纯为营销目的的“柠檬”问题——当然，这还要取决于最初保费水平。

有限风险保费常常很高，但只看这些ART合同的保费可能会出于前面提到的原因而令人误解。不管保费的报价是多少，有限风险项目分保人的总成本通常是实际索赔或损失经历的函数。投资收入也可能包括在对分保人经历的总体评估中。

在有限风险交易中，实现利润和损失分担的机制依赖于交易的性质和交易的双方。一般来说，这种分担是通过使用经验账户（experience account）来实现的，经验账户追踪实际交易中的账面利润和损失。分保人向（再）保险公司支付的保费记入账户的贷方，像被投资保费准备金的利息一样。（再）保险公司发生的损失和各种费用记入账户的借方。在有限风险结构期末，（再）保险公司和分保人实质上分摊经验账户中的余额，不管是净盈利还是净亏损。

再保险公司的有限责任 尽管要求有限风险交易包括所有风险类型的实质性转移，有限风险合同的显著特征通常是它使（再）保险公司处于有限的承保风险中。有限风险合同的责任条款的有限性本身几乎没有自己的特点，以致不能显示出有限风险和传统再保险的不同。实际上，所有传统保险和再保险合同都包含某种保单限额。

有限风险合同的特殊之处通常在于使（再）保险公司承保风险有限的机制。当然，保单限额很重要，但在典型的有限风险结构中更重要的可能是对应于保单限额的保费水平。

回顾第二部分，保费等于保险的精算公允价格加上附加保费和可能小的增幅。如果一位顾客自愿选择将多于此数额的保费支付给保险公司，超过精算保费加上附加保费之上的金额实质上是风险融资的一种形式。正如我们在第7章中所讨论的，风险融资的主要动机是对损失进行预先融资，致使自留额的现金流风险不会产生像投资不足这样的问题。我们在本节后面将转向讨论有限风险合同的有利之处，但对应于保单限额的高额保费常常是有限风险好处的重要部分。

多年的期限 像许多其他的ART和结构性保险产品一样，且与多数传统的（再）保险不同，有限风险合同期限一般多于一年。

24.2.2 风险转移组成部分中的风险

根据承保的风险不同，有限风险结构可以是预期性的（prospective），也可以是追溯性的（retrospective）。回顾第8章，涉及特定风险事件发生（如火灾、洪水、责任损失、犯罪等）的两个当事方之间的双边合同可以是预期性的、追溯性的或回溯性的（retroactive），这取决于与风险承保期有关的合同有效期。为了易于理解，我们将图8.1重新制作成更具一般性的图24.1。图24.1比较了准保险单有效期中的四个不同日期：

1. 保单签订。允许投保人支付保费来获取索赔损失的权利，以及在特定风险承保期内当特定触发事件发生时，收到全部或部分所遭受损失的赔偿。

2. 责任发生。使投保人面临损失风险的事件发生了。

3. 保单触发。损失风险确实变成了已知损失，则导致保险合同触发。

4. 索赔。投保人递交对实际遭受损失的索赔。

关于责任发生日和保单触发日之间的差别，比较混乱。这二者之间的差别与风

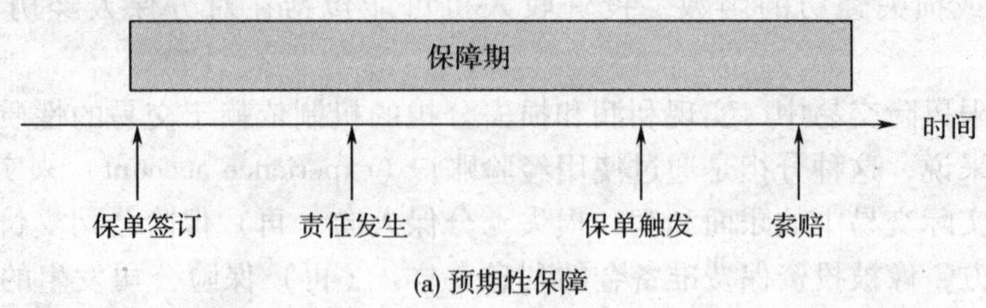

(a) 预期性保障

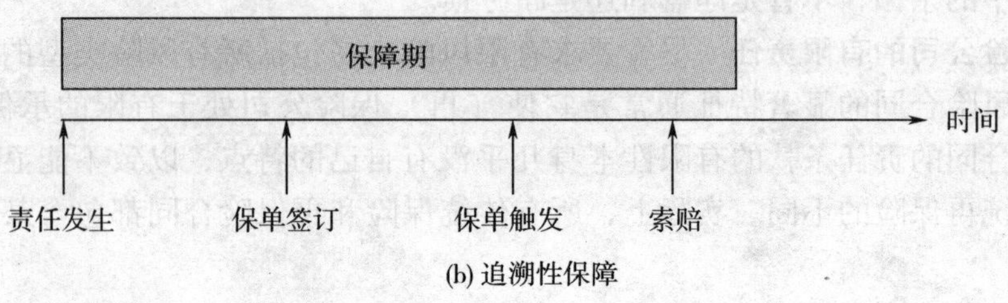

(b) 追溯性保障

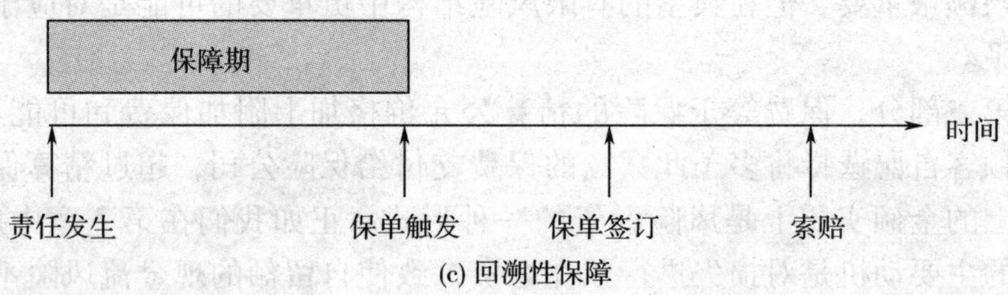

(c) 回溯性保障

图 24.1 预期性与追溯性和回溯性保障的对比

险和损失间的差别一样 。一份保单承保的责任符合潜在的赔偿条件是在公司承担风险的时候，而保单触发日是此风险不再表示潜在损失而事实上已成为实际损失的日期。

只要在承保日前保单不曾被触发以及风险保险期结束，就意味着保单的结果是未知的。投保人面临一定的风险，因为承保的风险可能转变为损失，也可能不转变为损失。但一旦保单触发事件发生或承保期结束而触发事件未发生，结果则是已知且确定的。我们在此称这种情况为回溯性保障——根据在保单签订时就已知结果的事件来支付保险赔偿。这不属保险，它也不表示风险转移。

然而，如果保单签订时损失可能性存在，保单原则上可以包含实质性风险转移，即使在承保之前责任或风险暴露就已发生。因此，我们将其称为追溯性保单。请看以下一些例子：

- 已发生但未被发现的犯罪。
- 如果已销售产品出现缺陷，生产商将面临产品责任，但这种缺陷仍处于未知状态。
- 将认为安全的化学物质倒入民用水源，但后来发现可以致癌。
- 台风动摇了海岸线建筑的地基，但起初未被发现。

所有上述追溯性风险的例子可以是保险或有限风险交易的合法来源，只要保单在损失不确定性发生前生效。引起损失的事件发生在过去不是真正的实质性的。

第三种可能性是在责任发生前承保，根据定义，这意味着保单未曾触发。在这种预期性项目中，对于合同是保险这一点基本没有疑问。

24.2.3　事前融资和事后融资

在不同的有限风险解决方案中，一个重要的差别是事前融资的程度不同：全部不同、部分不同、没有不同。我们从第 7 章得知，对于任何风险管理产品，都可涉及到风险管理结构的融资问题。并且我们已看到很多可行合法的产品例子，它们中有的是完全融资，如商品债务责任（CDO）和信用连结票据（CLN），有的是完全未融资（如传统衍生品和保险）。不管一项交易是否融资都不会改变其内在的合法性，但可以影响公司使用不同类型产品的基本原理，正如我们将在本章后面看到的，它能极大地影响公司如何记账和披露它们的有限解决方案。

让我们再次使用简单的例子来区分融资的和非融资的有限结构。假设一家公司在未来的三年面临 4 亿美元的潜在环境清理成本责任。前 3.5 亿美元发生的概率为 50%，接下来的 0.5 亿美元的发生概率为 15%。图 24.2 比较了帮助管理此风险的事前融资和事后融资的有限风险解决方案。为了简化，我们将忽略交易成本，包括安排费用。

在图 24.2（a）中，我们首先考察预先融资的有限项目。公司本来将前 3.5 亿美元以现金形式留出，但担心资产负债表准备金对投资者来说不像有限项目那样可

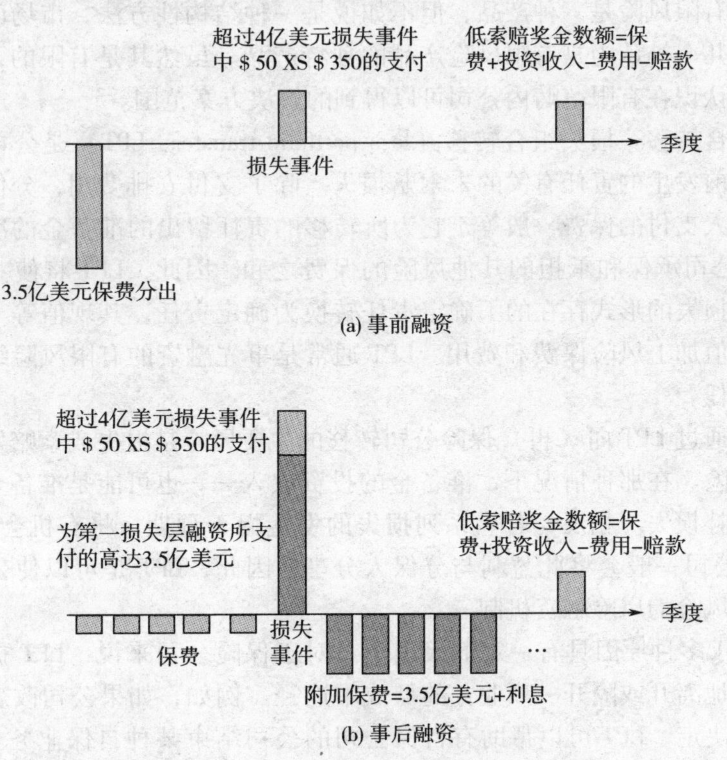

图 24.2　融资的与非融资的有限项目

靠。因此，公司签订了一个为期三年的有限项目，在项目开始时，它将前3.5亿美元分出给再保险公司。如果在项目期内责任转为已实现损失，再保险公司则用保费来弥补先发生的3.5亿美元的损失，并提供附加的\$50 XS \$350的保险。公司自留4亿美元以上的损失。但如果损失低于预期水平，在项目结束时，公司将有资格在任意项目盈余中得到低索赔奖金，其中项目盈余等于已收保费与这些保费的投资收入之和减去赔款支出和费用。

现在来看图24.2（b）中的项目，该项目是事后融资，但实质上是一样的。在这种情况下，公司在任何损失发生前只向再保险公司支付承诺费或少部分保费。如果无损失发生，根据三年后的盈余，低赔款奖金的发放又成为可能的了。但现在假设发生了损失，与前面的情况不同，公司不曾预先融资最初的3.5亿美元层，但它仍旧保留此层。实际上，再保险公司向公司支付了3.5亿美元来弥补最初的损失层。再保险公司也提供了超过3.5亿美元免赔额的0.5亿美元的保险。但这种情况下，公司对项目的后续保费增加了，因此在损失发生之日，那些未来保费的现值等于3.5亿美元。

未融资项目的所需的附加保费常常被称为追溯定价保费或者或有保费。实际上，项目中的附加保费从经济学角度说相当于（至少在此例子中）再保险公司在整个项目期末的损失事件发生日向该公司发放的3.5亿美元贷款的本金和利息。

24.2.4 一些独特的有限风险产品类型

虽然说有限风险是一种产品，但不如说是一种结构性方法，市场已经命名了和承认了少数几个被认为是有限风险产品的独特产品。虽然其是有限的，但它将使我们更清楚地认识在有限范畴内公司可以得到的解决方案范围。

损失组合转移 损失组合转移（loss portfolio transfer，LPT）是公司转移其所有剩余的与以前发生的责任有关的未索赔损失。除了支付安排费用，分保人也要支付保费。分保人支付的保费一般等于它为所转移的责任留出的准备金的净现值与补偿（再）保险公司承保和承担的其他风险的保费之和。因此，LPT将使一家公司以一系列未实现损失的形式存在的不确定责任转换为确定责任，其现值等于未实现损失的预期净现值加上风险保费和费用。LPT通常是事先融资的有限风险结构，主要处理追溯性责任。

分保人通过LPT向（再）保险公司转移的主要风险是损失或索赔发生的速度快于预期的风险。在那种情况下，准备金的投资收入——也可能是准备金本身——可能不足以弥补损失。相反，若一系列损失的发生慢于预期，将有机会获得净盈利，（再）保险公司一般会将此盈利与分保人分享。因此，LPT是可以使公司解决一种责任的时间风险的风险融资机制。

LPT由于多种原因具有一定的吸引力。对于保险公司来说，LPT提供了一种快速地综合性地离开或隔开一项业务的低成本途径。例如，如果公司改变了其对某种风险的自留决定，LPT可以帮助有自保公司的公司结束某种自保业务。LPT在为离开解决方案获取融资方面对非金融公司也很有帮助，特别是在环境索赔和清理成本分配方面。

LPT 的主要好处是它能通过使公司得到可靠的准备金来提高公司的收入质量。如果公司不能通过 LPT 这样的机制将其准备金分出给再保险公司，公司就只剩下一个托管账户（escrow account）。即使公司可以将准备金计入收入，所有前面章节讨论过的准备金问题仍旧适用：它们可能成为“甜饼罐”；它们可能产生自由现金流的代理成本或投资不足的问题；当它们被收回，可能会向投资者发出非常清楚的信号。但 LPT 不存在这些问题。

不利发展保险 不利发展保险（adverse development cover，ADC）有时也称为追溯性超额损失（retrospective excess of loss，RXL）再保险，是一种有限风险非传统风险转移形式，其中（再）保险公司同意为发生在追溯性责任上且超过分保人当前准备金或计划中的自留额的损失提供超额损失再保险。公司一般地用 ADC 来管理其已发生未报告（IBNR）的责任。

ADC 不包含分保人向（再）保险人分出的责任或损失组合或准备金。因此，ADC 并未真正向公司提供将任意事先融资与其超额损失保护组合起来的机会。相反，（再）保险公司只是同意补偿分保人在起赔点之上的损失，其中起赔点等于已确定的自留额水平。ADC 的购买者可以为也可以不为自留额提供资金。但如果自留额的资金已经存在，那些资金将留给保护购买者而不会分给再保险公司。ADC 也可以包含保单限额，但分保人可自由地设立 ADC 层，像可以设立传统的超额损失再保险层来解决对巨灾损失发展层的担心一样。

ADC 在很多情况下对公司很有用。ADC 一般用于在合并或兼并中控制旧债务问题上。当收购公司或合并合作方担心债务可能大于目标公司的准备金时，目标公司通过 ADC 将 XOL 风险分出可以消除其购买者的担心。

此外，ADC 被广泛地认为是防止逆向选择问题的重要工具，这种逆向选择问题与投资者认为不可能准确评估和设立准备金预防的黑洞风险相关。例如，公司对一项未完全实现的负债进行销账而减少了公司收入，可能会被怀疑拥有关于那项负债的优先信息。或者最早通报一项长尾风险事件（如环境责任）的公司将被怀疑低估它第一次的总负债。公司想消除投资者的这些疑虑，可以采用 ADC 将其负债锁定在销账的金额上，这样则会显示出它对销账确实是正确的信心。[2]

最后，ADC 可以提高分保人能力，以找到对在 ADC 本身保单限额之上的含有较低起赔点的巨灾 XOL 层的有利定价。特别是如果原保险或者附加保险层承保能力有限或无能力，ADC 可能是公司唯一的可以得到的保险。

追溯性总损失保险 追溯性总损失（retrospective aggregate loss，RAL）保险包含向再保险公司转让准备金，这表示对预期损失只有部分事先融资。在典型的 RAL 中，分保人可以通过向（再）保险公司支付保费来为现有的和 IBNR 的损失融资，所支付的保费等于那些准备金的当前价值减去所有预期责任的现值。在以前谈到的关于公司预期发生 3.5 亿美元的环境索赔的例子中，其中 1.5 亿美元的赔款可能是 IBNR 或现有赔款，并可能与已设立的准备金相符。正如 LPT，RAL 购买者向（再）保险公司分出 1.5 亿美元和相关责任。但与 LPT 不同，RAL 还通常包括一项条款，要求分保人支付分出额之上或确定的损失率之上的损失，当这些损失实际上由分保人以追溯性定价保费形式产生时。

在 LPT 中，在损失发展周期中发生的意外的巨额赔款风险只由（再）保险公司承担，可能只受制于总的或每个风险保单限额。但 RAL 特别促使分保人自留一些这种时间风险。因此，对于（再）保险公司来说，RAL 包含的时间风险少于 LPT。

同时，RAL 的现金密集程度较小，它倾向于允许公司在其营运资本层预先融资损失。对于较少关心在营运资本层以外事先融资的公司，RAL 是很好的选择。使用 RAL 的公司必须特别注意披露问题。在票面价值上，通过将分配给未知责任的技术准备金替换为价值少于当前技术准备金的固定保费支付，RAL 可以用于增加资产负债表中的分保人股本。但确切地说是因为保费的价值低于预期损失，项目中的追溯性定价保费造成了可能会很大的或有债务。

有限成数合约 有限成数合约（finite quota share treaty）是财务再保险的一种形式，主要被保险公司用于在部分融资的基础上管理预期债务。公司对这种合约的应用是有限的。然而，作为有限风险结构中一种有名的形式，它还是值得我们讨论的。

回顾第 9 章，成数合约（QST）是比例再保险的一种形式，作为收到一定比例的保费的回报，再保险公司在一系列保单中同意支付固定比例的赔款和理赔费用。在传统的成数协议中，再保险公司的潜在责任受到原分出保单的保单限额的限制。如果没有保单限额，再保险公司的责任将可能是无限的。

在有限 QST 和传统 QST 之间的唯一真正区别在于前者中的再保险公司具有明确的有限责任。无论合约下的分出保单有无保单限额，有限成数合约使再保险公司只承担合同约定的最大责任。

有限 QST 主要用于增加分保人的账面盈余，因此，如果对信息披露重视不够，有可能被滥用。在有限 QST 中，原保险公司将其部分未满期保费与对应的责任一起分出给再保险公司。作为回报，分保人收到所谓的分出佣金。在这种情况下，未满期保费转变为当前收入。因此，有限成数合约是纯风险融资产品，它将尚未实现的预期利润流转变为当前收入科目，从而增大了分保人的盈余。

分保佣金与未满期保费准备金的投资收入一起被预期不只是可以弥补新保单引发的实际索赔。在意外损失发生的情况下，承担责任的再保险公司在协议期内常常会得到从分出保险公司获得补偿那些损失的权利（Monti & Barile，1995）。

正如再保险公司想限制其损失风险那样，原分保人也想保留在基础业务类型上的大部分利润。为了便于实现这些想法，分保佣金常常与一个随着损失率变化的浮动比例挂钩。例如，实际损失每减少 1%，佣金就多支付 1%，最大值可达 100%（Carter，Lucas & Ralph，2000）。或者，可以设立经验基金，在合同期末按事先约定的分享规则在分保人和再保险人之间重新分配利润。

如果有限 QST 的主要目标是提高保险公司的账户盈余或股东权益，则根据定义基本没有令人误解吧？回答也不一定是肯定的。像已讨论的那样，有限 QST 取决于项目如何被披露。保险公司可能有真实的经济动机将未满期保费准备金货币化而计入股东权益。例如，释放债务能力，增加承保能力或降低公司财务困境的预期成本。

它也可以帮助公司减少投资不足的问题，达到资本用于未满期保费准备金的程度。与此同时，有限 QST 也可以不太适合地作为一种工具来延迟损失识别或提高资产负债表中股本部分。这完全取决于为什么要做此项目以及如何恰当地向投资者解释。

分散损失合约　财务再保险产品的第二种形式被称为分散损失合约（spread loss treaty，SLT），并且像有限 QST，其代表了一种主要受保险公司欢迎的风险融资形式。SLT 适用于通常是未融资的预期责任。在 SLT 中，分保人在合同的多年期间向经验账户支付年度保费。准备金的投资收入记入经验账户的贷方，实际损失加上再保险公司的安排费用记入借方。如果账户中的资金不够，原保险公司必须多支付保费以恢复账户的资金平衡，包括最后可能的支付以确保当 SLT 到期时账户是平衡的。但如果资金出现盈余，这些资金的净投资收入将分配给分保人。在 SLT 期末出现盈余将导致利润共享，因此部分保费需返还给分保人。

再保险公司的责任是当索赔发生时进行支付，即使这些索赔造成经验账户的资金不足。所有这些损失得到累积，并在协议剩余期间重新分配。剩余期可能会比较长。从分保人的角度看，这种做法的净影响实质上是再保险公司在事先为损失进行融资，并允许分保人将损失分散到一个相当长的时期中，而不是当损失发生时再行动。再保险公司在此结构中不承担某些承保风险，但通常受制于年度或总保单限额。

SLT 结构允许分保人平缓其赔款支付的波动性，进而稳定其收入。当然，它也可能被正常使用或者被滥用。例如，SLT 作为帮助降低自保公司母公司或发起人的收入的波动性，特别受单一母公司式自保公司的欢迎。[3] 可论证的是，因为投入自保公司的全部资本额已经被当做风险自留额了，这就不会令人误解当 SLT 被用于利用真实保险的外表来掩盖自留风险和损失时，问题就出现了。

24.3　合法交易与滥用的机会

既然我们已考察了五种比较普遍的有限风险交易类型，现在让我们转向考虑使这些项目创造滥用机会的一些特点。与此同时，我们也将注重讨论这些产品还有很多合法使用的机会。

滥用的共同点通常是关于交易记账、披露和向投资者表示获得了重大风险转移而实际上只得到很少或几乎没有风险转移的程度。有限项目包含风险融资成分的事实本身将永远不会是个问题。公司管理未知责任的时间风险的要求是参与现金流风险管理的合法经济动机，正如我们在第 3 章和第 7 章谈到的。我们已看到了无数这样的例子贯穿于第三部分。例如，为得到季度性的基于 LIBOR 的收入流，特殊目的机构（SPE）在结构性信用交易中与抵押组合的利息收入进行的每次互换都在管理时间风险，预防其资产产生现金的速度不足以满足结构中的债务。

然而，只转移时间风险的项目将不符合保险的要求。如果唯一的风险是时间风险，此项交易则只是存款或贷款，而不是保险合同，并且必须这样记账。

但是相反，只是因为项目含有意在解决时间风险的成分并不自动地意味着整个结构就是可疑的。

那么问题出在哪儿呢？让我们探讨几个潜在滥用的特定领域。

24.3.1 追溯性保险

有限风险结构一般用于预期性和追溯性责任。然而，当处理追溯性责任时，合同不再是保险合同。毕竟如果没有风险，也就没有风险转移。

坦率地说，试图做追溯性保险就相当于对已知结果进行保险。只要关于责任的结果仍有风险和不确定性——它是否会损害公司呢？如果会，损害多少？——就可以做有限或任何其他保险合同。但当损失已经明确地得知，任何以这种特别的追溯性触发事件为基础的合同都不再管理风险，它只是在转移资金。

当然，公司可能仍旧这样做，只是不能将它们所做的作为保险来记账和披露。在美国公认会计准则（GAAP）之下，只要认为赔付是有可能的，就允许公司用保险项目的利益与相关损失相冲抵。与此同时，所付保费可以在整个保单有效期内摊销。如果赔付是可能的但可能性又不太大，就不能用保险来冲减损失的规模。如果赔付已确切地知道，那么赔付补偿可以用来冲抵损失，但在这种情况下，全部保费必须在损失和赔付被确认和相冲抵的同一季度作为费用进入当期损益。

例如，假设一家公司用100万美元购买了110万美元的保险来抵御一台机器在未来五年被毁坏的风险。如果这台机器处于毁坏的边缘以致获得保险赔付是有可能的，公司可将该机器设备的损失开销掉，并将110万美元的赔偿与预期损失相冲抵。100万美元的保费将在五年内逐渐摊为费用。当然，这100万美元表示公司想要支付但又不能建立可靠的准备金弥补的损失中的自留部分。

现在假设这台机器去年就已损坏，并且保单的保险责任覆盖去年到从现在开始五年后机器发生的任何损坏。公司应该的做法是当期将机器设备的110万美元的损耗作为损失，以合同中可获得的补偿额110万美元进行冲抵，并且将100万美元的保费作为当期费用。毕竟，这里没有风险，从而也没有风险转移，且没有必要将保费分摊到保单的整个有效期。

但让我们假设，公司已经告诉投资者其有一个无损耗的季度。如果它想玩会计游戏，公司可能会设法将该有限交易作为保险进行处理，用110万美元的预期赔付去抵消110万美元的损耗，避免了对目前损益的任何冲击。但公司将逐渐在未来五年的时间里承担这样做对盈利的影响。这是在平缓收益，简单而明了。

然而，要注意这里的问题不是合同结构本身。问题完全出在公司未将追溯性合同记账为储蓄性工具。如果没有风险转移，也不能够将结构作为风险转移来记账和披露。

24.3.2 事后融资项目中的未披露债务

事后融资项目是很有用的。当市场情况不好以及公司在主要风险和附加险层都得不到保险保障时，非融资的有限可能确实是唯一能够得到某种保障的途径。多数人都会非常赞同被迫自留额的风险融资要好于遭遇风险事件时完全没有保护的情况。用第一部分中的语言来表达就是风险转移帮助保护公司的股本持有人。

当买不到保险，风险融资可以是保护损失前发生的新债务的一种方法，从而保护债务持有人免遭困境债务融资成本或加深的偿付能力不足。特别对于急需现金的公司，风险融资比任何其他途径都好。

同时，保险是保险，债务是债务。许多非融资的有限项目实质上是或有债务和超额损失保险的混合体。如我们在第 15 章中看到的，或有债务本身没有问题。很多人已经问的关于非融资项目的问题是它们是否被正确地记账和披露。如果公司有 $50 XS $350的非融资 ADC，这意味着 4 亿美元的损失事件包含再保险公司的 0.5 亿美元的纯保险支付和对分保人的 3.5 亿美元的贷款弥补自留的第一层损失。这 3.5 亿美元通常通过或有保费或追溯性定价保费（实际上是债务的本金和利息）进行偿还。

虽然对债务和保险的记账是不同的，但区别不太明显。两类科目都在资产负债表上。但投资者可能比较关心的是其在资产负债表上的哪个位置。例如，像安然公司所说的，公司的定期债务额可以是一个非常重要的变量，它可以影响债务协议、信用种类、信用提升和抵押要求等。因此，将定期债务隐藏在一个保险项目中是具有争议的欺诈会计行为。

更大的问题是对信息披露的争议。如果已经披露了在前面提到的项目中有 4 亿美元在保险上，投资者和其他公司可能推断有 4 亿美元在风险转移上。则将会是不同的结果。但如果告诉投资者已根据损失事件借入另一个 3.5 亿美元以及有 0.5 亿美元的保险，这是十分不同的描述。

对此问题有一个很容易的解决方法。如果公司想作非融资项目，较好的方式是将一个真正的像承诺长期资本解决方案（CLOCS）的或有债务结构与 $50XS $350的保险结合起来。如果像在下章中所讨论的超额保险是多年期和多险种的，可能仍得到所有相同的好处，如低索赔奖金、选择权复原等。真正牺牲的只是第一层是保险的外表——它已不是保险了。因此，答案是——继续向前走，并进行那个方案，其中借入 3.5 亿美元的自留额以及保险超额部分只是使用或有债务或保险而不是有限交易。这将导致适当的会计和税收处理，以及更重要的正确的信息披露。

我们并未说所有的事后融资有限项目都未被正确披露，都是不负责任的或掩盖了债务。这些显然不是事实。我们本节的目的是侧重讨论滥用的机会从而找到减轻投资者对此担心的容易方法。我们不是在极力控诉整个非融资有限产品体系。

24.3.3　其他潜在麻烦的特征

有限结构可以包含多种其他条款，用来影响项目下的现金流时间和真实风险转移的程度。若被正确披露、解释和记账，这些附加特征可以帮助产品使用者使其风险管理项目达到极大程度的定制化。但它们也提供了掩盖有限风险项目真实性质的机会，特别关于针对结构中风险转移的风险融资的真实数额。

下面，让我们来考察一些例子，说明在有限交易中发现的其他可能给公司带来除了透明度之外的麻烦的特征。

损失通道和混合体　混合有限（blended finite）一词在有限风险领域中有几种

不同的含义。对于一些人来说，它只是加强有限风险自身对风险融资和风险转移的融合。对于其他人来说，混合有限项目指有限项目与其他 ART 形式相组合或结合。例如，并不罕见地可以看到自保公司或相互公司寻求包括有限项目与多险种保险组合在一起的保护（参见第 25 章）。此类项目可能会被有些人称为混合有限项目。

混合也可以指结构中的风险转移成分在不同起赔点融入交易的方式。在我们以前举的例子里，有由 3.5 亿美元事先融资层和 0.5 亿美元纯保险组成的 4 亿美元的项目。后者包含 \$50 XS \$350 的保险层。但假设此项目不这样构成，而是在每 700 万美元的自留额后附加一个 100 万美元的保险层，直到 4 亿美元。换句话说，保险将覆盖 \$1 XS \$7，\$1 XS \$15，\$1 XS \$23…… \$1 XS \$391 和 \$1XS \$399 总保障额仍将是 4 亿美元，包括 3.5 亿美元的自保额及 0.5 亿美元的保险。唯一的不同是保险层不同。

这种保险层打算满足某些公司的自留风险需要，是有可能的，但可能性不大。更可能的是此混合项目准备将项目的保险部分分配给较低的损失层，以提高使用风险转移成分的可能性。这能够被理解，因为比起所有的 0.5 亿美元都在超过 3.5 亿美元层中，它可以导致更大的风险转移。同时，此类保险层又非常难以令人理解，也难以描述，而且缺少合理化。

强制再保险条款 如果保单限额在损失已达到限额后可以恢复，（再）保险项目的复效（reinstatement）则发生了。正如我们将在第 25 章和第 26 章谈到的，选择性复效条款具有像多险种项目一样的 ART 形式的普通特征。在保单限额用完后，选择性复效条款使保险公司有权支付附加保费来恢复保单限额。这是我们将在第 26 章讨论的或有保障或者或有保险的一种类型。

强制复效（mandatory reinstatement）指在有限项目中，自动估算保障购买者在损失发生后复原保单限额应支付的附加保费。一方面，这似乎增加结构的风险转移成分。另一方面，强制复效给保险公司造成一种额外已知的保费支付的来源。在概率调整的基础上，净影响可能是全面减少的风险转移。例如，如果在三年期结构的最后六个月达到保险的总限额，在接下来的六个月后用完全部总限额的最大概率也是很小的。在这种情况下，强制恢复全部限额从承保能力角度看是十分多余的，但它会增加总保费支出，从而极大地减少了再保险公司承担的风险。

对低索赔奖金的滥用 多数有限交易的重要特征之一是低索赔奖金。如果保费加上投资收入减去费用和索赔的结果为盈余，至少其中部分资金可能返还给保险购买人。[4] 只要保单按正常轨道运行，项目的这一特点无论如何不会减少事先风险转移。它仅仅在事后取得任何有利的结果，且将盈利在再保险人和分出人之间平分。

项目中的真正问题在于低索赔奖金与追溯性保障在何处结合。回顾追溯性保障应用于可保事件的结果没有真实风险或不确定性的情况。它或者确实发生或者不发生。现在假设斯卡里公司（Scully）与再保险公司穆德（Mulder）签订了有限结构。假设保费为 5 000 万美元，保单限额为 7 500 万美元，以及保障是追溯性的。如果保险事件确实发生，造成了 5 000 万美元的损失，斯卡里公司实质上已利用有限交易在穆德存放了 5 000 万美元。如果保险事件没有发生，斯卡里公司仍能确定收回

5 000万美元（加上利息并减少费用），斯卡里公司再次存放了资金。

提前终止和撕毁协议 一些有限风险交易包括早期终止条款。就其本身来说，并不一定减少结构中的风险转移成分。它完全依赖于如何建立项目结构。如果项目允许提前终止，并且保费可以退还给分出人，撕毁条款可以像已被滥用的低索赔奖金一样发挥作用——若在承保过程中没有任何真正的风险转移发生，则作为一种保费存款退给分出人的途径。

24.4 合法使用有限风险产品的例子

尽管有很多机会有限风险结构可能被滥用，但不能忘记它们给公司带来的真正经济利益。重要的是，有无数的例子表明滥用似乎并未发生——实际上，有限风险证明是一个富有创造性和有效性的公司风险管理解决方案。让我们在此考察几个例子。

24.4.1 用有限风险产品规避环境责任

铁山铜矿（Iron Mountain Copper Mine）是位于加利福尼亚瑞丁（Redding）的一个超级资金场地（Superfund site），① 由特拉华州威明顿的斯多福管理公司（Stauffer Management Co.）所有。[5]斯多福公司是在超级基金下的唯一潜在负有责任的单位（potentially respon sible party，PRP），超级基金通常与 PRP 一起共同承担废物场地的全部清理成本。斯多福成为铁山的 PRP，因为它管理前斯多福化学公司的资产和负债，斯多福化学公司在 20 世纪 60 年代收购了山铜（Mountain Copper）有限公司。山铜有限公司的矿业经营在断裂的铁山地上进行，由于它将铁山的矿物堆积物暴露于空气、水和细菌中，产生了大量的酸性液体，因此造成了超级基金责任。

铁山的矿业经营于 1963 年停止，当时联邦政府开发春溪废墟大坝（Spring Creek Debris Dam），用来控制酸水从矿山流出。环境保护局（Environmental Protection Agency，EPA）于 1983 年将铁山列为超级基金场地，斯多福作为唯一的 PRP 负责对其清理。11 年后，加州和 EPA 得出结论，此坝是不够的，并命令斯多福开始从水中排除所有的污染物。

斯多福与 EPA 和其他几家联邦和加州机构一起于 2000 年结清了其超级基金场地的赔款，约 1.6 亿美元。[6]其中，710 万美元由 EPA 支付；1 000 万美元强制由其他几家联邦和加州机构支付，用于未来区域环境改进项目；1.394 亿美元是斯多福为有限风险 LPT 支付的保费，该有限项目由 AIG 的子公司——美国国际专业险公司提供，其结构见图 24.3。

在 LPT 协议下，双方当事人同意建立 IT 公司来真正清理铁山场地。双方估计清理成本在未来 30 年中每年大约为 410 万美元，考虑通货膨胀因素后的总额约为 2.01

① 指列入美国环境保护局全国优先名单上的危险废物场地。超级基金来源于美国 1980 年发布的《综合环境反应、补偿和责任法》，用于清理废弃的危险废物场地。——译者注

亿美元。在有限风险保单下，斯多福向AIG分出了其所有的关于铁山场地的过去、现在和未来责任以及有限风险保费。用来支付保费的1.394亿美元由斯多福在其当前清理准备金中筹集，再加上一些以前保单下的保险保障。

LPT协议则迫使AIG对IT公司补偿铁山场地每年发生的实际清理成本的90%，每年最高额可达410万美元。由于其他两种保护，IT公司承担较高的年度清理成本风险。第一，如果通货膨胀在单独一年造成成本上涨达90万美元，IT公司可以将额外的成本结转到下一年，如果这一年的成本低于410万美元的话；第二，AIG也向IT公司提供总额为1亿美元的超额损失再保险，以防止成本过高。此保险的保险责任为巨灾危险事故，每一危险事故的最高限额为500万美元。

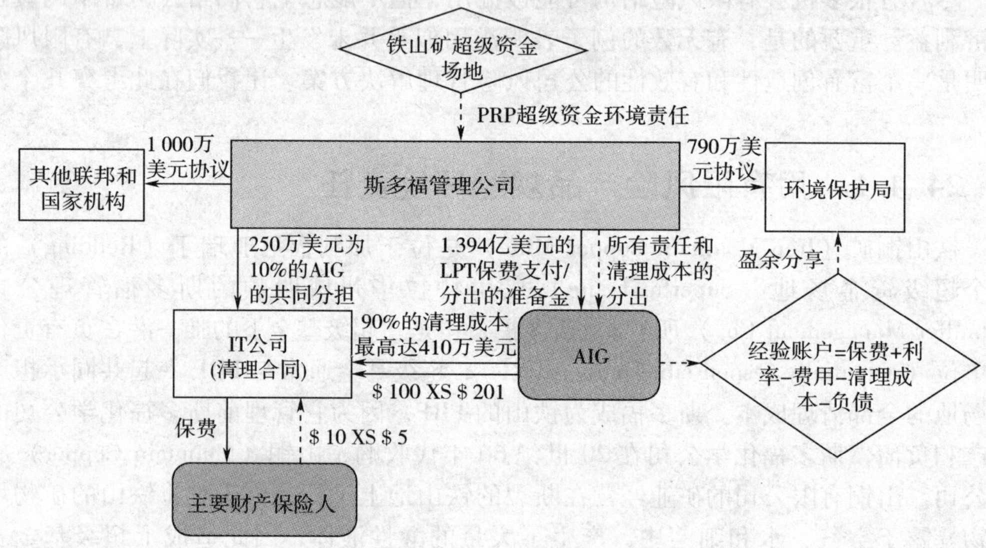

图24.3 斯多福管理公司用于铁山铜矿超级资金场地的损失组合转移

IT公司必须提供其实际年度清理成本的其余10%，作为有限风险保单中的共同分担。斯多福同意预先一次性支付给IT公司约250万美元，IT公司可以用这250万美元来满足10%的剩余共同分担要求。IT公司承担所有的关于额外10%的成本如何产生的时间风险，以及清理成本自身的时间风险。反过来，有限风险保单包括一种经验账户，如果总清理成本在未来30年中低于2.01亿美元，IT公司将在此账户中保留一些盈余。如果有盈余的话，EPA将得到盈余的另一部分。

24.4.2 用有限风险产品弥补石棉责任的超额层

特纳纽奥（Turner & Newall），英国汽车部件制造商，利用ADC来消除投资者和分析家关于其缺少足够的准备金抵御主要责任的顾虑。[7]特纳纽奥的责任是一系列与其已停止的经营相关的石棉索赔。

特纳纽奥通过设立自保公司自保其石棉赔款，然后用ADC再保部分承保风险，获得$8.15亿 XS $11.25亿的保险。ADC为15年期，同时与其他有限风险产品一样，如果15年后实际损失发展相对于所持有的准备金比较有利，则包含部分保费减少协议。

24.4.3 用有限风险产品隔离已停止业务责任

在一个更通常的例子中，当跨国公司汉森集团（Hanson PLC）收购了建筑材料公司毕泽（Beazer PLC）时，它十分担心毕泽已停止的美国业务将阻碍新集团的成长。汉森通过自保公司自保了毕泽美国业务的责任，自保公司反过来用 ADC 永久获得了 \$0.8 亿 XS \$1 亿的保险。[8]很清楚地看到，汉森使用 ADC 隔离了毕泽已停止的美国业务责任。

24.4.4 利用有限风险产品从一种业务中退出（离开解决方案）

佛罗蒂（Frontier）保险公司是一家专业财产或意外伤害保险公司，在 2000 年遇到财务问题。[9]它有 7 000 万美元的债务，在医疗事故保险方面遭受巨额损失。引起佛罗蒂的损失的原因既由于准备金不足以弥补损失总额，也由于组合资产上的损失出乎意料地快速发展。佛罗蒂不得不几次补充准备金来覆盖索赔的时间路径。

在 2000 年的第二季度，佛罗蒂进入了一个关于与伯克希尔——哈撒韦的全国补偿（National Indemnity）公司签订的一捆有限风险协议的期权合约。如果被执行，期权将给佛罗蒂带来 8 亿美元。其中 5.14 亿美元是 ADC，ADC 为超过佛罗蒂当时准备金的任何损失总额提供了超额损失再保险。剩余 2.86 亿美元包含通过 LPT 将其目前准备金分出给全国补偿公司，因此保护佛罗蒂避免遭受索赔的提出进一步意外加快了。全国补偿公司于是允许佛罗蒂转移承保风险和为其现有的医疗事故保险的时间风险进行融资。换句话说，全国补偿公司允许佛罗蒂通过用合成债务替代其准备金来为时间风险融资，并使保险公司转移其过多的承保风险且用合成股本来替代那些风险。

佛罗蒂在 2000 年后期行使了此期权，从而获得了 8 亿美元的保险。在用这种方式规避了其责任后，佛罗蒂能够干净地退出此项业务，并于 2001 年离开这个市场。

24.4.5 部分融资高自留额

一家大能源公司发现在涉及财产、锅炉和机器、机械故障，以及传输和销售（T&D）的保险中，它的强制自留额已上升至 500 万美元。但该公司只有在事先融资这些自留额中的 250 万美元的情况下，才感觉比较轻松。它的再保险公司——苏黎世解决方案公司（Zürich Corporate Solutions）——帮助客户将其自留额的 \$2.5 XS \$2.5 的保险层通过非融资有限项目转换为债务资本金的更加可替代层，此有限项目将 \$2.5 XS \$2.5 事后风险融资层与 \$5 XS \$5 风险转移层相混合（利用综合多险种项目，我们将在第 25 章中讨论）。

这个例子说明非融资的项目若只是因为未融资，则不一定会有问题。像许多非融资项目一样，非融资风险融资层是未融资的，因为公司对于保留那个风险层感觉不轻松，但只是不能在那一层中获得风险转移保障。公司不是不解决风险（以及因此由股权人承担），而是实质上使用了或有债务工具来为其自留额中处于它可以融资的较低起赔点与实际风险转移层的较低起赔点之间的部分融资。

24.4.6 取代未展期的综合多险种和多年期项目[10]

一家专业服务公司依赖于一个多险种和多年期综合项目（参见第25章）为其金融业务提供保障。当此项目未展期，公司也会发现替换传统一年期和单一险种市场中的某种保障异常昂贵，且那种保障只在起赔点非常高时才能得到。公司不仅不能得到它想要的受托责任保险和统括保证保险，而且服务公司与一些顾客签订了合同，这些顾客要求有些公司不再能得到的特定限额的错误和遗漏（E&O）保险。除了面临在不令人满意的高起赔点上的特别高的费率外，实际上，公司发现其核心业务因为不能保险非核心的E&O而处于风险中。

AIG风险融资提议设立一个混合的E&O、受托人责任和统括保证有限项目。此项目包含自留额、共保、高总限额、保费分期支付、追溯定价保费以及其他，但最终是带来一种解决方案去获得想要得到的保障。

该项目再次说明了非融资或部分融资有限解决方案不是总有问题的。然而，这同时也说明了在准确表示一个项目时需要仔细。如果这家公司的客户只是要求E&O风险保障的话，则像前面已描述的非融资有限项目就能够很好地满足需要。但公司要清晰地明确这种风险的一些已经融资部分。最后，AIG确实覆盖了此风险，但它是通过融资部分风险实现的。在这个或相似的例子中的客户将不会要求保险项目是100%的风险转移或相当于传统补偿保险。只要它被正确披露并符合公司客户提出的要求，项目看起来就是十分合理的。

24.5 有限风险产品的合理原则

在目前的环境中，不管喜欢还是不喜欢，有限风险产品的一些用户应该会失眠，并将随着监管审查和诉讼的增加，会更加失眠。然而，如果正确使用和披露，有限风险产品是一种很有价值的风险管理工具。确实，不用有限风险产品的一些公司可能能够避免使用它，但会牺牲股东的利益。由于不管理有限风险产品可以帮助降低的风险，所以他们面临在未来可能失眠的风险。

像20世纪80年代的扬基债券和20世纪90年代的衍生品一样，有限风险引起了监管审查主要是因为它未被很好地理解，并且它与一些令人注意的滥用相关联。我们知道的关于财务创新的一个问题是：会计、披露和监管很难跟得上。那么一个有责任的公司将做什么？

24.5.1 有原则的有限风险产品

考虑到最近对有限风险产品的攻击，对当前和潜在用户最好的保护方法是停下来，决定有限风险产品是否适合他们，并且最重要的是，要正确记账和披露有限风险产品。在20世纪90年代所谓的衍生品失败后，许多公司承担了衍生品风险审计。

目前，对公司思考有限风险产品对它们意味着什么来说，好的建议是进行类似的保险风险和披露审计。

那些寻求一系列事情来做而使有限风险产品可被它们接受的公司将不会对有限进行融资。与使用所有结构性金融和结构性保险一样，在交易条款和主旨上有太多的变化，以致不能吸收广泛的一般性特点——这是一些监管者可能已忘记的事实。不存在简单的使有限风险产品或其他结构性项目正常运行的充分必要的条件的清单。

然而，即使这些条件不总是充分的，我们也能够到达半路并识别一些必要的进行可靠交易的条件。下面提到的原则是由一家大型保险公司的 ART 交易经理总结出来的，经允许改编成下文。

经济目的　应该进行结构性交易是因为它与公司价值最大化相一致，而且它符合我们在第一部分探讨的公司综合风险和资本管理策略。如果经济驱动交易也可以被结构化以获得令人满意的会计、税收和监管待遇的话，这就是非常有效的。但此项交易的基本动力不应该是反过来设计一个特定的令人满意的税收或会计目标。

透明度　这有一个简易检验：如果使结构性金融或保险交易有意义的唯一途径是没有人发现你做它，那么就不要做它。显而易见，许多结构性业务确实包含所有权模型和产品设计。在对披露交易细节以减轻对它们的经济目的任何担心或误解的要求与将有价值的私有信息控制在内部的要求之间有天然的抵触。但在这个市场上，天平倾向于前者。没有足够的透明度和信息披露，交易很可能被误解或质疑。因此，实际问题是如果交易是值得做的，那么是否值得详细披露。

在最小程度上，关于结构性项目的经济目的和基本设计的披露应包括在 10 - K 表[①]的管理披露和分析部分。实际上，公开提供交易的描述性信息更好——在公司网站上、通过与主要财务报告者面谈等。

逆向选择和“甜饼罐”　小心“甜饼罐”。害怕“甜饼罐”的一个原因是证券市场首先是柠檬市场，正如我们在第 4 章所探讨的。结构性保险和有限风险产品常常可以是治疗“甜饼罐”问题的良药，但它们也能自己制造“甜饼罐”。例如，努力将追溯性保险（如保证金）分类为保险正是在及时地移动收益，且这是典型的“甜饼罐”问题。

应该注意使结构可靠，这部分意味着使它们易于理解。在后安然时代，结构过度复杂的交易立即会引起怀疑，可能有“甜饼罐”潜伏在那些成百上千个 SPE 和有限风险产品交易中的某个地方。

避免“甜饼罐综合征”的一个方法是将有限风险产品主要用于非核心业务风险。当有限风险产品用于直接由管理层控制的核心风险时，将引起道德风险。使用有限风险产品项目达到一个希望的收益结果非常具有诱惑性。当有限风险产品应用于非核心风险，则管理层不能影响风险的结果，公司的收益与结果的关系不十分紧密。因此，交易美元的诱惑性很低。

收益质量　像我们在第 5 章和第 6 章所解释的，收益将永远不是现金流的好的

---

① 美国证券委员会要求上市公司每个财政年度末向其股东提交的经审计的报告，包括财务状况和对未来的展望。——译者注

替代物，然而我们必须包容和接受收益——并承认许多其他人也关注收益的事实。在使用结构性金融和保险产品时，评估收益的最好办法是收益传递的信息质量，而不是数字本身。

我们在本章已解释过如何利用有限风险产品提高收益质量。当一家公司不能为难以估计的损失（如保险赔付是可能的，但可能性不大）提取会计准备金时，传统保险是一个很好的替代物。但是当风险转移在较低的自留额上不想要或者得不到时，相对于只是留出投资者看不到和不会影响公司收益的现金而言，利用有限风险产品作为损失准备金的可靠替代物将使公司的收益表示的信息更加丰富。

当然这是把“双刃剑”。多数有限项目增加了股东权益，或者对于保险公司来说，通过用已知保费支出取代未知责任流增加了盈余。如果有限结构包含足够的风险转移，可能会正确表现交易的经济效果。但是如果没有，有限风险产品可能会被用来掩盖杠杆和夸大股本的价值，因此减少财务报表和收益的信息性。

有限风险产品的使用者应定期问自己以下问题：这项交易使我的财务报告更加代表真实现金流和业务风险了吗？如果没有，那么考虑一下非常详细地披露交易目的和影响，或者不做此项交易。另外可以考虑问：这项交易使我的公司的财务状况看起来比实际情况强吗？如果是，那么就不要做此项交易。

财务灵活性 结构性保险的目的通常是帮助公司最优化它们的风险和资本以及它们的债务和股本混合体。将公司锁定在缺少灵活性的解决方案的项目，与导致公司首先考虑那些解决方案的公司融资动力不一致。

如我们已注意到的，有限交易有太多的灵活性可能限制实际风险转移的发生。同时，相比僵硬的其他替代工具如自保公司或传统保险而言，某种灵活性使这些结构得到更多的需求。

24.5.2 警惕政策

在政策层面上，我们主张深思熟虑。被加入到后安然围攻思想中的含糊其辞的会计和披露规则已经导致对有限风险产品和其使用者抱有一种在被证明无辜前是有罪的态度。然而，在认识到有限风险产品可以被正确使用也可以被滥用的基础上，应根据每种情况的自身特点进行仔细评估。武断地判断有限风险产品有一定的诱惑力，但很危险。想想至今有多少保险行业的资本由于监管部门的笨拙而被浪费掉。因此，有限风险产品的滥用者必须承担责任。同时，即使在非常复杂的保险事件中，公司在被证明有罪前也是无辜的。在得出结论前，还是让这些公司在法庭上见吧。

第 25 章　多险种和多触发原因保险结构

全企业风险管理（EWRM）作为一种业务过程允许企业通过更全面的风险识别、评估和控制来挖掘风险管理和企业融资效率。[1] 为适应对 EWRM 重要性认识的不断扩大，许多再保险市场上的主要经营者开始提供综合风险管理（integrated risk management，IRM）产品，这些产品的设计主要是提供全企业风险转移解决方案。同时有多种风险保障以及寻求 IRM 解决方案的企业与资本提供者一起参与任何事后利润的能力，这些使得它们更加具有吸引力，尽管至今只是对于一群特定用户而言。

在此我们回顾的一些 IRM 产品在帮助企业管理总资本成本和优化资产负债表方面非常成功，而其他这样的 IRM 产品却十分失败，这种失败以著名的企业如德国霍尼维尔（Honeywell）和美孚石油（ Mobil Oil）等大范围的公开停止几个 IRM 项目而达到顶点。在本章，我们探讨两类主要的 IRM 产品的机制、好处和成本，这两类分别为多险种综合风险转移产品和多触发原因非传统风险转移（ART）产品。特别是我们将努力区分两种 IRM ART 形式，其中一种形式来去非常短暂；另一种形式是真正帮助企业革新它们自我融资和管理风险的方式。我们在讨论 IRM 产品的机制、好处和问题时将会使用一些成功的例子和案例。

25.1　多险种综合风险转移

风险转移对对方承担的累积损失顺序和引起那些损失的风险类型之间的关系，对于传统和结构性保险产品来说，常常是不同的。回顾第 8 章，传统保险和再保险项目的特征通常是混合层或者将风险分配到各地方，并在层中转移这些风险——或者水平的（例如，不同保险公司分担每一美元损失）、垂直的（例如，根据损失发生的顺序，不同保险公司承保累积美元损失），或者两者都有。相反，在几种著名的非传统风险转移产品中，风险和损失现在被组合进单一的综合包内。

25.1.1　混合保险和综合保险

覆盖多种风险的传统混合保险项目与真正的综合多险种项目之间的区别在于将资本分配给风险的方式不同。传统多风险混合层保险项目只是在名称上覆盖多种风险。每种风险仍有其自己的免赔额、限额、起赔点和资本。相反，在真正的综合多险种项目中，单一一批资本同时用于抵御多种风险，有普通的免赔额和普通的限额。这种区别可能最好通过一个例子来说明。

传统混合层分部门（silo－by－silo）保险　例如，让我们来看一家跨国经营的石化企业的传统保险项目。假设企业在传统混合保险基础上通过保险和（或）财务对冲管理下列风险：

- 财产损失：$7 XS $3（主保险）。①
- 未证实的与恐怖主义相关的财产损失：$100 XS $100（巨灾）。
- 专业人员责任（PI）：$2 XS $1（主保险），$7 XS $3（超额）。
- 董事和管理人员（D&O）（B 面）：$5 XS $1（主保险），$4 XS $6（超额）。
- 产品责任：$90 XS $10（超额）。
- 营业中断（BI）：$5 XS $5（主保险），$40 XS $10（超额）。
- 外汇（FX）：$10 XS $0（主保险）。
- 石油价格风险：$50 XS $50（超额）。

保障的有关层图见图 25.1。整个项目（不包括 A 面 D&O）给企业提供了 3.2 亿美元的保障，自留额为 1.7 亿美元。

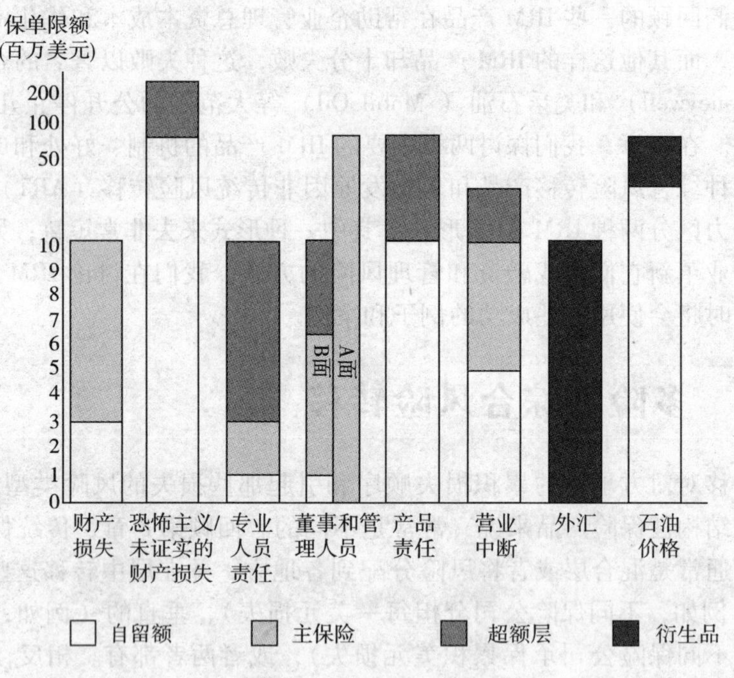

图 25.1　混合层保险项目

要注意的是，我们在讨论中不包括 A 面 D&O。原因是 A 面 D&O 是结构性 D&O 项目的一部分，但董事和管理人员是受益人。这种保险对于得到高素质的董事和管

① 超过 300 万美元免赔额之上的 700 万美元保险（下同）。——译者注

理人员来说是必要的。它很少包含免赔额。虽然公司承担 A 面保险发生的费用，但此项保险不是公司的资产。相反，B 面 D&O 保险以公司的名义投保，属企业的或有资产。B 面保险——经常包括免赔额——可以用来弥补企业自身产生的费用。在新萨班斯—奥克斯利（Sarbanes - Oxley）下，禁止企业向其董事和管理人员扩展信用，然而真正起作用的是 A 面。

四种保险可见图 25.1。第一种为未画阴影的部分，表示自留额。浅灰色的部分表示主保险，这些保险覆盖企业的营运资本层和可能更多一些，但不构成巨灾保险。深灰色部分表示超额层。假设所有主保险由同一家提供商提供，所有的超额保险由第二家保险公司提供，最后，黑色部分表示抵御金融风险的衍生品。

此项目的大部分是垂直层叠的。水平层只在 A 面 D&O 项目中比较明显。D&O 项目中的一部分是公司购买的 D&O 保险，直接受益人是董事和管理人员。它直接支付给董事和管理人员，不属公司资产。D&O 项目的另一部分在补偿给董事之前补偿给公司，表示为公司的或有资产。

综合多险种保险 现在考虑同样企业的相似项目的综合多险种版本。为了便于比较，假设项目是一年期项目，覆盖与传统混合层项目一样的风险（除了 A 面 D&O，原因与以前一样）。然而，现在多险种项目——见图 25.2——有一个总免赔额 1.7 亿美元和一个总年度保单限额 4.9 亿美元，因此综合保障为 $320 XS $170。任意风险引起的已记录损失要依赖于免赔额的保单限额。5 亿美元的单一财产损失索赔将满足全部免赔额，并用尽整个项目。对财产损失、产品责任、PI、BI 和 D&O B 面的 5 个 1 亿美元的索赔将更快地用尽此项目。

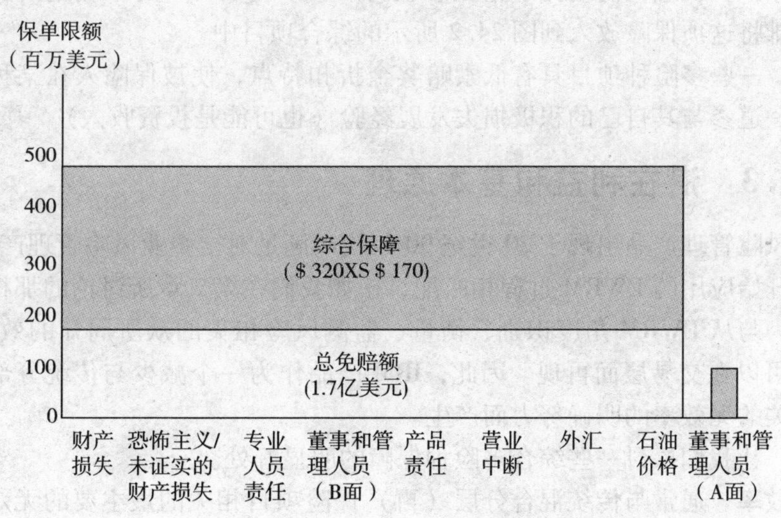

图 25.2 综合多险种项目

在此例子中，传统项目和综合项目中的总自留额和提供的保障是一样的，我们尚未考虑许多多险种项目通常具有的特点。迄今我们的目标是弄清楚传统和综合结构之间的基本区别，但现在我们转向从更现实的角度看多险种项目的特点。

25.1.2　多险种项目的特点

作为一个实用的工具，多险种保单的形成或者可以用附加法（attachment method）或者可以用单一文本法（single text method）。[2]如果使用附加法，将利用产生综合风险保单的单一统括协议，将几个单独保单组在一起或附加。相反，单一文本法包含对新协议的起草，新协议包括所有组成协议的条款。第一个方法通常比较便宜，但需要非常关注定义和保单条款的冲突和重复。

与前面部分中简化的例子不同，更多的多险种项目是多年期的——也就是说，它们包括单一保费、免赔额和应用于项目期间的限额，项目期经常为 3 年至 5 年。保费可能在项目期内定期支付，但不像在传统结构中那样重新确定。一些 IRM 产品也将风险特定限额或者发生事件特定限额与总限额结合起来，从而帮助企业进一步定制它们的风险。

由于多年期特点，综合多险种项目通常有选择性复效条款。这实际上是一种选择权，可以用额外保费恢复已用尽的限额。限额的恢复可能很昂贵，但此选择权也非常有价值，特别是在项目早期。设想在 3 年期项目进行 6 个月时，提出了一次性 4 亿美元的 B 面 D&O 索赔。这已超过了免赔额，此项目将向企业补偿 3.1 亿美元的损失。但如果没有复效条款，企业则在接下来的两年半处于实际上无保险保障的尴尬境地。到那时，复效成本可能看起来不像重新购买保险那样高。

多险种项目也可能有可选择的特定风险的巨灾附加险，允许企业补充单一风险的限额。例如，设想我们的化学企业想获得 $100 XS $400 的未确定财产保险。企业可能安排将这项保险放入到图 24.2 所示的综合项目中。

最后，一些多险种项目具有低索赔奖金折扣特点，使被保险人在某种情况下与保险公司一道参与其自己的积极损失发展经验（也可能是投资收入）。

25.1.3　潜在利益和基本原理

综合风险管理产品出现于 20 世纪 90 年代以满足对全企业风险管理产品的需求，它与公司开始应用的 EWRM 过程相匹配，正如我们在第 2 章所讨论的那样。特别是很多人认为与从 EWRM 角度识别、衡量、监测风险相关的众所周知的效率（Culp，2001）也可以在交易层面再现。因此，IRM 产品作为一个减少与传统分部门风险转移产品相关的无效率的明确努力而产生。

下面，让我们探讨一些综合多险种保障的明显好处。

资本效率　通常与传统混合分层（再）保险项目相关的最主要的无效率是这种项目使用的资本过多。再考虑一下图 25.1 表示的分层项目，其中每种风险至少有一份单独的保单。这种结构达到了随时对每种风险进行全部的风险转移。但如果跨风险发生的大额损失不完全相关，企业则永远不会真正同时需要所有这些保险能力。例如，如果外汇损失和财产损失不同时发生，在特定风险的基础上将保险能力分配到预期的或更坏的损失上则会严重过度地对企业保险。在已调整的相关性的组合基础上，企业的总损失风险要低于两个单独的风险部分之和。

原则上，IRM 产品在两方面可以帮助解决此问题：第一，当跨时间和风险类型的相关性被考虑进保单收取的保费时，企业可以以较低的总成本将较少的资本分配给风险；第二，企业可以得到更定制化的、量身定做的一揽子保障，只包括那些企业真正想转移给另一方的风险。

一站式购物　大多数多险种保单由一家供应商提供，因此为企业客户提供了潜在重大的一站式购物好处。在基础层面上，项目的交易成本、保费附加费用和总安排费用可能得到极大地降低（在我们稍后将讨论的一个限定下）。IRM 产品通常也有简化的续保和（或）复效条款。

与一家主要风险转移商打交道还会给客户和（再）保险公司带来关系管理方面的好处。项目越全面，IRM 项目的再保险提供商将越需要理解客户的业务和风险。这与当每份保单分别安排时相比，能够导致更好的总体客户关系管理。（再）保险公司获得的关于客户的较高质量的信息也可能减少逆向选择成本和降低信息不对称成本。

从公司的角度看，一站式购物对于信用风险来说是“双刃剑”。一方面，公司不必进行信用风险分析，而且，如果通过多险种项目选择了一家提供商，则不必对大量供应商进行管理；另一方面，公司的信用风险现在完全未分散——所有的鸡蛋都放在一个篮子里，假设（再）保险公司将既能够又愿意支付其所需赔款。并不令人意外地，全球范围内大规模的 IRM 项目只能由顶级的和评级最高的再保险公司提供。

“注意空隙”　本书的许多读者可能乘坐过伦敦地铁或希思罗快车。一个体验是在我们进出火车时，听到一位女士大声广播“注意空隙”。不幸的是，许多拥有复杂多风险保险项目的公司在某点或其他地方跌进一个空隙中——一家提供商声称某种索赔应由另一家提供商覆盖，反之亦然；两家提供商对如何界定该索赔性质存在争议；一家单独的提供商在不完整的告知和保证基础上对一个定义进行争论等。有这些例子牢牢地在脑子里，依赖于单一文本起草法的 IRM 项目可以是极有效的“注意空隙”的途径。[3]

IRM 项目的使用者频繁提到的关于这些产品的好处之一是与使用单一文本法的 IRM 项目相关的综合文本的好处。由于单一文本法是自上而下涉及所有风险的整体分析法，因此可以通过定义、术语的一致性、在告知和保证上跨风险类型的一致性、最小程度地重叠，以及减少的潜在模糊和保障缝隙来实现极大的利益。不要低估在保险文本间形成一致的价值！

综合风险识别　IRM 项目（单一文本法）是自上而下整体风险转移结构，这也有利于促使企业重视其总体风险状况。如在第 2 章所看到的，一个完善的风险管理过程重要组成部分之一是企业系统地识别出其面临的风险的过程。许多企业抵抗定期进行单独的风险识别而导致的行政管理负担和成本，但当在建立多险种 IRM 项目需要这个过程时，此过程突然承担双重职责。

已经体验过 IRM 产品好处的用户常常声称一个好处是 IRM 促使它们定期重新考虑全企业风险识别问题。这似乎是小事，但并不是；这对有财产被使用并与（再）

保险提供者一起实施 IRM 项目的企业来说，是一项真实且明显的好处。

对有问题的风险获得更好的风险分层 在分部门基础上，一些（再）保险公司对于提供起赔点较低的某种类型的保险感到不安。企业往往很难在较低损失层中将恐怖主义相关风险、某种产品责任风险、许多环境风险和类似的风险转移出去。但当这些风险组合在一个综合项目中，所实施的起赔点则将突然接近于企业不可能在单个基础上得到的起赔点上。

一个很好的例子是关于恐怖主义相关风险——特别是与恐怖主义有关的财产、责任或 BI 保险索赔的例子。2002 年的美国联邦恐怖主义风险保险法（TRIA）为原保险商承保的与恐怖主义有关的特定风险提供联邦补贴的再保险，直到 2005 年 12 月。在目前形式中，项目向所有超过免赔额的符合要求的索赔提供达 90% 的再保险，每年最高为 1 000 亿美元。符合要求指已有再保险的索赔，是经证明的恐怖主义行为的直接结果。证明是由美国财政部部长、总检察官和国务卿同时要求提供的，只适用于造成 500 万美元以上损失的事件，并且是作为胁迫美国人民或影响政策或通过威胁影响美国政府行为的努力的一部分，威胁人类生命、财产或基础设施的并由个人或代表任何外国人或外国利益实施的暴力行为或行为。

许多保险公司和再保险公司仍不愿对有关恐怖主义损失提供保险，除了强制的以外。免除责任可以在（再）保险公司坚持的保单免责条款中设定，或在 TRIA 下的保障缺口中产生。在任何一种情况中，公司都可以寻求没有附加的保险，直到损失已非常显著。在图 25.1 中，企业寻求未证实的有关恐怖主义财产损失的保护，但只能在 $100 XS $100 层获得保险。

当这层保险合并进 IRM 项目时，总免赔额为 1.7 亿美元，但因为现在覆盖所有风险，对未证实的有关恐怖主义财产损失的免赔额的有效部分则大大低于以前。原则上，认识到所有风险都将不会同时造成损失，应在 IRM 中确定总免赔额水平，以在组合基础上覆盖企业希望的自留额。当考虑到险种间的相关性时，IRM 项目的免赔额可能大大低于传统项目的初损自留额的总和。特别在这种情况下，与基于单个险种的项目相比，企业在 IRM 项目中可以获得更广泛的关于像恐怖主义这样的外来风险的保障。

25.1.4 注意成本节约的幻觉

一些多险种保单非常成功，而其他则很失败。在一些情况下，大型著名的再保险企业销售的产品从不会被购买，随后又完全从市场上撤下；而在其他情况中，失败实际上包含着购买者对多险种项目的拒绝。这些失败使许多人怀疑多险种项目的生存能力。

多险种产品的执行者、评论者甚至提供者对于多险种产品应用的失败已给出了几个理由。[4]经常被提到的主要原因是一些早期产品的提供商将多险种产品的性质强调为现成的产品而不是量体裁衣的风险转移解决方案。[5]同样地，许多 IRM 产品没有成功，也是因为他们极力强调成本节约而不是强调最优的风险转移或资本效率——这些不是同一件事情。特别是如果产品的主要卖点是较低的保费，迅速发展的多险种保单可能为保险提供商产生明显的难以回收的成本。

特别是当项目包括财务风险时，（再）保险公司很少希望在所有种类中保留100%的风险。因此，（再）保险公司仍要面对对冲、再保或转分保它不准备保留的风险。将风险综合进同一份保单中，原则上允许企业支付较低的保费，因为承保和时间风险的不完全相关性产生了更好的多样性。除非（再）保险公司可以使用类似的综合产品来对冲或再保险它不想保留的风险，（再）保险公司的成本实质上将是分别管理的每个风险的转移解决方案的保费之和。

换句话说，许多 IRM 产品允许（再）保险公司提供一个综合解决方案，但反过来只是将分类计价问题推后了一个层次。因为（再）保险公司不会亏本地提供保单，加到原始交易上的附加费用则必须最终仍反映在分险种基础上承担的风险转移成本上。

关于此问题的一个广为人知的例子是德国霍尼维尔（Honeywell）公司的 IRM 解决方案，该方案覆盖传统保险风险加上公司面临的外汇风险。当霍尼维尔与联信（AlliedSignal）合并时，对 IRM 项目的评估表明，假若霍尼维尔购买了分开的保单并参与传统对冲解决方案来解决其外汇风险，它将最终拥有较便宜的风险转移解决方案。因此，此项目被终止并结束。

美孚石油公司也因同样的原因于 1999 年终止了一个 IRM 产品，即瑞士再保险公司的 BETA。位于犹他州的石化公司亨兹曼（Huntsman）声称这也是它选择不购买信利资本和信诺首先提供的风险解决方案产品的原因，并说它从 30 个不同的保险公司获得的保险比所建议的综合保单便宜。[6]

与 IRM 项目相关的大部分负面经验至今看起来似乎主要——尽管不完全——与财务风险有关。与使用独立的衍生品相比，再保险公司在提供保护方面没有成本优势。由于这个原因，一些主要 IRM 解决方案提供商将不再在 IRM 多险种项目中包括财务风险。

25.1.5 风险整合：从两个到多个

这些项目覆盖的风险从两个到多个。让我们首先考虑一个关于简单的两风险 IRM 项目的例子，然后考虑更综合的项目。

两风险例子：信诺—信利财产/意外孪生包 在 IRM 领域中比较集中的一端是现在有时被称为孪生包的产品，它只捆绑两个相关风险。一个非常受欢迎的此类产品是信诺和信利资本［一家保险提供商，与（再）保险集团北美洲公司（Ace Ltd.）一起以早期是唯一的巨灾资本提供商而著名］。信诺—信利孪生包覆盖高层财产和意外损失。客户通常每年保留低于 200 万美元的总损失，然后或者寻求超过 200 万美元较低起赔点的 600 万美元到 1 000 万美元的传统保险。[7]

图 25.3 到图 25.5 说明了关于财产和意外保险的传统分险种方法与孪生包的 ART 多险种方法之间的区别。图 25.3 表示传统的两险种方法，其中企业为财产和意外保障购买了两个分立的保单。每份保单含有 200 万美元的年免赔额或较低的起赔点，每份提供 600 万美元的保障额。图 25.4 表示同一保单的综合多险种版本，其

中总免赔额现在是400万美元，总保单限额为1 600万美元。因此，两个项目提供了达1 200万美元的保险和400万美元的自留额。不同之处全部在于如何将1 200万美元的资本和400万美元的免赔额分配给这两个风险。

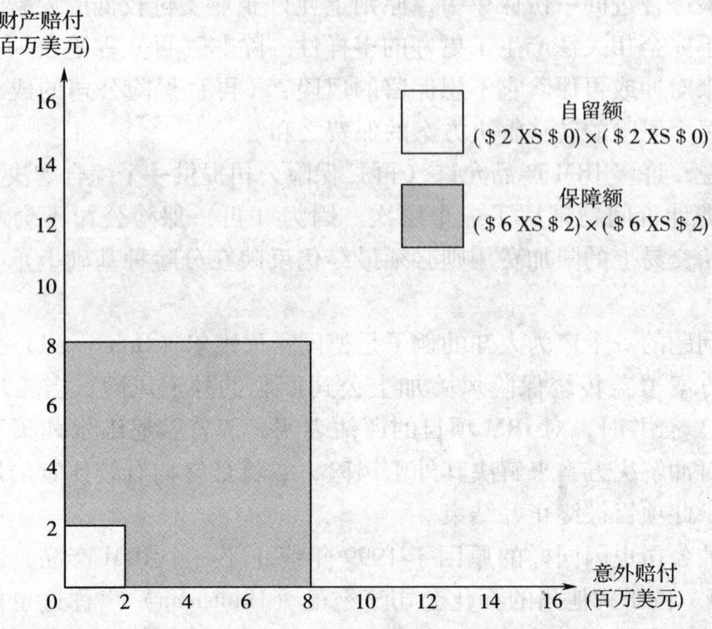

图 25.3 传统财产/意外两险种保障

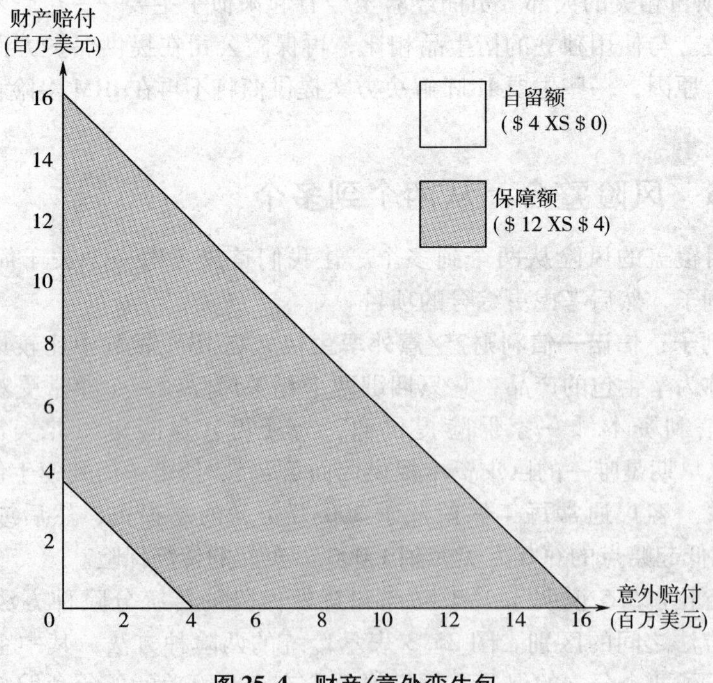

图 25.4 财产/意外孪生包

图 25.5 突出了多险种保单提供的保障的不同之处。图中，白色和黑色区域表示两个项目共同的地方，白色表示共同的自留额，黑色表示共同的保障额。两个灰色区域表示两个项目的不同之处。简而言之，从两保单项目移向综合孪生包项目迫使企业放弃浅灰色区域的保障并形成新的自留额，但反过来又在深灰色区域产生新的保障。

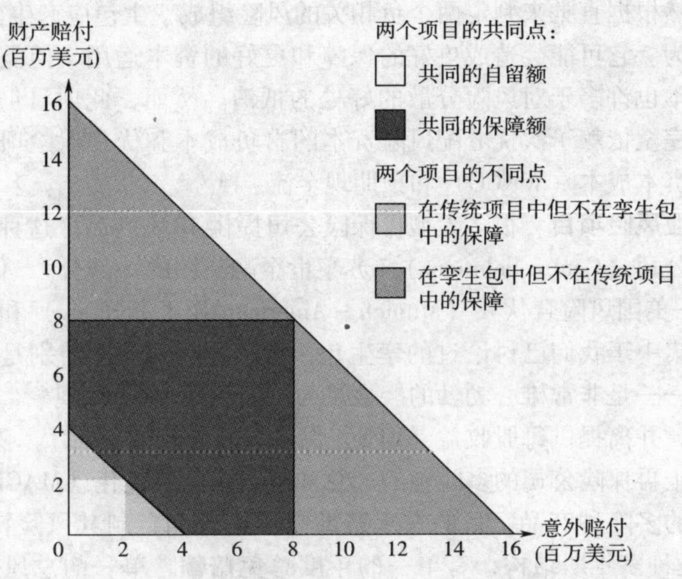

图 25.5　孪生包与传统双险种项目的比较

如果我们集中分析巨灾财产或意外险索赔年，可以看出项目间的主要区别。例如，假设财产损失可以忽略，但意外险索赔达到一年 1 600 万美元的限额。孪生包通过偿付 1 200 万美元的损失提供了更好的保障。相反，在两保单项目中，偿付了 600 万美元，另外 800 万美元资金空落到财产保单上。

然而，孪生包的这个好处也是它的最大成本。现在假设企业在一年期项目中第一个星期发生了单一事故的 1 600 万美元意外损失。企业仍得到1 200 万美元的未自留保障的偿付，但企业现在在项目期的剩余时间完全没有保险。如果项目碰巧是多年期的，无保险的时期可能会更长！

这实际上同时将祝福和诅咒很好地装入 IRM 项目中。在传统项目中，资本是按风险分配的。如果风险引起的损失是较低的或有负相关性，这可能非常缺乏效率。但如果跨风险的大额损失高度相关，综合项目实际上造成的问题多于其解决的问题。这最终是个凭经验的问题。

还值得注意的是我们所有的例子做的都是同样事物的比较，传统项目和 IRM 项目中的总自留额和总保险是相同的。当然，大多数情况不是这样。当公司客户与结构性代理人紧密合作来使起赔点相对于风险间的真实经验相关性达到最优时，可以最好地实现这些项目带来的实际好处。当风险在时间上是负相关时，如果这些相关性被正确分析并作为设定起赔点的因素之一，IRM 项目可能有利于得到低于单独项目的总起赔点和（或）高于单独项目的限额。

这再次强调了 IRM 项目的关系利益的重要性。有一家愿意花费时间和努力帮助客户真正充分运用类似项目的风险资本提供商或（再）保险公司是 IRM 项目成功的关键。努力在商品化或一切齐全基础上提供这种产品的（再）保险公司，相反，不可能获得同等的成功。

然而，结构化一个类似的项目使客户的风险间的风险资本分配达到最优化是非常昂贵的。虽然根据直觉来判定两个负相关的风险组成孪生包应产生更便宜的保单，但不要那么认为。它可能会造成更好的保障和更好的资本运用，但需要识别那种最优保险包的成本也许多于对风险分散的好处的抵消。然而，此项目仍值得做，即使它有些贵。这完全依赖于次优分配风险资本的自负成本和优化保险项目如何影响客户的加权平均资本成本（WACC）和预期现金流。

综合全企业风险项目 很多大型再保险公司提供 IRM 产品。这种产品的提供商包括中央管理公司（Centre Solutions）（苏黎世金融集团的一部分）、信利资本公司、AIG、慕尼黑—美国风险合伙人（Munich - American Risk Partners）和信诺。一些公司的产品种类集中于我们已讨论过的孪生包，但多数公司——特别是对多数早期最初产品的提供——是非常雄心勃勃的。也是为试图利用 EWRM 现象，很多早期产品涉及特别广泛，并离提供每股收益（EPS）保险只差一步。

例如，瑞士再保险公司的多险种的加总和组合风险最优化（MACRO）是一个针对非金融企业的多险种产品，目的在于帮助它们组合和定制其风险特征和自留额。MACRO 是多险种多年期结构，有单一的年度总免赔额，单一的总风险限额和客户可以选择的每种风险的特定事故巨灾超额损失再保险附加险。如果客户想简化续保决定，该项目也允许有自动的或选择性的复效条款。

在 AIG 商品内嵌保险（COIN）的案例中，AIG 的目的是提供一种与 EPS 保险十分接近的产品。通过包含实质上企业可能面临的所有主要风险，多险种保单的作用实质上是对企业注入合成股本，此种股本可以在总年度损失超过免赔额的任何时候得到。AIG 的雪、气候或雨管理（STORM）项目是一个类似的 EPS 保险结构，但倾向于帮助企业管理恶劣的气候相关事件。

25.2 多险种结构的例子

虽然综合 IRM 多险种保单不是对所有的企业都适合，但那些想识别出正确的对手方、注意结构化问题、意识到定制的和综合风险管理对总保费支出的影响，以及能够识别出为了综合风险而争论的风险间相关性结构的企业，能够潜在地从 IRM 项目中获得巨大利益。美国联合碳化物公司（Union Carbide）于 2000 年续保了一个大型多险种 IRM 产品，[8]明迪公司（Mead Corp.）和太阳计算机系统公司（Sun Microsystems）宣称通过将它们的大量风险转移保单合并为一个单一结构节省了 20% 的成本。[9]

接下来，我们将专门考察关于 IRM 多险种项目的几个成功的例子。让我们特别注意是什么使得这些项目在其用户的眼中很成功。注意有些企业和交易条款未被披露，但这不能被解释为意味着它们不是真实的。在此讨论的所有例子都是真实交易。

25.2.1　大型全国护理中心[10]

有几个重大产品责任索赔的一家大型全国护理中心在过去十年中寻求超过 2 000 万美元自留额的保障。而不幸的是，在企业的 $40 XS $20 层中的损失特别地不稳定。在一些年份，该层没有损失，而在另一些年份，可能用掉全部的保单限额。随着市场形势的严峻变化，结果是传统的一年单险种项目极其昂贵，且并不十分符合企业的综合风险忍受能力和损失经验。

与 AIG 风险融资合作，该护理中心获得了 $4 000 万 XS $2 000 万（每年）的综合多险种多年期保单，在项目五年期内的总限额为 1.1 亿美元。跨险种和年度进行总计可以更准确地估计损失和得到更有利的定价。

尽管可以承受 2 000 万美元的自留额，此项目也包括几个附加保护。第一，如果在任意特定年自留额层频繁发生损失并超过 4 000 万美元，则可得到选择性迁移责任保障；第二，项目也包括一个选择性限额增加特性，允许支付附加保费来增加年限额，因此使护理中心通过从未来保单年借入资本，可以在特定年偿付特别大的索赔额。选择性迁移责任条款和限额增加特性是或有保险的代表，此内容将在第 26 章中讨论。

这是一个关于多险种多年期项目的极好例子。企业能够获得定制保险，既可实现资本效率，又可以获得比一年期单一险种的保障更有利的定价。

25.2.2　大型电信公司

苏黎世企业解决方案（Zurich Corporate Solutions，ZCS）是苏黎世美国保险公司的一个分部，它与一家大型电信提供商实施了一个很成功的 IRM 项目。与达信一起合作，ZCS 能够帮助企业识别可以实现其两个主要目标的综合多险种项目：提高企业风险管理项目的成本效率，与此同时，确保稳定的多年期能力和降低比较传统的分险种方法的无效率和管理负担。

项目本身将财产和意外捆绑进一个单独的综合三年期结构中。限额为每件事故 5 亿美元和总限额为 10 亿美元。ZCS 是牵头安排人，但其他再保险公司也参加项目承保。图 25.6 更详细地解释了此项目。

该电信公司风险管理部门的经理宣称此项目非常成功，帮助企业实现了其两个风险管理目标（有效地控制成本，并达到稳定的多年期能力和减少的管理费用）。他解释说："在设计我们的全球项目时，我们想确保我们与世界级市场合作以及那种保障在整个项目期中都能得到。我们确实实现了这个目标。另外，我们的综合全球项目已使我们与市场情况的猛烈波动隔离开。既然我们在协商定价条款和条件中没有从方块 1 开始，我们比许多极力磋商展期整个项目的同行更接近于常规周年纪念的讨论。我们回顾并认为实施一个综合项目在当时是很好的想法，在目前市场上甚至是更好的想法。"[11]

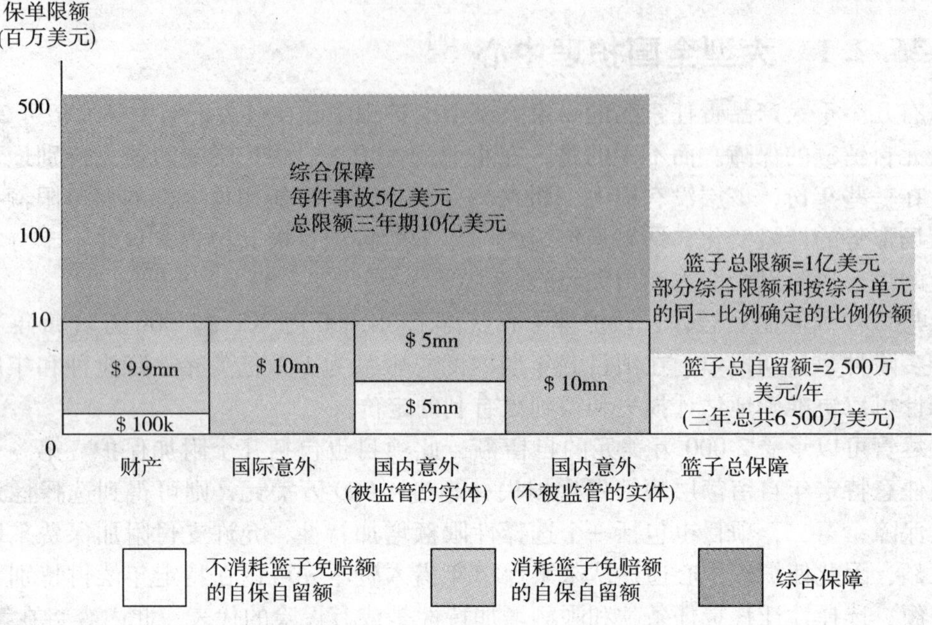

注：Y 轴与比例不符。

资料来源：苏黎世企业解决方案，苏黎世美国保险公司的一个分部。

图 25.6 大型电信公司所用的苏黎世企业解决方案的多险种项目

25.2.3 加拿大联合农业公司（Agricore United）

在 IRM 多险种领域经常被讨论的成功的故事之一是先由位于加拿大温尼伯的联合谷物生产者（United Grain Growers，UGG）采用的项目，后来由联合农业公司继续采用。此项目由 UGG 和联合农业公司的合并公司于 2001 年创造。联合农业公司是加拿大主要的农民主导型农业公司，是加拿大领先的谷物处理和销售公司之一，是农民整个产品和服务线的最终用户的主要提供商，以帮助其客户在国内和国际上销售农业产品。

在第 34 章，哈瑞顿、聂豪斯和瑞斯科（Harrington，Niehaus & Risko）深入细致地探讨和分析了联合农业公司的项目。因此，在此述说此项目将完全是多余的。他们的分析十分全面，读者可以在第 34 章了解详细情况。

简而言之，联合农业公司签订了一个多险种项目，当谷物销售收入低于预期时，可以得到赔付。该项目特别地覆盖了谷物加工量、财产损失、营业中断和意外风险。该项目主要吸引联合农业公司之处在于它帮助联合农业公司优化了其全部保障——也就是说，更有效地管理了资本。该项目也帮助联合农业公司强化了其保障，因而减少了缺口、不一致和管理负担。周围的公司以及与联合农业公司和瑞士再保险公司等同类的公司都认为该项目取得了巨大的成功。

25.2.4 财富 500 强消费产品公司[12]

一个未透露名称的财富 500 强消费产品公司已成功实施了一个综合多险种项目，

最初为获得额外能力而接触 ZCS。最终，整个项目与作为牵头承保人的 ZCS 重新进行了磋商。该项目于 2002 年 1 月生效，见图 25.7 中的分层图。

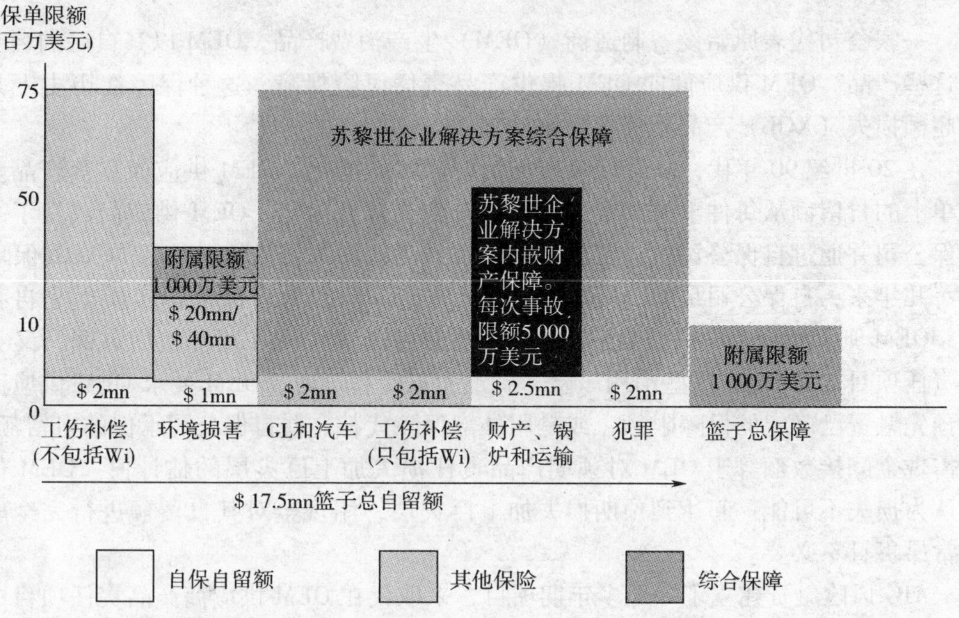

注：Y 轴与比例不符。

资料来源：苏黎世企业解决方案，苏黎世美国保险公司的一个分部。

图 25.7　消费产品公司与苏黎世企业解决方案进行的多险种项目

又一次，该项目对于其购买者的主要吸引人之处似乎是定制的。当该客户第一次接触 ZCS 时，他已对其最初的多险种保险和其提供商感到满意。该客户特别表示他不想牺牲与最初的项目提供者的长期利益关系。

然而，根据 IRM 项目的性质，所有 IRM 项目都趋向于关系主导型。加进 ZCS 并不需要客户取消其他项目或其他关系。相反，它允许项目变得更大和更定制化，因此 ZCS 提供了最初项目中没有的一些特性。

该项目也为多个 ART 产品解释了一个不言而喻的道理。像我们在第三部分讨论的许多结构性融资解决方案，结构性保险解决方案也经常由许多再保险企业提供。通常有一个牵头安排人和结构化代理人，但在这些项目中，风险常常由几个企业共同承担——如果不是在前端，则是在再保险和转分保市场的后端。

25.2.5　全球金融服务公司[13]

一家全球金融服务公司在全球拥有 100 多家营业性子公司，其担心在财务类保险间频繁发生损失的综合风险和单一巨灾冲击损失风险。企业也很难在其附属公司间转移定价财务类保险。它的 18 个财务类型包括未授权的或欺诈性的交易、计算机犯罪和一系列其他外部风险。

AIG 风险融资建立了一个 2 亿美元的综合项目，特别为帮助该企业填补其保障缺口和牢固整合其多风险保障。在项目中，AIG 实质上提供了多险种多年期的保险，此保险包围着客户的现有保险，并填补了主要保障缺口。[14]

25.2.6 管理供应商的信用风险：一个 OEM 供应商[15]

一家公司代表原始设备制造商（OEM）生产消费产品，OEM 以其自己的名字销售这些产品。OEM 供应商向 OEM 提供产品责任风险保障，这种保障在历史上是通过超额损失（XOL）产品责任保单来确保。

在20世纪90年代，随着保险市场情况严峻的变化，OEM 供应商在其产品责任保单上的自留额从每件事故几十万美元上升到几百万美元。OEM 供应商成立了一家自保公司并通过自保公司对自留额进行融资，高额损失仍依赖于外部的 XOL 保险。

几年来，自保公司是 OEM 满意的解决方案。但因为自保公司实质上是自我保险，OEM 则开始对 OEM 供应商造成极大的信用风险（既在贸易信用方面，又在产品责任项目方面）。当这些信用风险达到最大忍受程度时，OEM 要求 OEM 供应商或是预先融资已确定的保障限额，或是用外部保障代替一些自保公司承保的自留额层。所需现金间接数额等于 OEM 对预期产品责任损失加上巨灾层的估计值。OEM 供应商认为损失不可能一起达到预期损失加上巨灾层，用现金对其自留额进行完全融资非常昂贵且不必要。

AIG 风险融资建立了一个多年期项目，来取代在 OEM 供应商产品责任项目中的自保公司自留额层。根据历史损失，AIG 与 OEM 供应商共同确定了项目的每件事故、年度和总限额，其更多地符合 OEM 供应商自己的准备金计算，而不是 OEM 要求的担保门槛。OEM 供应商也相信其生产过程的持续改进将进一步减少索赔。因此，该项目包含一个经验账户，在将保费与投资收入之和减去实际损失在项目期末返还给 OEM 供应商后提供低索赔奖金折扣。或者，项目包含一个提前结束 AIG 项目的交换权并承担所有的近期和未来赔款。作为交换，AIG 将支付一笔等于经验账户当前价值的现金。

该解决方案提供了一个极佳的事例，解释结构化如何成为一个有效地解决信息不对称的不利后果的方法。很清楚地，OEM 比 AIG 要求更高的担保水平，因为两家企业对可能发生的潜在产品责任损失有根本不同的估计。当然，OEM 有很强的动力使其保守一些，而对于同样的潜在损失，尽职尽责的 AIG 对较低的担保感到比较轻松。当然，AIG 的保险对 OEM 来说是完全可接受的，OEM 供应商以较高的成本确保了与其信息和预期相符合的保障。

25.3 多触发原因 IRM 产品

在前面章节中所有的讨论涉及的 IRM 产品都只含有单一触发原因。只要一份多险种保单覆盖的不同风险的总损失超过免赔额，被保险人就可以为遭受的经济损失寻求补偿。单一触发原因是损失超过自留额或免赔额的情况。

IRM 产品也可以包含第二触发原因。回顾当我们讨论应急资本时，在第15章介绍了第二触发原因。实际上，我们讨论的多数第二触发原因产品都由（再）保险公司提供，因此除了应急资本外许多其他 ART 形式也包括这种第二触发原因。当我们在第 15 章讨论第二触发原因时，我们只是考察了应急资本的情况，并且是非常初级的。我们现在转向这个概念，来更详细地讨论第二触发原因：它们如何被结构化的、为什么它们是有用的，以及列举企业能得益于将它们包括进 ART 形式中的例子。

25.3.1 多触发原因结构的机制

在补偿性合同中，至少有一个触发原因总是由被保险人遭受到可保利益而引发的经济损失。许多传统保险产品也包括第二触发原因，与另一个不同的事件发生相联系，如风险因素的实现（例如，水灾发生）。在保险用法中，水灾的发生和水灾引起的损失被看做是一个触发原因：是在较低起赔点之上触发了保单的与水灾相关的损失。

为与保险行话保持一致，因此我们将分离的触发原因（如一件事故的发生）考虑为保单条款和可保利益定义的一部分——换句话说，是第一触发原因的一部分。因此，当在此考虑多触发原因时，我们将总是考虑那些与特殊事件相关损失的传统保单条件的触发原因。

触发原因和道德风险 杜贺德（Doherty，2000）将触发原因分为内部的或外部的，其中前者基于一些专门针对分出者或企业保险购买者的变量（如不好的收益），而后者在企业的直接控制范围外，例如，我们在第 15 章讨论的在米其林交易中的国内生产总值（GDP）触发因素。

虽然只具有内部触发原因的风险转移解决方案确实存在，但它们并不十分相同。在（再）保险项目中的第一触发原因是分出人发生了特定损失，并且已在保险购买人的控制下，因而易发生道德风险。如果添加的第二触发原因也在保险公司控制之下，将使（再）保险提供商暴露于更大的道德风险中。即使对合同的支付是定值的而不是补偿性的，若触发因素只依据企业控制下的变量则可能减少企业有效管理其风险的动力，甚至可能使企业产生欺诈或故意经营不善的不良动机。因此，双触发原因 ART 形式通常包含至少一个外部触发因素。

正如前面讲到的，再保险公司非常不愿将财务风险包括进多险种项目中。出于像前面说过的有利因素，再保险公司在承担和承保财务风险方面没有比较优势，只可能通过衍生品对冲此风险，再将对冲成本转嫁给客户，并建议客户最好自己去找衍生品交易商。然而，再保险公司不愿承保财务风险并不意味着再保险公司不允许基于财务风险的保单触发原因。相反，项目以具有财务性的第二个外部触发因素为条件，对于再保险公司和客户来说都十分具有吸引力。

财务变量是高度透明的且很难被操纵，因此可使道德风险和逆向选择的成本降至最小。并且，这可能是一个公司抵消财务风险的好方式，而不用以传统的风险转移方式让再保险公司来承保那些风险。

固定的与不定的与转换触发原因 固定触发原因是布尔或双线性算子，完全根据是否满足某个条件来决定开或者关，如洪水已经发生且造成损失，或者尚未发生且造成损失；10% 或更多的不利股票价格变化已发生，或者未发生；投保人的扣除利息、税项、折旧、摊销前盈利（EBITDA）的下降大于或者不大于 EBITDA 指数的下降，等等。在有固定的第二触发原因的项目中，赔款支出几乎总是独立于第二触发原因的。换句话说，正如障碍期权。第二触发原因决定合同何时支付，但不影响支付金额。

不定的触发原因是承保风险和一些其他不定风险变量之间的函数关系。当不定的触发原因是只含有单一风险的保险的另一个触发原因时，不定的触发原因通常可以表示为与项目免赔额挂钩的指标。

转换触发原因是多险种保单中的触发原因，根据保单覆盖的多种保险的加权项目而变动。[16]

让我们通过一个例子看这三种触发原因的不同之处。第一，我们将讨论单一险种保险项目。例如，考虑一家有相当高杠杆的 A 级石油公司。如果该企业在传输资产（如管道）上承受太多的损失，则它将担心营业中断和将增加的财务困境成本。在所有其他一样的情况下，石油公司认为这是它的一项核心业务风险，并倾向于保留尽可能多的此种风险，但其信用评级和杠杆水平不允许其承担巨灾水平的风险。因此，公司为其传输资产购买了巨灾财产保险。问题是买多少以及起赔点是多少——也就是说，公司能够承担多少自留风险。

首先，假设石油公司和其保险公司一起合作运行所要求的模拟测试、压力测试和相关性分析，并同意只要石油价格保持每桶 35 美元以上，则运输资产发生的 5 亿美元以上的损失可以自留。而且，石油公司不能自己影响油的市场价格。因此，双触发原因项目建立起来：只有当石油价格低于每桶 35 美元时，且石油公司遭受 5 亿美元以上的运输资产损失，才可以获得达 7.5 亿美元损失的补偿。

此份保单提供的总保障金额没有改变，仍为最高 7.5 亿美元。不同的是保单何时赔付。通过将项目以油价为条件，公司和再保险公司减少了保单支出的情形。在所有其他相同的情况下，通过除去资产损失处于所定起赔点之间且公司并不需要此损失的赔付的情形，从而减少了保费。

其次，再假设石油公司和再保险公司实际上没有确定 BI 和困境成本将开始发生和将需要特定油价水平对自留额进行融资的两个门槛。相反，再保险公司和石油公司在油价和运输资产的损失之间确定了更普遍的函数关系。油价越高，石油公司有越多的资金融资自留额，运输资产的保险项目的免赔额可能就越高。相反，较低的油价促使较低的自留额。本质上，不定的第二触发原因将第一触发原因免赔额与石油价格挂钩。

不定的第二触发原因对成本的影响取决于我们比较的侧重点。相对于传统项目，保费应较低，因为我们对何时赔付添加了条件。然而，不定的第二触发原因项目是否比固定的第二触发原因项目便宜，则依赖于不定关系的确切性质。

第三种类型的触发原因与多险种项目相关，也是两种风险之间的函数关系。严格地说，转换触发原因项目不是双触发原因，它包括我们需要的所有信息。转换触发原因通常一直用来减少项目的总保障金额，除了当多种风险都产生了高赔付时。

让我们回到前面关于财产/意外险孪生包的例子中。图 25.8 现在表示有转换触发原因的孪生包的保险部分。免赔额不是固定的 400 万美元的总免赔额，而是取决于两个承保组合的表现。当财产损失特别低时，意外险免赔额上升为 1 000 万美元。当意外险损失非常低时，财产免赔额也逐渐上升到1 000万美元。只有当两种损失的分布相等时，免赔额才是初始的 400 万美元。

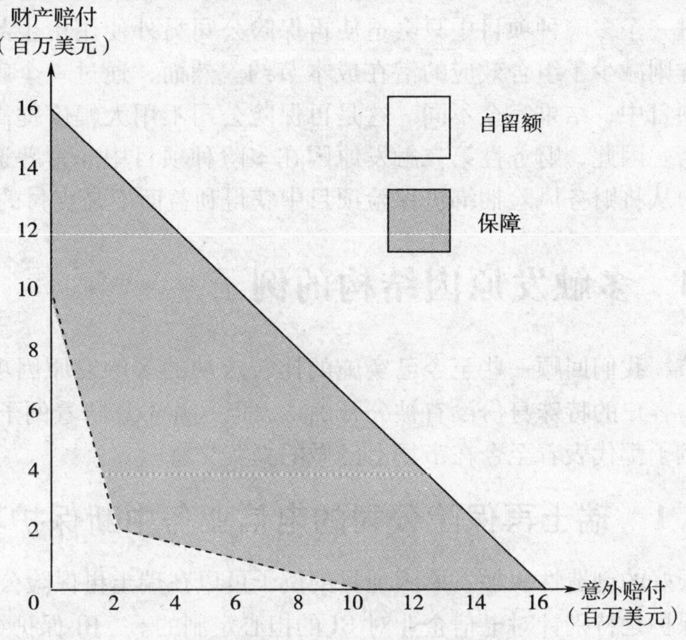

图 25.8　财产/意外孪生包与转换触发原因的关系

25.3.2　多触发原因的好处

将额外的触发原因添加进一个传统的项目或多险种项目中十分简单，然而好处非常显著。实际上，客户和再保险公司双方似乎都喜欢双触发原因项目。我们分析一下这种项目吸引人的一些原因。

降低道德风险的简单工具　正如我们在第 15 章中看到的，第二触发原因的主要好处在于减少了道德风险问题。通过使补偿性保单依赖于风险转移购买者不能影响其结果的触发原因或事件，（再）保险公司可以比较放心的是，损失不是被故意造成的或损失减少机制不是未被充分使用的。重要的是，这种第二触发原因影响被保险人索赔的能力，但通常不会影响索赔数额本身。因此，第二触发原因促进了保险领域的最大好处（例如，补偿遭受的实际损失）与衍生品领域（例如，简单和不需要合同条款来降低道德风险）的融合。它们帮助 ART 供应商和用户一起减少了道德风险和基础风险。

成本　最近使用多触发原因结构比较多的第二个原因是它们趋于比单一触发原因解决方案更便宜，常常是便宜很多。对获得赔付需满足的条件越多，最终解决方案的保费越便宜。假若公司可以识别出它所担心的特定领域，则对这些领域之外进行投保纯属浪费。第二触发原因可以帮助企业更好地确定它们确实需要的风险保障，从而减少了过度保险和不必要的保费支出。对产品供应商也同样有利，因为它承担的风险降低了。

用保险管理财务风险　多触发原因的第三个特别有吸引力的地方是其具有允许企业间接管理财务风险的能力。回顾我们解释过的目前多数再保险公司不将财务风险包括进多触发原因项目中是因为它们在承保此种风险方面没有比较优势。将财务风险捆绑进一个多险种项目中只会迫使再保险公司另外使用衍生品规避此部分承保风险，这样则减少了组合效应的潜在成本节约。然而，通过一个触发原因将财务风险组合进项目中，结果完全不同。这是再保险公司不用大幅度提高客户成本就可以做到的事情。因此，财务性第二触发原因在多险种项目中非常普遍。触发原因可能是企业客户从将财务风险捆绑进保险项目中获得利益而不是支付的唯一途径。

25.4　多触发原因结构的例子

在本节，我们回顾一些至今已实施的比较成功的多触发原因项目的例子。在很多情况下，客户的特殊身份没有被公开确认，但这并不意味着例子是假设的。相反，所有这些例子都代表着至今在市场上已做的真实交易。

25.4.1　瑞士再保险公司的电信业务中断保护项目

一个很好的创造性双触发原因项目的例子可以在瑞士再保险公司的 BI 保护中发现，这项保护是特别针对电信企业对 BI 的担心定制的。[17] BI 保护结构使用固定的第一触发原因和不定的第二触发原因，对保单持有人的支付取决于第二触发原因下的相同变量。

瑞士再保险公司 BI 保单的基本前提是当 BI 损失发生在企业正遭遇较差的现金流时，其对企业是致命的打击。第一触发原因是传统的固定触发原因，确保只有当导致业务中断的经营风险直接造成经济损失时，保单才能被触发。包括在保单中的危险因素和风险因素包括大型财产损坏、自然灾害、信息技术（IT）系统失败、记账问题和恶意计算机破坏等。第二不定触发原因以相对于行业同类现金流的企业现金流为基础。特别是该企业的 EBITDA 与其同类的 EBITDA 相比，当该企业的 EBITDA 的增长率下降到，如比其他电信企业指标的增长率低多于 3 个百分点时，第二触发原因则被执行。对保单持有人来说，保单的价值则以这种 EBITDA 的差额为基础。

在我们第一部分所探讨的问题的背景下，这项特定交易的价值几乎是显而易见的：第一，具有不佳 EBITDA 第二触发原因的 BI 保护为企业创造了在事先融资条款上接近事先融资的途径；第二，该产品降低了现金流的波动性，以及将帮助其用户减少投资不足问题；第三，可能导致管理人追求波动性极低的项目的管理风险厌恶或资产替代问题，将不太可能与在现金和收益不足时触发的 BI 保护在一起；最后，此保障将允许企业在正常经营期间减少实缴资本准备金，从而增加了用户借债能力。

25.4.2　电力市场保护项目

1998 年 6 月下旬是放松管制的美国电力市场的紧张时期。随着几家独立电厂

（即联邦能源和美国电力公司）发生的一系列违约行为，一些公用事业公司没有了它们赖以获得电力的电力购买合同，而且它们已将这些电力转卖给了其他客户。当违约发生时，公用事业公司不得不弥补它们当前违约的电力购买，或者用它们自己的生产量或者通过在现货市场上购买电力。在中东，某一点的现货价格几乎上涨为每兆瓦时 7 500 美元（当时的正常平均价格为每兆瓦时 35 美元至 50 美元）。一家公用事业公司公布了当该公司在面临预先安排的电力购买协议大规模的违约并努力满足其电力销售时，每小时遭受的损失几乎达 1 亿美元。几家公用事业公司都发生了巨额财务损失，一些城市至少有几小时处于黑暗中。

第一能源　作为对 1998 年夏季电力市场发生的巨灾事件的直接反映，至少产生了两个双触发原因保险项目。一个项目由一家在 1998 年 6 月深受冲击的公用事业公司，即位于俄亥俄州的第一能源（FirstEnergy）发起设立。第一能源是 1998 年的受害者。在 1998 年 6 月下旬发生的三个事件对第一能源都造成了严重影响：

1. 在克里夫兰（Cleveland）城外的火电厂的变压器发生故障，造成了 600 兆瓦生产能力的损失 。

2. 一场龙卷风破坏了通往位于托莱多（Toledo）的第一能源核电发电机的电缆，造成另外 600 兆瓦生产能力的损失。

3. 由联邦能源和美国电力公司的失败导致的一连串违约造成第一能源的几个电力购买合同违约。

由于这三重联机车，第一能源为满足其客户的需要而从现货市场上购买电力，此项成本使第一能源 1998 年盈利下降了 1 亿美元。

第一能源双触发原因项目由 ACE 美国电力产品公司（ACE USA Power Products, Inc.）实施，当电力现货市场价格为每兆瓦时 74 美元或更高时，在第一能源损失 600 兆瓦或更多的生产能力的情况下，该项目提供达 1 亿美元的保险。该项目有 2 500万美元的免赔额和 10% 的共同分担条款。[18]

但在一年后的 1999 年夏季，两个触发事件又发生了。不像前一年，1999 年的问题不包括大范围的交易对方违约，因此第一能源能够使用衍生品满足许多电力销售责任。这样，总损失没有超过 2 500 万美元的免赔额，没有发生索赔。因此，假定在发生巨灾事件之前，毫无疑问的是，第一能源的管理层、股东和客户在得知 ACE 保单存在的情况下都会更轻松些。

大海湾电力公司（Great Bay Power Corp.）　大海湾电力公司（GBPC）位于英国新汉普郡的朴茨茅斯，作为对 1998 年电力市场危机的反映，采纳了类似的双触发原因项目。该项目将预防电厂意外关闭的 BI 保险与基于关闭时的电力市场价格的触发原因结合起来。在一家电厂关闭的同时出现电力现货市场价格高于预定执行价格（未给予披露）的情况下，该项目将进行支付。

25.4.3 保险和投资组合风险的医院保障[19]

像许多美国的大型健康护理组织和医院一样，有一家特别企业——由于客户身份未被披露，让我们只称其为这家医院——严重依赖于其经营收入的投资组合。这家医院的投资组合主要由大部分投资于股权的 10 亿美元信托资金组成。在 20 世纪 90 年代前期，由于全球股票市场的表现，该医院的资产价值几乎翻了一倍。

特别是由于其投资组合价值，该医院对其保险风险保留了相当大的自留额，但担心大额保险损失可能在股票市场发生大幅度逆转的同时发生。因此，与苏黎世企业解决方案合作，该医院实施了双触发原因多险种 IRM 项目，保障专业责任、财产、意外、犯罪和雇佣业务等风险造成的保险相关损失，保额为 2 亿美元，保险期为 3 年，但每次事故限额为 1 亿美元。该项目也包括总停损保险，此项保险将根据包括标准普尔 500 和罗素 2 000 在内的几个股票指数的不良表现而缩减。图 25.9 表示此项目。

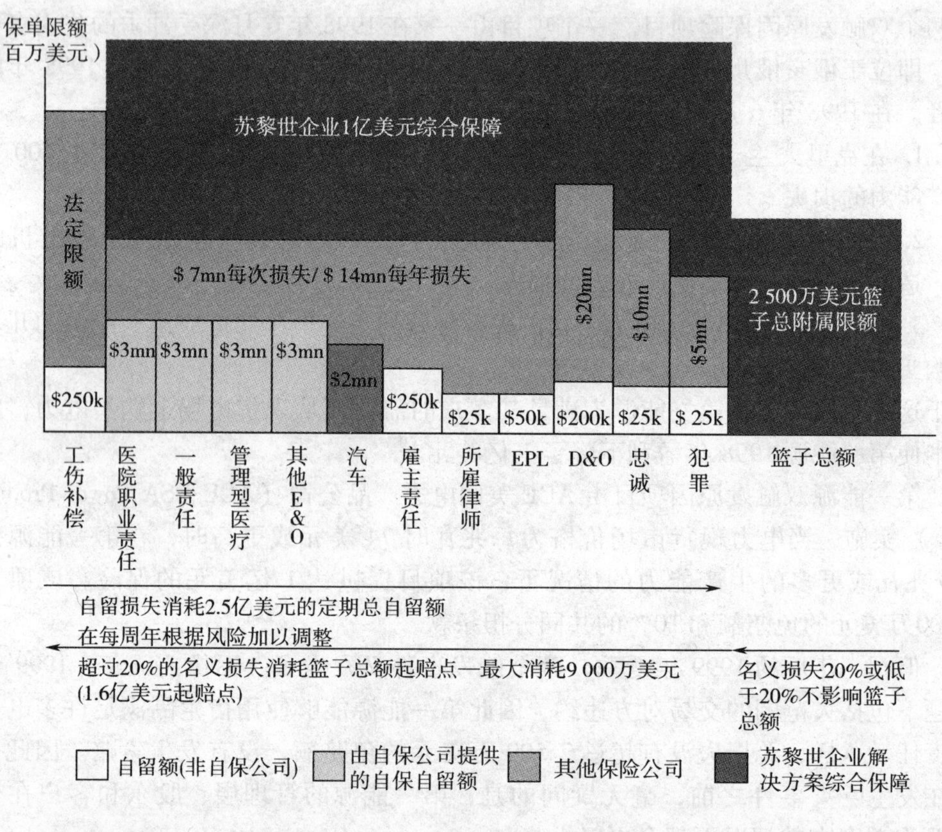

注：Y 轴与比例不符。

资料来源：苏黎世企业解决方案，苏黎世美国保险公司的一个分部。

图 25.9 苏黎世企业解决方案的医院保险和股本保护多险种双触发原因项目

25.4.4 行业损失担保（industry loss warranty，ILW）

行业损失担保最早于 20 世纪 80 年代后期在伦敦出现。它们的应用通常是单独和特定的，主要用来应对转分保能力不足和转分保几乎完全缺乏的情况（McDonnell，2002）。但在 1989 年到 1992 年，发生了三次规模特别大的保险损失事件：1989 年的飓风雨果（被保险损失 59.9 亿美元），1991 年的日本台风密瑞儿（Mireille，被保险损失 73.38 亿美元）和 1992 年的飓风安德鲁（被保险损失 201.85 亿美元）。这些事件反过来说服了保险公司和再保险公司，起赔点在 50 亿美元到 100 亿美元的财产承保不再是荒唐的想法。

作为再保险和转分保的替代形式，ILW 的使用是那段时期集中损失的结果之一。很清楚地，没有再保险公司热衷于购买比那些实际巨灾水平更高的保障。假设一项巨灾损失可能与其他情况一起发生，作为再保险和转分保能力的较便宜的替代物，双触发原因产品的魅力开始提升。

ILW 是双触发原因再保险合同，第一触发原因是被保险人自己的财产损失，第二触发原因是保险行业的总损失。ILW 中总损失的确定通常基于著名的行业损失指数，如财产赔款服务（PCS）或西格玛（Sigma）指数。

ILW 的构成一般有两种形式。事故 ILW（occurrence ILW）主要提供预防严重损失的保障，加总 ILW（ aggregate ILW）的主要针对担心大额索赔频繁发生的再保险公司。多数 ILW 有两个支付结构。一旦担保限额被触发，保单支付整个保单限额。然而，一些 ILW 含有比例支付，如果两个触发原因被激活，ILW 持有人将按比例获得部分行业损失。在两种 ILW 形式中，指数化的行业损失通常支配第一触发原因，并决定项目何时支付。因此，这些产品虽然有用，但也要面临极大的指数相关的基础风险。

25.5　双触发原因保险与衍生品和 FAS 133

像在前面讨论到的，多触发原因结构的主要好处是它们具有将保险和资本市场的优势相融合的能力。一个产品可以保留保险的补偿支付特点，但通过添加衍生品，如财务性的第二触发原因，可以降低道德风险。

然而，双触发原因结构偶尔也会直接走向保险和衍生品的分界线，并挑战那条线 。在 20 世纪 90 年代末，有一些担心出现了，第二触发原因普遍具有的像衍生品的特点可能会使其被认为是内嵌衍生品，这样在会计处理上可能要遵循 FAS133。①并且在一些情况下，甚至更多的担心开始出现，整个产品可能会被当做衍生品合同。

在 2001 年 4 月，美国财务会计标准委员会（FASB）重申有第二触发原因的财产和意外险合同可以专门作为保险记账，只要此结构满足下面三个条件：[20]

1. 仅当一项可保事件发生时，结构购买者才获得利益支付。

2. 支付给产品购买者的利益金额不能超过所遭受的实际经济损失。

3. 支付给产品购买者的利益金额由保险事件的结果触发，此结果或者是未知的，或者不能在承保时被认为是极有可能出现的。换句话说，该合同必须推动真实的风险转移。

这项规定在保护 ART 领域是保险的地盘方面十分具有攻击性。一些双触发原因结构比另一些原因更像衍生品。然而，FASB 试图采取一种立场，只要合同有补偿性支付，并且对支付没有实质性的保证，此结构就将出于记账的目的继续被视为保险合同。[21]

---

① 美国财务会计准则委员会（FASB）在 1998 年发布的第 133 号财务会计准则，主要是针对衍生工具和套期活动的会计处理。

第 26 章　应急保险

被称为应急保险（contingent insurance）或“应急保障”（contingent cover）的结构性保险形式，实际上是按照预先协商的保费和预先确定的条款签订一份（再）保险合同。应急保险的最普遍的形式是嵌入特定产品的期权，以及一些应急保险形式通过结构化过程创建。实际上，我们已看到一些产品本身如何作为独立的应急保险发挥作用。例如，在第 10 章探讨的保证保险和单一险种包。

在本章，我们探讨一些目前已在市场上使用的应急保险类型。一些类型比另一些更普遍，但随着对结构性保险的需求的增加，对应急保险的需求在过去十年一直缓慢而稳步地上升。所以可以期待对这种类型产品的进一步创新。我们将在此简要讨论一下。

26.1　保费保护期权

在保险市场上选择权的一个来源是向公司保险购买者提供保费或价格保护的一组产品和解决方案。在我们探讨一些结构性保险解决方案之前，有必要先简要回顾一下什么费率会随着时间的变化而变化并且引起对价格保护的需求。

26.1.1　保费的时间变化和承保周期

保险、再保险和转分保的定价已在第 8 章和第 9 章简单讨论过。保费费率的制定常常被认为受周期性因素的影响很大，这些因素导致了我们所称的疲软和坚挺市场。是什么造成这种周期性，常常引起争论，对此问题缺少一致性意见是导致保费保险在结构性保险领域中不十分普遍的原因。然而，不管解释如何有争议，保费和费率确实表现出极大的时间变化，这就对价格保护产生了需求。至少有两个原因使保费随着时间的流逝而表现出极大的变化。

承保周期　财产、意外和责任险历史上就表现了利润和费率围绕稳定长期平均水平明显的时间序列变化。从高峰到高峰，在美国的这个承保周期持续时间大约为 6 年。承保周期经常因市场坚挺和疲软而受到指责。

对承保周期的一个解释是系统风险引起资本成本的周期性。例如，如果世界股票回报是影响所有公司资本成本的系统风险来源，保费费率的周期性可能更多地是因为股票市场正常的上涨下跌造成的资本成本的周期性。

对承保周期的另一个解释——与第一个相关——常常是多数保险公司将其准备金资产大量分配到股票中。反过来，股票则表现了相当大的时间变化。在股票回报缓慢增长或负增长期间或之后，一些人提出保险公司必须提高价格以稳定其准备金。

然而，对承保周期的另一个有趣的解释是所谓的业务风险保费。其思想是随着承保业务风险在结构上变得更有风险，企业的保费费率将上升。这可能会发生，例如，由于商业周期的经济低迷。商业周期的周期性反过来可能会将周期性传给保费费率。但这只是重申系统风险可以以循环方式影响价格。

近期损失经历 作为纯理论，（再）保险合同费率应该等于合同的预期损失加上附加保费以及可能小幅上升的利润率。除了一些成本数据的获得可能滞后外，所有确定保费费率的变量都是前瞻性的。特别是预期损失的确定不是为了弥补超过保费的过去损失，而是想弥补平均的未来损失。

虽然很难作为理论问题来探讨，近期显著的有关赔款的损失将不会对费率产生压力的想法对多数从业者来说不亚于是异端。怎么能想象出董事和管理人员（D&O）保险项目的保费在安然事件之后不上升？或者地震保险保费在 9.0 级加利福尼亚地震后地震保费不会上长？或者被证实的恐怖主义行动的财产保险将不受“9·11”事件的影响？

我们要在此小心一点。在这些例子中，费率可能会因为最近发生的事件而上升。但因预期未来损失上升而上升的费率与因（再）保险公司想有一位新客户或一项续保以补偿以前保单过低定价而上升的费率之间有很大区别。市场参与者对违约可能性的概率估计可以解释安然事件之后的 D&O 费率上升和一项恐怖行动之后的某种财产险费率的上升的原因。

费率也可能由于一件事大到影响了整个行业的资本而上升。毕竟，总承保能力是全部行业资本的函数。在任何特定企业中，承保能力是企业供给和其资本成本的函数。不管在资本成本急剧上涨的情况下，还是在资本供给快速下跌的情况下，保险公司都可以减少提供的保障或者提高费率。

导致费率合理地提高的大额损失是那些与总资本冲击相关的损失。一般地，这意味着该损失不仅大且保险公司之间是相互关联的。为了使这个基本原理令人理解，损失必须实际上影响到所有保险提供商或保险总供给，以及再保险和转分保。

26.1.2 结构性价格保护

认为疲软市场正在向坚挺市场转变的企业，或者由于发生像“9·11”这样的事件而预期费率长期上升的企业，通常会寻求保护以抵御保费的上涨。正如本书前面几个不同的部分所讨论的，一些企业只是简单地用事先融资的自留额和风险融资解决方案来代替风险转移。但如果风险转移被视为非常必要的，企业则除了支付较高的价格或极力用当前费率锁定未来价格外别无选择。

多年期保护 虽然多年期保障开始时可能听起来不像保险期权，但它确实是保险期权。其基本思想与通过发行长期债而不是仍受产出曲线的支配和发行短期债来锁定多期利率没有区别。然而，债与保险期限之间的很大区别在于债的期限选择总是可以通过利用衍生工具以较低的成本比较容易地改变。例如，有半年期浮动利率债的企业可以很平常地通过签订一份固定支付掉期将此债与五年期固定利率债互换。然而，由于对多年期普通产品的有限使用，在多数情况下，互换保险期限的市场并不存在。而且，多年期交易至今还是结构性保险交易，这使它难以建立某种有代表性的和透明的保费费率期货曲线。

如果某家公司确实想获得多年期保障，且如果没有其他工具来实现这一想法的话，该公司很可能不得不购买一个现有的（再）保险产品或多年期的ART形式。由于缺少透明的期货曲线，这进一步意味着可能会产生对多年期保障定价的某些分歧。例如，一家想在疲软市场上锁定当前低费率的公司可能最好找一家不愿对多年期限报当前低费率的（再）保险对手方。

然而，许多（再）保险公司表示奇怪，企业至少不比它们更经常寻找多年期保障。而客户趋于假定他们将以不优惠的条件得到多年期报价。根据第一部分讨论的多方面经济因素，锁定多年期单一费率的价值在不同的公司将有所不同。但正是由于这个原因，更经常地探讨这种替代产品是很值得的。

价格上限 在1999年至2002年疲软市场期，几家保险公司提供给它们客户独立的价格保护产品。这些独立的产品不是作为多年期保费捆绑进现有保单的，其实际上是参考其他某种保单条款的价格保护期权。尽管它们具有明显的优势，但显然很少有风险管理人使用这些产品（Erhart，2002）。

再保险价格上限也可以从一些再保险公司获得，但无论怎样，用处很少。

26.2 嵌入现有项目的应急保险

多险种项目的优点是它对跨多风险类型的资本的整合。像我们在第25章看到的，大多数这样的项目含有一个每件事故免赔额和限额。而且，多险种项目通常也是多年期保障，因此通常在项目期内有个总保障限额。

虽然这些项目的综合性质是使其具有吸引力的地方，但它们也可以为用户制造某种限制。这些限制中的大多数可以很简单地通过结构化来实现，特别是通过将某种类型的应急保障选择权嵌入广泛的多险种项目中。下面将讨论一些专门的例子。在一些情况下，所讨论的嵌入期权也可以通过嵌入更传统的单一险种结构中而得到。

读者将注意到在拥有第9章中所讨论的不同种类的再保险协议的多险种项目中的选择权特点间的相似性。这种相似性并非意外。这里讨论的选择权是将不同种类的再保险保障组合进一个多险种项目中，该多险种项目是综合项目的重点。

26.2.1 选择性复效条款

选择性复效条款（optional reinstatement）允许投保人拥有支付额外费用购买一项重新恢复用尽的保险限额的权利。这在经济学上相当于在第一个保险包用完后重新购买相同的保险包的选择权。选择性复效条款在多年期和多险种项目中尤其普遍。

在这种项目中，若在项目早期由于单一风险造成巨额损失而用尽限额，那么保持无保险状态的后果可能是非常严重的。

26.2.2 总自留额保护条款

总自留额保护条款（aggregate retention protection）是为帮助多险种保险的购买者处理一系列发生频率高且数额小的损失。由于多险种项目的总免赔额相对较高，有时可能发生投保人遭受一系列在每件事故免赔额层之下的损失，从而这些损失加起来可能形成一个相对较高的总损失。

总自留额保护条款允许多险种项目购买者有权利将额外保费用于购买用新超额损失再保险来选择性补充一系列小额自留损失。例如，假设多险种项目提供每件事故 \$200 XS \$100 的保险，期限为三年，总保单限额为4亿美元。现在假设项目覆盖的风险，如犯罪和诚实，在项目前两年造成一系列10个5 000万美元的索赔，其中7个发生在第一年。这些索赔都不满足项目的每件事故免赔额，然而第一年的损失总额为3.5亿美元，第二年末上升为5亿美元。

如果项目包含总自留额保护条款，企业购买者可以支付额外的保费获得犯罪和诚实风险的直接迁移责任 XOL 保险。新保险补充了多险种项目，而不是替代它，一旦加以使用，则作为一个独立的犯罪和诚实保险项目运作。该项目将确定一个总免赔额和限额，并将减轻企业自留多次损失的压力。否则，这些损失将落入多险种项目的自留额层。

我们在第25章分析过总自留额保护条款的例子。当时，我们讨论一家大型美国护理中心，该中心为防止发生一系列低于其2 000万美元低起赔点但总额超过4 000万美元的索赔而寻求保护。

26.2.3 选择性限额增加条款

我们在第25章护理中心的例子中也遇到过另一种应急保险的嵌入形式，我们称之为选择性限额增加。这实际上并不是给其持有人获得新保险的权利，而是允许企业在多年期项目中借入资本。在上章我们介绍此想法的例子中，护理中心每年有 \$40 XS \$20的保障，一共五年。假设，如果在一年发生8 000万美元的索赔，那年的年度限额可以升至 \$60 XS \$20，第二年的限额则降至 \$20 XS \$20。当第二年来临时，保障将变低，但也可以通过选择性复效条款来提高保障。

26.2.4 第 *N* 个总限额保险

第 *N* 个总限额保险（aggregate limit cover）主要向已在多险种项目中超过其总限额的企业提供额外保障。我们前面的例子是三年期的总限额为4亿美元的 \$200 XS \$100 的多险种项目。两次3亿美元的巨灾损失和4次2亿美元的损失将用尽项目的总限额，尽管每个损失都低于每件事故限额。

通过缴纳附加保费，多险种投保人可以在保单期内发生第 *N* 个巨灾损失后创造额外巨灾保障。*N* 值取决于与巨灾损失潜在规模相关的每件事故限额和免赔额，但

N 通常等于 3 或 4。

假设我们现在有一个前面提到的项目，并为额外 3 亿美元的第三个总限额保障支付了附加保费。如果我们遭受两次 3 亿美元的损失，每次可获得 2 亿美元的补偿，但立即就达到了总限额。由于有第三个总限额保障，第二个索赔触发了另一个 3 亿美元保障的直接迁移。在大多数项目中，获得新的 3 亿美元将仍需要超过 1 亿美元的每件事故项目免赔额，任何特定赔款仍取决于每件事故限额。但是没有额外的总免赔额可以应用。

26.3 应急保险连结票据

在第 15 章，我们探讨了诚信Ⅲ可回售的巨灾保险连结票据（ILN）。该结构向诚信公司提供了由其自主决定发行新 ILN 的能力，我们称之为应急资本交易。诚信Ⅲ也是一种应急保险形式，因为在交易中新发行债券的本金和利息（P&I）可以转而为诚信公司发生的巨灾财产索赔损失筹集资金。

诚信Ⅲ可回售的巨灾债券属于应急资本和应急保险的原因是此债券由诚信公司直接发行，并且代表了新的债务融资。而且 ILN 是追索票据，投资者暴露于诚信公司的信用风险中。

安联公司开发了一个相似的结构，使安联可以获得应急保险，并且同时在其资产负债表上不用提高债务资本。开发该结构的动机与诚信Ⅲ相似。由于担心大额巨灾损失会导致常规再保险市场价格上涨以及缺乏转分保能力，安联想通过利用 ILN 发行期权来控制其未来再保险成本。

该期权由特殊目的机构哥米纳再保险公司（Gemini Re）卖给投资者，安联可以在三年内执行该期权。如果期权被执行，期权的购买者同意购买三年期 ILN，票据的本金和利息支付与欧洲风暴和雹暴造成的损失挂钩。此期权被称为认购协议（subscription agreement），当风和冰雹损失达到特定的触发金额时，将触发该期权。作为事先同意按特定价格购买票据的回报，期权购买者将获得年度承诺费。

期权下的票据初始本金是 1.5 亿美元。如果安联执行了期权并触发票据购买，该结构像我们在第 22 章探讨的 ILN 一样发挥作用。票据收入放在哥米纳的抵押账户中，并投资于准备金资产以为保险赔款融资。像往常一样，哥米纳参与一项掉期交易将投资组合的实际投资收入平稳为基于 LIBOR 的现金流，以适合票据的需要。

哥米纳反过来与安联风险转移公司签订了一份转分保协议，后者本身是安联 AG 的转分保接受人。哥米纳发行的票据持有人获得基于 LIBOR 之上的利差的基本利息支付，除非哥米纳和安联风险转移之间的转分保协议造成赔款支付，否则不会偿付全部的票据利息和本金。

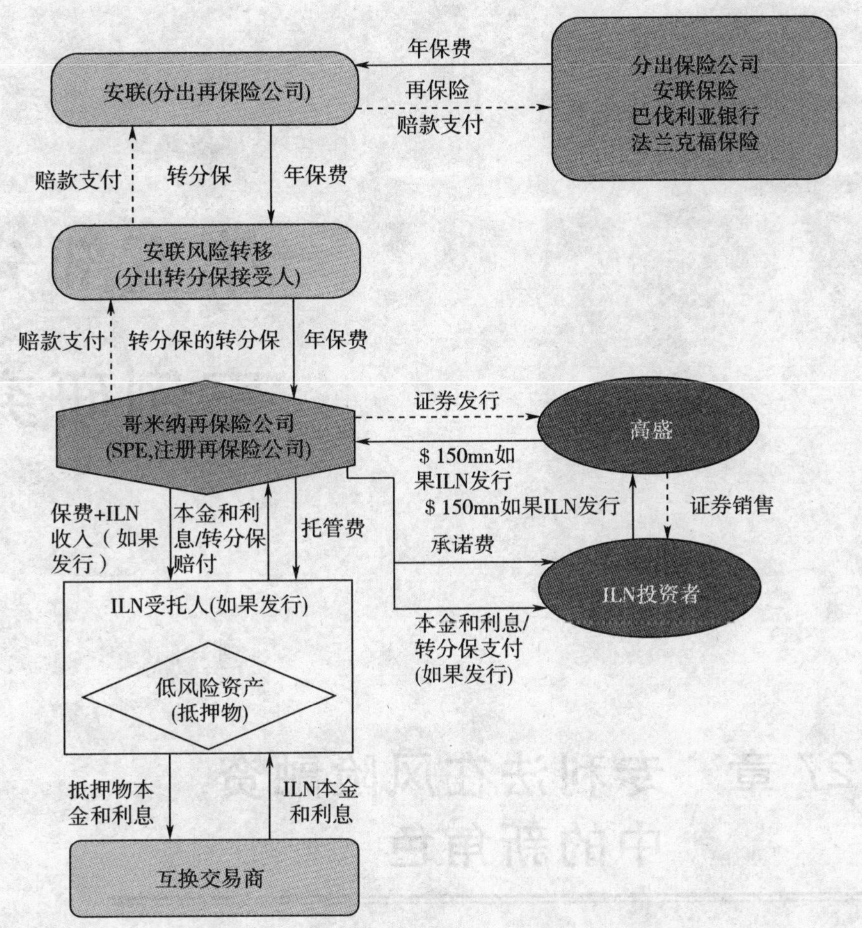

图 26.1　发行巨灾债券的安联风险转移期权

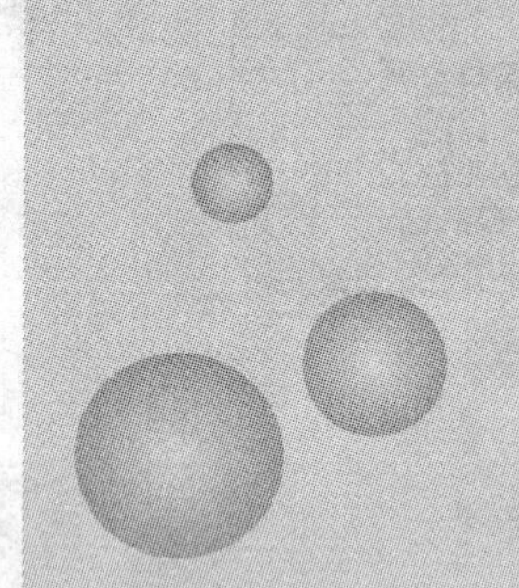

第五部分

案例研究

第 27 章　专利法在风险融资中的新角色*

J. B. 黑顿（J. B. Heaton）

对于将英国专利法借入风险融资中的创始人来说，将专利保护扩展到金融创新似乎很奇怪。像一位知名学者已提到的：一个企业递交一项新金融工具的专利申请似乎很荒唐，如公开交易的公司股票、为建一座桥与现有桥竞争而获得私募资金的工具，或未修剪木材的担保物权。这些是商业和企业的记号，确实值得称赞。但是这是一些区别于“发明”和“有用的艺术”的东西。[1]

然而，两百年后，很少有人怀疑新金融工具是可取得专利的物品。

本文将探讨专利法对于风险融资的潜在意义。克里斯托弗·L. 卡尔普在他的风险管理文章中提到，[2]“结构性风险管理解决方案的机会可能没有地方更有趣……比保险的（非传统风险转移）领域——一个已迅速包含总风险和综合保险、证券化产品和衍生品的领域”。虽然很少有人质疑持续的金融创新将对传统的金融和保险

---

* 本文经《风险融资》杂志（2001，冬季）允许而重新出版。J. B. 黑顿博士，芝加哥 Bartlit Beck Herman Palenchar & Scott 律师行的律师。

产品发挥重要作用，但还是有些对于知识产权法的顾虑，特别是专利法在非传统风险转移领域内的可能性影响。专利法和诉讼中的趋势与保险、证券化产品和衍生品中渐增的专利活动相结合，表明非传统风险转移专家应认真对待变化的法律环境。

很难过高估计在任何商业领域中的有效专利的潜在影响。专利是非常有力的法律工具。美国专利所有人拥有排除其他人制造、利用、提供销售或销售专利发明长达20年期的合法权利。专利所有人可以将这些权利授予其他人，允许其他人（在排他性或非排他性基础上）制造、利用或销售专利发明。此外——可能更明显——专利所有人可以在联邦民事诉讼中加强其专利权利。如果在专利侵害诉讼中获胜，专利所有人可以获得赔和（或）禁止侵权行为的永久性禁令。对于其存在取决于可取得专利技术的公司，专利诉讼可能完全是法律战。对于该公司的客户，专利诉讼可以决定它在过去已购买的产品或服务是否能在未来得到，以及以什么价格和品质得到。更不利的是，客户自身可能会面临侵权的风险。

专利和专利法的神秘世界正逐渐成为风险专家的一个重要商业考虑。《风险》杂志最近报道了对授予哥伦比亚大学关于拟蒙特卡罗（quasi - Monte Carlo）方法的专利（美国专利第5940810号："利用低差异确定性数序列的复杂证券的估计方法和体系"）的广泛批评。最近《华尔街日报》上的文章报道了美国证券交易所和两个投资人之间出现的关于与交易所交易的基金有关的专利过程（美国专利第5806048号："开放式相互基金证券化过程"）的法律斗争。在2000年8月，埃梅斯（Amex）向美国联邦地方法院递交了一份起诉（专利案必须提交给联邦法院，而不是州法院），寻求宣判专利无效，而专利所有人——墨派斯公司（Mopex, Inc.），只在几天后递交了其起诉埃梅斯专利侵权的诉讼。在写本文时，该诉讼即将开始。

美国专利和商标局目前正在秘密地处理新金融和保险专利的申请（在递交专利申请后的前18个月，现在专利和商标局将对专利申请保密）。金融专利活动的增加主要归因于法律环境的变化。特别是联邦法院和议会都发出信号，表示以前曾经被认为在强大的专利保护之外的金融发明，将在专利法中与较传统领域中的生命工程和制造机械享有同等待遇。变化的法律环境可能对先进的金融和保险产品的未来发展和销售产生巨大影响。

已经很清楚金融专利正在逐渐增加。乐纳（Lerner, 2000b）估计几百个金融和保险专利申请正在美国专利和商标局处理中。最近法律发展的主要影响增强了对这些专利——如果被专利和商标局批准授予——在以后的诉讼中将得到联邦法院支持的信心。同样清楚的是，这些专利的一些所有人将盛气凌人地声称反对所谓的侵权人。专利诉讼中明显的例子，如亚马逊公司（Amazon. com, Inc.）成功地禁止了波纳斯纽保公司（Barnesandnoble. com, Inc.）使用单击技术［亚马逊公司对波纳斯纽保公司53 U. S. P. Q. 2d 1115（W. D. Wash. 1999）］——可能鼓励金融专利持有人与潜在侵权人进行讨论。底线是：金融专利的增加与专利权盛气凌人地反对所谓侵权人的声称，可能会导致在非传统风险转移领域中对知识产权的高成本诉讼。

27.1 可取得专利的基础

专利保护的实质是排除他人制造、使用和销售所申请的发明的权利。国会颁布专利立法的职权源自美国宪法第1章第8节的第8条款，赋予“通过在一定时期内保护作者和发明者对其作品和发明的专有权，推动科学和有用艺术的进程”的权力。依照此授权，国会已在几年内颁布了几个专利法。尽管对专利法的基本介绍超过了本文探讨的范围，但了解一下可取得专利的条件对于理解专利法在风险融资中显露出来的作用很重要。

通常地，一位发明者希望获得一项专利必须符合四个可取得专利的法律要求。一项可取得专利的发明是：（1）可取得专利的主题；（2）有用的；（3）新型的；（4）非显而易见的。

不是所有的东西都能获得专利的。无论一些发明可能多有用、新型的或非显而易见的，它们都可能在专利法范畴之外。例如，一本印刷的书不是可取得专利的主题（但可能在版权法下得到保护），尽管它所教授的内容可能有用、新颖和对任何读者来说都不明显。一般来说，可取得专利的主题被认为包括机械和制造与后来过程的接受性、化学合成物和生物工程产品。处在可取得专利主题的范畴之外的是自然规律、自然现象和抽象思想。

只有有用的产品或过程才可取得专利：专利产品或过程必须能够创造某种好处。然而，它不需要非常有用，而且（至少其本身）有用规定并不要求专利产品或过程比它以前做得更好。一件宣称能够回到预先设定时间的时间机器发明的专利申请可能被视为不可能的事情而得不到批准，因此不是有用的。进一步说，一件化学合成物对人类没有很明显的用途，也将可能因此理由而被拒绝。然而，以巧克力为动力的汽车能够以每小时达2英里的速度行驶，可能会通过有用性测试。

可取得专利的发明必须是新型的。专利法参考在专利发明领域中的相应的以前的技术。概括地说，同时参照特别法令和案例法，一项发明的成分如果被包含在一个以前相关的技术中，这项发明则不是新的。例如，假设一篇相关的公开发表的杂志文章或者明显地或者内在地包含一件专利权项的每个基本要素。（专利申请书是法定要求的［35 U.S.C. § 112］陈述，“要特别指出和明确申请人视为其发明的主题”。）以前的技术可能预料到了这项申请。简单地说，一项被预期的发明不是新的，因此也不符合取得专利的条件。

最后，如果一项发明是显而易见的，它则不符合取得专利的条件。显而易见与预见不同之处在于没有一件相关的以前技术必须包含（或是明显地或是内在地）特定权项的所有内容。相反，此测试是否是发明对在此领域中工作的普通技能人员是显而易见的。在此领域中工作的普通技能人员是法律概念，此假设的人被假定了解所有有关的以前技术，但并不一定是此领域中的天才。

虽然在专利申请阶段就必须满足取得专利的条件，在诉讼中这些条件可能会被（一般会被）重新涉及。也就是说，虽然已发放的专利享受对有效性的合法认定（35 U. S. C. §282），在诉讼期间所谓的侵权人可以反驳这种认定。由于这种认定的独特性，以及通常引起的高成本，专利诉讼一般是非常复杂和昂贵的民事诉讼，需要有顶级审判队伍和技术专家的能力。

27.2　例证：训练猫的方法（美国专利第 5443036 号）

在诉讼中，金融专利持有人在很多其他事情中将面临对其符合上面所述和在表 27.1 中总结的取得专利的条件情况的严格详细检查。为牢记上面所述的四个要求的思想，考察一项短期的且易理解的专利很有帮助。表 27.2 是关于美国专利第 5443036 号训练猫的方法的摘要。尽管本文的主题是金融专利，在该专利方法中被训练的猫是动物，而不是与巨灾风险有关的金融工具。不管此双关语，该专利揭示了一些可能在风险融资专利诉讼中出现的问题，而不必钻研在真实金融专利中可能出现的复杂实际问题。

首先照例来看一下专利首页的摘要。摘要概括描述了此项专利：

引诱猫运动的方法包括将手持激光器具产生的一束无形光指向地板或墙或猫附近的其他绝光表面，然后移动激光，以促使光的明亮图案不规则地移动来吸引猫，以及任何其他有追赶本能的动物。

表 27.1　美国法律下的可取得专利的法律规定

规　定	解　释
可取得专利的主题	发明必须属于有资格获得专利保护的种类；不是所有的东西都能取得专利。
有用的	发明必须有某种用途，虽然它不需非常有用，也不需优于以前的产品或过程。
新型的	发明必须不曾在有关的以前技术中被描述过（如在以前的专利或发表的文章中）。
非显而易见的	发明必须不能对于在此种技术中的一个假定的普通技能人员是显而易见的，此人假设了解所有相关的以前技术。

表 27.2　美国专利第 5443036 号，训练猫的方法

名　称	训练猫的方法
专利号	5443036
发明者	Kevin T. Amiss；Martin H. Abbott
颁发/提交申请日期	1995 年 8 月 22 日/1993 年 11 月 2 日
摘要	引诱猫运动的方法包括将手持激光器具产生的一束无形光指向地板或墙或猫附近的其他绝光表面，然后移动激光，以促使光的明亮图案不规则地移动来吸引猫，以及任何其他有追赶本能的动物。
发明背景	1. 技术领域 此项发明与家养动物的娱乐和消遣工具有关，以及特别是与训练和娱乐猫有关。 2. 以前技术的探讨 猫在性格上没有主动进行有氧运动的倾向。给猫创造足够好的环境，使宠物在短短的寿命期内健康、舒适，这成了猫主人的负担。然而，猫被光所引诱，并被不可预料的跳跃运动所迷惑，例如一条手持绳或线上下摆动的头，或一个球滚动和跳跃地穿过地板。如果房间足够黑，从镜子中反射出来的强烈阳光或透过棱镜聚焦的阳光，当进行不规则移动时，将使得惯于久坐的猫在一个有趣的和治疗性的游戏“猫和老鼠”中追着光影奔跑。不得不将房间变黑以创造一个训练猫的环境的混乱，以及将阳光光束聚集在一个镜头或镜子中的不确定性，使得这些方法对于建立常规的提高寿命的猫运动至少是不方便的。

续表

名　称	训练猫的方法
发明总结	因此，当前发明的目标是提供一个改进的在正常的白天和晚上光线环境中训练猫的方法。 当前发明的进一步的目标是提供一个方法来为猫创造一项有趣的、娱乐的和健康的锻炼。 当前发明的另一个目标是教授在任何时候毫不费力地训练猫的一种方法。根据当前发明，可手持外形小巧的辐射（激光）模拟散发工具造成的光扩大被用来在房间四周投射和移动光的明亮的图案，来逗猫和让猫运动。 这个方法是有效的、简单的、方便的且便宜的练习方式，可以为猫提供健康的训练，同时也能给猫和主人带来兴趣和娱乐。 当前发明的这些和其他目标、特性和好处将在下面的描述以及对其中一个专门装置的刻画中变得更加明显。
专利权项	专利权项如下： 1. 诱导猫进行有氧运动的方法包括下面几步： （a）使一个手持激光仪器产生的无形光的强烈连贯的光束在光束和绝光表面的交叉处产生一个明亮的和高度集中的光图案，此图案从视觉上对猫具有吸引力； （b）有选择地重新将所说的光束指向猫能立即接触到的范围外，来引诱猫围绕运动场地奔跑和追逐光束和光的图案。 2. 在权项1的方法中，所说的光的明亮图案对于猫的爪子来说比较小。 3. 在权项1的方法中，所说的光束在所提到的激光和绝光表面之间仍是无形的，直到碰到绝光表面。 4. 在权项1的方法中，步骤（b）包括以角速度掠过所说的光束，来促使所说的图案沿着绝光表面以每秒5到25英尺的速度移动。

换句话说，此项专利涉及通过使用激光指示器制造能唤起猫的追赶本能的光点来促使猫运动的方法。

该'036专利（业内人士通常用专利号的后三位数指代专利）有四项专利权项：

1. 诱导猫进行有氧运动的方法包括下面几步：

（a）使一个手持激光仪器产生的无形光的强烈连贯的光束在光束和绝光表面的交叉处产生一个明亮的和高度集中的光图案，此图案从视觉上对猫具有吸引力；

（b）有选择地重新将所说的光束指向猫能立即接触到的范围外，来引诱猫围绕运动场地奔跑和追逐光束和光的图案。

2. 在权项1的方法中，所说的光的明亮图案对于猫的爪子来说比较小。

3. 在权项1的方法中，所说的光束在所提到的激光和绝光表面之间仍是无形的，直到碰到绝光表面。

4. 在权项1的方法中，步骤（b）包括以角速度掠过所说的光束，来促使所说的图案沿着绝光表面以每秒5到25英尺的速度移动。

'036专利对于一些观察家来说显得可笑，并且此项专利确实受专利体系中批评家的特别喜爱，其评论被美国专利和商标局所应用。然而，用法律术语考察'036专利引起的问题很重要。这样做只是为表现处理所谓的美国专利问题有多困难。

例如，假设一个人想根据上面讨论过的四项取得专利的条件来挑战'036专利的合法性。首先，考虑可取得专利主题的要求。为通过这项要求，'036专利权项涵盖的训练猫的方法必须属于专利法覆盖的主题类型。训练猫的方法可以很好地做到这一点。一个过程可以取得专利（35 U. S. C. §101）：“无论谁发明或发现任何新的和有用的过程、机器、加工或物质成分，或其中任何新的和有用的改进，可以因此获得专利，取决于此权利的条件和要求。”专利法［35 U. S. C. §100（b）］进一步定义了过程包括方法：“词语‘过程’指过程、技术或方法，以及包括一种已知的过程、机器、加工、物质成分或材料的新用途。”

这有些关于诉讼的有趣问题。例如，人类参与此方法的必要性的影响是什么？作为一般规则，对人类精神参与的需要将使一个过程不符合取得专利的条件。例如，约翰逊（Johnson）诉达库斯尼电力公司（Dyquesne Light Co.）的案子，29 F. 2d 784（W. D. Pa. 1928），aff'd，34 F. 2d 1020（3d Cir. 1929）。正如权项 1 表述的，此方法要求个人参加有选择地重新将所说的光束指向猫能立即接触到的范围外的活动。这听起来像需要极大的人类精神参与，而且可能会使权项无效。

其次，考虑发明应是有用的规定。这里，事情好像简单，因为它们常常处于效用调查中。本文的作者将证明此方法有用。用变尖的激光产生一丝光可以引诱猫追赶光点，进行有目的的运动。

再次，考虑发明是否是新型的，也就是说，一项相关的以前技术是否包含此项权项的基本要素将需要深入地研究。律师（他的或她的专家）将搜索此领域中的出版物和过去的专利，以确定是否曾经有人揭示过用激光指示器训练猫的方法。注意在此重要的不是在申请日（1993 年 11 月 2 日）前是否有人私下里用过此方法，而是申请专利的发明的所有基本要素是否出现在可能被潜在发明者得到的文献里。假设，与事实不一样，在 1993 年 1 月的《猫迷》（*Cat Fancy*）杂志中有一篇名为“用激光指示器训练你的猫”文章，文中提到的方法就是'036 专利教授的方法。在那种情况下，此项专利将无效，因为该发明不是新型的。显然地，对以前技术的搜索是任何专利诉讼的重要部分。

最后，对显然性的调查也很重要。对于很多人来说，就这点而言，'036 专利存在严重的问题。此项专利本身——在名为发明背景的部分中——揭露了众所周知的事实，即“如果房间足够黑，从镜子中反射出来的强烈阳光或透过棱镜聚焦的阳光，当进行不规则移动时，将使得惯于久坐的猫在一个有趣的和治疗性的游戏‘猫和老鼠’中追着光影奔跑”。（本文的作者曾喜欢用 CD 背面将光反射到其公寓的墙上来训练自己的猫。）用激光指示器难道不是对所有用过这些方法的人来说是显而易见的吗？如果是，此项专利仅基于这种显然性就可能是无效的，即使该方法从未在有关的以前技术中写下来。

在诉讼中，所有这些可取得专利性的问题（以及很多其他问题）都很容易得到，陪审团像所预期的那样决定问题。在很多案子中，专家分析比较有用，但专家分析也不是一件容易的事。考虑根据以前技术，经专家分析来表明某项金融专利是显然易见的。一定有某种动机将以前技术的文献或实践综合在一起，使得此项发明变得显而易见。那种动机可以来自以前技术文献本身、在此项技术中具有普通技能的人员的知识，或甚至来自所要解决的问题性质，但这种表现必须是清楚的。

侵权嫌疑人的道路由于另一种原因也是不容易的。专利案件通常面向陪审团审讯。陪审团倾向于形成一种强烈的假设，即专利和商标局颁发的专利是有效的，而不了解多数发明从未被审查人检验过，也不了解专利审查人常常劳累过度，并且有时不够资格，同时专利申请是秘密的，除非被起诉，则没有经历任何有意义的反对过程。

不仅仅是侵权嫌疑人面对难题。查明侵权问题对专利持有人来说也是十分艰巨的，特别是对于可以相对秘密地使用的方法。重新考虑一下'036专利。发明者是如何知道本文的作者是否已放弃CD法而使用激光指示器法（公认地更高级一些）？如果不能识别侵权人，排他使用的权利将没有任何意义。一些目前和未来的金融专利持有人可能面临同样的问题。

27.3 一些风险融资专利的例子

越过有争议的愚蠢的专利，看一些真实的风险融资专利是有启发的。这是一些在其外表声称对毫无疑问地应用于风险融资的发明索要权利的专利。表27.3简要描述了三项这种专利（几个其他详细的金融专利例子见黑顿，2000）。

表27.3 风险融资专利例子

名称	利用低差异确定性数序列的复杂证券的估计方法和系统	包括确保资本利息及时支付和划分的途径在内的风险转移和风险分散的系统和方法	用保险代替负债以及分析数据和创造适合为支付这种保险的保费融资机制的文件系统和方法
美国专利号	5940810	5704045	6026364
颁发/提交申请日期	1999年8月17日/1997年7月30日	1997年12月30日/1995年1月9日	2000年2月15日/1997年7月28日
发明人	Joseph F. Traub, Spassimir Paskov, Irwin F. Vanderhoof	Douglas L. King Alasdair G. Barclay, Rockie C. Wellman	Brian L. Whitworth
受托人	纽约市的哥伦比亚大学的托管人	投资者担保资金公司	
主题	拟蒙特卡罗衍生品定价	风险转移	保费融资机制

第一个专利（美国专利号5940810）是颁发给哥伦比亚大学关于拟蒙特卡罗方法的专利，此项专利比较有争议。哥伦比亚大学专利不是覆盖风险融资产品本身，而是关于对金融工具进行定价的工具。它的主要内容通过参考其摘要可以很容易地了解。摘要如下：

在有价证券交易中，在确定一项金融工具的首次发行价格时，或以后由于金融参数像利率变化而进行的评估中，此工具价值的评估可以表示为多元积分。为了计算此积分，最好使用数值积分法，对被积函数在具有低偏差性质的确定点上取样。

该技术能够节约相当多的计算工作量而产生近似值。并且与蒙特卡罗方法相比，该技术具有较大的可靠性。

对于律师来说，专利的实际重要部分是它的权项。'810 专利的权项 1 对此项发明用尽了可能准确表达发明人确实想要对什么要求专利的语言，进行了更加技术性的说明：

购买、持有和出售一种复杂证券的方法，包括：

（1）推导出代表证券估算值的多元被积函数值，此函数应在具有至少 50 维的积分域上进行积分计算；

（2）使用计算机在积分域上的一些点上计算被积函数值，而这些点是根据低偏差的确定序列获得的；

（3）使用计算机将被积函数值进行组合以近似于估算值；

（4）根据估算值得出对购买、持有和出售证券行为之一的影响。

'810 专利包含 21 个附加权项，很多与上面所述的权项有关（或用专利用语，是依赖于上面所述权项）。简单地说，'810 专利是使用任何含有其权项的所有基本要素的方法的排他权。在这种情况下，那些权利与使用通常以拟蒙特卡罗名字著称的方法有关。例如，为了落入权项 1 的范畴，此方法的使用必须是使用计算机，因为这是基本要素（2）中所述的限制。例如，如果可能在一个人的大脑中解决要素（1）中提出的积分问题，那么这种使用将不会侵犯 '810 专利。这样的设计周围限制几乎对最有天赋的脑力计算器是显而易见的。

表 27.3 提到的第二个专利——美国专利号 5704045——旨在覆盖包括确保资本利息及时支付和划分的途径在内的风险转移和风险分散的系统和方法。再次，摘要概括地提供了此项专利想要覆盖的主要权利：

接受风险的系统和方法通过合同责任向投资者转移部分风险，以及包括确保及时向合同持有人付款的方法，和在一个风险与资本匹配的系统中，对特定被识别出的风险的特定投资人的利益进行划分的方法。该系统创立了分立账户和分立的准备金，从而为包括转移难以解决的风险在内的特别需要定制特定产品。该体系根据包括投资风险在内的风险造成的损失，产生了承诺付款的协议。数据处理提供了合法分立的关系管理联系，监管和平衡专家在一个风险转移和分散体系中的利益。

'045 专利有 74 个权项。权项 1 如下：

利用运作上相互联系的、输入、输出和数据处理方式通过一个实体来推动特定风险从风险转移者到接受风险转移的资本提供者的转移和接受的方法，该方法包括：建立一个实体，以推动一个或多个风险转移者通过此实体向通过此实体接受风险的资本提供者进行风险转移；建立和维护一个风险转移者和资本提供者之间进行交流的通讯系统；在实体内建立一个准备金系统；在一个或多个风险转移者、一个或多个资本提供者及与实体之间交换关于风险性质与特征的信息，以使一个或多个的心甘情愿的风险转移者与一个或多个心甘情愿的资本提供者签订已明确责任的保单合同，其中包括最大的货币风险和期限；以及促使资本提供者在合同生效日之前向准备金系统转移充足的资本，从而在合同有效期间，这些资本与风险赔偿和其他收入合在一起能够足以满足任何和所有的已定责任。

’045 专利看起来被委托给投资者担保资金公司，作为保险证券化体系[3]下的知识产权。投资者担保资金公司卷入了与摩根士丹利的诉讼中，该诉讼关于将特定保险风险转化为资本市场证券的系统的一些基本要素。参见投资者担保资金公司诉摩根士丹利公司，50 U. S. P. Q. 2d 1523（S. D. N. Y. 1998）。然而，该诉讼似乎未涉及’045 专利，’045 专利的颁发在诉讼之后。

表 27. 3 中的第三个专利——美国专利号 6026364——是关于用保险代替负债以及分析数据和创造适合为支付这种保险的保费融资机制的文件系统和方法。其发明者是布莱恩 · L. 维特沃斯（Brian L. Whitworth），是来自加利福尼亚州马里布市的个人企业家，背景是保险和金融产品开发。’364 专利的摘要如下：

一种将保险替代自保的系统和方法，在考虑自保的估计支出基础上，利用具有支出模式的保费融资机制来支付保费；并且能够识别出那些不做自保对其更有利的雇主，以及在一种首选的体现中，分析数据和形成关于这种保费融资机制的文档和（或）计算机可读数据文件。

’364 专利有 63 个权项，权项 1 如下：

分析数据和形成关于保费融资机制文件的系统，该系统包括计算机可执行程序或被改编的程序，以用来：访问自保成本、保险成本和用保险代替自保而实现的成本节约的估计数据；访问关于一项债券被用来支付代替自保的保险的交易的风险数据；处理估计数据以提供打印机可用数据来形成关于用来支付保险的债券的文件；处理风险数据以提供打印机可用数据来形成关于上述债券发行的文件。

’364 专利的发明者在他的网站上很清楚地表明了他在监控可能侵犯其专利权的金融行为（在开始时就强调）：

最后，如果你是投资银行家、精算师、保险提供商、保险经纪人、自保公司或市政当局，以及为了不做自保，你将使用复杂分析或长期融资，请就我们的专利与我们联系。我们很高兴对这些交易提供咨询。我们也将十分高兴花费一点时间（免费）检验你的交易或分析是否可能侵犯这些专利权。这些专利包括关于此类交易的 130 多个权项，因此覆盖面十分广泛。我们将尽可能防止任何偶然的侵权行为和防止对将不造成侵权的分析或交易的不必要的担心。[4]

27. 4 金融专利的演变：一个简要的回顾

美国最高法院已注意到议会打算将专利保护扩展到阳光下人类制造的任何东西。[5]大多数读者仍将注意到专利在过去几十年的金融创新浪潮中发挥着显著作用（参见 Lerner，2000）。

简单化的确不能解释少数金融专利。相反，金融工程是高技术和复杂的领域，这一领域中的发明经常超过那些在数学、计算机科学和现代金融经济学方面没有受过强化培训的人的控制。在技术层面上，重要的金融创新可能像更传统的专利法保护领域如生物工程和电机工程等一样复杂。

没能获得专利法的保护不能归因于其他知识产权保护形式的任何明显优势。考虑金融创新传统上为保护金融创新的成果而使用的两个相互替代的机制：保守秘密和第一行动者优势。保守秘密可能是保护金融发明，如计算机密码和位于新型衍生品定价模型之下的金融数学。保守秘密有利于重要的非专利法律保护，包括契约性保密协议和州商业秘密法。第一行动者优势——先进入市场和利用这样做获得的利益——对于保护体现在新证券设计中的金融创新很重要（参见 Tufano，1989）。虽然很少有人怀疑具有竞争力的投资银行反改造广泛销售的产品的能力，但第一行动者表现出作为第一个站在创新的新产品门外的人能够获得一些好处。

然而，保守秘密和第一行动者优势都含有内在的缺陷。保守秘密面对持续的泄露风险很脆弱，且（用下面提到的一个重要的近期例外）秘密发明不能受到保护，从而不能防止以后的同样发明获得专利。

第一行动者优势对这个问题不太敏感，因为发明在每一次使用和出售时就被披露了，限制了其后来的不利于第一个发明者可取得的专利性和实施。[6]但第一行动者优势可能会将极大的价值放在桌面上给竞争者。例如，图法侬（Tufano，1989）发现在产品引进的一年里对手模仿了 58 个精心设计的金融创新中的 35 个。另外，在金融工程中渐进主义如此盛行——一个金融创新小部分地建立在早期产品基础之上——意味着早期专利可能允许从一个重要的金融创新中获得更多的回报，相比只从第一行动者非法定的优势中获得的而言。

最后，任何一般的对法律和监管规则的不适应都不能用来解释金融领域中的专利保护为何较少。事实上，很多观察家将很多重要的金融创新直接与法律和监管规则相联系，特别是与税收规则相联系（参见 Miller 1986；Gergen & Schmitz，1997）。

相反，对过去金融专利比较稀有的最好解释是很少有金融发明者相信他们的金融创新是可取得专利的主题。或者，更确切地说，法院可能发现一个特定的金融发明不是可取得专利的主题的这种风险非常高，以致使专利价值很低。在金融专利演化进程中重要的是较大地确定了计算方法和数学运算法则的可取得专利性。金融专利趋于涉及这两个方面。

对计算方法和数学运算法则的可取得专利性的长期和曲折的法律历史进行简要回顾超越了本书的范围。因此，简单地说就是法律标准最终开始包含用计算机操作的发明，然后摒弃了本质上对计算机操作的需要，只要数学运算法则不仅仅是理论上的数学公式就行。

在一系列重要的决定中，最高法院最初对可取得的专利性设置了表面上很高的障碍，表明计算机程序可能是简单的不可取得专利的数学运算规则。之后，最高法院对计算机程序发挥有用作用的态度有所软化。较低级别的法院进一步展开了测试，来决定计算机程序是否是可取得专利的主题，数学运算规则的存在可能将在此决定中发挥作用。

对这种发展的一个重要的应用发生在关于金融专利的一个相对早期和重要的专利案例中。在 1983 年，美国特拉华州的联邦地方法院判定与美林的现金管理账户（CMA）有关的专利是可取得专利的主题，因为此权项覆盖了运用计算机来执行业务的活动。将计算机与CMA的业务方法联系起来证明是美林诉讼取得胜利的关键，最终添惠雷诺公司（Dean Witter Reynolds）为提供其自己的CMA产品向美林支付了许可费。

然而无论如何，对金融专利的担忧与近期美国联邦巡回上诉法院的非常有影响力的观点有关。联邦巡回法院负责美国的专利法上诉。在1998年，它判决了道富银行（State Street Bank）与信号金融公司（Signature Financial）的案子，47 U. S. P. Q. 2d (BNA) 1596 (Fed. Cit. 1998)。在那个案子里，地方法院（递交最初起诉的较低级别的法院）规定此专利中的主题不是可取得专利的主题。在上诉中，联邦巡回法院推翻了地方法院的判决，判定信号金融公司用于管理中心—辐射型（Hub and Spoke）共同基金集合系统的软件系统是可取得专利的主题。

与以前的案例法背景不同，对道富银行的判决是十分有影响的，因为它解决了任何对商业方法的可取得专利性的持续质疑，清楚地确定计算机程序是可取得专利的主题，消除了对源于数学的发明可取得专利性的巨大怀疑。在可能是对金融专利作出的最重要的判决中，法庭陈述：

今天，我们宣判用一架机器通过一系列数学计算，将表现分散的美元数量的数据转换为一个最终的股票价格，建立了对数学运算规则、公式或计算的实际应用，因为它产生了一个有用的、具体的和有形的结果——为记录和报告目的而立即确定的以及被监管当局和之后的交易所接受和依赖的最终股票价格。

在后来美国电话电报公司（AT&T）与埃克塞通讯公司（Excel Communications），50 U. S. P. Q. 2d (BNA) 1447 (Fed. Cir. 1999) 的案子中，联邦巡回法庭清楚地表明了机器的存在并不重要，不管形式、机器或特定权项形成的过程如何，含有数学运算规则的权项的可取得专利性是一样的。

联邦巡回法庭的解释权在1999年11月29日得到了巩固，当时美国议会修订了35 U. S. C. §273，从而提出商业方法专利的嫌疑侵权者作为辩护可以声称至少在专利有效递交日前一年减少了对专利主题的实际运用，以及在专利有效递交日前商业性地使用了该主题。该修订的意图在于保护那些没有对其早期发明申请专利，但现在被有专利的人起诉的商业方法使用者。议会对商业方法专利的默许表明联邦巡回法庭不可能在将来改变其立场。

因此，造成更多的金融专利出现的重要法律变化涉及到对主题要求的说明。像对道富银行和美国电话电报公司与埃克塞公司的判决清楚地表明了专利主题要求将不再阻碍金融发明取得专利。这意味着可取得专利的其他条件——有用性、新颖和非显然易见性——将成为主要的考虑对象，像在比较成熟的领域中的专利诉讼的案子一样。因为没有用的发明一般没有什么金融价值，这意味着真正的重点将在于新颖和非显而易见性。

27.5 结论

本文探讨了专利法将在金融和保险创新中发挥的新作用。假定最近法律发生变化，似乎专利法在控制新设计的金融产品和广泛应用的定价和风险管理软件方面（与所有权模型相对），将变得越来越重要。对可取得专利的主题的法律观点的演变和小公司渐增的平衡知识产权的意愿，表明知识产权法——关于专利、版权、商标和商业秘密的法律——将在金融创新进程中发挥越来越重要的作用。

然而，将专利法保持在合理的范围内也很重要。许多金融企业将继续依赖于第一行动者优势和商业秘密法来保护他们的知识产权投资，尤其在金融工程方面。特别是商业秘密法在它能使一家公司保守其私人信息秘密方面具有巨大的优势。考虑定价模型一类的技术寿命可能在专利颁发时就结束，所以保守秘密将继续是此金融工程领域中的发明的重要保护途径。然而，传递给非传统风险转移专家的信息是随着此领域的创新而不断出现，从侵犯和保护两个角度看，都必须认真对待曾被忽视的专利保护的可能性。

第28章 天气衍生品和保险的主要区别

安瑞·S. 卡莫（Andrea S. Kramer）*

很多业务都要认真考虑和评估天气风险。[1]温度变化、气候波动和天气活动意味着金钱。例如，电力公用事业和发电厂在凉爽的夏季与在炎热的夏季售电量不同。煤气公用事业和民用燃料油供应商在温和的冬季和在寒冷的冬季的燃料销售量不同。

据估计，20%的美国经济对气候条件比较敏感。[2]天气衍生品和天气保险产品的开发，帮助天气敏感型业务抵御天气相关风险。在签订有关天气的衍生品或保险合同之前，面临天气风险的公司必须根据其特定需要评估此产品的适宜性、董事会或高级管理人员的认可程度、监管环境和税收情况。

不管是被构造成为衍生品还是保险产品，天气产品都依赖于与天气相关的因素，如采暖度日数（heating degree day，HDD）、降温度日数（cooling degree day，CDD）、感知温度或寒冷指数、降雪和雪深指数、降雨量、湿度指数、水流和阳光指数。天气产品可以抵御对公司产品或服务需求和销售的减少（通常被称为数量风险）。天气产品也可以抵御供给或销售成本的增加（通常被称为价格风险），以及抵御公司收入或净收入的波动。

天气衍生品和天气保险有很多相似之处。实际上，在很多情况下，天气衍生品的角色经常是补偿合同和财务担保的等同物。但是功能等同物是一件事，而法律等同物是另一件事。如果天气衍生品被错误地视为保险，则处于州保险法监管下，非常不利于有活力和充满价值的金融市场的发展。因此，区分保险（作为州监管的服务合同）和衍生品（作为金融市场交易）是非常重要的。

如果衍生品合同被发现是保险单，衍生品只可以由有执照的保险经纪人销售。因此，没有执照的衍生品对手方——如果最终被发现销售保险——则违反了法律。在加利福尼亚，这将属于轻罪。[3]在康涅狄格州，没有执照的保险制造商可能被处以罚款和（或）拘留。[4]在特拉华州的法律下，一家特拉华州的公司如果没有授权证[5]而作为保险公司经营保险业务，[6]可能会失掉营业许可。[7]在纽约，违反保险法律是轻罪，[8]罚款将随着以后的违反行为逐渐增加。[9]在伊利诺伊州，除非在保险法

---

* 卡莫女士是美国 McDermott Will & Emery 律师行的合伙人，主管公司的金融产品、交易和衍生品组。© 2005，安瑞·S. 卡莫。

下获得执照，否则任何人都不可以销售、营销或商议保险。[10]

在本章，首先谈天气衍生品，阐述它们是什么以及它们如何被监管；其次，考察天气保险合同，集中讨论保险和衍生品之间在法律上的区别；再次，重点强调衍生品和保险合同的形成方式之间的一些主要区别；最后，将讨论天气衍生品和保险合同之间的一些主要税收区别。

28.1　什么是天气衍生品

天气衍生品是两方之间的金融合同，合同价值基于特定气候条件的变化。它们可以在交易所交易（作为期货合同或期货期权），[11]或者两方签订双边合同，后者可在柜台交易（OTC）市场中交易。

比较普遍的 OTC 衍生品包括期权、利率上限期权、利率下限期权、利率上下限期权、互换和现金结算的远期合同。作为一般规则，如果指定的气候相关支付事件发生了，衍生品的一方将获得支付。并且，衍生合同的哪一方都不需为得到规定的支付而证明自己发生了财务损失。

当签订衍生品合同时，双方同意反映在交易确认书中的特定支付计算。例如，支付条件可以与规定的美元数额和合同中确定的 HDD（或 CDD）水平的乘积以及在规定的时期内和在规定的地点报告的实际 HDD（或 CDD）水平相挂钩。[12]不管一方是否能够证明其遭受了损失或有可保风险，支付计算以及支付都会进行。并且，衍生品合同的任何一方都不会被当做保险机构而受到监管。

有过积极的交易操作的业务（对于有形商品和衍生品来说）与那些没有相似经历的相比，可能会发现天气衍生品不那么复杂。因此，有经验的市场参与者可能比没有经历的市场参与者更愿意走近衍生品。此外，那些没有面临气候风险的市场参与者可能也会使用衍生品，因为不必证明可保风险或遭受气候风险带来的损失。

谁对天气衍生品具有管辖权

天气在商品交易法（Commodity Exchange Act，CEA）中被包括在商品的定义中。[13]这意味着天气衍生品受联邦商品法律的监管，除非交易满足 CEA 的免除或除外条件。

对于天气衍生品来说，如果衍生品合同属于 CEA §2（g）中除外互换交易的范畴，一项重要的免受联邦监管的规定将适用。[14]在此项免除规定下，如果该协议、合同或交易满足以下三项要求，CEA 则不适用于任何关于除了农产品之外的商品的协议、合同或交易。

第一，合同双方在签订合同时，必须符合合格的合同参与者定义。为此，合格的合同参与者定义沿用商品期货交易委员会（CFTC）的规则 35.1（b）（2）中的合格的互换参与者。[15]

第二，合同必须服从合同双方的单独协商。在两个实体间磋商的双边衍生品合同通常被视为受制于单独协商的合同，因此它们满足此要求。

第三，合同不能在一个交易平台上执行或交易，如已建立的商品交易所或中央电子市场。

对除外互换交易的免除并不是唯一可以参照的地方，因为另一个 CEA 除外或免除可能适用于特定的交易。除了除外互换交易的免除，另一个除外或免除可能适用于特定的交易。即使一个衍生品或其交易双方没有满足成为除外互换交易的条件，特定的交易也可能会获得另一项免除（如所谓交易期权的免除）。

28.2 什么是保险

在美国 50 个州（以及哥伦比亚特区）中的每个州对保险合同都有定义且单独监管。另外，每个州都有其自己的规定，州内的保险公司、保险代理人和其他推销保险的人都要遵守这些规定。一篇有名的保险论文对美国法律下的保险的定义是："合同的一方（保险公司）为了某种通常用钱支付的考虑，承诺进行一定的支付，通常是金钱……当合同的另一利益方（被保险人）遭受某种破坏或伤害时。换句话说，保险目的是将风险从被保险人转移给保险公司。保险公司作为金融中介机构，提供金融风险转移服务，这种服务通过从保单持有人收到的保费获得资金。"[16]

假定现在有范围广泛的保险合同可以抵御一系列的业务和金融风险，保险的单一定义可能不会适用于所有的被当做保险来监管的合同。因此，对什么是保险的分析比较困难。例如，将保险合同定义为转移和分布风险的合同太宽泛了。此定义不恰当地将很多没有被认为是保险的和当做保险被监管、记载或征税的金融市场交易（包括衍生品）纳入了保险。然而，某些其他合同被视为保险合同，即使它们不转移风险而是融资或降低特定业务或金融风险。

在评估一个特定合同是否应被视为保险时，通常考虑以下五个特征：

1. 关于可以进行财务评估的意外事件，被保险人必须有可保风险（如灾害、偷窃或天气事件的发生引发的财务损失）。[17]

2. 被保险人必须向保险公司转移其损失风险（被称为风险转移或承保），双方签订合同，向被保险人提供弥补损失的补偿。

3. 被保险人必须为保险公司承担被保险人的可保风险而向保险公司支付保费。

4. 保险公司通常承担保险合同覆盖的风险，作为一个通过持有一大组覆盖相似风险的合同来管理损失的较大项目中的一部分。[18]

5. 在被保险人获得合同中的赔偿之前，他必须证明他的损失来自可保风险，并且是由被保险事件造成的。换句话说，被保险人必须证明它确实遭受了合同覆盖的损失。

要点：一份保险合同必须覆盖被保险人将遭受被保险损失的风险，只有被保险损失经证实时，合同下的支付才会进行。支付金额只限于等于较少的被保险人的实际损失或合同所能弥补的最大损失额的数额。此外，被保险人只有在提供其所受损失的证据后才能从保险合同中获得赔偿，且赔偿金额最高只为合同提供的数额。

28.3　保险和衍生品之间的区别

案例法总要与保险的定义作斗争，[19]因为保险经常定义得比较广泛。另外还有一些其他规定，因此保险一词不是在每个一方为特定经济风险补偿另一方的合同中都出现的。但是即使保险在案例法中定义得十分广泛，保险监管者出于保险监管目的也不对保险进行同样广泛的定义。即使保险产品和其他风险转移合同之间的划分在最近几年已经变得模糊了，保险合同和衍生品之间的清晰区分仍非常重要。

让我们看一下纽约州保险法，用来解释一个重要的美国行政管辖权如何决定合同是否受保险规定的监管。纽约是主要的保险监管者，管辖美国多数的大型保险公司。因此，纽约对合同何时构成保险的看法常常对其他州具有很强的说服力。在纽约的法律下，保险是一个协议，协议一方（保险公司）有义务将金钱价值利益授予另一方（被保险人或受益人），依赖于一个被保险人或受益人有（或）被认为有重要利益的偶然事件，如果偶然事件发生，该重要利益将受到不利的影响。[20]在确定一份风险转移合同是否是保险时，纽约的基本方法完全与前面在什么是保险一节中讨论的一致。

纽约保险监管局（New York Insurance Department，NYID）一向认为衍生品合同不是保险合同，只要合同下应进行的支付不依赖于对实际损失的证实。例如，考虑在发生特定自然灾害（如飓风或大型暴风雨）情况下提供支付的巨灾期权时，NYID在一封 1998 年 6 月 25 日的观点信（对巨灾期权的观点）中表示巨灾期权不是保险合同。[21]巨灾期权的观点表达了如果特定巨灾事件（如飓风或大型暴风雨）发生，特定金额（与购买人实际发生的损失无关）将支付给购买人。为获得规定的合同金额，购买人不需遭受合同规定的巨灾事件的伤害。而是不管购买人是否实际遭受合同规定的巨灾事件带来的损失，发行人都有义务支付给购买人。因为购买人不需证明自己遭受了损失，NYID 作出结论指出巨灾期权不是保险合同。

相反，如果巨灾期权已经改变结构，只有购买人已遭受了与可保利益相关的损失才能获得支付，NYID 则会将此类巨灾期权视为保险合同，要求其取得保险营业许可证并遵守纽约州保险规定。

在巨灾期权观点中，NYID 实际上作了如下区分：一方面，不管衍生品的购买人是否实际上遭受损失，它都会转移风险；另一方面，保险合同将购买人自己的和确实偶然的——但可保的——损失转移给合同发行人。

在 2000 年 2 月 15 日，NYID 将巨灾期权观点分析应用于天气衍生品中（天气衍生品观点）。[22]在天气衍生品观点中，NYID 提出天气衍生品在纽约保险法下不是保险合同，因为对购买人的支付不依赖于购买人是否遭受了损失。实际上，支付金额和衍生品的触发事件都与购买人的损失没有关系。[23]最近，NYID 作出结论，信用违约互换也不是保险合同，[24]因为出售人必须当负信用事件发生时才支付给购买人而不管购买人是否已经遭受了损失。因此，至少在纽约法律下，未将支付与保护购买人的实际损失经历挂钩的天气衍生品合同不是保险。

对于保险合同下的支付，许多其他州（除了纽约外）要求被保险人发生损失，并要求证明被保险人确实发生了损失。在许多州，对于确实是保险的法定和司法要求也包括可保风险和抵御经证实的损失等主要基本要素。[25]

28.4 天气衍生品作为令人怀疑的保险的分析

根据全美保险监督官协会（National Association of Insurance Commissioners，NAIC）的最新研究发现，认真研究衍生品和保险之间的区别尤其重要。在2003年，NAIC的农作物工作组发布了一份名为《天气金融工具（温度）：保险或资本市场产品》的失策的和无说服力的草案。[26]NAIC的草案掩盖了衍生品和保险之间的结构性区别，并形成了一个错误结论，即天气衍生品实际上是保险合同。因为NAIC由来自50个州、哥伦比亚特区和四个美国的领地的保险监督官组成，NAIC的意见——以及草案——都需要认真考虑，不管其报告中的观点最终多么没有根据。

NAIC草案（在宣称天气衍生品实际上是伪装的保险产品）产生了对保险和衍生品间已明确了的区别的质疑。假定NAIC的使命是帮助州保险监督官，[27]NAIC草案则是对管辖权攫取的一种不适当的尝试。

在NAIC的2004年冬季会议上，保险证券化工作组被分派对该草案进行研究。在讨论和评论后，保险证券化工作组于2004年2月否决了该草案。紧随其后，在3月召开的NAIC春季全国会议上，NAIC财产和意外险委员会也否决了该草案，它将该草案搁置了起来，并暂时结束了以后的讨论。原因是NAIC草案没有得到较大的NAIC成员的任何有力支持。

该失策的NAIC草案强调了理解衍生品和保险产品间的区别的重要性。在本节，作者摒弃了NAIC草案中错误地提出的支持其立场的一些观点。

在阐述天气衍生品实际上是“伪装成‘非保险’产品以避免被分类和监管当做保险产品”[28]的努力中，NAIC草案忽略了衍生品和保险间的已确立的法律区别。没有考虑——或者甚至不承认——这些主要的法律区别，NAIC草案宣称如果将天气衍生品归类为保险，将会产生如下三种结果：（1）保险监管审查将把天然气市场的价格操纵的可能性降到最小，[29]（2）消费者保护将习惯于购买公众的利益，[30]（3）各州将通过对这些新确定的保险合同征收保费税而增加所需收入。[31]这些观点都是缺乏根据的，并没有以现有法律为基础。第一，NAIC草案似乎并未理解天然气市场上引发价格操作断言的问题；第二，天气衍生品对以任何方式表明对消费者保护需要，从来都不存在任何问题；第三，虽然各州将从额外税收中获益，但各州不能只是将衍生品合同称做保险就对它们征税（即征收只适用于保险合同的税收）。

因为该NAIC草案已经被搁置起来，我将不花时间详细地证明为什么它的前提和声明是没有根据的。[32]但是该草案被起草和发布的事实首先清楚地证明了理解天气衍生品和保险产品之间区别的重要性。

28.5 文件考虑

假定与天气相关的衍生品和保险合同之间可能存在重复，在确定合同是衍生品还是保险合同时，合同行文的方式常常很重要。

28.5.1 衍生品的文件形成

衍生品交易通常在由国际互换和衍生品协会（ISDA）发布的标准的所谓统括协议下形成文件。[33]交易双方协商一个定制的时间表，成为ISDA统括协议的一部分。时间表和标准格式的ISDA统括协议形成了适用于两方间的所有衍生品交易的一般法律条款（例如，哪一方有权进行合同下的计算，对于提前终止有什么支付条款，以及适用法律等）。交易双方协商任何信用支持条款和置入抵押品的要求，如果适合，则将成为ISDA统括协议的一部分。单笔交易反映在单独的交易确认书中，交易确认书确定每笔单独交易的经济条款，这也是ISDA统括协议的一部分。[34]

如果衍生品合同在统括互换协议（master swap agreement）（常常包括ISDA统括协议、时间表和单笔交易确认书）下形成文件，衍生品的交易双方则可得到很大的保护。第一，一份统括互换协议通常可以使交易双方在同一天用同种货币进行的多个衍生品交易的支付相冲抵；第二，如果统括互换协议的一方破产（或递交了破产请求），另一方则在美国破产法下拥有特殊权利，可以终止统括互换协议以及抵消（或冲抵）任何终止价值或支付；[35]第三，某种其他类型的衍生品合同免受美国破产法自动停留条款的制约，则允许那些交易进行某种抵消。[36]这些保护对于有偿付能力的衍生品交易方来说非常有意义。

28.5.2 保险合同

保险合同通常在一套文件下形成，这套文件（由被保险人完成）包括实际保单（提供给所有潜在的购买者）、声明（详细说明应用于被保险人的合同条款）、保险申请（由被保险人完成），以及实际保单附带的时间表、图表或背书等。

28.5.3 衍生品合同还是保险合同

一家有执照的保险公司提供的将购买者的天气风险转移给保险公司的合同可能会被视为保险，但购买者在收到合同下的支付前必须证明他已经遭受了损失。

另一方面，一份合同可能被视为衍生品，如果天气风险在两方的双边协议下形成文件（通常在ISDA统括协议下），其中支付以合同中确定的计算为基础，而不管有权收到支付的一方是否发生了损失。

为进一步提炼这个一般规则，衍生品合同可能（但不必）包括一份放弃声明，表明合同并不想成为保险、合同不适合作为保险的替代物，以及合同不受任何适用的州法律下的财产和意外担保基金或协会的担保。最后的要点是任何有关天气衍生品交易的营销资料不应强调合同和保险的相似之处。

28.6 税收区别

管理天气相关风险的业务必须评估它们所能获得的风险管理产品（衍生品和保险合同）的税收待遇。

28.6.1 天气衍生品的税收

天气衍生品在现有的一般适用于衍生品的税收规则下很难归类，因为衍生品通常与使用衍生品的业务所拥有的可识别资产或财产无关。这会造成税收的不确定性，因为美国税法试图根据纳税人手中的基础资产或财产的性质，来区分资本利得与损失和普通利得与损失。

出于美国税收的目的，衍生品可以分为不同的类别。例如，天气衍生品在 Treas. Reg. §1.446－3① 下可能被定义为名义本金合同，在国内税收法（Internal Revenue Code，IRC）第1234节下被视为期权，或在IRC§1234A下被视为合同。[37]

虽然详细讨论不同种类衍生品的税收待遇超过了本书的范围，但要强调一点，尽管对天气衍生品按与其他衍生品一样的方式征税也许有合法的政策理由，但现有税收法和监管条款对于天气衍生品的税收待遇问题基本没有确切的规定。因此，如果天气衍生品不符合 IRC §§1221（a）（7）和1221（b）（2）以及 Treas. Reg. §1.1221－2 中所含的税收对冲交易要求，其税收性质和盈利与亏损的时间就是不清楚的。

28.6.2 税收对冲资格

一旦公司找到它认为可以保护其抵御天气相关风险的天气衍生品，一个主要的税收问题是该交易是否满足对冲的税收定义。满足税收对冲定义的衍生品交易的盈利和亏损将获得普通收入和损失待遇。如果该交易不是税收对冲，损失则被视为资本损失，即使该交易保护公司抵御业务风险。在一般税收规则下，资本损失只有当公司从其他渠道获得资本盈利时，才可以得到减免。如果公司不产生资本盈利，资本损失则没有任何价值。为使一项符合税收对冲定义的交易获得有利的税收对冲待遇，该公司必须确保它能满足财政法规中规定的税收性质要求。

税收对冲定义 税收对冲指一项进入公司贸易或业务的正常程序的交易，这些贸易或业务主要管理涉及普通财产、借款或普通债务的利率、价格或货币风险。可以出于税收目的对冲某些预期风险。

在目前税法下，被对冲的风险必须关于普通财产、借款或普通债务（被对冲的风险称为被对冲物）。出于税收考虑，普通财产包括如果被公司卖掉不产生资本盈利或损失的财产。一个交易商的存货，如天然气或民用燃料油，是交易商可以对冲的普通财产。同样地，一家公用事业或电力市场商销售的电力也是可以被对冲的普

① Treas. Reg. 指美国财政部或国税局发布的财政规章。——译者注

通财产。

相反，保护所有商业盈利能力（如数量或收入风险）的交易与普通财产、借款或普通债务没有直接联系。许多天气衍生品交易的目的是管理造成一家公司产品或服务的销售或需求减少的与天气相关的数量或收入风险。因此，保护公司收入流或其净收入以抵御数量或收入风险的交易在目前税法下不属税收对冲。

扩大税收对冲种类的财政权力　公司必须对冲普通财产、借款或债务的税法规定意味着许多合法的风险管理行为得不到有利的税收对冲待遇。为了改进关于对冲的税法，美国议会于2000年12月特别授权财政部发布规定，扩大管理财政部在规定中提到的其他风险的对冲定义。[38] 在写本书时，财政部还没有发布关于扩大税收对冲优惠到与普通财产、借款或普通债务无关的天气相关数量和收入风险。

在一家公司——在其业务正常轨道上——仅因为那些业务风险不能归因于普通财产、普通债务或借款而寻求控制数量或收入下降的风险的情况下，看不出有什么政策原因使美国税法禁止税收对冲。[39]

识别要求　如果一项交易符合税收对冲的要求，公司必须识别符合规定的对冲。一个对冲者不是可自动地获得普通损失待遇。而是交易必须在公司进入对冲的当天被确认是一项对冲，以及识别被对冲项目必须在充分地同时期地基础上。

锯齿规则　在税收锯齿规则下，如果一家公司不能正确识别出一项税收对冲，从该交易获得的盈利是一般性的，而损失则是重大的。一个类似的锯齿规则适用于被错误地当做对冲的交易。

对冲时间　财政部规定要求公司在一个清楚地反映公司收入的税收会计法下对其对冲的任何盈利和损失进行记账。根据 Treas. Reg. §1.446－4（b），一家公司在选择其税收会计法方面有一些灵活性，如果该税收会计法可以清楚地反映其收入。

28.6.3　保险合同的税收

像以前讨论的，天气保险保单向公司提供了保险保障，如果合同中规定的天气条件造成了某种公司能够证明它遭受了的可保损失。

出于税收考虑，为抵御天气相关损失而将购买保险单的保费作为普通和必要的业务费用时，可以从公司的收入中减免。[40] 另外，从特定类型的保险获得的保险收入通常不被征税，除非此项收入超过了公司的财产损失税或如果此项收入表示已损失的业务利润。

如果一家美国公司从外国保险公司购买伤亡或意外保险（关于在美国发生的危险、风险、损失或债务），支付保费的一方有义务向财政缴纳消费税。这种税作为是对美国公司支付给外国保险公司的保费征收的。[41]

特别税收规定适用于发出保险合同的那些公司。一条特别规定是保险公司作为美国税法下的公司加以征税。另一条是保险公司获得某种当前税收的豁免。从美国税收角度考虑，一份合同是否被视为保险依赖于它是否：（1）被指定为保险，（2）反映了通常与保险有关的条款，（3）被相关州的保险监督官视为保险。[42]

关于与天气相关的风险，假设一家公司向保险公司支付保费，保险公司反过来同意弥补合同中规定的天气相关事件造成的公司损失或费用。又假设该合同被写成为保单，它与偶然天气事件相连，且规定支付保费的公司能够获得特定损失的补偿。

出于税收考虑，如果保险公司集合了它从相似合同承担的风险，这种合同应符合作为保险的要求；如果保险公司没有集合这些风险，该合同从税收角度考虑则不是保险。实际上，因为这种集合要求，法庭已发现了某些被视为保险且由州保险监督官监管的合同，从税收角度看不视做保险。[43]

28.7 结论

有兴趣保护其自身抵御天气相关风险的公司必须认真考虑使用天气衍生品或保险的利弊。虽然关于一份合同要成为衍生品或保险合同需要符合哪些条件没有确切的规定，但本章提供了评估这些重要问题的基本框架。

第 29 章　保险在新巴塞尔协议下是资本的替代物吗

芭芭拉·T. 凯文（Barbara T. Kavanagh）*

本书的核心问题之一是保险可以被视为——或者部分的或者全部的——资本本身的替代物。虽然经济学可能为这一观点争辩，但监管当局经常从不同的角度来考虑此问题。他们的看法不可避免地受到长尾事件的很大影响。长尾事件是引起轰动的极度失败的和损失的事件，其增强了监管当局这样做的理由。商业银行业非常适合做这方面的范例。由于银行在经济中的核心作用，它通常是被严格监管的行业。大多数或所有的银行监管当局都将资本视为他们的咒语。例如，在美国，银行资本是位于银行和联邦安全网之间的所有东西：一旦银行资本用尽或接近用尽，联邦存款保险公司（FDIC）必须介入，以确保有序地进行清算或转移所有权，同时维护经济稳定。与国外同行一致，美国银行监督官谨慎地制定对资本本身进行定义的规定，且制定了相对于被保险金融机构的风险特征而言什么能够构成充足的资本。

商业和投资银行业务在过去几年已逐渐变得全球化。随着国界的交叉，由于每个国家监管当局对其辖区内足够资本的定义不同，则不可避免地产生竞争的不平等。认识到与此相关的困境以及系统风险也随着银行的全球化而跨越国界，国际清算银行（BIS）和其监管分委员会诞生了。位于瑞士巴塞尔，BIS 于 20 世纪 80 年代发布了第一批国际范围签署的资本标准。在 20 世纪 80 年代中期，参与 BIS 的全国性监管当局（通常是那些来自七国集团的国家）精心建立了一个共同的资本充足框架，并于 1988 年形成最后的版本，即巴塞尔协议。然后参与机构返回各自的辖区，在自己的国家颁布与巴塞尔协议一致的规定。现在都将此协议称为巴塞尔协议Ⅰ，它非常简单但是很重要的里程碑。全国性银行监管当局一般同意要求其辖区内的银行的资本充足率为 8%。

在 2004 年 6 月，BIS 发布了巴塞尔协议Ⅱ，一个篇幅长且更复杂的新资本充足框架，计划在全球金融服务行业内广泛应用。制定此协议用了 5 年多的时间。所有参与讨论的全国性监管机构目前处于在其各自辖区颁布规定以执行此框架的初期阶

---

* 凯文女士是弗吉尼亚北部的独立风险管理顾问，专长于结构性交易和证券化，她的职业生涯开始于美国联邦储备局，并在那工作了 14 年，之后，她先后在毕马威担任咨询员，以及在一家大型外国银行的美国投资银行部担任高级信用经理。

段。这样，不可避免地出现了关于保险是否可以在此框架中部分作为或全部作为资本替代物的问题，如果可以的话，是否应受制于某些限制？

在写本章时，美国金融服务业监督官已经广泛地接受了巴塞尔协议Ⅱ的原则，但在制定实施规定方面美国尚处于最初级的阶段。2006 年后期可能是实施巴塞尔协议Ⅱ的最早日期，随着时间的推进逐渐实施规则和法规。尽管看起来还有很多时间，多数大型机构很久以前就已开始估算巴塞尔协议Ⅱ对其资本充足性的意义。因此，在监管资本背景下讨论风险转移机制的含义和保险产品已经提上日程。

巴塞尔协议Ⅱ是比其前身巴塞尔协议Ⅰ更为复杂的风险资本框架。巴塞尔协议Ⅰ可追溯到 1988 年，虽然在 20 世纪 90 年代中期为清楚地捕捉市场风险（尤其在交易账目中）对其进行了大规模修订，巴塞尔协议Ⅰ仍主要强调信用风险。相反，巴塞尔协议Ⅱ包含的内容涉及几种风险因素，包括信用风险、市场风险和经营风险，以及专门有单独复杂的一章针对证券化和证券化产品。简而言之，钟摆一下子从过于简单的巴塞尔协议Ⅰ摆动到试图捕捉大多数风险因素以及对每种风险分配所设立的资本费用的巴塞尔协议Ⅱ。

下面简单地讨论巴塞尔协议Ⅱ框架关于经营风险的部分，以及在资本必须分配给经营风险的背景下对保险产品或风险转移机制的使用。那些对经营风险分配的资本费用决不是微不足道的。一些主要机构已经估计经营风险的资本分配可能等于或超过分配给市场风险的资本。虽然通过优化保险产品，资本费用可能会降低，但这种产品或结构的利息可能会相当高。下面将简要地概述巴塞尔协议Ⅱ资本框架中的经营风险部分。

29.1 经营风险和相关风险类型定义

在巴塞尔协议Ⅱ的最后文本中将经营风险定义为“不适当的或失败的内部过程、人员或系统或外部事件引起损失的风险”。这个定义明确地排除了战略和名誉风险因素，但包括所有形式的法律风险，例如，私人部门诉讼、监管行动的相关落实成本和任何相关的罚款或处罚。[1]

从保险公司角度看，此定义涉及的范围很广。然而，如果看看在发布最终框架的过程中，此领域里的任何一个讨论文件或 BIS 出版物，就能更好地理解在经营风险项下的风险类型以及覆盖至少部分这些风险的保险产品。BIS 分委会的工作大致识别了在经营风险项下的七个分类或风险类型。对于这些，在现有以保险为基础的产品中可能更容易识别：[2]

1. 内部欺诈。此类别意在覆盖挪用财产或欺诈的行为，其中参与者中至少有一个是雇员。既定例子包括偷盗、敲诈、挪用、抢劫、内部交易错误标记国际交易头寸、伪造或开空头支票，或故意逃税。

2. 外部欺诈。此类覆盖与内部欺诈一样的行为种类，但只限于由第三方操作。

3. 雇佣活动和工作场所安全。此类别意在包括来自多样性或歧视性事件、个人伤害索赔、工人补偿安全事件的损失，或更一般性地，来自有违健康、安全或雇佣法律和政策的损失。

4. 客户、产品和业务活动。此类别涵盖适合性和信用问题，以及不当业务或市场活动、产品缺陷（包括模型错误）和关于咨询业务的争端。例子包括贷方责任、适合性或像知道你的顾客等的披露问题、反托拉斯或洗钱事件、市场操纵和企业账户上的不当交易。

5. 对有形资产的损害。此类别意在覆盖自然灾害对有形资产以及像恐怖主义或故意破坏行为之类的事件的影响带来的损失。

6. 业务中断和系统失灵。此类涵盖公用事业停止供应或中断，硬件设备、软件或通讯设备的失灵。

7. 执行、发送和加工管理。最后这一类覆盖比较广泛的其他经营风险。它包括卖主或供应商争端和外包问题；对手方争端或错误行为；关于顾客账户管理的事件，包括客户许可和不完全或丢失的相关法律文件；以及像错误的外部发布等报道事件。此类别也包括交易获取、操作和维护（例如，错误数据记录、账户错误或发布失败）。

此列表很清楚地表明了许多现有保险产品涵盖多个统括经营风险因素的保证保险（它是银行产品还是保险产品?）、业务中断保单和新无赖交易员保险。在全球几家大型银行的交易室发生一连串引起轰动的损失之后，无赖交易员成了利益标的。此外，一些较新的一揽子保单将七个类别的保险捆绑在一个合同中。从上面的列表可以清楚地看到许多经营风险并不能被传统保险产品所覆盖。此列表也说明了监管者面临的困境——当一些经营风险在一定时期内转移给第三方时，如何计算可以降低多少资本的要求。

29.2　风险衡量、资本分配和保险需要的减轻

巴塞尔协议Ⅱ允许对经营风险有三种不同的风险衡量技术：(1) 基本指标方法(Basic Indicator Approach，BIA)，(2) 标准化方法 (Standardized Approach，SA)，(3) 高级衡量方法 (Advanced Measurement Approach，AMA)。不幸的是，巴塞尔协议Ⅱ没有规定无论用基本指标方法还是用标准方法来衡量经营风险时，都可以通过使用保险产品降低任何监管资本要求。因此，我们将这两种方法放在一边，只知道它们是比高级衡量方法更简单的方法就可以了。在 SA 下，巴塞尔协议将不同的资本比例分配给不同的业务种类，其公式将所要求资本水平与每个主要业务种类产生的收益挂钩；在 BIA 的情况中，总毛收入的一定比例被分配给经营风险。

在美国，总资产 2 500 亿美元以上或外汇风险 100 亿美元以上的机构要遵守巴塞尔协议Ⅱ；较小的公司可以选择是遵守巴塞尔协议Ⅱ还是仍留在原有的巴塞尔协议的资本要求下。不幸的是，在美国，遵守巴塞尔协议资本要求的所有机构只可以使用 AMA 方法来衡量抵御经营风险的资本分配。在 AMA 或高级衡量方法下，一家银行自己的内部模型和衡量技术是计算监管资本要求的基础。然而，依赖于一家银行自己的模型和数据首先要获得当地监管机构的同意。虽然巴塞尔协议Ⅱ规定了有

资格使用 AMA 方法的机构必须满足一个定性和定量的公共标准，但最终的确定和批准权力还是在于当地监管当局。

应注意的是，关于在经营风险背景下的 AMA 的巴塞尔协议条款要求使用五年的历史数据。这些数据是代表机构自身历史的数据和全行业数据（例如，为捕捉长尾或巨灾事件发生的可能性。在这方面，一家机构在自身时间序列中缺少这种可从全行业数据中获得的数据）。虽然 2008 年 1 月似乎是美国实行必须遵守巴塞尔协议Ⅱ的开始日期，但许多机构依然正为满足五年数据要求而积累它们自己的数据。

29.3 保险作为风险降低器

正如当前所写的，巴塞尔协议Ⅱ通过基于保险的产品将可得到的资本要求降低限制为在 AMA 下所计算的总经营风险资本要求的 20%。为了符合任何资本减少的条件，下面是巴塞尔协议中列出的最低标准：[3]

保单必须至少为期一年。差额将适用于一年期以下的保单，差额对于那些 90 天或少于 90 天到期的结构或产品将逐渐增加到 100%。

• 保单必须规定保单取消的最低通知期至少为 90 天。

• 提供保险的一方的赔款支付评级必须至少为 A 级或等同的级别。

• 保险必须经过第三方。也就是说，如果最初是一家分支机构或自保公司签署保单，最后的风险必须转移给第三方，以在集团层面符合降低资本要求的条件。

• 保单必须没有包含任何与监管行动有关的除外或限制。而且，清算或破产不能导致保单无效，以及不能使与机构倒闭前的行为相关但在倒闭时才发现或其后被清算人员发现的索赔无效。

• 最后，按照巴塞尔协议强调的市场规范和透明度规定，金融机构必须披露其为了实现资本减少和风险降低而使用保险。

请注意这些标准是巴塞尔协议中与经营风险有关的标准。在本地实施资本充足性法律法规时，每个监管机构都可以根据需要自由扩充这些最低标准。如果当地市场规则含有特殊实践或需要解决的法律，可能会发生上面那种情况。

29.4 数据困境和 20 % 的资本减少限制

在逐渐采用巴塞尔协议Ⅱ的 5 年中或更多年中，监管机构进行了许多定量研究，特别是在经营风险和相关的资本要求方面。这主要有以下几个原因：

• 金融机构通常没有保留历史时间序列的经营风险损失数据。

• 在时间序列数据积累的情况中，关于长尾事件的样本大小则成为普遍的问题。也就是说，机构经常收集的数据是关于发生频率高和严重性低的损失的数据，但很少有发生频率低和损失严重的事件的历史和数据。

• 在 BIS 表示打算分配资本以抵御这种风险之前，行业收集这种数据的动力或这种数据的商业来源在很广的范围内并不存在。从那时起，已逐渐可以得到商业数据来源，以及开始开展市场参与者之间历史数据的收集工作。然而，许多数据障碍仍然存在（例如，解决固有的数据偏见、外部数据用于单个机构的适当性，以及无历史数据存在的新业务种类的开展）。

从 BIS 工作报告中，可以获得其在经营风险领域中的数据调查结果。在那种背景下，它们清楚地表明了用较简单的资本分配方法得出的应有资本来源于哪里——也就是说，以前注意到过哪项业务种类和风险子类型——以及哪里的历史损失已经到此为止。然而，对许多数据发布仍存在争论（包括在长尾事件和潜在数据偏见方面的充足的样本规模）。此领域中的监管研究和学术研究也在继续进行。

看第一遍时，许多人会对巴塞尔协议Ⅱ中对资本减少规定 20% 的上限感到失望。但通过与监管者交谈，对两个在此方面中非常重要的地方就十分清楚了。第一，20% 上限的设定只是初步的估计值，以及只是在调查据说显示出没有市场参与者在此处接近那种保险保障水平之后才设定的；第二，也许更重要的是，BIS 和全国监管当局清晰地表明了他们允许对此比例进行修订。监管官员完全期待着市场中的产品创新，这种创新将导致经营性资本减少的增加。他们进一步表达了只要合同易执行，保险公司也表明了立即支付的意愿，且所能承受的资本减少额可以被证明是合理的，他们就愿意接受对此上限的修改。

29.5　进一步获得监管资本减少的前提

监管当局强调：至少在目前，20% 的减少条款不像是一个捆绑限制。至少在美国，行业参与者还没有提议进行结构化交易，这代表了他们试图将经营风险转移至第三方。这可能是以下两项事实的结果：（1）有关的监管规则还未经当局的同意在当地实行巴塞尔协议Ⅱ，（2）行业参与者仍在改进对经营风险的计算和测量。这些计算和时间序列对于确定此领域内潜在的资本配置是必不可少的。

然而，在与监管当局就资本要求降低问题进行交谈前，行业参与者必须解决下面四个重要前提：

1. 机构必须规划将现有的保险保障分配给本章前面提到的每种经营风险子类。

2. 当监管当局允许机构将行业数据与其自己的历史数据综合使用时，机构将需要切实梳理行业数据，以适用于自己的情况。

3. 在设计经营风险模型和建模方法时，一家机构将不得不设定在发生索赔情况下保险公司赔付的概率。所设定的概率将必须具体化。在美国和主要欧洲市场这两种情况下，监管层所关心的问题是，在索赔发生时，是否对保险赔付的支付具有自愿性以及及时性。

4. 在考虑到经营风险的情况下，提出的任何保险或风险转移结构为了获得监管资本的降低，都将需要解决赔付的自愿性和支付的及时性问题。

29.6　结论

经营风险转移产品的市场可能在以后的几年中会快速成长。巴塞尔协议Ⅱ文件内容清晰地说明了监管当局将保险视为资本替代物的意愿，虽然最初要有一些限制。尽管在美国市场上至今没有经营风险特定的结构，但可能即将出现。然而，如果当地缺少对资本费用的清晰定义，这种结构只出现在机构对有效的经济资本使用感兴趣的情况下。然而，根据巴塞尔协议Ⅱ的信息，对这种风险的监管资本费用是非常重要的，来促使机构确定与其本身的资本成本相对应的获得这种保险的成本。等到同样的风险输入也进入了机构内部的根据风险调整过的资本分配法和（或）影响执行赔偿，对经营性风险转移产品的兴趣也将会从经济资本的角度增加。

虽然乍一看对资本要求降低的20%的限制似乎很低，但如果被证实合理的话，提高此限制的自由度是很大的。许多或大多数机构在接近该上限之前，有很大的提高保险水平的空间，此外，监管当局认为该上限是相当灵活的。同时，由于数据的时间序列逐渐变得强大且在一家机构接着一家机构的基础上变得普遍，非常有可能发生该上限的美元的等同值会随着时间的流逝而变化。

对在此市场中扩张程度的限制将可能源自以下方面：证明有支付能力的保险公司犹豫或不愿意进行这样空的诉讼；未能发现用于制定多年期保险合同双方可接受的语言（因此从监管角度看更像资本），然而仍包含保护条款，允许保险公司在发生重大不利年度变化的情况下不续保；以及监管解释程序。巴塞尔协议Ⅱ横跨多个监管辖区，以及在一些国家（像美国），要求几家监管机构在允许经营资本要求降低之前，在批准混合型和新型产品上达成一致。因而目前来看，前景是光明的。

第 30 章　特殊目的机构在 FIN46R 下是可变利益实体吗？如果是，会怎么样*

J. 保罗·福斯特（J. Paul Forrester）**

本杰明·S. 纽好森（Benjamin S. Neuhausen）***

特殊目的机构（SPE）广泛地应用于一系列项目和其他结构性融资中，它们通常促使风险和责任分配在明确的交易协议以及其他文件和工具下分离。此外，相对于 SPE 不得不合并进发起人的财务报表来说，如果 SPE 不合并进交易发起人的报表，可能允许发起人参加更多的交易。

最近，在安然[1]和其他公司涉嫌滥用 SPE 后，强大的政治和其他压力致使美国的财务会计标准委员会（FASB）发布了关于并表的新指导意见——FASB 第 46 号解释（2003 年 12 月修订）（FIN46R），可变利益实体的合并，是对会计研究公告（Accounting Research Bulletin，ARB）51 的解释。与其主要合并项目[2]的缓慢进展形成鲜明的对比，FASB 采用了发布 FIN46R 的快速时间表，很大程度地缩短了通常深思熟虑的和冗长的 FASB 标准制定过程。经过 11 个月的公开会议和广泛的咨询和商议，FASB 于 2003 年 1 月发布了 FIN46，然后在接下来的 12 个月中发布了 8 个解释性的 FASB 工作人员立场公告（FASB Staff Position，FSP），[3]其中 FASB 解释和改进了其 FIN46 指导原则。自从最近发布了 FIN46R，关于其应用和解释的问题已导致有关 FIN46R 进一步提出的工作人员立场公告的发布。[4]此外，FASB 的新问题工作组（EITF）在问题 04－7，即“确定一种利益是否是潜在可变利益实体中的可变利益”中，与 FIN46R 中的可变利益的基本概念作斗争。[5]

期待对本章题目中提出的问题有确实答案的读者可能会感到失望。然而，许多在以前的指导原则下没有被合并的现有 SPE 将在 FIN46R 下合并进其发起人的报表中，除非他们实施了重大重组。同样地，进入新结构性融资交易的发起人可能将需

---

* 本文的以前版本发表在《结构化和项目融资》杂志（2003 年秋季）上。

** 保罗·福斯特是国际律师事务所 Mayer Brown Rowe & Maw LLP 的合伙人，在芝加哥工作。联系电话：(312) 701－7366，电子信箱：jforrester@ mayerbrownrowe. com。

*** 本杰明·纽好森是一家全国专业服务公司德豪国际公司（BDO Seidman，LLP）的全国会计主管，在芝加哥工作。联系电话：(312) 616－4661，电子信箱：bneuhausen@ bdo. com。

要比过去更不同地构建这些交易的结构，从而避免合并报表。FIN46R 为愿意记录额外的资产和负债的实体提供了机会，他们将能为承担使他们合并其他实体并不想合并的 SPE 报表的风险而收取费用。

FIN46R 表现出与以前的美国公认会计准则（GAAP）有明显的不同，FASB 将它描述为基于原理的指引而不是传统的基于规则的指引。传统 GAAP 合并报表指引要求一个实体中的控制财务利益（通常通过具有多数有投票权的股票的所有权获得）的所有人应合并那个实体的报表。然而，大约 15 年前，会计师认识到该传统指引对业务活动和决定都十分有限的 SPE 来说不能很好地起作用。EITF 为租赁 SPE 开发了一个不同的合并报表模型。[6] 在实践中，该模型也同样用于其他类型的 SPE。在 EITF 问题 90－15 中，EITF 认为承租人应合并 SPE 出租人的报表，除非满足下面三个条件中的一个：

1. SPE 的法定所有人是承租人之外的实体，并且有大量的剩余权益投资处于风险中（在实践中，常常认为等于资产 3% 的剩余权益就已是很多了）。

2. SPE 与其他机构有重大的交易。

3. SPE 资产的大量剩余风险和剩余回报由某人拥有而不是承租人。

上述指引由于使避免合并报表变得太容易而受到批评。等于资产 3% 的剩余权益被批评几乎没有给第三方投资带来风险。另外，虽然对法定所有人需要有损失风险规定得很清楚，但对 SPE 可以与发起人进行的交易到什么程度并不清楚，例如，用来降低 SPE 所有人承担的风险的担保或衍生品等。在 FIN46R 中，FASB 像之前的 EITF 一样得出结论，基于剩余风险和回报而不是基于投票权的合并报表指引对某类实体是必要的。然而，FASB 将此类实体定义得更广泛，并设立了不同的标准。

事实上，对于 FASB 来说，定义 SPE 和在 FIN46R 中采用可变利益实体（VIE）这一新概念是非常困难的。本质上看，VIE 是资本化程度很低的实体或者是其权益所有人没有通常权益所有人所拥有的风险和权利的实体，而且是没有被排除在 FIN46R 范围之外的其他实体。后面将更全面对此进行讨论。因此，VIE 可以包括广泛的多种实体，包括潜在地用于结构性和项目融资交易的 SPE。正如后面更详细讨论的，SPE 的作用和设立 SPE 的交易的性质将在应用 FIN46R 以及确定 SPE 是否是一家 FIN46R 所定义的 VIE 时很重要。

FIN46R 的规定表面上看比较简短，只有 41 个段落（在 FIN46 中只有 29 个），如果不包括附录，只有 29 页（在 FIN46R 中只有 13 页）。然而，最近 FIN46 的一个概要包含 77 页，并在最后指出这个新的和复杂的标准的广泛范围常常是模糊不清的，以及在使用其中很多条款时需要专业判断。[7] 随着 FIN46R 的发布，几家大的会计师事务所已发表了关于 FIN46R 的大量的解释指南。[8]

30.1 除外范围

某些公司不包括在 FIN46R 的范围内，虽然这些除外范围中的一些公司不可能应用于结构性或项目融资交易。从其规定来看，有两大类排除在 FIN46R 范围之外：[9]（1）金融资产的转让人和其附属机构将不用合并 FAS140 段落 35 描述的合格的特殊目的机构（QSPE）的报表，或 FAS140 段落 25 描述的以前的 QSPE 的报表。（2）在 QSPE 中或以前的这种 QSPE 中持有可变利益的公司将不用合并该实体的报表，除非公司单方面能够造成该实体清算，或改变该实体以使它不再满足 FAS140 段落 25 或 35 中的条件。这种除外范围的影响将排除大多数（如果不是全部）的 CDO，因为 CDO 可以被组建成 QSPE。虽然 FAS140 对 QSPE 的要求超过了本书讨论的范围，FAS140 一般地规定 QSPE 只持有已在法律上与让与人分离的金融资产和相应的对冲资产，以及 QSPE 的活动实际上包括购买和出售这些资产，这都是由交易文件所规定的，QSPE 不能任意决定。[10]现实中，项目 SPE 通常持有非金融资产，而不是 QSPE。

30.2　可变利益

在 FIN46R 下，可变利益（VI）是在一个实体中，随着该实体的净资产值变化而变化的合同、所有权或其他财务利益。它包括以下七种类型：

1. 处于风险中的权益投资，以及附属受益利益和附属债务工具。
2. 担保、卖出期权和类似的债务。
3. 远期合同。
4. 衍生品利益和复合工具。
5. 服务合同。
6. 租赁。
7. 一家 VIE 在另一家 VIE 中的可变利益。

很清楚地，对于项目 SPE 来说，将不得不分析所有的项目合同，以确定它们是否有 VI 必备的特征。这将可能需要专业判断，因为（除了以前的例子和 FIN46R 附录 B 中的一些相关讨论）FIN46R 规定每种利益是不同的，必须根据事实和每种情形的状况进行分析。假若在实践中有范围很广的多种与项目有关的协议以及对特定交易要求有很大的变化，这种分析将常常很复杂和耗费时间，以及在非常相似的情况中和在不同的会计师事务所之间做到决定的一致性也将是一个持续的挑战。

对于结构性融资交易，也可能会有大量不同的潜在 VI，特别是涉及到一些衍生品，在 FIN46R 下，将检查这些衍生品的期权、远期或其他可变的特征。显然地，在这方面将需要专业判断，虽然一些会计共识或应用习惯可能会随着时间的流逝而出现。

一些 VI 是 VIE 特定资产中的利益。例如，剩余价值担保将是特定资产中的一项 VI，无追索权债务将是出借人具有权利的资产中的一项 VI。如果特定资产占 VIE 资产的 50% 以上，VI 将被认为是 VIE 中的 VI，以及记账方法与若此利益与特定资产无关的情况下一样。如果特定资产占 VIE 资产的 50% 或以下，那么 VI 只被认为是特定资产中的 VI，但不是整个 VIE 中的 VI。然而，如果特定资产只是通过无追索权债务和特别认定的股权进行融资，该特定资产可以建立一个机构，此机构将被当做一个独立的 VIE 对待。

假设设立一个项目 VIE 是为三个不同的用户提供和经营具有相似价值的三个相似的设备（如管道）。因为每个管道大约为 VIE 总资产的 33%，在特定管道中的 VI 的持有人被认为只拥有管道的利益，而不是整个 VIE 中的利益。因此，只拥有一个管道中的 VI 的实体将不是整个 VIE 的主要受益人。而且，计算整个 VIE 中的 VI 回报的潜在可变性时，将不包括单个管道中的 VI 的回报的潜在可变性。然而，如果对每个管道的融资（包括债务和股本）完全与对其他管道的融资融离，那么每个管道将被视为是独立的 VIE。

30.3 预期损失和预期剩余回报

预期损失（expected losse，EL）表示 VIE 利润的潜在不利的可变性。预期剩余回报（expected residual return，ERR）表示 VIE 利润的潜在有利的可变性。使用预期损失一词有些不恰当，因为它不是指 VIE 所报告的实际或预期 GAAP 损失。在实际的所有情况下预期盈利的 VIE 仍会有 EL，[11]因为其利润将在某些情况下少于在其他情况下。EL 和 ERR 的确定基于盈利性加权预期现金流。FIN46R 的附录 A 解释了对简单 VIE 的计算方法。

30.4 主要受益人

VIE 的主要受益人是将承受该 VIE 大部分 EL 或获得大部分 ERR 的 VI 持有人。如果不同的公司持有代表大部分 EL 和 ERR 的 VI，则持有代表大部分 EL 的 VI 的公司是主要受益人。在 FIN46R 下，某些费用不因其可能的可变性而被加权。这种费用的不一样待遇与 VIE 利润中的其他因素实际上使决策人或某担保人更可能成为相应 VIE 的主要受益人。虽然决策人费用的待遇可能有与直觉不同的结果，但 FASB 只在 FIN46R 中减少了这种待遇。在 FIN46R 下，为了付给决策人的费用不被视做可变利益，决策人必须符合某些特定要求。这些要求在 FIN46R 附录 B 中的段落 B－18 到 21 中规定，且包括主要受益人要受制于重大的免除权利（kick－out right）。因此，对于管理 CDO 来说，如果经理人是决策人（像可能出现的），他可能是主要受益人，即使他没有持有大部分总股本。在许多能源项目中，有一方在经营和维护协议下进行每天的运转和维护，如果经营和维护承包人是项目 VIE 的决策人，应支付给此承包人的费用将在确定主要受益人时不按比例计算，这就使得承包人更有可能成为主要受益人。同样地，许多项目 VIE 的设备销售商将提供关于设备的性能和其他担保。如果应支付给这种销售商费用是定期的，也将在确定主要受益人时不按比例地对它们进行加权。

FIN46R 含有为了确定主要受益人有效地加总相关利益方的 VI 和将相关利益方的概念扩展为实际代理人的条款。[12]在各利益方共享关系或在其他方面相互联系或彼此做代理人[13]的情况下，将使主要受益人的确定变得复杂。

VIE 的主要受益人被要求合并进 VIE 的报表中。一家 VIE 只能有一个主要受益人。而一些 VIE 将没有主要受益人。

30.5　可变利益实体

从设计来看，如果一家实体或者没有额外附属的财务支付不能对其活动提供资金（或换而言之，VIE 的预期损失超过其处于风险中的总投资），或者其股权持有人作为一个整体，不能直接或间接决定 VIE 的活动，那么这家实体就是 VIE。

在 FIN46R 下，假定少于资产 10% 的股权投资是不够的，除非能够满足下面几个方面中的一个：

- 该实体与可对比的实体持有一样多的股权，后者持有具有类似质量的在没有额外附属财务支持下经营的类似资产。
- 基于合理的定量证据，投资于该实体的股权超过该实体的预期损失。
- 该实体已证明它可以对其活动提供资金而不需额外附属财务的支持。

注意这种假定是不利的，也就是说，如果股权投资超过资产的 10% 时是足够的，则没有相对应的假定。事实上，FIN46R 特别注意到活动有更大风险的实体需要更多的股本。此外，为了达到此目的，股本必须是有形股本，必须极大地分享利润和损失（即使这种股本不具有投票权），其获得一定不是为换取其他 VIE 附属利益，且一定不是直接或间接地或由与该实体有关的其他实体获得或提供资金。同时也要注意，与以前的 EITF 指引不同，要考虑来自所有实体的股本。在确定项目特殊目的机构是否是 VIE 时，项目的参与者所拥有的股本可能要被计算在内。

对于项目 SPE，这些要求将有很有趣的应用。常常项目 SPE 投资者获得其对名义股权的投资以及考虑到其他服务（例如，建造、投入供应、产出购买或营销，或运转和维护服务），以及当这种股权由该交易获得和（或）提供资金时将不因此目的而被计算在内。此外，在许多项目中，利益方将收到包括分享利润在内的补偿（例如，因超额完成所规定的财务目标而支付给经营者的奖金），这可能造成股本不能充分分享利润。同样地，在许多项目中，损失风险将在项目合同下由第三方承担，出于 FIN46R 的考虑，有可能造成股本不能充分分担损失，因此使项目 SPE 成为一个 VIE。

至于对实体的活动进行决策的能力，必须通过投票或类似的权利如公司普通股股东或合伙企业的普通合伙人的权利获得，以及这种权利必须与其承担该实体预期损失的义务成比例。对于有关所需权利的额外指引，一些会计师已经参照 EITF 摘要 96 - 16[14] 和其中对分享性和保护性权利的讨论。对项目 SPE 来说，这将又一次引起有趣的讨论。像前面谈论到的，项目常常保留一位承包人来进行每天的运转和维护活动，其与合伙企业中一个普通合伙人的角色非常相似。而且，在项目融资中，贷款人经常会被给予广泛的权利来批准项目合同以及合同方和其他事项发生的变化，这种权利可能被认为导致了股权持有人没有足够的决策能力，且使项目 SPE 成了 FIN46R 下的 VIE。

30.6 FIN46R 确定时间选择

在 FIN46R 中有两个核心的需要确定的问题：

1. 一个实体是否是 VIE。

2. 如果是，一位利益持有人是否是主要受益人。

在实体成立（或在以前成立的实体采用 FIN46R）之时，要确定此实体是否是 VIE。如果下面事件之一发生了，则需要重新考虑确定结果：

• 该实体管理的文件或参与者之间的合同安排发生变化。

• 部分或全部股权投资被返回现有投资者。因此，其他利益方将面临预期损失风险。

• 该实体参与了额外活动或购买了额外资产。

• 该实体获得了额外股本。

在公司成为 VIE 的利益持有人（或者在现有利益体采用 FIN46R）时，要确定其是否是主要受益人。如果下面事件之一发生了，则需要重新考虑确定结果：

• 该实体管理的文件或参与者之间的合同安排发生变化。

• 现有主要受益人要重新考虑其决定，如果它售出或处理掉其部分或全部的可变利益。

• 如果购买了 VIE 中的新可变利益或部分现有主要受益人的利益，不是现有主要受益人的利益持有人要重新考虑其决定。

• VIE 向其他持有人发行了额外的可变利益。

30.7 必要的 VIE 信息披露

主要受益人应该披露关于一个合并报表的 VIE 的以下信息：

• VIE 的性质、目的、规模和活动。

• 属于 VIE 债务担保物的资产数额和分类。

• 缺少追索权，如果 VIE 的任何债权人或其他利益持有人对主要受益人的一般信用证没有追索权。

这些信息披露是除了现有 GAAP 所要求的披露之外的披露。同样，如果主要受益人拥有 VIE 中的多数投票利益，则不必披露这些信息。

VIE 中的重要可变利益的持有人，除了主要受益人，应该披露关于一个不合并报表的 VIE 的以下信息：

• VIE 的性质、目的、规模和活动。

• 与 VIE 业务往来的性质和从什么时候开始的。

• 与 VIE 的业务往来使持有人面临的最大损失风险。

这些信息披露是除了现有 GAAP 所要求的披露之外的披露。

30.8　过渡

2004 年 3 月 15 日后结束的第一个报告期内或之前（也就是 2004 年 3 月 31 日，对于按日历年报告的公司来说），FIN46R 对所有的公司生效。

30.9　国际会计准则统一的提议

FASB 和国际会计标准委员会（IASB）都有统一国际会计准则的计划。FASB 和 IASB 都有合并 SPE 的报表指引。IASB 的指引，包含在 SIC－12 中（由 IASB 的前身，即国际财务报告解释委员会发布），是对国际会计准则 27“合并和分立的财务报表”的解释，两者有一些相似性（两者都反映了合并报表不应总由投票控制决定），但也在一些方面有不同之处，并且这些不同可能产生显著的后果。虽然回顾 SIC－12 超出了本书的范围，如果 SIC－12 不承认 FASB 和 IASB 所表明的减少它们各自会计准则的不同之处的目标，以及不承认这通常可能直接影响对合并 SPE 报表政策的未来发展，特别是对 FIN46R 产生的影响，它将是不完整的。

30.10　结论

如前所述，FIN46R 可能将引起多个项目和其他结构性融资中的许多困难决定——至少直到会计从业人员已经获得关于解释和应用此新的和复杂的指引的经验。在以前应用的 GAAP 不允许的情况下，FIN46R 的作用常常是将 VIE 的报表合并进主要受益人中，除非一项交易可以被结构化（或重组，如果可以）从而适用于 FIN46R。

第 31 章　信用衍生品、保险和债务抵押证券：安然事件余波*

安顿·B. 哈里斯（Alton B. Harris）**

安瑞·S. 卡莫（Andrea S. Kramer）***

信用衍生品双边合同和债务证券的价值与一家公司的信用状况挂钩，自 1992 年始一项债务责任或一组债务责任就出现了。[1] 然而，2001 年发生的事件改变了使用这些产品的重要性和频率。在那一年，多家公司在价值 1 150 亿美元以上的 211 个债券的发行上违约，在数量和金额上都创下了纪录。[2] 250 多家公司递交了破产保护，比前一年的 176 家增加了 46%，在当时 176 家已经是创了纪录了。[3] 并且，当年发生了令人吃惊的安然破产事件，这在美国企业经营史上是最大的破产事件——直到 8 个月之后发生了更为惊人和出乎意料的世界通信公司的倒闭。

作为被格林斯潘称为公司债券违约、业务失败和投资损失的急剧上升[4] 的事件的结果，对信用衍生品的使用在 2002 年的增长速度超过了预期，名义价值达 1.6 万亿美元。[5] 自那时起，全球现金和结构性信用产品的市场开始持续惊人地快速发展。到 2004 年底，共出售了名义价值达 8.42 万亿美元的信用衍生品，比上一年增长 55%。[6]

随着对用于信用风险保护的不同结构的重视的提高以及确保这些结构按照预想运行的共同努力，在后安然时代对信用衍生品价值的认识逐渐增加。在本章，我们将解释这些不同的结构，比较信用衍生品和保险，以及对信用衍生品的未来可能的发展提供一些预测。但在做这些之前，先解决一个具有迷惑性的简单问题比较有用，即为什么用信用衍生品？

31.1　信用风险管理

信用风险是债务人或合同对方的收入或资本不能满足合同条款……或不能像达

---

* 本章的部分最早出现在《震惊之后的公司：从安然和其他大型公司倒闭吸取的公共政策教训》，C. L. 卡尔普（C. L. Culp）和 W. A. 尼斯卡恩（W. A. Niskanen），纽约：约翰威立股份有限公司出版，2003。2005 年由安顿·B. 哈里斯和安瑞·S. 卡莫发表。

** 哈里斯先生是 Ungaretti & Harris 律师行的合伙人，主管金融活动组。

*** 卡莫女士是 McDermott Will & Emery 律师行的合伙人，主管金融产品、交易和衍生品组。

成的协议那样履行而产生的风险。[7]虽然信用衍生品市场最近才出现，但对与你做生意的人可能会不履行他们的责任的认识却与商业本身一样久，且在适当情况中，管理或抵御信用风险的需要是一些普通行动（如有抵押贷款、信用证、融资协议、担保和保证金要求等）存在的原因。

然而，在有效地抵御信用风险的同时，仍继续经营业务是比较难的。信用卡债务不能获得保证，可能不能通过出售抵押物收回全部贷款，且在发生出乎意料的大的市场变动的情况下，保证金也可能不够。而且，转移信用风险的现有途径——例如，贷款辛迪加和证券化——要求那些承担信用风险的也提供融资。信用衍生品向贷款人和其他信用风险对手方提供了一种管理这种风险的全新的灵活性。许多信用衍生品不包含事先融资，要求承担信用风险的一方只在发生信用事件之后进行支付。这种信用衍生品，已逐渐变为大多数，允许银行和其他对手方将管理信用风险与其融资责任分开。确实要求事先融资的其他信用衍生品允许通过资本市场从比以前更广泛的参与者中获得资金。

信用衍生品既将信用风险与融资分开，又商品化了这种风险，将其转变为可交易的市场工具。这两种技术向大型金融机构和公司提供了管理其信用风险的途径，将它们不愿承担的风险类型和数额分布给范围广泛的市场参与者。如美国银行。

美国银行已有效地利用信用衍生品将其公司贷款组合的大部分风险转移给当地和国外的保险公司、外国银行、养老金基金、对冲和秃鹫基金（vulture funds），以及其他拥有分散的长期债务或根据没有债务的组织。这些转移的大部分在信用提供过程的早期进行，以及大量的对通讯公司的风险通过信用违约互换、抵押债务和其他金融工具分散。随着信用具有更多风险以及银行重新权衡其组合，其他风险转移反映了后来按折扣价格进行的出售。在这些出售中有些具有很大的让步，以吸引购买者接受大额风险。无论是作为原来信用决定的一部分还是为了回应变化的情况，这些交易代表了一个积极信用管理的新范例，并且是在经济紧张时期说明银行体系实力的主要部分。[8]

信用衍生品如何准确地作为一个积极信用管理的新范例进行运作是我们下面要谈论的话题。

31.2 什么是信用衍生品

信用衍生品指一系列不同的结构性产品，它们的共同目标是保护一方抵御与特定第三方（参考实体）、特定第三方的债券或借款（参考债务[9]），或者一组参考实体或参考债务有关的信用风险。[10]信用衍生品的任何一方都不需要有任何暴露于参考实体或债务之下的信用风险。任何一方也不必为了获得衍生品合同中规定的付款而证明自己已发生了财务损失。像其他证券和衍生品而不像保险合同，款项的计算和支付要遵循每个特定信用产品的条款，而不管应得到支付的一方的责任、债务、损失或实际风险。

不同用户组倾向于以不同原因使用信用衍生品。[11]在格林尼治合伙公司的一项最新的研究中，市场参与者称他们使用信用衍生品是为了提高逐渐增加的回报（50%）、对不同资产种类进行投资（48%）、对冲债券信用风险（34%）、利用套利机会（33%）、对冲贷款风险（31%）、获得更好的杠杆（20%）、降低组合的资本密集度（20%）、对冲对手方信用风险（18%）、投机（16%），以及其他原因（16%）。[12]

用于达到这些目标的不同种类的信用衍生品通常可以分为在信用事件发生前未融资的产品和事先融资的产品，前者如信用违约互换、总回报互换和其他类型的期权，后者如信用连结票据和债务抵押证券。下面，我们将描述这些信用衍生品结构中最基本的结构。然而，要记住目前信用利差的低水平已经促进了广泛的多种类的新金融工具的发展。这些包括信用利差期权、第一和第 N 个违约篮子、固定期限信用违约互换（CMCDS）和固定期限债务抵押证券（CMCDO）。目前交易的期权类型（通常是欧洲型）包含付款人和收款人互换并横跨所有的指标，以及不同期限的信用违约互换。出售 CMCDS 和 CMCDO 保护的投资人暴露于对手方违约风险中，但是在某种程度上与信用利差行为是隔离的。已收到的利息实际上是浮动的，并且定期重新调整，以反映具有同样期限的信用违约互换的当前利差水平。

31.2.1 非融资的信用衍生品

信用违约互换 在信用违约互换（CDS）中，购买信用保护的一方（保护购买人）或者支付一笔预付款，或者在合同期内进行一系列固定分期支付（保费或违约互换利差）。作为回报，如果关于参考实体或参考债务的信用事件发生，出售信用保护的一方（保护出售人）则同意支付给购买人，保护购买人和保护出售人都不需要有任何暴露于参考实体或债务之下的实际信用风险。[13]如果信用事件发生，保护出售人则支付购买人，同时购买人需继续支付所规定的保费直到合同到期。如果信用事件未发生，保护出售人则不用进行支付，但购买人仍需缴纳所规定的保费。

CDS 几乎总是以国际互换和衍生品协会统括协议形式形成文件的。触发保护出售人支付的标准信用事件是与下列事件之一相伴的特定价格恶化（重要性标准）：破产、违约事件发生、参考实体或债务降级、拒绝付款或延期付款、重组、支付违约或对参考实体债务的真实违约。[14]根据 CDS 的条款，在信用事件发生时，或者保护购买人将向保护出售人交付参考债务且反过来收到等于合同名义金额的付款，或者保护出售人将支付给购买人名义金额减去参考债务那时的价值后的款项（现金结算）。[15]

CDS 可以是关于单独一个参考实体或债务，或关于特定的参考实体或债务组合。关于某类组合的 CDS 常常被称为篮子违约互换。在第一个违约篮子互换内，对任何参考债务的违约都能触发对保护购买人的支付。也有其他种类的违约篮子互换，如在关于两个或多个参考实体或债务的信用事件发生后提供信用保护的 CDS。

总回报互换 关于参考债务的总回报互换（TRS，或者是总回报率互换）通常是为收益支付和价值支付而进行的。至于收益支付，总回报支付人（保护购买人）同意向总回报接受人（保护出售人）支付参考债务的实际回报率，同时保护出售人同意向保护购买人支付一个参考利率（浮动的或固定的）。至于价值支付，总回报支付人支付参考债务的增值的价值，而总回报接受人定期支付参考债务的任何贬值的价值。参考债务的特定名义额会被调整以反映价值支付。[16]净价值和收益支付可以定期地或在 TRS 到期或提前结束时进行。

拥有参考债务的总回报支付人减少了他对没有真正出售参考债务的借款人的信用暴露。当减少了其（对借款人）的信用风险，总回报支付人不能减少其关于从总回报接受人获得支付的市场风险。没有参考债务的总回报支付人可以综合地将参考债务信用风险转移给总回报接受人，后者综合地购买了参考债务。因此，TRS 允许对手方做多或做空某个特定的信用敏感型资产而不必为此信用融资。TRS——不像 CDS——向总回报支付人提供保护来抵御价值损失，而不管是否发生信用事件。

术语　CDS 的支出与期权的相似，收取保费的保护出售人承担在特定事件发生后进行支付的风险。但是，虽然 CDS 与期权有某些相似的特征，但不应将它们与真的信用期权相混淆，也就是不能与像债券或贷款这类的信用风险工具期权或信用利差期权相混淆。正如在利率互换中收取固定利息与持有多头（已融资）的债券头寸在久期上是相当的；在 CDS 中出售保护（或者，这里是成为 TRS 中的总回报收取方）与持有一项（已融资的）债券多头头寸在信用风险上是相当的。在 CDS 和 TRS 中使用互换而不是期权这一术语来源自这种相似性。这意在表达一个事实，即 CDS 或 TRS 实际上是互换双方在信用风险资产中的头寸，而不是购买和提供这种资产头寸的期权。正如其他期权中意外事件是市场价格的变化而不是遥远的信用事件一样，真的信用期权价值来自意料外的未来价值和市场价格的波动。如果一家机构能够在贷款或债券中定价头寸，它也能定价 CDS。但是，为了定价信用期权，则需要关于波动性和隐含的期货信用利差的额外信息。[17]

31.2.2　事先融资的信用衍生品

信用连结票据　信用连结票据（CLN）是债务证券，其价值与第三方参考实体或参考债务的信誉挂钩。CLN 代表综合的公司债券或贷款，因为信用衍生品（信用违约或总回报率互换）内嵌在此结构中。[18]CLN 通常由经营性公司和金融机构发行，但也可以由特殊目的机构（SPE）发行。[19]当 CLN 由 SPE 发行时，SPE 一般是用高质量资产作抵押以确保到期的合同金额的支付。[20]

CLN 的结构通常比较简单和灵活。CLN 中的违约可能性可以基于多种基础债务，包括特定的公司贷款或债券、一组贷款或债券、主权债务工具或新兴市场指标。它也以第一违约 CDS 篮子或信用利差期权为基础。如果发生信用事件，票据一般会到期，同时投资人承受基于参考债务损失的损失。实际上，投资人出售参考债务的保护，并以诱人的收益形式收取保费。反过来，票据发行人购买参考债务的违约保护。

投资人发现 CLN 有很多吸引人之处。因为 CLN 是资产负债表中的资产，被禁止进入资产负债表表外项目，如 CDS 的投资人可以通过 CLN 进入信用衍生品市场。此外，投资人不必经过 ISDA 成文过程。并且，银行可以使用 CLN 对特定借款人放开信用种类，从而为非银行投资人提供接近信用机会和定制的成熟结构的途径，否则在其他地方得不到这些。然而，CLN 也有其不利方面，则是交易对方的风险。

债务抵押证券 与 CLN 通常由经营性公司发行不同，债务抵押证券（CDO）总是由 SPE 发行。在结构上与抵押贷款担保证券（CMO）相似，CDO 结构包含向 SPE 转移一组债券、贷款或其他资产；SPE 出售由所转移组合的现金流支持的债务证券（CDO）；以及向转移者支付 CDO 销售的收入。虽然有多种 CDO（例如，使用现金流或者市场价值管理的套利或资产负债表 CDO），出于本书目的，我们将所有这类交易仅看做重新打包和重新分配信用风险的另一条途径。

CDO 结构的关键之处是基础抵押品组合的证券化。在 CDO 结构中，正如 CMO，持有抵押组合的 SPE 出售不同种类或层的证券，每种含有不同的风险或回报框架，其根据应付账款的优先级和时间确定。换而言之，在 CMO 结构中，抵押组合的现金流分成多个本金和利息成分，这些成分再被分配到不同的证券种类中。该证券化过程，被称为分层，将基础组合的单一风险或回报型转变为多个信用范畴。因此，CDO 的层不仅影响信用风险的重新分配，也影响信用风险的重组。

SPE 持有的资产组合的风险或回报结构可以通过多种途径进行重组，从而吸引不同的投资者。CMO 的层一般有信用评级，从 AAA 级到 B 级或未评级。因为，尽管 SPE 所持有的抵押组合比如是 BB 信用级别，但其通过使用过度抵押和次级债，可能发行几层评级明显更高的债务。然而，无论 CMO 的级别究竟是什么样的结构，该信用衍生品都允许持有，例如，一组高收益公司债券的一方（保护购买者）通过以重组的形式将风险转移给投资者，来减少其暴露于该组合的信用风险。

合成债务抵押证券 虽然概念上比较易于理解，CDO 的设立既复杂，管理起来又很昂贵。例如，做下面这些事项的费用都很高：查看贷款或债券是否符合合格性标准、向贷款转移法定权利以及维护借款人的秘密（特别是在有此要求的辖区内）等。为了避免向 SPE 转移贷款或高收益债券的成本以及法律和管理问题，银行和其他发起人已经将 CDO 的证券化结构和非融资的衍生品技术结合起来，形成所谓的合成 CDO（SCDO）。[21]在这类交易中，发起人保留参考债务，但通过 CDS 将组合的信用风险转移给 SPE。SPE 则发行分层票据，其收入用于购买高质量资产，如政府证券等。

SPE 用抵押品的利息收入和发起人支付的互换费用来支付分层票据的购买人。如果参考组合中的债务发生违约或损失，抵押品的收入将用于补偿发起人。任何在交易到期时仍保留的抵押品将返还给票据持有人。

SCDO 市场被三种不同的产品占领：（1）受监管驱动的资产负债表交易；（2）分层篮子违约互换；（3）有管理的套利 CDO。虽然资产负债表交易仍占未偿付的综合（信用组合）的大部分，但最大的增长还是在于分层篮子违约互换和有管理的套利 CDO。[22]即使 SCDO 市场目前被投资级的公司贷款和债券的固定组合所占领，但在使用新的抵押类型的积极管理组合方面已经有了很大增长。[23]

合成信用连结产品市场正在以快于现金发行市场的速度增长。合成产品有多种类型，但所有的都包含资本市场工具，这些工具的支付框架一般通过一个衍生品工具与一个或多个实体或债务的信用表现挂钩，但其发行人不一定要拥有这些基础债务。正如 ISDA 最新阐述的：

这些综合证券的爆炸性的和持续的增长（从 1997 年以来）反映了几个清晰的市场趋势，包括：

• 全球监管者承认衍生品市场的增长和需要解决其继续发展的问题。在美国，联邦储备委员会和货币监理署都发布了对信用衍生品的说明性指引，允许金融机构在某些条件满足的情况下，从降低监管资本要求中受益。

• 初级证券供应不足，以及随着投资者越来越熟悉结构性信用产品，投资者对它们的需求越来越大。

• 金融机构向投资人提供利用套利机会的意图来自于不同资产类别间的相似信用风险定价的无效率。综合产品允许投资人以专门的信用框架进行交易，并且通过分解收益的信用风险来利用市场上可得到的信用利差。

• 投资者对管理其信用风险的需求不断增长：信用衍生工具允许一家公司主动承担或转移债券、贷款或固定收入工具组合的所有经济风险和收益，而不必真正购买和持有相应的资产。

• 投资者有意通过以流动的和高度透明的方式使用指标连结产品，从而暴露于新的或多种现有市场的风险之中。[24]

实际上，这种增长已经造成多种基础资产和债务的全面增加。市场现在参考银行贷款、公司债、应收贸易账款、新兴市场债、可转换证券、项目融资贷款、住房抵押、杠杆贷款、指标产品和从其他衍生品连结活动中产生的信用风险。[25]典型的合成结构包括使用公司结构或特殊目的机构结构（这两种结构都将信用出售人置于与债券所有人完全一样的位置）的信用连结票据以及指标连结合成证券（该证券复制了基础资产组合的风险特征）。需要认识的重要一点是合成和现金证券化都可通过结构性融资转移风险，结构性融资与对提供给可确定的一组资产或实体的证券的支付相连结。此外，合成和现金证券化都代表了固定收入投资，对这些投资来说，主要风险是那些与债务工具的债务人违约相关的风险。合成证券允许保护出售人承担与参考债务或指标相关的信用或其他风险，而不用直接获得或被要求持有这种由指标表示的债务或资产。

31.3　信用衍生品的滥用

信用衍生品被证明是颇有价值的且通常是可靠的产品。如果使用得当，信用衍生品可以分散风险、提高收益，以及降低银行或公司的风险范畴。但信用衍生品可能会遭到滥用。当衍生品被（怀疑）滥用时，关于所产生的问题种类的一个好例子是与安然信誉相连的一系列债务证券的发行（安然 CLN）所引发的诉讼。[26]在这些交易中，花旗集团和瑞士信贷第一波士顿公司（统称安然贷款人）通过由 SPE 发行的多种结构性 CLN，将贷款和结构性融资交易[27]所产生的对安然的大量信用风险转移给第三方投资人。在那些票据的条款下，当安然破产时，安然 CLN 投资人只剩下持有一个空袋子，而安然贷款人则没有任何损失。[28]

六个独立的 CLN 发行是哈德森索夫特（Hudson Soft）诉讼[29]的主体，但不同交易的基本结构看起来是十分相同的。[30]一家 SPE 向投资人发行了初级 CLN，同时向安然贷款人发行了第二级，即低于第一级的较小级别的票据。SPE 用发行票据的收入购买高评级的证券，并与安然的贷款人进行了与安然信用表现挂钩的 CDS。该 CDS 规定如果特定安然信用事件发生，则将参考债务换为 SPE 的抵押组合。

在安然信用事件发生前，SPE 向安然贷款人支付其从高评级投资赚取的利息，同时安然贷款人向 SPE 支付应付给 CLN 持有人的利息加上次级票据的收益。当安然破产时，安然贷款人向 SPE 转交安然的高级债务，其权利至少相当于对借入款的高级无担保债务的权利，该债务有与 CDS 的名义金额相等的本金余额。SPE 将以本金额等于向 SPE 交付的安然债务额加上次级票据的基数，向安然借款人交付 SPE 的投资。[31]

当安然经营失败时，安然 CLN 所起的作用正如计划的那样，将安然借款人从所有与参考安然债务相关的损失中解脱出来，这些损失达到 CDS 的名义数额。但因为安然破产事件的普遍的出人意料且具有非常可疑的性质，相当多的批评就落在安然借款人的身上，指责他们将安然的信用风险转移到资本市场上。花旗集团为自己辩护说："信用连结票据是众所周知的金融工具，每年都被广泛地发行和交易……这些工具是在按照美国证券委员会 144A 条例进行的几次发行中销售给最大的和最富有经验的机构投资者的。花旗集团向投资者承诺 CLN 的表现将与直接的安然债券相似——并且他们拥有。"[32]

但关于安然 CLN 的诉讼中的问题并不涉及安然 CLN 结构的合法性或购买者是否富有经验。而是，该诉讼的核心在于安然借款人愿意将巨款借给安然没有进行适当的尽职调查，或者知道安然信誉并没有被正确报告，因为他们不想暴露于安然的信用风险下。换句话说，诉讼中的关键指控包含一项主张，即安然借款人借给安然 25 亿多美元，并且为了担保未来投资银行业务向安然欺骗性的合伙企业至少投资了 0.25 亿美元。[33]他们愿意这么做是因为他们打算向不知情的票据持有人欺诈性地 100% 地转移他们所有的损失风险。[34]

显然地，哈德森索夫特诉讼中的指控只是：指控。但是，他们提出了一个关于使用信用衍生品的严肃问题。相比关于潜在对手方或票据的信息来说，打算通过使用信用衍生品减少或消除信用风险的信用提供准则应该有关于参考实体或组合的大量信息。问题是这种信息将不会通过互换协商过程或在票据销售披露文件中得到共享。正是在安然事件后，非融资的信用衍生品对手方和融资的信用衍生品的投资者将会很好地认真检查信用提供商的陈述和所有涉及参考实体的信用状况。

31.4　信用衍生品或保险

信用衍生品和保险有很多相似之处，实际上，信用衍生品在很多情况下经常作为补偿合同和金融担保的金融等同物发挥作用。但作用上的等同是一件事，法律上的等同又是另一件事。如果信用衍生品被视为保险，在州保险法下的结果将对这个充满活力的和有价值的市场非常不利。

例如，被发现是保险单的衍生品只是由有执照的保险经纪人销售。因此，被发现销售保险合同的保护出售者违反了法律。在加利福尼亚州，这则是轻罪。[35] 在康涅狄格州，可以对没有执照但充当保险生产商的人处以罚款、监禁或两者并罚。[36] 在特拉华州的法律下，一家特拉华州的公司如果没有经营保险业务的授权证[37] 而充当保险公司，[38] 可能会失去经营业务的执照。[39] 在纽约，违反保险法是轻罪，[40] 对并发的违反行为将增加罚款。[41] 在伊利诺伊州，除非有执照，否则任何人都不可以出售、兜售或协商保险。[42]

因为保险合同一词由美国每个州的和哥伦比亚特区分别定义，[43] 所以对于信用衍生品市场的参与者来说，理解和遵守清晰的指引十分重要，以确保信用衍生品——金融市场交易——不被视做保险，保险是由州监管的服务合同。

31.4.1　与保险相关的活动

权威的保险论文将保险定义为：一份合同，其中合同的一方（保险人）为了通常用钱或是趸缴或是在风险持续期内分期支付报酬，承诺当合同另一方（被保险人）拥有利益的东西受到毁坏或伤害时，进行一定的支付。换句话说，保险的目的是将风险从被保险人转移到保险人。保险公司充当金融中介机构，提供金融风险转移服务，这种服务由保险公司从保单持有人收取的保费中提取资金。[44]

在判断哪种金融风险转移服务是保险时，一般要确定以下 5 种特征：

1. 保险人必须对可以用财务评估的偶然事件有可保风险（如当灾难、偷盗或信用事件发生时，遭受财务损失的风险）。[45]

2. 保险人必须将其损失风险转移给保险公司（称风险转移或承保），通过提供给被保险人补偿以弥补损失（该补偿以被保险人的真实损失为限）。

3. 被保险人必须为保险公司为其承担的可保风险而向保险公司支付保费。

4. 保险公司一般通过持有一个大型覆盖相似风险的合同集合，将承担的风险作为管理损失的大项目的一部分。该集合对于实际风险要经常足够大以使这些风险处于预期的统计基准内（被称为风险分配或风险散布）。[46]

5. 在它能从保险合同获得补偿前，被保险人必须证明其受到的伤害来自被保险事件造成的可保风险。换句话说，被保险人必须证明他确实遭受了合同覆盖的损失。

因此，一般来说，保险合同覆盖被保险人将遭受被保险损失的风险，只有在有被保险损失证据时，才应支付保险合同下的补偿。并且，补偿金额只能等于被保险人损失和合同覆盖的最大损失两者之中较少的金额。

31.4.2 信用衍生品不是保险

纽约州是主要的保险监管者，美国大部分最大型的保险公司都在其辖区内。因此，纽约对何时合同构成或不构成保险的看法具有很大的影响力。在纽约，保险合同被定义为一份协议，在此协议下，当一个被保险人……有……重大利益在内的偶然事件发生且此事件对被保险人的重大利益产生不利影响时，[47]保险公司有义务将金钱价值的利益授予被保险人或受益人。在确定风险转移合同是否落在此定义内，纽约的基本方法完全与前面所讨论的一致。

纽约保险监管局（NYID）采取的立场是只要衍生品下应进行的支付不依赖于实际损失的成立，衍生品合同就不是保险合同。例如，考虑到巨灾期权在特定自然灾害（例如，飓风或大暴风雨）发生的情况下提供支付，NYID 声明巨灾期权不是保险合同，因为购买人不需要受到巨灾伤害或证明其遭受了损失。在得出此结论过程中，NYID 区分了转移损失风险的衍生品和只转移购买人实际损失风险的保险。[48]

同样地，NYID 得出结论，天气衍生品在纽约州法律下不是保险合同，因为应付的金额和触发此支付的事件都不必与购买人的损失相关联。[49]目前，NYID 表示因为 CDS 规定当商定的信用事件发生时出售人必须支付购买人，而不管购买人是否遭受了损失，所以 CDS 不是保险合同。[50]因此，很清楚地看到，至少在纽约州的法律下，如果一份信用衍生品合同不将支付与保护购买人的实际损失经历挂钩，该衍生品将不被视为保险合同。

31.4.3 制定文件考虑

然而，衍生品合同和保险合同之间有某些概念上的重叠。因此，在制定这类衍生品合同时，要注意避免任何关于一方只有当有实际损失时才能收到合同下的支付的情况。为了确保信用衍生品被视为衍生品而不是保险，下列的起草指引可能很有帮助。

- 合同形式。非融资的信用衍生品的文件应采用 ISDA 的统括协议形式，对确定时间表、确认书和任意信用支持文件的协议有专门的条款。有融资的信用衍生品（票据）的发行资料应明确票据条款，所用语言要尽可能与 ISDA 定义的相同。
- 声明。有融资和非融资的信用衍生品应包含一个声明，声明该交易并不打算是保险，该合同不适合作为保险的替代物，以及该合同不受任何可适用的州法律下财产和意外担保基金或协会担保。
- 营销资料。信用衍生品的营销资料应避免提及该合同与保险之间的相似性，且不应使用诸如补偿、担保和保护等词语。

31.5 改进文件的努力

非融资信用衍生品文件的制定通常采用 ISDA 发布的形式。[51]确实，ISDA 在使信用衍生品条款标准化方面已经领先。在 1998 年，它公布了模型 OTC 信用互换交易的确认。在 1999 年，它公布了 1999ISDA 信用衍生品定义，随后于 2001 年又发布了三个补充文件，扩展和解释了 1999 年的定义。[52] 2003 年 2 月 11 日，ISDA 发布了一个全套修订后的信用定义。这些定义将 2001 年发布的三个 ISDA 补充文件合并进 1999 年的信用定义，并更新了许多定义，而且基本上使文件制定标准符合目前市场行为的发展。2003 年信用定义，在 2003 年 5 月、2005 年 1 月和 2005 年 3 月进行了补充之后，应在很大程度上改进了信用衍生品的文件制定。

31.6 结论

作为 21 世纪早期信用违约事件的结果，信用衍生品市场的价值比以前更突出了。虽然信用衍生品市场的发展表现了针对分类风险的产品（如利率和外汇衍生品）的市场的自然扩张，但它同时提供了承担和避免直接暴露于参考实体的信誉风险下的独特机制。因此，信用衍生品代表了世界金融市场的独特的和重要的发展。

尽管担心信用衍生品的滥用和渴望 ISDA 文件制定的进一步调整，但是经过一个非常困难的信用时期，信用衍生品市场已证明其本身是健康、有效和充满活力的。而且，认识到在没有政府监管的情况下该市场已经发展起来并已适应需要。然而，国际货币基金组织（IMF）最近表示，“已受到压制的风险溢价与信用市场工具的快速发展（这种市场工具是缺乏透明度而且可使投资者拥有信用市场的杠杆化头寸的）相结合，是值得关注的脆弱性的潜在来源”。[53] 特别是 IMF 担心其他正常的市场波动可能会因流动性问题而被扩大。

与造成这种流动性风险日益相关的因素是目前复杂的杠杆金融工具的繁殖，包括信用衍生品和像债务抵押证券之类的结构性产品。虽然这些产品的二级市场交易存在，但这些工具仍依赖于有关相对值评估、投资决定和定价的定量模型。因此，这就有一个风险，模型建立的过度相似可能导致投资者在同一时间匆忙退出，致使市场出现流动性不足。

……

作为市场价格震动潜在放大器的流动性不足问题仍是我们金融市场前景中的主要盲点之一。流动性风险和造成具有全球资本流动变化的市场震动的其他潜在放大器之间的交互作用，将不得不成为未来进一步改进全球金融结构的所有努力中的最重要部分。[54]

同时，应注意到信用衍生品市场伴随着高度监管的保险市场一起发展。主要出于税收考虑，保险公司仍有巨大的动力通过保险合同来提供信用损失保护。然而，我们正将衍生品和保险市场之间逐渐增加的交叉视做这些市场融合所承担的风险的本质。因此，例如，出现了越来越多的所谓转变交易，通过此交易，一项金融工具（例如，CDS）被转变为保险合同，或相反。[55] 虽然这样在可适用的州法律下保险公司被禁止进入信用衍生品，但它仍可以经常担任与进入信用衍生品市场一样的经济角色，就好像它们已经通过签发保单向衍生品对手方出售保护，以抵御被保险人所持有的信用衍生品中规定的信用事件一样。保险公司因此承担持有信用衍生品的经济后果，但同时仍遵守监管规定。

信用衍生品市场的扩张和巩固将毋庸置疑地有助于经济中信用风险的更有效分配。该市场将允许银行通过把此类风险分散到其客户以外的群体，有效地降低信用风险不希望有的集中度。该市场通常也使有关贷款和信用风险的定价信息得到改进。此外，该市场将进一步的专业化，金融机构可以为有限的商业活动领域中的参与者提供资金，而不必承担过度暴露于这种领域的风险。最后，通过将风险与融资责任和来自重组风险的原始风险分开，信用衍生品提供了一个极其重要的机制，从而使金融市场参与者可以以他们认为严谨的和适当的风险或回报恰当地发挥作用。

第 32 章 项目融资债务抵押证券*

J. 保罗·福斯特（J. Paul Forrester）**

项目融资债务抵押证券（CDO）将允许组合投资者拥有较大的参与能源和其他基础设施债务市场的机会，并且将为这类市场带来额外的流动性和透明性。项目融资 CDO 也将允许具有较长和成功的项目融资历史的商业银行更好地管理其资产负债表和资产—负债不匹配。本章将评述 CDO 的结构和特点以及为什么项目融资债务对于 CDO 来说是一种有吸引力的资产。

32.1 什么是债务抵押证券

债务抵押证券[1]是原来为促进美国于 20 世纪 80 年代发生的存贷款危机的解决而为按揭支持证券（MBS）开发的复杂证券化技术的成功改进和应用。根据穆迪投资者服务公司的资料，在 2004 年有价值超过 2 200 亿美元的 CDO[2]，使得 CDO 成为位列住房权益资产支持证券（ABS）之后的第二大类型的定期资产抵押证券，这还不包括 MBS。

CDO 由于其市场的丰富及复杂特性及其令人羡慕的成功而广受好评。最初用于债券和贷款的 CDO，目前已经应用于以下投资工具的组合：新兴市场债、次级和中级 ABS 和 MBS、不动产投资信托（REIT）债、危机债务、信托优先证券（债/股本混合物），最近还用于其他投资（私募股权和对冲基金）以及用于项目融资、租赁或类似债务。

CDO 的核心概念是，所确定的金融资产池的运作是可预见的（也就是说，可以可靠地预测出违约率、损失严重程度或回收额和回收期），以及通过应用适当水平的信用增级，该金融资产池能够以成本有效的方式进行融资，这种方式可以显示和获取在 CDO 资产上取得的利息与收益回报与为其融资而发行的证券（CDO 证券）的利息和收益支出之间的套利。人们所熟知的评级机构（惠誉、穆迪和标准普尔）已经开发出了 CDO 的标准和统计方法，并对所谓的 CDO 资产的重点池进行分析，

---

* 本章的较早版本发表在《欧洲货币》杂志（Euromoney）的 2001 年国际能源项目融资年鉴（International Power Project Finance Yearbook 2001）（2002 年秋季刊）上。

** J. 保罗·福斯特是总部设在芝加哥的国际律师事务所 Mayer Brown Rowe & Maw LLP 的合伙人，在芝加哥工作。联系电话：（312）701－7366 及电子信箱：jforrester@ mayerbrownrowe. com。这里表达的看法和观点只代表作者本人，与其所工作的公司及其客户没有关系。

以确定为了各自的CDO证券的信用评级所需的信用增级程度，以便为这类资产池融资。

通常，CDO要求CDO资产满足某些资格标准（包括多样性、加权平均评级、加权平均有效期及加权平均利差或票息），按照现有评级机构的方法来确保相关的CDO证券达到最高的可行的评级。根据某些抵押品质量测试（通常为过度抵押比和利息保障比），按定期分配日期来分配这类资产的利息和本金收益。CDO证券通常分层发行。每层（除了最低等级的层）比一个或多个其他层具有更高的级别或优先权，利用更为严格的抵押品质量测试来促使利息和本金收入进行重新分配（否则这些利息和本金收入可能分配给更低等级的证券），这些利息和本金收入则被用来偿还更高等级的证券，或使更高等级的证券退出市场。这种低等级证券产生的次级性为更高等级的证券建立了所要求的信用增级，并使这种高等级的CDO证券获得反映高级别或优先级的信用评级。一些CDO使用财务担保或保险来达到同样的目的。

CDO在指定的再投资期内常常允许本金收入再投资于另外的符合CDO要求的资产。

CDO通常由抵押品管理者来管理，他识别、获得并监测符合CDO要求的资产。CDO常常允许其部分资产可以每年进行交易，这使得抵押品管理者通过熟悉的交易增加CDO的套利机会。

一般来说，CDO既可为资产负债表型CDO也可为套利型CDO。资产负债表型CDO从会计和监管资本目的来说，是结构化为销售的交易，而从税收目的来看，则是债务。与同等的套利型CDO相比，这种联系允许相关的CDO证券以更小的利差来定价。商业银行将资产负债表型CDO主要用于投资组合管理和监管资本效率。相反，套利型CDO对于包括税收在内的所有目的都结构化为销售，并且此类CDO的存在是由套利机会推动的。

套利型CDO既可是现金流CDO，也可是市值CDO，二者由过度抵押率区分。前者的过度抵押率根据CDO资产的面值和本金额（对于违约CDO资产来说，要调整为较低的回收额或市场价值）而定，后者根据CDO资产的市场价值而定。

通常来说，市值CDO比现金流CDO需要更多的股本，但允许抵押品管理者进行较大的交易。为了让抵押品管理者有效地管理CDO的资本结构以及尽可能容易地交易CDO资产，市值CDO的资本结构通常包含一个大额循环信用安排。虽然资产负债表型CDO是重要的投资组合管理和监管资本工具，特别是对于商业银行来说，但本章剩下的部分将讨论典型的套利型CDO。

CDO发行人通常设立在美国境外（例如，开曼群岛），而且为了避免美国国内的税收，在美国必须没有从事任何交易或业务。CDO证券发行的结构必须仔细地建立，以满足其他可适用的法律要求，包括（但不局限于）：

- 完善CDO资产的抵押品留置权和担保物权。
- 免除此类发行在可适用的美国证券法律和其他CDO证券发行地所在辖区的类似法律下的注册要求。
- 避免在《美国投资公司法》下注册。

- 免除《雇员退休收入保障法》下的不利后果。

这些规定与对 CDO 结构无数变化以及以前所提到的 CDO 结构改善的描述都超出了本章的范畴。

基础 CDO 资产影响 CDO 的资本结构。例如，如果基础债务是浮动利率的，CDO 证券也应是浮动利率的或者必须套期保值以避免利息不匹配或使之最小化。如果基础 CDO 资产需要额外预付款（例如，额外预付款包括建立或完成后的营运资本安排），CDO 证券应该允许在其下借款，从而使 CDO 能够支付所需的预付款。常常这类 CDO 证券由能够提供有吸引力的定价和灵活的融资的商业票据管道（commercial paper conduit）所持有，但是，该管道可能对这类 CDO 证券有最低评级要求，而 CDO 也对该管道有最低评级要求（如果出现损失，这能有效地要求该管道找出替代物或提供抵押品以偿付借款债务）。显然，如果 CDO 只持有完全融资的债务，这些复杂机制可以避免。

32.2　为什么项目融资债务对于 CDO 来说是有吸引力的资产

项目融资贷款、租赁和其他债务对于 CDO 来说都可看做有吸引力的资产，因为它们比同等评级的企业债具有较高的假定回收率及较短的回收期。这就允许项目融资 CDO 可以以相对较低的成本来发行（因为获得同样的信用评级只需要较少的信用增级），这就为此类 CDO 有效地扩大了套利机会。

项目融资债务有较高的假定回收率和较短的回收期，这主要归因于典型的项目融资文件中较严格的契约和违约事件。这些假定直观地看是合理的，并且最重要的是，评级机构同意这些假定，即使似乎没有很有分量的权威性研究来支持这些假定。然而，国际清算银行（BIS）[3]关于修订的国际资本标准（即巴塞尔协议Ⅱ）[4]提议中的资本规定即将实行，与此相关的，一些研究和工作也正在进行，以为包括项目融资在内的所谓专门贷款设立适当的资本要求。BIS 最初提议为控制项目融资风险需要的资本比为控制同等级的企业风险需要的资本多，为了响应此提议，四家活跃的项目融资银行[5]与汇总了各自的违约和回收数据并聘请标准普尔风险解决方案公司来分析这些数据，从而获得：（1）项目融资贷款的违约概率；（2）违约损失，即在借款人违约的情况下贷款本金损失的部分；（3）项目融资贷款的预期损失（实际上是违约概率和违约损失的乘积）。分析表明，项目融资风险的违约损失和预期损失少于同等级的企业风险。[6]而且，当项目违约事件确实发生时，项目参与人在数目上相对有限，并有很强的动力来尽可能一致和迅速地解决这类违约。

评级机构也公布了作为项目融资 CDO 补充的有评级的项目融资债券和其他债的稳定增长数额。几年以来，有评级的项目融资债务的发行已经超过了每年 1 000 亿美元。评级机构对项目融资有丰富的经验，而且还为项目融资债精心制定了评级方法和标准。例如，标准普尔在其 2001 年 10 月的《能源、工业和基础设施项目融资的债务评级准则》中发布了全面的项目融资债指引，该准则以标准普尔对 35 个国家的500多个项目评级所取得的丰富经验为基础，并且包含了广泛的对特定类型的项目的专门指引。同样地，穆迪投资者服务公司于2003年12月公布了《项目和基础设施原始资料集》。

此外，商业银行和其他项目融资债的发起人可通过以下过程对其项目融资组合阴影进行评级，即评级时将此类发起人的评级系统反映到评级机构自己的评级系统中，并利用这种反映来确定特定项目融资债的评级。这个过程要求评级机构对发起人的评级过程（包括其承销准则和信用批准程序）以及有关发起人的项目融资组合业绩的历史信息进行充分的尽职调查。这种调查为评级机构提供了数据库和其他信息，使得评级机构能够不断完善其各自的项目融资标准。

商业银行在利用项目融资债的CDO所提供的机会方面处于独特位置。商业银行有参与项目融资的长期历史。第一个项目融资贷款是由达拉斯银行于20世纪30年代所作的为开发某些石油和天然气资产提供资金的无追索权贷款。一般来说，商业银行是富有经验和能力的项目融资债发起人，而且在为项目前期商业开发阶段（包括建设期，在此期间提现可能加速或延迟）提供灵活资金方面比其他金融机构有竞争优势。但是，项目通常是资本密集型的，并且项目资产具有长期的生命周期，需要相应的较长时期的融资。

由于典型的商业银行的资产负债表上的资产（即该银行的活期或短期存款）具有较短的持续时间，所以商业银行在提供长期融资的能力方面受到限制。因此，所有商业银行都密切关注并试图管理这类资产—负债不匹配。虽然一家商业银行可提供较短期的项目融资，但它（以及项目所有人和发起人）在这种融资到期时会面对再融资风险。项目融资债的其他发起人即使没有资产负债表的限制，通过项目融资CDO对原来相对不流动的资产类带来额外流动性以及如前所指出的，通过使用CDO来释放本来需要的监管资本并提高监管资本效率，也可受益于项目融资CDO。

所有金融机构时常需要使监管者、评级机构和投资者对其资本准备金的充足性、贷款损失准备金及类似事项上感到满意。项目融资CDO的透明度和它对每种基础贷款的价值及其违约概率、违约损失和预期损失的强调（为了使用本国的银行监管和评级机构），的确有助于证明上述事项。同样的透明度还可防止某些金融机构从事项目融资CDO，因为它们暴露了其中基础CDO组合的不充分定价或其他类似的缺陷。但是，使用市值记账的投资者将不接受额外的透明度，因为这种透明度可能会给受到影响的收益带来较大的不确定性。

从历史上看，CDO曾经对在基础CDO资产以前存在的市场产生过强烈的影响。例如，债券抵押证券（CBO）给美国高收益债券市场带来了相当大的流动性并因此降低了价格波动性。同样地，贷款抵押证券（CLO）增加了美国杠杆贷款市场的流动性和透明度，并且银行辛迪加活动为了适应多数CLO的税务要求也已经进行了改变。据估计，CLO共占50%多的辛迪加贷款市场。

此外，项目融资CDO允许金融机构更好地管理其特定国家、产业和信用的风险暴露，并且可能比在二级市场交易中的贷款销售获得更好的经济效果。而且，项目融资组合的销售不可避免地将销售金融机构的机会扩展到从事额外的项目融资业务中，无论是与喜爱的现有客户一起还是与新风险暴露一起。

值得注意的是，1999 年 10 月，标准普尔首先出版了《对项目融资 CDO 的评级思考》（*Rating Considerations for Project Finance CDO*），然后于 2001 年 10 月出版了基于其后来对几个项目融资 CDO 的评级经验及对评级的评估而更新了的准则。

从投资人的角度看，对项目融资 CDO 的 CDO 证券的投资提供了多样化和其他组合管理好处，这些好处包括与大多数机构投资者持有的一般性企业债券组合有较低的相关性。此外，CDO 的分层结构允许投资者确定其首选的风险或回报投资，因为对 CDO 低等级的投资表示对基础 CDO 组合的更大的杠杆风险暴露，以及对规定的回报具有相应的更大的风险。

32.3　现在能使用项目融资债务抵押证券吗

标准普尔的《对项目融资 CDO 的评级思考》基于一种信心，即项目融资 CDO 将在扩展组合投资人对更广的基础设施债务市场的参与方面是重要的一步。随着时间的推移，标准普尔期望根据其在以下三个关键的固有问题方面的经验，改善对项目融资 CDO 的评级方法。

1. 如何比较项目的违约后回收率和时间，特别是在项目贷款渐增的新兴和发展中国家？

2. 项目风险在不同部门和地区实际上分散的程度可能有多大——特别是项目债务应该经历一些如跨多个国家的建设、运营或政治风险等一般的挑战吗？

3. 违约可能性如何随着贷款期限的变化而变化？关于贷款，有证据表明，在贷款已经分期偿还了大部分债务后，不太可能出现违约。

尽管与其说项目融资 CDO 是科学还不如说是艺术，但瑞士信贷第一波士顿银行（CSFB）在其两个项目融资交易中对回答这些问题提前迈出了重要的两步：

1. 项目融资Ⅰ，一个有 40 项贷款的项目融资组合，这些贷款主要用于 1998 年 12 月结束的美国项目。

2. 项目融资Ⅱ，一个有 42 项贷款的国际项目融资组合，这些贷款于 2000 年 1 月结束。

在这方面，花旗银行在与其项目证券化公司Ⅰ的项目融资证券化交易中也作出了贡献，这个国际项目融资组合于 2001 年 1 月结束。

距现在更近的是，2004 年 10 月，德国戴普法银行通过基本公共基础设施资本公司完成了对其创新的合成型基础设施 CDO 的发行，此 CDO 参照英国公共基础设施贷款组合。

一些重要历史交易包括 1994 年 7 月的能源投资者基金融资（Energy Investors Fund Funding）交易。该交易是一个国内的在 13 个能源项目上的股权和股权的利益组合，有效地货币化了能源基金投资者的相当一部分的剩余经济利益。另一重要的先例是国际金融公司（International Finance Corporation，IFC）的 IFC 拉丁美洲和亚洲贷款信托交易，该交易完成于 1995 年 6 月，由面向拉丁美洲和亚洲 11 个国家借款人的 73 项贷款的组合组成。虽然传言 IFC 还做了另一项类似交易，但对此尚未得到证实。

正如可能预料到的，将评级机构的分散化要求应用于项目融资组合提出了某些挑战，包括是否在行业和（或）国家间有效地进行分散化，对此没有多少（如果有的话）实证分析，因此需要基于经验的判断。例如，假定巴西和阿根廷两国的能源部门之间相互影响很大，那么对这两国的能源项目贷款有效地分散风险了吗？

此外，国际项目融资 CDO 组合带来了难度更大的结构化和评级挑战，包括复杂的结构特点，以减少来自几个棘手的辖区的项目融资债的其他可适用的预扣税。在这方面，值得注意的是，IFC 拉丁美洲和亚洲贷款信托和花旗银行项目证券化交易利用参与利益（participation interest）来避免任何对于转移和最小化预扣税的影响所需要的同意；然而，这样 CDO 发行人暴露于参与出售人的信用风险之中，而且 CDO 证券由于该出售人评级的下降而遭受降级，即使基础项目融资组合并没有变坏。相反，项目融资Ⅱ交易使用了多种复杂的方法（包括信托和信用连结票据），从而使所需转移的预扣税影响最小化。尽管存在这些和其他困难，由于项目融资 CDO 的发展前景很好，标准普尔和其他评级机构指出，大量的其他金融机构已经对可能的项目融资 CDO 表现出了兴趣并准备参与这些 CDO。

对项目融资 CDO 的意外推动可能缘于对银行的巴塞尔协议Ⅱ监管资本要求的提议，即如目前所建议的，可能因项目融资的风险暴露而要求拥有更多的资本。

只有时间将知道项目融资 CDO 的美好前景是否会实现，但到目前为止的结果是令人鼓舞的。

第 33 章　保险证券化趋势 2004 年回顾：巨灾箱之外的探索*

莫顿·N. 雷因（Morton N. Lane）

罗杰·白科威士（Roger Beckwith）

2003—2004 年是保险证券化的爆发时期。据我们估计，2003 年 4 月到 2004 年 3 月（我们通常的测量期间）发行了 19 亿美元的证券。这说明比迄今为止最活跃年份（1999 年）增加了 50%。像本文所定义的，16 种证券构成了创纪录的发行量。但是，与以往一样，这种衡量受特别定义的制约。在此期间，至少 3 种其他证券的发行未包括在本报告中，主要是因为缺少现成的数据。如果将这 3 种包括在内，发行规模要多 9 亿美元。

2003—2004 年证券发行的几个特点特别值得注意（见图 33.1）。第一，2003 年的证券包含两种新型保障：中国台湾地震［福摩萨再保险公司（Formosa Re）］和欧洲死亡风险［维它再保险公司（Vita Re）］。其他交易探索了新型风险，包括恐怖主义风险——因而也就有了巨灾箱之外的探索的主题，在巨灾箱中迄今已有大多数进行了保险证券化。第二，两家最大的发行人（USAA 和瑞士再保险公司）引入了十分不同的发行形式——多年或多危险和中期票据（medium - term note，MTN）结构——这影响了他们从资本市场上获得的保障。这些改变的意义尚未获得广泛的认可。第三，派龙再保险公司（Pylon Re）提供了通过证券化将大量存款转为投资的第四个重要示例。第四，在几年的间隔之后，福摩萨再保险公司提供了一个被资本市场接受的认真制定发行规模的无评级发行的例子。该例子也有一个明显的危险结构。

或许该年证券化的最重要的特点是第一次将生命风险作为证券来出售。死亡风险、内嵌价值和生命对养老金套利都是第一次出现在人们的眼前。人寿保险市场相对于巨灾保险市场来说是巨大的，生命证券化的发展可能会很大程度地改变保险保障前景。

一个值得评论的主要趋势是价格压力。假定发行规模增加而需求缺少变化，可以预见会出现某些价格压力（即收益利差提高）。相反的情况也一样，即供给增加时利差开始下降。下降的程度如图33.2所示。该图显示了自2000年以来每季度二

---

* 本章原来发表在雷因金融公司（Lane Financial）的《交易记录》上，经许可在此重印。两位作者分别是雷因金融公司的总经理和副总经理。

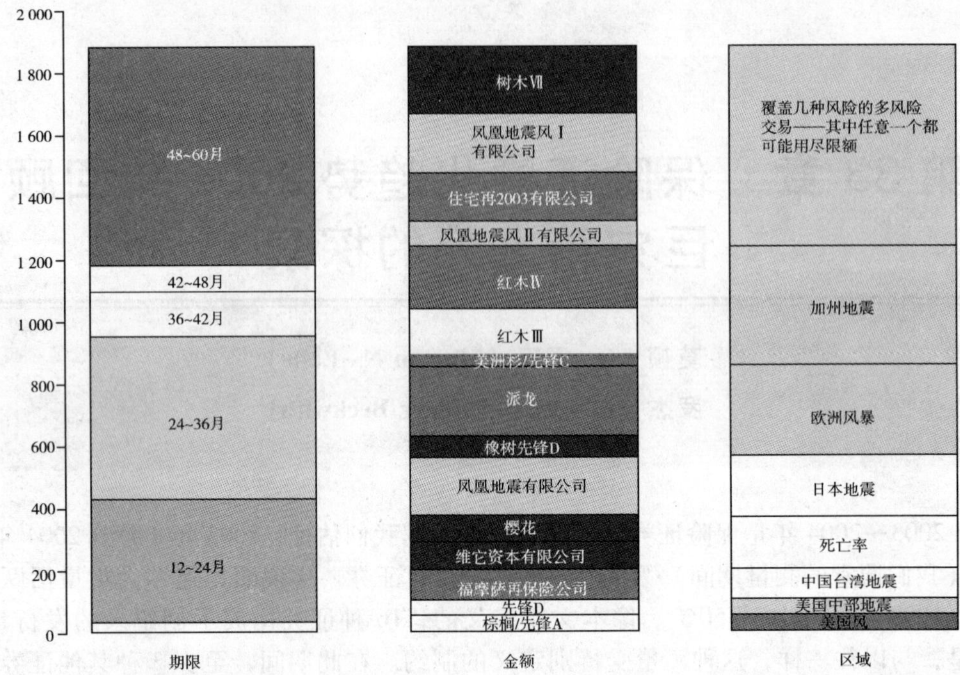

资料来源：雷因金融公司。

图 33.1　2003—2004 年证券发行

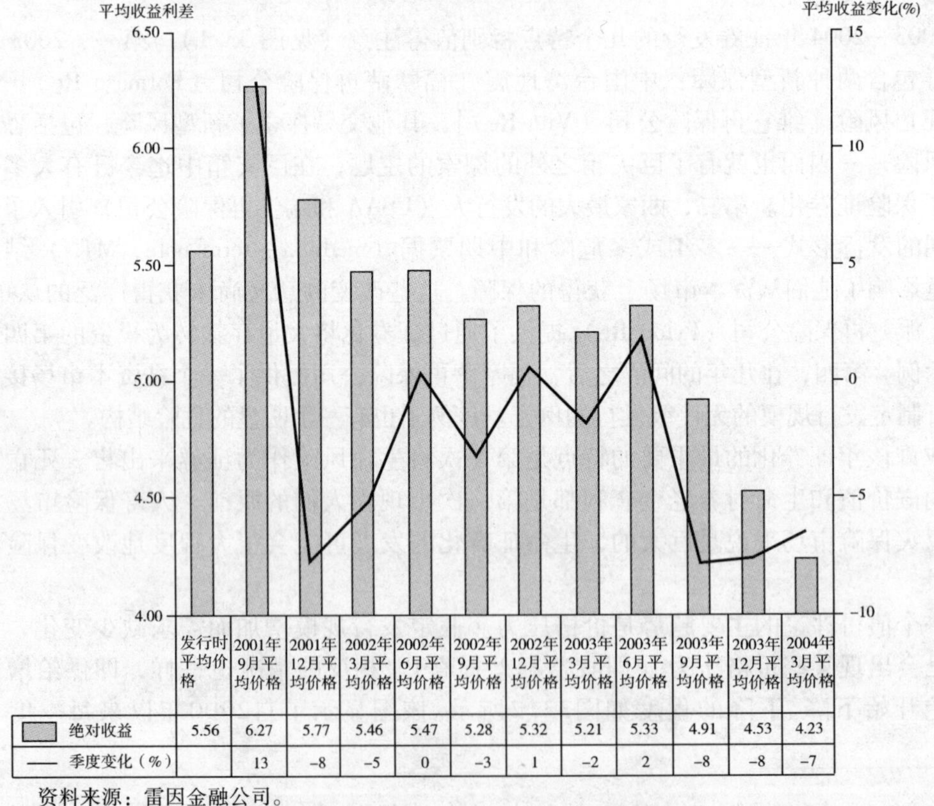

	发行时平均价格	2001年9月平均价格	2001年12月平均价格	2002年3月平均价格	2002年6月平均价格	2002年9月平均价格	2002年12月平均价格	2003年3月平均价格	2003年6月平均价格	2003年9月平均价格	2003年12月平均价格	2004年3月平均价格
绝对收益	5.56	6.27	5.77	5.46	5.47	5.28	5.32	5.21	5.33	4.91	4.53	4.23
—— 季度变化（%）		13	−8	−5	0	−3	1	−2	2	−8	−8	−7

资料来源：雷因金融公司。

图 33.2　2001—2003 年每季度的二级市场巨灾债券利差的平均值变化

级市场所有报价的平均值。详细资料见表 33.1 和表 33.2。很明显，某些旧的发行已经到期而其他的又增加进来，因此指数不是一个稳定的集合。但是，它抓住了平均利差在 12 个月中的大变化，利差下降了 25%。这种情况将更加引人注目，相同系列的证券实际上表明预期损失的平均值从 2002 年的 0.88% 上升到 2004 年第一季度的 1.15%，价格倍数从 6.3 下降到 3.7。

对此有三种解释。第一，具有竞争性的固定收入利差已经失效，导致更多的投资者将保险证券视为有吸引力的非传统风险形式。第二，传统再保险的基础成本可能已经减弱，造成发行人准备支付的利差降低。传闻证据表明，虽然这种情况可能已开始出现，但至今尚未成为主要趋势。在这个保险周期中，价格规范（到目前为止）还是不错的。第三，我们认为投资者总体接受保险证券的意愿已急剧膨胀。较大的投资者群体竞争与相对较少的证券供应已经将价格推高（利差降低）。

较低的利差和较大的证券需求的必然结果是，在资本市场上获得保障要比在传统市场上便宜。如果该市场像其他市场一样发挥作用，所增加的需求将产生供给。再保险公司（通常的发行人）需要了解现在资本市场上的保障要便宜很多。

33.1　新型证券

新型证券的全部列表如表 33.3 所示。此表列出了每种票据的名称、数额、到期日和票息。表 33.3 还显示了在每种发行备忘录上提供的风险统计数据，分别是预期损失、任意损失概率［起赔概率（attachment probability）］和完全损失概率［耗尽概率（exhaustion probability）］。单独列出的是每次交易的有条件预期损失。通常，读者将会认出这是简单的风险衡量标准（损失的严重性），我们已经发现此衡量标准在区分交易及在制作定价模型时很有用。本书后面将简要讨论定价模型。接下来本书将描述在 2003—2004 年每种新交易的突出特点。

33.1.1　2003 年住宅再保险公司

USAA 是自证券市场出现以来最持久的保险证券发行人。2003 年住宅再保险交易是 USAA 的第 7 次发行，我们曾在别的地方对此次发行进行过全面的描述。[1] 此次发行的金额为 1.6 亿美元，期限 3 年。其风险统计类似于以前的发行——预期损失为 0.48% 而起赔概率为 1.1%。

表 33.1　　二级市场价格数据

2003 年第 2 季度（6 月 30 日）来自 4 家交易商的二级市场价格	发行日期	发起人	发行人	发行时的利差（%）	平均市场指标（%）
	2001 年 12 月	法国再保险公司（SCOR）	阿特拉斯（Atlas）再保险Ⅱ A 级	2.38	1.91
	2001 年 12 月	法国再保险公司	阿特拉斯再保险Ⅱ B 级	6.75	6.37

续表

2003 年第 2 季度（6 月 30 日）来自 4 家交易商的二级市场价格	发行日期	发起人	发行人	发行时的利差（%）	平均市场指标（%）
	1999 年 5 月	东方土地公司	康森克	3.10	3.15
	2002 年 5 月	日生同和损害保险公司（Nissay Dowa）	富士山（Fujiyama）	4.00	3.76
	2002 年 5 月	日生同和损害保险公司	富士山股份（Fujiyama Shares）	7.00	7.90
	2000 年 11 月	AGF 公司	地中海再保险（Mediterranean Re）A 级	2.60	2.10
	2000 年 11 月	AGF 公司	地中海再保险 B 级	5.85	4.54
	1997 年 12 月	东京海上火灾保险公司	参数再保险	4.30	3.90
新发行	2003 年 6 月	瑞士再保险公司	凤凰地震	2.45	2.45
新发行	2003 年 6 月	瑞士再保险公司	凤凰地震/风	2.45	2.45
新发行	2003 年 6 月	瑞士再保险公司	凤凰地震/风Ⅱ	3.50	3.50
	2002 年 6 月	瑞士再保险公司	先锋 A 2002 - Ⅰ	6.00	6.29
	2002 年 12 月	瑞士再保险公司	先锋 A 2002 - Ⅲ	5.25	6.08
	2003 年 3 月	瑞士再保险公司	先锋 A 2003 - Ⅰ	5.50	6.08
新发行	2003 年 6 月	瑞士再保险公司	先锋 A 2003 - Ⅱ	6.00	6.08
	2002 年 6 月	瑞士再保险公司	先锋 B 2002 - Ⅰ	5.00	5.26
	2002 年 9 月	瑞士再保险公司	先锋 B 2002 - Ⅱ	5.00	5.21
	2002 年 12 月	瑞士再保险公司	先锋 B 2002 - Ⅲ	5.25	5.21
	2003 年 3 月	瑞士再保险公司	先锋 B 2003 - Ⅰ	4.75	5.21
新发行	2003 年 6 月	瑞士再保险公司	先锋 B 2003 - Ⅱ	5.00	5.21
	2002 年 6 月	瑞士再保险公司	先锋 C 2002 - Ⅰ	6.00	6.28
	2002 年 9 月	瑞士再保险公司	先锋 C 2002 - Ⅱ	6.00	6.10
	2002 年 12 月	瑞士再保险公司	先锋 C 2002 - Ⅲ	6.00	6.10
	2003 年 3 月	瑞士再保险公司	先锋 C 2003 - Ⅰ	6.00	6.10
新发行	2003 年 6 月	瑞士再保险公司	先锋 C 2003 - Ⅱ	5.75	6.10
	2002 年 6 月	瑞士再保险公司	先锋 D 2002 - Ⅰ	1.75	1.90
	2002 年 9 月	瑞士再保险公司	先锋 D 2002 - Ⅱ	1.75	1.85
	2002 年 12 月	瑞士再保险公司	先锋 D 2002 - Ⅲ	1.75	1.85
	2003 年 3 月	瑞士再保险公司	先锋 D 2003 - Ⅰ	1.75	1.85

续表

2003年第2季度（6月30日）来自4家交易商的二级市场价格	发行日期	发起人	发行人	发行时的利差（%）	平均市场指标（%）
新发行	2003年6月	瑞士再保险公司	先锋 D 2003－Ⅱ	1.50	1.85
	2002年6月	瑞士再保险公司	先锋 E 2002－Ⅰ	4.25	5.08
	2002年12月	瑞士再保险公司	先锋 E 2002－Ⅲ	4.75	4.85
	2003年3月	瑞士再保险公司	先锋 E 2003－Ⅰ	4.75	4.85
	2002年6月	瑞士再保险公司	先锋 F 2002－Ⅰ	7.50	7.88
	2002年12月	瑞士再保险公司	先锋 F 2002－Ⅲ	7.50	7.75
	2003年3月	瑞士再保险公司	先锋 F 2003－Ⅰ	7.50	7.75
	2000年12月	慕尼黑再保险公司	PRIME 加州地震	7.50	6.88
	2000年12月	慕尼黑再保险公司	PRIME 加州地震股份	9.00	8.21
	2000年12月	慕尼黑再保险公司	PRIME 飓风	6.50	9.03
	2000年12月	慕尼黑再保险公司	PRIME 飓风股份	8.00	12.81
	2002年3月	莱曼再保险公司（Lehman Re）	红木资本Ⅰ	3.00	3.17
	2002年3月	莱曼再保险公司	红木资本Ⅱ 股份	4.50	4.50
	2001年6月	USAA	住宅再保险2001	4.99	4.73
	2002年5月	USAA	住宅再保险2002	4.90	4.67
新发行	2003年5月	USAA	住宅再保险2003	4.95	4.87
	2001年5月	瑞士再保险公司	SR 风 A－1级	5.25	4.68
	2001年5月	瑞士再保险公司	SR 风 A－1级股份	6.75	6.42
	2001年5月	瑞士再保险公司	SR 风 A－2级	5.75	5.36
	2001年5月	瑞士再保险公司	SR 风 Class A－2级股份	7.25	6.43
	2002年4月	黑斯考克斯公司（Hiscox）	圣阿加莎再保险（St Agatha Re）	6.75	6.51
	2002年12月	威温帝公司	影视工作室再保险	5.10	4.77
	2002年12月	威温帝公司	影视工作室再保险股份	8.00	7.70
	2001年6月	苏黎世再保险公司	垂纳姆有限公司（Trinom Ltd.）A－1级	8.00	7.65
	2001年6月	苏黎世再保险公司	垂纳姆有限公司A－2级	4.00	3.26
	2001年6月	苏黎世再保险公司	垂纳姆有限公司股份	10.00	10.79
			圆形舞滨		5.33
			参数单位（Parametric Units）		
			开尔文第一事件（Kelvin 1st Event）		
			开尔文第二事件		
其他可能到期的或是没有任何二级市场价格的现存证券					
	2000年7月	瓦斯塔（Vesta）	纳黑（NeHi）	4.10	

续表

2003年第3季度（9月30日）来自4家交易商的二级市场价格	发行日期	发起人	发行人	发行时的利差（%）	平均市场指标（%）
新发行	2003年7月	瑞士再保险公司	树木资本Ⅰ	15.38	15.31
新发行	2003年7月	瑞士再保险公司	树木资本Ⅱ	1.00	1.03
	2001年12月	法国再保险公司	阿特拉斯再保险ⅡA级	2.38	1.46
	2001年12月	法国再保险公司	阿特拉斯再保险Ⅱ B级	6.75	6.16
	1999年5月	东方土地公司	康森克	3.10	2.70
新发行	2003年8月	中央再保险公司	福摩萨再保险	3.30	3.22
	2002年5月	日生同和损害保险公司	富士山	4.00	3.44
	2002年5月	日生同和损害保险公司	富士山股份	7.00	7.75
	2000年11月	AGF	地中海再保险A级	2.60	1.71
	2000年11月	AGF	地中海再保险B级	5.85	4.54
新发行	2003年7月	瑞士再保险公司	橡树资本	4.57	5.16
新发行	2003年7月	瑞士再保险公司	棕榈资本	5.81	5.14
	1997年12月	东京海上火灾保险公司	参数再保险	4.30	3.55
	2003年6月	瑞士再保险公司	凤凰地震	2.45	2.25
	2003年6月	瑞士再保险公司	凤凰地震/风	2.45	2.25
	2003年6月	瑞士再保险公司	凤凰地震/风 Ⅱ	3.50	3.48
	2002年6月	瑞士再保险公司	先锋 A 2002－Ⅰ	6.00	5.16
	2002年12月	瑞士再保险公司	先锋 A 2002－Ⅲ	5.25	5.16
	2003年3月	瑞士再保险公司	先锋 A 2003－Ⅰ	5.50	5.16
	2003年6月	瑞士再保险公司	先锋 A 2003－Ⅱ	6.00	5.16
	2002年6月	瑞士再保险公司	先锋 B 2002－Ⅰ	5.00	5.28
	2002年9月	瑞士再保险公司	先锋 B 2002－Ⅱ	5.00	5.28
	2002年12月	瑞士再保险公司	先锋 B 2002－Ⅲ	5.25	5.28
	2003年3月	瑞士再保险公司	先锋 B 2003－Ⅰ	4.75	5.28
	2003年6月	瑞士再保险公司	先锋 B 2003－Ⅱ	5.00	5.28
	2002年6月	瑞士再保险公司	先锋 C 2002－Ⅰ	6.00	5.78
	2002年9月	瑞士再保险公司	先锋 C 2002－Ⅱ	6.00	5.78
	2002年12月	瑞士再保险公司	先锋 C 2002－Ⅲ	6.00	5.78

续表

2003年第3季度（9月30日）来自4家交易商的二级市场价格	发行日期	发起人	发行人	发行时的利差（%）	平均市场指标（%）
	2003年3月	瑞士再保险公司	先锋C 2003－Ⅰ	6.00	5.78
	2003年6月	瑞士再保险公司	先锋C 2003－Ⅱ	5.75	5.78
	2002年6月	瑞士再保险公司	先锋D 2002－Ⅰ	1.75	1.63
	2002年9月	瑞士再保险公司	先锋D 2002－Ⅱ	1.75	1.63
	2002年12月	瑞士再保险公司	先锋D 2002－Ⅲ	1.75	1.63
	2003年3月	瑞士再保险公司	先锋D 2003－Ⅰ	1.75	1.63
	2003年6月	瑞士再保险公司	先锋D 2003－Ⅱ	1.75	1.63
	2002年6月	瑞士再保险公司	先锋E 2002－Ⅰ	4.25	4.63
	2002年12月	瑞士再保险公司	先锋E 2002－Ⅲ	4.75	4.63
	2003年3月	瑞士再保险公司	先锋E 2003－Ⅰ	4.75	4.63
	2002年6月	瑞士再保险公司	先锋F 2002－Ⅰ	7.50	6.91
	2002年12月	瑞士再保险公司	先锋F 2002－Ⅲ	7.50	6.91
	2003年3月	瑞士再保险公司	先锋F 2003－Ⅰ	7.50	6.91
	2000年12月	慕尼黑再保险公司	PRIME加州地震	7.50	6.74
	2000年12月	慕尼黑再保险公司	PRIME加州地震股份	9.00	9.70
	2000年12月	慕尼黑再保险公司	PRIME飓风	6.50	4.80
	2000年12月	慕尼黑再保险公司	PRIME飓风股份	8.00	4.79
	2002年3月	莱曼再保险公司	红木资本 Ⅰ	3.00	2.70
	2002年3月	莱曼再保险公司	红木资本 Ⅱ 股份	4.50	4.35
	2001年6月	USAA	住宅再保险2001	4.99	3.54
	2002年5月	USAA	住宅再保险2002	4.90	3.98
	2003年5月	USAA	住宅再保险2003	4.95	4.26
新发行	2003年7月	瑞士再保险公司	樱花资本	4.50	4.63
新发行	2003年7月	瑞士再保险公司	红杉资本	5.75	5.75
	2001年5月	瑞士再保险公司	SR风A－1级	5.25	4.88
	2001年5月	瑞士再保险公司	SR风A－1级股份	6.75	7.44
	2001年5月	瑞士再保险公司	SR风A－2级	5.75	4.71
	2001年5月	瑞士再保险公司	SR风A－2级股份	7.25	4.80
	2002年4月	黑斯考克斯公司	圣阿加莎再保险	6.75	6.00
	2002年12月	威温帝公司	影视工作室再保险	5.10	4.77
	2002年12月	威温帝公司	影视工作室再保险股份	8.00	7.77

续表

2003年第3季度（9月30日）来自4家交易商的二级市场价格	发行日期	发起人	发行人	发行时的利差（%）	平均市场指标（%）
	2001年6月	苏黎世再保险公司	垂纳姆有限公司A－1级	8.00	7.20
	2001年6月	苏黎世再保险公司	垂纳姆有限公司A－2级	4.00	3.12
	2001年6月	苏黎世再保险公司	垂纳姆有限公司股份	10.00	10.58
			圆形舞滨		4.91
			参数单位		
			开尔文第一事件		
			开尔文第二事件		
其他可能到期的或是没有任何二级市场价格的现存证券					
	2000年3月	法国再保险公司	阿特拉斯再保险A级	2.70	
	2000年3月	法国再保险公司	阿特拉斯再保险B级	3.70	
	2000年3月	法国再保险公司	阿特拉斯再保险C级	14.00	
	2000年7月	瓦斯塔	纳黑	4.10	

资料来源：雷因金融公司。

表33.2　二级市场价格数据

2003年第4季度（12月31日）来自4家交易商的二级市场价格	发行日期	发起人	发行人	发行时的利差（%）	平均市场指标（%）
	2003年7月	瑞士再保险公司	树木资本 Ⅰ	15.50	15.10
	2003年7月	瑞士再保险公司	树木资本 Ⅰ－Ⅱ	15.25	15.03
新发行	2003年12月	瑞士再保险公司	树木资本 Ⅰ－Ⅲ	15.00	15.25
	2003年7月	瑞士再保险公司	树木资本 Ⅱ	1.00	0.98
	2001年12月	法国再保险公司	阿特拉斯再保险A级	2.38	1.18
	2001年12月	法国再保险公司	阿特拉斯再保险B级	6.75	5.51
	1999年5月	东方土地公司	康森克	3.10	2.14
	2003年8月	中央再保险公司	福摩萨再保险	3.30	2.63
	2002年5月	日生同和损害保险公司	富士山	4.00	2.89
	2002年5月	日生同和损害保险公司	富士山股份	7.00	5.50
	2000年11月	AGF	地中海再保险A级	2.60	1.51
	2000年11月	AGF	地中海再保险B级	5.85	3.82

续表

2003年第4季度（12月31日）来自4家交易商的二级市场价格	发行日期	发起人	发行人	发行时的利差（%）	平均市场指标（%）
	2003年7月	瑞士再保险公司	橡树资本	4.57	4.68
	2003年7月	瑞士再保险公司	棕榈资本	5.81	4.90
新发行	2003年12月	瑞士再保险公司	棕榈资本－Ⅱ	5.81	5.35
	1997年12月	东京海上火灾保险公司	参数再保险	4.30	3.32
	2003年6月	瑞士再保险公司	凤凰地震	2.45	1.94
	2003年6月	瑞士再保险公司	凤凰地震/风	2.45	1.94
	2003年6月	瑞士再保险公司	凤凰地震/风Ⅱ	3.50	3.03
	2002年6月	瑞士再保险公司	先锋A 2002－Ⅰ	6.00	4.69
	2002年12月	瑞士再保险公司	先锋A 2002－Ⅲ	5.25	4.67
	2003年3月	瑞士再保险公司	先锋A 2003－Ⅰ	5.50	4.66
	2003年6月	瑞士再保险公司	先锋A 2003－Ⅱ	6.00	4.69
	2002年6月	瑞士再保险公司	先锋B 2002－Ⅰ	5.00	4.75
	2002年9月	瑞士再保险公司	先锋B 2002－Ⅱ	5.25	4.75
	2002年12月	瑞士再保险公司	先锋B 2002－Ⅲ	5.25	4.75
	2003年3月	瑞士再保险公司	先锋B 2003－Ⅰ	4.75	4.75
	2003年6月	瑞士再保险公司	先锋B 2003－Ⅱ	5.00	4.76
	2002年6月	瑞士再保险公司	先锋C 2002－Ⅰ	6.00	5.43
	2002年9月	瑞士再保险公司	先锋C 2002－Ⅱ	6.00	5.43
	2002年12月	瑞士再保险公司	先锋C 2002－Ⅲ	6.00	5.43
	2003年3月	瑞士再保险公司	先锋C 2003－Ⅰ	6.00	5.43
	2003年6月	瑞士再保险公司	先锋C 2003－Ⅱ	5.75	5.43
	2002年6月	瑞士再保险公司	先锋D 2002－Ⅰ	1.75	1.67
	2002年9月	瑞士再保险公司	先锋D 2002－Ⅱ	1.75	1.67
	2002年12月	瑞士再保险公司	先锋D 2002－Ⅲ	1.75	1.67
	2003年3月	瑞士再保险公司	先锋D 2003－Ⅰ	1.75	1.67
	2003年6月	瑞士再保险公司	先锋D 2003－Ⅱ	1.75	1.67
	2003年12月	瑞士再保险公司	先锋D 2003－Ⅲ	1.50	1.67
	2002年6月	瑞士再保险公司	先锋E 2002－Ⅰ	4.25	4.43
	2002年12月	瑞士再保险公司	先锋E 2002－Ⅲ	4.75	4.43
	2003年3月	瑞士再保险公司	先锋E 2003－Ⅰ	4.75	4.43
	2002年6月	瑞士再保险公司	先锋F 2002－Ⅰ	7.50	6.37

续表

2003年第4季度（12月31日）来自4家交易商的二级市场价格	发行日期	发起人	发行人	发行时的利差（%）	平均市场指标（%）
	2002年12月	瑞士再保险公司	先锋 F 2002 - Ⅲ	7.50	6.37
	2003年3月	瑞士再保险公司	先锋 F 2003 - Ⅰ	7.50	6.37
新发行	2003年12月	法国电力公司	派龙 A	1.50	1.55
新发行	2003年12月	法国电力公司	派龙 B	3.90	3.95
新发行			红杉Ⅲ	3.85	3.85
新发行			红杉Ⅳ	2.30	2.30
	2001年6月	USAA	住宅再保险2001	4.99	1.46
	2002年5月	USAA	住宅再保险2002	4.90	3.08
	2003年5月	USAA	住宅再保险2003	4.95	3.89
	2003年7月	瑞士再保险公司	樱花资本	4.50	4.43
	2003年7月	瑞士再保险公司	美洲杉资本	5.75	5.41
	2001年5月	瑞士再保险公司	SR 风 A - 1 级	5.25	4.26
	2001年5月	瑞士再保险公司	SR 风 A - 1 级股份	6.75	6.84
	2001年5月	瑞士再保险公司	SR 风 A - 2 级	5.75	4.00
	2001年5月	瑞士再保险公司	SR 风 A - 2 级股份	7.25	6.00
	2002年4月	黑斯考克斯公司	圣阿加莎再保险	6.75	5.02
	2001年6月	苏黎世再保险公司	垂纳姆有限公司 A - 1 级	8.00	6.38
	2001年6月	苏黎世再保险公司	垂纳姆有限公司 A - 2 级	4.00	2.12
	2001年6月	苏黎世再保险公司	垂纳姆有限公司股份	10.00	11.00
新发行			维它资本	1.35	1.31
			圆形舞滨		4.53
			参数单位		
其他可能到期的或是没有任何二级市场价格的现有证券					
	2000年12月	慕尼黑再保险公司	PRIME 加州地震	7.50	8.76
	2000年12月	慕尼黑再保险公司	PRIME 加州地震股份	9.00	
	2000年12月	慕尼黑再保险公司	PRIME 飓风	6.50	2.01
	2000年12月	慕尼黑再保险公司	PRIME 飓风股份	8.00	
	2002年3月	莱曼再保险公司	红木资本Ⅱ	3.00	3.27
	2002年3月	莱曼再保险公司	红木资本Ⅱ股份	4.50	4.50
	2002年12月	威温帝公司	影视工作室再保险	5.10	
	2002年12月	威温帝公司	影视工作室再保险股份	8.00	
	2003年7月	瑞士再保险公司	树木资本Ⅰ	15.50	14.55

续表

2004年第1季度(3月31日)来自4家交易商的二级市场价格	发行日期	发起人	发行人	发行时的利差(%)	平均市场指标(%)
	2003年7月	瑞士再保险公司	树木资本Ⅰ-Ⅱ	15.25	14.55
	2003年12月	瑞士再保险公司	树木资本Ⅰ-Ⅲ	15.00	14.71
新发行	2004年3月	瑞士再保险公司	树木资本Ⅱ-Ⅴ	14.00	14.00
	2003年7月	瑞士再保险公司	树木资本Ⅱ	1.00	0.94
	2001年12月	法国再保险公司	阿特拉斯再保险Ⅱ A级	2.38	0.96
	2001年12月	法国再保险公司	阿特拉斯再保险Ⅱ B级	6.75	4.60
	1999年5月	东方土地公司	康森克	3.10	2.22
	2003年8月	中央再保险公司	福摩萨再保险	3.30	2.49
	2002年5月	日生同和损害保险公司	富士山	4.00	2.73
	2002年5月	日生同和损害保险公司	富士山股份	7.00	5.25
	2000年11月	AGF	地中海再保险A级	2.60	1.40
	2000年11月	AGF	地中海再保险B级	5.85	3.16
	2003年7月	瑞士再保险公司	橡树资本	4.75	3.86
新发行		瑞士再保险公司	橡树资本系列Ⅱ	3.75	3.75
	2003年7月	瑞士再保险公司	棕榈资本	5.81	4.92
	2003年12月	瑞士再保险公司	棕榈资本-Ⅱ	5.81	5.32
	1997年12月	东京海上火灾保险公司	参数再保险	4.30	3.14
	2003年6月	瑞士再保险公司	凤凰地震	2.45	1.84
	2003年6月	瑞士再保险公司	凤凰地震/风	2.45	1.84
	2003年6月	瑞士再保险公司	凤凰地震/风Ⅱ	3.50	2.78
	2002年6月	瑞士再保险公司	先锋A 2002-Ⅰ	6.00	4.71
	2002年12月	瑞士再保险公司	先锋A 2002-Ⅲ	5.25	4.70
	2003年3月	瑞士再保险公司	先锋A 2003-Ⅰ	5.50	4.70
	2003年6月	瑞士再保险公司	先锋A 2003-Ⅱ	6.00	4.71
	2002年6月	瑞士再保险公司	先锋B 2002-Ⅰ	5.00	4.02
	2002年9月	瑞士再保险公司	先锋B 2002-Ⅱ	5.25	3.94
	2002年12月	瑞士再保险公司	先锋B 2002-Ⅲ	5.25	3.94
	2003年3月	瑞士再保险公司	先锋B 2003-Ⅰ	4.75	3.93
	2003年6月	瑞士再保险公司	先锋B 2003-Ⅱ	5.00	3.93
	2002年6月	瑞士再保险公司	先锋C 2002-Ⅰ	6.00	4.98

续表

2004 年第 1 季度（3 月 31 日）来自 4 家交易商的二级市场价格	发行日期	发起人	发行人	发行时的利差（%）	平均市场指标（%）
	2002 年 9 月	瑞士再保险公司	先锋 C 2002 - Ⅱ	6.00	4.98
	2002 年 12 月	瑞士再保险公司	先锋 C 2002 - Ⅲ	6.00	4.98
	2003 年 3 月	瑞士再保险公司	先锋 C 2003 - Ⅰ	6.00	4.98
	2003 年 6 月	瑞士再保险公司	先锋 C 2003 - Ⅱ	5.75	4.98
	2002 年 6 月	瑞士再保险公司	先锋 D 2002 - Ⅰ	1.75	1.49
	2002 年 9 月	瑞士再保险公司	先锋 D 2002 - Ⅱ	1.75	1.49
	2002 年 12 月	瑞士再保险公司	先锋 D 2002 - Ⅲ	1.75	1.49
	2003 年 3 月	瑞士再保险公司	先锋 D 2003 - Ⅰ	1.75	1.49
	2003 年 6 月	瑞士再保险公司	先锋 D 2003 - Ⅱ	1.75	1.49
	2003 年 12 月	瑞士再保险公司	先锋 D 2003 - Ⅲ	1.50	1.49
	2002 年 6 月	瑞士再保险公司	先锋 E 2002 - Ⅰ	4.25	4.09
	2002 年 12 月	瑞士再保险公司	先锋 E 2002 - Ⅲ	4.75	4.10
	2003 年 3 月	瑞士再保险公司	先锋 E 2003 - Ⅰ	4.75	4.10
	2002 年 6 月	瑞士再保险公司	先锋 F 2002 - Ⅰ	7.50	5.97
	2002 年 12 月	瑞士再保险公司	先锋 F 2002 - Ⅲ	7.50	5.97
	2003 年 3 月	瑞士再保险公司	先锋 F 2003 - Ⅰ	7.50	5.97
	2003 年 12 月	法国电力公司	派龙 A	1.50	1.32
	2003 年 12 月	法国电力公司	派龙 B	3.90	3.42
		瑞士再保险公司	红木Ⅲ	3.85	3.58
		瑞士再保险公司	红木Ⅳ	2.30	2.09
	2001 年 6 月	USAA	住宅再保险 2001	4.99	1.45
	2002 年 5 月	USAA	住宅再保险 2002	4.90	3.50
	2003 年 5 月	USAA	住宅再保险 2003	4.95	4.05
	2003 年 7 月	瑞士再保险公司	樱花资本	4.50	4.11
	2003 年 7 月	瑞士再保险公司	红杉资本	5.75	4.93
新发行		瑞士再保险公司	红杉资本 - 系列Ⅱ	4.75	4.75
	2001 年 5 月	瑞士再保险公司	SR 风 A - 1 级	5.25	3.55
	2001 年 5 月	瑞士再保险公司	SR 风 A - 1 级股份	6.75	5.12
	2001 年 5 月	瑞士再保险公司	SR 风 A - 2 级	5.75	3.98
	2001 年 5 月	瑞士再保险公司	SR 风 A - 2 级股份	7.25	5.11
	2002 年 4 月	黑斯考克斯公司	圣阿加莎再保险	6.75	4.70
	2001 年 6 月	苏黎世再保险公司	垂纳姆有限公司 A - 1 级	8.00	4.40

续表

2004年第1季度（3月31日）来自4家交易商的二级市场价格	发行日期	发起人	发行人	发行时的利差（%）	平均市场指标（%）
	2001年6月	苏黎世再保险公司	垂纳姆有限公司A－2级	4.00	1.55
	2001年6月	苏黎世再保险公司	垂纳姆有限公司股份	10.00	4.64
	2003年12月	瑞士再保险公司	维它资本	1.35	1.28
			圆形舞滨参数单位		4.23
其他可能到期的或是没有任何二级市场价格的现有证券					
	2000年12月	慕尼黑再保险公司	PRIME 加州地震	7.50	10.12
	2000年12月	慕尼黑再保险公司	PRIME 加州地震股份	9.00	
	2000年12月	慕尼黑再保险公司	PRIME 飓风	6.50	3.33
	2000年12月	慕尼黑再保险公司	PRIME 飓风股份	8.00	
	2002年3月	莱曼再保险公司	红木资本Ⅱ	3.00	4.30
	2002年3月	莱曼再保险公司	红木资本Ⅱ股份	4.50	4.50
	2002年12月	威温帝公司	影视工作室再保险	5.10	
	2002年12月	威温帝公司	影视工作室再保险股份	8.00	

资料来源：雷因金融公司。

表33.3　新证券

特殊目的载体	分出人	主承销商	数额（以百万美元计）	标准普尔评级	穆迪评级	惠誉评级	发行日期	到期日
1. 分析过的证券								
树木Ⅰ有限公司	瑞士再保险公司	瑞士再保险资本市场	95.0	B	—	—	2003年7月	2006年6月
	瑞士再保险公司	瑞士再保险资本市场	60.0	B	—	—	2003年9月	2006年6月
	瑞士再保险公司	瑞士再保险资本市场	8.9	B	—	—	2003年12月	2006年12月
	瑞士再保险公司	瑞士再保险资本市场	21.0	B	—	—	2004年3月	2006年3月
树木Ⅱ有限公司	瑞士再保险公司	瑞士再保险资本市场	26.5	A+	A1	—	2003年7月	2006年6月
福摩萨再保险有限公司	中央再保险公司	瑞士再保险资本市场 怡安资本市场 MMC证券公司	100.0	—	—	—	2003年8月	2006年7月

续表

特殊目的的载体	分出人	主承销商	数额（以百万美元计）	标准普尔评级	穆迪评级	惠誉评级	发行日期	到期日
橡树资本有限公司	瑞士再保险公司	瑞士再保险公司资本市场	23.6	BB+	Ba3	—	2003年7月	2007年6月
			24.0	BB+	Ba3	—	2004年3月	2005年3月
棕榈资本有限公司	瑞士再保险公司	瑞士再保险资本市场	22.4	BB+	Ba3	—	2003年7月	2007年6月
	瑞士再保险公司	瑞士再保险资本市场	19.0	BB+	Ba3	—	2003年12月	2005年12月
凤凰地震有限公司	全劳联	瑞士再保险资本市场	192.5	BBB+	Baa3	—	2003年6月	2008年7月
凤凰地震风Ⅰ有限公司	全劳联		192.5	BBB+	Baa3		2003年6月	2008年7月
凤凰地震风Ⅱ有限公司	全劳联	瑞士再保险资本市场	85.0	BBB-	Ba1-	—	2003年6月	2008年7月
先锋2000有限公司A	瑞士再保险公司	瑞士再保险资本市场	9.8	BB+	Ba3	—	2003年6月	2006年6月
先锋2000有限公司B	瑞士再保险公司	瑞士再保险资本市场	12.3	BB+	Ba3	—	2003年6月	2006年6月
先锋2000有限公司C	瑞士再保险公司	瑞士再保险资本市场	7.3	BB+	Ba3	—	2003年6月	2006年6月
先锋2000有限公司D	瑞士再保险公司	瑞士再保险资本市场	2.6	BBB-	Baa3	—	2003年6月	2006年6月
	瑞士再保险公司		51.0	BBB-	Baa3	—	2003年12月	2006年6月
派龙有限公司	法国电力公司	CDC IXIS资本市场	147.0	BBB+	A2	—	2003年12月	2008年12月
	法国电力公司	瑞士再保险资本市场	85.5	BB+	Ba1		2003年12月	2008年12月
红木Ⅲ	瑞士再保险公司	瑞士再保险资本市场	150.0	BB+	Ba1	—	2003年12月	2005年12月
红木Ⅳ	瑞士再保险公司	瑞士再保险资本市场	200.0	BBB-	Baa3	—	2003年12月	2005年12月
住宅再保险2003有限公司	USAA	高盛 法国巴黎银行	160.0	BB+	Ba2	—	2003年5月	2006年6月

续表

特殊目的载体	分出人	主承销商	数额（以百万美元计）	标准普尔评级	穆迪评级	惠誉评级	发行日期	到期日
樱花有限公司	瑞士再保险公司	瑞士再保险资本市场	14.7	BB+	Ba3	—	2003 年 7 月	2007 年 6 月
红杉资本有限公司	瑞士再保险公司	瑞士再保险资本市场	22.5	BB+	Ba3	—	2003 年 7 月	2007 年 6 月
			11.5	BB+	Ba3	—	2004 年 3 月	2005 年 3 月
维它资本有限公司	瑞士再保险公司	瑞士再保险资本市场	150.0	BB+	Ba3	—	2002 年 12 月	2006 年 7 月
2. 特殊目的载体的股本层——小于 0.1 亿美元								
无								

特殊目的载体	到期期限	风险暴露期限	与 LIBOR 相比的利差溢价（bps）	调节后的利差溢价（年度）	预期损失（年度）（%）	第一美元损失的概率（年度）	耗尽概率（年度）	预期超额回报（年度）	有条件的预期损失（%）
1. 分析过的证券									
树木Ⅰ有限公司	36	36	1550	1572	4.86	5.9700	3.8600	1571	0.81
	33	33	1551	1573	4.86	5.9700	3.8600	1572	0.81
	36	36	1500	1521	4.86	5.9700	3.8600	1521	0.81
	24	24	1400	1419	4.86	5.9700	3.8600	1419	0.81
树木Ⅱ有限公司	36	36	100	101	0.007	0.0120	0.0040	101	0.58
福摩萨再保险有限公司	34	34	405	411	0.73	0.8100	0.6600	411	0.90
橡树资本有限公司	48	48	475	482	1.27	1.5900	1.0500	482	0.80
	12	12	375	380	1.27	1.5900	1.0500	380	0.80
棕榈资本有限公司	48	48	575	583	1.28	1.5900	0.9700	583	0.81
	24	24	500	507	1.28	1.5900	0.9700	507	0.81
凤凰地震有限公司	60	60	245	248	0.22	0.2400	0.2000	248	0.92
凤凰地震风Ⅰ有限公司	60	60	245	248	0.22	0.2400	0.2000	248	0.92

续表

特殊目的的载体	到期期限	风险暴露期限	与LIBOR相比的利差溢价(bps)	调节后的利差溢价(年度)	预期损失(年度)(%)	第一美元损失的概率(年度)	耗尽概率(年度)	预期超额回报(年度)	有条件的预期损失(%)
凤凰地震风Ⅱ有限公司	60	60	350	355	0.49	0.5500	0.4500	355	0.89
先锋 2000 有限公司 A	36	36	600	608	1.28	1.5900	0.9700	608	0.81
先锋 2000 有限公司 B	36	36	500	507	1.27	1.5900	1.0500	507	0.80
先锋 2000 有限公司 C	36	36	575	583	1.28	1.5900	0.9800	583	0.81
先锋 2000 有限公司 D	36	36	175	177	0.22	0.2700	1.8600	177	0.81
	33	33	150	152	0.22	0.2700	1.8600	152	0.81
派龙有限公司	60	60	150	152	0.02	0.0400		152	0.50
	60	60	390	395	0.54	1.2300		395	0.44
红木Ⅲ	24	24	385	390	0.52	0.7100		390	0.73
红木Ⅳ	24	24	230	233	0.22	0.3000		233	0.73
住宅再保险 2003 有限公司	36	36	495	502	0.48	1.1000	0.2800	502	0.44
樱花有限公司	48	48	450	456	1.29	1.5900	1.0100	456	0.81
红杉资本有限公司	48	48	575	583	1.28	1.5900	0.9800	583	0.81
	12	12	475	482	1.28	1.5900	0.9800	482	0.81
维它资本有限公司	43	42	510	517	0.65	1.3800	0.2200	517	0.47

资料来源：雷因金融公司。

上表显示的是在 2003 年 4 月到 2004 年 3 月间曾经发行或宣布的证券。第 1 部分列出了本书分析过的 27 种发行层。第 2 部分记录了 0 个股本层。

有阴影的列表示关于价格分析的相关论文中使用的数据。

所有交易都转换为一年 365 天，因为 LIBOR 传统上用一年 360 天，但巨灾风险是以一年为 365 天来计算的。因此，调整后的利差可与再保险定价相比较。

预期超额回报的定义为调整后的利差溢价与预期损失之差。有条件的预期损失的定义为预期损失除以第一美元损失概率。

福摩萨再保险公司利差和预期损失可能不一样，所标明的 405 的利差基于 0.73% 的最大估计的预期损失。

先锋是一种非流通发行，允许在每类中按季度发行；在此期间，它们在 4 个级别中共发行了 5 次。

此项交易值得进一步披露的不引人注意的特点是它覆盖多种危险。USAA 交易一度成为单一危险债券的宣传人——这些债券只面临特定沿海州发生强烈的 3 级或 3 级以上大西洋飓风的风险。但是 2003 年的交易却面临美国大陆和夏威夷的风灾和地震风险（第一次包括夏威夷成为 2002 年的新特点）。

另一个未得到充分重视的问题是，虽然此项交易相对较小（1.6 亿美元），其 3 年期结构与从 2001 年到 2002 年的其他 3 年期的交易相配合，为 2003 年的飓风季节提供了 4.35 亿美元的保额——自 1999 年以来 USAA 在资本市场获得的最大的保障。图 33.3 说明了该保障的相互楔合性质。

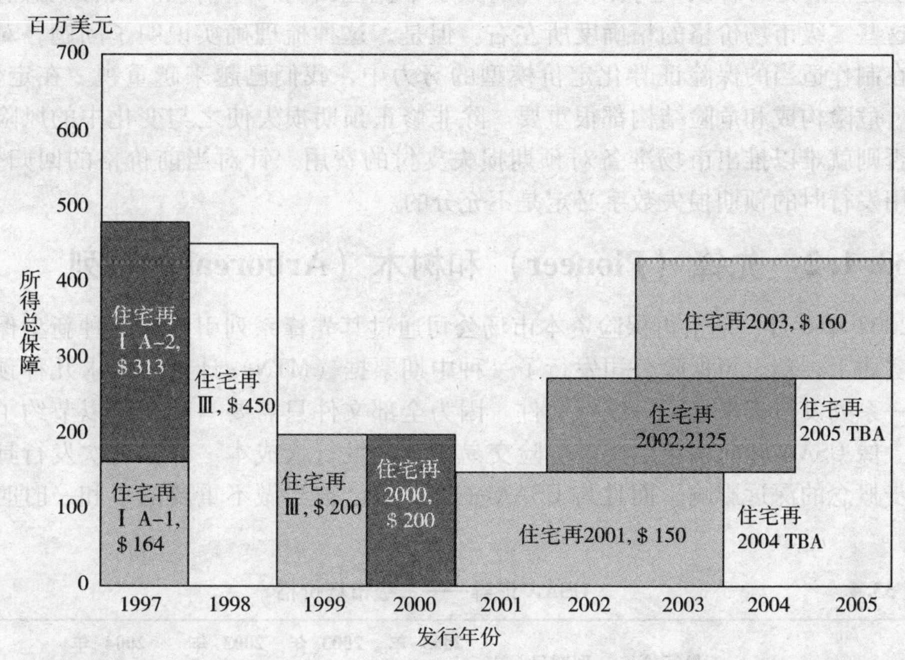

资料来源：雷因金融公司。

图 33.3　1997—2003 年由 USAA 发起的住宅再保险公司证券的每年潜在回收

USAA 在资本市场的不懈努力中已经获得了比很多人所意识到的更多和更广的保障，以及更低的发行成本。

在此值得停下来注意由 USAA 发行的证券已经在二级市场上交易的方式。表 33.4 单独列出了价格。

2001 年的住宅再保险交易是以超过 LIBOR 的 4.99% 的利差发行的，在连续的最近季度中成交的二级市场价格为 4.73%、3.54%、1.46% 和 1.45%。美国的飓风季节早在 6 月就开始了，通常在 10 月中旬之前结束。在 2003 年第二季度，2001 年发行的证券只剩下覆盖一个季节的风险（此证券于 2004 年到期）。因此，二级市场价格已经从 4.99% 下降到 4.73%。但到第三季度末，其风险已经远离。其价格下降到 3.54%，并在年末下降到 1.46%。到了 2004 年第二季度，出现了某些早期强烈飓风的机会，但比较遥远，并且价格反映了这一点。

2002 年发行的定价也具有启发性（虽然数字有些变动）。到 2004 年第二季度，只剩下一个季节的风险，而价格仍然是 3.5%。将此与 2002 年的发行的只剩一个季节的价格（4.73%）比较一下，则会得出结论，这种下降只能是需求变化的结果。但是季节性影响在每年的这个时候几乎是不存在的，因而年度费率本来应该是不变的。

最后，2003 年发行剩下两个风季风险，但它还有一个没有季节性的地震风险。其价格应该更多地反映出较少的季节性。我们认为，虽然其当前价格仍然反映了需求的变化，但至少部分地被地震风险的增加所抵消了。

上述内容是一种从本身比较严谨的数字中梳理出的一些信息。没有人愿意其生活由这些二级市场价格的精确度所左右。但是，这种梳理确实说明了问题，对此问题，在制作适当的保险证券化定价模型的努力中，我们已越来越重视。在定价中，季节、危险构成和危险结构都很重要。除非修正预期损失使之与变化中的风险相匹配，否则就难以推出市场准备对预期损失支付的费用。针对当前价格的回归分析，只使用发行时的预期损失数字必定是不充分的。

33.1.2　先锋（Pioneer）和树木（Arboreal）系列

2002 年 6 月，瑞士再保险资本市场公司通过其先锋系列引入了一种新型保险证券。实质上，瑞士再保险公司发行了一种中期票据（MTN）计划，要求几种预定证券的一系列发行都来自同一统括文件。因为全部文件只需要一次，所以节约了发行成本。像 USAA 转向多年期或多危险交易以节约发行人成本一样，此次发行具有超过初步概念的深远影响。而且与 USAA 一样，它已被当做不重要的事和一时时尚而取消。

表 33.4　　USAA 证券——二级市场价格

	发行价	到期日	2003 年第二季度	2003 年第三季度	2003 年第四季度	2004 年第一季度	
住宅再保险 2001 有限公司	4.99	2004年第二季度	4.73	3.54	1.46	1.45	只有风灾
住宅再保险 2002 有限公司	4.90	2005年第二季度	4.67	3.98	3.08	3.50	Fla + Hi
住宅再保险 2003 有限公司	4.95	2006年第二季度	4.87	4.26	3.89	4.05	多种危险

资料来源：雷因金融公司。

原来的先锋系列按要求每季度发行，但所有这类交易都有固定的到期日——2006 年 6 月 15 日。该交易覆盖单一风险地区：北大西洋飓风、欧洲风暴、加利福尼亚地震、美国中部地震、日本地震，而且还有一个系列覆盖所有上述地区的综合风险（F 系列）。每一种都在瑞士再保险公司设计的指数中命名，且每种都附有大约相同的概率。近似的超额曲线如图 33.4 所示。

瑞士再保险公司在整个 2003 年继续以不同的数额和价格发行另外一些系列，如表 33.5 所示。然而，在 2003 年中期，它引入了另一种 MTN 项目，即树木系列，用来补充或是替代先锋系列。每种单一风险都用该风险地区本地的一种树木命名——

棕榈、橡树、红杉和樱花——完全对应于先锋系列的A、B、C和E（没有与D系列对应的，可能是没有需求、没有供应或没有本地的树木?）。此外，还添加了两种其他交易，即树木Ⅰ（Arbor Ⅰ）和树木Ⅱ（Arbor Ⅱ）。树木Ⅰ代表组合交易的第一损失层，其中任何一种风险暴露或其总和都可用尽风险。树木Ⅱ代表组合交易的第三层，其中来自任何交易的总损失可附加或用尽资本。图33.5表示可能性的魔术方块。

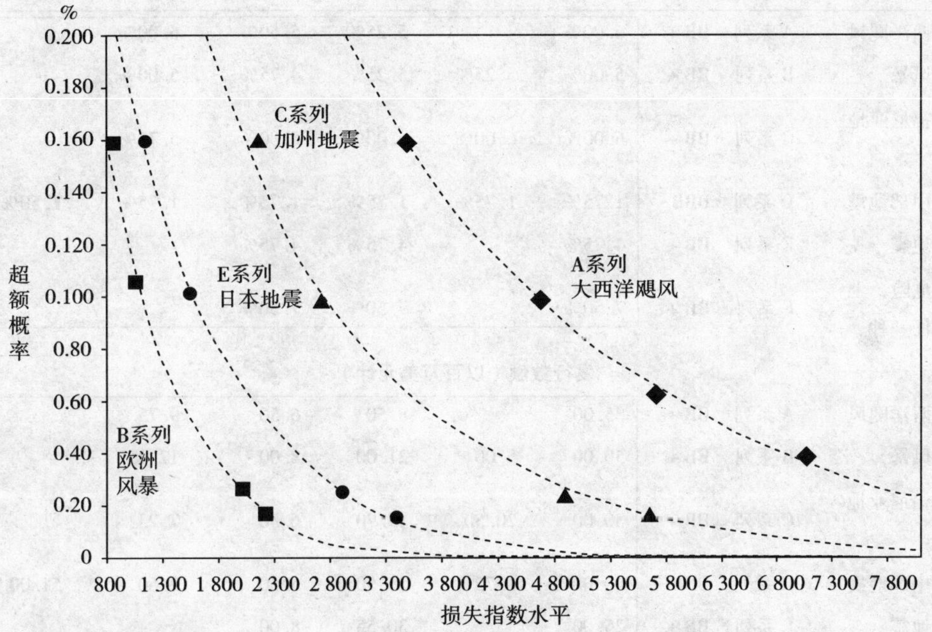

资料来源：雷因金融公司。

图33.4　先锋风险的近似超额曲线（市场符号表示在先锋招募说明书上给出的起赔点和耗尽点）

购买人现在既可分别购买4个地区中的每一种以形成投资组合，也可购买该风险的一层——有效地按杠杆基础购买。向4个地区中的每个投资25美元，按原始发行将产生5.1875%的票息收入差。或者，投资者可以在树木Ⅰ中投资100美元并获得15.5%的票息，但有较高的风险。实际上，树木Ⅰ是来自4个100美元单一地区投资组合的第一个100美元损失。很明显，树木Ⅰ是杠杆投资。四种交易组合上的票息将为20.75%，因而5.25%（20.75%－15.50%）实际上是杠杆的价格。投资者能够按无追索方式以低于5.5%的利率借入300美元而让别人承担最后的300美元风险吗？瑞士再保险公司正准备这样做——以5.5%的利率借钱。

树木系列还有一个不同于先锋系列的特点。投资者现在可以选择购买时间（虽然在那时必须接受瑞士再保险公司的价格），而且还可选择风险的到期日。树木系列的期限不得多于3年，而每种树木的期限不得多于4年。

表 33.5 2003年瑞士再保险公司的保险证券

先锋系列具体情况

所有证券固定到期日为 2006 年 6 月 15 日

		发行日期	2002 年 6 月 26 日	2002 年 9 月 16 日	2002 年 12 月 16 日	2003 年 3 月 17 日	2003 年 6 月 17 日	2003 年 12 月 15 日
		发行利差	L3 + 利差	L3 + 利差	L3 + 利差	L3 + 利差	L3 + 利差	L3 + 利差
北大西洋飓风	A 系列	BB +	6.00%		5.25%	5.50%	6.00%	
欧洲风暴	B 系列	BB +	5.00%	5.25%	5.25%	4.75%	5.00%	
加利福尼亚地震	C 系列	BB +	6.00%	6.00%	6.00%	6.00%	5.75%	
美国中部地震	D 系列	BBB-	1.75%	1.75%	1.75%	1.75%	1.75%	1.50%
日本地震	E 系列	BB +	4.25%		4.75%	4.75%		
多种危险，上面的任一种	F 系列	BB +	7.50%		7.50%	7.50%		

发行数额（以百万美元计）

北大西洋飓风	A 系列	BB +	85.00		8.50	6.50	9.75	
欧洲风暴	B 系列	BB +	50.00	5.00	21.00	8.00	12.25	
加利福尼亚地震	C 系列	BB +	30.00	20.50	15.70	6.50	7.25	
美国中部地震	D 系列	BBB-	40.00	1.75	25.50	5.50	2.60	51.00
日本地震	E 系列	BB +	25.00		30.55	8.00		
多种危险，上面的任一种	F 系列	BB +	25.00		3.00	8.14		
			255.00	27.25	104.25	42.64	31.85	51.00
							总发行额	511.99

	瑞士再保险公司指标值	单一危险 附加	单一危险 耗尽	多种危险，即F系列 附加	多种危险，即F系列 耗尽
北大西洋飓风	A 指标	3546	4671	5609	7094
欧洲风暴	B 指标	810	955	1880	2093
加利福尼亚地震	C 指标	2098	2678	4853	5594
美国中部地震	D 指标	—	—	—	—
日本地震	E 指标	1084	1451	2803	3274
多种危险，上面的任一种	F	—	—	—	

续表

		附加	耗尽	预期
		PFL	PLL	EL
北大西洋飓风	A 指标	1.59%	0.97%	1.28%
欧洲风暴	B 指标	1.59%	1.05%	1.27%
加利福尼亚地震	C 指标	1.59%	0.98%	1.28%
美国中部地震	D 指标	0.27%	0.19%	0.22%
日本地震	E 指标	1.59%	1.01%	1.29%
多种危险，上面的任一种	F	1.60%	1.02%	1.31%

多种危险F系列的构成

		PFL	PLL	EL
北大西洋飓风	A 指标	***0.612%***	***0.374%***	0.493%
欧洲风暴	B 指标	***0.253%***	***0.167%***	0.202%
加利福尼亚地震	C 指标	***0.247%***	***0.152%***	0.199%
美国中部地震	D 指标	0.270%	0.190%	0.218%
日本地震	E 指标	***0.248%***	***0.157%***	0.201%
多种危险，上面的任一种	F	1.600%	1.020%	1.31%

注：粗斜体数字是由雷因金融公司所做的最佳估计。这些数字并不是先锋招募说明书中提供的数字。

树木系列具体情况

1到4年的可变到期日

	发行日期	**2003年7月24日**	**2003年9月15日**	**2003年12月15日**	**2004年3月15日**	
	发行利差	**L3+利差**	**L3+利差**	**L3+利差**	**L3+利差**	
棕榈资本有限公司	BB+	5.75%		5.00%		北大西洋飓风
橡树资本有限公司	BB+	4.75%			3.75%	欧洲风暴
红杉资本有限公司	BB+	5.75%			4.75%	加利福尼亚地震
		—	—	—	—	
樱花资本有限公司	BB+	4.50%				日本地震
树木Ⅰ资本有限公司	B	15.50%	15.25%	15.00%	14.00%	多种危险，上面的任一种
树木Ⅱ资本有限公司	A+	1.00%				多种危险，上面的任一种

续表

树木系列具体情况

1 到 4 年的可变到期日

发行日期	2003 年 7 月 24 日	2003 年 9 月 15 日	2003 年 12 月 15 日	2004 年 3 月 15 日
发行利差	L3 + 利差	L3 + 利差	L3 + 利差	L3 + 利差

发行数额（以百万美元计）

棕榈资本有限公司	BB +	22.35		19.00		北大西洋飓风
橡树资本有限公司	BB +	23.60			24.00	欧洲风暴
红杉资本有限公司	BB +	22.50			11.50	加利福尼亚地震
		—	—	—	—	
樱花资本有限公司	BB +	14.70				日本地震
树木Ⅰ资本有限公司	B	95.00	60.00	8.85	21.00	多种危险，上面的任一种
树木Ⅱ资本有限公司	A +	26.50				多种危险，上面的任一种
		204.65	60.00	27.85	56.50	
					总发行	349.00

	单一危险 附加	耗尽	最大到期日	
棕榈资本有限公司	3546	4671	4 年	北大西洋飓风
橡树资本有限公司	810	955	4 年	欧洲风暴
红杉资本有限公司	2098	2678	4 年	加利福尼亚地震
	—	—		
樱花资本有限公司	1084	1451	4 年	日本地震
树木Ⅰ资本有限公司	上面 4 种的总和百分数		3 年	多种危险，上面的任一种
树木Ⅱ资本有限公司	上面 4 种的总和百分数减 200%		3 年	多种危险，上面的任一种

	附加 PFL	耗尽 PLL	预期 EL	
棕榈资本有限公司	1.59%	0.97%	1.28%	北大西洋飓风
橡树资本有限公司	1.59%	1.05%	1.27%	欧洲风暴
红杉资本有限公司	1.59%	0.98%	1.28%	加利福尼亚地震
	—	—	—	
樱花资本有限公司	1.59%	1.01%	1.29%	日本地震
树木Ⅰ资本有限公司	5.97%	3.86%	4.86%	多种危险，上面的任一种
树木Ⅱ资本有限公司	0.012%	0.004%	0.007%	多种危险，上面的任一种

续表

	树木系列具体情况 1到4年的可变到期日			
发行日期	2003年7月24日	2003年9月15日	2003年12月15日	2004年3月15日
发行利差	L3＋利差	L3＋利差	L3＋利差	L3＋利差
到期日	**系列Ⅰ**	**系列Ⅱ**	**系列Ⅲ**	**系列Ⅳ**
棕榈资本有限公司	2007年6月15日	2005年12月15日		
橡树资本有限公司	2007年6月15日	2005年3月15日		
红杉资本有限公司	2007年6月15日	2005年3月5日		
樱花资本有限公司	2007年6月15日			
树木Ⅰ资本有限公司	2006年6月15日	2006年6月15日	2006年12月15日	2005年3月15日
树木Ⅱ资本有限公司	2006年6月15日			

资料来源：雷因金融公司。

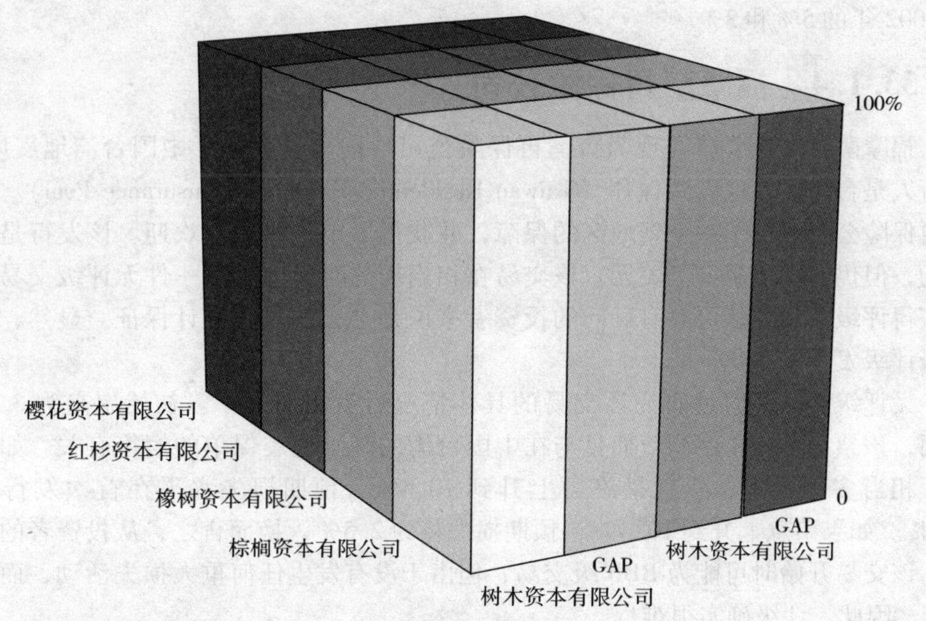

资料来源：雷因金融公司。

图33.5　2004年瑞士再保险证券系列

两种项目的发行记录如表33.5所示。发行记录中最引人注目的地方是附加的系列，不管是先锋系列还是树木系列，规模都相当小。虽然最初树木Ⅰ系列获得了相当可观的0.95亿美元，但向投资人发行的数额低至800万美元。很明显，这是相当普遍的。

由于规模较小，此发行曾经倾向于当做新奇事物而被取消，但没有实现。毕竟，像瑞士再保险公司这样的公司的保障需求比较起来是巨大的。这种努力值得吗？保险证券领域的追随者对此种观点有深刻的了解。请参考表33.6中显示的结果。

由于所有发行都是多年期的，组合保障现在是相当大的。对于当年来说，每个地区现在除了来自树木系列的组合保障之外，还有1亿美元到1.5亿美元的单独发行的保障。当把这种情况考虑在内时，该年飓风季节的保障可能达4亿美元（假设现在和季节开始之间还有更多的发行）。像USAA，瑞士再保险公司已经从资本市场上获得了很多，而且成本比一些惹人注意的大交易更便宜。该成本甚至有可能低于传统再保险市场上同等的佣金成本。将此情况与可收回再保险的可忽略信用风险的特点结合起来，可以很明显地看出，再保险公司应对证券化给予更密切的关注。

33.1.3 红木Ⅲ和Ⅳ

2002年的红木交易于年底到期。这些交易与加利福尼亚地震当局间接相关，但实际上相当简单。用于损失计算的指数是财产索赔服务（Property Claim Services，PCS）指数，因而该交易与行业损失担保（industry loss warranty，ILW）定价相当。在行业需求的另一示范下，红木Ⅲ和Ⅳ的发行定价分别为3.85%和2.3%，分别低于2002年的5%和3%。

33.1.4 福摩萨再保险公司

福摩萨再保险公司（现为台湾再保险公司）向市场引入了中国台湾地震风险。发行人是台湾住宅地震共保体（Taiwan Residential Earthquake Insurance Pool）。福摩萨再保险公司提供了一个新地区的保障，并获得了市场的热烈欢迎。该发行是无评级的，但仍然卖出了1亿美元。该交易在相当长的时间内是第一件无评级交易，然而获得评级公司的认可对有疑问的投资者来说是必要的风险统计保证。显然，这是由于评级发生了变化。

无评级的原因通过研究该交易的具体情况后就很明显了。初始票息为3.3%。然而，该票息可按季度调节而且与在中国台湾的基础地震保单的销售有关。如果售出了相当多的数量，票息最终可上升到10.4%，预期损失水平在首次发行时为0.5%。如果票息上升到10.4%，预期损失将为2.5%。换而言之，从投资者的角度看，该交易开始时可能为BBB级交易，但由于没有发生任何重大损失活动，而转为B级。因此，评级确实很难！

当然还存在保单销售的最佳估计，如果将此考虑在内，可得到平均预期票息4.05%，以及预期损失0.73%。列出的二级市场报价为2.49%。人们只好猜测，或者是有竞争力的价格或是缓慢的保单销售使得报价如此之低。

表 33.6　　瑞士再保险公司的保障

			2002	2003	2004	2005	2006	2007
			第一季度 第二季度 第三季度 第四季度	第一季度 第二季度 第三季度 第四季度	第一季度 第二季度 第三季度 第四季度	第一季度 第二季度 第三季度 第四季度	第一季度 第二季度 第三季度 第四季度	第一季度 第二季度 第三季度 第四季度
北大西洋飓风	A	109.75						
棕榈	Ⅰ	22.35						
棕榈	Ⅱ	19.00						
当前 2004 年第一季度保障					151.10			
欧洲风暴	B	96.25						
橡树	Ⅰ	23.60						
橡树	Ⅱ	24.00						
当前 2004 年第一季度保障					143.85			
加利福尼亚地震	C	79.95						
红杉	Ⅰ	22.50						
红杉	Ⅱ	11.50						
当前 2004 年第一季度保障					113.95			
美国中部地震	D	126.35						
当前 2004 年第一季度保障					126.35			
日本地震	E	63.55						
樱花	Ⅰ	14.70						
当前 2004 年第一季度保障					78.25			
树木Ⅰ	Ⅰ	95.00						
树木Ⅰ	Ⅱ	60						
树木Ⅰ	Ⅲ	8.85						
树木Ⅰ	Ⅳ	21						
当前 2004 年第一季度保障					184.85			
多种危险，上面任何一种	F	36.14						
当前 2004 年第一季度保障					36.14			
树木Ⅱ	Ⅰ	26.50						
当前 2004 年第一季度保障					26.50			

2004 年第一季度由地区划分的总保障

北大西洋飓风	398.59	假定所有相关赔偿均已触发
欧洲风暴	391.34	假定所有相关赔偿均已触发
加利福尼亚地震	361.44	假定所有相关赔偿均已触发
美国中部地震	162.49	假定所有相关赔偿均已触发
日本地震	325.74	假定所有相关赔偿均已触发
多种危险，上面任何一种总和	247.49	假定所有相关赔偿均已触发

资料来源：雷因金融公司。

33.1.5 凤凰地震风有限公司/凤凰地震有限公司/凤凰地震风Ⅱ有限公司

全劳联（Zenkyoren），作为日本全国农业企业相互保险联盟（Japanese National Mutual Insurance Federation of Agriculture Co－ops），是保险证券的新发起人。在2003年，它分三个独立的部分发行了4.7亿美元证券。这是该年最大的一笔交易。保障范围为日本地震和日本风灾风险，特别是台风风险。每部分的期限都为5年。顺便值得注意的是，几乎所有的日本交易都倾向于有较长的期限。自从第一笔日本交易以来都是如此，参数再保险公司的该笔交易的期限为10年。

在该保障范围之下的事件大多数是第二事件。凤凰地震风（Phoenix Quake Wind）覆盖在第一次地震事件之后出现的任何台风损失或地震损失。凤凰地震有限公司（Phoenix Quake Ltd.）覆盖特定第二事件地震。凤凰地震风Ⅱ有限公司（Phoenix Quake Wind Ⅱ Ltd.）覆盖在台风或地震首次出现之后引起的总台风损失和总地震损失。

将条款复杂化后，在凤凰地震风和凤凰地震中，第一事件最低预期回报率的设置高于符合条件的保障事件，但起赔事件的设置低于凤凰地震风Ⅱ。

虽然有这些复杂性，但分出人所寻求的是什么还是很明显的。全劳联主要寻求对第一次大地震之后发生的进一步毁坏的保护。它担心严重程度，但更重要的是担心发生的频率。在紧接着很严重的地震打击之后，它想寻求的保护或是抵御另一次地震或是抵御另一次台风，同时还想抵御几次较小但仍然重要的事件，不管是地震还是台风。

33.1.6 派龙有限公司

法国电力公司于2003年12月发行了两层票据，总额为1.9亿欧元。该票据为5年期，覆盖大风对其在法国的输配电线路所造成的损害。票据设立了风破坏指数，而且赔付与不同的指数损失水平成正比。

A类发行是为第一级损失。B类是为接下来的损失，而且仅在A类的支付用完之后且第二事件出现时才能使用。

要注意的是，派龙是法国电力公司的直接发行。此次发行不是为在此之前由某家保险公司承保的输配电线路的再保险，而是直接向资本市场发行的且没有通过保险市场。因此，它是不使用中介机构的一个例子。以前不使用中介机构的例子是关于东京迪斯尼乐园（舞滨地区和康森克公司）和环球影视工作室（影视工作室再保险公司）的交易。

33.1.7 维它资本有限公司

或许2003年最激动人心的交易是维它资本有限公司的交易。它通过美国、英国、法国、瑞士和意大利的死亡率指数将超额死亡率风险从发起人瑞士再保险公司转移到资本市场。原来的发行规模为2.5亿美元，但其结构允许发行到4亿美元。

期限为3年半。

所说的死亡率风险相当遥远。该指数必须在2006年底时处于正常水平之上的130%到150%。起赔概率为0.077%，而预期损失为0.016%。该交易被评为A+级，其票息为LIBOR加上135个基点。

风险管理解决方案公司的高登·吴（Gordon Woo）在发行后的分析中建议："如果对广泛流行且有大规模杀伤武器（Weapons of Mass Destruction，WMD）的恐怖主义攻击作出悲观致命性估计的话，维它资本的触发门槛或许在2006年底之前能够达到"。换而言之，根据高登·吴的估计，若使该债券进行赔付，则三年内必须有两种大规模毁坏发生。这包括恐怖主义分子在人口集中地区发动的核武器攻击（脏弹）或化学或生物武器攻击（比如说炭疽热）。恐怖主义显然不能排除在损失的原因之外。毫无疑问，在"非典"爆发时也影响了发行时的思考，但是高登·吴却认为，这项交易是非常好的交易。比该票据具体情况更为重要的是向资本市场转移死亡率风险不再是一个概念，而已成为了现实。可以预期将来有更多的转移死亡率风险的交易出现。

33.1.8　其他重要交易

高登·吴对2003年证券化舞台的另一贡献是黄金目标（Golden Goal）交易。此交易保障的是于2006年在德国举行的足球世界杯的取消风险。风险管理解决方案公司为此交易作了风险分析，并且将自然灾害也一起考虑进了恐怖主义风险。当时发行了2.6亿美元的票据。由于缺少所有的相关数据，本书并未提供交易的全部细节。同样，产生损失需要两个事件，第一个是造成延期（以莱德杯的方式），第二个是在推迟事件期间发生的事件。

另一个不能全面得到提供的交易是巴克莱资本公司（Barclays Capital）的生命交易。此交易转移了一家英国人寿保险公司——伍尔维奇人寿保险公司（Woolwich Life）寿险组合的大约4亿英镑的内嵌价值。其中没有转移死亡率风险。但是，通过将其组合的内嵌价值转移给投资者，而使盈余得到了相当可观的增长。

2003年还出现了人寿保险和养老金支持慈善证券（Life Insurance and Life Annuities-backed Charity Securities，LILACS）交易。这些交易为投资者提供了利用两种现象的机会。第一种是认为定期人寿保险和年金人寿保单两者定价不一致，从而存在套利机会。第二种是某些个人没有充分利用向他们敞开的人寿保险机会。投资者因拿走这些保单而补偿了被保险人，并将自己作为受益人，然后到年金市场套利。严格地说像这类风险套利手段并不是风险转移工具，它们将来有可能成为证券化结构中的一部分。它们的确代表了另一个数据点，即人寿市场最终将屈从于证券化。

以上这三种交易代表了表33.1所示数据之外的差不多另一个9亿美元的证券化。通过行业损失担保的风险转移也代表了通过准衍生品工具的重大转移。实践证明有几十亿美元都以此方式交易成功了，并且一些此类交易间接地进入了资本市场。

最后，根据2003年的传闻或至少一些新闻发布了解到，某些风险互换交易仍然在进行。特别是，瑞士再保险公司将1亿美元的飓风和欧洲风暴的保障与三井住友的台风风险互换。而其他互换交易很少为公众所知。

有趣的是，另外一种票据创新品是东京海上火灾保险公司的认沽期权衍生品，此种衍生品抵御几乎不会出现的台风。当对东京海上保险公司的重建服务没有足够需求时，某些被保险人将受到损害。

因此，证券化——至少是非传统风险转移——正在兴起。

33.2 定价理论

在每次年度回顾时，我们也试图提出理论定价模型的主题。雷因金融公司（LFC）模型曾经试图表明价格是损失的频率和严重程度的函数。或许，不可避免地，我们对模型的中心地位已变得更加谦恭。我们知道，通过简单的预期值来解释价格是不够的，同样与标准偏差的联系也是不够的。LFC 的模型是有意作为一个理想来实现的。虽然经验模型是有用的，但其应用是比较有限的。[2]

图 33.6 显示的是用 2004 年第一季度末二级市场价格拟合的 LFC 模型。仔细地观察该图可以发现，当存在预期损失应该重新计算的季节性时，或者当存在复杂结构时，与拟合价格的偏差会处于最大。而且，正如我们已经说明的，对不同地区的保障常常有溢价或折让的情况出现。假定数据和价格可以获得，使用定价模型时必须有避免误解的说明。被预测的模型价格是有用的，这种价格可以表明哪里价格不

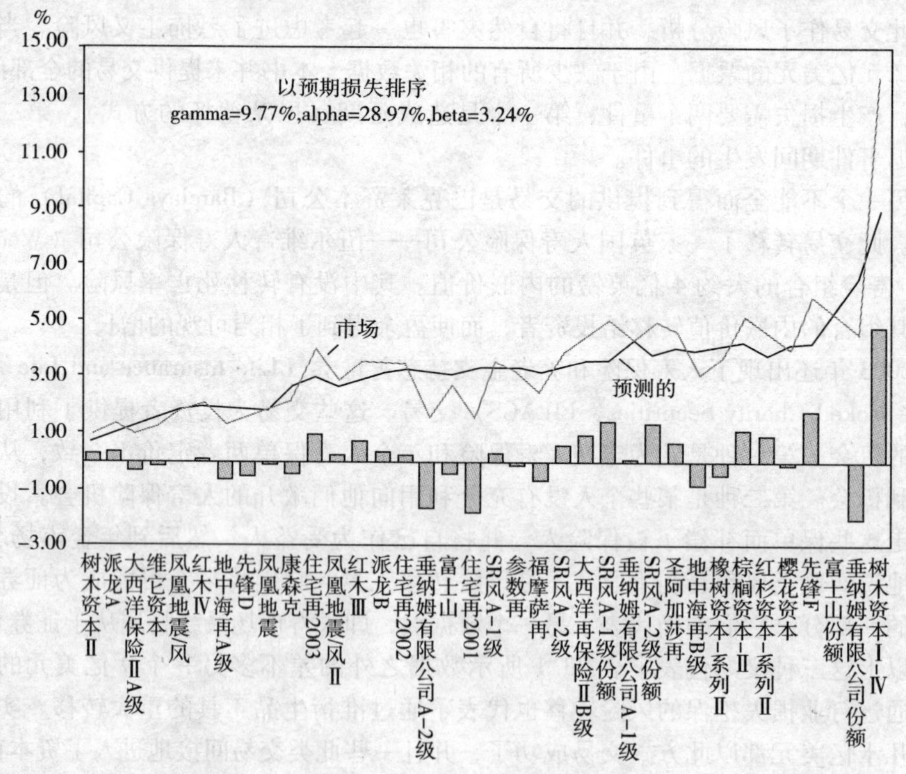

资料来源：雷因金融公司。

图 33.6 2004 年 3 月 31 日用所选的二级市场价格拟合的 LFC 模型

一致。但是，当考虑到未包括在模型中的特性时，价格的不一致可能根本就不是不一致的。

33.3　其他趋势

将注意力放在当前发行的其他方面是我们的惯例。这些特点在以后的图表中可以看出。正如一贯地，年与年的比较是针对参考证券组的。参考证券组的详细情况如表 33.7 所示。

表 33.7　　参考证券组

1998 年 3 月之前	1998 年 4 月到 1999 年 3 月	1999 年 4 月到 2000 年 3 月	2000 年 4 月到 2001 年 3 月
诚信 I	诚信Ⅳ	朱诺（Juno）	阿尔法（Alpha）风 2000 - A
乔治敦再保险	XL 中部海洋（Mid - Ocean）	国内再保险（Domestic Re）	住宅再保险 2000
住宅再保险 I	住宅再保险Ⅱ	住宅再保险Ⅲ	纳黑
瑞士再保险加州地震	太平洋再保险	康森克再保险	地中海再保险
参数再保险	马赛克（Mosaic） I	马赛克Ⅱ	Prime 飓风
垂尼第（Trinity） I	垂尼第Ⅱ	金色鹰（Gold Eagle）	Prime EQEW
诚信Ⅱ	格瑞莫斯（Gramercy）	纳马祖（Namazu）	西部资本（Western Capital）
		阿特拉斯	哈亚德（Halyard）再保险
		赛斯米克（Seismic）	金色鹰 2000
		开尔文	Sr 风
		哈亚德再保险	
注：其他交易，包括应急交易，不在总结分析中的部分：			
瑞士丰泰（Winterthur）	诚信Ⅲ期权	圆形舞滨	CEA
AIG	安联期权	CLOCS	西 LB
汉诺威（Hannover）	MODERNS		东京海上/圣法姆（St Farm）互换
	SECTRS		萨博（Saab）
			劳斯莱斯（Rolls - Royce）

2001 年 4 月到 2003 年 3 月	2002 年 4 月到 2003 年 3 月	2003 年 4 月到 2004 年 3 月
阿特拉斯再保险Ⅱ	富士山	树木 I 有限公司
红木资本 I	先锋 6 个级别	树木Ⅱ有限公司
红木资本Ⅱ	（以及 4 个系列）	福摩萨再保险有限公司
住宅再保险 2001	住宅再保险 2002	橡树资本有限公司

续表

2001 年 4 月到 2003 年 3 月	2002 年 4 月到 2003 年 3 月	2003 年 4 月到 2004 年 3 月
垂纳姆	圣阿加莎再保险	棕榈资本有限公司
	影视工作室再保险	凤凰地震 Td.
		凤凰地震风有限公司
		凤凰地震风Ⅱ有限公司
		先锋 2000 有限公司
		（4 个级别分 5 次发行）
		派龙有限公司
		红木Ⅲ有限公司
		红木Ⅳ有限公司
		住宅再保险 2003
		樱花有限公司
		红杉资本有限公司
		维它资本有限公司
注：其他交易，包括应急交易，不在总结分析中的部分：		
K3		金色目标金融
CLOCS		巴克莱人寿保险（Barclays Life Assurance）
（RBC，米其林，MBIA）		LILACS

资料来源：雷因金融公司。

33.3.1　期限

图 33.7 和表 33.8 呈现了当今市场上的两个特点。第一个特点是，现在没有任何

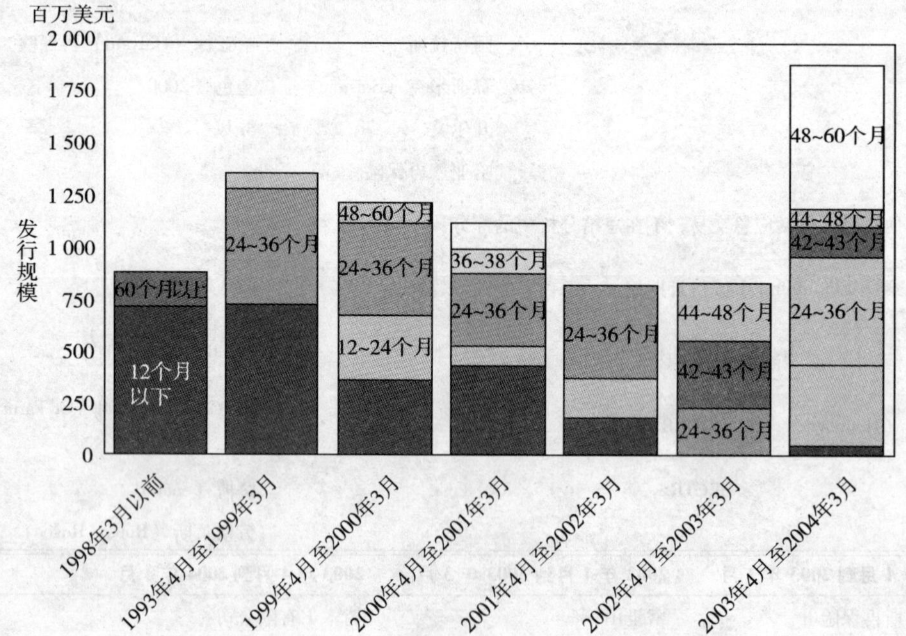

注：该图形表示每类中的层，而不是每类中美元数额。

资料来源：雷因金融公司。

图 33.7　新发行的到期期限和总额（1998—2004 年）

交易发行的期限为 12 个月，这是与过去做法的一个重大区别。证券化市场的原来形式来自于传统再保险市场，传统再保险市场的做法是每年续保。而现在的发行人都不认为每年续保有多重要。较长的期限可以节约发行成本和分散保障成本。第二个重要特点是 2004 年的回报期限甚至超过 3 年。

33.3.2　信用评级

到目前为止证券化主要发行的是 BB 级的证券（见图 33.8）。但是，近期出现了单个 B 级、无评级和 A + 级交易的发行。很清楚，高评级交易常常是第二事件或应急交易。较低评级的交易常常与更结构化的交易相联系。

表 33.8　到期期限

期限（月）	1998 年 3 月之前	1998 年 4 月到 1999 年 3 月	1999 年 4 月到 2000 年 3 月	2000 年 4 月到 2001 年 3 月	2001 年 4 月到 2002 年 3 月	2002 年 4 月到 2003 年 3 月	2003 年 4 月到 2004 年 3 月	总计
	数额（百万美元）							
12	717.6	720.6	345.7	427	165	0	35.5	2 411.4
24	0	0	332.1	100	200	0	390	1 022.1
36	0	566.3	441.6	350	461.9	228	533.4	2 581.2
42	0	0	0	0	0	321.9	150	471.9
48	0	0	0	120	0	282.3	83.2	485.5
60	0	80	100	129	0	0	702.5	1 011.5
超过 60 个月	168.5	0	0	0	0	0	0	168.5
总计	886.1	1 366.9	1 219.4	1 126	826.9	832.2	1 894.6	8 152.1
平均交易规模：	127	195	111	113	138	33	70	
超过 12 个月所占百分数：	19%	47%	72%	62%	80%	100%	98%	
	交易数							
12	5	5	3	4	2	0	2	21
24	0	0	2	1	1	0	4	8
36	0	1	5	3	3	3	11	26
42	0	0	0	0	0	13	1	14
48	0	0	0	1	0	9	4	14
60	0	1	1	1	0	0	5	8
大于 60	2	0	0	0	0	0	0	2
总计	7	7	11	10	6	25	27	93
平均交易规模：								
超过 12 个月所占百分数：	29%	29%	73%	60%	67%	100%	93%	

资料来源：雷因金融公司。

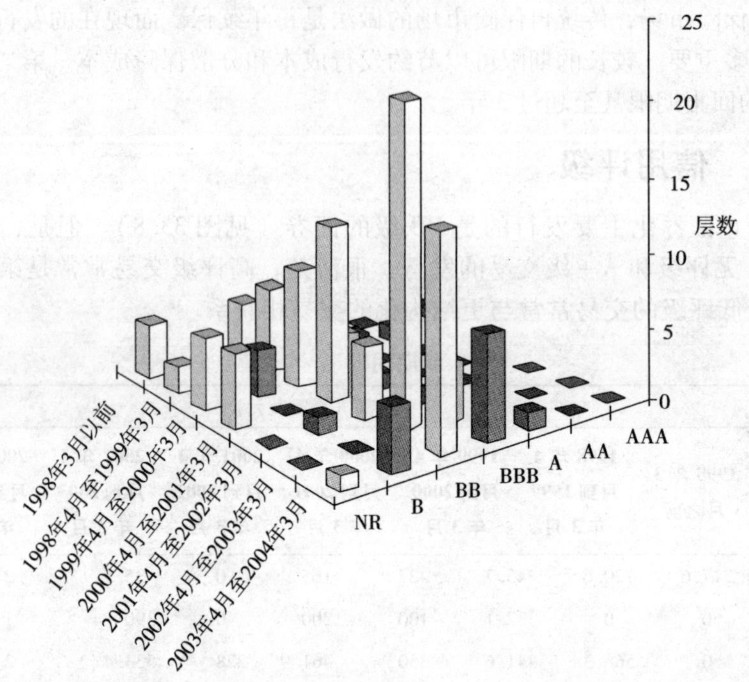

注：瑞士再保险公司系列交易的每次发行在此图中被认为是单独的层。

资料来源：雷因金融公司。

图 33.8 评级随时间的变化（以有评级份额的数目表示）

33.3.3 市场领导者

通过记录哪些名称出现在发行交易的上市备忘录中，就可能看出是谁控制了市场。表 33.9 呈现了这一年的登记卡。瑞士再保险公司不只是一位信徒，它在 2003 年看起来像是唯一的信徒。在 2003 年，瑞士再保险公司资本市场部在所有交易中拔得头筹，被称为共同管理人或唯一管理人。高盛、法国巴黎银行（BNP Paribas）、怡安和达信都曾出现过一次。值得注意的是，瑞士再保险公司或许是各种交易的最大的发起人以及最大的交易承办人。

最后一个问题是，投资银行在联盟表中的缺位是否最终表明它们已经将市场让与保险公司，还需拭目以待。

33.3.4 次要趋势

表 33.10 表明，大多数交易是作为单一层而发行的。没有一个交易是有资本保护的，同样令人惊奇地，没有一个交易是以股本来发行的。这可能是由于发行人的地理位置，但它表明会计问题和发行人的接受度与过去相比更少被看做是障碍。或许老式分类法也已过时。由瑞士再保险公司发起的 MTN 项目可能被其他公司复制，在这种情况下，这将有可能成为新的发行标准。

表33.9　　交易登记卡

2003年4月到2004年3月按发行额排列的共同管理人（正如PPM中所列出的，每个发行可能有多个共同管理人）

	共同管理人的发行额							
	1998年3月之前	1998年4月到1999年3月	1999年4月到2000年3月	2000年4月到2001年3月	2001年4月到2002年3月	2002年4月到2003年3月	2003年4月到2004年3月	总计
瑞士再保险	237	0	0	220	365	674.2	1 587.6	3 083.8
高盛	729.1	1 176.9	1 052.4	819	300	300	160	4 537.4
法国巴黎银行	0	0	0	0	0	0	160	160
CDC IXIS资本市场	0	0	0	0	0	0	147	147
怡安	0	80	317	67	194.9	33	100	791.9
达信	0	0	300	0	0	0	100	400
雷曼	477	500	450	740	515	125	0	2 807
美林	477	500	217	320	150	125	0	1 789
摩根士丹利投资公司	0	0	0	0	161.9	0	0	161.9
AM Re	0	0	182.1	420	0	0	0	602.1
布兰奇（Blanche）	0	54	45.7	90	0	0	0	189.7
中央	83.6	56.6	0	0	0	0	0	140.2
大通	83.6	56.6	0	0	0	0	0	140.2
DLJ	83.6	56.6	0	0	0	0	0	140.2
苏黎世	83.6	56.6	0	0	0	0	0	140.2
CSFB	137	0	0	0	0	0	0	137
雷因金融	20	10	0	0	0	0	0	30
法国兴业银行	0	0	0	0	0	0	0	0
	2 411.5	2 547.3	2 564.2	2 676	1 686.8	1 257.2	2 254.6	15 397.6
高盛份额	**30%**	**46%**	**41%**	**31%**	**18%**	**24%**	**7%**	
雷曼兄弟份额	**20%**	**20%**	**18%**	**28%**	**31%**	**10%**	**0**	
再保险公司和中介	**18%**	**10%**	**33%**	**30%**	**33%**	**56%**	**86%**	
投资银行	**82%**	**90%**	**67%**	**70%**	**67%**	**44%**	**14%**	

续表

	作为共同管理人的称呼次数							
	1998年3月之前	1998年4月到1999年3月	1999年4月到2000年3月	2000年4月到2001年3月	2001年4月到2002年3月	2002年4月到2003年3月	2003年4月到2004年3月	总计
瑞士再保险	2	0	0	2	2	23	25	54
高盛	4	4	9	6	2	2	1	28
法国巴黎银行	0	0	0	0	0	0	1	1
CDC IXIS 资本市场	0	0	0	0	0	0	1	1
怡安	0	1	4	2	2	1	1	11
达信	0	0	2	0	0	0	1	3
雷曼	1	1	3	5	3	1	0	14
美林	1	1	2	2	1	1	0	8
摩根士丹利投资公司	0	0	0	0	1	0	0	1
AM Re	0	0	1	3	0	0	0	4
布兰奇	0	1	1	1	0	0	0	3
中央	1	1	0	0	0	0	0	2
大通	1	1	0	0	0	0	0	2
DLJ	1	1	0	0	0	0	0	2
苏黎世	1	1	0	0	0	0	0	2
CSFB	1	0	0	0	0	0	0	1
雷因金融	2	1	0	0	0	0	0	3
法国兴业银行	0	0	0	0	0	0	0	0
	15	13	22	21	11	28	30	140
高盛份额	**27%**	**31%**	**41%**	**29%**	**18%**	**7%**	**3%**	
雷曼兄弟份额	**7%**	**8%**	**14%**	**24%**	**27%**	**4%**	**0**	
再保险公司和中介	**40%**	**38%**	**36%**	**38%**	**36%**	**86%**	**93%**	
投资银行	**60%**	**62%**	**64%**	**62%**	**64%**	**14%**	**7%**	

资料来源：雷因金融公司。

表33.10　其他趋势

以百万美元计的数额

按结构分类	1998年3月之前	1998年4月到1999年3月	1999年4月到2000年3月	2000年4月到2001年3月	2001年4月到2002年3月	2002年4月到2003年3月	2003年4月到2004年3月	总计
资本保护的	267.8	18	0	0	0	0	0	285.8
单一层*	206	590	722.5	759.9	504	248	1 662.1	4 692.5
多个层	388.2	758.9	465.5	335.4	307	559.2	232.5	3 046.7
股本部分**	24	0	31.4	30.7	15.9	25	0	127
总计	886	1 366.9	1 219.4	1 126	826.9	832.2	1 894.6	8 152

*可能与有资本保护的层合并。

**超过3%最低要求的资本被认为是独立的层。

按隐含风险分类	1998年3月之前	1998年4月到1999年3月	1999年4月到2000年3月	2000年4月到2001年3月	2001年4月到2002年3月	2002年4月到2003年3月	2003年4月到2004年3月	总计
单一风险	797.6	1 200.3	667	390	482	245	1 245.7	5 027.6
组合风险	0	0	45.7	616	194.9	158	648.9	1 663.5
组合风险（由产品线划分的次级限额）		10	0	0	0	429.2	0	439.2
组合风险（由事件划分的次级限额）	0	156.6	506.7	120	150	0	0	933.3
总计	797.6	1 366.9	1 219.4	1 126	826.9	832.2	1 894.6	8 063.6
单一风险的发行所占百分数	100%	88%	55%	35%	58%	29%	66%	

按赔偿指数分类	1998年3月之前	1998年4月到1999年3月	1999年4月到2000年3月	2000年4月到2001年3月	2001年4月到2002年3月	2002年4月到2003年3月	2003年4月到2004年3月	总计
赔偿	629.1	1 356.9	642.7	357	150	125	260	3 520.7
指数	257	10	576.7	769	709.9	707.2	1 634.6	4 664.4
总计	886.1	1 366.9	1 219.4	1 126	859.9	832.2	1 894.6	8 185.1
赔偿交易所占部分	71%	99%	53%	32%	17%	15%	14%	

包括应急交易的其他交易	1998年3月之前	1998年4月到1999年3月	1999年4月到2000年3月	2000年4月到2001年3月	2001年4月到2002年3月	2002年4月到2003年3月	2003年4月到2004年3月	总计
应急的：普通股	450（La Salle，豪瑞斯曼，RLI）							

续表

包括应急交易的其他交易	1998年3月之前	1998年4月到1999年3月	1999年4月到2000年3月	2000年4月到2001年3月	2001年4月到2002年3月	2002年4月到2003年3月	2003年4月到2004年3月	总计
应急的：债务	300（全国保险公司，阿克莱特）		175（舞滨，REAC）	500？CLOCS（RBC，米其林，MBIA）				
应急的：再保险（诚信Ⅲ，安联）		170		102（垂纳姆A2&SHS）			582 凤凰，树木Ⅱ，派龙 B	
	750	170	175	602			582	

交易数

按结构分类	1998年3月之前	1998年4月到1999年3月	1999年4月到2000年3月	2000年4月到2001年3月	2001年4月到2002年3月	2002年4月到2003年3月	2003年4月到2004年3月	总计
资本保护的	4	1	0	0	0	0	0	5
单一层*	5	3	7	7	3	3	26	54
多个层	2	4	4	6	2	22	2	42
普通股部分**	1	0	4	7	3	1	0	16
总计	12	8	15	20	8	26	28	117

* 可能与有资本保护的层合并。

** 超过3%最低要求的资本被认为是独立的层。

按基础风险分类	1998年3月之前	1998年4月到1999年3月	1999年4月到2000年3月	2000年4月到2001年3月	2001年4月到2002年3月	2002年4月到2003年3月	2003年4月到2004年3月	总计
单一风险	4	4	6	2	3	3	19	41
组合风险	0	0	1	6	2	2	8	19
组合风险（由品种划分的次级限额）	3	1	0	0	0	21	0	25

续表

按基础风险分类	1998 年 3 月之前	1998 年 4 月到 1999 年 3 月	1999 年 4 月到 2000 年 3 月	2000 年 4 月到 2001 年 3 月	2001 年 4 月到 2002 年 3 月	2002 年 4 月到 2003 年 3 月	2003 年 4 月到 2004 年 3 月	总计
组合风险（由事件划分的次级限额）	0	2	4	1	1	0	0	8
总计	7	7	11	9	6	26	27	93
单一风险的发行所占比	57%	57%	55%	22%	50%	12%	70%	

按赔偿指数分类	1998 年 3 月之前	1998 年 4 月到 1999 年 3 月	1999 年 4 月到 2000 年 3 月	2000 年 4 月到 2001 年 3 月	2001 年 4 月到 2002 年 3 月	2002 年 4 月到 2003 年 3 月	2003 年 4 月到 2004 年 3 月	总计
赔偿	3	6	6	4	1	1	2	23
指数	4	1	5	6	5	24	25	70
总计	7	7	11	10	6	25	27	93
赔偿交易所占部分	43%	86%	55%	40%	17%	4%	7%	

包括应急交易的其他交易	1998 年 3 月之前	1998 年 4 月到 1999 年 3 月	1999 年 4 月到 2000 年 3 月	2000 年 4 月到 2001 年 3 月	2001 年 4 月到 2002 年 3 月	2002 年 4 月到 2003 年 3 月	2003 年 4 月到 2004 年 3 月	总计
应急的：股本	3（La Salle，豪瑞斯曼，RLI）							
应急的：债务	2（全国保险公司，阿克莱特）		2		3			
应急的：再保险（诚信Ⅲ，安联）		2			1		3	
	5	2	2		4			

资料来源：雷因金融公司。

表 33. 10 表明了一种返回单一风险的趋势——66% 的发行针对单一风险，而上一年是 29%。同样，信用必须使用 MTN 形式，对投资者来说，自助形式也是可用的。正如 12 个月的交易似乎已经消失一样，补偿交易也正在消失。此次只有 14% 的交易基于补偿损失。

最后，请注意，虽然该年没有应急股本或债务交易，但有几个交易可以说是应急再保险交易，其回收特点依赖于某些前面事件或已满足的条件。所有凤凰交易取决于在它们处于风险之前发生的事件。类似的，派龙高级层必须在第一事件之后。正如高登·吴所指出的，假定提现的可能性，黄金目标和维它交易都是隐含的第二事件保障。虽然市场已经成熟到可以接受多事件保障这种观点，但我们感到，明显的偶然性充满了可能，所以不用将远期触发条件的定义扩展为偶然的。对于我们将以一种框架来描述所有看到或预期的偶然可能性，我们仍满怀希望。或许已经到了做此事的时候。

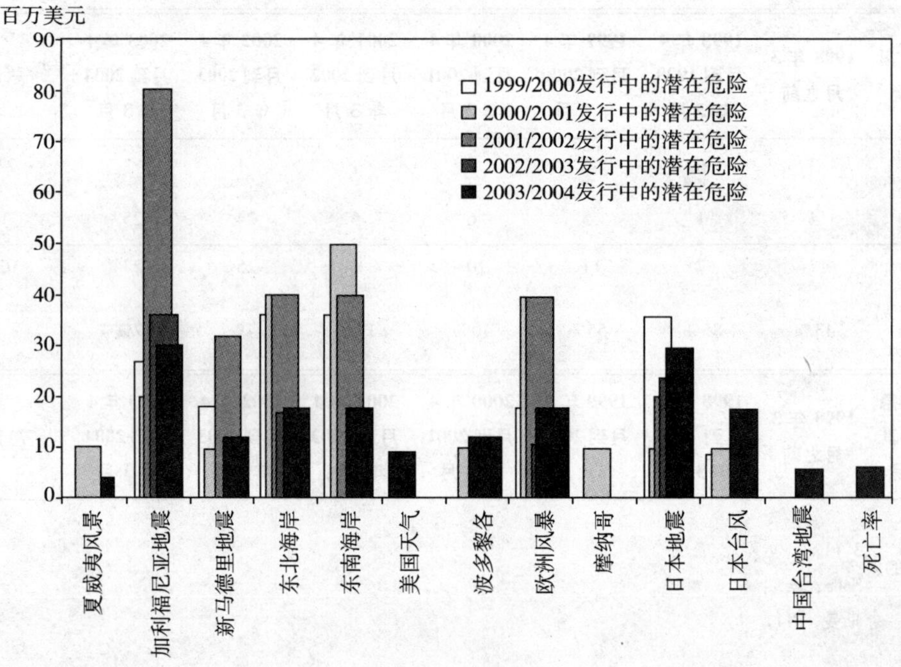

资料来源：雷因金融公司。

图 33. 9　潜在危险

33. 4　结论性评述

本章的副标题为巨灾箱之外的探索。希望本章已经充分说明了这一点——新区域和新风险暴露是 2004 年发行的特点（见图 33. 9）。在某种意义上，通过持续回顾此领域的事件，我们更加确信了我们长期坚持的“偏见”，即更多的创新和发行将会到来。人们可以想象有一天，所有再保险公司都将有通向资本市场的窗口且投资者可以使用几种 MTN 项目。一旦概念被投资者所接受，剩下的问题只是设定正确的价格，而不是确定需求。在严格透明的市场上，应加强发行人和投资者之间的竞争。从世界角度看，再保险公司和保险公司对于投资者来说将变成制造风险的工厂，而不是对于某些更为遥远的资本供应商来说的风险仓库。随着老式看法的逝去，保险公司将处于变动的业务中，而不是处于固有的业务中。同样，或许已经到了该做此事的时候。

第34章 企业风险管理：联合谷物种植公司案例

斯科特·E. 哈瑞顿（Scott E. Harrington）、哥瑞哥·聂豪斯（Greg Niehaus）及克耐茨·J. 瑞斯科（Kenneth J. Risko）

对于许多企业风险管理人员来说，风险管理是指纯风险的管理，如由于财产损坏、责任诉讼和工人受伤引起的损失。一般通过将损失控制（减少损失的可能性或数额的努力）与损失融资（既可用内部资金也可通过购买保险）相结合来单独管理这些风险。而对于许多财务主管来说，风险管理是指管理价格风险，如汇率风险、利率风险、商品价格风险和信用风险。这些风险通常通过衍生品合约，例如期权、远期合约、期货和掉期合约来管理。大多数企业对财务风险的管理与纯风险管理分开，常常在不同部门内，并且价格风险管理中使用的术语和方法与纯风险管理所用的术语和方法不同。①

在20世纪90年代后期，许多咨询人员和风险管理专家开始质疑风险管理的这种分部门方法。他们指出，一家企业应该识别并（当可能时）衡量其风险暴露——包括经营和竞争风险——并在单一统一的框架内管理这些风险。这一观点逐渐被称为企业风险管理（enterprise risk management，ERM）。为了促进ERM，某些企业建立了新职位——首席风险官。[1]

位于加拿大马尼托巴省温尼伯湖的联合谷物种植公司（United Grain Growers，UGG）是改变其风险管理做法以反映ERM的首批企业之一。UGG向农民提供商业服务并在世界范围内销售农产品。虽然UGG对其大多数货币和商品价格风险进行套期保值并购买应对财产和责任损失的保险，但其收益表现出持续巨大的波动。经过深入的风险识别和衡量过程之后，UGG管理人员发现，企业收益的波动性主要由船运谷物数量的波动所引起，而后者反过来又受到天气变化的严重影响。该企业考虑使用天气衍生品来对冲这种风险，但却参与了保险合同，如果其谷物量在给定年份意外低的话，UGG则可获得保险

---

① 根据《应用企业融资14》（*Journal of Applied Corporate Finance* 14）杂志第4期（2002年冬季）许可而重印。感谢联合谷物种植公司（United Grain Growers）的管理人员，特别是麦克·麦坎德勒斯（Mike McAndless）和彼特·考克斯（Peter Cox）以及韦莱集团有限公司（Willis Group Ltd.）的吉米·戴威斯（Jim Davis）、米歇尔·布瑞德利（Michelle Bradley）和约翰·巴哥拉（John Bugalla）所提供的信息与花费的时间；陶胡（Tae Ho）提供的研究帮助以及斯宾塞教育基金会（Spencer Educational Foundation）提供的旅行资助。

哈瑞顿和聂豪斯先生是南加利福尼亚大学的莫尔商学院的保险和金融学教授。

瑞斯科先生是韦莱风险解决方案（Willis Risk Solutions）高级副总裁。

赔付。该合同的创新结构将赔付基础放在行业的谷物量上而不是放在 UGG 的谷物运量上，从而降低了道德风险。此外，该合同将 UGG 的谷物量保障与其传统保险保障捆绑在一起。这样，UGG 将其纯风险保险保障与以前未对冲的经营风险形成一体。

在下一节中，我们将讨论 ERM 的潜在优点和缺点。然后我们再描述 UGG 的 ERM 过程以及 ERM 过程的结果——UGG 的创新保险交易。最后，讨论从 UGG 的 ERM 经验中所吸取的教训，在某种程度上，UGG 所使用的方法被证明在其他情况下以及对其他企业也很有用。

34.1　企业风险管理

在讨论 ERM 的潜在优点及缺点之前，先回顾一下为什么减少风险可增加多元化的股东（即在一种投资上的损失通常会被另一种投资的收入所弥补的投资者）的价值。众所周知的莫迪格利安尼和米勒假设告诉我们，在完善的资本市场中，为损失融资的方法——不管是内部资金、新股本资本、新债务资本、保险赔偿支付，还是来自衍生品合约的支付——不会影响企业的价值。必须在企业所面对的各种市场不完善的情况下，主要包括从交易成本、税收和财务困境成本中来寻找降低风险如何能够增加价值的解释。

现代风险管理理论提出，风险减少可以以三种方式增加多元化的股东的价值：(1) 通过减少企业不得不筹集昂贵外部资本的可能性，这反过来可影响投资决定；(2) 通过减少预期税款，因为在不同收入水平有不同的边际税率或因为对某些机构所收的税不同（如保险公司和非保险公司）；(3) 通过减少财务困境的可能性，这反过来可改善与其他各方（如雇员、供应商、债券持有人以及顾客）的合同条款。[2] 这些对为什么风险减少增加价值的解释并不取决于风险来源。不管现金流或收益的波动是由纯风险引起的，还是由某些其他类型的风险引起的，该理论都成立。

为了说明问题，请考虑上段中列出的风险减少的第一个原因：避免筹集昂贵的外部资本的冲动。假设一家企业有一个需要 5 000 万美元初始投资额的投资项目，并且该项目如果用内部资金融资，净现值为 500 万美元。又假设筹集外部资本的成本（交易成本和承销商过低定价成本）将超过该项目的净现值。如果得不到内部资金，企业可能会放弃该项目。

现在考虑企业决定对冲其货币风险或责任风险暴露。经营者知道，内部资金的意外减少可能使企业放弃新项目，而不管资金的减少是由于责任诉讼上的判决还是由于汇率的变化而使现金流低于预期引起的。因此，如果出现内部资金的意外减少，股东可能会遭受超过直接现金流损失的损失，他们也会损失新项目的净现值。由于此原因，减少大额损失的可能性（通过购买责任保险及通过对冲货币风险）可增加股东的财富，虽然保险或对冲风险的成本必须包括在内。

34.2　可能无效的分立式方法

虽然前面的讨论意味着风险减少可增加价值，但对每个风险暴露单独进行保险或对冲来说，可能效率就很低。在某些情况下，将许多暴露捆绑起来加以保险（保值），可能情况会更好。

34.2.1 交易成本的节约

谈判、承保和购买保险及衍生品合约都涉及对冲工具的提供商和购买人两者的交易成本。如果存在与此过程联系的固定成本，那么使用单一合同来覆盖多种风险源可减少交易成本。

出于风险转移的目的将风险暴露捆绑起来也可减少相应的交易成本，虽然论证起来有些复杂。为了用简单例子说明问题，假设一家企业的现金流受制于两种不相关的波动源——责任风险和汇率风险。责任损失的分布是：

$$\text{责任损失} = \begin{cases} 5\,000 \text{ 万美元，概率为 } 0.02 \\ 2\,500 \text{ 万美元，概率为 } 0.04 \\ 0 \text{ 美元，概率为 } 0.94 \end{cases}$$

为了简单起见，假设来自汇率风险的损失具有相同的分布：

$$\text{汇率损失} = \begin{cases} 5\,000 \text{ 万美元，概率为 } 0.02 \\ 2\,500 \text{ 万美元，概率为 } 0.04 \\ 0 \text{ 美元，概率为 } 0.94 \end{cases}$$

为了捕捉设计企业对冲项目主要是为避免大额损失的思想，假设管理人员不想让总自留损失超过某临界值，比如说4 000 万美元（或许因为该企业那时将违反债务契约，或者被迫筹集昂贵的外部资本）。[3] 该企业可对损失风险进行保险或对冲以达到其目标，但假设合同的定价使企业必须支付该合同预期支出的120%，这就暗含了20%的附加费用或交易成本。该交易成本使分别管理每种风险的成本大于管理捆绑风险的成本。

如果企业分别对冲每种风险，通过为每种风险购买一份补偿企业超过2 000 万美元以上的损失的合同，从而可以达到总自留损失额小于4 000 万美元的目标。[4] 用保险行话来说，企业将愿意购买超过2 000 万美元损失的3 000 万美元的保障。用期权语言来说，企业将愿意购买期权利差，也就是说，购买执行价格为2 000 美元的买入期权并卖出执行价格为5 000 万美元的买入期权。每份合同的预期支出都等于

$$\begin{aligned}(\$3\,000\text{ 万}\times 0.02) + (\$500\text{ 万}\times 0.04) &= \$600\,000 + \$200\,000 \\ &= \$800\,000\end{aligned}$$

因此，每份保单的交易成本将等于160 000 美元（$0.2\times\$800\,000$）。

表34.1a 总结了为每种风险购买单独合同的结果。前四列列出了所有可能的结果及相关概率的组合。后一列表示由单独合同提供的保障范围。请回顾一下该企业愿意保留达4 000万美元的损失。如果由单独合同提供的保障范围导致了对手方（保险公司或期权出售人）的支付以及自留损失小于4 000万美元，那么该企业购买的保障事实上并不是其真正需要的。例如，如果有5 000 万美元的责任损失而没有汇率损失，保险公司支付3 000 万美元，企业承担2 000 万美元。但企业愿意承担4 000万美元，因此它多支付了2 000万美元的保障。由于存在与购买保障有关的交易成

本，多余的保障则造成了不必要的支出。

现在假设该企业可购买一份能够根据总损失赔偿企业的合同。为达到其承担只达 4 000 万美元损失的目的，企业可使用一份含有 4 000 万美元总自留额和 6 000 万美元总限额的合同。此合同的结果总结在表 34. 1b 中。使用这种合同，则没有多余的保障。该保单的预期支出为 472 000 美元，这使交易成本等于 94 400 美元（即 0. 2 × $472 000）。企业获得了其所希望的保障，并且与分别补偿单独损失相比，对总损失进行赔偿的成本较低（94 400 美元与 320 000 美元相比）。

该例子说明，在同一框架下看到企业所有的风险以及根据总风险将合同结构化的一个重要好处是，企业购买了更好的保障，也就是说，企业不太可能购买昂贵的多余保障。[5]

表 34. 1 a　使用两个单独合同分别对冲两种风险的结果（每种风险的自留额为 2 000 万美元，保额为 3 000 万美元）　单位：百万美元

责任损失	汇率损失	总损失	概率	责任保障	汇率保障	总保障	总自留额	多余保障
0	0	0	0. 8836	0	0	0	0	0
25	0	25	0. 0376	5	0	5	20	5
50	0	50	0. 0188	30	0	30	20	20
0	25	25	0. 0376	0	5	5	20	5
25	25	50	0. 0016	5	5	10	40	0
50	25	75	0. 0008	30	5	35	40	0
0	50	50	0. 0188	0	30	30	20	20
25	50	75	0. 0008	5	30	35	40	0
50	50	100	0. 0004	30	30	60	40	0
预期价值				0. 8	0. 8	1. 6	2. 4	1. 128

表 34. 1b　使用一个合同对冲两种风险的结果（总自留额为 4 000 万美元，总保障限额为 6 000 万美元）　单位：百万美元

责任损失	汇率损失	总损失	概率	组合保障	总自留额	多余保障
0	0	0	0. 8836	0	0	0
25	0	25	0. 0376	0	25	0
50	0	50	0. 0188	10	40	0
0	25	25	0. 0376	0	25	0
25	25	50	0. 0016	10	40	0
50	25	75	0. 0008	35	40	0
0	50	50	0. 0188	10	40	0
25	50	75	0. 0008	35	40	0
50	50	100	0. 0004	60	40	0
预期价值				0. 472	3. 528	0. 0

34.2.2 道德风险

完全捆绑的保单可能只有一个总自留额水平和一个总限额。因此，损失源将不会影响合同的支付。但是，此类保单的问题是，一旦达到企业的总自留额水平，任何额外损失都需赔偿（直到达到总限额）。因此，一旦达到自留额水平，此类保单将极大地最小化被保险人最小化额外损失的动机（总免赔额也会产生同样的问题）。将每种损失风险的免赔额合并将减少这类道德风险问题。

34.2.3 与更复杂的合同有关的成本

将多种风险捆绑进一份合同的缺点是各方需要理解所有的风险暴露及其相关性。相对于每种风险使用单独合同的交易成本而言，由于几个原因，与进行此分析有关的成本将增加交易成本。既然只有少数对手方可能拥有为复杂的捆绑合同定价的专门知识，因此缺少竞争可能增加捆绑保单的成本。

并且，拥有对此类保单定价的技术的机构可能缺少在其他领域中的专门知识，如损失控制和索赔处理。因而捆绑保单可能会造成较低的服务质量。最后，解决标准保单的保障范围争议及索赔会产生相关的交易成本，现有大量的保险合同法具有减少此种交易成本的作用。在对捆绑保单的类似法律体系开发出来之前，捆绑保单的交易成本可能较高。

34.2.4 理解风险暴露

或许企业风险管理最有价值的方面是将其作为企业经营环境的信息来源。企业风险管理的支持者提出，识别和衡量企业所有风险暴露的行动本身就是有用的。它使经营者对其业务及阻碍企业完成其战略目标的事件有更好的理解。因此，企业风险管理的另一潜在好处是，由于对企业风险有更好的理解，经营者将会作出更好的经营决策。

与此逻辑一致，关心公司治理的几个组织已经提议，公司参与全面的风险评估过程并适当地管理其风险。例如，1994 年由多伦多股票交易所发布的总督报告（Dey Report）和 1999 年由伦敦股票交易所发布的特恩布报告（Turnbull Report）都建议，上市公司的董事会要识别公司的主要风险并使用适当的系统来管理那些风险。[6]

34.3 UGG 的企业风险管理

UGG 作为由农民所有的合作组织成立于 1906 年，1999 年收入为 2.09 亿加元，并于 1993 年成为在多伦多和温尼伯股票交易所公开上市交易的公司。虽然 UGG 是公众公司，但它保留了某些农民合作组织的要素。该公司既有成员也有股东。成员通常是与 UGG 有业务往来的农民。虽然成员无权分享任何利润及公司的分配（除非成员也是股东），但成员拥有控制权。在由 15 人组成的 UGG 的董事会中，其中必须有 12 人由来自各地区的成员代表选举产生。

UGG 有四个主要的业务部门：谷物处理服务（Grain Handling Services）部门、农作物生产服务（Crop Production Services）部门、家畜服务（Livestock Services）部门和业务通信（Business Communications）部门。UGG 的四个业务单位帮助农庄主设计、生产和销售其产品。图 34.1 呈现的是随着时间的变化每个业务单位的扣除利息和税项前收益（earnings before interest and taxes，EBIT）。两个最大的部门，谷物处理服务部门和农作物生产服务部门，在一个给定年份一般占超过 80% 的 UGG 收益。该图还说明了这两个主要业务部门的收益存在相当大的波动。

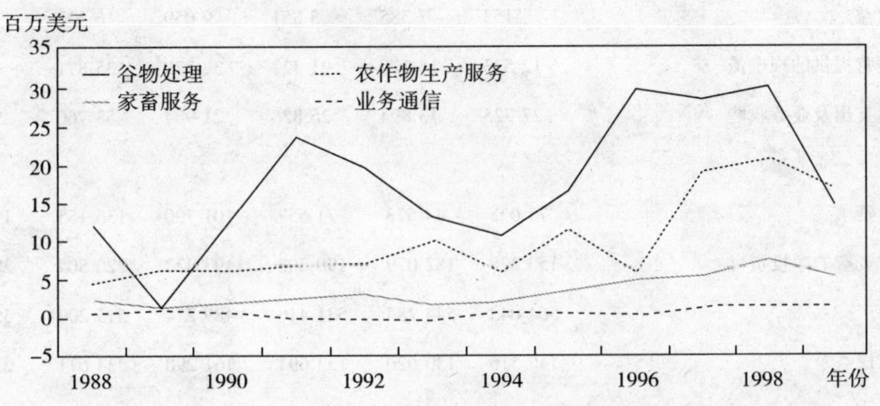

图 34.1　UGG 业务单位的扣除利息和税项前收益

UGG 的谷物处理服务部门的作用是确定谷物和油料种子的来源并将其运送给出口商及诸如食品加工商等国内终端用户。1999 年，UGG 是加拿大西部第三大谷物处理服务提供商，占有约 15% 的市场份额。谷物处理包括对农民储存其谷物和油料种子的活动谷仓的经营。产品从活动谷仓运往国内消费者（如面粉加工厂）或者运往出口集散地。历史上，UGG 拥有几百个相对小型的乡村活动谷仓，但于 20 世纪 90 年代开始更换为较少数量的大型高产出和更高效率的活动谷仓。

加拿大的农业生产受到几个政府部门的严格监管。加拿大小麦经营体（Canadian Wheat Board，CWB）代表农民销售人们可消费的谷物。大约产自加拿大的 85% 的小麦和 45% 的大麦都通过 CWB 销售。CWB 必须确保顾客在事先商定的时间和地点能够得到它所安排的销售。因此，CWB 就会与像 UGG 这样的公司签订有关收集、存储并运送谷物的合同。大约 60% 的 UGG 谷物处理部门的业务都是代表 CWB 做的。向农民支付的价格以及存储和运输装船谷物的价格都是由 CWB 确定的。因而，在某种程度上，监管减少了 UGG 服务价格的波动，虽然这确实产生了与监管变化或监管过程变化有关的风险。

表 34.2 包括从 UGG 资产负债表、损益表和现金流量表中选定的信息。注意，UGG 于 1998 年大大增加了资本支出，然后于 1999 年又再次增加了资本支出。这些支出中的大多数用于前面提到的大型高产出的活动谷仓。而且，由于另一个 5 000 万美元长期债务发行，企业总资产中债务融资的比例在 1999 年增加了。

表 34.2 UGG 合并财务报表摘要[a] 单位：美元

	1994	1995	1996	1997	1998	1999
经营						
来自服务的毛利润和收入	156 030	185 637	198 749	216 260	224 953	209 227
扣除利息、税项和折旧前的收益	25 538	30 573	40 198	54 788	60 577	42 423
经营收入	12 612	15 151	24 090	38 452	43 335	21 636
扣除所得税和不经常项目前的收益	3 772	282	8 065	24 744	31 926	8 067
净收益	153	-7 385	5 851	9 059	16 332	3 575
由经营提供的现金流	12 533	16 177	21 322	32 770	35 871	29 853
资本支出及业务收购	27 725	43 894	26 826	21 904	53 760	91 002
财务						
营运资本	75 028	44 573	71 557	101 790	136 155	119 249
资本资产的净投资	153 228	182 079	190 308	193 323	226 304	287 442
总资产	564 043	544 284	531 416	489 214	515 209	554 322
股东权益	140 516	130 620	133 694	161 290	234 611	233 182
比率						
总债务与净资产之比	59.11%	57.72%	55.36%	36.01%	26.24%	36.76%
扣除不经常项目前的平均普通股股本回报率	0.06%	-2.20%	4.30%	8.51%	8.69%	1.17%
每股						
扣除不经常项目前（净税收）的收益（损失）	0.01	-0.024	0.45	0.89	0.91	0.15
来自经营的现金流	1.30	1.47	1.94	2.66	2.08	1.72

注：a 针对 7 月 31 日结束的年份，除了每股数额之外，其余计量单位都是千加元。

34.4 UGG 的企业风险管理过程

有几个因素导致 UGG 研究企业的风险管理。前面提到的多伦多股票交易所的上市要求是一个因素。其他因素包括对风险暴露披露增加的要求、对信用评级机构风险管理的增加的强调，以及 UGG 对股本分析人员的建议对收益的敏感度的了解，这种了解引起了与预见的偏离。

UGG 从组成风险管理委员会开始，这个委员会由首席执行官、首席财务官（chief financial officer，CFO）、风险主管、财务主管、合规主管（负责商品贸易）和企业审计服务主管组成。该委员会与许多 UGG 雇员一起与大型保险经纪人韦莱集团有限公司的代表进行讨论，以识别企业的主要风险并用定性方法为企业的风险评级。此过程识别出了 47 个暴露领域，并从中选了前 6 个作进一步的研究及量化。这 6 个风险是：（1）环境责任；（2）天气对谷物产量的影响；（3）交易对方风险（供货商或顾客没有履行合同）；（4）信用风险；（5）商品价格和基础风险；（6）存货风险（产品在储存时损坏）。

韦莱风险解决方案部是韦莱集团有限公司的一个部门，负责收集数据及估计来自 6 个风险中每个的概率分布和各损失之间的相关性。然后将这些概率分布用来量化每个风险来源对几种衡量 UGG 业绩的方法的影响（含单独影响和综合影响），这几种衡量方法包括股本回报率（ROE）、经济增值（EVA）和扣除利息和税项之前的收益（EBIT）。

由韦莱风险解决方案部进行的分析所得出的结论是，在这 6 个最初识别出的风险中，UGG 不能管理的主要风险来源是天气。因此，韦莱和 UGG 将其精力集中于研究天气如何影响 UGG 的业绩。更具体地说，他们收集了 1960—1992 年关于加拿大西部每省气温和降雨对农作物产量的影响的数据，并对其进行了深入的回归分析。在每月的气温和降雨变量中，6 月的平均气温和 7 月的平均降水是最重要的影响因素。当然，农作物产量会随着时间而增加，从而反映了生产力的增加。这三个因素（6 月的气温、7 月的降水和时间趋势）大约解释了各省不同农作物产量年度变化的 60% 至 70%（参见本章结尾的附录）。

韦莱分析的下一步是估计农作物产量和 UGG 谷物数量之间的关系。分析发现，UGG 谷物数量在任何给定年份与前一年的农作物总产量有很高的相关性，这是由于谷物生长和收获之间存在自然时差以及 UGG 的会计年度结束于 7 月 31 日。使用 UGG 内部关于每吨谷物运输的毛利润数据，分析人员可以将利润与谷物数量挂钩。

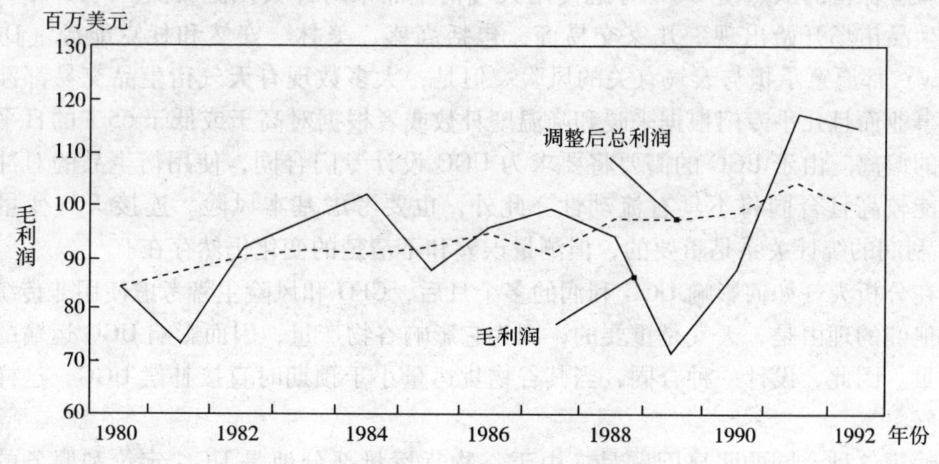

资料来源：韦莱风险解决方案。

图 34.2　天气对 UGG 收益波动性的影响

概括地说，该分析通过将天气与农作物产量、农作物产量与谷物数量，以及谷物数量与利润挂钩，从而建立了天气与 UGG 的毛利润之间的关系：天气→农作物产量→UGG 的谷物数量→UGG 的利润。

利用这些估算后的关系，韦莱通过图表示 UGG 随着时间变化的实际毛利润以及哪些毛利润将因天气的影响而被移除，从而阐明了 UGG 的结果。图 34.2 复制了韦莱的图表，清楚地表明了天气对 UGG 收益变动的影响。

34.5 UGG 在管理天气风险上的决定

为了管理天气风险，UGG 考虑了 3 种选择。一种方法是维持原状并简单地保留风险暴露，这样收益会遭受由于天气的变化而引起的较大波动。接受这种波动有几个缺点。首先，UGG 计划继续在高吞吐量的活动谷仓上进行大量投资。从内部生成的资金为这些资本支出融资的能力，将使企业避免与筹集外部资本有关的高成本。若到需要外部资本的程度，如果企业保留了天气风险，则它在借入资金上支付的利率可能较高。而且，由于较大的收益波动减少了企业利用债务融资的最佳比例，自留会使 UGG 不能利用更多的债务融资，因而也不能获得额外的利息税盾。

虽然 UGG 当前业务的大部分以商品业务为特点，但 UGG 通过创造品牌产品并为顾客提供即时服务，从而努力与其竞争者相区分。企业现金流的稳定性将增加利用过去在名牌产品上的投资及客户服务的可能性。此外，在未来几年，随着农产品市场不断适应科学技术的发展，供应商和顾客关系的重要性也不断增加。分析人员已经预言，在下一个十年中，食品生产商将需要特定的遗传工程农作物，这反过来要求农民种植特别的种子。在农民和食品生产商之间的这些活动的协调将需要复杂的信息、存储和运输网络。稳定性和经验会增加 UGG 作为最终用户和生产商的中介服务提供商的吸引力。

风险保留的缺点使 UGG 考虑使用天气衍生品来对冲其风险暴露。1999 年，天气衍生品市场开始出现。几家交易商，包括高盛、美林、安然和杜克能源（Duke Energy）都愿意承担与天气有关的风险。但是，大多数现有天气衍生品交易都涉及公用事业而且几乎专门根据采暖和降温度日数或者根据对高于或低于 65℉的日平均气温的偏离。由于 UGG 的需要将要求为 UGG 设计专门合同，使用衍生品的对冲成本可能较高且合同将不具有流动性。此外，也要考虑基本风险。连接天气变量与 UGG 利润的统计关系是重要的，但测量误差和不清楚的变化仍然存在。[7]

在分析天气如何影响 UGG 利润的多个月后，CFO 和风险主管考虑使用非传统方法。他们的理由是，天气是重要的，因为它影响谷物产量，因而影响 UGG 运输的谷物数量。因此，设计一种合同，当其谷物货运量小于预期时直接补偿 UGG，这样可能更好。

使用这种合同的明显问题是，由于谷物货运量部分地是 UGG 定价和服务的函数，这可能会引起道德风险问题。解决道德风险问题的方案是使用全行业的谷物货运量作为变量，来触发向 UGG 进行补偿。行业货运量与 UGG 货运量高度相关，这则意味着相对较低的基本风险。此外，相对于基于天气的合同来说，基于谷物货运量的合同具有对冲可能影响谷物数量的非天气风险（如监管政策和汇率）的优点。而且由于其相对低的市场份额，UGG 的货运量对全行业的货运量的影响最小，因而大大地减少了道德风险问题。

正如天气衍生品的情况一样，基于行业谷物数量的合同需要设计和定价，而这可能是昂贵的。CFO 的目标之一是管理天气或谷物产量风险暴露，而不会明显地增加企业风险管理成本。因而 UGG 考虑将谷物数量保障与其他传统财产和责任保障综合起来，以利用来自总免赔额和总限额（前面讨论过）的潜在效率。UGG 要求韦莱设计一种具有所希望的结构的风险转移工具，并从几个主要保险公司获得有关捆绑保单的投保单。

34.6　合同

34.6.1　谷物产量补偿

UGG 最终与瑞士再保险公司签订了综合保单。根据合同条款，如果行业谷物数量在给定年份低于前五年期间的平均行业谷物数量，则谷物数量损失出现，UGG 就可从瑞士再保险公司获得赔偿款。这样，该合同实际上是谷物数量的卖出期权。

为明确说明 UGG 的谷物数量损失，当前年份的行业谷物数量和五年平均行业谷物数量之差乘以 15%，即为 UGG 的近似市场份额（该合同根据 UGG 市场份额随时间的变化而进行调节）。为了将数量变成美元数，就用数量微分乘以 UGG 的每吨谷物货运量的毛利润。

34.6.2　综合保障

谷物数量保障与许多 UGG 的其他财产和责任保险保障综合起来。该保单有年度总自留额及限额以及三年保单期的定期总限额。不用披露实际数字，保单采取以下形式：当 UGG 导致财产、责任或谷物数量损失时，瑞士再保险公司有义务在自留后补偿 UGG 每年损失，可达 0.35 亿美元，而不管损失是财产损失、责任损失还是谷物数量损失。定期总限额可补偿瑞士再保险公司在三年期内达 8 000 万美元的损失。

由于前面所讨论的原因，该保单还确定每一事故的限额和自留。每个单独的财产保障（运输中的财产、超额费用、锅炉和机械）以及每个单独的责任保障（环境损害责任、租船人的责任）都有每一事故附属限额。谷物数量保障（对此每一事故定义为实际损失）有每一事故（年度）限额和自留以及定期限额。组合的财产保障也有年度自留，与组合责任保障一样。在财产保障范围和责任保障范围内，如果达到年度自留额，还有维护免赔额。

图 34.3 表明了保险保障范围如何变化的概念性情况。新保单不是对每种保障有单独的自留额和限额，而是有基于总财产损失和总责任损失的自留额。新保单还合并进谷物数量损失保障。此外，对于所有保障都有年度总限额和定期总限额。

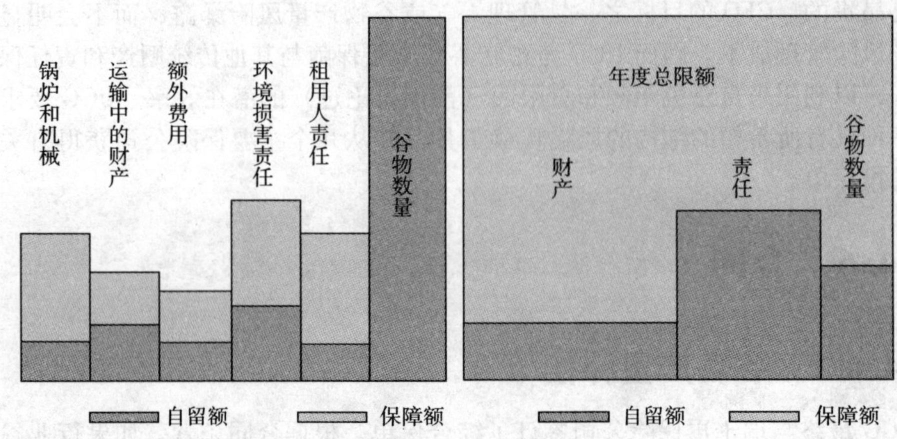

图 34.3 新旧项目下的保障

34.7 UGG 获得的好处

UGG 管理层继续研究风险管理的企业方法。他们将与瑞士再保险公司签订的保险合同视做正在进行的过程中的最初步骤。他们继续评估其他风险暴露，将目光朝向将这些风险暴露的保障合并进保险合同中。

不管其目前的性质如何，UGG 初步涉足企业风险管理领域已经产生了几个好处。保险合同为企业以前没有（也不能）对冲的风险提供了保障。通过对冲此风险，UGG 更有可能拥有必要的内部资金，来执行其资本支出计划以及使自己成为处于农民与最终用户之间的牵头中介。而且，它还处于借入额外资本并提高其债务股本比的更有利的地位，因而可从额外税收保护中受益。

这些好处是在未增加企业风险成本的情况下获得的，这可由保险费总量和预期保留损失总量来量度。企业保险赔偿范围与谷物赔偿范围的结合允许该企业重新安排其保险范围并保持其风险成本基本不变。

最后，与 UGG 管理层的讨论清楚地表明，除了决定套期保值企业的谷物数量保障并将该保障与企业的其他保障结合起来之外，风险识别和衡量过程本身是非常有价值的。管理层感觉风险识别和衡量过程使他们更好地理解了企业的风险，以及关于这些风险暴露的交流在企业内部得到了加强。

34.8 其他企业获得的教训

谷物加工业务使 UGG 的多险种保险保障成为一种价值增加战略，此特点也可能出现在其他行业。特别是谷物加工业务是一种具有较大固定成本的低盈利、高产出业务。在这种情况下，数量的意外降低可严重地牵制了企业创造收入以弥补总成本的能力。当企业具有较大资本支出时，这一问题将更加严重，因为数量的意外降低阻碍了企业使用内部资金为投资融资，这可能迫使企业不得不放弃投资，也可能使企业在不适当的时间进入外部资本市场。

但是，在设计像 UGG 那样的项目时，一个关键的考虑是，是否有与企业自己的数量高度相关但并不受寻求保障的企业的重大影响的行业数量指标（换句话说，企业拥有相对低的市场份额）。其他高产量、低盈利业务是否存在有这些性质的行业指标是一个实证问题，但我们认为，像零售和股票经纪业务这一类的行业是潜在的候选人。

与 UGG 管理人员的讨论表明，企业风险管理方法需要来自企业内多个人的合作。为实现这种合作，高级管理人员必须与此想法利益相关并表明他们的支持。企业风险管理的实现也需要花费时间和耐心。从讨论过程到签署保险合同，UGG 大约花费 3 年的时间。但是，由韦莱承担的企业风险管理的后续努力用了相当短的时间（约 6 到 12 个月），因此需要企业高层的利益相关和全企业的合作仍然是不变的。

技术专家意见同样重要。人们必须估计各种风险暴露的概率分布（以及各种风险暴露如何相关联），而且也要对风险暴露如何影响企业的结果进行量化。虽然复杂的统计和精算分析可由顾问和经纪商提供，但内部管理人员必须拥有足够的知识来提供输入数据及解释输出结果。虽然如此，UGG 的谷物数量保障所隐含的方法可能也适用于其他企业。

34.9　附录

由韦莱所作的回归分析的示例如表 34.3 所示。该表提供了对回归方程的估算结果，其中因变量是农作物小麦或燕麦的产量（蒲式耳/英亩），解释性变量是时间趋势（为了捕捉随着时间的推移生产力的增加）、6 月平均气温和 7 月平均降水量。分析使用的数据来自 1960 年到 1992 年的阿尔伯塔、马尼托巴和萨斯喀彻温等省。这些结果类似于使用逐步回归方法获得的实际结果，其中气温和降水量变量来自每月的读数。一般来说，在所有考虑的每月气温和降水量变量中，6 月平均气温和 7 月平均降水量在统计学上是最重要的。对其他谷物和种子也作过类似分析。

表 34.3　用 1960 年到 1992 年的数据对加拿大 3 个省的农作物产量（蒲式耳/英亩）和天气条件所作的选择性回归分析的结果

因变量			自变量				
省别	农作物名称		时间截距	时间趋势	6 月平均气温	7 月平均降水量	R^2
阿尔伯塔	小麦	系数：	59.88	0.33	-0.76	2.70	0.68
		t 统计量：	4.49	6.19	-3.19	2.63	
马尼托巴	小麦	系数：	79.34	0.42	-0.98	1.00	0.65
		t 统计量：	5.70	5.94	-4.38	0.95	

续表

因变量			自变量				
省别	农作物名称		时间截距	时间趋势	6 月平均气温	7 月平均降水量	R^2
萨斯喀彻温	小麦	系数：	55.60	0.19	-0.69	4.80	0.61
		t 统计量：	4.02	2.65	-3.01	4.44	
阿尔伯塔	燕麦	系数：	43.53	0.69	-0.17	4.70	0.72
		t 统计量：	1.89	7.59	-0.41	2.71	
马尼托巴	燕麦	系数：	121.02	0.65	-1.50	5.30	0.64
		t 统计量：	4.89	5.16	-3.77	2.96	
萨斯喀彻温	燕麦	系数：	74.07	0.24	-0.76	9.30	0.56
		t 统计量：	2.93	1.91	-1.82	4.70	

注：气温是以华氏度来测量的，降水量的单位为英寸。时间趋势变量是相等的（年份—1960），因而对于 2000 年，时间趋势等于 40。

为了说明结果，请看表 34.3 的第一行。时间趋势变量上的正的且统计上显著的系数表明阿尔伯塔省的小麦产量随着时间而增加。6 月平均气温变量上的负的且统计上显著的系数表明阿尔伯塔省的小麦产量与 6 月平均气温为负相关。最后，7 月平均降水量变量的正系数表明农作物产量随着 7 月的降雨量的增加平均来看是增加的。R^2 表明阿尔伯塔省的小麦产量每年波动的大约 68% 可由这三个变量解释。虽然有一些例外，但表 34.3 的其余部分表明刚才叙述的回归结果对于其他农作物和省份也是成立的。

第 35 章 为推动公司交易而设计的告知和保证保险及其他保险产品

索德瑞·A. 邦德斯*（Theodore A. Boundas）和特利·李·佛罗（Teri Lee Ferro）

随着公司交易于 20 世纪 90 年代大量涌现以来，大型保险公司认识到公司交易的内在风险需要创新的保险解决方案。包括合并和收购（M&A）在内的公司交易依靠各种专业服务，如投资银行、会计师和律师来评估交易中的实际和潜在的风险、协调交易的融资选择，并就交易各方的想法及其协议条款形成文件。在过去几年中，保险公司积极地进入为促进业务交易而设计的保险产品市场。本章考察某些为促进业务交易而设计的保险产品。通常这些产品被称为并购保险，因为它们是为响应巨额并购活动而于 20 世纪 90 年代后期开发出来的。但是，这些产品并不局限用于并购交易，其中一些产品用于促进其他类型的交易，如融资安排等。在保险术语远未标准化之前，大多数保险专家认为告知和保证（representations and warranties，R&W）保险、税收评价或税收补偿保险、流标保险和损失减轻产品（loss mitigation products，LMP）等产品是并购保险产品的例子。由于这些产品有共同的促进业务交易的目的，包括但并不总是局限于并购，我们将其普遍地称为交易保险产品（transactional insurance products，TIP）。

在本章中，我们将考察最普遍的 TIP 形式并探索该类产品的市场。在对该市场的考察中，我们将探讨 TIP 是传统的保险产品还是非传统风险转移保险产品；讨论 TIP 如何代表了保险、银行业和金融业的不断融合的趋势；以及考察 TIP 的未来前景。

35.1 为推动合并、收购和其他交易而设计的产品

事实上，TIP 将未知的或不想要的风险从交易中的一方或从一家公司的资产负债表按某一价格转移给第三方保险公司。看起来，TIP 最初是由私募股权合伙企业和私人业务使用的，用于消除或减少业务结束之后的问题、争论和债务。但是，TIP

* 邦德斯先生和佛罗女士是邦德斯、斯卡因斯可、威尔士和布拉克律师事务所的负责人，该事务所是国际公认的在保险法律方面的首席事务所，能够提供世界范围的复杂的法律和咨询服务，专长于风险管理、保险和金融服务业。

的市场已经扩展到所有类型的业务实体，包括公众公司。任何公众公司面临的现实是，坏消息可严重影响其股票的市场估值并最终影响其资产负债表。事实上，即使是名义数额没能达到收入预测或华尔街的传闻数额，都可能对公众公司及其股东产生严重的后果。例如，或有税收责任或者实际或潜在的证券或环境问题都会使公司股票价格下跌或阻止其获得融资或资本。像这类问题可能压低购买价格或使并购中止。在各种 TIP 中，特别是 R&W 保险、税务评价或补偿保险、流标成本策略和 LMP，都允许业务通过将债务从公司的资产负债表中移除或者保证未实现但实际或潜在的未来风险的支付，从而降低与特定事件或事件顺序有关的实际或潜在风险暴露的影响。

即使在交易结束之后，当交易一方后来认识到某个问题并决定实施保险解决方案来管理可能会引起问题的风险暴露时，TIP 也是有用的。通常 TIP 被定制为交易中所定义的风险和问题，而且常常要求保险公司在与其律师、经济学家和其他专家磋商时进行尽职调查和风险评估。TIP 在交易中可由购买人或出售人购买，且通常基于交易中所涉及的谈判问题、法律意见或告知及保证。被保险人可能不是支付保险费的一方，对提供保险费也不付有责任，就像在交易本身中所有其他责任分配一样，常常是协商的事项。此外，通过将风险暴露放到 TIP 中，而不是在公司的资产负债表上持有用于风险的准备金或者在交易结束之后将资金交给托管人，这样做还能获得税收好处。除了潜在的税收好处外，对于处理与交易中告知及保证相关的潜在风险的通常机制（如将资金交给托管人或者将风险反映在购买价格中），TIP 可能是成本有效的替代方法。

找到正确的业务风险解决方案的关键是帮助客户识别并评估复杂的业务风险并创建最适合的保险或财务解决方案，这种解决方案使保险公司利用精确的定价方法为被保险人创造最大的价值。将 TIP 放入公司交易中并不像保险公司直接地或通过经纪商或代理而进行的传统保险产品那样是一个线性的过程。交易进行过程中必不可少的律师、银行家、会计师和其他专家以及交易自身的各方可能不了解或不接受使用 TIP 来推动交易。[1]某些评论 TIP 的早期行业观察员注意到了银行家和顾问所表示的忧虑，即保险公司不能对交易的热度作出响应[2]或者 TIP 可能用于代替其进行的尽职调查。[3]

但是，在使用、安置、起草及定价 TIP 方面富有经验的保险公司及其顾问通常拥有现成的专家资源，如顾问、律师和经济学家，可以快速地评估并承保交易。这样，这些忧虑就会被消除，因为 TIP 市场已经由对这类保险产品承保和定价富有经验的专家给予定义并支持。为了精心开发一种处理特定风险的产品，这些专家独立地评估交易中的特定风险并经常检查和扩大原来进行的与交易相关的尽职调查。特别是在涉及知识产权、环境和证券风险暴露的交易中，保险公司将利用在评估这些特定风险并为这些风险设计保险产品方面拥有大量经验的专业顾问的服务。有经验的保险公司及其顾问与交易所需的其他专家同心协力，通过帮助解释和解决交易的内在风险，而为交易增加价值。

下面几节将讨论目前市场上存在的几种最普遍的 TIP。虽然这些 TIP 常常作为不同的产品来销售，但都是用来转移已识别出的风险，以便推进交易，而且在某些情况下，可能是某一问题的可互相替代的解决方案。

35.1.1　告知和保证保险

告知和保证保险是对公司交易中的指定告知和保证及相应的赔偿责任加以保险。对于想消除来自未来由于交易中的告知与保证方面而引起争议的潜在风险的交易方来说，它是一种“睡眠”保险。基本上，出售人将告知并保证关于交易涉及的业务、资产或债务等各类事项，以增加与交易相关的尽职调查及其他所交换的信息。由于交易的类型（如股票或资产出售）及交易中所涉及实体的不同，告知和保证将有所不同。告知可能涉及各种问题，包括但并不局限于业务中的所有权或知识产权、存货规模、现金流、税收问题、已知诉讼和产品责任以及环境问题。各方广泛地磋商告知和保证的范围、幅度和重点，因为这些声明常常与业务的资产、债务及财务状况有关并影响购买价格。此外，更广的告知和保证对购买人有益，并将更多的风险和责任分配给出售人。因而，出售人通常试图缩小告知和保证范围，从而使未在协议中特别强调的将来事件不能构成对告知和保证的违背。

与告知和保证相关，交易协议通常将补偿责任加在出售人身上，来为购买人提供向出售人索偿在交易结束后发生的债务或损失的追索权。补偿责任也可以要求将部分销售收益预留出来，或者交给第三方托管，以在之后发现告知和保证不真实时确保出售人履行补偿责任。出售人通常对任意补偿协议的限额进行谈判，从而只有在确定的时期内以及协议同意的数额内，方可实施协议。

虽然 R&W 保险可覆盖公司交易中所有的告知和保证，但仅覆盖非常特定的或狭窄定义的风险（如特定的知识产权、环境问题、现有债权或诉讼以及或有税收责任等）的保单并不少见。任何影响交易价值或要求出售人对潜在风险或责任的状态或情况作出确切的告知和保证的潜在不确定性都可在 R&W 保险保单中提出。当然，保单的价格应该反映风险的性质和大小，而某些风险对于被保险人和（或）保险公司来说太昂贵或风险太大。我们猜想，对于 R&W 保险以及所有的 TIP 来说，当它们被定制从而来解决定义较窄的风险时是最有效的，其定价是最合适的。

R&W 保险产品可补偿作为被保险人的购买人和（或）出售人。补偿出售人的 R&W 保单提供第三方保障，以确保出售人的补偿责任。作为支付保险费的回报，出售人可避免将部分销售收入交给托管人，并将补偿责任全部或部分地转移给第三方保险公司。如果购买人不想接受在违反告知和保证的事件发生时追偿出售人的风险、成本和费用，或者购买人担心与将来出现违反时追偿出售人相关的时间问题，都可利用 R&W 保险。如果购买人没有足够的资源来追偿出售人或出售人在财务上难以维持，补偿责任可能不能帮助购买人及时地弥补其损失。购买人的 R&W 保单可作为第一方保险来运作，就像诚实保证保险一样，这时被保险人既是保单持有人也是索赔人。此类保单允许购买人在出现争议时如果不能通过可利用的渠道（如出售人）弥补损失，则可以通过保险公司弥补损失。特别是对购买人来说，R&W 保险可限制那种首先要求被保险人告知和保证的交易的不确定性。

R&W 保险产品在涉及高技术行业里的公司的交易方面特别有用，因为这些公司的价值通常都特别依赖于难以评估或可能遭遇产权争议的知识产权。我们预计 R&W 保险将继续在涉及知识产权的交易中起重要作用，且知识产权的价值将继续是许多公司的总价值的重要组成部分。[4] 在 R&W 保险公司的经验中，有两个有名的关于这种情况的例子，即一家互联网专业服务公司和一家通信技术公司的几十亿美元的收购。在这两个交易中，购买人坚持让出售人对有关知识产权，特别是业务方法专利的所有权作出保证，因为其对于所涉及的业务的经济生存能力来说至关重要。承保集中于对给定的实际保证和赔偿类型的潜在范围和大小的评估上，因为它们可能暗含与告知和保证以及最终与 R&W 保单相连的赔偿义务。

告知和保证被用于各种交易中，还常常用于在各方之间分配风险和责任。例如，在某一涉及主题公园销售的交易中，购买人不想承担出售人现有责任保单中的自留债务上的责任。根据公司和其他咨询机构对潜在风险暴露的分析，保险公司决定承保购买人在责任保单上的自留风险。因此，只要支付规定的保险费，购买人和出售人都可对支付责任保单中的自留责任放心，并且该责任不再成为需要在各方之间分配的问题。但到底哪一方来支付保险费仍然是需要谈判的问题。

在某个具有创新特点的交易中，看管人寻求一种保险解决方案，以获得贷款债务来为几十亿美元的依赖于赌博收入的业务收购提供资金。正如技术公司的大部分价值与知识产权挂钩的情况一样，该公司的相当部分价值依赖于其在存在某个有名的反对赌博产业势力的辖区内持续经营某种赌博设施的能力。本质上，该交易部分取决于在相关辖区内持续经营其赌博业务的能力的特定告知。经调查，我们确定各方试图转移给保险解决方案的不确定性在本质上是立法的，并考察了不利的立法或政府行动的可能性，这种行动可能削弱或减少公司获得足够收入以维持因收购产生的债务的能力。与各方的预期相反，分析表明作为贷款债务的定价结构的一部分，其潜在风险处于贷款人愿意承担的范围之内。

许多 R&W 保险的潜在购买人都质疑，如果大多数出售人和购买人已经有各种保险保障，如非常特别的董事和重要职员责任保险以及通常的某些其他形式的专业责任保险，那么 R&W 保险还有用吗？R&W 保单专门覆盖告知和保证以及作出这种告知和保证的各方。因此，如果其他方式的保障也可证明会在比较普通的保险范围（如董事和重要职员保单）之中得到，R&W 保单将被视为更加具体的，因而也是更加基本的。但是，典型的董事和重要职员保单不一定会覆盖一项公司交易活动中违背告知或保证责任。

下面考虑一种出售人违背了告知和保证，并且购买人寻求起诉出售人的理由的情况。虽然许多出售人可能是董事，但大多数出售人将是股东。普通董事和重要职员保单并不赔偿董事以股东身份进行的活动。因而，董事和重要职员保单不应该将承保范围扩展到股东，并且若董事作出有争议的告知或保证，可能会产生关于他们这样做时是以董事身份还是以股东身份的问题。即使可以得到某种其他类型的专业责任保障，但专业责任保单通常覆盖由于被保险人在经营其业务的常规过程中向第三方提供专业服务而引起的索赔。因此，出售人的专业责任保单不会覆盖由于出售人出售其业务而引起的对其索赔。

同样的考虑也适用于由购买人购买的 R&W 保险。购买人的专业责任保单都不会提供第一方保险来赔偿与购买人的业务购买相关的损失。即使购买人起诉出售人，然后寻求从出售人的董事和重要职员责任或专业责任保单中获得补偿，出售人的保单也不会覆盖由于出售人违背与其业务出售相连的告知和保证而引起的风险。因此，R&W 保险为出售人和购买人创造了更多的确定性，因为它专门解决这类风险，而其他原来不是为此目的而设计的保障或许不会为这些风险提供任何保障（或者是有疑问的保障，如果有的话）。

35.1.2　税收评价或税收补偿保险

税收或有费用常常是告知和保证的对象，并且可能在 R&W 保单中得到解决。但是，许多公司单独地提供税收评价或税收补偿保险，以应对特别税收待遇或看法可能不正确而引起的不利后果。这些保单为一项交易的原来打算的税收后果遇到美国联邦税务局成功挑战的风险提供保险，例如，为达到免税目的而分离出一家子公司。税收问题类似于证券、反托拉斯、环境和知识产权问题，可能是交易中出现的重要的阻碍问题，其他传统保险产品可能不覆盖这类风险。即使特别税收待遇以正式的法律程序得到批准，购买人也可能不愿意承受由不正确的税收待遇而引起的财务影响。如果被质疑的税收处理可能使购买人损失交易中的利益、降低购买价格或要求出售人将部分出售收益交给托管人，购买人和（或）出售人可以发现，与被质疑的税收处理相连的不确定性转移给第三方保险公司并为此类保单支付保费是值得的。税收评价和税收补偿保单是对购买人还是出售人提供保险将取决于各方在交易文件中如何解决税收问题以及谁将承担未来不利税收后果的责任。

35.1.3　流标保险——对未完成交易的成本的保障

流标保险覆盖与一项由于某些超出被保险公司或某一方的控制的原因而失败的交易相连的外部第三方的费用和成本。合并行动可能非常昂贵并经常涉及各种专业顾问的费用，其中包括律师、会计师、投资银行家、股票经纪人、管理咨询师、说客、代理律师和公共关系顾问等。通常来说，保单定义了特定的赔偿触发条件，如融资损失、未能获得监管批准、未能得到股东同意或者交易的另一方（不是被保险人）的有效退出等。这类赔偿通常不适用于所谓的终止费用。另一种类似的产品赔偿是由于抵御敌意收购投标和（或）代理争议所引起的第三方费用。对于那些担心可能成为收购目标的公司来说，拥有赔偿抵御敌意投标的费用的保单是有效的谈判工具。

35.1.4　损失减轻产品——对现有索赔的保障

损失减轻产品（Loss Mitigation Product，LMP）是一种平滑机制，在概念上类似于有限风险保险产品[5]平滑功能，但不同的是，有限风险随时间变化对风险暴露进行融资，而 LMP 实现的是在一定水平上的自留的、已保险的或已融资风险水平之上的风险的转移。LMP通过将特定风险以固定价格转移给第三方保险公司，从而限制已知索赔的未保险、保险不足或偶然风险暴露或者对其设定上限。LMP转移是与已知索赔相连的实际或偶然的风险暴露。LMP是限制公司由于巨额赔偿（如有价证券集体诉讼、反托拉斯诉讼或长尾环境索赔）而引起的责任风险的有效工具，因为这些类型的风险可能会落在业务实体的保险项目参数之外，或者潜在风险的大小可能超过可利用的保险项目限额。如果到了未解决赔偿能够抑制业务实体的融资和收购能力或影响其估值的程度，LMP可以限制由未解决赔偿给风险自保部分带来的风险（加上为LMP所付的任何保险费）。

在一项收购的背景下，LMP可允许出售人避免将出售收入交给托管人或自留已知赔偿引起的对购买人的任何责任或补偿义务。通过使用LMP来限制由已知赔偿引起的风险，出售人和购买人可以获得财务的确定性。即使超出了财务确定性，LMP也允许交易各方来定义并限制与已知赔偿相连的风险大小并减少与此赔偿有关的进一步交易的成本。或许最引人注意的LMP是关于牛津健康计划（Oxford Health Plans）的LMP。牛津是一家健康管理组织，它是有关患者账单行为的集体诉讼中的被告。该计划采取LMP的形式，LMP将支付超过1.75亿美元以上的不利判决的90%直到2亿美元上限，为此支付的保费为0.24亿美元。[6]

35.2 TIP市场的发展

虽然活跃的TIP市场相对较新，但推动业务交易的保险产品在市场上已存在许多年了。例如，在20世纪80年代早期，由于围绕某些设备租赁交易的税收待遇存在法律的不确定性，伦敦劳合社的承保人为与此不确定性相关的风险提供税收保单。[7]虽然在保险业中几乎没有数据来跟踪TIP的数量与成长，但在20世纪90年代后期，随着公司交易数量的不断增加，一个活跃的TIP产品市场在过去几年得到了发展。[8]例如，R&W保险已经在国际保险市场上出现许多年了。但是，这类产品在美国的市场仍然处于初期发展阶段，绝大多数R&W保单的承保都是在最近两年内完成的。[9]同样地，LMP的市场在2000年前还不存在，行业观察家预测这类产品的保费在2001年将超过5亿美元（在最初写这篇短文时）。[10]即使20世纪90年代后期TIP市场活动的增加看起来与公司交易数量的增加相符，但TIP只用于该时期内进行的众多公司交易中相对较小的部分。

限制TIP市场发展的另一因素是许多保险公司在20世纪80年代保险公司经历财产和意外险市场上的灾难之后不愿意承保非常重要的TIP。在过去几年中，保险公司越来越愿意承保这类产品了，因为TIP市场得到了更大的发展，且保险专家在评估交易风险以及起草和定价适当的保单上拥有更多的经验，从而可解决这类风险问题。当然，任何保险公司承保保险产品的能力取决于保险市场的情况以及再保险的可用性。如果保险市场情况不好，则保险公司拥有较少获得支持其承保活动的资本的途径。另外，保险公司销售TIP的能力将取决于市场可承受的公司交易水平的情况。在2001年上半年，全世界并购活动的数量与前一年报道的水平相比下降了几乎 54%。[11] 虽然公司交易数量的减少可能限制保险公司提供 TIP 的机会，但经济增长速度下降可能大大增加这类产品的需求和用途。不牢固的经济状况通常增加与交易有关的风险，并可能促进交易各方及其顾问寻求如 TIP 这样的保险解决方案。

虽然 TIP 市场发展得一年比一年好，但我们仍怀疑 TIP 的使用尚未普及，因为许多保险从业者和交易者对这类产品还不熟悉。确实，在保险业内，对 TIP 的分类有些混乱。许多保险公司和保险评论员将各种形式的 TIP 归类为非传统风险转移（ART）保险产品。先将什么在 ART 题目下考虑比较合适的问题放在一边，在广义的 ART 分类下保险业提供了各种产品和项目，行业内对归类为 ART 的产品类型存在分歧。缩写词 ART 并未被统一使用，可能包括几乎所有的未被定义为传统保险产品的保险产品，而不管该产品是否确实转移风险，或是作为为自留风险提供资金和减少损失对公司结果的影响的平滑机制发挥作用。[12] 在其各种形式中，许多被归类为 ART 的保险产品代表着传统保险向着更广范围的产品的发展，这类产品允许保险公司越来越多和越来越直接地分享客户的目标和结果。许多这类非传统保险产品，不管其是否是真正的 ART 产品，都是为风险融资而不是转移风险，并代表了保险、银行和金融业的融合。

当然，这就提出一个问题，本章描述的 TIP 是否为 ART 保险产品。答案是，TIP 不是真正的 ART 保险产品，因为这些产品未包括保险公司和被保险人之间的利润及损失共享机制，而这种机制是 ART 保险产品的重要特点。虽然人们可将 TIP 的特点描述为传统保险合同，但其仍然与传统保险产品有区别。简单地说，传统保险产品是通常可以得到的保险产品，它们已在行业中被保险公司、被保险人、公众和法律体系很好地确立起来。对于诸如商业一般责任、雇主责任或董事和重要职员责任保险产品等传统保险产品的使用、接受和理解是建立在多年的承保、理赔和赔偿的经验上的。就 TIP 有时被当做 ART 产品而言，本章讨论的 TIP 已经落入 ART 范畴，因为它们原来在市场中也不属于传统保险产品。由于 TIP 产品是覆盖新市场上非传统风险的相对较新的产品，因此它们并不被视为传统产品。剥去这方面的新奇性，这些产品本来的功能类似于传统保险合同，其合同的形式常常出自董事和重要职员责任保险产品的标准保险合同。即使它们从根本上是传统保险产品，但 TIP 与传统保险产品是有区别的，因为它们不仅像保险产品一样转移风险，而且还为明确的推动业务交易的目的而转移风险。从这一点看，这些产品像许多真正的 ART 保险产品一样也代表了保险业、银行业和金融业的融合趋势。

甚至在保险业外，交易人员也在慢慢看好 TIP 提供的前景。贯穿本章，我们解释了 TIP 如何推动业务交易。TIP 作为其他银行和融资服务的补充，代表了金融服务部门保险业、银行业和金融行业相融合的许多交叉路口之一。金融服务部门内不同行业的融合已经限制并阻碍了 TIP 市场的发展。虽然保险业、银行业和金融业涉及相似的概念和目的，但这些行业沿着不同的轨道发展，而且仍处于某种程度的隔离，这在很大程度上是由于使用的术语[13] 和获取资本的手段的差别。虽然各种保险、银行和金融产品的形式看起来十分不同，但实质上它们非常相似，并且每个行业中的从业人员可能不了解另一行业的服务和产品，而这些服务和产品还可能与自己行业的服务和产品相同或互为补充。如果没有共同的经验和术语，交易人员和保险公司在逐步习惯于保险解决方案融入业务交易的过程中，仍然要面临一条学习曲线。

当然，保险业、银行业和金融业间不断融合的趋势是不可避免的。只要考虑一下商业银行向着消费者保险产品扩张，以及投资银行通过发行巨灾债券向着将一组保险风险转移给资本市场的业务扩展就行了。为了应对保险业、银行业和金融业的融合带来的竞争威胁，保险公司越来越有兴趣将其资本资源和知识杠杆化来进入传统上由银行和金融业提供服务的市场，并且已经开发了推动业务交易和运营的产品。保险公司认识到提供转移风险或为风险融资的产品，作为一个战略性业务工具或作为风险管理项目的一部分，可帮助它们保持与金融领域中的银行和融资部门的竞争性。[14]

来自银行和金融机构的竞争只是推动保险公司将业务扩展到传统上由商业银行和投资银行提供服务的业务交易领域的催化剂之一。但不管推动力是什么，保险公司及其顾问变得越来越熟练地评估按一定价格利用保险公司资本来促进业务的机会。能够获取资本和由承保 TIP 的保险公司提供的风险评估服务通常补充了由投资银行家和公司交易中所涉及的其他专业人士提供的专业服务。保险公司常常使用经纪人、律师、经济学家和其他咨询人员进行独立的尽职调查，以评估它可能承保的与一项交易有关的风险暴露，并且对合适的 TIP 结构化来解决交易的特别细微差别。对于保险公司及其顾问来说，帮助重做一项交易并非罕见，因为它们可以从另一个角度来接近风险或交易或提出原来交易各方未预料到的选择。因此，TIP 不是投资银行和其他专家提供的专业服务的代替品。在这点上，保险业、银行业和金融业的融合已经增加了竞争且增加了保险公司、银行和金融业间的合作，[15] 而且这种融合应该为保险公司将 TIP 作为促进业务交易机制而进行营销继续培育机会。

附录A 资本结构的无关性

佛朗科·莫迪格利安尼（Franco Modigliani）和莫顿·米勒（Merton Miller）（以下简称M&M）1958年撰写的论文“资本成本、公司融资和投资理论”几乎被普遍视为创立了现代公司融资理论。正如罗斯（Ross，1988）所述：“如果‘科学的进步可解释为不断转换的思维范式’① 这一观点还有一些可取之处的话，那么米勒和莫迪格利安尼的工作确实提供了一个关于剧烈变化的范例的实验室例子”。

在M&M之前，传统的看法是，由于债务比股本便宜，一家公司的价值会随着财务杠杆的增加而提高，至少在达到公司偿付出现困难的某一负债临界水平之前应是这样。[1]因此，只要公司能够避免真正过高的杠杆，公司的平均资本成本就会被认为随着债务的增加而降低。M&M表明这种传统的认识并不正确，至少在某种假设下是不正确的。

这三个M&M无关性命题赖以成立的四项假设是：[2]

1. 完善的资本市场。资本市场是完善的，其含义为：无税收、无交易成本、无制度摩擦（例如，证券卖空的限制）、无破产或财务危机成本，而且没有未被利用的无风险套利机会。

2. 信息对称。所有投资者和管理人员拥有关于企业投资质量的同等信息，而且对于新信息对所有金融工具（包括证券）产生的影响拥有相同的（也是正确的）观点。

3. 同等进入机会。公司和个人可在资本市场以完全相同的条件发行同类证券。[3]

4. 既定的投资策略。公司采取的投资决策视为给定的。

当这些假设成立时，M&M证明，一家公司的价值只取决于其投资决策，并且公司所作的纯财务决策与公司的价值无关。当然，这种决策一般来说将影响该公司不同证券持有人的相对福利，但却不会影响所有投资人合在一起的总财富。

许多人对研究M&M无关性命题的必要性提出质疑，他们辩称，作为M&M命题基础的这些假设是如此不切实际，因而无法将M&M世界的无关性命题用于现实之

① 该观点源自美国哲学家库恩，他在其经典之作《科学革命的架构》中提出，每一项科学研究的重大突破，几乎都是先打破道统、打破旧思维，然后才获得成功。——译者注

中。对某些人而言，或许确实如此。但对于那些对现代公司融资理论涉入不太深的人来说，M&M 世界提供了非常有用的起始点。M&M 命题实质上给了我们关于公司融资决策的实验控制权，或者一种基准情况，可使其他确实偏离 M&M 世界的情况能够进行比较。正如米勒所恰当表述的："（在公司融资中）对什么是无关紧要的会隐含地表明什么是重要的。"（Miller，1988）

不过，有关这些讨论在这里转入了附录的内容。本书主体内容的章节——特别是第一部分——假设读者完全熟悉 M&M 假设以及其隐含的意义而未重点讨论。如果你确实了解，那么就可以从容地跳过本附录。但如果不太熟悉，则这篇对学术性金融理论基本著作之一的简要总结应提供了充分的介绍。

A.1 命题Ⅰ：资本结构

M&M 假设最重要的含义是一家公司的价值及其资本成本完全取决于公司所拥有的实际资产，而且公司的财务资本结构从不影响那些实际资产的市场价值。我们在第 1 章已看到，当我们查看公司的资产负债表时，一家公司的资产的市场价值总是等于其财务资本的总价值，而且这总是成立的。现在我们实质上想探讨的是，为什么一个实际资产包的价值并不取决于拥有这些资产的公司。

M&M 将资本结构的无关性看做命题Ⅰ，其在原始著作中论述道："任何公司的市场价值独立于其资本结构，并且由与其（风险）等级相适应的预期回报率 P_k 的资本化来决定。"（M&M，1958，第 268 页）这样，无杠杆公司的价值应与拥有相同资产的杠杆公司的价值等同。

为了证明命题Ⅰ，M&M 辩称，投资者无须为享有财务杠杆自身的任何益处而投资于杠杆公司。反而，投资者可投资于无杠杆的公司，通过自己的账户借款以制造一种自制的杠杆。如果杠杆公司和无杠杆公司持有相同的资产，则只要 M&M 假设成立，两种策略会产生同样的盈亏结果。为了阻碍无风险套利机会的存在，策略的成本因而必须相同，因此，有杠杆和无杠杆公司的价值必须相等。[4]

M&M 还从公司发行债务和股权证券筹集资本的成本的角度来表述命题Ⅰ："任何公司的平均资本成本，完全不依赖于其资本结构。"（M&M，1958，第 268 页）

M&M 表明，关于一家公司的平均资本成本将随债务的增加而降低的传统认识是错误的，至少在其 4 项假设下是如此。实际上，公司的平均资本成本完全取决于其所拥有的实际资产的风险和那些资产的预期回报。而且，那些实际资产的风险并不取决于拥有这些资产的公司——至少在 M&M 领域是如此。

M&M 在撰写其论文时，现代融资理论尚未充分发展。像系统性和特殊性之类的术语在 M&M 必须与之打交道的交易工具方面还找不到。[5]在此，我们可更为一般地陈述命题Ⅰ，即公司的平均资本成本仅依赖于公司所面对的系统性风险。原因在于，在 M&M 领域的完善市场、对称信息和同等进入权的假设下，投资者可通过组合分散化决策来消除所有公司特定的或特殊的风险。这样，公司的平均资本成本是公司资产的资本化比率，或是公司所拥有资产的预期回报率。

A.2 命题Ⅱ：资本的加权平均成本

M&M命题Ⅰ告诉我们，公司的价值并不取决于其财务杠杆的水平。在命题Ⅱ中，M&M表明一份股票的预期回报随着公司财务杠杆比率的增加而提高，而且这一提高的预期回报精确地被所增加的风险抵消，这种日益增长的风险使股权持有人要求对其股权资本投资有较高的预期回报。

M&M辩称："许多作者曾提出过与我们的命题Ⅰ相近的类似描述，虽然是通过诉诸于直觉而不是通过试图证明……但是，命题Ⅱ，就我们所能够揭示的而言，仍是新的。"（M&M，1958，第271页）命题Ⅱ认为"一份股票的预期收益率等于在该（风险）级别之下纯股本流的适当资本化率加上与财务风险相关的溢价，该财务风险等于债务与股本之比乘以（纯股本流的资本化率）与（公司债务的利率）之间的利差。"命题Ⅱ可表达为：

$$E(R_j^S) = E(R^A) + [E(R^A) - R_j^D]\frac{D_j(t)}{S_j(t)} \tag{A.1}$$

其中，R_j^D 和 R_j^S 分别代表自 t 时以来公司 j 的债务回报和股本回报。[6]

等式（A.1）常常被修改成公式（A.2）以表达为公司的加权平均资本成本（weighted average cost of capital，WACC）：

$$E(R_j^{WACC}) = \frac{S_j(t)}{S_j(t) + D_j(t)}E(R_j^S) + \frac{D_j(t)}{S_j(t) + D_j(t)}R_j^D = E(R^A) \tag{A.2}$$

考察等式（A.2），我们可立刻证实在命题Ⅰ中看到的结论，即一家公司的WACC等于公司所拥有资产的预期回报（因系统风险加以适当调节），而且不依赖于公司发行的债务和股权的相对比例。

要特别注意的是，公式（A.2）中公司 j 的WACC带有下标 j，而公司 j 所拥有资产的预期回报却没有。这正是命题Ⅰ的直接结论——公司所拥有资产的预期回报不依赖于拥有该资产的具体公司。

为简单起见，我们之前假设公司的债务具有一个恒常不变的利率而且是无风险的。当我们允许债务持有人有可能收不到全部或者甚至部分偿付额时，图A.1可能提供一些对M&M命题Ⅱ所隐含直觉想法的认识。平的粗实线是公司资产的预期回报，它不依赖于公司的资本结构，即命题Ⅰ。这也是公司的WACC。如果该公司无债务，公司股权的预期回报——本例中也就是公司的WACC——等于公司所拥有资产的预期回报。

假设该公司发行的债务以图A.1中的财务杠杆比率 $D^*/(S+D)$ 而成为风险债务。当债务低于该水平时，债券持有人具有不变的预期回报率，其等于债务所确定的利率。但当财务杠杆水平提高到该点时，债务持有人就暴露于违约风险之下，债券持有人则要求更高的预期回报。而且，这种对债务预期回报率的增加以不断加速的方式进行。随着公司累积越来越高的财务杠杆，债券持有人则会承受公司资产的相对越来越多的风险。

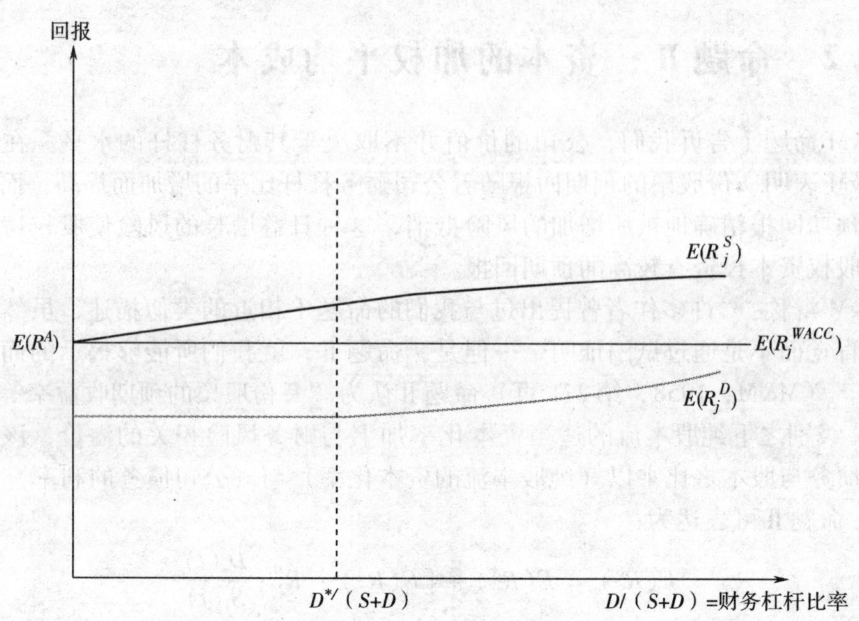

图 A.1　WACC 相对于特定公司风险的不变性

现在看图 A.1 中的预期股本回报率。在该公司债务处于无违约风险的较低水平的财务杠杆下，预期的股本回报率随公司的财务杠杆水平成比例地提高，正如命题Ⅱ所言。在财务杠杆比率 $D^*/(S+D)$ 之下，股东所要求的预期回报率的增长开始变平。由于债务持有人现在要承受某些资产风险，股东不会再像当债务没有违约风险以及股权承担全部资产风险时所做的那样，对财务杠杆的增加要求同样的补偿。

重要的是，注意在命题Ⅱ下财务杠杆如何对两类证券产生影响，它告诉我们，该公司的 WACC 是不随财务杠杆的变化而变化的。只要债务没有违约风险，所有增加的财务杠杆风险均由股本持有人承担。但 WACC 并不发生变化，因为所增加的股权风险直接与公司已发行的证券的价值变化成比例。当债务成为有风险的负债时，债券持有人要求的风险溢价正好被股票持有人要求较低的溢价所抵消。换而言之，负债所要求提高的回报水平由股权所要求的财务杠杆风险溢价的相应减少来补偿，这同样使公司的 WACC 保持不变且等于公司资产的预期回报。

A.3　命题Ⅲ：新投资的融资来源

在完善的资本市场、信息对称、同等进入机会和给定的投资策略之下，正进行一项新的实际资本投资、把握一项新的增长机会，或进行一项新项目的公司，其价值并不取决于此项投资或项目的融资方式，这就是所谓的 M&M 命题Ⅲ："投资的盈亏点……将完全不受为该项投资进行融资所使用证券类型的影响。"（M&M，1958，第 288 页）

本书的模型严格依据 M&M 的原始文稿（1958），并按照本书中通用的符号进行了调整。具体地说，考虑一项资本投资项目在 $t+1$ 时产生单一现金流，总额为

$X(t+1)$。该现金流仅当该公司在 t 时作出一次性投资 $I(t)$ 时才能实现。该笔投资的回报定义为：

$$\rho(t) = \frac{E[X(t+1)] - I(t)}{I(t)}$$

我们假设仅有单一的现金分配和单一的投资成本，以在一个两期模型中获得对收益的计算。事实上，这仍是一种非常一般性的表达形式。例如，如果为维持项目要求在未来有一定的支出，则 $I(t)$ 只是以在 t 时的美元价值所表示的那些支出的现值。类似的，任何 $t+1$ 时之外的现金贡献都可以在折现预期现值的基础上反映在 $X(t+1)$ 中。这样，我们可以在此使用这一简化模型，而完全不会失去一般性。

M&M 命题Ⅲ提出所有资本投资的最低预期回报率（hurdle rate）就是该公司的资产预期回报率，或者说是公司的 WACC。具体地说，如果 $\rho(t) \geqslant E(R^A)$，一家公司应该进行资本投资项目。这条准则不受公司在 M&M 假设中为投资进行融资所使用工具的影响。

为简单起见，假设该公司不存在增长机会而只有现有资产。从事新投资项目之前公司的价值就是：

$$V(t) = \frac{E[X(t+1)]}{1 + E(R^A)} \tag{A.3}$$

其中，$X(t+1)$ 代表进行新项目之前公司现有资产的净现金流。我们再次假定一个两期模型，于是任何未来净现金流以其折现的现值为基础包含于 $X(t+1)$ 之中。这样，公司在 t 时的价值就等于公司在 $t+1$ 时现有资产的预期净现金流以这些资产的预期回报率进行折现后的价值。

A.3.1 发行新债务为项目融资

假设，该公司首先考虑该新项目全部以一次新债务发行进行融资。启动该项目之前，公司普通股的市场价值为：

$$S(t) = V(t) - D(t) \tag{A.4}$$

如果该公司借入 $I(t)$ 为回报率为 $\rho(t)$ 的新项目融资，该公司下一周期的价值将为：

$$V(t+1) = \frac{E[X(t+1)] + I(t)[1+\rho(t)]}{1+E(R^A)} V(t) + \frac{I(t)[1+\rho(t)]}{1+E(R^A)} \tag{A.5}$$

如果新项目被接受，该公司股票在 $t+1$ 时的价值将为：

$$\begin{aligned} S(t+1) &= V(t+1) - [D(t) + I(t)] \\ &= V(t) + \frac{I(t)[1+\rho(t)]}{1+E(R^A)} - [D(t) + I(t)] \end{aligned} \tag{A.6}$$

使用等式（A.4），等式（A.6）可重写为：

$$S(t+1) = S(t) + \frac{I(t)[1+\rho(t)]}{1+E(R^A)} - I(t) \tag{A.7}$$

从等式（A.7）我们可以看出，仅当 $\rho(t) > E(R^A)$ 时，项目会提高公司股票的价值，反之，将降低公司股票的价值。由于为项目融资而发行的债务是以公允市场价格发行的，如果股票的价值提高，公司的价值也将增加；相反，如果股票价值下跌，则公司价值也下降。

A. 3. 2　以留存收益为项目融资

现在假设公司的现有资产已产生了剩余现金，在 t 时其金额正好等于 $I(t)$。公司既可向股东支付红利，也可用该笔现金为新项目融资。

如果该公司在 t 时向股东分配该现金，则 t 时股东的财富可表达为：

$$W^S(t) = S(t) + I(t) = \frac{E[X(t+1)]}{1+E(R^A)} - D(t) + I(t) \tag{A.8}$$

如果相反，该公司留存这笔现金 $I(t)$ 并用于为新项目融资，则公司股东在 $t+1$ 时的财富即为：

$$\begin{aligned} W^S(t+1) &= S(t+1) \\ &= \frac{E[X(t+j)] + I(t)[1+\rho(t)]}{1+E(R^A)} - D(t) \\ &= S(t) + \frac{I(t)[1+\rho(t)]}{1+E(R^A)} \end{aligned} \tag{A.9}$$

如同债务融资的情况，仅当 $\rho(t) > E(R^A)$ 公司接受该新项目时，股东的财富才会增加。

A. 3. 3　以新股发行为项目融资

最后，假设公司通过发行新股票为该新项目筹集资金 $I(t)$。进一步假设进行该项目之前，公司有 N 股已发行的普通股，其每股价格为 $s(t) = S(t)/N$。按照此价格，为了为该投资融资，公司需要发行 M 股新股：

$$M = \frac{I(t)}{s(t)} \tag{A.10}$$

如果公司接受了新项目，该公司股本在 $t+1$ 时的总价值（包括新发行的股票）现为：

$$\begin{aligned} S(t+1) &= \frac{E[Q(t+j)] + I(t)[1+\rho(t)]}{1+E(R^A)} - D(t) \\ &= S(t) + \frac{I(t)[1+\rho(t)]}{1+E(R^A)} \\ &= Ns(t) + \frac{I(t)[1+\rho(t)]}{1+E(R^A)} \end{aligned} \tag{A.11}$$

以及每股新价格为：

$$s(t+1) = \frac{S(t+1)}{N+M} = \frac{1}{N+M}\left\{Ns(t) + \frac{I(t)[1+\rho(t)]}{1+E(R^A)}\right\} \tag{A.12}$$

使用等式（A. 10），我们可将等式（A. 12）简化为：

$$s(t+1) = s(t) + \frac{1}{N+M}\left\{\frac{[\rho(t) - E(R^A)]}{1+E(R^A)}\right\}I(t) \tag{A.13}$$

这里我们再次看到，仅当 $\rho(t) > E(R^A)$ 时，项目才具有可行性。

附录B 关于金融机构的基于风险的资本监管

由于存在昂贵的和（或）扭曲市场功能的税收、津贴和监管方面的要求，M&M的完善资本市场假设可能会被违反。在这些监管要求中，影响公司资本结构的规定是监管者对特定类型的公司实施的资本要求监管。在本附录中，我们全面地总结了影响当今主要类型的金融中介机构的资本要求，具体包括银行、经纪人或交易人和（再）保险公司。

B.1 银行资本与巴塞尔协议

国际清算银行（Bank for International Settlements，BIS）的银行监督委员会于1988年公布了巴塞尔资本协议（以下简称“巴塞尔协议”或“巴塞尔Ⅰ”）主要以强化银行的安全性和健全性，并促进公平的国际市场竞争为目的。该协议以及其五次实质性修订，对在G—10工业化国家跨国进行积极经营的银行规定了最低资本要求。其他一些国家也采纳了巴塞尔协议的要求，并且，虽然巴塞尔协议只是针对活跃的跨国经营银行，某些国家的银行监管当局也选择将其运用于其管辖的所有银行。

巴塞尔协议实质上要求银行一直拥有足够的资本，以有能力承受其所承担的某些类型的风险可能带来的损失。我们将从其覆盖的风险类型、银行为这些风险如何满足其资本要求、巴塞尔协议框架会出现何种变化等方面简要讨论该协议。若要详细了解巴塞尔协议的内容，可参考麦登（Matten，2000）或克劳依（Crouhy）、加莱（Galai）和马克（Mark，2001）等人的著述，或者浏览BIS网站（网址为www.bis.org），可以获得一系列国际清算银行全面的资料和报告。

B.1.1 巴塞尔Ⅰ的范畴

在该协议的最初形式中，银行必须持有足够的资本，以覆盖资产负债表内或表外的某类资产和负债的风险。重要的是，一家银行对其资本要求的遵守必须是总体性的，因而在任何给定时间，银行或者是符合或者是不符合该规定。但合规与否的决定，是通过将指定给不同风险特征的资产和负债的所谓风险权重相加后而确定的。

资产负债表内的信用风险 巴塞尔Ⅰ的主体适用于银行资产所导致的信用风险。

一家银行必须持有的用以覆盖资产负债表内大多数资产项目信用风险的资本，根据该资产的账面价值乘以预先设定的风险权重来确定，其风险权重可为资产价值的0、10%、20%、50%或者100%。表B.1给出了一个根据资产类型确定风险权重的例子。

资产负债表内的资产和负债在计算资本要求时有时可相互抵消，只要该抵消有法律意见所支撑，并且这种法律意见的结论是该项抵消非常有可能通过法律强制执行。此外，负债的到期日（如定期存款）必须不短于与之抵消的资产（如贷款）的到期日，且相互抵消的头寸须有相同的计价货币。最后，银行必须在合并的基础上管理其净头寸。

资产负债表外的信用风险 巴塞尔Ⅰ也覆盖了资产负债表外资产的信用风险。这类资产通常可归为以下两类：或有索偿权或衍生品。或有索偿权通常基于与其资产等同的头寸来设定风险权重。为了获得资产等价性，国际清算银行指定了转换因子，转换因子等于关于该或有工具有多少会被完全提取的假设值。例如，对于信用证（LOC）的100%的转换要求意味着银行必须将信用证当做已发放的贷款来处理。与此不同，给一家公司发放的支持其贸易活动的未提用备用信用工具，转换要求为20%，这意味着100万美元或有工具将被作为基础贷款进行资本要求计算，但只计20万美元的本金额。

表B.1　　巴塞尔Ⅰ下的主要资产负债表风险权重

资产类型	风险权重（%）
现金	0
由OECD国家发行的主权债	0
对政府发起企业的索偿权	10
对居住于OECD国家的银行的索偿权	20
对有类似银行资本要求的OECD证券公司的索偿权	20
对非OECD银行短于一年期的索偿权	20
住宅抵押贷款	50
所有私人非银行借款	100
对非OECD银行超过一年到期的所有索偿权	100
所有其他资产	100

表B.2总结了用于对某些最流行的或有索偿权转换为资产等价形式的转换权重。

表 B.2　　根据巴塞尔 I 的或有索偿权的转换权重

资产类型	转换率（%）
担保	100
备用工具和信用证	100
回购协议	100
远期协议	100
履约保证	50
与特定交易有关的或有项	50
票据发行工具	50
跟单信用证	20
到期日超过一年的交易备用工具	20
到期日不超过一年的交易备用工具，提取前可撤销	0

衍生品是根据对该交易的当前风险加上潜在风险（反映到期日和类型）的附加项来设定风险权重的。如果该交易处于虚值状态（out - of - the - money），则没有信用风险。但如果是实值状态，国际清算银行则要求将该头寸转为 种资产等价形式，方法是将当前市值（即在今天违约的情况下的当前替换成本）和一个附加项相加。附加项反映了该笔交易的潜在风险，或者说是在其存续期内某时点，该项资产变成为一项违约资产的可能性。附加额是基于该交易的名义规模和列于表 B.3 中的附加项因子而定的。

在作为当前风险加上附加项的等价资产额计算出来后，将使用正常的资产风险因子来计算该交易所需要的资本。例如，一笔名义本金为 2 亿美元且当前风险为 100 000 美元的 6 个月利率互换，其资产等价风险为 100 000 美元和零附加额。

表 B.3　　衍生品信用风险的潜在风险附加因子　　单位：%

	≤1 年	>1 年且≤5 年	>5 年
利率	0	0.5	1.5
汇率及黄金	1	5	7.5
股本	6	8	10
贵金属（不包括黄金）	7	7	8
其他商品	10	12	15

一种其他条件均相同的两年期利率互换合约，其资产等价物为 110 万美元（即 100 000 美元的当前风险加 0.5% ×200 000 000 美元）。如果该笔互换是与非 OECD 银行做的，则将 100% 的风险权重应用于资产等价额，以得出总资本要求。

在 1995 年协议修订之后，一些有限制的抵消被允许应用于衍生品中。

市场风险　除了前述的信用风险的资本要求之外，对 1996 年协定的市场风险修订也要求银行持额外的资本，以应对某些资产价值的市价波动风险，如股票或衍生品。为确定风险权重，银行可在几种不同方法之间选择。

在市场风险修订中特别重要的是，国际清算银行允许银行选择使用其自己内部模型来计算市场风险的资本要求的决定。国际清算银行仍指定基本方法，但其声明内部模型可用于资本要求计算，这是巴塞尔协议向现代化方向迈进的一个主要步骤。

B.1.2 遵从巴塞尔 I

为了评估资本充足性，国际清算银行要求银行资本分为3类或3层。第Ⅰ层资本主要包括完全实收并已发行的普通股、非积累性永久优先股、公开准备金和合并至银行控股公司资产负债表的子公司少数股东权益；[1]第Ⅱ层资本包括未公开和重估储备、一般贷款损失储备、混合证券和次级债务；第Ⅲ层资本包括债务，其最初到期日至少2年，包含锁定条款，可允许银行在总资本降至低于其最低要求时，暂停利率和（或）本金支付。

一家银行的总监管资本在任何时间均应至少等于其风险加权资产总额的8%（即银行资产价值的8%的总和），其中风险权重是以前节所述方式设定的。至少50%的银行总监管资本与其风险加权资产总和的比值（即总资本比率）必须是第Ⅰ层的资本形式。此外，次级债不能超过第Ⅰ层资本金额的50%。第Ⅲ层资本只可用于满足市场风险要求，但不能超过分配给市场风险的第Ⅰ层资本的250%。

B.1.3 巴塞尔Ⅱ[2]

国际银行业监管机构1999年宣布了一项修订巴塞尔协议的计划，人们常称之为巴塞尔Ⅱ。本次修订包括三个支柱，第一支柱是基于风险的资本要求。修订后的协议是对原协议中的几个主要缺陷的认可。此外，巴塞尔Ⅱ考虑了强化银行资产信用风险与监管者要求跨国活跃经营银行所持有的用以支持这些资产的资本之间的联系。特别是当前的资本负担标准模型在区分信用质量的差异方面乏善可陈。例如，为支持公司贷款所持有的资本几乎不依赖借款人的信誉度，经合组织（OECD）与非OECD的差别广泛地被认为太过粗糙。

认识到原协议的局限性，国际清算银行在其概念发布中考虑了3种资本充足性计算的备用方案。第一种方案将资本要求（当可能时）与外部信用评估机构或像出口保险机构之类的实体所公布的评级联系在一起。若具有相对较好信用的交易，一般会比以前要求的资本少；对高风险的借款人则反之。例如，对公司的贷款，如果借款人被评级为AAA级到AA－级，则会要求较低的资本要求，而如果借款人的评级低于B－级，则会要求较高的资本要求。

第二种方法将资本要求与银行内部信用评级联系起来。一种基于银行内部评级的资本方案依赖于银行自身收集的有关借款人信用风险的信息。银行被公认在获取和分析有关其顾客的信用信息方面具有比较优势。由于外部评级往往落后而不是领先于公司的实际财务状况，内部评级方法在提升银行安全性和健全性方面可能更为可取。此外，依赖于内部评级来计算资本要求，将不会惩罚那些与选择不要外部信用评级机构评级的公司做交易的银行。

但是，内部评级并不允许银行考虑来自多个信用风险的组合影响。因此，国际清算银行探究的第三种可选方法允许银行使用内部基于组合的信用评估模型计算资本，其基本精神与1996年协议对市场风险的修订一样。虽然只有少数几家发展比较好的银行觉得该备选方案在短期内比较合意，但那些银行实际上可极大地从内部模型驱动方法中受益。

巴塞尔Ⅱ也并非只是对银行必须持有应对信用风险的资本进行了少量改变。实际上，巴塞尔Ⅱ意在创设一种反映银行所面对的所有主要风险的全资本要求，包括银行账簿上利率风险和运营风险以及普通的信用和市场风险。特别是对运营风险经过了激烈的争论，即在国际清算银行应如何要求公司为其运营风险分配资本方面，基本没有达成一致。一些意见提出基于实际运营损失数据的损失分布方法，而其他意见则支持基本指标法或内部评级法。截至本书写作的时间，巴塞尔Ⅱ所有方面的最后实施日仍是一个未决定的问题。

巴塞尔Ⅱ的第二和第三支柱——除了第一支柱的已修订基于风险的资本要求之外——分别是监督评估和市场纪律。监督评估支柱强调检查人员在评估一家银行总资本要求时自主判断的重要性。市场纪律支柱强调银行增加风险披露和透明性的重要性。

B.2　证券经纪人或交易人

国际证券公司必须遵守的资本要求与国际清算银行对银行监管的基于风险的资本标准稍有不同。巴塞尔协议主要关注确保银行拥有足够资本来吸收损失并继续营业，很大程度上确保系统性稳定不受到某家主要银行破产的威胁。应用于证券从业机构，如证券经纪人或交易人等的资本要求则采取了完全不同的方法，并且其目的不是为了防止破产，而是在破产时保护顾客的利益。这些要求明确了证券公司必须持有的资本，以确保在需要时可以进行有秩序和非混乱的清算。

B.2.1　SEC净资本准则

应用于证券公司的资本要求被美国证券和交易委员会（SEC）作为1975年净资本准则的范例。[3]根据净资本准则，公司须持有足够的监管资本，这样如果他们降至低于最低资本水平之下则可能进行有秩序的清算。重要的且非常不同于银行业的资本要求的是，净资本准则可仅由流动资本满足，而且所要求的最低水平也是只针对公司的流动性资本资产来说的。

应用于经纪人或交易人的实际最低流动资产要求取决于许多因素——公司的规模、是否管理着顾客资金及（或）发行证券、公司其他活动及类似事项。

尽管最低资本要求具有特殊性，公司满足这些要求的方式对所有公司都是相同的。具体而言，为计算最低资本的水平，证券公司以其当前证券持有量的市值乘以具体资产的风险因子（风险因子由SEC设定）以反映这些证券的信用、市场和流动性风险。为与公司的最低资本水平进行比较，得到的所谓估值折扣（haircuts）将从该机构的净值中减去。

估值折扣 对于权益证券，美国公司可在基本标准和备用标准方法之间进行选择。前者确定一个30%的估值折扣以及总债务不能超过净资本15倍的要求。后者要求公司持有一个等于客户或客户相关的应收账款2%的资本缓冲，并适用15%的估值折扣以及一些附加的复杂情况。当今几乎所有大型公司都选择备用标准方法。

根据备用标准方法，净资本准则确定了一种基于以下计算方式的估值折扣：

$$估值折扣 = 0.15\max(L, S) + 0.15\max[0, \min(L, S) - 0.25\max(L, S)]$$

其中，L 和 S 分别代表经纪人的多头和空头头寸的市值。这有点让人困惑，让我们举一个例子。假设一家经纪人或交易人持有德古拉公司（Dracula）普通股的多头头寸，价值200 000美元，同时持有同一股票的15 000美元的空头头寸。多头头寸风险为两者之大者，于是估值折扣为：

$$估值折扣 = 0.15(\$200\,000) + 0.15\max[0, \$15\,000 - 0.25(\$200\,000)]$$

最后一项为负，因而成为零，所以经纪人或交易人在其德古拉持股上的估值折扣为：

$$估值折扣 = 0.15(\$200\,000) = \$30\,000$$

现在假设该公司的多头头寸值为200 000美元，以及空头头寸值为250 000美元。空头头寸代表了最大的风险暴露，其估值折扣为：

$$\begin{aligned}估值折扣 &= 0.15(\$250\,000) + 0.15\max[0, \$200\,000 - 0.25(\$250\,000)] \\ &= \$37\,500 + 0.15\max(0, \$200\,000 - \$62\,500) \\ &= \$37\,500 + 0.15(\$137\,500) \\ &= \$37\,500 + \$20\,625 = \$58\,125\end{aligned}$$

换而言之，如果两种头寸都足够大，两者都要参与估值折扣的计算。最后一项中的25%乘数反映了计算中只是部分地计入净值——但这仍比基本标准法要多。

债务证券的估值折扣是基于其发行人的信用质量和索偿权的到期日期而确定的，两者都严重地影响证券的波动性。表B.4按发行人和到期日列出了当前估值折扣值。

衍生品政策小组自愿报告框架 1995年3月，6家最大的参与美国柜台衍生品交易的证券商——高盛、瑞士信贷第一波士顿、美林、摩根士丹利、所罗门兄弟和雷曼兄弟——发布了自愿监督框架（Frame - Work for Voluntary Oversight），旨在为衍生品风险的资本分配提供指导。被称为衍生品政策小组（Derivatives Policy Group，DPG）的6家公司同意自愿地向SEC报告其在衍生品方面的经营活动。

此外，DPG成员同意使用私有统计模型和采用一种已相互同意的报告框架，来测量其衍生品经营活动中的处于风险中的资本。[4] DPG参与商在两种不同的情景下计算其利率、股权、外汇和商品互换合约、柜台交易期权以及外汇远期的风险：一种是由成员公司确定规模的大规模冲击；另一种是对几种由SEC预先确定的核心风险因子的冲击。

表 B.4　　根据 SEC 的净资本准则的债务工具估值折扣

<table>
<tr><th>存续期</th><th>政府[a]</th><th colspan="2">市政[b]</th><th>高评级债务[c]</th><th>其他（有流动性的）[d]</th><th>其他（无流动性的）[e]</th></tr>
<tr><td>0～1 个月</td><td rowspan="2">0</td><td rowspan="5">1%</td><td>0</td><td rowspan="5">2%</td><td rowspan="15">30%（15%）[f]</td><td rowspan="15">40%</td></tr>
<tr><td>1～3 个月</td><td>0.125%</td></tr>
<tr><td>3～6 个月</td><td>0.5%</td><td>0.25%</td></tr>
<tr><td>6～9 个月</td><td>0.75%</td><td>0.375%</td></tr>
<tr><td>9～12 个月</td><td>1%</td><td>0.5%</td></tr>
<tr><td rowspan="2">1～2 年</td><td rowspan="2">1.5%</td><td rowspan="2">2%</td><td>0.75%</td><td rowspan="2">3%</td></tr>
<tr><td>1%</td></tr>
<tr><td>2～3 年</td><td>2%</td><td>3%</td><td rowspan="8"></td><td>5%</td></tr>
<tr><td>3～5 年</td><td>3%</td><td>4%</td><td>6%</td></tr>
<tr><td>5～7 年</td><td rowspan="2">4%</td><td>5%</td><td rowspan="2">7%</td></tr>
<tr><td>7～10 年</td><td>5.5%</td></tr>
<tr><td>10～15 年</td><td>4.5%</td><td>6%</td><td>7.5%</td></tr>
<tr><td>15～20 年</td><td>5%</td><td>6.5%</td><td>8%</td></tr>
<tr><td>20～25 年</td><td>5.5%</td><td rowspan="2">7%</td><td>2.5%</td></tr>
<tr><td>超过 25 年</td><td>6%</td><td>9%</td></tr>
</table>

注：a. 包括美国政府、政府发起企业或加拿大政府发行或担保的证券；b. 第二列适用于发行期限低于 732 天的市政证券，而第一列适用于所有其他市政证券；c. 债务必须是不可转换的而且其评级为一家公认评级机构的前 4 个评级类别之一；d. 3 个或更多的做市商；e. 一个或两个做市商；f. 括号中为备用方法的比例。

DPG 参与者向 SEC 报告这些结果，但不能用这些计算结果作为正规净资本要求的替代方法。SEC 似乎将这些信息主要用来监测一些主要风险因子在相关联的冲击下如何同时影响所有的公司。

内部模型　SEC 已经表现出比国际清算银行更加不愿让公司采用其自己的内部模型来计算资本的要求。1997 年 2 月，SEC 在此方面迈出了第一步，同意让经纪人或交易人采用模型计算其已上市的股权、股票指数和货币期权头寸的估值折扣。

经纪人或交易人必须向一个第三方来源报告其头寸，该第三方一般会维护一套公认的期权定价模型，并接受所指派的检查当局的监管。该第三方重新估算在 10 种指定的估值情景下证券经纪人的期权价值。然后经纪人下载这些情景下的期权价值变化情况，并将这些变化应用于其自营及做市商头寸。10 种情形中每一种的最大估值损失就是估值折扣。

SEC 目前正考虑一种更像是巴塞尔Ⅱ中的具体方法，特别是在其估值折扣计算上允许大型衍生品参与者依靠于其内部模型。

B.2.2　IOSCO 国际指南

证券监管在跨越国界时可能会有很大不同。国际证券监管委员会组织（International Organisation of Securities Commissions，IOSCO）曾经试图促进某些跨境监管的统一性，以及 IOSCO 特别感兴趣的领域是协调对证券经纪人或交易人的国际最低资本要求。IOSCO 的技术委员会从 1987 年 7 月到 1989 年 6 月在制定表达其对最低资本要求的观点的文件上做了大量工作。

所形成的《证券公司资本充足性标准》建立了在许多方面均与 SEC 的净资本准则非常类似的监管框架。针对其所面临的风险，证券公司要拥有足够的流动性资产来承担其责任和义务。同时期望经纪人或交易人的流动资本，通过类似于 SEC 估值折扣的方式，超出对各项资产的基于风险的要求总和。

B.3 保险公司和再保险公司

对保险公司和再保险公司的监管是复杂的且完全不同。有些国家的监管政策比其他国家要宽松一些，而有些国家——包括美国——将监管责任留在地区或州保险委员会和授权机构。

但是，大多数国家都制定了对承保机构，有时也包括对再保险机构的最低资本要求。下面几节将给出一些关于这些资本要求的详细例子，但读者应了解，不同于国际清算银行适用于所有跨国活跃经营的 G—10 银行的规则，对保险公司的资本要求在不同的主权国家有很大不同。

B.3.1 美国 NAIC 的基于风险的资本标准

虽然美国各州在实施最低资本要求上最终允许大量的自主判断，但为了推进监管的一致性全国保险监督官协会（NAIC）发展了一套基于风险资本（risk - based capital，RBC）的标准。NAIC 的 RBC 标准试图要求保险公司拥有确实能够覆盖大多数其主要风险的资本额度。如同巴塞尔协议的情况，对所有的风险资产、负债和承保保费定义风险权重。风险暴露的规模根据风险权重因子加以调整。接着，总加权风险暴露确定一家保险公司的审定控制水平（authorized control level，ACL）。

然后保险公司将其总调整后资本（total adjusted capital，TAC）与 ACL 进行比较，确定资本的充足性。保险公司可以以法定资本、自愿准备金和某些保费盈余来满足其 TAC 要求。TAC 对 ACL 的比值达到或超过 200% 的公司，通常不必采取监管措施。TAC 对 ACL 的比值处于 150% 和 200% 的保险公司，通常须向其住地州监管者提交 RBC 计划，提出公司将要采取的纠正措施，以使该比值向着正确的方向变动。表 B.5 总结了 TAC 对 ACL 比值对保险公司的通常含义。

表 B.5　　最低资本比率触发事件

TAC 对 ACL 的比值	所采取的行动
≥ 200%	不采取行动
≥ 150% 且 < 200%	必须向州监管当局提交 RBC 计划，提出具体整改措施
≥ 100% 且 < 150%	同上面的 RBC 计划，加上监管机构强制要求的整改措施
≥ 70% 且 < 100%	可以对公司实施接管
<70%	必须接管并关闭公司

B.3.2 欧盟对保险公司的偿付能力要求

在欧盟，对保险承保人的资本要求通常基于偿付能力，这种偿付能力广义地定义为资本（亦称为盈余）与承保保费及已发生索赔（非寿险）或数学准备金（寿险）之间的最低关系性。例如，早在1946年，英国就要求非寿险公司的总资产超过总负债达承保保费的20%。[5]

请注意，我们在此遇到了一个将在本书中重复出现的重要行业差别：寿险和非寿险种类的差别。非寿险包括财产和伤害、专业责任、董事和管理人员，以及其他类型的保险。两类险种依据历史惯例进行的区分已经有许多年了，很大程度上是因为负债的性质和为管理负债所要求的保险精算模型有实质上的不同。最为特别的是，一张非寿险保单将可能永远不会形成索赔，而寿险保单却总是会形成索赔，因为每个人最终都会去世。

欧盟指引设置了基于一般保险类型的最低偿付能力要求。例如，非寿险险种必须拥有的资本金金额等于以下各项中较大的一项：（1）承保保费的18%；（2）在前3至7年平均净赔付额的26%。对于再保险来说，这两种情况都是允许作出调整的。

B.3.3 对再保险公司的资本要求[6]

正如保险公司的情况，对再保险公司的资本要求在不同国家和法律管辖区域有很大不同。不同于保险公司的是，再保险公司的偿付能力问题被广泛地认为较少涉及公共政策问题，其原因很简单，保险公司直接与公众成员做交易，而再保险公司却不是。因而，再保险公司的偿付能力一般被认为是一种只影响到保险公司偿付能力的问题。

再保险资本要求可以关注公司的技术准备金和（或）偿付能力边际。例如，在美国，再保险公司必须与保险公司一样对类似的险种保持同样的技术储备。在其他国家，像英国，则依赖于超出准备金的盈余边际，而不只是绝对准备金。

在计算保险公司的资本和准备金时，是否因再保险而提高原保险人的信用，部分地依赖于再保险公司是如何受到监管的。例如，在美国及劳合社内部，保险公司和再保险公司之间不存在实质性的差别，任何一家公司从另一家公司购买了保险，均可以将这部分的风险覆盖从自己的资本要求中扣减。与此不同，在法国，再保险公司没有准备金要求，但原保险人不允许从其自己的技术准备金要求中扣减保险额。换而言之，法国实施一种总准备金模式，其中再保险公司实际上是不受监管的，但保险公司也不允许其自身的资本在要求监管中表现出再保险的利益。

附录 C 风险资本

风险资本是分配或指定用于吸收特定风险和（或）担保特定组合履约的金融资本。从机制上看，风险资本实质上是将现金预留在一个损失准备金中的，此准备金的特定目的是提供一个损失缓冲，以应对可能在一种特定业务或资产负债组合中产生的损失。

风险资本和风险资本分配对非金融公司而言应用有限。很少有公司的财务主管会想到为风险分配资本。正如第 6 章和第 7 章所讨论的，公司所要思考的更加普遍的问题是保护净利润、现金流和盈利。但是，风险资本在任何完整的风险管理讨论中都是一种十分重要的概念组成要素。而且，风险资本有时对非金融公司来说也很重要。由于这些原因，值得在此给予一些关注。

C.1 风险资本：谁需要它

许多人会认为，风险资本只对金融机构重要，而对非金融公司并不重要。例如，1988 年的巴塞尔资本协议要求银行向某些风险（即贷款的信用风险和长期衍生品的市场风险）分配财务资本，以提升全球金融体系的安全性、稳健性和公平竞争性。对于所有金融机构来说，如果相对于其最低监管资本要求并未拥有过多的资本金，就会造成一种对某类财务资本的人为短缺，必须通过风险资本分配加以解决。附录 B 也简要总结了银行、证券经纪人或交易人以及（再）保险公司所必须面对的基于风险的资本要求。

此外，一些金融机构发行那些只作为筹资工具的负债，而不是要将公司的风险分散于那些索偿权持有人。特别是银行和保险公司将负债作为其核心业务的一部分，并且这些公司也不想让那些债务的持有人像无担保债券持有人一样，承担同样的全公司信用风险。该机构必须分配风险资本来担保或自保该公司的偿还那些所谓客户债务的能力。

非金融公司没有代表着客户债务的财务资本，这就是为何风险资本分配对金融企业有意义而对大多数公司而言无意义的主要原因。然而，向特定债务分配风险资本的需求并不局限于公司证券。公司常常签订长期商业合同，这些合同就是负债，或代表负债，而处于交易另一侧的对手方可能不仅仅要求一个该公司能够履行这些合同的承诺。在商业合同中，这种情况常常很大程度上超出了信用风险的问题，客户并不只是想了解该公司的大致情况，而且他们还想要合同所承诺的东西。

与客户合同有关的风险资本需求可通过一个例子来作很好的阐释，该例子是卡尔普和米勒（1995）在20世纪90年代早期讨论过的MG炼油与营销公司（MG Refining & Marketing, Inc.，MGRM）提供的极长期的客户合同。这些合同允许商业客户在未来10年中锁定每月交付的汽油和民用燃料的价格。在该项目的顶峰时期，MGRM在这些合同中向各种各样的客户出售了等值于1.5亿桶油的远期，从小规模的零售加油站到像桑顿石油公司（Thornton Oil）这样的当地燃料分销商，以及像克莱斯勒公司（Chrysler Corp.）和布朗宁—佛瑞斯工业公司（Browning - Ferris Industries Corp.）之类的最终用户（Culp & Miller，1995）。

MGRM的合同由MGRM的高评级且稳健可靠的母公司Metallgesellschaft AG（MG AG）提供担保。1992年底，MG AG是欧洲最大的工业联合体之一，有一百多年的历史，在世界范围内拥有251家子公司，业务涉及贸易、工程和金融服务等活动。MG AG主要为机构投资者所拥有，其中包括德意志银行（Deutsche Bank）、德累斯顿银行（Dresdner Bank）、戴姆勒—奔驰（Daimler - Benz）和科威特投资局（Kuwait Investment Authority），而德意志银行和德累斯顿银行还是其主要的债权人。在MGRM和MG AG的支持下，大多数市场参与人将该公司视为是几乎不可摧毁的。正如一家互换交易商评论的："市场的感觉是，MGRM就是联邦银行（Bundesbank）：联邦银行将能够拯救德意志银行，而德意志银行又力挺MG。最终的风险就是国家。"[1]

这对于客户来说还不够。客户还想要确保他们能得到石油和天然气。事实上，MGRM与其客户签署的合同要求MGRM在所有时间对其未来承担的客户交付责任[2]保持100%的对冲。而这显然发挥作用了。MGRM项目于1993年12月被MG AG监事会终止，其所必需的对冲被清算，客户合同也被取消，合并任何一方都不必支付。由于油价剧烈下跌，当该项目终止时，客户合同成为MGRM的主要资产。然而，至少有一个MGRM的最大客户起诉MGRM，以恢复其合同。确实，此合同当时是对该客户的当前负债，但该公司显然已经利用类似的与其客户的长期合同重新出售了产品，因为它需要石油。

这个例子还说明了一个非常基本的观点，即用衍生品套期保值或购买保险，可向一家公司提供资产负债表外的风险资本。在某些情形下，衍生品和保险可能更有吸引力。实收的风险资本可用来保证特定项目的实施，但如果仅仅是筹集现金并储备起来则并不能给外部提供有关那些资金如何使用的真正担保。同时公司也不能总是求诸于这些储备，以真正降低该公司的盈利风险。相反，衍生品和保险可与一些具体交易挂钩，从而直到有一笔特定相关的现金流出时，现金流入才会发生。[3]这会增加透明度，并使公司实现涉及所谈项目的真实风险的更加准确的盈利披露。

C.2 风险资本的性质

最普遍的风险资本定义可能是分配或是指定给风险资产组合和某些债务组合的

金融资本或现金，以帮助吸收潜在的净资产价值不足的风险。风险组合可以是具体的投资项目、公司的一个运营部门、公司整体等。

考虑单一一个项目，其使用寿命为 T，并需要一个在 t 时的前端投资 $I(t)$，对于任何 $t+j$ 时，将产生未来净现金流 $X(t+j)$。根据第 1 章讨论的内容，该项目在 t 时的价值——称其为 $V^A(t)$ ——在没有任何风险资本的情况下可表达为：

$$V^A(t) = \sum_{j=1}^{T} \frac{E_t[X(t+j)]}{[1+E(R^A)]^j} - I(t) \tag{C.1}$$

其中，$E(R^A)$ 是该特定项目基础资产的预期回报率，正如第 5 章所述。为了简便起见，让我们假设这一预期回报率为常数。

我们还假设，该单一项目是一家公司持有的唯一资产，而该公司是特殊目的机构（SPE），其唯一目的是进行项目融资、项目建设并运营。该公司是 $t-1$ 时设立的并由新股发行来提供资本，收到的资金存放于一个现金账户，直至 t 时获得该项目。

在这种框架下，以下两节将讨论对风险资本的两种普遍的观点。

C.2.1 风险资本作为应对巨灾损失的缓冲垫

风险资本的第一个概念实质上同义于使用某种已融资的损失准备金或现金缓冲以应对未来可能的巨灾损失。分析这类风险资本的最清晰的方法是想象一种实际过程：一家公司计算其所认为的对该项目的最大合理损失的可靠保守的估计，然后或者发行新股票，或者将同等数额的留存收益转为现金存入第三方委托账户，用以弥补该损失。这部分现金在项目的存续期内赚取无风险利率，如果潜在损失未出现，则转入公司的一般资金。如果损失确实出现，就直接从现金账户中赔付，这样，项目与现金缓冲的组合价值就永不低于某一特定的最低价值。

最大潜在损失的概念实质上是风险管理人员所说的风险价值（value at risk，VaR）。任何项目的 VaR 是该项目在固定的时间段内可能会遭受的最大合理损失，其中最大合理是以概率论术语进行定义的，即基于一个固定的、人们所希望的置信度或保守性。例如，在第 99 区间的一天，VaR 值为 100 万美元的项目，预期一天内遭受超过 100 万美元的损失的时间只有 1%（即在 99% 的时间内项目损失将会不超过 100 万美元）。[4]

VaR 主要用于衡量市场风险。为了衡量类似的某项目的风险资本（capital at risk，CaR），我们还须扩展到其他风险（无论金融风险还是非金融风险）。但除此之外，风险资本的第一种解释实质是以类似于 VaR 的形式所定义的风险资本。

公司计算一个项目的最大潜在损失或 CaR 的时间区间，不一定是该项目的完整时期。该时间区间（称为风险考察期，risk horizon）依赖于该公司为何为该项目持有风险资本。如果目标是担保关联于该项目的某些负债，这些负债的到期日短于项目的存续期，则债务到期日将提供相关的风险考察期。在此，假设我们关注于项目整个存续期的 CaR。

公司也必须为其 CaR 估计选择百分比或者置信度水平。这主要依赖于该公司想要担保项目净资产价值的保守程度。当然，对于相当宽泛的多种项目类型来说，一家公司不可能知道其真正的最大损失有多少。如果该项目涉及某种空头风险，则理论上最大损失是无限制的。即使该项目涉及一种实物或金融资产的传统多头头寸，认为资产价格最大下跌到零可能也是不合理的。因此，公司常常设定一定的百分位，以试图接近它们称其为最大潜在损失的规模。第 99 区间和第 99.9 区间是常见的选择。

确定风险考察期与给定概率置信度后，之后就是纯数学方法了。返回等式（C.1）并假设项目寿命的每一期为一个月，我们可以模拟一组直至风险考察期末的净现金流的样本路径，假设项目期末为 $t+T$ 日。将这些净现金流样本路径的一条表示为：$X^{(1)}=X^{(1)}(t+1), X^{(1)}(t+2), \cdots, X^{(1)}(t+T)$。然后我们可以同样地再生成第二条可能的净现金流的样本路径：$X^{(2)}=X^{(2)}(t+1), X^{(2)}(t+2), \cdots, X^{(2)}(t+T)$。这样不断反复，直到生成 M 个样本路径（其中 M 可以近于 10 000），对应于 M 种不同的风险情景。

为了此例子能够更好地说明，现假设该公司并不知晓这些风险情景和可能的现金流路径会实现怎样的价值。然而，假设该公司或者不关心发生于 $t+T$ 之前任何时间的损失，或者如果 $t+T$ 之前发生了损失则在 $t+T$ 时一定会发生巨灾损失。然后我们可以利用 $t+T$ 时的现金流分布 $[X^{(1)}(t+T), \cdots, X^{(M)}(t+T)]$ 来计算项目在 $t+T$ 时的价值。例如，该项目沿样本路径 m，形成的 $t+T$ 时项目价值的现值为：

$$V^{A(m)}(t)=\sum_{j=1}^{T}\frac{X^{(m)}(t+j)}{[1+E(R^{A})]^{j}}-I(t) \tag{C.2}$$

这样，在我们的价值分布的变化中的一点可表示为：

$$\Delta V^{A(m)}(t)=V^{A}(t)-V^{A(m)}(t)$$

这里我们对任何价值的正变化均不感兴趣，因此我们收集了所有为负值的 $\Delta V^{A(m)}(t)$ 以生成项目损失的分布。在此例中，我们已经看到在项目所有 T 时期的损失。当然，我们可能只想看一下下一个月或下一年的损失。集中所有损失情况并与其概率结合起来生成图 C.1 的图形。

对于一个表示我们想要定义的最大合理损失的选定概率水平，我们可计算图 C.1 的 L^* 作为每期的总损失，但先不考虑想要的概率百分比。如果我们将最大合理损失定义为在 99% 的时间内出现的损失，则 L^* 将是剩余 1% 的概率分布未覆盖的损失。这就是图 C.1 中大于 L^* 曲线下的面积。因此，在 99% 的时间内你不会期望有大于 L^* 的损失。

但是 L^* 可能不是我们对风险资本的衡量指标。原因是，有许多项目会出现预期损失。但是，如果我们将所预期发生的损失需要作为项目的成本来处理，则该损失就不是项目的风险。可以事先在损失准备金中准备一笔资金来覆盖这部分预期损失。一家公司若能常规性地预期将因贸易信用违约事件而损失其贸易应收账款的 10%，则该公司应将这种预期损失作为投资于该业务的已知成本来处理。因此，风险资本是预期损失与 L^* 之间的距离。该数额加上预期损失准备金就是一家公司需要持有的现金缓冲规模，以确保该项目实质上是无风险的。

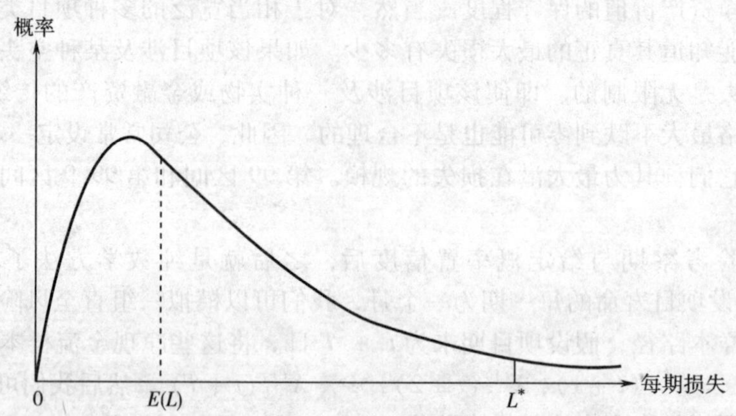

图 C.1　每期的潜在损失分布

因此，这种情况下我们的风险资本是：

$$K^* = L^* - E(L)$$

而且，请注意，这是以 t 时的美元价值来表示的。数额 K^* 将被投资于无风险利率，且在 $t + T$ 时增加到 $K^*(1 + R_f)^T$。

一种可行的简化损失分布的衡量方法，不是我们刚才采用的现金流模拟法，而是假设所研究项目的资产价值在每期内的变化服从正态分布的方法。在本案例中，我们可使用正态分布的性质来推算 CaR 限度值。例如，假设我们想要一个 CaR 可以覆盖我们项目在未来 T 期内可能产生的 99% 的损失。我们知道，正态分布的 99% 落在一个在均值之下，2.33 个标准差的数值之上。如果为了简单起见假设均值为零，则在 t 到 $t + T$ 风险期间应分配给当前价值为 $V(t)$ 的项目的第 99 区间风险资本正好是：

$$K^* = V(t) 2.33\sigma \sqrt{T} \tag{C.3}$$

C.2.2　风险资本作为净资产保险

莫顿和波瑞迪（1993）将风险资本定义为“为确保关于一项无风险投资的价值损失不影响公司的净资产价值而应投入的最小金额”。正如其所定义的，假设客户债务是无违约风险的，公司的净资产是其总资产减去对客户的债务。出于我们的目的，我们可以将该表述概括为：公司的净资产是公司总资产减去公司选择在无风险的基础上提供的任何负债或合同。在任何 t 时，净资产具有的价值为 $A(t) - L(t)$。

使用莫顿和波瑞迪的风险资本定义，我们希望能避免净资产相对于这些资产的无风险回报出现的短缺或不足。在某 $t + T$ 时的实际短缺可表示为：

$$\overbrace{[A(t) - L(t)](1 + R_f)^{T-t}}^{\text{到}T\text{时之前以无风险利率投资的净资产的开始价值}} - \overbrace{[A(t + T) - L(t + T)]}^{\text{净资产在}T\text{时的价值}}$$

为了绝对地消除任何短缺风险，我们可以将风险资本刻画为类似于在 $t + T$ 时具有如下盈亏保险或期权的合同：

$$\max\{[A(t) - L(t)](1 + R_f)^{T-t} - [A(t + T) - L(t + T)],\ 0\} \tag{C.4}$$

这与一个卖出期权的盈亏相一致，该卖出期权基于项目净资产，行权价格等于我们要求的净资产最低值（即投资于 T 期的净资产的起始价值——从 t 到 $t+T$——以无风险利率投资）。

如果我们假设资产价值的变化服从正态分布且负债为固定的或者不存在，莫顿和波瑞迪提示我们，布莱克—舒尔茨（Black - Scholes）期权定价公式的特性可使我们将前述的风险资本期权的价值近似地估计为：

$$K^{*} = A(t)0.40\sigma\sqrt{T} \tag{C.5}$$

其中，$A(t)$ 是当前资产价格而 σ 是该价格变化的波动性。比较公式（C.5）与公式（C.3），5.825 乘以公式（C.5）中的期权价格带给我们公式（C.3）中的第 99 区间风险资本。我们总可以放大或缩小公式（C.5）至合适数目的标准差，以恢复到公式（C.3）。

C.3 风险资本分配

在莫迪格利安尼和米勒（M&M）的理论中，当系统性风险是影响公司证券价格的唯一风险时，分配给一个组合或公司内部特定项目的风险资本将是可加的，也就是说，分配给每个项目的风险资本的总和将总是等于项目组合的总风险资本。但当风险资本具有特殊性风险引起的相当权重的成本时，风险资本在各个项目或业务种类之间则不再具有可加性。各项目间的相关性和公司所追求的各项目间的整合将影响资本预算决策。如果我们将风险预算过程分成以下两个阶段，则可很清晰地了解这一点：定义一个风险预算分配的可用总 CaR 和确实将资本分配给项目或公司内的经营活动。

C.3.1 定义一项风险预算的可用风险资本

在一项风险预算中，任何业务单元或项目 K 均可获得风险资本的分配。不同的总风险资本衡量方法与该资本如何分配给业务单元之间的主要区别是如何考虑业务单元之间的相关性。如不考虑业务单元之间的相关性，业务单元层次的风险资本则被称为独立的或未分散化风险资本，可用 CaR_j^U 表示第 j 个业务单元的 CaR。一家公司所有 K 个业务单元的独立 CaR 的总和称为其未分散化的总 CaR（undiversified total CaR）：

$$CaR^U = \sum_{j=1}^{K} CaR_j^U$$

相反，包含了不同业务种类相关性的公司总 CaR 称为全企业的 CaR（enterprise - wide CaR）或 CaR^E。未分散化的总 CaR 并不等于全企业的 CaR，除非不同业务单元的利润是完全相关的。否则，全企业范围的 CaR 小于未分散化的总 CaR。

未分散化 CaR 和全企业 CaR 均为总风险资本的一种量度。另外，一家公司可测量一种业务对全企业 CaR 的边际贡献。一种业务种类的边际 CaR 是有该业务险种与没有该业务险种时两个全企业 CaR 之差，或者将其称为 CaR_j^M。

业务单元之间的相互作用可以依赖于公司总体中的具体业务组合而对全企业 CaR 产生不同的影响。因而，如果不同业务种类的现金流变化并非完全相关，边际 CaR 之和小于全企业 CaR。下面的关系式一般来说是成立的：

$$\sum_{j=1}^{M} CaR_j^M \leqslant CaR^E \leqslant CaR^U$$

C.3.2 向项目或单元分配可分配风险资本

公司可以四种不同的方法定义可分配的全企业 CaR，其中每种方法定义一种可分配 CaR。[5]

方法Ⅰ：按比例分配 资本分配方法Ⅰ是将未分散化的总 CaR 按比例分配到各个业务单元。每个单元根据其独立 CaR 在总额中所占的份额获得未分散化的总 CaR 的分配。如果向业务单元 j 的资本分配以 δ_j 来表示，方法Ⅰ定义上述比例为：

$$\delta_j = \frac{CaR_j^U}{CaR^U}$$

因而，方法Ⅰ对每一业务单元单独地进行评估，并未考虑业务单元之间的相互作用。

方法Ⅱ：资本分配的分裂方法 资本分配方法Ⅱ通过分配全企业 CaR 引入了跨业务的相关性。正如其名分裂方法所指，这种方法向每种业务单元分配其独立 CaR 的一定比例，其中该比例等于全企业 CaR 与总未分散的 CaR 之比。[6]

$$\delta_j = \frac{CaR^E}{CaR^U}$$

产生的分配结果被称为业务单元 j 的已分散化 CaR，并且

$$CaR_j^D = \delta_j CaR_j^U$$

例如，如果全企业 CaR 比未分散化的 CaR 小 20%，方法Ⅱ将向每个业务单元分配其独立 CaR 的 20%。因而，这种方法不正确地假设——每个业务单元对全企业风险分散的贡献均相等。

例如，考虑一家拥有三个现有业务单元的跨国公司：巧克力销售、可可销售和浓咖啡或咖啡机销售。表 C.1 呈现了这些业务单元之间回报的相关性以及如何运用方法Ⅱ在这些业务单元中分配资本。

表 C.1　　使用方法Ⅱ在一家跨国企业中分配资本

	1—巧克力销售	2—可可销售	3—机器销售
与 1 的相关性	1	0.8	-0.1
与 2 的相关性	0.8	1	0.65
与 3 的相关性	-0.1	0.65	1
CaR_j^U	5 亿美元	4 亿美元	7 亿美元
δ_j	77.9%	77.9%	77.9%
CaR_j^D	3.84 亿美元	3.08 亿美元	5.38 亿美元

总未分散 CaR 为 16 亿美元（5 亿美元 +4 亿美元 +7 亿美元），而考虑相关性的总已分散化 CaR 为 12.3 亿美元。生成的调节因子为后者与前者的比值或为 0.769。将该调节因子应用于每个业务单元的未分散化 CaR 就得到每个单元的已分散 CaR。在表 C.1 中，已分散 CaR 的总和等于全企业的已分散 CaR。换而言之，方法Ⅱ完全分配了公司的风险资本。

但是，由于边际 CaR 之和不等于全企业 CaR，方法Ⅱ分配风险资本的方式并不反映每种业务对公司总风险的真实边际贡献。在极端的情况下，对某些业务过多地投入风险资本——这对该业务来说是相当昂贵的——会使真正需要接受的新投资机会反被拒绝了。换而言之，方法Ⅱ会导致投资不足问题。

方法Ⅲ：边际 CaR 分配 方法Ⅲ基于一个业务单元的边际 CaR 来分配资本。这一方法在分配方案中考虑每种业务单元对全企业 CaR 的具体贡献，并且由于其与标准投资准则具有自然的可比性而拥有额外的利益，标准投资准则为增加投资直至其边际利益等于其边际成本为止。

表 C.2 呈现了方法Ⅲ在跨国公司中的运用。第一行显示了仅是两个业务单元的全企业已分散化 CaR，假设忽略掉的单元不存在。分配给某个确定业务单元的边际 CaR 就是 12.3 亿美元的总的全企业已分散 CaR 减去两个剩余业务单元的已分散 CaR。例如，在单元 1 的情况下，巧克力销售的边际 CaR 为 2.23 亿美元，或者说是 12.3 亿美元减去 10.07 亿美元 CaR 仅是可可和蒸馏咖啡机销售需要的资本。

表 C.2 使用方法Ⅲ在一家跨国企业中分配资本

	单元 2 +3	单元 1 +2	单元 1 +3
给定业务单元的 CaR^D	10.07 亿美元	8.19 亿美元	8.54 亿美元
被排除的单元	1	3	2
被排除单元的 CaR_j^M	2.23 亿美元	4.11 亿美元	3.76 亿美元
CaR_j^M / CaR_j^U	0.45	1.03	0.54

请注意，表 C.2 中边际 CaR 的总和为 10.11 亿美元，或者说比总的全企业已分散 CaR 少了 2 亿美元。只要这些业务险种的回报不是完全相关的，则方法Ⅲ不会完全分配全企业的资本。莫顿和波瑞迪（1993）将方法Ⅲ的这种含义描述为“正的企业内部外在性”（positive intrafirm externality），其中不同的业务单元实际上互相确保，而且在此过程中，降低了该公司的总经济风险。

方法Ⅳ：内部 β 分配 方法Ⅳ基于每一业务单元的“内部 β”来分配全企业 CaR。任何业务险种的内部 β 定义为其回报与整个公司回报之间的协方差，并以企业范围回报的方差来除。每个业务险种都被指定一个此种 β，然后基于该 β 以类似于实践中资本预算规则（即竞争稀缺资本的正现值项目会基于其内部 β 的排序情况进行选择）的方式为其分配一部分已分散全企业 CaR。

不同于方法Ⅲ，方法Ⅳ会完全分配全企业资本。所有内部 β 的加权平均等于 1，这就意味着，分配给每一个业务单元的 CaR 的加权求和将准确地等于全企业 CaR。

C.3.3 解释

方法Ⅰ和方法Ⅱ很明显会导致不适当的资本分配决策，而方法Ⅲ和方法Ⅳ都可以是适当的。但是，区分方法Ⅲ和方法Ⅳ之间的差别却不是一件容易的工作。两者背后都有经济直觉以及实践诉求的支撑。对于那些相信莫顿和波瑞迪（1993）说法（即风险资本的分散化效应制造了一种全企业的外向性）的人来说，未分配的全企业 CaR 不会成为一种考虑对象。但对于那些相信未分配风险资本是一种资产浪费的人来说，可能更会优先选择内部 β 方法而不是边际 CaR 分配原则。

C.4 风险资本的经济成本和风险资本结构

只要公司得到了它为之支付的东西，则筹集风险资本就不存在经济成本。在 M&M 理论中，一家公司应可通过发行新公司证券而有能力获得无数额限制的风险资本。这可能会改变现有证券的相对价值，但正如我们所了解的，这既不会改变该公司的价值，也不会引起任何对内部资本分配或资本配给的需求。原因仅在于在 M&M 理论中唯一的风险是系统风险，而且该风险已充分地反映在所发行的任何证券的价格中了。

考虑风险资本的价值时，我们还需要记得，发行风险资本为我们创设了一项经济资产。为看清这一点，让我们假设，一个单一项目在 t 时获取的固定资产成本为 $I(t)$,该资产将在未来 T 时期内产生有风险的现金流，其已折现的当前价值为 $V^A(t)$。假设不存在必须保持为无风险的债务，因而风险资本就是保证项目资产在时间 $t+T$ 项目结束时至少值 $V^A(t)(1+R_f)^T$ 的资本数额。我们的风险资本因而等价于在 $t+T$ 时具有如下结算盈亏的卖出期权：

$$p(t+T) = \max[V^A(t)(1+R_f)^T - V^A(t+T), 0] \tag{C.6}$$

在 M&M 理论中，该期权在精算上的公允价格将恰为期权到期价值在 t 时的已折现的当前价值：

$$p(t) = PV_{t,t+T}\{E_t[p(t+T)]\} \tag{C.7}$$

现在我们可将该项目在 t 日的 NPV 写做被保险项目的总现值减总投资支出：

$$V(t) = \overbrace{(\underbrace{V^A(t)}_{\text{传统的}} + \underbrace{[PV_{t,t+T}(E_t\{\max[V^A(t)(1+R_f)^T - V^A(t+T),0]\})]}_{\text{保险}})}^{\text{总}PV}$$
$$-\overbrace{[I(t)+p(t)]}^{\text{投资成本}}$$

我们可将此式重新排列成传统项目 NPV 加风险资本的 NPV：

$$V(t) = \overbrace{[V^A(t) - I(t)]}^{\text{传统}NPV}$$
$$+\overbrace{[PV_{t,t+T}(E_t\{\max[V^A(t)(1+R_f)^T - V^A(t+T),0]\}) - p(t)]}^{\text{风险资本的}NPV} \tag{C.8}$$

在M&M理论中，最后一项明显为零——公司支付的风险资本价格将造成一项经济资产的收购，该经济资产具有严格地等于其所付价格的当前市场价值。当然，事后风险资本的NPV不一定为零，但等式（C.8）是一种事前的当前价值。

如果我们在风险资本衡量中采用VaR方法，事情看起来会很类似。假设我们计算该项目最大合理损失，并表示为t时的美元价值，则为：

$$K^* = V(t)2.33\sigma\sqrt{T}$$

这代表现金缓冲或损失准备金——我们必须现在筹集并投入的现金额，以担保项目资产上的无风险回报。项目的NPV变为：

$$V(t) = \overbrace{[V^A(t) - I(t)]}^{\text{传统}NPV} + \overbrace{[(V^A(t)2.33\sigma\sqrt{T})(1+R_f)^T - V^A(t)2.33\sigma\sqrt{T}]}^{\text{风险资本的}NPV}$$

我们再一次看到，真实经济成本为零；公司以公允价格筹集正好其需要的资金，然后赚取现金上的无风险回报，直到该现金必须用于弥补一种或有损失为止。

特殊风险的存在会引起某些风险资本的无谓成本（deadweight cost），这种风险既不能被一家公司的股东完全分散化掉，也不能被公司的客户和交易对手进行独立地交易。所以我们不能忽略这些成本。例如，如果一家公司进行一个项目，需要2 500万美元的风险资本且该资本具有相伴而来的无谓成本，我们必须将那些成本加诸于该项目。否则，该公司就会追求不包含风险资本无谓成本时的正NPV项目，但考虑进来风险资本的无谓成本后就成为负NPV的项目。

莫顿和波瑞迪（1993）、弗如特和斯迪恩（1998）以及波瑞迪（2001）均清晰地表达了考虑风险资本的无谓成本的需要，这起因于股东不能分散化掉的该公司的所有风险。某些情况下，那些风险并非可进行单独交易，例如，如果不存在对手名下的信用衍生品的话，一项互换交易中对手违约的信用风险就是如此。在其他例子中，风险是可交易的但并不是完全可观测的，并非所有参与方可以同等地进入同一市场且获得相同的价格条件。

风险资本的无谓成本依赖于该资本是实收的还是或有的。在以下两节中，我们将讨论与两种不同的风险资本潜在来源相联系的成本之间的差别。

C.4.1 实收风险资本的无谓成本

实收风险资本正是专门发行用来筹集资金并储存起来以覆盖特定风险的金融资本。筹集实收风险资本可使一家公司能够利用内部风险资本分配系统为特定的风险、业务活动、项目、运营单位或合同负债设定一个现金缓冲垫。在此意义上，风险资本会显得与担保有些类似。但不同于真正的担保，这笔现金只是储备起来以帮助公司吸收来自持仓头寸或经营活动的风险，这笔现金并没有被抵押。

而且，经进一步深入地考察，从公司的角度看，风险资本和担保并不是信用增强的替代方式。为看清其原因，首先要认识到一家公司的客户和交易对手关心他们对该公司的信用风险，而这种信用风险既是违约概率的函数也是违约损失率（loss given default，LGD）的函数。担保物是抵押给交易对手的现金或现金等价物，以为一笔交易或证券提供信用增强，因而从交易对手的角度看，这是通过降低其LGD而缩减了违约的预期成本。在公司违约的情况下，交易对手就保留了抵押品。为完全同样的交易分配风险资本也可减少对手的预期违约，但必须通过减少违约概率来实现。

公司可能不会关心两种选择之间的区别。由于财务困境代价不菲，一次不能履行交易可能会突然使评级降低，触发其他合同中的交叉违约条款，产生不利的声誉效应及其他类似的情况。从而导致在所有其他条件均相同时，一家公司将宁愿降低违约概率，这样就降低了客户信用风险且降低其自身财务困境时的预期成本。

但是，通过向某一风险分配风险资本来降低一种特定风险的违约概率是有代价的。具体地说，当一家公司将部分现金储备起来以覆盖风险时，该公司就提高了其现金余额并可能承担自由现金流的代理成本。该公司越是不透明，外部人则越难以确认其如何使用了现金，代理成本则越大。

依赖于风险资本的公司可能也面临可信任度的问题。由于现金只是被分配到内部维护和监控的经济风险准备金中，投资者可能担心公司将这些准备金当做所谓的“甜饼罐”。换而言之，什么能够阻止该公司把手伸向这些风险准备金来给以后但目前未预期的投资花费提供资金呢？即使公司伸进风险准备金“甜饼罐”是为真正的正 NPV 项目融资，那也不再是将这些现金用做未预期损失的缓冲垫的初衷。这会大大加剧已经因新证券发行而出现的逆向选择成本。

C. 4. 2　应急风险资本的无谓成本

正如我们说过的，如果一家公司得到了它为之支付的东西，那么风险资本的经济成本就是零。在应急风险资本的介绍中讲到，合理定价的衍生品和保险合同不应为公司带来净经济利益或成本，保险的价值将正好被其所支付的价格抵消。

但是，莫顿和波瑞迪（1993）、弗如特和斯迪恩（1998）以及波瑞迪（2001）提醒我们，应急风险资本在非 M&M 理论中的确在经济意义上是昂贵的。正如我们在第 4 章所讨论的，某些资本来源不容易发生因信息不对称而产生的逆向选择成本。我们认为这些资本来源通常会对目标企业进行更为细致的信用风险评估、更好的尽职调查，以及更多的持续监督。但所有这些活动都是昂贵的。担保人和其他风险资本提供者将提高其外部资本的价格以反映这些监督成本的存在。

此外，应急风险资本还受到道德风险的影响，或者说是由于风险资本工具的存在而撤销了公司管理风险和缓解风险损失措施的可能性。外部风险资本的提供者，在可能的程度上，会努力减缓道德风险，采取如免赔额和共保等合同手段。本书第 9 章和第 10 章有关这些手段的详细阐述。但最终外部资本提供者可能仍担心道德风险的影响，因而要求收取一个可以覆盖对道德风险所引起监督成本和风险的加价。

C. 4. 3　最佳风险资本结构

应急风险资本和实收风险资本的无谓成本不可能是彼此完全独立的。对于一家公司需要分配给一个项目的给定数额的风险资本 L^* 来说，可能存在一个应急风险资本与实收风险资本的特定组合比例，可使总风险资本的无谓成本最小。[7] 如果的确如此，公司则应该选择这样的组合。如果我们将这里对项目的观点扩展到整个公司——从第 1 章和第 5 章我们知道这很容易做到——可能也存在一种公司的最佳风险资本结构，即某种应急风险资本（包括保险和衍生品）和实收风险资本（企业留存的现金准备金）的特别组合可以很好地最小化公司的风险资本的总无谓成本。

波瑞迪（2001）的文章提供了一个具体的例子。他假设实收风险资本由于允许公司创设一项现金缓冲 $C(t)$，造成了公司净资产价值漏出，此漏出与某费用 d 成比例。d 由外部股权代理成本、自由现金流的代理成本、由于公司所得税的双重征收而形成的剩余现金的不利税收效应等所趋动。如果项目或公司在 t 时不包括风险资本的净资产价值为 $V^{\circ}(t)$，则保证 $V^{\circ}(t)$ 所需的风险资本的无谓成本为 $(1-d)V^{\circ}(t)$。

类似的，波瑞迪（2001）假设，应急风险资本对公司带来的逆向选择和监督成本为某一比率 m。如果应急资本的精算公允价格是资产保险的理论价格，或者是一个卖出期权的价格（该卖出期权可以确保净资产值至少在未来以无风险利率计算的总的当前价值）——我们在等式（C.6）、等式（C.7）和等式（C.8）中称其为 $p(t)$，则公司的资产保险的净成本为 $(1+m)p(t)$。变量 m 将是外部监督和核实成本、信号成本（signaling cost）、逆向选择成本等因素的函数。

在波瑞迪的公式中，实收和应急风险资本的无谓成本都取决于公司所持有的总现金缓冲 $C(t)$。公司所拥有的实收风险资本越多，现金缓冲越大，则净资产价值的漏出率 d 也越高。同时，较大规模的现金缓冲会增加公司的透明度，使外部人士易于监督公司的投资从而降低应急风险资本的无谓成本 m。

无谓成本 $\varphi^*(t)$ 是风险资本的最小无谓成本，即在应急和风险资本最佳组合条件下的资本无谓成本。产生现金缓冲 $C^*(t)$ 和总无谓风险资本成本 $\varphi^*(t)$ 的应急和实收风险资本的组合则是该公司的风险资本结构。

请注意，我们使用变量 $\varphi^*(t)$ 来代表公司的最小风险资本成本。这就允许我们更有意义地将项目的 NPV 重新解释为：

$$V^A(t) = V^{\circ}(t) - K^*\varphi^*(t) \tag{C.9}$$

其中

$$V^{\circ}(t) = \sum_{j=1}^{T} \frac{E_t[X(t+j)]}{[1+E(R^A)]^j} - I(t)$$

等式（C.9）十分重要。它告诉我们，无论我们评估一个项目还是一家整体公司，都需要调节净现值，以将风险资本的净无谓成本作为此类投资支出的附加项考虑进来。假设公司处在应急资本和实收风险资本的最佳组合状态，风险资本的成本则等于基于项目或公司净资产的卖出期权的价格（且以那些净资产的远期价格作为行权价）乘以风险资本的无谓成本。

C.4.4 结构性金融与风险资本成本

结构性金融是降低风险资本无谓成本的一种方法。实际上，结构性金融寻求将一家公司的资产分成若干小份，将那些小份放进实质上独立的法人实体，然后采用一种比一般公司所发行的定义窄得多的金融资本索偿权为那些资产提供资金。例如，假设我们考虑一家飞机制造商与航空公司签订长期的、资本密集型的新飞机合同。通常飞机制造商也会活跃于其他高技术业务领域，如卫星通信、武器生产和类似业务。如果该公司试图为其客户的合同分配风险资本以有利于使客户确信其长期交付能力，则仅改变公司的普通债权的优先级别是无法完成的。但结构化一个融资方案是可以做到的。

假如该公司将新飞机放入一家子公司。现在假设该子公司的股权为其资产的10%，由飞机制造公司保留。其余90%的资产由债务提供融资。现可使用债务的次级属性创设对基础资产集合表现的不同风险暴露而不会与公司的其他风险混合在一起。

此外，将该飞机项目移入一个独立的融资主体，也会降低风险资本分配的代理成本。在这家新公司中储备起一项现金缓冲，并将该缓冲垫特别地指定为应对飞机项目的风险。由于该子公司的唯一目的就是完成该项目，“甜饼罐”的问题基本就不存在了。这不仅可使公司更加可信地将现金准备金分配给对应的风险（对比将该项目与公司的其他项目混在一起的情形），而且还可能降低该特殊目的机构发行证券的逆向选择成本。

简而言之，我们可使用结构化融资解决方案来极大地降低与不可交易风险及不可分散风险相联系的信息不对称成本。降低了自由现金流问题的代理成本，以及逆向选择成本，这两种成本均主要起因于一家公司将现金非原意地用于某些项目的可能性。在结构化融资的案例中，只有一个项目和一组项目风险，因而有关现金用途问题的疑虑实际上就消失了。

C.4.5 保险、非传统风险转移、对冲和风险资本成本

由于存在着一种应急风险资本和实收风险资本的最佳组合能够最小化公司风险资本的无谓成本，这就意味着保险、非传统风险转移（ART）形式和衍生品等合同对公司有很好的价值，原因不只是通常所说的简单降低预期的财务困境成本。

使用这些种类的产品进行风险转移可提升公司的价值，特别是用于降低预期财务困境成本、平滑一种外凸的税务方案、减轻投资不足问题等情形。[8]但对风险管理产品的这些传统的辩护，并未总是将我们在此提出的问题考虑进去。

例如，考虑一家具有非常低市场杠杆率的AAA级公司。这样一家公司有可能质疑保险，甚至还有衍生品的价值。我们可以在如外科手术般地消除公司不喜欢的具体风险的情况下，推动这些合同的运用，但仅通过这些传统的考虑来推动一种综合保险或对冲计划的实施是非常困难的。

现在我们根据这里所讨论的重新考虑同一家公司。即使低杠杆的AAA级公司可能也需要风险资本——例如，或为保证长期客户合同的交付，或为降低向目标群体及投资者发行的特定债务的风险。如果该公司有风险资本的需求，那么很有可能的情况是仅使用实收现金准备金的方法作为风险资本的来源，但这并非是一种最有效的解决方案。例如，如果该公司相对不透明且集中投资于无形资产，则它可能遭遇

外部股权的较高的逆向选择成本和代理成本的威胁。对该公司而言，通过保险和衍生品获取风险资本，或者利用最后一节讨论的结构化融资方法来获取其最佳风险资本结构，可能比较便宜且更有效率的。

换而言之，没有哪家公司——无论其规模大小或信用评级的高低——可以忽视我们在本附录中提出的问题。

C.5 昂贵风险资本的资本预算

既然我们已经正式地探究了风险资本和风险资本结构的概念，并对风险资本真实经济成本有清楚的理解，下一个合理步骤则是考虑这些变量如何影响项目选择、绩效评价以及第5章曾经讨论过的资本预算决策。我们将首先讨论风险资本成本如何影响最低预期回报率（hurdle rate），即我们在第5章提出的项目评估和业绩量度指标。然后，我们讨论在有资本限额时向一家公司的特定项目分配风险资本的问题。该过程被普遍地称为风险预算（risk budgeting）。

C.5.1 最低预期收益率、项目选择及业绩评价的再讨论

风险调整后的资本回报（risk - adjusted return on capital，RAROC）是目前各家公司在风险资本预算过程中使用的衡量单位风险资本回报的最常见指标。RAROC被定义为一个项目、一项业务活动，或一类业务的净经济收益除以其风险经济资本（economic capital at risk）：

$$\text{RAROC} = \frac{\text{经济净收入}}{\text{风险资本}}$$

经济净收入是在某衡量阶段内该业务活动的经济收入减经济成本，其中时间阶段的划分是基于资本分配与再平衡的频率而定的。成本可能包括该单位的筹资成本、运营成本、红利、薪资和开展业务的其他成本。经济净收入还应当扣除预期损失，作为该业务单元正常运营的一种成本。我们使用形容词“经济的”来强调我们谈论的不是会计意义上的净收入，正如我们将看到的，在此项计算中将资产负债表外项目包括进来是至关重要的。

RAROC的另一成分是风险资本。作为风险调整后回报的衡量指标，RAROC由于可以跨越不同业务性质的限制而统一地应用于各种业务单元并进行横向比较，这使其颇具吸引力。例如，RAROC可为比较衍生品交易柜台、贸易融资或项目建设提供一种统一的标尺。RAROC还可作为衡量股东附加价值（shareholder value added，SVA）的基础指标而提供非常直观的含义。

M&M理论中的最低预期回报率 如果我们暂且回到M&M理论，将有助于理解我们的主题。除了附录A列出的四项M&M假设之外，还假设各个项目、各项投资及类似事务的所有回报服从多元正态分布。在这种情况下，公司的所有特殊风险均可被分散掉，影响项目预期回报的唯一风险只是系统性风险。

如果资本资产定价模型（capital asset pricing model，CAPM）成立，我们从第5章等式（5.7）中看到，任何一组资产或现金流的预期回报可表示为：

$$E(R) = R_f + \beta[E(R_m) - R_f] \quad (C.10)$$

其中，R_f 是无风险利率，R_m 是市场组合的回报率，而 β 是市场组合回报率与资产或现金流回报率的协方差，[①] 以反映市场的系统风险如何反映在所考察的特定资产回报之中。

我们从第 1 章知道在 M&M 假设下，公司的资本加权平均成本（WACC）只由系统风险决定，且等于公司资产的预期回报。根据等式（C. 10），这意味着：

$$E(R^A) = E(R^{WACC}) = R_f + \beta_{A,m}[E(R_m) - R_f] \quad (C.11)$$

其中

$$\beta_{A,m} = \frac{\sigma_{A,m}}{\sigma_m^2} = \frac{\rho_{A,m}\sigma_A\sigma_m}{\sigma_m^2} = \frac{\rho_{A,m}\sigma_A}{\sigma_m}$$

其中，$\sigma_{A,m}$ 为资产回报与市场回报之间的协方差；σ_m^2 为市场回报的方差；σ_A 为资产回报和市场回报的标准差；ρ_m^2 为资产回报和市场回报之间的相关系数。

使用这些定义，我们可以将公司资产的回报（超出无风险利率的部分）和市场的超额回报之间的 CAPM 关系改写为：

$$\frac{E(R^A) - R_f}{\rho_{A,m}\sigma_A} = \frac{E(R_m) - R_f}{\sigma_m} \quad (C.12)$$

等式（C. 12）有时称为 CAPM 的边际条件。它告诉我们，如果我们始于仅由市场投资组成的组合，我们并不关注减去一个较小数额的市场组合与加上一个较小数额的公司资产之间的差额以一定的比例来满足等式（C. 12）。具体地说，我们愿意放弃一个小单位的市场夏普比率（Sharpe ratio）——等式（C. 12）的右边——以换取一个小单位的公司资产，其中使我们感到无关紧要的资产数额是与该资产的夏普比率被资产和市场回报之间相关系数的倒数所调整的数值成比例的。

等式（C. 12）可以改写为如第 5 章中的预期最低回报率的形式。从市场组合开始，我们愿意向资产组合中增加一个小额的新资产或项目，只要

$$\frac{1}{\rho_{A,m}}SR^A \geqslant SR^m \quad (C.13)$$

其中，SR^A 和 SR^m 分别表示资产与市场的夏普比率，而其中的夏普比率恰为预期超额回报除以波动性。

在 CAPM 理论中，等式（C. 13）中的最低预期回报率决策规则对于评估新投资项目是充分的准则。该最低预期回报率告诉我们一项新资产或新项目的预期超额回报必须超过公司的 WACC，正如 CAPM 所决定的。只要我们坚持这一点，我们将能完全且准确地分配风险资本。

采用 RAROC 的公司通常会将等式（C. 13）以稍微不同的形式展示出来，从而所有满足以下关系式的项目均应被接受：

$$RAROC > E(R^{WACC}) \quad (C.14)$$

其中，*RAROC* 是被评估的项目或业务种类的 RAROC。如果该业务种类所用资本的

---

① 这里是作者的一种简化的说法。准确的说法是，β 是资产回报率对市场组合回报率的敏感度，等于资产回报率与市场组合回报率的协方差除以市场组合的方差（如下文）。——译者注

风险调整后回报高于公司的加权平均资本成本，则决策规则告诉我们接受该项目。

在前面的等式（C. 14）实质上所表达的是，当系统风险是全部关键因素时，风险资本没有特别的意义。风险资本就是支持项目系统风险所需要的资本。在 CAPM 理论中，β 因而能充分揭示风险资本的特性。

RAROC 和 EVA 回顾第 5 章，我们考察过的决策准则之一是根据经济利润或经济附加值（economic value added，EVA）进行决策。具体地说，如果一个项目的 EVA 利差或资本的剩余回报为正，则应接受这个项目。即

$$ROI > E(R^{WACC}) \tag{C. 15}$$

其中，ROI 在 EVA 范畴内定义为：

$$ROI = \frac{NOPAT - I(t)}{I(t)} \tag{C. 16}$$

我们可以以 EVA 的理论将等式（C. 16）重新解释为：

$$RAROC = ROI = \frac{NOPAT - I(t)}{I(t)} = \frac{NOPAT - L^*}{L^*} \tag{C. 17}$$

在 RAROC 范畴内，对项目的投资 $I(t)$ 恰为该项目的风险资本。换而言之，如果我们将对该项目的投资定义为项目的风险资本，以下的三项决策规则是完全等同的：

1. 当项目的 ROI（以 EVA 定义的，与账面口径或现金流口径不同）超过公司的 WACC 时，接受该项目。
2. 当项目的 EVA 经济利润为正时，接受该项目。
3. 当项目的 RAROC 超过公司的 WACC 时，接受该项目。

C. 5. 2 最低预期回报率与风险资本的无谓成本——CAREVA

RAROC 的框架和类似于 RAROC 的最低预期回报率是相当常用的框架，其本身并不假设 CAPM 成立，或者说不必假设我们生活在一个特殊风险已完全被分散掉的世界。换而言之，如果我们只是确保风险资本的定义中考虑了资本的无谓成本，则可以在一个非 M&M 领域中挽救 RAROC 框架。

回顾等式（C. 9），我们可以将既需要财务投资支出 $I(t)$ 也需要在 t 时的风险资本投资 K^* 的项目 NPV 写做：

$$V^A(t) = \sum_{j=1}^{T} \frac{E_t[X(t+j)]}{[1+E(R^A)]^j} - I(t) - K^* \varphi^*(t) \tag{C. 18}$$

因此，我们的资本预算原则应是使项目给公司带来增加值，等式（C. 18）须为正。如果我们将等式（C. 18）中的折现预期现金流入和投资支出重新表述为“年化的 NPV”（利用我们在第 5 章所采用的 EVA 语言），则可将等式（C. 18）改写为：

$$\text{预期净收益} - K^* \varphi^*(t)\,[1 + E(R^A)] > 0 \tag{C. 19}$$

我们可将其称为风险资本调整后的经济增加值或者项目的“CAREVA”。

如我们在第 5 章所强调的，实施最低预期收益率及基于价值的管理系统的一个大问题是，必须严重依赖于数据和信息技术（IT）系统。特别是如果一家公司仅以纯会计的角度记录其信息，则将这些数据转为计算 EVA 或 SVA 所需要的经济数据并不是一项简单的工作。

由等式（C.19）可以看出，现在我们面对着甚至更大的问题。为了获得可靠的CAREVA估计，除了我们已估算的其他项之外，我们必须得到代入等式最后一项的所有的值。可以作出许多不同的具体假定，以使我们对下述各项的特征更加精准地描述：任何一家给定公司的风险资本的无谓成本、最佳风险资本结构，以及需持有的风险资本数额。对一家公司的答案并不一定与另一家相同。某些差别可能来自公司用来计量应急和实收风险资本无谓成本的准确方法。[9]即使两家公司面对几乎同样的无谓成本结构，对那些成本作用的评估也可能不同。

此外，两家不同的公司很可能以完全不同的方式指定类似的无谓成本。本附录中，我们仅集中于引发无谓成本的因素的具体例子。无疑还有很多其他因素是我们尚未讨论的。仅仅是如何精确地得到图C.2所示的无谓成本曲线，对单个公司而言也是一个仍需解决的问题，或许要在专业顾问的协助下方可解决。

例如，我们假设应急和实收风险资本的无谓成本通过共同依赖于公司持有的现金数额而彼此依赖。但是，我们也可以想象出一种情形，现金数额确实影响实收资本的无谓成本，但却不能降低应急资本的监督和逆向选择成本。我们可能需要确定一些可衡量的函数来帮助量化两种无谓成本，然后具体地将这些估计对应于对$\varphi^{*}(t)$的最终估计。弗如特和斯迪恩（1998）和波瑞迪（2001）的文章是努力确定此类函数的两个例子。

注　释

第1章　实际和金融资本

[1] 詹森和麦克林（Jensen & Meckling，1976）第一次将企业描述为一组合同。当然，也存在许多对企业的其他描述。

[2] 梅尔斯（Myers，1977）提出了现有资产和增长机会之间的区别，两者均与我们对实际资产的定义相关。可将增长机会仅考虑为在未来获得或开发一项实际资产的机会。

[3] 当然，若使用传统经济术语，使用价值也与市场价值或交换价值相对应。

[4] 我们采用梅尔斯（Myers，1977）提出的术语。

[5] 债权人的治理权随着企业接近破产而增强。

[6] 在此用和（或）的原因是一些债券最初是以贴现形式发行的，然后随着时间的推移升值到其面值，因此利息被嵌入了初始的贴现价格。其他债券则额外地支付利息。

[7] 如我们将在第14章所看到的，浮动利率的企业债券实际上是固定利率债券加上一份衍生品合约。

[8] 然而，暂停优先股红利很有可能会使你降级。

[9] 即使在这种情况下，术语“垃圾债券”也容易让人误解。最好称其为高风险创业债。

[10] 例外情况趋于与公司行动或监管规定相关。前者的例子是，持有一家公开公司的股票超过一定数额的企业，如果控制该公开公司是其目标，其必须对声明它打算争取控制该公开公司。后者的例子是，美国的银行控股公司和其分支机构持有的一家公开公司已发股票不允许超过一定比例。

[11] 从该表达式中减去 $A(T) - FV$，然后将其加回到最大值表达式中的两项，可以看到等式是一样的。

[12] 这非常关键地取决于反映在我们对净资产值计算中的成本类型。

第2章　风险和风险管理

[1] 参见乌特维耶（Outreville，1998）。

[2] 我们对金融风险的分类基于全球衍生品研究组（1993）的研究。也可参见卡尔普（Culp，2001）。

[3] 结算风险有时也被称为赫斯塔特（Herstatt）风险，之所以这样称呼是因为1974年德国赫斯塔特银行的失败。多数外汇市场的惯例是在现货交易完成或期货合同到期后的两天进行结算。许多纽约银行开始向赫斯塔特支付它们的一组现货和期货货币交易，但赫斯塔特的破产发生在从纽约发起的支付之后和从德国发起的对应支付之前。因此，纽约银行遭受了相当大的本金损失。

[4] 此列表是几个渠道的混合体，但主要来自乌特维耶（Outreville，1998）和杜贺德（Doherty，2000）。

[5] 这些例子基于英国银行协会经营风险和损失数据库的样本数据登记表。

[6] 对于读过我2004年的书的读者来说，这里的风险抵消被我称为合并和减少的事项的组合体。有关于此的讨论在卡尔普（Culp，2004）中也非常详细。

[7] 企业可能不完全靠自己行事。例如，可能迟早会用咨询员。此处重要的是，参与我们所定义的风险抵消的企业不是通过将其风险转移给其他企业来减少风险的。

[8] J. 戴梦德（J. Diamond，1997）和F. L. 史密斯（F. L. Smith，1992，2003）提供了其他有趣的历史例子。

[9] 任何金融交易的任何对手方能够总会提供诉讼，努力追回其款项，但这是与事先拒绝支付不同的风险类型。

第3章 财务杠杆

[1] 关于主要最优资本结构理论的调查，可参见哈瑞斯和瑞威（Harris & Raviv，1991）。

[2] 关于对此的总结，可参见斯沃波达和扎克奈（Swoboda & Zechner，1995）。

[3] 我们也可以设想 $V_j(t)$ 和 $V_k^E(t)$ 是两个不同的企业 j 和 k，假若它们拥有相同的资产。

[4] 此分析基于伯瑞里和梅尔斯（Brealey & Myers，2000）中给出的例子。

[5] 然而，米勒（Miller，1977）提出，表3.1描述的最优资本结构选择不代表一种均衡，且最初的资本结构不相关的M&M结果实际上在征税下仍然成立，只要股本税远低于债务税以及所有企业面临同样的边际企业税率。

[6] 例如，参见戴维斯和派希里（Davis & Pacelle，2001）。

[7] 形式上，对于任意 $Y < Z$，$F(A \leqslant Y) < F(A \leqslant Z)$，因为 $F(A)$ 是严格非减函数，其中 $F(A)$ 是对应于密度函数 $f(A)$ 的累积分布函数，或者对任意 X：

$$F(A \leqslant X) = \int_o^X f(A)\,\mathrm{d}A$$

[8] 参见梅尔斯（Myers，1977）。关于对梅尔斯模型的总结，参见卡尔普（Culp，2001，2002a）。

[9] 关于对债券契约的分析，参见史密斯和沃纳（Smith & Warner，1979）。

[10] 注意 $B(t) \equiv B(L(t))$ 和 $C(t) \equiv C(L(t))$。

第4章　逆向选择与公司融资决策

［1］例如，参见麦苏里斯和考沃（Masulis & Korwar，1986）、史密斯（Smith，1986a），以及埃克波和麦苏里斯（Eckbo & Masulis，1995）。

［2］参见里恩和皮内格（Linn & Pinegar，1988）。

［3］参见沃麦林（Vermaelen，1981）。

［4］参见麦苏里斯（Masulis，1980）。

［5］例如，参见史密斯（Smith，1986a）。

［6］例如，参见麦克尔森和帕赤（Mikkelson & Partch，1986）。

［7］例如，参见山埃姆—桑德（Shyam - Sunder，1991）。

［8］例如，参见埃克波（Eckbo，1986）、史密斯（Smith，1986a），以及法玛和弗兰西（Fama & French，1998）。山埃姆—桑德（Shyam - Sunder，1991）发现不考虑债务的风险，债务发行对股票价格产生的影响在统计上几乎为零。

［9］这至少是对法玛和弗兰西（Fama & French，1998）中的结果的一个似乎合理的解释。

［10］参见帕尔默（Palmer，2003）。

［11］参见戴尔梦德（Diamond，1984，1991）。

［12］参见詹姆斯（James，1987）。

［13］参见戴尔梦德（Diamond，1991）。

［14］例如，参见史密斯（Smith，1986a）。

［15］罗斯分析中的一个关键假设是企业回报分布由第一顺序随机域来区别。另外，更好的企业在所有的债务水平上有更低的预期财务困境成本这个论点不一定是正确的。

第5章　资本预算、项目选择和绩效评价

［1］互斥项目也使在竞争项目中选择成为必要，而且与资本配给有相似的作用。

［2］参见卡尔普和尼斯凯恩（Culp & Niskanen，2003）第一部分中的论文，特别是巴塞特和斯托瑞（Bassett & Storie，2003）。

［3］对ROI的计算有多种变化，例如，在分子中包含利息。

［4］例如，参见瑞派波特（Rappaport，1998）。

［5］例如，参见巴塞特和斯托瑞（Bassett & Storie，2003）。

［6］本节中的部分来自卡尔普（Culp，2001），虽然在本节中已被修改并大大缩短了。

［7］NPV规则指出，公司应接受所有正的NPV项目，因此我们不想养成通过比较NPV然后只挑选最高的这种选择项目的习惯。但是此处的例子十分例外，即当

两个项目互斥时，不能两个都选择。因为我们谈论的是在两个不同时间对同一项目的接受，所以不可能同时接受两个。因此，可以通过直接比较两个项目的 NPV 来决定如何去做。

[8]《抢钱世界》在拍成电影之前是部成功的戏剧，但在电影中是德·维托（De Vito）作了关于马鞭的演讲，与迈克尔·道格拉斯（Michael Douglas）在电影《华尔街》（*Wall Street*）作的“贪婪是好的”演讲以及亚历克·鲍德温（Alec Baldwin）在电影《拜金一族》（*Glengarry Glen Ross*）的“大家请注意”的演讲一样，是一个关于金融的经典的演讲。

[9] 关于对空中客车中实际期权的使用的精彩讨论以及最好的实际期权案例研究之一，参见斯多尼尔（Stonier，1999）。

[10] 此处假定，超过预测期，公司只投资于零 NPV 项目，并且没有增长机会。这本身不是现实的假设，但如果将我们的预测期选为一个项目的有用生命期，此假设将变得特别麻烦，其中项目的有用生命期可以或可以不与公司的价值增长期相符合。然而，目前让我们只假设 T 代表项目的生命期和公司的价值增长期，在这两个时期后，企业的增长稳定在固定的预期年度现金流上。

[11] EVA 商标权由思腾思特咨询公司（Stern Stewart & Co.）所有。

[12] CFROI 商标权由郝特国际财务顾问公司（Holt Value Associates，LP）所有。

第 6 章 风险转移

[1] 在 M&M 的理论中，盈利不是相关的，因为对称信息假设意味着每人都已在同样基础上感受到了企业利润。并且现金流是不相关的，因为公司也可能承担新债务，从而以合理的市场价格产生流动性。

第 7 章 风险融资

[1] 覆盖期可能是比为融资自留额而发行的债务到期日更短的时期。

[2] 一家公司可能不正确地使用风险融资来试图掩饰其损失，但这是对风险融资不恰当和不合法的使用。因此，我们不认为这是风险融资的好处。相反，我们认为其是对风险融资的滥用。我们将在第 24 章再次探讨此问题。

[3] 一项特别好的理论论据由弗如特、莎夫斯迪恩和斯迪恩（Froot，Scharfstein & Stein，1993）提出，关于同一论据的精彩的实践版本可参见莱文特和卡内（Lewent & Kearney，1990）。

[4] 该例子基于一个由弗如特、莎夫斯迪恩和斯迪恩（Froot，Scharfstein & Stein，1994）提出的类似的例子。

第 8 章 保险

[1] 人寿保险不总是要求可保利益，只要被保险人书面同意确定一个不同的受

益人。

［2］参见鲍赤（Borch，1990）和乌特维耶（Outreville，1998）。

［3］参见乌特维耶（Outreville，1998）。

［4］在人寿保险中，准备金被称为保单或数学准备金。因为本书的大部分不涉及寿险产品，读者可参见乌特维耶（Outreville，1998）中对寿险准备金管理的讨论，在此为了简短则省略不谈。

第 9 章　再保险

［1］实际上，再保险有时被称为再保证（reassurance），并将再保险购买人称为被再保证人（the reassured）。参见克尔恩（Kiln，1991）。

［2］在成数分保合约中的再保险公司通常也承担任意理赔费用的一个固定比例。参见克尔恩（Kiln，1991）和菲弗（Phifer，1996）。

［3］这是极其罕见的。使用溢额合约的一个原因是其允许不同保单有不同的自留额。

第 10 章　信用保险和财务担保

［1］参见瑞梅和格瑞哥（Remy & Grieger，2003）。

［2］大多数保险公司不能在收到索赔后的 24 小时内极快地进行赔付的原因是它们缺少进入中央银行支付系统的通道。

［3］卡尔普（Culp，2004）更详细地解释了在资金转移中获得不可撤销和最终性的机制。

［4］纽约保险法 §6902。

［5］纽约保险法 §1102（b）。

［6］纽约保险法 §1106（f）。

［7］纽约保险法 §1113（a）（16）。

［8］纽约保险法 §6901（a）。

［9］纽约州保险局：《对“租赁保证”作为财务担保保险的回复》，2004 年 5 月 4 日。

［10］参见《JP 摩根大通银行诉利宝互助保险公司》，U. S. D. C. S. D. N. Y. 01 Civ. 11523（JSR）修订。

［11］参见《被告的法律备忘录反对简要判决的原告动议》（*Defendants'Memorandum of Law*），2002 年 2 月 11 日。

［12］此例子的数据来自白兰廷（Ballantine，2001b）的精彩文章。

［13］引自白兰廷（Ballantine，2001b）第 29 页。

［14］哈沃德（Howard，2001）。

［15］引自白兰廷（Ballantine，2001b）第 29 页。

［16］参见“CSFB 和 JLT 联合电影争端”，《反应》（*Reactions*），2001 年 9 月。

［17］标准普尔：《财务增加评级帮助缓解多险种保险公司和财务担保商之间的文化差别》，2002 年 4 月 24 日。

［18］证券交易所的保证金追缴用于减少已执行但未结算的交易的结算风险。例如，在 $T+3$ 结算系统中，如果股票价格在一项交易后上涨（或下跌）以及出售人（或购买人）违约，保证金追缴需覆盖一些可能由此引起的重置成本风险。苏黎世公司的承保意在代替这些保证金追缴。

相反，在像悉尼期货交易所这样的期货交易所中所需要提交的保证金，是在期货或期权交易发生违约的情况下，用于降低风险的履约保证。由于清算所风险存在不同的特征，向期货和期权交易所提交的担保通常是补充而不是替代保证金要求。

第 11 章　衍生品

［1］本节中的很大部分改编自卡尔普（Culp，2001，2002a）以及卡尔普和欧沃德尔（Culp & Overdahl，1996）。

［2］交易所交易的衍生品在法律上有多种定义，但这些定义作为一个国际案例法和国家法律和规定中有争议的混合体，随着时间的变化而逐渐演变。

［3］构建模块方法最早由史密森（Smithson，1987）提出。本章的现金流图表也基于史密森（Smithson，1987）的框架，目前该框架事实上是行业标准。

［4］在实践中，交易日期可能是交易条款确认的日期，而不是开始协商的日期。

［5］从技术上看，卖出期权签发人的责任受限于资产价格不能低于零的事实，而买入期权签发人的责任确实不受限制。然而，对于多数资产，价格下降为零的可能性可以忽略不计。

［6］已实现的价格可能局限于特定的价格类型（如收盘价格、交易价格等）。

第 12 章　信用衍生品和信用连结票据

［1］惠誉评级特别报告：《全球信用衍生品评论》，2004 年 9 月 7 日。

［2］卡尔普（Culp，2004）探讨了柜台交易与交易所交易衍生品之间的区别。

［3］某些情况下，这种计算可能会指定一个不同于参考证券面额的执行价。

［4］参见威汀和金（Whetten & Jin，2005）。

［5］关于对本问题的好的综述，参见卢卡斯和托马斯（Lucas & Thomas，2003）。

第 13 章　结构化过程

［1］本图及此后类似的将损失分布与资本结构及信用评级相联系的图表，是受

到美林证券在许多其结构性产品的研究文献中所采用的图表设计的启发而完成的。例如，参见巴茨万诺夫、达夫莱托娃和戴维叶斯（Batchvarov，Davletova & Davies，2004）以及霍金斯（Hawkins，2004）。本书中，我对图表作了调整以适应具体案例和讨论的应用情形，但这些及其他类似图表后面的创意荣誉应归于美林证券和刚才引述的作者们。

第 14 章 混合证券、可转换证券和结构性票据

[1] 参见乐纳（Lerner，2000b）。

[2] 参见切波曼·垂普（Chapman Tripp，1998）。

[3] BKD《金融警讯》，2005 年 3 月 28 日。

[4] 麦克恩提（McEntee，2004）对信托优先股为银行控股公司带来的各种利益进行了很好的讨论。

[5] PERCS 具有如此之多的不同名称和缩写，很难进行跟踪。实际上，几乎所有本章讨论的产品都潜在地有许多名称。

[6] 本节的部分内容在很大程度上依赖于卡尔普、弗布什和卡瓦纳夫（Culp，Furbush & Kavanagh，1994）及卡尔普和麦凯（Culp & MacKay，1997）的文章。

[7] 对利率连结票据的更为详细的讨论可在任何一本关于结构性票据的书中找到，例如，考波（Knop，2002）。

[8] 利率互换是期后结算的。任何结算日的应支付的浮动利息就是上一个重新设定日或结算日设定的浮动利率。例如，考虑一笔每半年结算一次的互换，即结算日为 2004 年至 2008 年的每年 6 月 15 日和 12 月 15 日。2008 年 12 月 15 日互换浮动方应支付的利息就将是 2008 年 6 月 15 日当日的 6 个月 LIBOR 利率（对应于一张 2008 年 12 月 15 日到期的 CD）。

[9] 参见史密斯（Smith，1988）。

[10] 详情请参见弗洛恩（Falloon，1993）。

第 15 章 应急资本

[1] 本章的部分内容引自卡尔普（Culp，2002b）。

[2] 如果应急资本工具需要一次混合地或者类似股权地注入资本，该工具可能需要为资本提供商指定备选的赎回方式。例如，该工具可能包含一项条款，允许资本供应商或应急资本投资者将其对借款公司的财务资本权利转换为该公司发行的可交易证券，从而在投资者希望做时有助于这些证券的出售。如果原来的应急资本是直接债务，特别是赎回条款，则不再需要，因为资本提供商将在债务到期时得到清偿。

[3] 如在第 7 章的讨论，这些工具的提供商将在损失后的基础上参与执行，且相应地对这些项目进行定价。为事前融资而使用应急资本，就不一定是一种在新证

券发行中省钱的方式，虽然锁定融资成本并消除获得事后融资的风险会导致公司价值因其他原因而出现增长。同样地，参见第7章。

[4] 这里的第一触发条件并不常被定义为承诺资本协议的一个明确的部分。但是，公司购买了实收资本期权，将仅会在该期权的内在价值为正时才行使。如果该公司可以从其他渠道获取更加便宜的等量资本，它会让承诺资本期权在虚值状态下到期而不再有价值。假设应急资本购买人采取一种最优的行权方式，则我们可以将该期权的价值状况（moneyness）视做在功能上等同于第一触发条件。

[5] 参见梅尔斯（Mayers，2000）。

[6] 参见弗如特（Froot，1999）。

[7] 这里展示的结构是由标准普尔在密切尔等人（Mischel et al.，2004）的文献中报告的。

[8]《怡安视点》，1999年第4版。

[9] 本节仅总结了该交易的突出特征。若要获得对该结构的更深入分析，请参见雷因（Lane，1999）。

[10] 这些风险暴露所基于的已报告损失数字是由“Sigma”（瑞士再保险公司的一个出版物和损失指数）所报告的损失。在大多数的风险种类中，如果触发事件被激活，诚信Ⅲ票据的损失是基于一种安排而不是一种20%本金的完全损失。例如，财产损失与附带期权票据的20%的风险本金（principal at risk）挂钩，其方式为：对于在1998年发生的超出65亿美元的任何损失，有一个5%的本金扣减额；对于150亿美元或更大的损失额，按比例进行本金扣减一直增加至20%的最高值。关于所有的细节情况，参见雷因（Lane，1999）。

[11] 请勿与第10章讨论的信用证相混淆。

[12] 一种典型的信用额度，可能会包含一种重大不利变化（material adverse change，MAC）条款，防止借款人在经历了财务状况或信用质量发生的实质性不利变化后提取信用额度。

[13] 该RBC交易在白汉姆（Banham，2001）的文献中讨论过。

[14] 如果此工具被执行，这2亿加元将使瑞士再保险公司拥有该公司总股本的约1%。这意味着瑞士再保险公司和加拿大皇家银行均不必担心，由于加拿大皇家银行执行了该工具，就会由瑞士再保险公司来运营这家公司。相对于加拿大皇家银行总股本而言，较小的交易规模会使道德风险问题降至最小的程度。

[15] 参见白汉姆（Banham，2001）。

[16] 米其林交易的细节在瑞士再保险与法国兴业银行在10亿美元的贷款交易中《反应》（2000年9月）一文中有所讨论，参见申克（Schenk，2000）及白汉姆（Banham，2001）。

[17] 参见《联合里昂发行长号债适应欧共体委员会规则》，《实践法律公司》（*Practical Law Company*），1994年5月。

[18] 对于有关例子，参见里昂信贷《股份与指数反向可转债的实务指南》（2002）。

[19] 参见托帕提夫（Topatigh，1999）。

[20] 本案例的描述部分是基于柴寇、图法依以及维特（Chacko，Tufano & Verter，2002）的极具魅力的文章。作者分析了塞法隆项目的优点和缺点，比我们这里讨论得详细许多，感兴趣的读者将发现非常值得投入时间浏览其文章。

第 16 章　证券化

[1] SPE 的费用和支出被区分为优先的和次级的。优先的费用与开支是以基础资产的现金流瀑布的顶端支付的。这些费用及支出可能包括受托人、结构化代理机构、托管人、律师、评级机构等的费用与支出，以及任何与外部信用及流动性风险管理相关的费用。相反，次级费用有时是付给以业绩激励为目标而协助结构化流程的机构，如一家结构化代理商负责在多家原始权益人之间挑选抵押品，以及这些原始权益人预期其收到费用的一部分是基于其为证券化结构选择优良的信用品种的能力。

[2] 当单一一家公司提供流动性与信用支持时，该公司则面临它可能必须将该结构合并进报表的风险。参见福斯特和纽好森（Forrester & Neuhausen）的第 30 章。

[3] 如果愿意，你也可以假设我们已经讨论的其他各种特征（如超额利差如何转换为 I/C 和 O/C 准备金，一项资产互换来平滑任何现金流及到期日的不匹配等）。但我们并不真正需要用这些其他特征来使问题复杂化。

第 17 章　现金债务抵押证券

[1] 参见穆迪：《2004 美国 CDO 回顾及 2005 前瞻》，2005 年 2 月 1 日。

[2] 参见莫菲（Murphy，2003）。

[3] 本图仅展示了传统 CDO 而忽略了合成 CDO。

[4] 本章的所有图示均经过了简化。我们只展示对理解该交易基本结构十分必要的部分。

[5] 这里假设其他信用增强适用于剩余层和次级层之间的现金流瀑布。如果他们直接增强了优先层，我们就不能够再将 CIE 解释为一种纯粹的免赔额，仅仅剩余层担当此角色。但我们仍可将其解释为一种原始权益人的留存利益，虽然是比免赔额更高一层的损失。

[6] 读者应注意到，此类结构及其他的评级机构指导原则可以通过标准普尔、穆迪以及惠誉的网站而为一般大众所获得。而且，古德曼与法博兹（Goodman & Fabozzi，2002）及皮奥迪恩（Perraudin，2004）的文章也提供了对不同 CDO 类型的各种评级机构准则的很好总结。

[7] 不要将现金 CDO 与现金流 CDO 混同。前者是抵押资产通过一种现金支付的方式获得的任何 CDO；而后者是一种特别类型的套利 CDO，其中抵押资产池上的现金本金及利息用来为利息及本金的瀑布流提供资金（与在市场上变现抵押物的情形相反）。

第 18 章 合成债务抵押证券

[1] 注意当总损失额达到大约为 50% 时，x 轴的标签就停止了。实际上，在一个完全融资的工具中，虽然没有显示，SPE 资本结构可一直扩展至组合的 100%。在以后的图示中，当我们希望表示资本结构覆盖了高达 100% 的损失时，我们就会像现在这样将资本结构向 x 轴的箭头方向延展（而不是像所画的分布图一样停止在某处）。

[2] 惠誉评级:《单层合成 CDO》，2003 年 6 月 13 日。

[3] 如果不是 AAA 级，则也是等价于 AAA 级的信用质量。

[4] 参见海（Hay，1999）。

[5] 参见海（Hay，1999）。

[6] 惠誉评级:《单层合成 CDO》，2003 年 6 月 13 日。

[7] 许多原始权益人对其在这些交易中留存的风险暴露进行德耳塔对冲（delta hedge）。这让他们可以降低对冲成本，但也确实带来了对冲的基差风险。

[8] 参见莫菲（Murphy，2003）和 D. 史密斯（D. Smith，2003）。

[9] 本节是基于福斯特（Forrester，2003）颇具见地的评论。

第 19 章 结构性合成混合证券

[1] 若了解细节，参见韦德尼、德麦罗和威廉姆斯（Weidner，De Melo & Williams，2005）。

[2] 参见穆迪投资者服务:《CEDO I 公司（CEDO I Plc）售前报告》，2005 年 4 月 8 日。

[3] 参见韦德尼、德麦罗和威廉姆斯（Weidner，De Melo & Williams，2005）。

[4] 参见穆迪投资者服务:《铬金融资有限公司 ACEO 系列放大 -3 售前报告》（Chrome Funding Limited ACEO Series Zoom -3）。

[5] 参见达夫莱托娃、巴茨万诺夫和戴维叶斯（Davletova，Batchvarov & Davies，2004）。

[6] 参见韦德尼、德麦罗和威廉姆斯（Weidner，De Melo & Williams，2005）。

[7] 本结构的原理及分析是基于巴茨万诺夫、达夫莱托娃和戴维叶斯（Batchvarov，Davletora & Davies，2004）以及达夫莱托娃、巴茨万诺夫和戴维叶斯（Davletova，Batchvarov & Davies，2004）。

[8] 假设 EDS 和 CDS 下具有相同的回收率，而如果一项 EDS 的执行价格为零，则该 EDS 恰等于一项破产触发的 CDS。

第 20 章 私募股权和对冲基金的证券化

[1] 这里列举的对冲基金策略类型并未包含所有的类型。

[2] 关于本交易更加详尽的分析，见哈贝坦特（L'Habitant，2002）。

[3] 参见福斯特（Forrester，2005）。

[4] 参见三大评级机构的售前信用报告以获得更多详情。

第21章 项目和本金融资

[1] 详情请见标准普尔：《埃菲尔 FTC 售前报告》，2004 年10 月19 日。

[2] 详情请见标准普尔：《重大公众基础设施资本公司售前报告》（*Essential Public Infrastructure Capital PLC*），2004 年9 月24 日。

[3] 参见赫波力（Heberle，2003）。

[4] 标准普尔：《普塔姆斯（Punch Taverns）财务公司交易更新》，2005 年5 月3 日。

[5] 参见标准普尔：《酒吧证券化的主要法律及分析评级问题》，2004 年10 月11 日。

[6] 参见标准普尔：《东南水务（财务）有限公司售前报告》，2004 年7 月2 日。

[7] 这里的理论是，监管较少的业务（如水务）具有与通货膨胀率可比的成长率。

[8] 在鲍威债券发行中，税收问题也发挥了重要的作用。

[9] 关于道德风险问题也在这里不可避免地出现了。例如，如果鲍威先生决定批评其早期作品劣于新作品。但这似乎是一种遥不可及的事情。很少有艺术家会有冲动去故意贬低其早期艺术作品的价值。情况似乎正好相反。

[10] 参见卡尔普和尼斯凯恩（Culp & Niskanen，2003）的文章以获得更多详情。

[11] 参见《JP 摩根大通银行诉利宝互助保险公司》，U. S. D. C. S. D. N. Y. 01 Civ. 11523（JSR）修订。

[12] 参见《被告的法律备忘录反对简要判决的原告动议》，2002 年2 月11 日。

第22章 风险证券化和保险连结票据

[1] 还没有作部分融资的风险证券化。

[2] 参见雷因（Lane，1998b）、帕肯（Parkin，1998），以及坎特、寇和桑德尔（Canter，Cole & Sandor，1999）。

[3] 参见格宁全球金融产品公司（Gerling Global Financial Products，Inc.，2000）。

[4] 参见波奈诺（Bernero，1998）。

[5] 关于这些交易的详细讨论，见波奈诺（Bernero，1998）。

[6] 巨灾债券中采用参数触发是由高盛在1997 年11 月的东京海上巨灾债券发

行中率先引入的。

[7] 详情请参见雷因和白科威士（Lane & Beckwith，2003）。

[8] 该受托人也会有一个储备要求，在抵押账户相对于对 TMCC 的负债责任而发生短缺时，其盈余必须用于储备要求。

[9] 波奈诺（Bernero，1998）。

[10] 本节的绝大部分基于卡尔普（Culp，1996），小部分也出现在卡尔普(Culp，2001)。

[11] 随着时间推移，CBOT 考虑过不少这样基于保险的衍生品合约。参见考克斯和史威白驰（Cox & Schwebach，1992）、迪阿斯和法朗斯（D'Arcy & France，1992），以及聂豪斯与曼恩（Niehaus & Mann，1992）。

[12] 请回忆一下，由于 ISO 指数的保费集合在 t 时是已知的，损失指数的变化是影响期货合约结算价格的唯一因素。损失指数增加 5% 会引起期货合约价值增加 5%。

第 23 章　自保公司、保护单列公司和相互公司

[1] 我们在第 15 章探讨了作为事后风险融资的一种形式的应急债务。虽然通常由（再）保险公司提供，但它并非是一种严格意义上的保险产品，因此在本书的结构性金融章节中进行了讨论。不过，寻求事后风险融资的各家公司应当谨记，应急资本是这里所讨论结构的一种很好的替代方式。应急资本也可与本章讨论的解决方案非常有效地联合起来。

[2] 参见乌特维耶（Outreville，1998）以及垂斯曼恩、哥斯特乌森和奥埃特(Trieschmann，Gustavson & Hoyt，2001)。

[3] 例如，参见梅尔斯（Myers，2000）。

[4] 虽然市场上有这样的观念，即应急资本可以为其发起人提供独立供资的风险管理服务中心，实际应急资本应用仍很大程度上限制于保险解决方案。

[5] 参见梅尔斯（Myers，2000）。

[6] 这里使用的所有应急资本图示基于苏黎世金融的公司客户金融与风险服务所准备的市场营销材料（Zürich CH－8085，www. zurichbusiness. ch/art）。也请参见渥曼恩（Wöhrmann，1998）。

[7] 参见克劳曼（Kloman，1998）。

[8] 参见渥曼恩和博诺（Wöhrmann & Bürer，2001）对 PCCs 的讨论。

[9] 例如，苏黎世金融为其租赁性自保公司项目要求 250 000 瑞士法郎的最低保费支付。参见之前所引述的（在注释［6］中）苏黎世金融的市场营销材料。

[10] 参见苏利文（Sullivan，1995）。

[11] 参见罗杰斯、萨真特和奥斯邦（Rogers，Sargeant & Osborne，1996）。

[12] 反过来，大数法则告诉我们，大量独立同分布的随机变量之和的分布（大约为正态分布）的均值，与抽取样本的基础分布的均值是等同的。

［13］参见苏利文（Sullivan，1995）。

第 24 章　有限风险

［1］参见戴尔森（Dyson，2001）。

［2］参见石暮甫（Shimpi，2001）和瑞士再保险的 *Sigma* 第 5 号（1997）。

［3］参见卡特、卢卡斯和拉尔夫（*Carter*、*Lucas* & *Ralph*，2000），格宁全球金融产品公司（2000）以及石暮甫（Shimpi，2001）。

［4］这代表了一项或有资产，它会造成保险购买人在税收和会计方面的繁琐。

［5］本例的背景取自于雷克斯（Lenckus，2000）。

［6］该处置仍有待于联邦法庭的批准。

［7］参见格宁全球金融产品公司（2000）。

［8］同上。

［9］关于对佛罗蒂（Frontier）的情形以及其采用的有限结构的讨论，参见"佛罗蒂得到了一个新生命线"中《反应》一文，2000 年 11 月。

［10］本案例基于瑞贝恩（Raybin，2003）。

第 25 章　多险种和多触发原因保险结构

［1］卡尔普（Culp，2001）讨论了 EWRM 的好处和实务。

［2］本术语及之后的讨论是基于霍夫曼（Hoffman，1998）。

［3］我是在汤姆·舍沃莱克（Tom Skwarek）的一次演讲中首次听到对伦敦地铁的这一类比。他将注意间距与 ART 工具联系在一起，并得到了这方面的所有荣誉。

［4］例如，请参见劳肯威驰（Lonkevich，1999）。

［5］参见白汉姆（Banham，2000）。

［6］同上。

［7］参见杨（Young，1996）。

［8］参见白汉姆（Banham，2000）。

［9］参见格宁全球金融产品公司（2000）。

［10］本例节自史恩瓦（Schienvar，2003）。

［11］引自白特（Butt，2003）第 21 页。

［12］本节基于苏黎世公司解决方案出版的一个案例研究文件所包含的信息。

［13］美国国际集团：《风险融资评论》Vol. 1，No. 1（2002 年春）。

［14］同上。

［15］本案例研究是基于麦克金斯（McGinnis，2004）。

［16］本例类似在斯考恩、鲍什卡什奥和沃夫瑞姆（Schön，Bochicchio & Wolfram，1998）中所展示的例子。

[17] 关于对此的描述，参见易姆费奥德（Imfeld，2000）。

[18] 参见白汉姆（Banham，1999）。

[19] 本节基于苏黎世公司方案出版的一个案例研究文件所包含的信息。

[20] 财务会计准则委员会：《准则 133 号实施问题第 B26 号》（2001）。

[21] 请参见苏黎世公司解决方案：《快报》，2001 年 4 月。

第 27 章 专利法在风险融资中的新角色

[1] 参见莫志斯（Merges，1999）。

[2] 参见卡尔普（Culp，2001）第 26 章。

[3] 关于对第 045 号专利的描述，见投资者担保基金公司（Investors Guaranty Fund，Ltd.）的主页，网址为 http：//styx. forgedesign. com/domains/igf/pages/home/home. html。

[4] 所引述的文字可在 www. financialpatents. com/Whyus. html 上找到。

[5] 戴芒德诉德尔（Diamond v. Diehr）案，450 U. S. 175，182（1981）（引自一篇 1952 年参议院报告）。

[6] 专利法对申请之前已经进入公共使用或进行销售的可申请专利的发明进行了严格的限制。例如，一家美国地区法院最近认定，一家公司将其计算机软件向非雇员进行演示而未明确要求保密则可能是一种公共使用行为。

第 28 章 天气衍生品和保险的主要区别

[1] 天气风险是基于每日的气候波动而并非意外事件造成的风险，如台风、大型风暴，或其他灾难等。

[2] 芝加哥商品交易所：《天气期货与期货期权》，可从以下网址得到：www. cme. com/trading/prd/env/abtwthder2766. html。许多行业，包括能源公共事业和配售商，对天气情况都相当敏感。

[3] 依据加州保险法规 § 1633（2001）。

[4] 康涅狄格州普遍制定法 § 38a－704（2001），对无执照而作为保险中介人开展业务的惩罚是不超过 500 美元的罚款或不超过 3 个月的禁闭或两者并罚。所谓保险中介人的定义依照康涅狄格州普遍制定法（Conn. Gen. Stat.），§ 38a－702（1）（2001）。

[5] 18 特拉华州公司法（Del. C.）§ 505（c）（2001）。

[6] 18 特拉华州公司法 § 505（a）（2001）。

[7] 18 特拉华州公司法 § 505（b）（2001）。

[8] 纽约州保险条款 § 109（a）（2002）。

[9] 纽约州保险条款 § 1102（a）（2002）。

[10] 215 伊利诺伊州 5/500－15（a）（2002）。

[11] 交易所交易的天气期货和期货期权于1999年9月开始在芝加哥商品交易所（Chicago Mercantile Exchange，CME）交易。CME天气合约目前提供给美国、欧洲和日本等20多个城市。参见“CME档案记录天气期货卷”，CME新闻发布，2004年12月20日，这在2005年2月10日访问如下网站时可以找到：www. cme. com。2001年10月，伦敦国际金融期货期权交易所宣布其将为天气期货提供交易所内的交易平台，并目前提供伦敦、巴黎和柏林的合约。参见欧洲交易所衍生品交易市场（Euronext. liffe）天气指数，2005年2月11日访问如下网站时可得到：www. liffeweather. com。

[12] 当应对温度变化时，通常使用HDD和CDD作为衡量一种温度如何在合约中指定的时间段内从指定的基线上进行变动的情况。因为许多人将其温度调节装置设在65华氏度，65华氏度常常是使用HDD和CDD的基线。

[13] 在商品交易法（CEA）§1（a）（4）定义的商品为具体列举的农产品和“所有物品和物件……以及服务、权利和利益，未来交付的合约可以当前或在未来以之为标的”。

[14] 新的商品交易法§2（g）由2000年商品期货现代化法所确立，后者于2000年12月21日生效。

[15] 合格的互换参与方包括银行、某些特定的金融机构、保险公司、特定的雇员收益计划，或在证监会注册或在CFTC注册的特定实体，以及总资产超过1 000万美元或净资产超过100万美元的公司。

[16] 67 Fed. Reg. 64067（2002年10月17日）。

[17] 被保险人必须能够证明其拥有对风险资产或风险主体的经济和法律联系。金融服务管理局“讨论报告：跨行业风险转移”，2002年5月，见附录B1。

[18] 由于大多数的商业关系涉及风险和对风险的承担，这里的关键所在是一家保险公司在覆盖类似风险的一个合约集合中分散或分配了风险。参见阿尼寇（Amerco）诉联邦税务局局长（Comm'r），96 T. C. 18（1991），*aff'd* 979 F. 2d 192（9th Cir. 1992）。亦可参见联邦税务局局长诉垂甘诺万（Treganowan），183 F. 2d 288（2nd Cir. 1950）。

[19] 例如，可参见联合劳动寿险公司（Union Labor Life）诉派瑞诺（Pireno），458 U. S. 119，128－29（1982）和团体寿险及健康保险（Group Life & Health Insurance Co.）诉皇家药业公司（Royal Drug Co.），440 U. S. 205，210－17（1979）。

[20] 纽约保险法§1101（a）（1）（LEXIS到第14章，2004年3月16日，第1～3章和第12章除外）。该定义的关键是认为被保险人将会受到合约中指定的偶发事件的不利影响。换而言之，保险要求实际损失的确立。

[21] 纽约保险监管局，给F. 塞得维奇·布朗（F. Sedgwick Brown）的信中的主题：灾难选择权，日期为1998年6月25日，2004年4月13日访问如下网址时可得到：www. ins. state. ny. us/nyins. htm。

[22] 纽约保险监管局“天气金融工具”（衍生品、对冲等），州法律顾问办公室非正式意见（2000年2月15日），2004年4月13日访问如下网址时可得到：

www. ins. state. ny. us/rg000205. htm。

[23]“天气衍生品意见”指出，纽约保险监管局并未排除这种可能性，即一项合同或交易可能具有独特的情况（未在本意见中提及）以至于纽约保险监管局会断定某种天气衍生品为保险合同。

[24] 纽约保险监管局，2000年6月16日信件，谈及一种信用违约期权工具，2004年4月13日访问如下网址时可得到：www. ins. state. ny. us/nyins. htm。

[25] 例如，参见加州保险法规 §22（LEXIS 到 2004 年增补版）；康涅狄格州普通制定法 §38a-1（10）（LEXIS 到 2003 年 1 月 6 日特别会议）；格里芬系统公司（Griffin Systems）诉瓦斯本（Washburn），505 N. E. 2d 1121（Ill App Ct. 1987）；印第安纳法律 §27-1-2-3（a）（LEXIS 到 2004 年特别会议）；内布拉斯加法律 Neb. Rev. Stat. Ann. §44-102（LEXIS 到 2003 年常规会议）。

[26] 农作物保险工作小组、财产保险委员会和全美保险监督官协会："天气金融工具（温度）：保险产品还是资本市场工具?"，2003年9月2日，工作草案。

[27] 全美保险监督官协会是一个保险监督官之间的准行业协会。其使命是协助保险监督官保护公共利益，培育市场竞争，促进保险客户的公平及公正对待，提升保险机构的可靠性、偿付能力和财务稳健程度，以及支持并改善州保险监督。全美保险监督官协会的使命陈述于2004年1月25日，访问如下网址时可得到：www. naic. org/about/mission. htm。

[28] 农作物保险工作小组、财产保险委员会和全美保险监督官协会："天气金融工具（温度）：保险产品还是资本市场工具?"，2003年9月2日，工作草案，第2节。

[29] 同上，第8节。

[30] 同上。

[31] 同上。

[32] 参见"公司反击天气风险"，《保险日报》（*Insurance Day*），2004年1月30日；梅格·福莱切（Meg Fletcher），"受到争议的天气对冲之身份"，《商业保险》（*Business Insurance*），2004年2月9日，第4节；亦可参见天气风险管理协会维莱瑞·B. 库柏（Valerie B. Cooper）和博瑞恩·D. 奥黑尼（Brian D. O'Hearne）于2004年1月23日写给全美保险监督官协会罗伯·埃森（Rob Esson）和埃姆斯特·N. 塞萨（Ernst N. Csiszar）的信，2004年4月13日访问如下网址时可得到：www. isda. org；纽约保险监管局米克·莫瑞尔特（Mike Moriarty）给全美保险监督官协会罗伯·埃森的信，时间是2004年1月22日。

[33] 国际互换和衍生品协会（ISDA）开发了标准协议，衍生品合约的参与方广泛地采纳了这些标准协议。ISDA 网站为 www. isda. org。通常用来记录天气衍生交易的 ISDA 统括协议包括 1992 年统括协议（多货币—跨国界）和 1992 ISDA 统括协议（当地货币—单一管辖权）。2002 ISDA 统括协议正得到越来越多的应用。但是，并非必须应用 ISDA 统括协议，达成衍生交易合同的各方可达成自己定制的协议（常常称为"本土化的"）。

[34] 柜台天气指数互换交易确认；柜台天气指数（卖出期权/下限）的确认；柜台天气指数（买入期权/上限）的确认；天气指数附件为临界雨量日数（Critical Precipitation Day，CPD）天气指数表格；天气指数附件为降温度日数天气指数表格；天气指数附件为采暖度日数天气指数表格；天气指数衍生品确认的定义附件表格。所有这些均可在 www. isda. org 上得到。天气衍生品的样本确认也可在天气风险管理协会的网站 www. wrma. org 上得到。

[35] 11U. S. C. § §362（b）（17）和560。

[36] 11U. S. C. §362（b）（6）。

[37] 关于对天气衍生品的可能税务处理的讨论，参见安瑞·卡莫《金融产品：税务、监管和设计》，第三版（CCH，2000），§ §6. 07，35. 03 [D]，和80. 05。亦可参见安瑞·卡莫和威廉姆·R. 鲍梅尔斯基（William R. Pomierski）"天气衍生品的税务角度"，《风险前台（Risk Desk）》，2001年10月，第1节。

[38] IRC §1221（b）（2）（A）（iii）。

[39] 天气风险管理协会，关于建议的对冲规则而对国债的评论，法规第1221（a）（7）节，2001年4月25日，2005年2月10日访问如下网址时可得到：http://64. 125. 144. 31/librarydocs/bc51 - wrma/public/file110. doc。

[40] IRC §162。

[41] IRC §4371。

[42] 参见哈尔瓦瑞英（Helvering）诉乐吉斯（Le Gierse），312 U. S. 531，539（1941），rev'g 110 F. 2d 734（2nd Cir. 1940），39 B. T. A. 1134（1939）。

[43] 参见联合保证公司（Allied Fidelity Corp.）诉联邦税务局局长，66 T. C. 1068（1976），*aff'd* 572 F. 2d 1190（7th Cir. 1978）。

第29章　保险在新巴塞尔协议下是资本的替代物吗

[1] 国际清算银行："资本衡量与资本标准的国际融合：一个修订的框架"，《巴塞尔协议》，2004年6月，第137页。

[2] 下文的详细叙述和出席者的解释受到负责银行业监管的巴塞尔委员会："运营风险监管处理的工作报告"（附件2，2001年9月）的重要影响。但是，这些同样的分类和描述可在BIS其他分工作小组（如风险管理小组，RMG）出版的相关材料中找到。

[3] 由于巴塞尔协议Ⅱ是在每一个国家内执行的，当地监管当局可能会添加额外的准则。这里列出的准则仅为巴塞尔协议Ⅱ的要点。

第30章　特殊目的机构在FIN46R下是可变利益实体吗？如果是，会怎么样

[1] 在尼尔·巴斯滕（Neal Batson）（在安然案件中法庭指定的审查员）的第

二次临时报告（日期为2003年1月21日）中，审查员检查了安然使用的几项SPE交易，这些交易在2000年构成了安然的报告净利润的95%以及安然报告的经营现金流的105%，并规避记录负债119亿美元。

[2] 财务会计标准委员会（FASB）的合并报表政策是一个有争议的历史，以致一位结构性融资方面的专家宣称，如果合并报表政策是自然人，则他年纪已足够大去参加选举了。FASB对合并报表政策已争论了15年，而且已经发布了两版征求意见稿，一个在1995年，而另一个在1997年——每一版本均引起大量的争议，主要是关于明显的好处和投票权测试的确定性相对于更加审慎和客观的控制概念。1999年，FASB在未能达成关键的一致意见后暂停了其对1997年草案的考虑，并计划在2001年第一季度FASB委员按计划变更后（主观地预期可取得一致意见）再次提出考虑。

[3] 财务会计标准委员会的“工作人员立场公告”于2003年2月由FASB引入。这些是FASB工作人员发展的意见，出版以征求意见。经过征求意见及适当的修订后，它们成为最终意见。详情请参见：www. fasb. org/fasb_ staff_ positions。

[4] 参见FSP FIN46（R）-1至-3以及所提议的FSP FIN46（R）-b，可参见www. fasb. org/fasb_ staff_ positions。

[5] EITF未能解决该问题，FASB在其建议的FSP FIN 46（R）-c中谈及了该问题。

[6] 在EITF问题90-15中进行了描述。

[7] 参见安永“可变利益实体的合并报表：FASB第46号解释的总结”，2003年4月。

[8] 例如，德勤“应用新合并报表指引的路线图”中关于FIN46R包括140页，而安永的“财务报告”中关于FIN46R包括386页。

[9] 参见FIN46R第4段。

[10] 6月，FASB发布了一版征求意见稿，“合格的特殊目的机构与转移资产之隔离”，建议修订FAS140，以严格限制一家合格的特殊目的机构的许可活动。如果建议得以采纳，许多被认为是合格特殊目的机构的结构将成为受FIN46R约束的可变利益实体。

[11] 特别由FASB官员在FSP FIN46（R）-2中确认。

[12] 参见FIN46R第16段和第17段。

[13] 由FASB官员在所提议的FSP FIN46（R）-b中特别指定为隐性的可变利益。

[14] EITF摘要96-16“当投资者具有多数投票权但少数股东或少数股东们具有一定的批准或否决权利时，投资者对被投资对象的会计处理”，文中严格区分了保护性权利和参与性权益，并称保护性权利的存在并不干扰有多数投票权时的正常合并报表（因为这些保护性权益不会或只很少会对多数投票权的控制产生影响），而在决定多数投票权是否为要求合并报表的控制权时必须考虑存在的参与性权益。保护性权利的例子为：（1）对清算或破产的否决权；（2）对被投资公司与多数投票

权益人之间交易定价权的否决权；（3）对被投资公司的机构文档修订或股权发行及购回的文档修订的否决权；（4）对被投资公司超过总资产20%的资产收购或处置的否决权。重要的参与性权益——可以影响正常的多数投票权人对被投资公司合并报表的参与性权益——的例子包括：（1）对负责执行被投资公司的政策和流程的管理人员的选择、停职和设定薪酬的权利；（2）在正常业务活动中制定被投资公司的经营及资本决策，包括预算。这些相同的概念也出现在所建议的 FSP SOP 78 - 9 - a 之中，其中将修订 AICPA 的立场 78 - 9 报告“对不动产企业投资的会计处理”，从而与 EITF 在问题 04 - 5 中得出的试验性结论相一致。

第31章　信用衍生品、保险和债务抵押证券：安然事件余波

［1］曾有报告说国际互换与衍生品协会（ISDA）于1992年首先使用的是信用衍生品的说法。信用衍生品的演化 2002 年 11 月 4 日访问如下网址时可得到：www. credit - deriv. com/evolution. htm。

［2］李（Li，2002）。

［3］同上。

［4］美国联邦储备委员会主席艾伦·格林斯潘在纽约国际金融学院发表的讲话（通过电话会议），2002 年 4 月 22 日，2002 年 10 月 16 日访问如下网址时可得到：www. federalreserve. gov/boarddocs/speeches/2002/20020422/default. htm。

［5］ISDA，新闻通报：“ISDA 2002 年中市场调查引入权益衍生品，成交量达 2. 3 万亿美元；发现信用衍生品的显著增长”，2002 年 9 月 25 日，2002 年 10 月 22 日访问如下网址时可得到：www. isda. org/press/index，html。

［6］ISDA，新闻通报：“信用衍生品暴增 55%”。2004 年末 ISDA 市场调查，2005 年 3 月 16 日，2005 年 4 月 13 日访问如下网址时可得到：www. isda. org。

［7］货币控制办公室，“OCC 银行衍生品报告，2002 年第二季度”，2002 年 10 月 14 日访问如下网址时可得到：www. occ. treas. gov/ftp/deriv/dp202. pdf。

［8］格林斯潘讲话，出处同前。

［9］参考债务（reference obligation）在信用衍生品的讨论中也称做参考资产或参考信贷。

［10］事实上，《1999 ISDA 信用衍生品定义》仅仅定义了信用衍生品交易为在相关确认书中可发现为一种信用衍生品交易的任何交易，或者任何可以套用这些定义的交易，“1999 信用定义”§1. 1。

［11］参见德阿马瑞欧（D’Amario，2002）。

［12］同上。

［13］银行或保险规定可能要求一家银行或保险市场参与者拥有一种参考债务，但这不是达成 CDS 的一项要求。

［14］“1999 信用定义”，16～18。

［15］例如，如果一项信用事件发生后一笔参考债务的价值在 300 万美元而合

约中规定的名义本金为1 000万美元，保护出售方须向保护购买方支付700万美元。或者，保护出售方可能会被要求支付一笔预先确定的数额（一种二元结算）而不论参考债务当时的价值是多少。

[16] 联邦储备系统理事会，“信用衍生品的监管指南”，SR通信96－17，1996年8月12日，附录。

[17] 参见JP摩根（1998）。

[18] 同上。“取决于一项特定参考信贷的履约情况，以及该票据中内嵌衍生品的类型，该票据可能不能以面额赎回……例如，如果一项参考信贷违约，内嵌违约互换的信用连结票据的购买人可能只能收到原始面额的60%。”

[19] 同上。

[20] 货币控制办公室（OCC），OCC公告96－43，“信用衍生品描述：国民银行的指导原则”，2002年11月26日访问如下网址时可得到：www. occ. treas. gov/fh/bulletin/96－43. txt。

[21] 古德曼和法博兹（Goodman & Faozzi，2002），第60～61页。SCDO常被称为人工合成的，因为信用风险是由衍生品合约创建的，而并非对参考组合有实际的联系和债务关系。

[22] 见梁·吉布森（Lang Gibson），“合成信用组合交易：合成产品的演化”，2002年10月1日访问如下网址时可得到：www. gtnews. com/articles/3918. pdf。

[23] 同上。

[24] 国际互换与衍生品协会（ISDA）给美国证券和交易委员会的意见函。

[25] 同上。

[26] 参见案例哈德森索芙特公司（Hudson Soft Co.，Ltd.）等诉瑞士信贷第一波士顿公司等，民事诉讼02－CV－5768（TPG），2002年10月8日，修正诉状。

[27] 如同在第8章在卡瓦纳夫中使用一样，我们将结构性金融交易一词用于采用特殊目的机构或者特殊目的载体的任何交易。

[28] 纽百（Newby）诉安然公司（在关于安然公司，证券诉讼），民事诉讼第H－01－3624，206 F. R. D. 427号。

[29] 哈德森索芙特集团诉讼修正诉状，同前注[26]，第44～58页。

[30] 1999年11月4日，约塞米特证券信托Ⅰ（Yosemite Securities Trust Ⅰ）8.25%系列1999—A——一次发行了7.5亿美元的关联安然债务。2000年8月25日，安然信用连结票据信托发行了安然CLN，总额达5亿美元。在2001年5月24日，发行了三笔各自独立的安然CLN：（1）安然欧元信用连结票据信托6.5%票据，总额为2亿欧元；（2）安然英镑信用连结票据信托7.25%票据，总额达1.25亿英镑；（3）安然信用连结票据信托Ⅱ 7.3875%票据，总额达5亿美元。2001年10月18日，瑞士信贷第一波士顿国际日元第一违约信用连结。85%票据发行了1.7万亿日元。

[31] 标准普尔公司评级：“新发行：安然信用连结票据信托，5亿美元安然信用连结票据”，2000年10月9日，2002年11月26日访问如下网址时可得到：

www. standardandpoors. com。参议院永久的调查专门委员会，附录 D，花旗案历史。亦可参见里克·卡普兰（Rick Caplan）在参议院永久调查专门委员会前的开场讲话，2002 年 7 月 23 日（Caplan Opening Statement），2002 年 10 月 22 日访问如下网址时可得到：www. senate. gov/ - gov - affairs/072302caplan. pdf。

[32] 里克·卡普兰的讲话，同前注 [31]。

[33] 参见哈德森·索芙特（Hudson Soft）集团诉讼修正诉状，同前注 [26]，第 153 ~ 156 页。

[34] 同上，第 157 ~ 162 页。

[35] 加州保险法规 § 1633（2001）。

[36] 康涅狄格州普遍制定法，§ 38a - 704（2001）。对无执照而作为保险中介人开展业务的惩罚是不超过 500 美元的罚金或不长于 3 个月的监禁或两者并罚。对保险中介人的定义见康涅狄格州普遍制定法 § 38a - 702（1）（2001）。

[37] 18 特拉华州公司法 § 505（b）（2001）。

[38] 18 特拉华州公司法 § 505（c）（2001）。

[39] 18 特拉华州公司法 § 505（a）（2001）。

[40] 纽约保险法 § 109（a）（2002）。

[41] 纽约保险法 § 1102（a）（2002）。

[42] 215 ILCS 5/500 - 15（a）（2002）。

[43] 麦卡伦—福格森法案，15U. S. C. § 1011 ~ 1015。

[44] 67 Fed. Reg. 64067（2002 年 10 月 17 日）。

[45] 被保险人必须能够证明，他或她与资产或风险事件的主体之间既有经济联系又有法律联系。金融服务管理局：讨论报告：跨部门的风险转移，2002 年 5 月，附录 B1。

[46] 因为大多数商业关系均涉及风险及风险的承担，这里关键点在于一家保险公司在一组覆盖相似风险的许多合约中分散或分配风险。参见阿尼寇诉联邦税务局局长，96 T. C. 18（1991），*aff'd* 979 F. 2d 192（9th Cir. 1992）。亦可参见联邦税务局局长诉垂甘诺万，183 F. 2d 288（2nd Cir. 1950）。

[47] 纽约保险法 § 1101（a）（1）（LEXIS 到第 221 章，8/29/2001）。此定义的关键是被保险人将因特定的意外事故而受到负面影响的观念。换而言之，保险要求实际损失的确立。

[48] 纽约保险监管局："巨灾期权" 州法律顾问办公室非正式意见，1998 年 6 月 25 日。

[49] 纽约保险监管局："天气金融工具（衍生品、对冲等）" 州法律顾问办公室，2000 年 2 月 15 日，可见于 www. ins. state. ny. us/rg000205. htm。

[50] 纽约保险监管局：2000 年 6 月 16 日信函，关于信用违约期权工具，可见于 www. ins. state. ny. us。

[51] ISDA 已开发了标准化协议，被未付款衍生品合约的各参与方广泛采纳。ISDA 的网站为 www. isda. org。虽然 CLN、CDO 以及 SCDO 为信用衍生品，我们本

章并未讨论其文档问题。CLN、CDO 和 SCDO 典型地登记为私募票据。

[52] 对 1999 年 ISDA 信用衍生品定义（2001 年 5 月 11 日）的调整补充意见；对 1999 年 ISDA 有关可转换、可交换或递增债务的信用衍生品定义的补充（2001 年 11 月 9 日）；有关可转换、可交换或递增债务的补充的评论（2001 年 11 月 9 日）；关于对 1999 年 ISDA 信用衍生品定义的后续和信用事件的补充（2001 年 11 月 28 日）。

[53] 国际货币基金组织，“全球金融稳定报告，市场发展与问题”，2005 年 4 月，第 9 页。

[54] 同上，第 3 页。

[55] 讨论报告：跨部门风险转移（英国，2002 年 5 月），同前注 [45]，附录 A：转换者（Transformers），可见于 www. fsa. gov. uk/pubs/discussion/index - 2002. html。新闻发布，“风险转移：利益与缺陷值得仔细权衡”，2002 年 5 月 3 日，2002 年 9 月 16 日访问如下网址时可得到：www. fsa. gov. uk/pubs/press/2002/049. html。

第 32 章　项目融资债务抵押证券

[1] CDO 包括债券抵押证券（Collateralized Bond Obligations，CBO）、资金抵押证券（Collateralized Fund Obligations，CFO）和贷款抵押证券（Collateralized Loan Obligations，CLO），以及互换抵押证券（Collateralized Swap Obligations，CSO）。CDO 市场惯例用 CDO 的主要抵押类型来归类。例如，CLO 通常以贷款作为主要抵押品，但 CDO 的抵押物组合也可以包括高收益债券或其他债券及其他证券。

[2] 参见“2004 美国 CDO 回顾/2005 前瞻：CDO 和 CLO 再证券化所驱动的超纪录业务水平”，穆迪投资者服务公司，2005 年 2 月 1 日。

[3] 参见 www. bis. org。

[4] 参见 www. bis. org/publ/bcbsca。

[5] 四家银行为荷兰银行、花旗银行、德意志银行和法国兴业银行。

[6] 关于该研究的详尽论述，见“项目融资的信用属性”一文，作者为克里斯·比利（Chris Beale）、麦克·彻亭（Michel Chatain）、纳森·福克斯（Nathan Fox）、桑德拉·贝尔（Sandra Bell）、詹姆斯·巴纳（James Berner）、罗伯特·伯瑞明哥（Robert Preminger）及詹·普瑞斯（Jan Prins），发表于《结构化及项目融资期刊》（*Journal of Structured and Project Finance*），2002 年秋季。

第 33 章　保险证券化趋势 2004 年回顾：巨灾箱之外的探索

[1] 参见“USAA 与宏大的七”（USAA and the Magnificent Seven），《雷因金融交易笔记》（*Lane Financial Trade Notes*），2003 年 8 月。

[2] 有关于此的讨论见“LFC 巨灾债券定价模型的理念和结果”一文，《雷因

金融交易笔记》，2003 年 12 月。

第 34 章　企业风险管理：联合谷物种植公司案例

[1] 例子包括圣保罗、杜克能源（Duke Energy）和法国农业信贷银行（Credit Agricole Indusuez），参见莱姆（Lam，2001）第 16 ~ 22 页。

[2] 关于进一步的讨论，见弗如特、莎夫斯迪恩和斯迪恩（Froot，Scharfstein & Stein，1994）以及斯达兹（Stulz，1996）。将承担风险的服务与其他服务进行捆绑的效率（如损失控制与索赔处理）也可以成为创造价值的一项来源；见杜贺德和史密斯（Doherty & Smith，1993）。

[3] 更普遍的是，可以假设管理层有某种风险价值的限制，如当管理层希望损失超过 4 000 万美元的概率不高于 1% 时。

[4] 合同的其他组合也可以达到所说的目标，但例子的实质不会改变。

[5] 使用独立的多份保单来获得想要的风险覆盖，类似于购买两个独立的期权的组合；使用一份捆绑保单来获得想要的风险覆盖，类似于就一组风险仅购买一份期权。建立在组合基础上的期权将有较低的波动性，并因而有一个较低的价格（预期赔付较低）。如果交易成本是成比例的，则公司购买基于组合的期权就会比购买期权的组合更合算。

[6] 更多讨论请参见莱姆（Lam，2001）。

[7] 同样，UGG 的管理层也十分关心衍生合约的会计处理。如果衍生合约的价值在 UGG 的财务年度（终结于 7 月 31 日）是按市价评估的，则这些衍生合约确实会增加报告盈利的波动性。演示一下，假设这些衍生合约是基于 6 月和 7 月的天气状况。而且假设在一个特别年度，这些月份的天气情况表明，作物收成会较差，因而天气衍生合约会有一个正的赔付。至 7 月 31 日，该衍生合约的已增加的价值，将会被确认到盈利中。但是，较低的作物收成作为六七月份坏天气的结果，将直到下一财务年度作物收获和运输时才会影响经营利润。因此，如果 UGG 使用天气衍生合约来对冲风险，其利润相对于预期盈利会在首个财务年度增加而在其后的财务年度降低。如果 UGG 未进行对冲，则其盈利将只会在后续的财务年度降低，从而得到一个较低的盈利波动率。

第 35 章　为推动公司交易而设计的告知和保证保险及其他保险产品

[1] M. J. 奥尔和伯克（M. J. Auer & Berke），“风险管理—承保该交易”，The Daily Deal. com，2000 年 4 月 28 日，2000 年 11 月 8 日更新。

[2] 同上。

[3] 参见白汉姆（Banham，1999）。

[4] 一名评论员观察到，兼并与收购活动变得更具风险了，不仅因为走缓的经

济状况，而且是出于涉及知识产权资产的跨境交易的日益增强趋势，而法律法规体系、文化等方面的差异增加了此类交易的风险。参见汉森（Hansen，2001）。

［5］一般来说，有限风险保险被认为是一种平滑机制，可在较长的期间，通常为5到10年，为一家公司的利润表削峰填谷，从而平滑掉不利情况的财务影响。

［6］R. G. 莫林斯（R. G. Mullins），“搏击未知风险暴露”，2001年1月24日，见于 www. erisk. com。

［7］见前文引用的奥尔（Auer）的文章。

［8］参见，前文引用的奥尔（Auer）的文章（引用AIG的估计，1998年和1999年承保的M&A产品增长了50%，由4亿美元升至6亿美元）。

［9］前文引用的汉森（Hansen，2001）和奥尔（Auer）的文章。

［10］前文引用的莫林斯（Mullins）的文章。

［11］汉森（Hansen，2001）（引自汤姆逊财经 Thomson Financial）。

［12］参见劳（Loh，2000）。

［13］参见布斯（Booth，2001）。

［14］参见山姆尔（Sammer，1999）。

［15］参见布斯（Booth，2001）。亦参见 P. C. 伯恩斯特（P. C. Bernstein），“隐蔽的关联：风险管理、金融市场和保险”，美国精算协会，2000年11月/12月（讨论保险、金融服务和融资的融合，并评论保险公司将“破坏性后果转为可管理后果”是一种可以同样适用于所有对冲策略的观点）。

附录A 资本结构的无关性

［1］M&M理论对在一家公司达到其杠杆比率的临界点时将发生什么作如下描述：“超越［该临界点］之外，［预期股票收益］将可能急剧增加，因为市场将‘过多’的股权交易折现进来”（M&M，1958年，第277页）。如今，支持财务杠杆临界值的人声称，当高杠杆水平带来的财务危机概率的增加抵消了债务的其他利益时，临界值就出现了。参见梅尔斯（Myers，1984）和卡尔普（Culp，2002a），以找到对最优资本结构权衡理论的一个解释。

［2］这些实际上并非是M&M提出的原始假设，而是基于法玛（Fama，1978）提出的较为简化的版本。使用此种版本的假设并不会损失什么。这些假设基本与使回售—赎回平价（put - call parity）成立的假设一样。当然，我们也可以争辩说，为得到回售—赎回平价关系，我们只需要无套利原则，但这已经假设了一些特定的情况（例如，公司和个人可以以相同的条款发行被我们视做期权的证券）。

［3］法玛（Fama，1978）表示这一假设可以放宽，如果它被替代为如下假设：没有公司是任何证券的垄断供应方，而且无论完全竞争的证券市场给定一个什么价格，各家公司都会最大化其总市值。

［4］格让迪（Grundy，2002）记述道，为了保持非相关性，套利可以由单个投资者来执行，由中介机构代表投资者投资（如投资银行），或者由企业部门的内部

供应调整作为一个整体来进行。亦可参见 M&M（1959），法玛和米勒（Fama & Miller，1972）以及法玛（Fama 1978）。如果税收或交易成本妨碍这些组中的一组的套利交易，其他两组的任意一组则可以取而代之，从而同样使非相关结果得以保持。税收如何影响 M&M 假设这一问题已经受到相当多的关注，包括 M&M 假设自己在其著名的 1963 年纠正论文中也提到了。亦可参见米勒（Miller，1977，1988）和莫迪格利安尼（Modigliani，1982，1988）。

[5] 在现代资产定价理论中寻找对系统风险的准确定义，请参见可瑞恩（Cochrane，2001）和可瑞恩与卡尔普（Cochrane & Culp，2003）。

[6] 在我们的大部分讨论中，将公司负债的利率处理为已给定的。当然，如果该债务是有风险的，我们可以以该公司负债的预期回报来代替。

附录 B 关于金融机构的基于风险的资本监管

[1] 所披露的准备金若包括进来必须符合特定的标准。另外，第一层资本也需要扣除银行的未摊销商誉，例如在 20 世纪 80 年代储贷危机期间一些美国银行创立的商誉资本。

[2] 本部分大部分基于卡尔普（Culp，1999）。

[3] 17 C. F. R. 240. 15c3 – 1（美国法典）。

[4] 这里的方法是计算在 99% 的置信度下两周风险期间的风险价值。参见第 10 章，以及卡尔普（Culp，2001）以获得对风险价值的进一步讨论。

[5] 参见斯凯波（Skipper，1998）。

[6] 参见克尔恩（Kiln，1991）。

附录 C 风险资本

[1] 引自石瑞夫（Shirreff，1991），第 42 ~ 43 页。

[2] 对于那些跟踪 20 世纪 90 年代中期对 MGRM 计划的主要争论的人而言，此 100% 对冲要求是一个主要原因，使得 MGRM 不调整其对冲比率并选择一对一的对冲方式。对于那些对我所讲的东西不了解而又好奇的人而言，关于因 MGRM 一案而引出的主要问题（包括此问题）的讨论，可参见卡尔普和米勒（Culp & Miller，2000）所收集的论文。

[3] 例如，对于像宏观对冲（macro hedges）这样的项目，并非如此。这种项目仍非常有用，但可能在其对公司盈利的影响方面与实收风险资本有所不同。

[4] 在 VaR 计算中选择的概率水平，是被解释为有 $x\%$ 的机会发生更大的损失，还是被解释为在未来的 100 个时期中的 x 个时期内发生更大的损失，取决于我们是否假设用来计算 VaR 的概率分布在不同的时期保持稳定。

[5] 这四种方法由赛塔（Saita，1999）、波瑞迪（Perold，2001）、史密森（Smithson，2003）以及其他人进行过评论。

[6] 参见赛塔（Saita，1999）。

[7] 也有可能不存在一个定义明确的最佳组合。这取决于我们如何精确地估计应急资本和实收风险资本的成本。

[8] 有不少其他书籍很好地讨论过此问题（包括我自己以前的著作）。我们这里不再进行同等详细的讨论。

[9] 如果使用卖出期权法计算风险资本的数额，仍有一个使用何种模型的未决问题。而且，如果选择类似于 VaR 的实证方法，由于对数据频率、时间序列的长度、估计方法、分布假设以及其他类似情况的选择的不同，甚至会有更多的差异。

常用缩略词

ABCP	资产支持商业票据
ABS	资产支持证券
ADC	不利发展保险
ADS	资产违约互换
APV	调整后现值
ART	非传统风险转移
BI	营业中断（保险）
BOT	建设—运营—转移（项目管理模型）
CaR	风险资本
CCA	现金担保账户
CDO	债务抵押证券
CDO^2	CDO 的 CDO
CDS	信用违约互换
C/E	信用增强
CFO	基金抵押证券
CFROI	投资的现金流回报
CLN	信用连结票据
CMCDS	固定期限信用违约互换
CPN	资本保护票据
CSO	抵押合成证券
D&O	董事和管理人员（保险）
DCF	贴现现金流
DSCR	债务偿付比率
E&O	错误和遗漏
EDO	股本违约债务
EDS	股本违约互换
ELN	预期损失票据
EM	新兴市场
EN	可延期票据
EPS	每股收益
EVA	附加经济价值
FI	诚信（保险）
HY	高收益

IBNR	已发生但未报告
I/C	利息保障比率
IP	知识产权
IRR	内部回报率
IT	信息技术
LAE	理赔费用
LGD	违约损失率
LOC 或 L/C	信用证
LPT	损失组合转移
MBS	按揭支持证券
NOPAT	税后净营运利润
NPV	净现值
O&M	运营和维护
O/C	超额抵押（数额、比率或测试）
P&C	财产和意外（保险）
P&I	本金和利息
PB	FIN46R 下可变利益实体的主要受益人
PE	私募股权
PI	专业人员责任（保险）
PV	现值
QSPE	合格的特殊目的机构（FIN46R）
QST	成数合约
RAL	追溯性总损失
ROA	资产回报率
ROE	股本回报率
ROI	投资回报率
RROC	剩余资本回报率
RXL	追溯性超额损失
SCDO	合成债务抵押证券
SME	小到中型企业
SST	溢额比例合约
STSCDO	单层债务抵押证券
SVA	附加股东价值
UPR	未赚保费准备金（未满期保费准备金）
VI	可变利益
VIE	可变利益实体
WACC	加权平均资本成本
XOL	超额损失
XS	超额损失起赔点——A XS B 是指较低起赔点 B 美元之上的 A 美元保障，以及较高的起赔点是 A + B

参考文献

Akerlof, G. A. 1970. "The Market for 'Lemons': Quality Uncertainty and the Market Mechanism." *Quarterly Journal of Economics* 84, No. 3 (August).

Allen, F., and G. R. Faulhaber. 1989. "Signaling by Underpricing in the IPO Market." *Journal of Financial Economics* 23.

Allen, F., and R. Michaely. 1995. "Dividend Policy." *Handbooks in OR & MS* 9. Amsterdam: Elsevier.

Allen, F., and A. Winton. 1995. "Corporate Financial Structure, Incentives and Optimal Contracting." *Handbooks in OR & MS* 9. Amsterdam: Elsevier.

Ballantine, R. 2001a. "Deals That Fly." *Reactions* (April).

Ballantine, R. 2001b. "Not Like It Is in the Movies." *Reactions* (August).

Banham, R. 1999. "Two for the Money." *Journal of Accountancy* (November).

Banham, R. 2000. "Rethinking the Future." *Reactions* (April).

Banham, R. 2001. "CLOCS Ticking to New Market." *Reactions* (April).

Banz, R. W. 1981. "The Relationship between Return and Market Value of Common Stocks." *Journal of Financial Economics* 9.

Barclay, M. J., and C. W. Smith, Jr. 1996. "On Financial Architecture: Leverage, Maturity, and Priority." *Journal of Applied Corporate Finance* 8, No. 4 (Winter).

Barclay, M. J., and C. W. Smith, Jr. 1999. "The Capital Structure Puzzle: Another Look at the Evidence." *Journal of Applied Corporate Finance* 12, No. 1 (Spring).

Bassett, R., and M. Storrie. 2003. "Corporate Accounting After Enron: Is the Cure Worse Than the Disease?" In *Corporate Aftershock*. C. L. Culp and W. A. Niskanen, eds. New York: John Wiley & Sons.

Batchvarov, A., J. Collins, and W. Davies. 2003. "Considerations for Dynamic and Static, Cash and Synthetic Collaterised Debt Obligations." In *Credit Derivatives: The Definitive Guide*. J. Gregory, ed. London: Risk Books.

Batchvarov, A., A. Davletova, and W. Davies. 2004. *CDO Compendium*. Merrill Lynch (December 15).

Belonsky, G., D. Laster, and D. Durbin. 1999. "Insurance-Linked Securities." In *Insurance and Weather Derivatives*. H. Geman, ed. London: Risk Books.

Bernero, R. H. 1998. "Second-Generation OTC Derivatives and Structured Products: Catastrophe Bonds, Catastrophe Swaps, and Insurance Securitizations." In *Securitized Insurance Risk*. M. Himick, ed. Chicago: Glenlake Publishing Company, Ltd.

Black, F., and M. Scholes. 1973. "The Pricing of Options and Corporate Liabilities." *Journal of Political Economy* 81, No. 3: 637–654.

Booth, G. 2001. "Needed: A Common Language of Risk." *MMC Views* (November 1).

Borch, K. H. 1990. *Economics of Insurance*. Amsterdam: North-Holland.

Brealey, R. A., and S. C. Myers. 2000. *Principles of Corporate Finance*. 6th ed. New York: Irwin McGraw-Hill.

Brennan, M. J., and E. S. Schwartz. 1988. "The Case for Convertibles." *Journal of Appled Corporate Finance* 2, No. 1 (Summer).

Butt, V. 2003. "Integrated Risk: Heyday or Gone Away?" *Risk & Insurance* (March 3).

Canter, M. S., J. B. Cole, and R. L. Sandor. 1999. "Insurance Derivatives: A New Asset Class for the Capital Markets and a New Hedging Tool for the Insurance Industry." In *Insurance and Weather Derivatives*. H. Geman, ed. London: Risk Books.

Carow, K. A., G. R. Erwin, and J. J. McConnell. 1999. "A Survey of U.S. Corporate Financing Innovations: 1970–1997." *Journal of Applied Corporate Finance* 12, No. 11 (Spring).

Carter, R., L. Lucas, and N. Ralph. 2000. *Reinsurance*. 4th ed. London: Reactions Publishing Group in association with Guy Carpenter & Company.

Chacko, G., P. Tufano, and G. Verter. 2002. "Raising Contingent Capital: The Case of Cephalon." *Journal of Applied Corporate Finance* 15, No. 1 (Spring).

Chapman Tripp. 1998. "Mezzanine Finance: One Person's Ceiling Is Another Person's Floor." *Finance Law Focus* 11 (November).

Chen, N., R. Roll, and S. Ross. 1986. "Economic Forces and the Stock Market." *Journal of Business* 59.

Choudhry, M. 2004. *Structured Credit Products*. Singapore: John Wiley & Sons (Asia) Pte Ltd.

Cifuentes, A., I. Efrat, J. Gluck, and E. Murphy. 1998. "Buying and Selling Credit Risk: A Perspective on Credit-Linked Obligations." *Credit Derivatives: Applications for Risk Management, Investment, and Portfolio Optimisation*. London: Risk Books.

Cochrane, J. H. 1991. "Production-Based Asset Pricing and the Link Between Stock Returns and Economic Fluctuations." *Journal of Finance* 46.

Cochrane, J. H. 1996. "A Cross-Sectional Test of an Investment-Based Asset Pricing Model." *Journal of Political Economy* 104.

Cochrane, J. H. 2001. *Asset Pricing*. Princeton, NJ: Princeton University Press.

Cochrane, J. H., and C. L. Culp. 2003. "Equilibrium Asset Pricing and Discount Factors: Overview and Implications for Derivatives Valuation and Risk Management." In *The Growth of Risk Management: A History*. P. Field, ed. London: Risk Books.

Corrigan, E. G. 1990. "Perspectives on Payment System Risk Reduction." In *The U.S. Payment System: Efficiency, Risk, and the Role of the Federal Reserve*. D. B. Humphrey, ed. Boston: Kluwer Academic Publishers.

Cox, S. H., and R. G. Schwebach. 1992. "Insurance Futures and Hedging Insurance Price Risk." *Journal of Risk and Insurance* 59, No. 4.

Coxe, T. A. 2000. "Convertible Structures: Evolution Continues." In *Handbook of Hybrid Instruments*. I. Nelken, ed. New York: John Wiley & Sons.

Crouhy, M., D. Galai, and R. Mark. 2001. *Risk Management*. New York: McGraw-Hill.

Culp, C. L. 1996. "Relations between Insurance and Derivatives: Applications from Catastrophic Loss Insurance." In *Rethinking Insurance Regulation*, Vol.

1: *Catastrophic Risks.*Y. B. McAleer and T. Miller, eds. Washington, DC: Competitive Enterprise Institute.

Culp, C. L. 1999. "Wettbewerbsnachteile für Schweizer Banken? Konsultativpapier des Basler Ausschusses mit Schwächen." *Neue Zürcher Zeitung* (October 15).

Culp, C. L. 2000. "Revisiting RAROC." *Journal of Lending and Credit Risk Management* (March).

Culp, C. L. 2001. *The Risk Management Process: Business Strategy and Tactics.* New York: John Wiley & Sons.

Culp, C. L. 2002a. *The ART of Risk Management: Alternative Risk Transfer, Capital Structure, and the Convergence of Insurance and Capital Markets.* New York: John Wiley & Sons.

Culp, C. L. 2002b. "Contingent Capital: Integrating Corporate Financing and Risk Management Decisions." *Journal of Applied Corporate Finance* 15, No. 1: 9–18.

Culp, C. L. 2002c. "The Revolution in Corporate Risk Management: A Decade of Innovations in Process and Products." *Journal of Applied Corporate Finance* 14, No. 4: 8–26.

Culp, C. L. 2004. *Risk Transfer: Derivatives in Theory and Practice.* Hoboken, NJ: John Wiley & Sons.

Culp, C. L., D. Furbush, and B. T. Kavanagh. 1994. "Structured Debt and Corporate Risk Management." *Journal of Applied Corporate Finance* 7, No. 3 (Fall).

Culp, C. L., and B. T. Kavanagh. 1994. "Methods of Resolving Over-the-Counter Derivatives Contracts in Failed Depository Institutions: Restrictions on Regulators from Federal Banking Law." *Futures International Law Letter* 14, Nos. 3–4 (May/June).

Culp, C. L., and R. J. Mackay. 1997. "An Introduction to Structured Notes." *Derivatives* 2, No. 4 (March/April).

Culp, C. L., and M. H. Miller. 1995. "Metallgesellschaft and the Economics of Synthetic Storage." *Journal of Applied Corporate Finance* 7(4).

Culp, C. L., and M. H. Miller. 2000. *Corporate Hedging in Theory and Practice: Lessons from Metallgesellschaft.* London: Risk Publications.

Culp, C. L., and A. M. P. Neves. 1998a. "Credit and Interest Rate Risk in the Business of Banking." *Derivatives Quarterly* 4, No. 4 (Summer).

Culp, C. L., and A. M. P. Neves. 1998b. "Financial Innovations in Leveraged Commercial Loan Markets." *Journal of Applied Corporate Finance* 11, No. 2 (Summer).

Culp, C. L., and W. A. Niskanen, eds. 2003. *Corporate Aftershock: The Public Policy Lessons from the Collapse of Enron and Other Major Corporations.* New York: John Wiley & Sons.

Culp, C. L., and J. A. Overdahl. 1996. "An Overview of Derivatives: Their Mechanics, Participants, Scope of Activity, and Benefits." In *The Financial Services Revolution.* C. Kirsch, ed. Chicago: Irwin Professional Publishing.

Cummins, J. D., and H. Geman. 1995. "Pricing Catastrophe Insurance Futures and Call Spreads: An Arbitrage Approach." *Journal of Fixed Income* (March).

Daniel, K., and S. Titman. 1995. "Financing Investment under Asymmetric Information." *Handbooks in OR & MS* 9. Amsterdam: Elsevier.

D'Amario, P. B. 2002. "North American Credit Derivatives Market Develops Rapidly." *Greenwich Associates* (January 9).

D'Arcy, S. P., and V. G. France. 1992. "Catastrophe Futures: A Better Hedge for Insurers." *Journal of Risk and Insurance* 59, No. 4.

Davidson, A., A. Sanders, L. Wolff, and A. Ching. 2003. *Securitization: Structuring and Investment Analysis*. New York: John Wiley & Sons.

Davis, A., and M. Pacelle. 2001. "Covad to Pay Its Bondholders Before Default." *Wall Street Journal* (August 8).

Davletova, A., A. Batchvarov, and W. Davies. 2004. "Application of Traditional Structuring Techniques to the Creation of New Hybrid Products (Case Studies)." In *Hybrid Products: Instruments, Applications and Modelling*. A. Batchvarov, ed. London: Risk Books.

Deacon, J. 2004. *Global Securitisation and CDOs*. West Sussex, England: John Wiley & Sons, Ltd.

DeAngelo, H., and R. W. Masulis. 1980. "Optimal Capital Structure under Corporate and Personal Taxation." *Journal of Financial Economics* 8.

Diamond, D. 1984. "Financial Intermediation and Delegated Monitoring." *Review of Economic Studies* 51.

Diamond, D. 1989a. "Asset Services and Financial Intermediation." In *Financial Markets and Incomplete Information: Frontiers of Modern Financial Theory*, Vol. 2. S. Bhattacharya and G. Constantinides, eds. Savage, MD: Rowman & Littlefield Publishers.

Diamond, D. 1989b. "Reputation Acquisition in Debt Markets." *Journal of Political Economy* 97.

Diamond, D. 1991. "Monitoring and Reputation: The Choice between Bank Loans and Directly Placed Debt." *Journal of Political Economy* 99.

Diamond, D. 1993. "Seniority and Maturity of Debt Contracts." *Journal of Financial Economics* 33.

Diamond, D., and R. Verrecchia. 1982. "Optimal Managerial Contracts and Equilibrium Security Prices." *Journal of Finance* 37.

Diamond, J. 1997. *Guns, Germs, and Steel*. London: Chatto & Windus.

Doherty, N. A. 2000. *Integrated Risk Management*. New York: McGraw-Hill.

Doherty, N. A., and C. W. Smith Jr. 1993. "Corporate Insurance Strategy: The Case of British Petroleum." *Journal of Applied Corporate Finance* 6, No. 3 (Fall).

Dyson, B. 2001. "Striking the Vital Balance." *Reactions* (January).

Eckbo, B. E. 1986. "Valuation Effects and Corporate Debt Offerings." *Journal of Financial Economics* 15.

Eckbo, B. E., and R. W. Masulis. 1995. "Seasoned Equity Offerings: A Survey." *Handbooks in OR & MS* 9. Amsterdam: Elsevier.

Erhart, B. 2002. "Contingent Cover." In *Alternative Risk Strategies*. M. N. Lane, ed. London: Risk Books.

Falloon, W. 1993. "Fairway to Heaven." *Risk* 6, No. 12.

Fama, E. F. 1978. "The Effects of a Firm's Investment and Financing Decisions on the Welfare of Its Security Holders." *American Economic Review* 68, No. 3.

Fama, E. F., and K. R. French. 1992. "The Cross-Section of Expected Stock Returns." *Journal of Finance* 47.

Fama, E. F., and K. R. French. 1993. "Common Risk Factors in the Returns on Stocks and Bonds." *Journal of Financial Economics* 33.

Fama, E. F., and K. R. French. 1995. "Size and Book-to-Market Factors in Earnings and Returns." *Journal of Finance* 50.

Fama, E. F., and K. R. French. 1996. "Multifactor Explanations of Asset Pricing Anomalies." *Journal of Finance* 51.

Fama, E. F., and K. R. French. 1997. "Industry Costs of Equity." *Journal of Financial Economics* 43.

Fama, E. F., and K. R. French. 1998. "Taxes, Financing Decisions, and Firm Value." *Journal of Finance* 43, No. 3.

Fama, E. F., and K. R. French. 1999. "The Corporate Cost of Capital and the Return on Corporate Investment." *Journal of Finance* 54, No. 6.

Fama, E. F., and K. R. French. 2002. "Testing Trade-Off and Pecking Order Predictions about Dividends and Debt." *Review of Financial Studies* 15, No. 1: 1–33.

Fama, E. F., and K. R. French. 2004. "Financing Decisions: Who Issues Stock?" Working Paper, Graduate School of Business, University of Chicago, Center for Research in Security Prices.

Fama, E. F., and M. H. Miller. 1972. *The Theory of Finance*. New York: Holt, Rinehart, & Winston.

Fenn, G. W., N. Liang, and S. Prowse. 1995. *The Economics of the Private Equity Market*. Research Paper, Board of Governors of the Federal Reserve System (December).

Finnerty, J. D. 1996. *Project Financing: Asset-Based Financial Engineering*. New York: John Wiley & Sons.

Forrester, J. P. 2003. "Synthetic Resecuritizations: A Step Too Far?" *International Financial Law Review* (December).

Forrester, J. P. 2004. "CDOs and CFOs: UFOs or WFMD?" Speech before Structured Finance and ART MBA Class (Prof. C. Culp), Graduate School of Business, University of Chicago (December).

Forrester, J. P. 2005. "Project Finance." Speech before Alternative Risk Transfer Executive Education Seminar, Graduate School of Business, University of Chicago (April).

Frank, M. Z., and V. K. Goyal. 2003. "Testing the Pecking Order Theory of Capital Structure." *Journal of Financial Economics* 67.

Frank, M. Z., and V. K. Goyal. 2004. "The Effect of Market Conditions on Capital Structure Adjustment." Finance Research Letters1.

Froot, K. A. 1999. *The Financing of Catastrophic Risk*. Chicago: University of Chicago Press.

Froot, K. A., D. S. Scharfstein, and J. C. Stein. 1993. "Risk Management: Coordinating Investment and Financing Policies." *Journal of Finance* 48, No. 5.

Froot, K. A., D. S. Scharfstein, and J. C. Stein. 1994. "A Framework for Risk Management." *Harvard Business Review* (November–December).

Froot, K. A., and J. C. Stein. 1998. "Risk Management, Capital Budgeting, and Capital Structure Policy for Financial Institutions: An Integrated Approach."

Journal of Financial Economics 47.

Geman, H. 1999. *Insurance and Weather Derivatives*. London: Risk Books.

Gergen, M. P., and P. Schmitz. 1997. "The Influence of Tax Law on Securities Innovation in the United States, 1981–1997." *New York University Tax Review*.

Gerling Global Financial Products, Inc. (GGFP). 2000. *Modern ART Practice*. London: Euromoney Institutional Investor.

Global Derivatives Study Group. 1993. *Derivatives: Practices and Principles*. Washington, DC: Group of Thirty.

Goodman, L. S., and F. J. Fabozzi. 2002. *Collateralized Debt Obligations: Structures and Analysis*. Hoboken, NJ: John Wiley & Sons.

Graham, J. R. 1996. "Debt and the Marginal Tax Rate." *Journal of Financial Economics* 41.

Grant, J. L. 2003. *Foundations of Economic Value Added*. 2nd ed. New York: John Wiley & Sons.

Grantham, R. J. 2004. "Innovations to Give Issuers Flexibility in Equity-Linked Funding." In *Hybrid Products: Instruments, Applications and Modeling*. A. Batchvarov, ed. London: Risk Books.

Green, P. 2001. "Risk Management Covers Enterprise Exposures." *Global Finance* (January).

Gregory, J., ed. 2003. *Credit Derivatives: The Definitive Guide*. London: Risk Books.

Grinblatt, M., and C. Y. Hwang. 1989. "Signaling and the Pricing of New Issues." *Journal of Finance* 44.

Grundy, B. D. 2002. "Preface." In *Selected Works of Merton H. Miller, A Celebration of Markets*, Vol. 1: *Finance*. B. D. Grundy, ed. Chicago: The University of Chicago Press, xv–xxviii.

Hansen, F. 2001. "The M&A Triple Threat." *Business Finance* (October).

Hardy, C. O. 1923. *Risk and Risk-Bearing*. 1999 ed. London: Risk Books.

Harris, M., and A. Raviv. 1990. "Capital Structure and the Informational Role of Debt." *Journal of Finance* 45.

Harris, M., and A. Raviv. 1991. "The Theory of Capital Structure." *Journal of Finance* 46, No. 1.

Hart, O., and J. Moore. 1990. "A Theory of Corporate Financial Structure Based on the Seniority of Claims." NBER Working Paper 343 (September).

Hay, J. 1999. "A Veteran Investor Ups Tempo." *Structured Finance International* No. 2 (June 1).

Hayre, L. S., C. Mohebbi, and T. A. Zimmerman. 1995. "Mortgage Pass-Through Securities." In *The Handbook of Fixed Income Securities*. F. J. Fabozzi and T. D. Fabozzi, eds. Chicago: Irwin Professional Publishing.

Heaton, J. B. 2000. "Patent Law and Financial Engineering." *Derivatives Quarterly* 7, No. 2.

Heaton, J. B. 2004. "Deepening Insolvency." *Journal of Corporate Law*.

Heberle, M. 2003. "Introduction to Emerging Market Future Flow Securitizations." *Wachovia Securities Structured Products Research* (November 20).

Hicks, J. R. 1989. *A Market Theory of Money*. London: Oxford University Press.

Himick, M., ed. 1998. *Securitized Insurance Risk*. Chicago: Glenlake Publishing

Company, Ltd.

Hoffman, W. 1998. *Multiline Multiyear Agreements: A Guide for the Drafter and Negotiator.* Zürich: Swiss Re New Markets.

Howard, L. S. 2001. "Movie Bonds Get Bad Review After AIG Declines Coverage." *National Underwriter Online News* (February 9).

Hull, J. C. 2003. *Options, Futures, and Other Derivatives.* Upper Saddle River, NJ: Prentice Hall.

Ibbotson, R. G., and J. R. Ritter. 1995. "Initial Public Offerings." *Handbooks in OR & MS* 9. Amsterdam: Elsevier.

Imfeld, D. 2000. "Keeping an Eye on Interruption Risk." *Alternative Risk Strategies: Special Supplement to Risk Magazine* (December).

Ingersoll, J., and S. Ross. 1992. "Waiting to Invest: Investment and Uncertainty." *Journal of Business* 65, No. 1 (January).

ISDA/BBA/RMA. 1999. *Operational Risk: The Next Frontier.* New York: International Swaps and Derivatives Association, British Bankers' Association, and Risk Management Association.

Jagannathan, R., and Z. Wang. 1996. "The Conditional CAPM and the Cross-Section of Expected Returns." *Journal of Finance* Vol. 51.

James, C. 1987. "Some Evidence on the Uniqueness of Bank Loans." *Journal of Financial Economics* 19.

Jensen, M. C. 1986. "Agency Costs of Free Cash Flows, Corporate Finance and Takeovers." *American Economic Review* 76.

Jensen, M. C., and W. H. Meckling. 1976. "Theory of the Firm: Managerial Behavior, Agency Costs and Ownership Structure." *Journal of Financial Economics* 3, No. 4.

John, T. A., and K. John. 1991. "Optimality of Project Financing: Theory and Empirical Implications in Finance and Accounting." *Review of Quantitative Finance and Accounting* 1 (January).

JPMorgan. 1998. *Credit Derivatives: A Primer.* New York: JPMorgan.

Kat, H. M. 2002. *Structured Equity Derivatives.* New York: John Wiley & Sons.

Katz, D. M. 1999. "Banks Gain Entry into Insurance via Captives." *National Underwriter* (March 15).

Kavanagh, B., T. R. Bohemio, and G. A. Edwards Jr. 1992. "Asset-Backed Commercial Paper Programs." *Federal Reserve Bulletin* (February).

Kiln, R. 1991. *Reinsurance in Practice.* London: Witherby & Co. Ltd.

Kloman, H. F. 1998. "Captive Insurance Companies." In *International Risk and Insurance: An Environmental-Managerial Approach.* H. D. Skipper, ed. New York: Irwin McGraw-Hill.

Knop, R. 2002. *Structured Products.* New York: John Wiley & Sons.

Lam, J. 2001. "The CRO is Here to Stay." *Risk Management* (April).

Lane, M. N. 1998a. "AQS: Accelerated Quota Share." *Trade Notes.* Sedgwick Lane Financial (December 23).

Lane, M. N. 1998b. "Price, Risk, and Ratings for Insurance-Linked Notes: Evaluating Their Position in Your Portfolio." *Derivatives Quarterly* 4, No. 4 (Summer).

Lane, M. N. 1999. "An Optionable Note: The Reliance III Case Study." *Trade Notes.* Lane Financial LLC (www.lanefinancialllc.com).

Lane, M. N. 2000. "CDOs as Self-Contained Reinsurance Structures." *Trade Notes*. Lane Financial LLC (www.lanefinancialllc.com) (December 10).

Lane, M. N., and R. G. Beckwith. 2003. "2003 Review of Trends in Insurance Securitization." *Trade Notes*. Lane Financial LLC (April 25).

Leland, H. E., and D. H. Pyle. 1977. "Information Asymmetries, Financial Structure, and Financial Intermediation." *Journal of Finance* 32, No. 2 (May).

Lenckus, D. 1997. "Self-Insurance Expanding Its Reach: Risk Management Takes Sophisticated Turn." *Business Insurance* (February 17).

Lenckus, D. 2000. "Finite Risk Superfund Deal Set." *Business Insurance* (November 6).

Lerner, J. 2000a. *Venture Capital*. New York: John Wiley & Sons.

Lerner, J. 2000b. "Where Does State Street Lead? A First Look at Finance Patents, 1971–2000." Working Paper 01-005, Harvard Business School.

Lev, B. 1989. "On the Usefulness of Earnings and Earnings Research: Lessons and Directions from Two Decades of Empirical Research." *Journal of Accounting Research* 27, Supplement.

Lewent, J. C., and A. J. Kearney. 1990. "Identifying, Measuring, and Hedging Currency Risk at Merck." *Journal of Applied Corporate Finance* 1.

L'Habitant, F.-S. 2002. *Hedge Funds: Myths and Limits*. New York: John Wiley & Sons.

Li, M. Y. 2002. "Transfer That Risk." *U.S. Banker* (March).

Linn, S. C., and J. M. Pinegar. 1988. "The Effect of Issuing Preferred Stock on Common and Preferred Stockholder Wealth." *Journal of Financial Economics* 22.

Loh, J. 2000. "Alternative Risk Transfers: What Managers Need to Know Separating Hype from Facts, and Is It Right for You?" *Asia Insurance Review* (December 5).

Lonkevich, D. 1999. "Integrated Risk Products Slow to Catch On." *National Underwriter* (April 12).

Lucas, D. 2001. *CDO Handbook*. New York: J. P. Morgan Securities, Inc.

Lucas, D., and A. Thomas. 2003. "Nth Toe Default Swaps and Notes: All About Default Correlation." In *Credit Derivatives: The Definitive Guide*. J. Gregory, ed. London: Risk Books.

Mackie-Mason, J. K. 1990. "Do Taxes Affect Corporate Financing Decisions?" *Journal of Finance* 45.

Maksimoic, V. 1995. "Financial Structure and Product Market Competition." *Handbooks in OR & MS* 9. Amsterdam: Elsevier.

Masulis, R. W. 1980. "The Effects of Capital Structure Changes on Security Prices: A Study of Exchange Offers." *Journal of Financial Economics* 8.

Masulis, R. W., and A. W. Korwar. 1986. "Seasoned Equity Offerings: An Empirical Investigation." *Journal of Financial Economics* 15.

Matten, C. 2000. *Managing Bank Capital*. 2nd edition. New York: John Wiley & Sons.

Mayers, D. 2000. "Convertible Bonds: Matching Real Options with Financial Options." *Journal of Applied Corporate Finance* 13, No. 1 (Spring).

McDonnell, E. 2002. "Industry Loss Warranties." In *Alternative Risk Strategies*. M. N. Lane, ed. London: Risk Books.

McEntee, J. J., III. 2004. "Trust-Preferred Securities Enhance Investor, Issuer Opportunities." In *Hybrid Products: Instruments, Applications and Modeling*. A. Batchvarov, ed. London: Risk Books.

McGinnis, D. 2004. "Creating Solutions to Preserve Business Relationships." *AIG Risk Finance Review* 3, No. 1.

Merges, R. P. 1999. "As Many As Six Impossible Patents Before Breakfast: Property Rights for Business Concepts and Patent System Reform." *Berkeley Technology Law Journal* 14.

Merton, R. C. 1974. "On the Pricing of Corporate Debt: The Risk Structure of Interest Rates." *Journal of Finance* 29.

Merton, R. C. 1993. "Operation and Regulation in Financial Intermediation: A Functional Perspective." Working Paper 93-020, Harvard Business School.

Merton, R. C., and A. F. Perold. 1993. "Management of Risk Capital in Financial Firms." In *Financial Services: Perspectives and Challenges*. Boston: Harvard Business School Press.

Mikkelson, W. H., and M. M. Partch. 1986. "Valuation Effects of Security Offerings and the Issuance Process." *Journal of Financial Economics* 15.

Miller, M. H. 1977. "Debt and Taxes." *Journal of Finance* 32, No. 2: 261–275.

Miller, M. H. 1986. "Financial Innovation: The Last Twenty Years and the Next." *Journal of Financial and Quantitative Analysis* 21.

Miller, M. H. 1988. "The Modigliani-Miller Propositions After Thirty Years," *Journal of Economic Perspectives* 2, No. 4: 99–120.

Miller, M. H. 1991. "Leverage." *Journal of Finance* 46, No. 2: 479–488.

Miller, M. H. 1997. *Merton Miller on Derivatives*. New York: John Wiley & Sons.

Miller, M. H., and K. Rock. 1985. "Dividend Policy under Asymmetric Information." *Journal of Finance* 40, No. 4 (September).

Miller, M. H., and M. S. Scholes. 1982. "Dividends and Taxes: Some Empirical Evidence." *Journal of Political Economy* Vol. 90, No. 6.

Mischel, H., R. P. Smith, R. E. Green, D. S. Veno, and V. Orgo.2005. *S&P Bond Insurance Book 2005*. New York: Standard & Poor's.

Modigliani, F. 1982. "Debt, Dividend Policy, Taxes, Inflation and Market Valuation." *Journal of Finance* 37, No. 2: 255–273.

Modigliani, F. 1988. "MM—Past, Present, Future." *Journal of Economic Perspectives* 2, No. 4: 149–158.

Modigliani, F., and M. H. Miller. 1958. "The Cost of Capital, Corporation Finance, and the Theory of Investment." *American Economic Review* 48, No. 3: 261–297.

Modigliani, F., and M. H. Miller. 1959. "The Cost of Capital, Corporation Finance, and the Theory of Investment: Reply." *American Economic Review* 49, No. 4: 655–669.

Modigliani, F., and M. H. Miller. 1961. "Dividend Policy, Growth, and the Valuation of Shares." *Journal of Business* 34, No. 4: 411–433.

Modigliani, F., and M. H. Miller. 1963. "Corporate Income Taxes and the Cost of Capital: A Correction." *American Economic Review* 53, No. 3: 433–443.

Monti, R. G., and A. Barile. 1995. *A Practical Guide to Finite Risk Insurance and Reinsurance*. New York: John Wiley & Sons.

Murphy, E. 2003. "Overview of the CDO Market." In *Credit Derivatives: The Definitive Guide*. J. Gregory, ed. London: Risk Books.

Myers, G. 2000. "The Alternative Insurance Market: A Primer." White Paper, Munich Re/America Re (June 30).

Myers, S. C. 1977. "The Determinants of Corporate Borrowing." *Journal of Financial Economics* 5.

Myers, S. C. 1984. "The Capital Structure Puzzle." *Journal of Finance* 39, No. 3.

Myers, S. C., and N. S. Majluf. 1984. "Corporate Financing and Investment Decisions When Firms Have Information That Investors Do Not Have." *Journal of Financial Economics* 13.

Nelson, P. 1970. "Information and Consumer Behavior." *Journal of Political Economy* 78.

Nelson, P. 1974. "Advertising as Information." *Journal of Political Economy* 81.

Niehaus, G., and S. V. Mann. 1992. "The Trading of Underwriting Risk: An Analysis of Insurance Futures Contracts and Reinsurance." *Journal of Risk and Insurance* 59, No. 4.

Ogden, J. 1987. "An Analysis of Yield Curve Notes." *Journal of Finance* (March).

Outreville, J. F. 1998. *Theory and Practice of Insurance*. Boston: Kluwer.

Pacelle, M., and S. Young. 2001. "Bondholders Press Telecom Firms to Halt Spending Sprees." *Wall Street Journal* (July 2).

Palmer, P. 2003. "The Market for Complex Credit Risk." In *Corporate Aftershock*. C. L. Culp and W. A. Niskanen, eds. New York: John Wiley & Sons.

Parkin, A. 1998. "Catastrophic Risk as an 'Alternative Investment.'" In *Securitized Insurance Risk*. M. Himick, ed. Chicago: Glenlake Publishing Company, Ltd.

Perold, A. F. 2001. "Capital Allocation in Financial Firms." Harvard Business School Working Paper 98-072 (February).

Perraudin, W. 2004. *Structured Credit Products: Pricing, Rating, Risk Management, and Basel II*. London: Risk Books.

Peterson, M. 2001. "Master Chefs of the Credit Market." *Euromoney* (June).

Peterson, P. P., and F. J. Fabozzi. 2002. *Capital Budgeting: Theory and Practice*. New York: John Wiley & Sons.

Phifer, R. 1996. *Reinsurance Fundamentals: Treaty and Facultative*. New York: John Wiley & Sons.

Rajan, R. G. 1992. "Insiders and Outsiders: The Choice between Informed and Arm's-Length Debt." *Journal of Finance* 47.

Rajan, R. G., and L. Zingales. 1995. "What Do We Know About Capital Structure? Some Evidence from International Data." *Journal of Finance* Vol. 50.

Rappaport, A. 1998. *Creating Shareholder Value*. 2nd ed. New York: Free Press.

Raybin, P. 2003. "When One Door Closes . . ." *AIG Risk Finance Review* 2, No. 2.

Remy, U. E., and D. Grieger. 2003. "Industry-Specific Practices and Solutions: Credit Solutions Provided by Insurance Companies." In *Alternative Risk Strategies*. M. Lane, ed. London: Risk Books.

Reoch, R. 2003. "Credit Derivatives: The Past, the Presemt and the Future." In *Credit Derivatives: The Definitive Guide*. J. Gregory, ed. London: Risk Books.

Roach, R. 2002. *Testimony Before the Permanent Subcommittee on Investigations on The Role of Financial Institutions in Enron's Collapse* (July 23).

Rogers, M. T., A. Sargeant, and G. Osborne. 1996. "Insurance Captives Offer Buoyant Risk Financing." *Corporate Cashflow* (April).

Ross, S. A. 1988. "Comment on the Modigliani-Miller Propositions." *Journal of Economic Perspectives* 2, No. 4: 127–133.

Rothschild, M., and J. Stiglitz. 1976. "Equilibrium in Competitive Insurance Markets." *Quarterly Journal of Economics* 90.

Saita, Francesco. 1999. "Allocation of Risk Capital in Financial Institutions." *Financial Management* 28, No. 3 (Autumn).

Sammer, J. 1999. "Brave New Business Risks." *Business Finance* (December 1999).

Schenk, C. 2000. "Michelin: Setting the Standard." *Alternative Risk Strategies: Special Supplement to Risk Magazine* (December).

Schienvar, S. 2003. "Structure Puts Cost Relief in Sight." *AIG Risk Finance Review* 2, No. 1 (Spring).

Schön, E., V. Bochicchio, and E. Wolfram. 1998. *Integrated Risk Management Solutions*. Zürich: Swiss Re New Markets.

Sclafane, S. 1996. "Product Liability Plan Taps Capital Market." *National Underwriter* (April 22).

Scordis, N. A., and M. M. Porat. 1998. "Captive Insurance Companies and Manager-Owner Conflicts." *Journal of Risk and Insurance* 65, No. 2.

Senbet, L. W., and J. K. Seward. 1995. "Financial Distress, Bankruptcy, and Reorganization." *Handbooks in OR & MS* 9. Amsterdam: Elsevier.

Shepheard-Walwyn, T., and R. Litterman. 1998. "Building a Coherent Risk Measurement and Capital Optimisation Model for Financial Firms." *FRBNY Economic Policy Review* (October).

Shimpi, P. 2001. *Integrating Corporate Risk Management*. New York: Texere.

Shirreff, D. 1991. "Dealing with Default." *Risk* 4, No. 1.

Shyam-Sunder, L. 1991. "The Stock Price Effect of Risky versus Safe Debt." *Journal of Financial and Quantitative Analysis* 26, No. 4.

Shyam-Sunder, L., and S. C. Myers. 1999. "Testing Static Tradeoff Against Pecking Order Models of Capital Structure." *Journal of Financial Economics* 51.

Sick, G. 1995. "Real Options." *Handbooks in OR & MS* 9. Amsterdam: Elsevier.

Skipper, H. D. 1998. "The Nature of Government Intervention into Insurance Markets: Regulation." In *International Risk and Insurance: An Environmental-Managerial Approach*. H. D. Skipper, ed. New York: Irwin McGraw-Hill.

Smith, C. W., Jr. 1986a. "Investment Banking and the Capital Acquisition Process." *Journal of Financial Economics* 15.

Smith, C. W., Jr. 1986b. "On the Convergence of Insurance and Finance Research." *Journal of Risk and Insurance* 53, No. 4.

Smith, C. W., Jr., and R. M. Stulz. 1985. "The Determinants of Firms' Hedging Policies." *Journal of Financial and Quantitative Analysis* 20, No. 4: 391–405.

Smith, C. W., Jr., and J. Warner. 1979. "On Financial Contracting: An Analysis of Bond Covenants." *Journal of Financial Economics* 7.

Smith, D. 1988. "The Pricing of Bull and Bear Floating Rate Notes: An Application of Financial Engineering." *Financial Management* 17, No. 4.

Smith, D. 2003. "CDOs of CDOs: Art Eating Itself?" In *Credit Derivatives: The Definitive Guide*. J. Gregory, ed. London: Risk Books.

Smith, F. L. 1992. "Environmental Policy at the Crossroads." In *Environmental Politics: Public Costs, Private Rewards*. M. Greve and F. Smith, eds. New York: Praeger.

Smith, F. L. 2003. "Cowboys versus Cattle Thieves: The Role of Innovative Institutions in Managing Risks Along the Frontier." In *Corporate Aftershock*. C. L. Culp and W. A. Niskanen, eds. New York: John Wiley & Sons.

Smithson, C. W. 1987. "A LEGO Approach to Financial Engineering." *Midland Corporate Finance Journal* 4.

Smithson, C. W. 1998. *Managing Financial Risk*. 3rd ed. New York: McGraw-Hill.

Smithson, C. W. 2003. *Credit Portfolio Management*. New York: John Wiley & Sons.

Smithson, C. W., and D. H. Chew Jr. 1992. "The Uses of Hybrid Debt in Managing Corporate Risk." *Journal of Applied Corporate Finance* 4, No. 4 (Winter).

Solow, R. 1956. "A Contribution to the Theory of Economic Growth." *Quarterly Journal of Economics* 70.

Spence, M. 1973. "Job Market Signaling." *Quarterly Journal of Economics* 87.

Stonier, J. 1999. "Airline Long-Term Planning Under Uncertainty: The Benefits of Asset Flexibility Created Through Product Commonality and Manufacturer Lead Time Reductions." In *Real Options and Business Strategy: Applications to Decision Making*. L. Trigeorgis, ed. London: Risk Books.

Stulz, R. 1990. "Managerial Discretion and Optimal Financing Policies." *Journal of Financial Economics* 26.

Stultz, R. 1996. "Rethinking Risk Management." *Journal of Applied Corporate Finance* Vol. 9 (Fall).

Sullivan, A. 1995. "A Sprung Trap." *Airfinance Journal* (July/August).

Swoboda, P., and J. Zechner. 1995. "Financial Structure and the Tax System." *Handbooks in OR & MS* 9. Amsterdam: Elsevier.

Tavakoli, J. M. 1998. *Credit Derivatives*. New York: John Wiley & Sons.

Tavakoli, J. M. 2003. *Collateralized Debt Obligations and Structured Finance: New Developments in Cash and Synthetic Securitization*. Hoboken, NJ: John Wiley & Sons.

Thompson, R. E., Jr., and E. F. J. Yun. 1998. "Collateralized Loan and Bond Obligations: Creating Value Through Arbitrage." In *Handbook of Structured Financial Products*. F. J. Fabozzi, ed. New Hope, PA: Frank J. Fabozzi Associates.

Topatigh, C. 1999. "Reverse Convertibles." *Swiss Derivatives Review*.

Trieschmann, J. S., S. G. Gustavson, and R. E. Hoyt. 2001. *Risk Management and Insurance*. Cincinnati, OH: South-Western College Publishing.

Trigeorgis, L. 1995. "Real Options; An Overview." In *Real Options in Capital Investment: Models, Strategies, and Applications*. L. Trigeorgis, ed. New York: Praeger.

Trigeorgis, L. 1996.. *Real Options: Managerial Flexibility and Strategy in Resource*

Allocation. Cambridge, MA: MIT Press.

Trigeorgis, L. 1999. *Real Options and Business Strategy.* London: Risk Books.

Tufano, P. 1989. "Financial Innovation and First-Mover Advantages." *Journal of Financial Economics* 25.

Vermaelen, T. 1981. "Common Stock Repurchases and Market Signaling: An Empirical Study." *Journal of Financial Economics* 9.

Weidner, N. J., J. De Melo, and P. J. Williams. 2005. "Equity Default Swaps and Their Use in CDO Transactions." *Capital Markets Report*. Cadwalader, Wickersham & Taft (Winter/Spring).

Welch, I. 1989. "Seasoned Offerings, Imitation Costs, and the Underpricing of Initial Public Offerings." *Journal of Finance* 44.

Whetten, M., and W. Jin. 2005. "Constant Maturity CDS—A Guide." *Nomura Fixed Income Research* (May 5).

Williams, C. A., M. L. Smith, and P. C. Young. 1995. *Risk Management and Insurance*. 7th ed. New York: McGraw-Hill.

Winston, P. D. 2000. "Seeing Insurance as Capital Rather Than Cost." *Business Insurance* (November 27).

Wöhrmann, P. 1998. "Swiss Developments in Alternative Risk Financing Models." *European America Business Journal* (Spring).

Wöhrmann, P. 1999. "Finite Risk Solutions in Switzerland." *European America Business Journal* (Spring).

Wöhrmann, P. 2001. "Alternative Risk Financing—Developing the Market Potential of Small and Medium-Sized Companies." *European America Business Journal* (Spring).

Wöhrmann, P., and C. Bürer. 2001. "Instrument der Alternativen Risikofinanzierung." *Schweizer Versicherung* 7.

Young, J. B. 1996. "Alternative Risk Financing: The Calm Before the Storm." Manuscript, Alternative Risk Solutions, Inc.

译者后记

2008年1月，我国南方遭受了一场50年不遇的罕见雨雪冰冻天气，全国范围恶劣的天气引起连锁反应：交通受阻、通信不畅、菜价上涨、电网瘫痪……这场雪灾给部分地区的交通电力、通信及百姓的日常生活带来严重影响。据统计，雪灾造成的直接经济损失达1 516.5亿元人民币，而保险赔款只有19.74亿元，其比例约为1.3%。与巨大的经济损失相比，保险赔付可谓是“杯水车薪”。这一方面说明我国的保险覆盖率很低，另一方面也暴露出我国仍缺失完善的巨灾保险和农业保险制度。由于巨灾的发生频率低，而损失金额大，很难运用传统的保险大数法则。因此，依据大数法则开发出来的传统保险产品无法有效分散和规避此类风险。而在国际上成熟的巨灾风险转移机制中，以巨灾债券等为代表的非传统风险转移工具（ART）利用资本市场机制进行风险证券化，一方面可以提高保险公司的承保能力，拓展保险业务范围，实现巨灾风险的风险承担、转移和分散；另一方面也为资本市场提供满足一定风险收益特征的产品，丰富市场品种，深化市场功能，成为一种国际上风险管理比较先进的运作模式。

ART在最早出现时，主要指一些公司通过自保公司和共保集团等形式对自身的风险进行更灵活、更有效的管理。经过几年的发展，ART产品逐渐丰富，特别是20世纪90年代美国先后发生了安德鲁飓风和北里奇地震之后，巨灾再保险供不应求，再保险费率在1991—1994年间不断攀升，一些保险公司开始开发巨灾债券、巨灾互换以及应急资本等新的金融工具，从而把保险风险转移到资本市场上，实现保险市场和资本市场的融合。

ART在过去的10多年发展迅速，例如，据瑞士再保险公司统计，1998年已发行的保险连结证券为16.7亿美元，巨灾债券为8.9亿美元；而到2006年8月，保险连结证券的规模达227.5亿美元，已发行但未到期的巨灾债券总额升至78.1亿美元，在8年内剧增14倍和9倍。概括地说，ART的迅猛发展主要得益于以下几个方面：（1）企业全面风险管理需求日益加大。经济全球化的高速发展，使企业能够在更大的地理范围、更广的业务领域配置资源，同时企业也必须面对更为激烈的市场竞争环境、更加迅猛的技术演进和更严格的管制政策要求，企业面临前所未有的风险管理挑战，迫切需要构建一种全面的风险管理体系，转移或分散企业经营中承担的不必要的风险（非主业风险），从而将企业管理资源更加集中于具有专业化优势的主营业务领域。传统保险虽然在可保性上有所突破，但受大数法则的限制，产品设计更多地针对单一风险并趋于标准化，应对不同风险的各个产品是互相独立的。为适应企业对风险管理需求的变化，ART应运而生。ART最大的特点是结构性的，可以针对不同客户的需要进行量身定制，而且可设计出多年期或多触发条件的综合性保险产品，使单一产品提供全方位的保障成为可能。(2) 企业面临的风险种类和特征不断变化。在过去的10多年里，我们面对的是一个快速发展变化的世界，从经济结构的升级变化到法律环境的变化，一些新的风险类型，如环境污染、高新技术、气候变暖、经济全球化以及恐怖主义等层出不穷，不断挑战传统保险的承保能力和承保范围的最大限度。由于新风险的信息数据有待完善，精算定价无法发挥作用，风险评估困难重重，容易产生道德风险；或者有些风险虽为可知风险，但赔付额巨大。对于这些风险，保险公司大多不愿承保或缺乏承保能力。而ART产品通过自保有限风险解决方案、风险证券化等手段，利用资本市场融资机制来转移和分散保险风险，从而扩大了可承保的风险范围，也提高了保险公司的承保能力。(3) 资本市场的发展日趋成熟。近10多年来的国际资本市场金融创新十分活跃，并正改变着全球金融体系的格局和结构。现代金融理论的发展和金融工具的创新使资本市场的运行机制也日益完善。纷繁复杂的金融衍生工具，如期货、期权、互换等基本形态的爆发性增长和其他新型品种不断的繁衍，为非传统风险转移提供了更加精准地进行风险分离、风险对冲、风险转移和风险定价的工具和基础。

尽管ART在西方发达国家已比较多见，但其仍处于发展的初期，在我国则更属新鲜事物。现阶段，我国除了少数的几家自保公司及共保体等ART形式外，其他ART产品几乎空白，这种技术型风险管理产品的缺失不利于保险行业进一步开拓市场，提供高技术层次的风险管理服务，进而制约了保险业“经济补偿、资金融通和社会管理”三大功能的发挥。随着我国经济改革和发展的不断深入，过去传统的政府救济模式以及“一方有难、八方支援”的社会风尚隐含的保险机制，需向严谨高效的商业化保险模式转移；同时企业经营规模的扩大和管理技术的日益成熟，对风险管理的要求也提到了相当的高度。而当前中国资本市场的发展在经历股权分置改革等根本性改革和制度建设后，即将进入新的发展阶段；债券市场作为资本市场体系的重要构成，也越来越得到政府以及市场参与主体的共同认可，市场发行主体逐渐多样化、上市品种日益丰富化。在中国发展ART产品已经具备了一定的初步条件。2006年，国务院专门印发了《关于保险业改革发展的若干意见》，其中明确提出完善多层次的农业巨灾风险转移分担机制；将保险纳入灾害事故防范救助体系。2008年初的南方雪灾造成的巨大影响则突显了此项工作的迫切性。因此，学习和借鉴国际保险市场ART产品的运营机制，融会贯通，为我所用，推动我国保险产品的创新发展，是我们现阶段需要认真面对的课题。

然而，金融市场和金融创新的发展从来不会是一帆风顺的。正如本书作者卡尔普教授在前言中所提到的，尽管出现了安然事件及有限再保险事件，但推动越来越多的公司在结构性金融和保险市场上寻求综合的融资和风险管理工具的基本经济力量并未削弱。最近，美国次贷危机的爆发和法国兴业银行的巨额亏损事件又为金融衍生品的发展蒙上了一层阴影，引起业界不少人士对金融衍生品的担忧。而金融市场总是以这种螺旋式的发展来去除旁枝、积淀经验，使技术与创新的发展更加坚实、更加有效。因噎废食显然并不可取，ART如同所有其他被实践证明是有效率、有裨益的金融创新一样，具备其强盛的生命力。这些事件的发生反而更需要我们深入学习和领会ART的实质特征，掌握其内在机制和运行规律，在规避风险、管理风险的同时做好风险控制和风险应对。

卡尔普教授的这本著作，是国际上内容比较全面的ART专著之一。其内容由浅至深，由理论到实践，全面系统地阐释了使用ART产品的原因、主要ART产品的类别以及其运作机制。同时，本书在理论与实践的紧密结合上形成了自身鲜明的特色，很多章节均有大量的实例收集和分析，最后一部分还专门列出一系列风险管理专业人士对ART相关问题的看法和见解，为读者透彻理解ART产品的原理和实务运作提供了充分的资料。据笔者所了解的情况，本书为第一本引入我国的全面深入研究ART产品的专著。希望借此对我国非传统风险转移领域的研究和实务发挥其积极的引导和促进作用。

由于本书所涉及的内容专业性很强，专用术语众多，并且很多产品在我国尚未出现，给笔者的翻译工作带来极大的挑战。笔者在艰辛的翻译过程中，一面调动所积累的专业知识，一面勤于查阅各种相关资料和信息，翻译过程也成为一次受益良多的再学习过程。虽然如此，译文中仍可能存在一些错漏之处，敬请读者不吝批评指正。同时，本书的翻译和出版得到了中国金融出版社戴硕主任和李融编辑的大力帮助，在此对他们的辛勤付出致以衷心的感谢。

杜　墨
2008年4月于北京